COMPRAS PÚBLICAS INOVADORAS

De acordo com a Nova Lei de Licitações
e o Marco Regulatório das *Startups*

LUCIANO ELIAS REIS

Prefácio
Jorge Ulisses Jacoby Fernandes

Prefácio
Emerson Gabardo

COMPRAS PÚBLICAS INOVADORAS

De acordo com a Nova Lei de Licitações e o Marco Regulatório das *Startups*

Belo Horizonte
FORUM
CONHECIMENTO JURÍDICO
2025

2022 1ª Reimpressão
2025 2ª edição

FÓRUM
CONHECIMENTO JURÍDICO

Luís Cláudio Rodrigues Ferreira
Presidente e Editor

Coordenação editorial: Leonardo Eustáquio Siqueira Araújo / Thaynara Faleiro Malta
Revisão: Érico Barboza
Capa e projeto gráfico: Walter Santos
Diagramação: Formato Editoração

Rua Paulo Ribeiro Bastos, 211 – Jardim Atlântico – CEP 31710-430
Belo Horizonte – Minas Gerais – Tel.: (31) 99412.0131
www.editoraforum.com.br – editoraforum@editoraforum.com.br

Técnica. Empenho. Zelo. Esses foram alguns dos cuidados aplicados na edição desta obra. No entanto, podem ocorrer erros de impressão, digitação ou mesmo restar alguma dúvida conceitual. Caso se constate algo assim, solicitamos a gentileza de nos comunicar através do *e-mail* editorial@editoraforum.com.br para que possamos esclarecer, no que couber. A sua contribuição é muito importante para mantermos a excelência editorial. A Editora Fórum agradece a sua contribuição.

Dados Internacionais de Catalogação na Publicação (CIP) de acordo com ISBD

R375c Reis, Luciano Elias
Compras públicas inovadoras: de acordo com a nova lei de licitações e o marco regulatório das *startups* / Luciano Elias Reis. -- 2. ed. rev. e atual. --. Belo Horizonte: Fórum, 2025.
437p. 17x24cm

ISBN impresso 978-85-450-0804-0
ISBN digital 978-85-450-0808-8

1. Compra pública inovadora. 2. Licitação. 3. Inovação. I. Título.

CDD: 343.07
CDU: 343.7

Elaborado por Vagner Rodolfo da Silva – CRB-8/9410

Informação bibliográfica deste livro, conforme a NBR 6023:2018 da Associação Brasileira de Normas Técnicas (ABNT):

REIS, Luciano Elias. *Compras públicas inovadoras*: de acordo com a nova lei de licitações e o marco regulatório das *startups*. 2. ed. rev. e atual. Belo Horizonte: Fórum, 2025. 437p. ISBN 978-85-450-0804-0.

A todos que buscam aprender e se aperfeiçoar diariamente para ser alguém melhor hoje do que ontem e amanhã melhor do que hoje.

Como é bom recordar das pessoas que me ajudaram para este livro acontecer, tanto na primeira quanto na segunda edição. Agradecer é a atitude mais sábia de um ser, pois é sabido que sozinho nada se alcançará e, sem as bases, qualquer edificação declinará.

Primeiramente, agradeço a Deus pelas oportunidades e pela boa vida (boa) que me proporciona, com muita saúde e afeto dos amigos e familiares que me avizinham. Sem sua força, sua luz e seu poder, nada seria possível.

Ao professor Jorge Ulisses Jacoby Fernandes, que, com sua sapiência e cordialidade, foi um incentivador para a publicação deste livro e de sua atualização para a segunda edição, dando-me a honra de sua amizade e leitura para, posteriormente, exarar o prefácio.

Ao professor Emerson Gabardo, exemplo de jurista e cientista, que foi um excelente orientador e sempre presente nas fases da pesquisa do doutorado. Além disso, agradeço-lhe pelas diversas oportunidades acadêmicas que tem me proporcionado, pelo singular incentivo na ida para a Espanha em 2018 durante o período do doutoramento e pelas críticas, que me serviram para o contínuo amadurecimento.

Ao professor Endrius Cocciolo, da *Universitat Rovira i Virgili*, que, além de me recepcionar muito bem em Tarragona no período de doutoramento, transmitiu e compartilhou uma visão avançada e interligada do Direito, do meio ambiente e da concorrência.

À professora Marina Rodríguez Beas, da *Universitat Rovira i Virgili*, que, com seus textos e orientação, me ajudou para que pudesse compreender a realidade das licitações e dos contratos espanhóis.

Aos professores Jaime Rodríguez-Arana Muñoz, Josep Ramon Fuentes i Gasó, Judith Gifreu i Font, Caroline Müller Bitencourt e Daniel Wunder Hachem, que participaram da banca de doutorado que deu origem, em parte, ao presente livro, contribuindo significativamente com perguntas e críticas.

Ao meu sócio e irmão Rafael Knorr Lippmann, pela compreensão e incessante ajuda no aspecto profissional e acadêmico, sendo que foi, e é, imprescindível para a maturação dos meus pensamentos críticos acadêmicos e profissionais.

Ao amigo de longa data Rodrigo Cipriano dos Santos Risolia, pela sua criteriosa leitura, revisão e crítica ao texto, bem como pelas palavras de apoio.

Aos amigos Fabrício Verdolin de Carvalho, Rafael Polli Carvalho e Rodrigo Polli Carvalho, os quais, de forma direta ou indireta, contribuíram para este trabalho e para o meu crescimento.

Aos amigos e professores de Direito Administrativo Edgar Guimarães, Daniel Wunder Hachem, Regina Nery Ferrari, Paulo Reis, Mariane Lübke, Anderson Pedra, Ronny Charles, Marcus Alcântara, Gabriela Pércio, Murilo Jacoby Fernandes, Flaviana Paim, Christianne Stroppa, Carolina Zancaner Zockun, Mauricio Zockun, Michelle Marry, Cristiana Fortini, Victor Amorim, Dawison Barcelos, Hamilton Bonatto, Tiossi Júnior, Francisco Zardo, Luiz Gustavo de Andrade, Roosevelt Arraes, Henry Kaminski,

Renato Andrade, Horácio Ferragino, Rodrigo Pironti Aguirre de Castro, Felipe Gussoli, Vivian Lima do Valle, Adriana Schier, José Anacleto Abduch Santos, André Luiz Freire, Silvio Guidi, Fernanda Bourges, Daniel Ferreira, Eduardo Tesserolli e Helton Kramer, os quais têm sido companheiros de estudos do Direito Administrativo e, acima de tudo, meus tutores para diversas revisões teóricas, inspiradores para a continuidade nos estudos, bem como para novos projetos profissionais.

Aos professores Marçal Justen Filho, Joel de Menezes Niebuhr, Jorge Ulisses Jacoby Fernandes e Romeu Felipe Bacellar Filho, que servem de exemplo para a contínua reflexão crítica, estudo sério e comprometido para a melhoria do cenário das contratações públicas brasileiras.

Aos professores do querido Centro Universitário Curitiba – UNICURITIBA, que foi minha casa desde a minha graduação nos idos de 2000 e, a partir de 2011, na docência da cadeira de Direito Administrativo, onde lá permaneci até 2023.

Ao Programa de Pós-Graduação em Direito da Pontifícia Universidade Católica do Paraná – PPGD e aos amigos do doutorado, que foram excelentes companheiros nesta jornada, em especial a todos da nossa querida turma de jantar do ano de 2016-1.

Da mesma forma, ao Programa de Pós-Graduação em Direito Administrativo da *Universitat Rovira i Virgili*, que muito me enobreceu com a possibilidade de estudar em uma séria instituição de ensino espanhola, sendo marcantes para a minha vida pessoal e profissional os seis meses ali vividos, os dois anos de curso e a viabilidade de aprender com o professor Josep Ramon Fuentes i Gasó e com os amigos Laura Presicce, Itzel Ramos Olivares e Jerônimo Basílio São Mateus.

Aos meus pais e grandes professores de vida, João Alves de Miranda Reis e Eliane Soares Elias Reis, que sempre foram e sempre serão meus mestres. Devo-lhes tudo e, principalmente, os valores, os princípios e a educação ensinados.

Aos meus irmãos Leandro Elias Reis e Lisiane Elias Reis, pelo amor fraternal e respeito, bem como pelo incomensurável estímulo, apesar da minha ausência nos últimos tempos.

Ao meu querido cunhado Piero Barbato, que tem sido um grande amigo e incentivador desta jornada.

À minha amada Ana Paula Zanette, a qual foi compreensiva, amorosa, parceira, amiga e muito companheira nos últimos anos, até porque não é fácil aguentar a ausência, a ansiedade e o nervosismo de um parceiro que tem o defeito do perfeccionismo.

Aos pequenos e gigantes Antônio e Francisco, que me mostram diariamente o quão é linda a vida, o quão ímpar é o amor paternal e que todos os dias me ensinam de tudo, rogando a Deus para que possa tirar dez na árdua tese de educá-los e então ser compensado com seus beijos e abraços.

CAPÍTULO 4

REVISITANDO O CONCEITO DA BUSCA DA PROPOSTA MAIS VANTAJOSA A PARTIR DO ATUAL CONTEXTO DAS COMPRAS PÚBLICAS INOVADORAS NO BRASIL E NA ESPANHA

CAPÍTULO 5

A VISÃO CRÍTICA SOBRE AS BARREIRAS PARA O FOMENTO E A DIREÇÃO DA CIÊNCIA, TECNOLOGIA E INOVAÇÃO POR MEIO DAS LICITAÇÕES PÚBLICAS E DOS CONTRATOS ADMINISTRATIVOS

A humanidade atravessou uma surpreendente ruptura de convicções no início desta década. Algumas certezas, porém, ficarão para sempre, ao lado dos valores da solidariedade humana. Uma dessas é a necessidade de estruturar e manter a busca permanente pelo desenvolvimento científico, pela inovação tecnológica e pela inovação.

Investimentos nessa área fazem diferença e devem provir do setor público. Em notícia divulgada no prestigiado *Diário do Comércio*,[1] segundo a Organização para a Cooperação e Desenvolvimento Econômico – OCDE, os países-membros têm investido, em média, 2% do produto interno bruto. No Índice Global de Inovação – IGI, o Brasil, apesar de ser a 9ª economia do mundo, ocupa a 62ª posição quando se trata de investimentos nessa área. No país, a média de investimentos era de 1,2% e, em 2018, dos 7,2 bilhões de reais previstos no orçamento, apenas 400 milhões foram autorizados.

Além dos frequentes e indesejáveis cortes do orçamento, há outros motivos para o desalento dos entusiastas. Legislação complexa, riscos de interpretação, tendência à inação e falta de investimento em qualificação dos agentes públicos responsáveis pelos processos de licitação e contratação formam um cenário incompatível com a relevância do tema e a esperança no futuro.

Nesse cenário, deve ser saudada a iniciativa do eminente jurista doutor Luciano Reis e sua notável obra *Compras públicas inovadoras*. Os que se dedicam à doutrina sabem o preço que o tempo cobra dessa devoção. Luciano Reis conseguiu encontrar tempo para os estudos, para a atividade profissional ao lado do privilégio de ser pai e dedicado à família.

A obra que agora chega aos leitores revela em todas as páginas a consulta e o estudo aos mais prestigiados juristas. Vai desde Joseph Schumpeter e Pontes de Miranda até jovens juristas, nacionais e europeus. Selecionou de cada um o ensinamento necessário para explicar as teorias desse impressionante mosaico de conhecimento, aparentemente não sistematizado, mas que o autor, Luciano Reis, mostra coerente e harmônico.

Ao trazer o tema, enfrenta questões complexas, no âmbito nacional, como a competência constitucional para legislar nos entes da nossa federação, limite de margem de preferência, possibilidades de contratação com e sem licitação. Nas suas palavras, "não basta teoria sem prática". Mas como assegurar o êxito da pretensão de indicar à sociedade como definir o objeto da inovação para fins de licitar, contratar diretamente e orientar os desafios daqueles que querem contratar o que pode ainda não existir revela a certeza que o autor tem que a obra será útil.

Após o privilégio de ser um dos primeiros a ler este trabalho, é possível afiançar que a obra condensa o que há de melhor sobre o tema, construindo pelo pensamento do autor caminhos seguros para aqueles operadores do Direito que pretendem auxiliar o país a superar os desafios do desenvolvimento científico, tecnológico e inovação.

---

[1] Edição de 28 de maio de 2021, por Maria Bianchetti.

Certamente, a obra colocará o país na doutrina além-mar, pois o mundo está ávido de superar os desafios que o nosso país também enfrenta.

Ao autor, os agradecimentos pela dedicação à nobre função de ensinar a todos nós.

Jorge Ulisses Jacoby Fernandes

Mestre em Direito pela Universidade Federal de Pernambuco, Advogado, Professor de Direito Administrativo, Escritor, Consultor, Conferencista, Palestrante de renome nacional e internacional e fundador da Jacoby Fernandes & Reolon Advogados Associados.

Em meados de 2008, li o livro *A emergência socioambiental* para fazer a prova de mestrado em Direito Econômico da Pontifícia Universidade Católica do Paraná, e o seu final me chamou muita atenção, ao enfatizar que, no Brasil, deveria ser conferido mais enfoque à ciência, tecnologia e inovação do que para as novelas e para a televisão.

Passado isso, vieram a aprovação e o curso, oportunidade em que pude aumentar a inquietude por diversos temas, dentre eles, o desenvolvimento, a eficiência, as licitações, os contratos, as parcerias governamentais e a sustentabilidade, tanto que o tema da dissertação foi sobre convênios administrativos e sua relação com a eficiência e o desenvolvimento.

Ao tempo desses fatos, não posso olvidar-me dos estudos e das leituras desde 2003 sobre Direito Administrativo, com ênfase em licitações, contratos e convênios administrativos. Da mesma maneira, tenho exercido a docência desde 2007 em diversas instituições de ensino em cursos de pós-graduação e na graduação na minha querida UNICURITIBA (2011-2023), bem como em cursos e treinamentos ministrados para centenas de órgãos e entidades da Administração Pública no Brasil.

Tudo isso, aliado à experiência profissional no escritório de advocacia e à pessoal, com diversos acontecimentos de índole familiar (em especial, o casamento e o nascimento dos meus filhos), assim como à preocupação com a pragmaticidade de qualquer pesquisa científica, fez com que o tema da ciência, tecnologia e inovação voltasse com bastante vigor ao meu foco.

Em 2015, enquanto me preparava para fazer a seleção do programa de doutorado da Pontifícia Universidade Católica do Paraná, li o livro *Estado empreendedor*, de Mariana Mazzucato; em seguida, participei como palestrante de um congresso em que se enfatizaram os novos ferramentais tecnológicos a serem implantados por alguns órgãos públicos. Tive, então, a certeza de que o tema das compras públicas e de sua relação com a ciência, tecnologia e inovação nacional havia me sensibilizado.

Como todo e qualquer relacionamento passa por encantos e desencantos, não foi diferente nos quatro anos de pesquisa do doutorado, em especial no seu último ano. Às vezes, havia a sensação de que o tema não era atraente e nem de agenda obrigatória para o atual Estado brasileiro; doutro lado, às vezes tinha a convicção de que o raciocínio adotado no presente poderia representar inovações legislativas a serem implementadas futuramente.

Sobre os últimos dozes meses do doutorado (2019-2020), quando a pesquisa foi verticalizada e sistematizada, uma conversa com o orientador e cientista, professor Emerson Gabardo, fez com que a intenção dita por mim durante a entrevista de seleção em 2016 acontecesse, qual seja, ficar seis meses fora do país e da zona de conforto para realizar um estágio de doutoramento na *Universitat Rovira i Virgili* em Tarragona, Espanha, sob o financiamento do governo federal, mais precisamente da Coordenação de Aperfeiçoamento de Pessoal de Nível Superior (CAPES). Essa indicação representou mais uma influência recebida por esse professor e amigo durante a minha trajetória acadêmica nos últimos dez anos.

O período foi enriquecedor para conhecer uma nova realidade, pesquisar e pensar na tese por vinte e quatro horas por dia, bem como explorar a séria pesquisa desenvolvida na Espanha, notadamente em Tarragona, onde pude comprovar e amadurecer ainda mais pessoal e profissionalmente. É claro que a acolhida e a orientação segura do professor Endrius Cocciolo, bem como as diretrizes tracejadas pela professora Marina Rodríguez Beas e pelo professor Josep Ramon Fuentes i Gasó, foram essenciais para descortinar vários olhares sequer imaginados quando da estruturação do projeto inicial de pesquisa.

Diante desse cenário fático, inicialmente o trabalho era para ser desenvolvido a partir da ciência do Direito; entretanto, percebeu-se a necessidade de correlacioná-lo com outras ciências, como economia, sociologia e administração. Sem dúvidas, as que geraram maior contribuição foram as ciências econômicas, com as quais tenho certa facilidade por ter lido alguns livros do meu pai da série dos Economistas, ainda quando tinha 14 a 16 anos, muito embora naquele momento a leitura gerasse pouca compreensão, incitando, desde então, a curiosidade. De qualquer maneira, quando retornei à leitura e ao estudo aprofundado sobre alguns economistas clássicos, notadamente Joseph Schumpeter e Ludwig von Mises, para o desenvolvimento da pesquisa, pude assimilar que a experiência, as leituras anteriores e a vivência despertaram um raciocínio diferenciado e mais maduro sobre a postura do Estado e a confusão existente nas arenas pública e privada.

A inter-relação e a transdisciplinaridade, presentes na própria bibliografia adotada para este trabalho, demonstram vários setores abordando a questão das compras públicas e sua interface com a ciência, tecnologia e inovação nacional, seja para contratar objetos com tal qualidade, seja para impor que tais temas sejam beneficiados direta ou indiretamente. Portanto, indubitavelmente, trata-se de tema atual e de singular apreço no cenário político, acadêmico, jurídico, social e cultural, em especial na conjuntura mundial, em que o conhecimento, informação, tecnologia e inovação têm sido as grandes moedas e apostas para a estruturação das economias estatais.

Para corroborar com a modernidade do tema, insta pontuar que, ao longo das pesquisas, a União Europeia e o Mercosul selaram um acordo de cooperação comercial, incluindo as compras públicas, assim como o Brasil solicitou a entrada no Acordo de Compras Públicas Governamentais da Organização Mundial do Comércio. Números significativos foram e permanecem sendo divulgados na imprensa como motivos para animação do mercado na suscitada cooperação, como, por exemplo, possibilidade de as empresas brasileiras participarem de licitações europeias que quantificam 1,6 trilhão de euros e, doutro lado, as empresas europeias nas compras públicas brasileiras, que movimentam 0,6 trilhão de reais. Recentemente, em dezembro de 2024, as condições do referido acordo foram seladas e agora será o momento das negociações e redação final.

A separação dos conceitos científicos e das formas de compreensão ideológicas é fundamental para qualquer diretriz a ser encampada perante o temário em questão, isso porque é muito comum que o seu tratamento seja efetuado a partir de pré-conceitos ou preconceitos do interlocutor e do escritor. Com o afã de perpassar uma linha isenta e idônea, buscou-se aprofundar cientificamente sobre as bases jurídicas, sociológicas e econômicas para cerzir uma linha de raciocínio que se revela passível de críticas em virtude da elevada riqueza dos pontos nevrálgicos do trabalho, mas não por uma miopia ideológica.

Cumpre tecer que algumas experiências estrangeiras vivenciadas por este autor, além dos seis meses em Tarragona, na *Universitat Rovira i Virgili*, foram importantes, como o Congresso de Direito Econômico, em Lisboa, em 2013; o Congresso de REDOEDA, em Salamanca, em 2018; o Congresso de Professores de Direito Administrativo da Espanha, em 2019; o Congresso Internacional de Contratação Pública, na Universidade Castilla-La-Mancha; e, principalmente, o Congresso sobre a Organização Mundial do Comércio, em Coimbra, no qual pude escutar, de vários profissionais atuantes no comércio internacional e do próprio órgão em si, a imprescindibilidade de ter uma visão macroscópica e holística sobre decisões importantes de entrar numa zona de comércio ou de abertura do mercado nacional. Ademais, outro ponto pertinente foram os rápidos conselhos passados pelo professor Pedro Gonçalves acerca das compras públicas inovadoras e os debates existentes para a melhoria do ambiente das contratações administrativas europeias.

Mesmo após a defesa da tese de doutoramento em abril de 2020, continuei pesquisando sobre o tema das compras públicas com ênfase nos objetos científicos, inovadores e tecnológicos, tanto que tive a oportunidade por inúmeras vezes de discorrer em congressos e conclaves de estudiosos acerca das compras públicas inovadoras no Brasil, ainda mais depois da sanção da Lei nº 14.133, de 1º de abril de 2021, e da Lei Complementar nº 182, de 1º de junho de 2021, respectivamente, a Nova Lei de Licitações e o Marco Regulatório das *Startups* no Brasil.

Aliada a tais conhecimentos adquiridos no exterior, a atividade profissional exercida pelo autor nos últimos vinte anos como advogado ou nos últimos dezessete como professor representou um grande ponto de amadurecimento das ideias e da necessidade de uma proteção da ciência, tecnologia e inovação nacional. Os mais diversos cursos, seminários, congressos e palestras ministradas me permitiram conhecer vinte e três capitais de estados brasileiros mais o Distrito Federal, ir a outros diversos municípios que não são capitais, bem como a possibilidade de falar para mais de quarenta mil pessoas e ter conhecido inúmeros professores e estudiosos da área de licitações públicas e contratos administrativos, sendo que tudo isso gerou um amadurecimento como pessoa e profissional.

Portanto, houve a relação da teoria e da prática, sempre pensando como operacionalizar comandos normativos atuais e outros a serem propostos, para que a pesquisa seja pragmática e produza resultados favoráveis para o desenvolvimento nacional sustentável, ponderando inclusive as dificuldades a serem enfrentadas para a perpetração e fortalecimento da ciência, tecnologia e inovação nacional.

Para a realização deste trabalho, utilizei a metodologia dedutiva na qual "uma proposição teórica geral é aplicada a um caso particular".[2] Para tanto, houve a investigação sobre um variado e multidisciplinar acervo bibliográfico nacional e estrangeiro, bem como acerca das decisões dos tribunais de contas e do Poder Judiciário.

Foi deveras importante a comparação com outros países, em especial o cenário atual do Brasil e da Espanha, cotejando-os de acordo com seus blocos econômicos, respectivamente MERCOSUL e União Europeia, para aferir como as modificações

[2] BARRAL, Welber. *Metodologia da pesquisa jurídica*. Florianópolis: Fundação Boiteux, 2003. p. 76.

normativas foram incorporadas no dia a dia dos órgãos e entidades da Administração Pública, como está sendo usada a contratação estratégica, como são feitas as compras públicas de ciência, tecnologia e inovação (compras inovadoras) e como estão trabalhando a questão da proteção econômica e a promoção da ciência, tecnologia e inovação nacional.

No que se refere à estruturação do trabalho, optou-se por dividir em cinco capítulos. O primeiro abordou a função da licitação pública e do contrato administrativo em conformidade com a legislação brasileira, o espelho normativo atualmente existente para que tais instrumentos cumpram a sua função socioeconômica e o papel da regulação estatal para intervir por meio da direção e do fomento.

O segundo tratou da contratação pública como política pública imprescindível ao desenvolvimento nacional sustentável no viés do Direito Administrativo Contemporâneo, discorrendo sobre a concretização do desenvolvimento, da sustentabilidade e do desenvolvimento nacional sustentável, o ambiente atual do Direito Administrativo como propício para o enfoque na concertação e na consensualização e ainda o uso da contratação como instrumento de política pública e, em especial, da econômica.

O terceiro capítulo enfatizou a interface entre o desenvolvimento sustentável e o tratamento diferenciado para a ciência, tecnologia e inovação nacional nas compras públicas. Com esse afã, desmistificaram-se os conceitos de ciência, tecnologia e inovação, bem como o seu tratamento no regime jurídico brasileiro, a fim de consolidar premissas essenciais para o raciocínio ulterior do trabalho. A mais, depurou-se a dificuldade na compreensão da competência legislativa para a edição de normas de licitações públicas e contratos administrativos no Brasil, ainda mais sobre as normas que versam sobre ciência, tecnologia e inovação incidentais sobre as compras públicas.

O quarto revisitou (e reconsiderou) o conceito e a abrangência do princípio da proposta mais vantajosa a partir da sua composição com a isonomia, da diferenciação entre a análise financeira e a econômica e da imprescindibilidade de adotar uma forma de quantificação do custo da solução da licitação na qual se levem em consideração diversos custos vilipendiados atualmente. Depois, dissertou-se acerca das compras públicas inovadoras (abarcadas a ciência, a tecnologia e a inovação) no Brasil, na União Europeia e, em especial, na Espanha, sendo que, para tal escopo, houve a devida comparação de acordo com as normas vigentes.

O quinto e último capítulo teve por desiderato fazer um exame crítico sobre as barreiras atualmente levantadas para a não concessão de um tratamento diferenciado às compras públicas que incentivem ou direcionem a ciência, tecnologia e inovação nacional. Nesse ideário, explanou-se sobre os acordos internacionais como (não) obstáculos para a concessão de um regime discriminatório e favorável à ciência, tecnologia e inovação nacional, sob o viés de uma verificação conforme a Constituição da República Federativa de 1988. Em um segundo momento, foi apreciada a relação custo *versus* benefício para o aproveitamento da contratação pública estratégica para a ciência, tecnologia e inovação nacional a partir dos instrumentais da análise econômica do Direito e, ao fim, encetou-se sobre os critérios e propostas para que no Brasil se implantem medidas normativas e práticas visando à promoção e direção da ciência, tecnologia e inovação nacional por meio das compras públicas inovadoras, inclusive com adoção dos atuais textos normativos e da necessidade de criação de outros.

Pelo exposto e considerando que o Brasil tem o dever constitucional de evitar a dependência em inovação, ciência e tecnologia estrangeira, valores extremamente significativos no mercado global, além do tema deste trabalho possuir singular relevância para o desenvolvimento econômico e para o bem-estar da sociedade brasileira, espera-se que a leitura seja aprazível e provocadora.

Luciano Elias Reis traz a público mais uma contribuição ímpar para a consolidação e aperfeiçoamento do Direito Administrativo brasileiro. O trabalho intitulado *Compras públicas inovadoras* é uma preciosidade e vem em momento absolutamente oportuno – já estando atualizado nos termos da Lei nº 14.133/21. Precisamos entender como funcionam os mecanismos de fomento ao desenvolvimento científico, tecnológico e inovativo a fim de que sejam, cada vez mais, utilizados de forma ética e eficiente.

O livro é o resultado de aprofundadas pesquisas realizadas durante o seu período de doutoramento realizado na Pontifícia Universidade Católica do Paraná e, simultaneamente, na *Universitat Rovira i Virgili*, na Espanha. Foi um doutorado em "dupla titulação", mediante o cumprimento de requisitos de ambas as instituições. Um trabalho árduo, que deu origem a um livro completo, detalhado e absolutamente original.

Eu tive a oportunidade de ser o orientador brasileiro do trabalho, em regime de colaboração com o professor Endrius Cocciolo (coorientador espanhol), e posso atestar que a tese desenvolvida está acima da média do ponto de vista intelectual, ao mesmo tempo em que foi escrita de forma didática e com uma perspectiva de aplicação prática incomum para pesquisas deste nível. Muitas vezes, a abstração, característica das teses, acaba por distanciá-las de um público mais abrangente e, também, de uma utilização direta pelos agentes públicos e particulares interessados. Não é o caso deste livro, que consegue, de forma eficiente, compatibilizar densidade teórica com uma evidente praticidade. Ou seja, é uma tese, mas é também um verdadeiro manual de compras públicas inovadoras. São mais de 120 tópicos de análise, facilitando a vida do leitor e propiciando uma consulta rápida e direta para os operadores do complexo universo das contratações públicas. De bônus, os interessados ainda recebem uma tratativa do Novo Marco Regulatório das *Startups*.

Há muitos livros sobre licitações e há várias obras sobre contratos, mas há poucos trabalhos sobre inovação e, menos ainda, conectando todos esses assuntos. Tenho a plena convicção de que o livro apresentado é uma obra única no Brasil. Ademais, sua abordagem, tanto nacional quanto internacional, é outro ponto alto do texto.

O professor Luciano Reis já era uma referência nacional na temática dos convênios administrativos. É um advogado experiente na área, ligando *know-how* teórico com experiência prática. Agora, incorpora ao seu rol de contribuições à sociedade mais este trabalho de excelência, cuja consulta será de caráter obrigatório para quem deseja estudar ou trabalhar com os institutos descritos e comentados.

Parabéns também à Editora Fórum pela excelência da edição.

Curitiba, outubro de 2021.

Emerson Gabardo

Professor Titular de Direito Administrativo da PUCPR.
Professor Associado de Direito Administrativo da UFPR.

INTRODUÇÃO

As compras públicas sempre serão importantíssimas para cada Estado. Não é por outro motivo que têm sido alvo de vários debates nos últimos vinte anos no mundo, principalmente o de como utilizá-las estrategicamente. Apesar de mencionar esse pequeno lapso temporal, convém recordar que o afã de alinhar a contratação pública, por exemplo, com o protecionismo do mercado nacional sempre aconteceu, inclusive por países que atualmente pleiteiam aberturas comerciais e que, desde a década de trinta do século passado, protegem os empresários locais em aquisições governamentais, como os Estados Unidos da América.

Juntamente com outros propósitos de interesse público, a ciência, a tecnologia e a inovação nacional também merecem ser incentivadas e aprimoradas a partir do instrumental da licitação e do contrato administrativo. É nesse ponto que reside a grande preocupação do estudo ao explicar a função desempenhada por essas ferramentas, as quais sempre foram justificadas por interesses socioeconômicos, não havendo sentido em discorrer sobre suposta nova função social ou econômica. Caso se discorde dos argumentos ventilados no bojo deste livro, no mínimo uma reflexão se faz necessária.

O desenvolvimento nacional sustentável – que apareceu na legislação brasileira em 2010 de maneira expressa, quando houve a alteração da (atualmente revogada) Lei nº 8.666/93 pela Lei nº 12.349 – significou uma externalização de deveres e prescrições já determinados, a partir de uma leitura da legislação de licitação nacional em conformidade com a Constituição. Agora, no novo marco regulatório de licitações e contratos no Brasil, a previsão do princípio do desenvolvimento nacional perdura em diversos dispositivos da Lei nº 14.133. De qualquer modo, seja deduzida por interpretação sistemática ou literal, o fato é que cerzir a teoria e a prática erige um grande obstáculo aos operadores diários das contratações públicas. A medida razoável e proporcional para que o desenvolvimento nacional sustentável não desencadeie discriminação ilegítima ou abuso de direito pelo redator do instrumento convocatório ou da minuta contratual faz com que o referido princípio do desenvolvimento nacional sustentável por diversas vezes não passe de mera retórica quando da sua aplicação.

Ainda que atualmente no Brasil já exista um dever insuperável de a atividade controladora, judicial ou administradora sopesar os obstáculos e os entraves vivenciados pelo gestor público quando da prática de seus atos e decisões, consoante preconiza o artigo 23 da Lei de Introdução às Normas do Direito Brasileiro, infelizmente, de maneira nefasta, os agentes públicos preferem a inação, ainda mais quando a legalidade estrita não a suporta e jamais suportará, ao invés de uma ação de acordo com a juridicidade, motivo que enseja a discussão e elucidação de caminhos mais prósperos para as atividades da Administração Pública, fato que deve ser ressaltado nas pesquisas acadêmicas no Brasil. Não basta que números de doutores e de pesquisas acadêmicas sejam aflorados para fins de comparação com outras nações, mas se mostra imprescindível que exista maturidade (e pragmatismo) das pesquisas científicas, bem como devolução de conteúdo a ser aproveitado pelo Estado por intermédio de soluções ou teses factíveis de serem implementadas para a melhoria do bem-estar.

A mais, avaliar a compra pública como uma estratégia nacional, a imperiosidade de respeito ao princípio do desenvolvimento nacional sustentável nos editais e contratos ou ainda os impactos socioeconômicos das opções estatais nesse tema, enfim todos esses fatores não podem permitir que se alijem as opções governamentais de um planejamento estratégico a médio e longo prazo a partir de uma política pública bem definida. Correlacionar as licitações e os contratos públicos como objeto e ferramenta de política pública é prospectar um cenário mais seguro e estável a operadores econômicos e agentes públicos. Em geral, a importância do assunto é motivada pela vinculação existente entre os valores despendidos em aquisições públicas em geral e o produto interno bruto ou, ainda, pelo impacto social que poderá promover via cláusulas sociais, ambientais ou inovadoras. Conquanto essa seja a forma comum de se valorar, deve-se cotejar a partir da estabilidade e segurança a ser promovida para os agentes em geral que negociam com o Estado, sejam integrantes do segundo ou do terceiro setor.

Em especial, as contratações de objetos que direcionam ou fomentam a ciência, a tecnologia e a inovação nacional transluzem a preocupação em um foco protagonizado pelos Estados em geral, seja mensurando o comportamento individual ou via blocos econômicos. Como se verificará no decorrer do raciocínio adotado, exultam-se diversos fundamentos para a defesa dessa pauta como de arena pública, e não meramente privada. Inviável o Estado ser um mero expectador ou um consumidor comum, mas exsurge o seu dever de ação por meio de uma regulação segura, democrática e duradoura. Índices de transparência, de competitividade, de ambiente de negócios ou até o seu enquadramento segundo os Objetivos do Desenvolvimento Sustentável da Organização das Nações Unidas são algumas das balizas que sedimentam o dever de tratamento prescritivo do Estado na e sobre a economia.

A regulação da contratualização administrativa requer do Estado e do direito administrativo contemporâneo mecanismos adequados e necessários para intervir no mercado com responsabilidade. Em um ambiente democrático, como é o caso do Brasil ou da Espanha, seja com mais ou menos amadurecimento cultural sobre a democracia, dessume-se que os holofotes sobre as licitações públicas e os contratos administrativos demonstram a busca de um ambiente mais dialógico e consensual ao invés da unilateralidade e mera imposição de vontade do interesse público (primário ou até algumas vezes secundário) à sociedade.

Assim, em um cenário em que se permeiam a boa-fé e a confiança para que o colaborador/parceiro privado possua interesse em ajustar com o poder público, a compra pública inovadora tem aparecido como uma possível solução para alguns problemas encontrados (falta de soluções à disposição no mercado) e como foco de melhorar a imagem (não raras vezes, desgastada) dos órgãos e entidades compradores. Quando se discorre sobre compras inovadoras, a intenção não é dissertar sobre os meios de tecnologia para promover as contratações públicas, as licitações eletrônicas ou o uso de criptomoedas para pagamento, mas, sim, tratar da viabilidade de uso da regulação estatal para direcionar e promover as licitações e contratações que versem sobre ciência, tecnologia e inovação, seja a partir do anseio de contratar objetos que especificamente venham a ter esse foco ou quaisquer objetos que, em contrapartida, imponham ao contratado esse "ônus" para o bem da sociedade.

Ou seja, compras públicas inovadoras são aquelas contratações públicas que têm foco direto ou indireto num objeto científico, inovador ou tecnológico, assim como nos casos em que se visa à promoção e ao direcionamento de agentes para tais setores como encargo da remuneração obtida a partir de uma verba pública.

Como o direito é embasado pela solidariedade,[1] não é justo que aqueles que se beneficiem moral e licitamente do poder público, ao perceberem contraprestações pecuniárias em razão do cumprimento de obrigações contratuais, não devolvam à sociedade uma parcela. É claro que ciência, tecnologia e inovação são palavras ressoadas nos últimos tempos em veículos de comunicação, técnicos ou meramente de notícias em geral, como palavras em ênfase, ainda mais quando se admoesta a adoção de meios disruptivos ou o intento de disrupção. No decorrer da argumentação proposta neste livro, almeja-se de forma crítica avaliar a definição de ciência, tecnologia e inovação, inclusive recorrendo ao marco teórico de Joseph Schumpeter e Ludwig von Mises, até para corroborar com os fatores positivos que deverão ser enfatizados para a atual imputação de medidas estatais em sede de compras públicas.

Especificamente, anui-se em partes com a ideia de a destruição criadora ser saudável, nos termos da lição de Joseph Schumpeter, pois sempre gerará um crescimento. Porém, ponderando que crescimento e desenvolvimento são coisas diferentes, bem como pode ser que o crescimento não seja sustentável para o desenvolvimento da sociedade, inequívoco que a mão estatal será preponderante para evitar uma ruína socioeconômica, a qual sucederia caso a inércia fosse a regra. O encontro do equilíbrio precisará do apoio da sociedade com a sua efetiva participação, bem como dos mais diversos atores, isso porque ciência, tecnologia e inovação são temas comumente trabalhados por profissionais dos mais diversos setores e interesses (agentes públicos, instituições de ensino e ciência, agentes privados, financiadores, entre outros). Por isso, durante o transcorrer, discorrer-se-á em algumas oportunidades sobre ecossistema.

Pautar de maneira favorável a proteção do mercado nacional para direcionar ou favorecer, a depender do caso, ciência, tecnologia ou inovação nacional é, a princípio, sedutor para os nacionalistas e intervencionistas, ao mesmo tempo em que é pernicioso para os liberais e os que desejam um Estado menos regulador. Argumentos fáceis de aumento de custo ou favorecimento ao custo de oportunidade ou aferição de custos de transação são largamente aventados quando do trato do temário em voga, porém precisam

---

[1] Léon Duguit compreende que há uma unidade na sociedade (consenso) em virtude da chamada solidariedade ou interdependência social, que acontece pela solidariedade por semelhança (por necessidades comuns, cuja satisfação está na vida em comum) ou pela solidariedade por divisão de trabalho (todos têm anseios e aptidões diversas, cuja satisfação é efetivada pela troca de serviços recíprocos) (DUGUIT, Léon. *Fundamentos do Direito.* São Paulo: Martin Claret, 2009. p. 35-44).

ser encarados sob a verticalidade necessária para evitar assertivas não correspondentes à verdade ou não passíveis de serem contrastadas (falta de checagem).

No mesmo sentido, o mantra da proposta mais vantajosa sem a devida perspicácia de como examinar a vantajosidade pela análise econômica da proposta (e não mera análise financeira), bem como a composição de custos do mercado pela Administração Pública sem qualquer metodologia, inclusive sem ponderar o custo da ciência, tecnologia e inovação nacional, é um dogma que merece ser superado. Por isso, diversas assertivas foram para pavimentar um raciocínio passível de adoção instantânea nos órgãos e entidades da Administração Pública brasileira ou, no mínimo, para que dúvidas sejam lançadas sobre a rotina usualmente adotada.

Considerando que a preocupação com a acumulação de capital intelectual e de seu uso para apoderar ou manipular ou capturar interesses represente talvez a moeda mundial mais poderosa e desejada, o fato é que a ciência, a tecnologia e a inovação nacional pelas compras públicas puderam ser estudadas pela legislação brasileira e espanhola, dentro do contexto da União Europeia. Os tópicos e os detalhes de aproximação e de repulsa foram destacados, inclusive os normativos, sublinhando sempre que o estado de arte da comparação se mostra efetivamente bastante prejudicado em razão das posições de saída bastante diferentes entre o Brasil e a Espanha.

Mesmo assim, como alhures mencionado, inúmeras barreiras são levantadas para obstaculizarem a proteção nacional diretamente em desfavor dos operadores econômicos ou indiretamente a partir de alguma imposição normativa diretiva ou fomentadora para os operadores ou sobre os objetos adquiridos, tanto é que se buscou rechaçar todos os argumentos refratários ao foco central da tese, qual seja, o dever de o Estado Brasileiro usar as licitações e os contratos administrativos para regular, por meio da direção e do fomento, favoravelmente a ciência, tecnologia e inovação nacional. Por fim, com o afã sempre de apresentar possíveis soluções e implementar a tese ora proposta, houve a apresentação de critérios e regras objetivas para que, no Brasil, exista efetivamente sua aplicação como forma de proteger a sociedade nacional e, com isso, o bem-estar geral.

Por todas essas razões, a grandeza e atualidade deste livro, inclusive em sua segunda edição, afloram a necessidade de um debate crítico, ainda mais após os debates acerca do Acordo MERCOSUL e União Europeia, do endurecimento da política tarifária dos Estados Unidos após a nova chegada de Trump ao governo americano e da necessidade ou não de maior ajuda do Estado para o desenvolvimento nacional, inclusive nas compras públicas. Acordos bilaterais ou multilaterais entre países do bloco econômico americano diretamente com a União Europeia podem ajudar ou prejudicar o cenário brasileiro? Eis a pergunta a ser respondida nas próximas décadas.

A FUNÇÃO SOCIAL DA LICITAÇÃO E DO CONTRATO ADMINISTRATIVO A PARTIR DA NECESSÁRIA REGULAÇÃO ESTATAL

1.1 Breves considerações conceituais sobre licitação e contrato administrativo e a existência de (nova) função, de acordo com a Constituição da República Federativa de 1988 e a legislação infraconstitucional

1.1.1 A persecução da função social deve ocorrer na licitação e/ou no contrato?

Inicialmente, os conceitos de licitação e de contrato administrativo merecem ser descortinados para que se possa inferir acerca da plausibilidade ou não do discurso existente nos últimos vinte anos de uma função social e econômica da licitação e do contrato administrativo ou, ainda, de uma "nova função social e econômica". De imediato, já convém fazer um aparte sobre a necessidade de abordar a função da licitação e do contrato, não se restringindo tão somente à função da contratação administrativa.

É sabido que existem censuras sobre a função da licitação em si, já que a referida estaria diretamente relacionada com a contratação administrativa ou com o contrato administrativo. Quando houve a inserção da nova finalidade da licitação em 2010, Marçal Justen Filho exarou críticas asseverando que a busca de desenvolvimento nacional sustentável devia ser realizada pela contratação administrativa, e não pela licitação – que é mero procedimento para a seleção dos fornecedores. Segundo o seu raciocínio, não se deveria ter colocado o princípio do desenvolvimento nacional sustentável como finalidade a ser objetivada pela licitação, mas, sim, tê-lo estipulado como princípio da contratação em si.[2]

[2] JUSTEN FILHO, Marçal. Desenvolvimento nacional sustentado: contratações administrativas e o regime introduzido pela Lei 12.349. *Informativo Justen, Pereira, Oliveira e Talamini*, n. 50, abr. 2011. Disponível em: www.justen.com.br/informativo. Acesso em: 20 jan. 2017. De forma diversa, pela compreensão de o referido escopo alcançar as licitações, as contratações diretas e os contratos, vide "as contratações públicas (e antes mesmo, as licitações) podem servir de estímulo para a adaptação voluntária da indústria, do comércio e da prestação de serviços aos parâmetros entendidos necessários à satisfação dos interesses (públicos) gerais, na direção do desenvolvimento

Anui-se parcialmente com a posição de Marçal Justen Filho, isso porque a contratação é o ato ou o efeito de contratar que abarca o contrato e todos os procedimentos anteriores à sua feitura, o que, *per si*, alberga a licitação. Ao mesmo tempo, não se concorda com a ideia de que a licitação não tenha que obedecer ao desenvolvimento nacional.

Do ponto de vista de natureza jurídica, é um procedimento administrativo e, como tal, não pode ser implementado sem observar tal diretriz principiológica. Além disso, o segundo argumento, *a contrario sensu*, é de que nem sempre todo contrato administrativo é perfectibilizado a partir de uma licitação, já que, no ordenamento jurídico brasileiro, há os casos de dispensa e de inexigibilidade, os quais podem originar avenças que não necessariamente são contratos administrativos propriamente ditos, pelo menos do ponto de vista deste autor.[3] O terceiro argumento é de que existem documentos e critérios só racionalmente possíveis de serem exigidos na licitação para a conferência do respeito ao desenvolvimento nacional sustentável pelos fornecedores.[4]

Para aclarar, explica-se: quando há a solicitação para que um licitante tenha determinado documento ou critério relacionado ao desenvolvimento nacional sustentável como requisito para ser habilitado ou, ainda, para que sua proposta seja valorada, logo pode-se dizer que a licitação está atingindo o desiderato do desenvolvimento nacional sustentável, e não somente o contrato em si.

Continuando o raciocínio, argui-se, ainda, que, numa análise *ex post*, após a celebração do contrato como momento para aferir o mencionado cumprimento ao desenvolvimento nacional por meio de alguns documentos, seria ilógica tal exigência por dois motivos: (i) o descumprimento geraria um processo administrativo sancionador por possível incumprimento contratual e até, a depender da situação, uma rescisão contratual, sendo que, se não tivesse tal documento ou condição já na licitação – e ali sendo avaliado –, sequer teria sido declarado vencedor e muito menos contratado; assim, já celebrado o contrato, haveria um prejuízo claro a terceiros e aos objetivos legalmente previstos; (ii) quando determinada condição para participar do certame ou documento habilitatório é pressuposto de acesso à seleção de fornecedores, logo haverá uma indução maior aos fornecedores para que cumpram um objetivo diretamente relacionado ao interesse público, partindo por óbvio da premissa de que se trata de uma exigência legal e adequada.

Com isso, emerge motivo suficiente para pedir critérios/documentos durante o certame, antes da celebração do contrato, que não está essencialmente relacionado com o contrato e suas especificidades de execução (direta ou indiretamente), mas em função da condição do licitante ou de sua proposta como requisito/vantagem que deverá ser avaliado já durante a licitação, sob pena de ser excluído da disputa.

---

nacional sustentável" (FERREIRA, Daniel. *A licitação pública no Brasil e sua nova finalidade legal*: a promoção do desenvolvimento nacional sustentável. Belo Horizonte: Fórum, 2012. p. 43-46).

[3] Posição que encontra eco na tese de Marçal Justen Filho, o qual questiona a natureza jurídica do enlace entre uma pessoa jurídica de direito público interno e um órgão ou entidade da Administração, tanto que corrobora a aludida hipótese como não de contrato administrativo propriamente dito, mas de um convênio administrativo entre pessoas administrativas (JUSTEN FILHO, Marçal. *Curso de Direito Administrativo*. 8. ed. Belo Horizonte: Fórum, 2012. p. 499). De forma contrária, inclusive sobre o mesmo inciso, vide GUIMARÃES, Edgar. *Contratação direta*. Curitiba: Negócios Públicos, 2013. p. 72.

[4] Usa-se a palavra racionalmente porque a exigência poderá acontecer em momento após a licitação ou durante a execução do contrato, todavia perderá a finalidade ante as consequências jurídicas ocasionadas ao infrator.

Feitos os esclarecimentos iniciais sobre as justificativas acerca da nomenclatura mais adequada que parece ser a função da licitação e do contrato administrativo, agora é imprescindível conhecer um pouco a história de cada instituto (licitação e contrato) e suas respectivas definições para saber se existe de fato uma nova função.

1.1.2 Breve histórico da legislação de licitação no Brasil

Pelo vernáculo, a palavra licitação (do latim *lacitatione*) significa o ato ou efeito de licitar, bem como lançar leilão, dar preço ou oferecer lance. Sua origem remonta a tempos anteriores ao Estado Moderno do século XV, quando se aventava sobre a existência da "licitação da vela" (também denominada de vela e pregão), na qual os licitantes eram apregoados para comparecerem em determinada data e hora para iniciarem a disputa com a oferta de lances, sendo que no recinto havia uma vela acesa, a qual ditava o tempo de disputa. Assim que apagasse, haveria a finalização do certame e o vencedor seria o autor da menor oferta até o último momento em que estivesse acesa.[5]

Especificamente no Brasil, as licitações remontam às Ordenações Filipinas, em 1592, visto que, em tal coletânea de normas, já se prescrevia que "(...) não se fará obra alguma, sem primeiro andar em pregão para se dar de empreitada a quem de houver fazer de melhor e por menos preço".

Em 1828, a lei de 29 de agosto, em seu art. 5º, também obrigava a realização de obras públicas mediante empresários previamente selecionados por "editais públicos" e para aquele que tivesse ofertado a maior vantagem.

Ademais, havia a lei de 1º de outubro de 1828, de acordo com a qual as obras poderiam ser feitas por pregão àquele que ofertasse a menor oferta e, na falta, deveria fazer com publicidade por jornal.[6] Em 1909, a Lei nº 2.221 estatuiu preceitos sobre a necessidade de sobriedade e seriedade com o uso do dinheiro público.[7]

Posteriormente, em 1922, com o Código de Contabilidade, estabeleceram-se algumas normas de como a Administração Pública deveria realizar suas contratações. Não era um conjunto de normas compiladas numa lei exclusiva sobre o assunto, porém seus parcos dispositivos preceituavam algumas diretrizes a serem obedecidas.

Em 1967, o Decreto-Lei nº 200/67, que trata da organização da Administração Pública federal até hoje (infelizmente!),[8] em seus artigos 125 a 144, estatuiu de maneira um pouco

---

5 ARAÚJO, Edmir Netto de. *Curso de Direito Administrativo*. 6. ed. São Paulo: Saraiva, 2014. p. 549-550.

6 "Art. 47. Poderão ajustar de empreitada a obras que se houverem de fazer, mettendo-as primeiramente em pregão para preferirem aquelles que se offerecerem por menor preço, precedendo vistoria legal, publicação do plano, e sua avaliação: e na falta de empreiteiros, as poderão fazer por jornal. E quando as obras forem de grande importancia, e alguns SOCIOS, ou Emprehendedores se offerecerem a fazê-las, percebendo algumas vantagens para sua. Indemnizacão, enviarão as propostas aos Conselhos· Geraes de Provincia." (Lei do 1º de outubro de 1828. Criando em cada cidade e villa do império camaras municipais)" (ALMEIDA, Candido Mendes de. *Codigo Philippino, ou, Ordenações e leis do Reino de Portugal*: recopiladas por mandado d'El-Rey D. Philippe I. 14. ed. Rio de Janeiro: Typografia do Instituto Philomathico, 1870).

7 Sobre o tema, vide MOTTA, Carlos Pinto Coelho. *Eficácia nas licitações e contratos*. 12. ed. Belo Horizonte: Del Rey, 2011. p. 2-6.

8 Infelizmente, porque haveria a necessidade de uma nova reconfiguração do esqueleto da Administração Pública Federal, considerando as mudanças sociais e os problemas políticos que demandam uma atuação e uma estruturação diferente do Estado brasileiro. Salienta-se que tais motivos inclusive corroborariam para modificar as bases de um Direito administrativo autoritário para um direito administrativo dialógico. Acerca das necessárias mudanças, vide: GABARDO, Emerson. A flexibilização da legalidade mediante o prestígio de uma ideia equivocada de

mais clara sobre a forma e os procedimentos a serem praticados para a concretização de uma licitação, sendo também auxiliado pelos Decretos Regulamentadores nº 73.140/73, 86.025/81 e 87.770/82. A parte específica do Decreto-Lei nº 200/67 foi revogada com a edição do Decreto-Lei nº 2.300, de 21 de novembro de 1986, e este passou a ser um texto normativo geral sobre licitações e contratos em seus noventa artigos.[9]

Em 1993, após a Constituição da República Federativa de 1988, o Decreto-Lei nº 2.300 foi revogado pela questionada Lei nº 8.666/93, que era extensa, com cento e vinte e três artigos, porém não o único texto normativo que versava sobre licitações e contratos no Brasil, até porque existia um grande emaranhado de leis, decretos, instruções e demais atos normativos tratando direta ou indiretamente sobre a matéria, o que demonstra a grande complexidade enfrentada por todos os operadores.[10]

Em 1º de abril de 2021, foi sancionada e publicada a Lei nº 14.133, a qual passou a reger sozinha as licitações e os contratos administrativos no Brasil a partir do dia 30 de dezembro de 2023, conforme regra do artigo 193 da Lei. Não obstante a esperança de simplificação normativa para tratar das compras públicas no Brasil, insta pontuar que a própria lei prescreveu em diversas oportunidades a imperiosidade de integração com regulamentos a serem expedidos, o que, *per si*, gerou – e ainda tem gerado – a expedição de inúmeros atos normativos (decretos, instruções normativas, portarias, resoluções, entre outros) para permitir a concretização das normas licitatórias e contratuais.

1.1.3 A busca da definição de licitação e seu aspecto procedimental e processual

Definir licitação não é uma atividade difícil, mesmo em nível internacional.[11]

Enrique Laso expõe que licitação pública é um procedimento para celebrar determinados contratos, cuja finalidade é a determinação daquele que oferece as condições mais vantajosas para a Administração a partir de um convite externado a todos os possíveis interessados por meio de um ato convocatório (*pliego de condiciones*) para que então possam formular propostas e, por sua vez, a Administração selecionará e aceitará aquela mais vantajosa para perfectibilizar um contrato.[12]

---

eficiência e uma visão niilista da separação dos poderes. *In*: HACHEM, Daniel Wunder; GABARDO, Emerson; SALGADO, Eneida Desiree. *Direito Administrativo e suas transformações atuais*. Curitiba: Íthala, 2016. p. 207-216.

9 Existiram outros atos normativos durante a história da legislação brasileira, porém não relevantes a ponto de serem citados neste trabalho em razão da falta de utilidade para esta explanação. De qualquer maneira, aludem-se para permitir a consulta: Decreto nº 41.019/57, Lei nº 4.320/64, Emenda Constitucional nº 15/1965, Lei nº 4.717/65, Decreto Federal nº 73.140/73 e Decreto Federal nº 86.025/81.

10 Sobre o contentamento ou descontentamento com a Lei nº 8.666/93, vide REIS, Luciano Elias. (Des)esperança no marco regulatório de contratações públicas: viver o presente e aplicar as normas existentes ou imaginar que a solução vem com novas normas. *Cadernos Jurídicos da OABPR*, Curitiba, p. 55-56, 26 maio 2017; BINENBOJM, Gustavo. *Temas de Direito Administrativo e Constitucional*. São Paulo: Renovar, 2008. p. 881-883; NIEBUHR, Joel de Menezes. Mudança nas licitações. *Revista Colunistas do Direito do Estado*, n. 17, ano 2015; NÓBREGA, Marcos. Uma nova lei de licitações. *Revista Colunistas do Direito do Estado*, n. 314, ano 2016; SUNDFELD, Carlos Ari. *Contratações públicas e seu controle*. São Paulo: Malheiros, 2013. p. 267-285.

11 Em outros tempos, havia a problemática se a licitação era instrumento de direito administrativo ou de direito financeiro, bem como se era um processo ou procedimento administrativo. Acerca do tema, vide Carlos Ayres Britto (BRITTO, Carlos Ayres. *O perfil constitucional da licitação*. Curitiba: Zênite, 1997. p. 69-78 e 106-145).

12 *"Un procedimiento relativo al modo de celebrarse determinados contratos, cuya finalidad es la determinación de la persona que ofrece a la Administración condiciones más ventajosas; consiste en una invitación a los interesados para que, sujetándose a las bases preparadas (pliego de condiciones), formulen propuestas, de las cuales la Administración selecciona y acepta la*

De maneira similar, Edgar Guimarães conceitua licitação como "procedimento administrativo consubstanciado num conjunto de atos praticados de forma ordenada e sucessiva pelo poder público, visando à seleção da melhor oferta, em razão de um negócio jurídico que pretende celebrar por meio de um contrato".[13]

Para Marçal Justen Filho, é o procedimento administrativo, disciplinado por lei e por um ato administrativo prévio, que visa selecionar a proposta mais vantajosa, observados os princípios da isonomia, da competitividade e da promoção do desenvolvimento nacional sustentável, por meio de um órgão específico competente.[14]

Outros autores possuem definições similares, não havendo grande discrepância entre eles, salvo no que se refere à sua natureza jurídica – procedimento ou processo administrativo.[15]

1.1.3.1 Licitação: processo ou procedimento

Para diferenciar processo e procedimento administrativo, adota-se a posição de Romeu Felipe Bacellar Filho, o qual realizou um percuciente estudo sobre as distinções a partir de vários autores nacionais e estrangeiros.

Para o jurista, processo e procedimento possuem uma relação entre espécie e gênero, respectivamente. O processo representa instrumento constitucional de atuação de todos os poderes estatais. É, portanto, uma espécie de exteriorização da função administrativa em que há a participação dos interessados em contraditório "imposto diante da circunstância de se tratar de procedimentos celebrados em preparação a algum provimento (ato de poder imperativo por natureza e definição) apto a interferir na esfera jurídica das pessoas".[16] Já o procedimento não contém necessariamente a pluralidade de sujeitos e a factibilidade de contraditório.

Na mesma esteira, em aprofundado estudo, Odete Medauar explica que a processualidade não é ínsita ao exercício da função jurisdicional e pode estar presente

más ventajosa (adjudicación), con lo que el contrato queda perfeccionado; y todo el procedimiento se inspira, para alcanzar la finalidad buscada, en estos principios: igualdad de todos los licitantes ante la Administración y cumplimiento estricto de las cláusulas del pliego de condiciones" (LASO, Enrique. *La licitación pública*. Montevideo: Julio Cesar Faira Editor, 2005. p. 1).

13 GUIMARÃES, Edgar. *Controle das licitações públicas*. São Paulo: Dialética, 2002. p. 38.

14 JUSTEN FILHO, Marçal. *Comentários à Lei de Licitações e Contratos Administrativos*. 16. ed. São Paulo: Revista dos Tribunais, 2014. p. 68.

15 José dos Santos Carvalho Filho define licitação como "o procedimento administrativo vinculado por meio do qual os entes da Administração Pública e aqueles por ela controlados selecionam a melhor proposta entre as oferecidas pelos vários interessados, com dois objetivos – a celebração de contrato, ou a obtenção do melhor trabalho técnico, artístico ou científico" (CARVALHO FILHO, José dos Santos. *Manual de Direito Administrativo*. 17. ed. Rio de Janeiro: Lúmen Juris, 2007. p. 209-210). Em sentido similar, CRETELLA JÚNIOR, José. *Das licitações públicas*. 18. ed. Rio de Janeiro: Forense, 2006. p. 50-59; NOHARA, Irene. *Direito Administrativo*. 4. ed. São Paulo: Atlas, 2014. p. 305; GASPARINI, Diogenes. *Direito Administrativo*. 13. ed. São Paulo: Saraiva, 2008. p. 477; ESCOBAR, J. C. Mariense. *Licitação*: teoria e prática. Porto Alegre: Livraria do Advogado, 1996. p. 19.

16 BACELLAR FILHO, Romeu Felipe. *Processo Administrativo Disciplinar*. 3. ed. São Paulo: Saraiva, 2012. p. 47-48. Discordando da diferença entre processo e procedimento, vide Marcelo Harger: "No direito brasileiro, no entanto, embora se utilize os termos "processo e procedimento" as consequências jurídicas da opção por um ou outro termo tem sido as mesmas" (HARGER, Marcelo. Processo administrativo: aspectos gerais. Enciclopédia jurídica da PUC-SP. Celso Fernandes Campilongo, Alvaro de Azevedo Gonzaga e André Luiz Freire (coord.). *Tomo: Direito Administrativo e Constitucional*. Vidal Serrano Nunes Jr., Maurício Zockun, Carolina Zancaner Zockun, André Luiz Freire (coord. de tomo). 1. ed. São Paulo: Pontifícia Universidade Católica de São Paulo, 2017. Disponível em: https://enciclopediajuridica.pucsp.br/verbete/145/edicao-1/processo-administrativo:-aspectos-gerais).

em outras funções estatais. Outrossim, explica que o processo administrativo é uma sucessão encadeada e necessária de atos administrativos, permeada pelo contraditório e com uma pluralidade de sujeitos, no exercício de poder, que objetiva um ato final, qual seja, o resultado "a que se direcionam as atuações interligadas dos sujeitos em simetria de poderes, faculdades, deveres e ônus, portanto em esquema de contraditório".[17]

Diferentemente de Odete Medauar e Romeu Felipe Bacellar Filho,[18] existem autores defensores de o termo processo administrativo ser adequado tão somente para situações litigiosas, tal qual Hely Lopes Meirelles ao prenunciar que a característica do processo "é o ordenamento de atos para a solução de uma controvérsia".[19]

Defende-se que a natureza jurídica da licitação é de procedimento administrativo, mesmo que o inciso XXI do artigo 37 da Constituição prescreva "processo de licitação", tal como foi feito também pela nova Lei de Licitações em diversos dispositivos (*v.g.* artigos 6º, IX, 9º, I, alínea *a*, 11, 12, 13, 15, 17, entre outros).

Feliz ou infelizmente, a Constituição da República, assim como os textos legais infraconstitucionais, emana normas, porém a redação de seus preceitos foi – e é – realizada, na maioria das vezes, por pessoas sem a profunda tecnicidade teórica, seja jurídica ou de outras ciências.

Por isso, deve ser encarada como algo comum a inserção de palavras ou expressões equivocadas do ponto de vista técnico teórico. Aqui reside a necessidade de inteligência para a sua interpretação e aplicação.

A licitação é um procedimento porque nem todos os seus atos e suas etapas são marcados pela abertura de contraditório e pluralidade de sujeitos. É composta de duas fases: interna e externa. A fase interna compreende todos os atos necessários desde o momento em que a Administração Pública manifesta o seu desejo internamente para pedir uma solução, a fim de atender uma necessidade pública.[20] Atualmente, a Lei nº 14.133 a denomina de fase preparatória (artigo 17, inciso I).

---

[17] MEDAUAR, Odete. *A Processualidade no Direito Administrativo*. São Paulo: RT, 1993. p. 41-42. Em sentido similar, Cármen Lúcia Antunes Rocha aduz: "O processo é o meio que pode se desenvolver por mais de um modo, que é o procedimento. Como escrevemos em outra ocasião, 'processo é o meio, o instrumento juridicamente criado para se realizar uma determinada finalidade. Difere de procedimento, que é o modo pelo qual se atua (...)'. O processo é instrumento; o procedimento é a maneira de fazer ou agir, ou, como na hipótese em foco, de conduzir o processo. O processo identifica o objeto e a forma de exercer determinadas atividades administrativas; o procedimento é o modo de aperfeiçoar esta atividade" (ROCHA, Cármen Lúcia Antunes. Princípios constitucionais do processo administrativo brasileiro. *Revista de Direito Administrativo*, v. 209, p. 190, jul./set. 1997).

[18] Utilizaram-se tão somente os dois autores, porém existem outros diversos na mesma diretriz de amplitude à definição de processo administrativo: MELLO, Celso Antônio Bandeira de. *Curso de Direito Administrativo*. 32. ed. São Paulo: Malheiros, 2015. p. 498-510; MOREIRA, Egon Bockmann. *Processo Administrativo*. 2. ed. São Paulo: Malheiros, 2003. p. 39-65; NOHARA, Irene; MARRARA, Thiago. *Processo Administrativo*. São Paulo: Atlas, 2009. p. 23-26; DI PIETRO, Maria Sylvia Zanella. A Lei de Processo Administrativo: sua ideia matriz e âmbito de aplicação. *In*: NOHARA, Irene; MORAES FILHO, Marco Antonio Praxedes de (org.). *Processo Administrativo*: Temas Polêmicos da Lei nº 9.784/99. São Paulo: Atlas, 2011. p. 185-201, p. 197.

[19] MEIRELLES, Hely Lopes. *Direito Administrativo Brasileiro*. 11. ed. São Paulo: RT, 1985. p. 581. Na mesma senda: FIGUEIREDO, Lucia Valle. *Curso de Direito Administrativo*. 7. ed. São Paulo: Malheiros, 2004. p. 424.

[20] "No Direito Administrativo, convertidos em pressupostos dos contratos da Administração Pública, esses elementos lógicos, axiológicos e psicológicos – a escolha, a convicção, a confiança, o enlace – hão de receber tratamento jurídico, centrado no julgamento, para atender aquela necessidade de crescer o subjetivismo de que estão necessariamente – mas não ilimitadamente, porque não completamente – imbuídos. Nesse cerceamento, o direito há de empenhar-se até certo ponto: o bastante à necessidade pública. Somente com essa medida prudente assegurará a prevalência do interesse público sobre o interesse privado, o que é princípio basilar não só da contratação, mas de toda a atuação da administração pública. Caso contrário, a pretexto de tolher o subjetivismo

De acordo com a sistemática do órgão ou entidade, vários atos são realizados internamente, sem a participação de estranhos ao corpo de agentes públicos da estrutura administrativa, como, por exemplo, a análise da viabilidade contábil de abrir a licitação, a autorização da autoridade competente para o prosseguimento dos atos, a realização de estudos para avaliar qual a melhor solução que satisfaça a necessidade exteriorizada, a ponderação de custo *versus* benefício das alternativas de solução, a pesquisa de mercado e pesquisa de preços da solução a ser adotada, entre outros.

Como se pode observar, são vários e típicos atos que ocorrem internamente sem a oportunidade de contraditório e pluralidade de sujeitos no momento do seu acontecimento. Destaca-se que a falta de contraditório está no instante da sua feitura, isso porque nada impede que, posteriormente, seja alvo de controle externo praticado por qualquer pessoa.

No mesmo cariz, a pluralidade de sujeitos assume-se como regra e significa que estranhos ao corpo administrativo do licitador não são aptos a participarem efetivamente de toda a fase interna. Isso, todavia, é bem diferente de inexistirem atos, documentos ou até propostas de terceiros, pois, por exemplo, será indispensável ter na etapa de pesquisa de preços a oitiva e coleta, por meio da consulta a terceiros (fora da Administração), podendo até acontecer uma audiência pública para escutar potenciais fornecedores e analisar suas soluções mercadológicas existentes para enfrentar a necessidade pública etc.[21]

A processualidade típica e seus elementos caracterizadores, como a pluralidade de sujeitos e contraditório, estarão evidentes na fase externa da licitação. Em outras palavras, verifica-se que, durante toda a realização de uma licitação, existe o momento típico de procedimento administrativo (até o final da fase interna ou preparatória) e o típico de processo administrativo (a partir da fase externa ou também denominada de fase de seleção de fornecedores, a qual se inicia pela publicação do ato convocatório).

Como existe a relação entre espécie e gênero, todo processo é procedimento, mas nem todo procedimento é processo; logo, pode-se afirmar que licitação é procedimento.[22] Caso se disserte sobre o processo da licitação, do ponto de vista técnico, deve-se referir à fase externa ou fase de seleção de fornecedores. O caráter procedimental é uma sucessão

---

deletério, o direito estará tolhendo deleteriamente a liberdade de contratar. Compete, portanto, à prudência do direito descobrir parâmetros verdadeiros para dosar o cerceamento apenas por verdadeiros parâmetros. Tais, que não entravem a administração pública. A necessidade de disciplinar a contratação administrativa é indiscutível. Em face dela, o que se pode e deve discutir é se a licitação é o melhor meio de gerar e gerir o enlace contratual da administração pública. Essa discussão será levada a efeito neste livro mediante comentários históricos, que virão até a realidade presente, partindo do contratualismo" (BARROS, Sérgio Resende. *Liberdade e contrato*: a crise da licitação. Piracicaba: Editora Unimep, 1995. p. 26). De modo similar, Gonzalo S. Kodelia entoa: "*La finalidad general de las contrataciones del Estado, debe relacionarse con los requerimientos sociales. Es decir, el Estado invierte recursos de la sociedad para alcanzar las metas que ésta le impone, las cuales se relacionan con la satisfacción de sus necesidades*" (KODELIA, Gonzalo S. Teoría General del Contrato Administrativo. *In*: REGUEIRA, Enrique M. Alonso *et al*. *Contratos de la Administración*: teoría y práctica. Ciudad Autónoma de Buenos Aires: La Imprenta Ya SRL, 2017. p. 17-68, p. 50).

21 Sobre a pesquisa mercadológica e de preços, vide: REIS, Luciano Elias. O problema chamado pesquisa de mercado e a recente Instrução Normativa SLTI/MPOG n. 05/2014. *Revista JML de Licitações e Contratos*, v. VIII, p. 17-26, 2014.

22 Existem relevantes vozes na doutrina que divergem sobre esse ponto, tal como o professor Jorge Ulisses Jacoby Fernandes na obra JACOBY, Jorge Ulisses; FERNANDES, Murilo Jacoby; FERNANDES, Ana Luiza Jacoby. *Contratação direta sem licitação*. 11. ed. Belo Horizonte: Fórum, 2021.

de atos concatenados desenvolvidos de forma ordenada e sucessiva para o alcance de um objetivo. Contudo, essa expressão possui polissemia e pode significar também o chamado "iter procedimental".

Para evitar confusões de nomenclatura que trariam finalidades diversas para a teoria ora proposta, compreende-se que iter procedimental é sinônimo de caráter procedimental e que este sempre estará presente em um procedimento ou em um processo administrativo.

A licitação busca satisfazer uma necessidade material, que é o seu objetivo imediato (um produto, serviço, obra ou alienação), para, posteriormente, satisfazer o objetivo mediato, que é atender o interesse público ao acudir a necessidade pública em conformidade com o regime jurídico vigente.[23]

É dessa maneira um procedimento típico do sistema democrático, no qual é inadmissível arbítrio ou pessoalidade do governante e possui fundamento legal, econômico e financeiro.[24] Tem sempre como destinatário a coletividade e se revela fundamental não a confundir com a patologia da licitação, conforme explica Adilson Abreu Dallari, para quem "a licitação não é um mal, não é um procedimento lento, complicado, burocratizado, puramente formal e sem resultados práticos", isso porque "não se pode confundir a licitação com o mau uso que dela se tem feito".[25]

Deve-se tomar cuidado para não criticar as licitações públicas a tal ponto de torná-las um instrumento de incredulidade de sua eficiência e legitimidade para a escolha pelo Estado do seu futuro contratado.[26]

Recorda-se que o massivo ataque ao instituto do serviço público ajudou na sua bancarrota, como explica Jacques Chevallier em sua obra *O serviço público*. Ademais, a repetição despropositada da ineficiência da gestão pública, longe de ser uma crítica positiva a fim de aprimorar os métodos administrativos e modernizar a capacidade administrativa, passa a ser uma crítica negativa que somente tem o condão de apontar "a inferioridade intrínseca e congenital da gestão pública e postulando a incapacidade

---

[23] Daniel Ferreira também trabalha a ideia de finalidade material da licitação e da contratação administrativa, diferenciando-a das finalidades legais (seleção da proposta mais vantajosa, igualdade e promoção do desenvolvimento nacional sustentável): "(...) a finalidade material da licitação se aproxima, em muito, da finalidade (material) da contratação administrativa e no mesmo panorama antevisto para o objeto licitado e o objeto contratado: enquanto o fim ordinário da licitação é, abstratamente, tornar viável a satisfação da necessidade ou da utilidade, administrativa ou coletiva, a finalidade material da contratação administrativa é concretamente satisfazê-la, na forma e nas condições propostas" (FERREIRA, Daniel. *A licitação pública no Brasil e sua nova finalidade legal*: a promoção do desenvolvimento nacional sustentável. Belo Horizonte: Fórum, 2012. p. 34).

[24] CALASANS JÚNIOR, José. *Manual da licitação*: orientação prática para o processamento de licitações. 2. ed. São Paulo: Atlas, 2015. p. 4-6. Jesús González Pérez alerta que: *"La sujeción de la acción administrativa a determinadas formalidades, la necesidad de que la acción administrativa se realice a través de los cauces formales de un procedimiento ha sido siempre –y sigue siéndole– una de las más firmes garantías del interés público"* (PÉREZ, Jesús González. *La ética en la Administración Pública*. 2. ed. Madrid: Civitas Ediciones, 2000. p. 103).

[25] DALLARI, Adilson Abreu. *Aspectos jurídicos da licitação*. 7. ed. São Paulo: Saraiva, 2006. p. 8 e 18. Celso Antônio Bandeira de Mello explana que três exigências públicas sempre deverão ser atendidas: (i) proteção aos interesses públicos e recursos governamentais; (ii) respeito aos princípios da isonomia e da impessoalidade; e (iii) obediência aos reclamos da probidade administrativa (MELLO, Celso Antônio Bandeira de. *Elementos de Direito Administrativo*. 3. ed. São Paulo: Malheiros, 1992. p. 177).

[26] "Certame licitatório não é cenário circense, onde se premia o irrealismo" (ALCORADO, Luiz Carlos. *Licitação e Contrato Administrativo*. 2.ed. Brasília: Brasília Jurídica, 2000. p. 265).

da administração de se reformar; por essência, pouco performativos e fracamente produtivos".[27]

1.1.3.2 Definição de licitação

Pelas razões anteriormente declinadas, compreende-se que a natureza jurídica é de procedimento e, com isso, define-se licitação como o procedimento administrativo desenvolvido de forma ordenada e sucessiva, almejando encontrar a proposta economicamente mais vantajosa ao poder público, a partir de uma análise interna da melhor solução para satisfazer a necessidade pública e desde que sejam observadas a isonomia, a competitividade e a promoção do desenvolvimento nacional sustentável.

1.1.3.3 Os destinos de uma licitação e o direito do licitante vencedor ser contratado

Nem todo procedimento instaurado atinge o seu objetivo, visto que uma licitação pode ter cinco destinos: (i) licitação frutífera; (ii) licitação deserta; (iii) licitação fracassada; (iv) licitação revogada; e (v) licitação anulada.

A licitação frutífera ocorre quando ela se propõe e atende ao seu fim mediato e imediato; a deserta, quando não comparece qualquer possível interessado para disputar o objeto licitado; a fracassada, quando todos os interessados participantes da licitação ou o interessado participante têm suas propostas desclassificadas ou seus documentos de habilitação, em parte ou na integralidade, rejeitados;[28] a anulada, quando existe algum vício de legalidade em seu procedimento ou em sua existência que a torne ilegal, o que, *per se*, determina a sua anulação,[29] nos termos do art. 49 da Lei nº 8.666/93, dos artigos 71 e 147 da Lei nº 14.133/2021 e de acordo com as Súmulas nº 346 e 473 do Supremo Tribunal Federal;[30] e a revogada, quando não mais presentes a oportunidade e a conveniência a partir da ocorrência de um fato superveniente à deflagração do certame, nos termos

---

27 CHEVALLIER, Jacques. *O serviço público*. Tradução: Augusto Neves Dal Pozo e Ricardo Marcondes Martins. Belo Horizonte: Fórum, 2017. p. 54.

28 Sobre a diferença da licitação fracassada e deserta, Maria Sylvia Zanella Di Pietro esclarece que: "A licitação deserta ocorre na hipótese do inciso V do art. 24 da Lei nº 8.666, ou seja, quando não acudirem interessados à licitação anterior e esta, justificadamente, não puder ser repetida sem prejuízo para a Administração, mantidas, neste caso, todas as condições preestabelecidas. Licitação fracassada é aquela em que se apresentam licitantes interessados, porém nenhum deles preenche os requisitos, ou porque faltaram documentos exigidos para habilitação (art. 27), ou porque foram desclassificados com base no art. 48" (DI PIETRO, Maria Sylvia *et al. Temas Polêmicos sobre Licitações e Contratos*. 5. ed. São Paulo: Malheiros, 2001. p. 114), ainda que atualmente, na nova lei de licitações, não exista grande repercussão prática para discernir fracassada de deserta para fins de enquadramento de dispensa de licitação, nos termos do artigo 75, III, alínea *a*.

29 O dever de anulação atualmente é obtemperado à situação vivenciada pelo órgão e entidade da Administração Pública e outras condições, uma vez que a mera ilegalidade não enseja necessariamente a invalidação. É possível que uma licitação seja declarada inválida e continue produzindo efeitos. Esse raciocínio encontra supedâneo nos artigos 20, parágrafo único, e 22, §1º, do Decreto-Lei nº 4.657/42 e no artigo 147 da Lei nº 14.133/2021.

30 Marçal Justen Filho detalha que a anulação deriva diretamente da legalidade e da indisponibilidade do interesse público. Nas palavras do autor, "como a Administração está estritamente vinculada à Lei, não se admite que pratique atos ofensivos a dispositivos legais. Por isso, a autoridade administrativa tem o dever de invalidar seus próprios atos que se revelem viciados" (JUSTEN FILHO, Marçal. *Comentários à lei de licitações e contratos administrativos*. 16. ed. São Paulo: Revista dos Tribunais, 2014. p. 893).

do artigo 49 da Lei nº 8.666/93, do artigo 71 da Lei nº 14.133/2021 e da Súmula nº 473 do Supremo Tribunal Federal.[31]

Como consequência da licitação frutífera e sua sequência lógica normal, a Administração Pública deve celebrar o contrato administrativo com o fornecedor que venceu a disputa. Abre-se parêntese para destacar que se defende a ideia de "sequência lógica normal", porque, não havendo qualquer motivo devidamente apresentado aos autos e publicizado a todo e qualquer interessado, é ato vinculado à contratação.

Não existem uma expectativa de direito ao adjudicatário e uma faculdade da Administração Pública licitadora, e, sim, há um direito ao adjudicatário e um dever de ser convocado para perfectibilizar o ajuste. Não é justo, de acordo com o princípio da boa-fé e da confiança legítima, que um fornecedor participe e vença uma licitação e, posteriormente, sem qualquer motivo justo e decorrente de fato superveniente, visualize a Administração Pública lhe abnegando a celebração do contrato.

Pode-se fazer um raciocínio similar ao entendimento jurisprudencial de que o preenchimento de vagas ofertadas no concurso público gera um direito subjetivo ao candidato aprovado em tais condições.[32] Não é viável juridicamente e nem racional do ponto de vista econômico que um fornecedor possua despesas para participar de um certame, venha a ser declarado vencedor e, depois, veja a Administração Pública inerte e não o convocando para celebrar o ajuste. Qual o impacto econômico dessa atitude? Muito grande, porque afastará potenciais fornecedores de participar de outras licitações ou eles precificarão esses comportamentos nefastos, o que gerará um maior dispêndio de recursos públicos e, consequentemente, a sociedade será prejudicada.

Quanto ao prazo para a feitura do contrato, daí não se defende um prazo fixo, mas um lapso temporal razoável, o qual poderá variar de acordo com o substrato fático e o planejamento do órgão ou entidade envolvida.

1.1.4 Os contratos administrativos

Para o enquadramento do instituto do contrato administrativo e sua função, também é importante que se conheça um pouco de sua história para saber inicialmente se faz sentido diferenciá-lo dos demais contratos, bem como defini-lo a partir de suas características principais.[33]

1.1.4.1 Breve escorço histórico dos contratos administrativos

A Administração Pública começou a chamar os particulares para colaborarem na satisfação das necessidades coletivas e, com isso, realizar tarefas públicas, como

---

[31] MELLO, Oswaldo Aranha Bandeira de. *Princípios gerais de Direito Administrativo*. 3. ed. São Paulo: 2007. p. 632-633. Especificamente sobre revogação e a necessidade sempre de permitir contraditório e ampla defesa prévios ao ato revogatório, vide: REIS, Luciano Elias. Revogação da licitação pública: aspectos conceituais, procedimentais e de controle judicial. *Revista Juris Plenum Direito Administrativo*, v. 1, p. 63-92, 2016.

[32] O candidato aprovado em concurso público dentro do número de vagas previsto no edital possui direito subjetivo à nomeação [Tese definida no RE nº 598.099, rel. min. Gilmar Mendes, P, j. 10-8-2011, DJE 189 de 3-10-2011, Tema 161].

[33] Sobre a história dos contratos administrativos, vide AMARAL, Diogo Freitas do. *Curso de Direito Administrativo*. Vol. II. Coimbra: Almedina, 2013. p. 544-549; PASTOR, Juan Alfonso Santamaría. *Principios de Derecho Administrativo Geral II*. 2. ed. Madrid: Justel, 2009. p. 166-172.

concessões de obras e serviços, serviços de transporte, iluminação das cidades e contratos de empreitada, motivo pelo qual Isabel Celeste Fonseca diz que o contrato administrativo é uma "forma de exercício do poder administrativo".[34]

A referida autora explicita que, (i) desde a Antiguidade Oriental, mobilizavam-se recursos humanos amplos para a defesa externa e a segurança interna, a circulação de pessoas e bens e a realização de obras para a coletividade; (ii) na Grécia Antiga e em Roma, apesar de uma estrutura administrativa incipiente, verifica-se uma preocupação com o atendimento de necessidades coletivas; (iii) na Roma Imperial, a Administração Pública foi estruturada por um sistema administrativo territorial que ficou responsável por satisfazer as múltiplas necessidades coletivas, como infraestrutura, abastecimento de água, defesa, comunicações, mercados, ensino e lazer; e (iv) ainda na Roma Imperial, os contratos administrativos apareceram, o que, inclusive, ajudou na diminuição do uso dos escravos para algumas tarefas públicas até o século I d.C., e foram usados até mesmo para a cobrança de impostos – e não apenas nas obras públicas.[35]

Apesar disso, no século XIX, aparecem os contratos administrativos nos moldes conhecidos até hoje a partir de negócios à época que visavam à construção de estradas de ferro e à iluminação das cidades a gás, até porque os exemplos mencionados anteriormente estavam muito mais próximos de atos administrativos em si do que de contratos.

Assim como ocorre com o próprio surgimento do direito administrativo, é a França que oferece larga contribuição para a existência dos contratos administrativos. Alguns casos deliberados pelo Conselho de Estado são extremamente significativos para gerar um afastamento do direito civil como fonte imediata à resolução dos conflitos decorrentes dos ajustes envolvendo a Administração Pública.

Estes julgamentos evidenciam a busca de um regime jurídico próprio (ou normas específicas) para tratar dos contratos públicos ao invés de se atrelar integralmente ao regime de direito privado, quais sejam: (i) em 1902, ao deliberar que a contratante pública poderia impor unilateralmente a modificação do conteúdo das prestações contratuais numa lide envolvendo um município e seu concessionário de uma rede de iluminação pública a gás, a fim de determinar a mudança do combustível para a iluminação (de gás para eletricidade); (ii) em 1910, quando o concessionário foi obrigado pelo município contratante a criar novas linhas de tráfego não previstas inicialmente no contrato; (iii) em 1916, quando o concessionário de iluminação a gás solicitou uma majoração da sua remuneração contratual ante a subida significativa do preço do carvão como insumo essencial do objeto contratual.[36]

Ressaltando os casos concretos, Eduardo García Enterría explica que é a partir da base empírica que se produz a "*substantivación jurídico-material de la figura*" do contrato administrativo. Salienta, ainda, que, da experiência francesa resulta a substituição do

---

[34] FONSECA, Isabel Celeste M. *Direito da contratação pública*: uma introdução em dez aulas. Coimbra: Almedina, 2009. p. 24.

[35] FONSECA, Isabel Celeste M. *Direito da contratação pública*: uma introdução em dez aulas. Coimbra: Almedina, 2009. p. 31-32. Sobre o tema, vide também ESCOLA, Hector Jorge. *Compendio de Derecho Administrativo*. Vol. II. Buenos Aires: Ediciones Depalma, 1984. p. 597-599.

[36] FONSECA, Isabel Celeste M. *Direito da contratação pública*: uma introdução em dez aulas. Coimbra: Almedina, 2009. p. 47-48.

critério estrutural de atos de autoridade, por meio dos atos de gestão, como critério central de delimitação do âmbito da jurisdição contencioso-administrativo e passa para o critério de serviço público.[37]

O autor chama a atenção também para o *Arrêt Terrier*, de 1903, no qual, pela primeira vez, a competência da jurisdição contencioso-administrativa se define caso o fato gerador da demanda esteja relacionado com a organização e o funcionamento dos serviços públicos propriamente ditos, apesar de a consolidação de tal raciocínio acontecer pelos *Théroud* (1910), *Compagnie d'Assurance Le Soleil* (1910), *Societé de Granits Porphyroides des Vosges* e pela Escola Realista de Bordeaux (Duguit e Jèze).[38]

A importância de compreender a história do contrato administrativo em outros países que servem de inspiração para o direito administrativo brasileiro tem uma razão de ser, qual seja, avaliar qual a forma mais adequada de conceituá-lo.[39] Seguindo nessa missão, convém salientar que, muito diferente da França, a Alemanha historicamente era refratária à existência do contrato administrativo, já que o repasse de uma atividade da Administração Pública para o particular seria um ato administrativo unilateral de submissão (ou subjugação)[40] no qual este anui como condição de sua eficácia.

Sua causa está no interesse e no poder público, que não admite negociação.[41] Como diz Recaredo Velasco, para os alemães, o contrato administrativo está próximo de uma requisição que se exterioriza por dois atos administrativos (um impõe uma prestação, e outro, o pagamento da indenização), sendo que a diferença reside, pois, na requisição e "*se impone unilateralmente la voluntad de la Administración, mientras que en el contrato la sumisión es voluntaria*".[42]

---

37 Sobre o histórico de serviço público e sua concepção no Estado Liberal e no Estado Social, vide SCHIER, Adriana. *Serviço Público*: garantia fundamental e cláusula de proibição de retrocesso social. Curitiba: Íthala, 2016. p. 36-58; ARAGÃO, Alexandre Santos de. *Direito dos Serviços Públicos*. 4. ed. Belo Horizonte: Fórum, 2017. p. 71 e seguintes.

38 ENTERRÍA, Eduardo García. La Figura del Contrato Administrativo. *Revista de Administración Pública*, Madrid, n. 41/110, p. 99-128, 1963, p. 103-104. Juan Alfonso Santamaría Pastor pontua: "*Desde hace al menos quinientos años, los poderes públicos han hecho un empleo sistemático de la técnica contractual para realizar no pocas de sus actividades. Pero esta modalidad de actuación conoce en nuestros días un auge considerable (en perjuicio de la actividad unilateral y autoritaria) tanto en cantidad como en variedad: no sólo se ha incrementado sustancialmente el número y volumen de convenios que cada Administración celebra con empresas privadas, con las restantes Administraciones y con entidades de todo tipo (incluso con algunas pertenecientes a su propria organización); también las modalidades contractuales que se emplean son sumamente diversas e innovadoras, careciendo muchas de ellas de paralelo en el ámbito privado*" (PASTOR, Juan Alfonso Santamaría. *Princípios de Derecho Administrativo Geral II*. 2. ed. Madrid: Justel, 2009. p. 165). Caso queira conhecer um pouco mais sobre as decisões francesas, vide *Les Très Grandes Décisions Du Droit Administratif Recueil de décisions juridictionnelles*. Disponível em: https://www.guglielmi.fr/IMG/pdf/TGD.09.pdf.

39 Sobre o liame entre a busca da autonomia do contrato administrativo e do direito administrativo em relação, respectivamente, ao contrato privado e ao direito privado, Enterría comenta: "*La gravedad del problema teórico del contrato administrativo es que en él se viene a condensar el problema entero del Derecho Administrativo o, y en especial las tres cuestiones centrales de la modulación en su ámbito de instituciones procedentes del Derecho civil, de la posición jurídica de la Administración como sujeto y de la aplicación a la misma del Derecho privado*" (ENTERRÍA, Eduardo García. La Figura Del Contrato Administrativo. *Revista de Administración Pública*, Madrid, n. 41/110, p. 99-128, 1963, p. 110-111).

40 Como possíveis significados para fins de tradução da *sumisión* que Enterría escreve.

41 GONÇALVES, Pedro. *O Contrato Administrativo*. Coimbra: Almedina, 2003. p. 18.

42 VELASCO, Recaredo Fernandez de. *Los contratos administrativos*. 2. ed. Madrid: Institutos de Estudios de Administración, 1945. p. 32. Até porque o raciocínio alemão se embasava no ato administrativo: "*El régimen del derecho (rechtsstaat) se perfecciona en virtud del acto administrativo, el cual, con su fuerza obligatoria, está ubicando dentro de las relaciones a regular entre el Estado y el súdito. (...) El acto administrativo es un acto de autoridad que emana de la administración y que determina frente al súdito lo que para él debe ser de derecho en un caso concreto*" (MAYER, Otto. *Derecho administrativo alemán*. Tomo I. Buenos Aires: De Palma, 1982. p. 125-126).

Esse raciocínio, segundo Enterría, reverbera também nas doutrinas suíça e italiana.[43] A diferença (França *versus* Alemanha) não está somente no fato de os litígios envolvendo contratos administrativos irem para a jurisdição administrativa, mas no modo de visão do ato em si: ato de gestão que gera uma colaboração *versus* ato de submissão ou subordinação que, a partir da anuência, impõe o mero cumprimento.[44]

Espanha e Portugal seguiram noções de contrato administrativo de acordo com a linha francesa, a qual suplica o seu tratamento por meio de um regime jurídico especial.[45]

No Estado espanhol, a legislação prescreveu o seu caráter de colaboração, exceto as concessões, que se assujeitam aos tribunais de contencioso-administrativo.[46]

De forma similar, no Estado português, o contrato administrativo "foi puramente obra da lei" e tem o intuito colaborativo, apesar que o conceito de matriz substantiva nem sempre seguiu às riscas a sua matriz processual. Isso quer dizer que o Estado age e busca o particular para satisfazer as suas necessidades como um cliente, conquanto existam normas peculiares.[47]

1.1.4.2 Elementos característicos dos contratos administrativos

Como visto, a jurisdição administrativa é uma característica muito utilizada para discernir o contrato administrativo do privado; todavia, esse não é um critério válido no contexto brasileiro, o qual não possui dualidade de jurisdição.

Desse modo, deve-se perquirir outras características a partir dos conceitos nacionais e estrangeiros, a fim de encontrar qual seria uma definição atual adequada.

Seguindo essa missão, para Hector Jorge Escola são "*aquellos contratos celebrados por la administración pública con una finalidad de interés público y en los cuales, por tanto, pueden existir cláusulas exorbitantes del derecho privado o que coloquen al cocontratante de la administración pública en una situación de subordinación respecto de ésta*".[48]

No mesmo intento, Roberto Dromi aduz que a caracterização do contrato administrativo se dá em razão: "*a) del objeto del contrato, es decir, las obras y los servicios públicos cuya realización y prestación constituyen precisamente los fines de la Administración; b) de la participación de un órgano estatal o ente no estatal en ejercicio de la función administrativa, y c) de las prerrogativas especiales de la Administración en orden a su interpretación, modificación y resolución*".[49]

---

[43] ENTERRÍA, Eduardo García. La Figura del Contrato Administrativo. *Revista de Administración Pública*, Madrid, n. 41/110, p. 99-128, 1963, p. 104-105.

[44] Sobre a história da Itália e Alemanha como contrárias à ideia de contratos administrativos ou com pensamento adversário e favorável à Espanha, França e Portugal, consoante se denota respectivamente de: GONÇALVES, Pedro. *O Contrato Administrativo*. Coimbra: Almedina, 2003. p. 12-16 e 16-19.

[45] GONÇALVES, Pedro. *O Contrato Administrativo*. Coimbra: Almedina, 2003. p. 18.

[46] ENTERRÍA, Eduardo García. La Figura Del Contrato Administrativo. *Revista de Administración Pública*, Madrid, n. 41/110, p. 99-128, 1963, p. 106-107.

[47] FONSECA, Isabel Celeste M. *Direito da contratação pública*: uma introdução em dez aulas. Coimbra: Almedina, 2009. p. 55. Sobre os sistemas tradicionais de contratação pública na Europa, em especial França, Grã-Bretanha, Espanha e Alemanha, vide ESTORNINHO, Maria João. *Curso de Direito de Contratos Públicos*: por uma contratação pública sustentável. Coimbra: Almedina, 2013. p. 159-218.

[48] ESCOLA, Hector Jorge. *Compendio de Derecho Administrativo*. Vol. II. Buenos Aires: Ediciones Depalma, 1990. p. 614.

[49] DROMI, Roberto. *Derecho Administrativo*. 10. ed. Buenos Aires: Ciudad Argentina, 2004. p. 474-475.

Assim, o regime jurídico do contrato administrativo é marcado pelo formalismo, pelas prerrogativas da Administração Pública (desigualdade jurídica entre as partes contratantes e as cláusulas exorbitantes), pelos direitos e obrigações personalíssimas e pelos efeitos perante terceiros.[50]

De forma idêntica, Jean Rivero elenca três características dos contratos administrativos: as partes do contrato, pois somente é contrato administrativo se uma das partes é uma pessoa coletiva de direito público; o objeto do contrato, que deve estar atrelado à própria execução do serviço público; e as cláusulas do contrato, que deverão confiar um objeto à execução do serviço a um particular com a existência de cláusulas exorbitantes ao direito comum.[51]

De forma um pouco diversa, Romeu Felipe Bacellar Filho compila seis elementos integrativos: (i) é um ajuste bilateral, ou seja, no mínimo devem existir duas partes; (ii) é consensual, necessitando de vontade recíproca na contratação, característica imprescindível para a sua não descaracterização; (iii) é formal, pois deve atender às formalidades legais; (iv) é comutativo, porque estipula obrigações e direitos recíprocos, bem como sanções no caso de inadimplemento; (v) é oneroso, devendo ser pago na forma ajustada; e (vi) é *intuitu personae*, pois exige a pessoa do contratado para o seu cumprimento, somente podendo ser adimplido por outros nos casos autorizados e estabelecidos em lei.[52]

Vide que o autor não elenca as cláusulas exorbitantes como um diferencial, até porque nega a sua existência, alegando que decorrem diretamente do ordenamento jurídico; por isso, não há que se falar em qualquer exorbitância ou algo incomum.[53]

Marçal Justen Filho diferencia os contratos administrativos em sentido amplo (gênero) dos acordos de vontade da Administração, dos contratos administrativos em sentido restrito e dos contratos de direito privado (espécies).

O gênero é um "acordo de vontades destinado a criar, modificar ou extinguir direitos e obrigações, tal como facultado legislativamente e em que pelo menos uma das partes atua no exercício da função administrativa"; já a espécie de contrato administrativo em sentido restrito é "acordo de vontades para constituir relação jurídica destinada ou a satisfazer de modo direto necessidades da Administração Pública ou a delegar a um particular o exercício de competências públicas".[54]

André Luiz Freire enfoca a natureza jurídica de ato bilateral e da imputação de normas jurídicas infralegais individuais quando conceitua como "ato administrativo

---

[50] DROMI, Roberto. *Derecho Administrativo*. 10. ed. Buenos Aires: Ciudad Argentina, 2004. p. 483-486.

[51] RIVERO, Jean. *Direito Administrativo*. Tradução: Dr. Rogério Ehrhardt Soares. Coimbra: Livraria Almedina, 1981. p. 133-137. A título complementar, vale frisar que outros juristas também qualificam a existência das cláusulas exorbitantes como diferenciais dos demais contratos (MELLO, Celso Antônio Bandeira de. *Curso de Direito Administrativo*. 32. ed. São Paulo: Malheiros, 2015. p. 640 e s.; MEIRELLES, Hely Lopes. *Licitação e Contrato Administrativo*. 2. ed. São Paulo: Revista dos Tribunais, 1975. p. 187 e s.; MEDAUAR, Odete. *Direito Administrativo Moderno*. 13. ed. São Paulo: Revista dos Tribunais, 2009. p. 219 e s.; DI PIETRO, Maria Sylvia. *Direito Administrativo*. 32. ed. São Paulo: Atlas, 2019. p. 298 e s.; BACELLAR FILHO, Romeu Felipe. *Direito Administrativo*. 4. ed. São Paulo: Saraiva, 2008. p. 131 e s.; ESTORNINHO, Maria João. *Réquiem pelo contrato administrativo*. Coimbra: Almedina, 1990. p. 75-76).

[52] BACELLAR FILHO, Romeu Felipe. *Direito Administrativo*. 4. ed. São Paulo: Saraiva, 2008. p. 130.

[53] BACELLAR FILHO, Romeu Felipe. *Reflexões sobre Direito Administrativo*. Belo Horizonte: Saraiva, 2009. p. 178.

[54] JUSTEN FILHO, Marçal. *Curso de Direito Administrativo*. 11. ed. São Paulo: Revista dos Tribunais, 2015. p. 451, 452 e 464.

bilateral introdutor de normas jurídicas infralegais individuais, concretas, obrigatórias para as partes (sendo uma delas entidade da Administração Pública) e reguladoras de uma relação jurídica obrigacional".[55]

De acordo com a realidade portuguesa, Pedro Gonçalves qualifica como "um acordo juridicamente vinculativo celebrado entre dois ou mais sujeitos de direito com vista à constituição, modificação ou extinção de uma relação regulada pelo direito administrativo e que, por isso mesmo, fica submetido a um regime substantivo de direito público".[56]

De forma igual, outro jurista português, Armando M. Marques Guedes, pontua que o contrato é ajuste pelo qual uma pessoa se obriga para com a Administração a colaborar e cooperar no exercício de determinadas atividades administrativas, sob as exigências que o interesse público clama no caso, mediante uma remuneração estipulada e sempre ressalvado o direito à indenização, isto é, "equitativa compensação, ou rescisão, no caso de acrescida onerosidade que afete o equilíbrio financeiro do empreendimento".[57]

Por todo esse panorama, indaga-se se o contrato administrativo de fato é diferente ou igual ao contrato de direito privado.

Se for igual, já se adianta que a nomenclatura com adjetivação "administrativo" não faria sentido algum, salvo para questões mercadológicas de venda de livros, para outro intuito comercial ou para uma suposta separação metodológica de ramos do direito. Entretanto, se houver motivo que os torne distintos, então será justa a denominação.[58]

Defendendo inexistir qualquer dessemelhança entre eles, já que fariam parte do contrato como instituto do direito, e não do direito civil ou do direito administrativo, Romeu Felipe Bacellar Filho aduz que a diferenciação não tem o menor sentido, pois não é instituto exclusivo de qualquer ramo do direito.[59]

Luis Cosculluela Montaner e Mariano López Benítez alegam que o contrato é uma instituição jurídica pertencente à teoria geral do direito e é comum a todas as disciplinas jurídicas, sendo que o contrato administrativo é aquele regido pelo direito administrativo.[60]

Nesse ponto, não se discorda de que tal é um instituto de direito administrativo que é consectário de um instituto do direito como um todo, mas que, justamente por suas

---

[55] FREIRE, André Luiz. *Manutenção e retirada dos contratos inválidos*. São Paulo: Malheiros, 2008. p. 54. Em mais recente publicação, continua com o mesmo entendimento e enfatiza as consequências de um contrato ser administrativo (FREIRE, André Luiz. *Direito dos Contratos Administrativos*. São Paulo: Thomson Reuters Brasil, 2023. p. 51-79).

[56] GONÇALVES, Pedro. *O Contrato Administrativo*. Coimbra: Almedina, 2003, p. 27.

[57] GUEDES, Armando M. Marques. *Direito Administrativo* (apontamentos das lições ao 2º ano jurídico de 1955-56 pelo Exmo. Senhor Prof. Doutor Marques Guedes). Lisboa: Associação Académica da Faculdade de Direito de Lisboa, 1955. p. 362. Sobre o enquadramento do contrato administrativo em direitos estrangeiros, vide José Luis Esquivel (ESQUIVEL, José Luis. *Os contratos administrativos e a arbitragem*. Coimbra: Almedina, 2004. p. 27-63).

[58] Sônia Yuriko Kanashiro Tanaka explana em sua obra, de maneira diversa, ao apresentar três possibilidades para o seu enquadramento, mais precisamente a partir da teoria negativa do contrato administrativo, da teoria positiva do contrato administrativo e da teoria intermediária (TANAKA, Sônia Yuriko Kanashiro. *Concepção dos contratos administrativos*. São Paulo: Malheiros, 2007. p. 16-49).

[59] BACELLAR FILHO, Romeu Felipe. *Direito Administrativo e o Novo Código Civil*. Belo Horizonte: Fórum, 2007. p. 182-184.

[60] MONTANER, Luis Cosculluela; BENÍTEZ, Mariano López. *Derecho público económico*. 2. ed. Madrid: Justel, 2008. p. 169. Igualmente, MONTANER, Luis Cosculluela. *Manual de Derecho Administrativo*. 8. ed. Madrid: Editorial Civitas, 1997. p. 391; FREIRE, André Luiz. *Manutenção e retirada dos contratos inválidos*. São Paulo: Malheiros, 2008. p. 49.

particularidades e tratamento jurídico, precisa ser tratado de maneira segmentada.[61] Seria a comparação exposta por Enterría de que ambos (contrato administrativo e contrato civil) são montanhas diferentes que integram a mesma cordilheira.[62]

Indubitavelmente, um dos pontos centrais arguidos pelos diversos posicionamentos seria a existência de cláusulas exorbitantes, as quais representam uma característica essencial dos contratos administrativos.

Podem ser delimitadas como todas as cláusulas e condições que excedem ao comum, aquilo que normalmente é utilizado no direito privado para, segundo as palavras de Hely Lopes Meirelles, "consignar uma vantagem ou uma restrição à Administração ou ao particular contratante".[63]

As referidas cláusulas demonstram as prerrogativas inerentes à Administração Pública na perquirição do interesse público primário, sendo que são estereotipadas para aplicar a relação de desigualdade entre as partes.

Roberto Dromi explica que a origem dessa diferenciação está "en la desigualdad de propósitos perseguidos por las partes en el contrato, pues al fin económico privado se opone y antepone un fin público o necesidad pública colectiva que puede afectar su ejecución".[64]

No ordenamento jurídico pátrio, tais cláusulas seriam aquelas previstas no artigo 104 da Lei nº 14.133/2021: (i) alteração unilateral do contrato administrativo; (ii) a inoponibilidade do princípio "*exceptio non adimpleti*"; (iii) rescisão unilateral ou, nos termos da nova lei, extinção unilateral; (iv) aplicação de sanções administrativas; (v) ocupação temporária; e (vi) dever de fiscalização contratual.

Com a devida vênia para aqueles, como Romeu Felipe Bacellar, que alegam a inexistência de cláusulas exorbitantes nos contratos administrativos, já que são cláusulas positivadas e comuns aos contratos administrativos em razão da condição da Administração Pública e da natureza dos seus propósitos, insta ponderar que não se discorda da razão exposta, porém tal não pode gerar a asserção de inexistência das ditas cláusulas ou, no mínimo, dos efeitos prescritos pela lei sobre elas para com os terceiros – contratados – como consequência.

---

[61] Tal tronco comum pode ser percebido inclusive nos contratos administrativos e nos contratos privados da Administração Pública, observação que também tem o mesmo sentido na realidade de Portugal: "Parece-nos de facto que não pode deixar de se reconhecer que há, em certa medida, um regime comum a todos os contratos da Administração ou, noutra fórmula, um regime que se aplica aos contratos da Administração seja qual for a sua natureza jurídica; é assim quanto a tudo o que se relaciona com o princípio da primazia da lei ou com a vinculação da Administração pelos direitos fundamentais, bem como com a sujeição do procedimento de formação de certos contratos (independentemente da sua natureza jurídica) a um regime jurídico unitário. Tudo isso é verdade; de resto, nada tem de estranho ou de anormal a existência de um regime comum a todos os contratos da Administração, por isso que se trata sempre de contratos" (GONÇALVES, Pedro. *O Contrato Administrativo*. Coimbra: Almedina, 2003. p. 35-36).

[62] ENTERRÍA, Eduardo García. La Figura Del Contrato Administrativo. *Revista de Administración Pública*, Madrid, n. 41/110, p. 99-128, 1963, p. 116.

[63] MEIRELLES, Hely Lopes. *Licitação e Contrato Administrativo*. 2. ed. São Paulo: Revista dos Tribunais, 1975. p. 187. Igualmente, "exorbitantes em relação ao direito comum, já que neste as obrigações derivam geralmente do contrato e a imposição material da vontade das partes depende de intervenção judicial" (ZARDO, Francisco. *Infrações e sanções em licitações e contratos administrativos*. São Paulo: Revista dos Tribunais, 2014. p. 36).

[64] DROMI, Roberto. *Derecho Administrativo*. 10. ed. Buenos Aires: Ciudad Argentina, 2004. p. 484.

Quanto à rotulagem, aquiesce-se que a denominação exorbitante foi sendo posta e repetida durante o tempo, tanto que gerou certa quietude sobre ela, do ponto de vista de rotulagem.

A título complementar, salienta-se que Fernando Vernalha Guimarães defende a releitura do termo "cláusula exorbitante" sob o argumento de impropriedade técnica de conceituá-la como cláusula, uma vez que induz a ideia de elemento constitutivo e como causa do contrato, enquanto, na verdade, ela é efeito aplicável ao contrato administrativo decorrente do regime jurídico que a contempla. *In verbis*: "Efeito da imposição de normas jurídico-públicas injuntivas. Jamais cláusulas contratuais, no sentido que lhes empresta o Direito. Constituem, em suma, poderes jurídico-públicos".[65]

Porém, quando se fala de rotulagem, seja nominada e prescrita pelo ordenamento, o que pode gerar, para fins de raciocínio, uma regra incontroversa ou um auxílio para a comunicação entre todos os aplicadores, o fato é que de nada adianta estar estipulada se não houver razão de ser, se não tiver como aplicar e se não tiver parâmetro de aplicação.

Para o operador do direito, o conhecimento do regime jurídico é impreterível para a correta adequação e utilização do instituto. Celso Antônio Bandeira de Mello aponta sobre a indispensabilidade de conhecer o regime jurídico para a compreensão de um instituto jurídico:

> Se o que importa ao jurista é determinar em todas as hipóteses concretas o sistema de princípios e regras aplicáveis – quer seja a lei clara, obscura ou omissa –, todos os conceitos e categorias que formule se justificam tão-só na medida em que através deles pressione logicamente uma determinada unidade orgânica, sistemática, de normas e princípios. A razão de ser destes conceitos é precisamente captar uma parcela de regras jurídicas e postulados que se articulam de maneira a formar uma individualidade.[66]

Assim, ao analisar o regime jurídico do contrato administrativo no Brasil atualmente em vigor, é inconteste que a legislação confere determinadas potestades à Administração Pública no Brasil ante os terceiros contratados, as quais podem ser rotuladas como cláusulas exorbitantes ou qualquer outra denominação.[67]

Exemplo disso é a possibilidade de o contrato administrativo ser alterado em razão de novos interesses distintos daqueles que o justificaram quando da sua celebração,

---

[65] GUIMARÃES, Fernando Vernalha. *Alteração unilateral do contrato administrativo*. São Paulo: Malheiros, 2003. p. 105. Sobre um estudo comparado acerca da exorbitância no contrato administrativo, vide GIACOMUZZI, José Guilherme. *Estado e Contrato*. São Paulo: Malheiros, 2011.

[66] MELLO, Celso Antônio Bandeira de. *Curso de Direito Administrativo*. 32. ed. São Paulo: Malheiros, 2015. p. 91.

[67] Marcos Juruena Villela Souto discrimina as seguintes diferenças no contrato administrativo ante o privado: firmado pela Administração Pública, objetivos de interesse público, supremacia do poder público, exigência de licitação prévia e existência de cláusulas exorbitantes (SOUTO, Marcos Juruena Villela. *Tópicos de licitações*. Rio de Janeiro: Lumen Juris, 1999. p. 54). Ainda, computa recordar Themístocles Brandão Cavalcanti: "O contrato administrativo, embora contenha os mesmos elementos intrínsecos, comuns a todos os contratos, obedece, entretanto, as razões de interesse público que acarretam cláusulas que constituem pressupostos do próprio contrato. Essas cláusulas, nem sempre expressas, são baseadas na supremacia do interesse público, que geralmente se identifica com a posição assumida pelo Estado no contrato" (CAVALCANTI, Themístocles Brandão. *Curso de Direito Administrativo*. 8. ed. São Paulo: Livraria Freitas Bastos, 1967. p. 62).

diferindo daqueles subordinados ao direito civil.[68] O regime jurídico específico tem o condão justamente de gerar uma autonomia.[69]

Prosper Weil explicita que, se não houver algum regime de potestade, seria insubsistente o uso das teorias do fato do príncipe e da imprevisão, as quais, por óbvio, não significam que possam ser usadas de maneira arbitrária e indiscriminada, sob pena de flagrante ilegalidade.[70]

Enterría explica que os contratos administrativos possuem uma modulação típica do direito administrativo, que seria uma dupla exigência a estar presente para a sua configuração: a presença da Administração como organização coletiva e o seu "giro ou tráfico" peculiar e próprio, o qual seria a justificativa para possuir um tratamento diferente, inclusive para a existência das cláusulas exorbitantes que não são, em si, parte dos contratos (como algo interno), mas uma decorrência da satisfação das necessidades públicas ou da execução dos serviços públicos.[71]

Feitas tais considerações acerca da presença dessas cláusulas como fundamentais para a caracterização dos contratos administrativos, é imperioso recordar, inclusive com apego ao que já foi dito alhures sobre a imperiosidade de uma Administração Pública consensual e paritária, o que a sua aplicação nos tempos atuais, *per si*, demanda uma interpretação consentânea com a realidade.[72]

Interessante e bastante ponderada é a defesa de Vivian Lima López Valle sobre as prerrogativas num contrato administrativo deverem ser aplicadas de maneira subsidiária somente nos casos em que demonstrarem a sua necessidade/adequação a partir dos seguintes critérios, bastante lúcidos e racionais: "a) urgência (perigo ao interesse público),

---

[68] MENDES, Pedro Vaz. *Pacta Sunt Servanda e interesse público nos contratos administrativos*. Lisboa: Universidade Católica, 2016. p. 384. Giza-se que os contratos típicos de direito civil também podem ser alterados a partir de alguma mudança de cenário e, inclusive, poder-se-ia aventar a sua mudança sem a necessidade de apresentação posterior de volatilidade da outra parte, desde que os termos ajustados já previssem de maneira bastante exauriente quais seriam tais ocasiões e suas consequências jurídicas para o negócio em tela.

[69] GONÇALVES, Pedro. *O Contrato Administrativo*. Coimbra: Almedina, 2003. p. 28.

[70] WEIL, Prosper. *Derecho administrativo*. Tradução: Luis Rodríguez Zúñiga. Madrid: Editorial Civitas, 1994. p. 92-93.

[71] ENTERRÍA, Eduardo García. La Figura Del Contrato Administrativo. *Revista de Administración Pública*, Madrid, n. 41/110, p. 99-128, 1963, p. 115-116 e 123. Ainda às fls. 115-116, discorre que: "*No ocurriendo esto en los contratos de la Administración, existiendo en este caso una modulación, como venimos diciendo, de la figura, ocurre que esta modulación, en cuanto que alcanza una cierta «unidad de sentido» y no es una pura particularidad o excepción casuística respecto del régimen general, ha dado lugar, sin más, a que exista una teoría ius administrativa del contrato, por lo mismo que el Derecho administrativo es el derecho propio de las Administraciones públicas en cuanto sujetos. Ahora bien, esto no puede querer significar que el contrato objeto del Derecho administrativo sea algo radicalmente irreductible al cuadro contractual tradicional del Derecho civil, y que, por consiguiente, tenga que tratarse de una institución totalmente singular o independiente; más bien lo correcto es afirmar que la misma doctrina general del contrato, que no es tampoco la que resulta de todas las particularidades que sobre el mismo puedan encontrarse en un Código civil positivo, sino algo propio del Derecho sin especificaciones, esa doctrina general se especifica o modula (...) de una manera peculiar en el Derecho Administrativo*".

[72] Acerca da interpretação das normas, sempre valioso recorrer ao escólio de Karl Larenz ao dizer que: "Interpretar é (...) una actividade de mediação, pela qual o intérprete traz à compreensão o sentido de um texto que se lhe torna problemático. O texto da norma torna-se problemático para quem a aplica atendendo à aplicabilidade da norma precisamente a uma situação de facto dessa espécie" (LARENZ, Karl. *Metodologia da Ciência do Direito*. Tradução: José Lamego. 3. ed. Lisboa: Calouste Gulbenkian, 1997. p. 437). Ademais, nunca se pode esquecer da correlação entre a interpretação jurídica e a relação social. Sobre o tema, Pablo Jiménez Serrano esclarece que "(...) a interpretação jurídica está condicionada à norma, que, por sua vez, é o resultado da realidade social. Por isso mesmo, e de forma indireta, ao pesquisar o direito, e ao interpretar as normas jurídicas, estaremos conhecendo e avaliando o nível de desenvolvimento da realidade social. Verifica-se, portanto, que o direito como fenômeno social é o objeto mediato da interpretação jurídica" (SERRANO, Pablo Jiménez. *Interpretação jurídica*. São Paulo: Desafio Cultural, 2002. p. 84).

b) excepcionalidade (aplicação episódica), c) *ultima ratio* (caráter residual às soluções consensuais), d) justificação (benefício às finalidades contratuais)".[73]

Fernando Dias Menezes de Almeida, em tese de livre-docência, manifesta que o contrato administrativo integra parte da categoria jurídica geral "contrato" e qualifica-se dessa maneira em virtude da incidência do regime jurídico de direito público autoexecutório que lhe garante uma série de prerrogativas nos casos em que o objeto assim demandar, e não pelo simples fato de algum órgão ou entidade da Administração Pública participar do polo contratante. Em síntese, defende que o critério do objeto da relação convencional será o determinante para permitir o uso e gozo de prerrogativas.[74]

Também fazendo uma crítica contextualizada e mais contemporânea à década de 1990 em diante, Maria João Estorninho pondera que não se pode ficar aplicando o modelo oitocentista de contratação pública, até porque existe certa aproximação entre o direito privado e o direito administrativo, concluindo que "nem o contrato administrativo é tão exorbitante quanto isso, nem os contratos privados da Administração são exatamente iguais aos contratos celebrados entre particulares, o que reflete desde logo uma eventual aproximação entre todos os contratos da Administração".[75]

É claro que este autor não pode deixar de externar a preocupação com a mera importação do raciocínio adotado por juristas que estão em países com outra realidade socioeconômica; por isso, sustenta-se que algumas ponderações acerca dos contratos administrativos deverão ser obtemperadas para a realidade brasileira.

Indubitavelmente, existem movimentos pendulares transnacionais, como é o caso da Administração Paritária, Concertada, Dialógica e Consensual; todavia, na parte de contratações públicas, existem alguns movimentos específicos, de acordo com o país ou bloco econômico. Vide, por exemplo, os portugueses, os quais servem de inspiração e réplica para inúmeros manuais e artigos publicados pelo Brasil afora, sendo que sua realidade nem sempre se reflete no país.[76]

---

[73] VALLE, Vivian Cristina Lima López. *Contratos administrativos e um novo regime jurídico de prerrogativas contratuais na Administração Pública Contemporânea*: da unilateralidade ao consenso e do consenso à unilateralidade na relação contratual brasileira. Belo Horizonte: Fórum, 2018. p. 242.

[74] ALMEIDA, Fernando Dias Menezes de. *Contrato administrativo*. São Paulo: Quartier Latin, 2012. Acerca do caráter procedimental consensual dos contratos administrativos, apesar de normas exorbitantes ao corriqueiro do normalmente visualizado na esfera privada, assim também esposa VEDEL, Georges. *Derecho Administrativo*. Tradução: Juan Rincon Jurado. Madrid: Aguilar, 1980. p. 186-196.

[75] ESTORNINHO, Maria João. *Contratos da administração pública* (esboço de autonomização curricular). Coimbra: Almedina, 1999. p. 65. Na mesma senda, Marta Portocarrero enuncia: "O epíteto de Administração consensual, participada, de Estado Cooperativo, surge em consequência da acentuação de uma determinada forma de relacionamento do Estado e da Administração com a Sociedade e que não é mais do que a resposta a novas exigências sociais de informação, de participação, de transparência; em suma, de um novo estatuto do administrado, para além de uma evidente e atual necessidade prática de colaboração recíproca. Em consequência, muito se tem tratado de uma mudança do direito administrativo e da necessidade de este se adaptar a novas realidades. As razões são várias e sobejamente conhecidas: inadequação/insuficiência do instrumento clássico centrado no ato autoritário a uma Administração dialogante, participada, e mudança social (com forte interpenetração entre os diversos atores sociais e o Estado e convívio numa sociedade de interesses globalizados), que obrigam a um repensar de método e perspectiva. Por outro lado, o tempo é de hegemonia das ciências econômicas, ciências que trazem para a ordem do dia a procura de uma maior eficácia, eficiência e racionalidade da ação administrativa, concedendo muitas vezes relevância jurídica a critérios que não os da estrita legalidade" (PORTOCARRERO, Marta. *Contratos sobre o exercício de poderes públicos, transação e arbitragem*: ensaio sobre disponibilidade e indisponibilidade do poder administrativo. Porto: Universidade Católica – Editora Porto, 2015. p. 16-17).

[76] Para demonstrar, é só verificar a necessidade que possuíam antes das novas Directivas da União Europeia de 2014 acerca de contratação pública para diferenciar contratos da Administração, contratos administrativos e

Atualmente, já estão defendendo que a natureza jurídica do contrato público é neutra, inclusive por suas normas estarem sendo direcionadas/prescritas a partir do direito comunitário da União Europeia.[77] Tal raciocínio, por exemplo, não poderá ser emprestado para o Brasil, já que o Mercosul, do qual é integrante, é incipiente ainda em seu desenvolvimento e está muito longe de possuir uma maturação igual à da União Europeia.

Postas tais observações, além das cláusulas exorbitantes, os contratos administrativos diferenciam-se pelo fato de figurar no polo contratante um órgão ou entidade da Administração Pública.[78]

Anuindo com José María Baño León, é fato incontroverso que o contrato administrativo possui um critério orgânico e formal, já que, respectivamente, a parte contratante é a Administração Pública e há exclusão total ou parcial de normas de outras categorias de contratos, o que, *per si*, gera a sua regência pelo regime jurídico de direito público.[79]

1.1.4.3 Definição de contrato administrativo

Pelos argumentos expendidos, define-se contrato administrativo como o acordo de vontades celebrado pelas partes, em que o contratante é parte integrante da Administração Pública no exercício de função pública típica, que visa satisfazer necessidades públicas e norteia-se pelo regime jurídico de direito administrativo.

A definição ora proposta difere-se parcialmente daquela prescrita pelo revogado conceito do artigo 2º da Lei nº 8.666/93, que preceituava *contrato todo e qualquer ajuste*

---

contratos públicos: "Na verdade, o contrato administrativo, associado a uma regulação jurídica administrativa, constitui apenas uma categoria de contratos de direito público, à qual pertencem, por ex., os contratos fiscais – sobre eles, cfr. J. Casalta Nabais, Contratos Fiscais (reflexões acerca da sua admissibilidade) – os contratos de direito constitucional (*v.g.*, entre os Estados de uma Federação), bem como os tratados e acordos internacionais (entre Estados e entre Estados organizações internacionais); note-se que os acordos internacionais podem ter por objeto 'questões administrativas', *v.g.*, quando esteja em causa o estabelecimento de relações de cooperação ou de assistência recíproca entre as administrações públicas de dois ou mais Estados" (GONÇALVES, Pedro. *O Contrato Administrativo*. Coimbra: Almedina, 2003. p. 55).

[77] GONÇALVES, Pedro. *O Contrato Administrativo*. Coimbra: Almedina, 2003. p. 53. Mesma preocupação externada por Isabel Celeste M. Fonseca: "No atual contexto de blocos econômicos e direito comunitário, em especial na União Europeia, tem-se questionado o enquadramento do novo regime de contratação pública, mais precisamente para saber se ainda faz sentido discernir o contrato administrativo dos demais contratados de natureza jurídico-privado, considerando que mesmo quando celebra estes contratos também está sujeita a vinculações jurídico-públicas, as quais estereotipam-se pelas normas estabelecidas pela EU" (FONSECA, Isabel Celeste M. *Direito da contratação pública*: uma introdução em dez aulas. Coimbra: Almedina, 2009. p. 26).

[78] Como bem argumentado por Diogo Freitas do Amaral, a igualdade das partes num contrato não pressupõe "a igualdade de posição das partes (a *aequitas* posicional), mas sim a igualdade reportada directamente à prestação (a *aequitas* prestacional)"; por isso, existe a imperiosidade de acordo de ambas as partes para a existência, constituição e manutenção do ajuste (AMARAL, Diogo Freitas do. *Curso de Direito Administrativo*. Vol. II. Coimbra: Almedina, 2013. p. 552).

[79] LEÓN, José María Baño. La figura del contrato en el derecho público: nuevas perspectivas y límites. *In*: Congreso Luso-Hispano de Profesores de Derecho Administrativo (5º Barcelona, 2002). *La contratación pública en el horizonte de la integración europea*. Madrid: Instituto de Administración Pública, 2004. p. 11-29, p. 13-14. Em sentido análogo, José Anacleto Abduch Santos defende que o contrato administrativo é composto por três elementos estruturais e constitutivos: o primeiro, de natureza subjetiva, que se dá pela participação do Estado em um dos polos da relação jurídico-contratual; o segundo, de natureza objetivo-material, que é a finalidade que justifica a celebração da avença, a qual está correlacionada diretamente com a satisfação de uma necessidade pública ou de um interesse público; e o terceiro tem natureza jurídica, que significa a sua subordinação ao regime jurídico de direito público, o que implica a "possibilidade de se valer de prerrogativas jurídicas exorbitantes, no exercício da potestade pública" (SANTOS, José Anacleto Abduch. *Contratos administrativos*. Belo Horizonte: Fórum, 2015. p. 23).

entre órgãos ou entidades da Administração Pública e particulares, em que haja um acordo de vontades para a formação de vínculo e a estipulação de obrigações recíprocas, seja qual for a denominação utilizada. Insta salientar que a Lei nº 14.133/2021 não estipulou um conceito de contrato administrativo em si.

De um lado, organicamente, para que exista contrato administrativo, no mínimo no polo contratante deve figurar um órgão ou entidade da Administração Pública. Não há contrato administrativo propriamente dito se o contratante for uma pessoa estranha à Administração, ainda que esteja exercendo a função administrativa típica. Não é o fato de um concessionário de serviço público, que seja uma pessoa jurídica de direito privado não integrante organicamente da estrutura administrativa, exercer função pública durante os atos necessários imprescindíveis para a consecução do serviço público que tornará o seu contrato com terceiros como contrato administrativo.

Nada impede que possa gozar dos efeitos, parcial ou totalmente, de um contrato administrativo, como, por exemplo, o dever de fiscalização contratual, a rescisão unilateral ou outra potestade.

Defende-se até que, a depender do caso, poder-se-ia ventilar na possibilidade de alteração unilateral das condições administrativas (cláusulas regulamentares), desde que houvesse previsão nas condições preliminares de negociação contratual e nos termos contratuais.

Doutro lado, o conceito da Lei nº 8.666 é bastante equivocado ao requerer a necessidade de o contratado ser um particular, fato que foi completamente retificado pela Lei nº 14.133 ao conceituar contratado como "pessoa física ou jurídica, ou consórcio de pessoas jurídicas, signatária de contrato com a Administração" (inciso VIII do artigo 6º).

Por conseguinte, qualquer restrição da figura do contratado parece bastante equivocada, razão pela qual não é feita qualquer individualização ou caracterização sobre a figura do contratado na definição ora defendida, assim como acontece agora na Lei nº 14.133.

1.1.4.3.1 Contrato administrativo é exercício de função

Recorda-se do escólio de Celso Antônio Bandeira de Mello de que quem exerce função age em nome de terceiro e, portanto, tem o dever de realizar muito bem a sua tarefa.[80]

A função relaciona-se com a atividade de administração, o que significa gerir pessoa e patrimônio. Já Administração Pública representa a tutela de pessoa e patrimônio público para o bem da sociedade.

Segundo a clássica lição de Ruy Cirne Lima, a função de administrar "é a atividade do que não é proprietário – do que não tem à disposição da coisa ou do negócio administrado".[81] Ou seja, independentemente de previsão expressa em alguma norma jurídica, o Estado deverá pautar a sua conduta sempre ciente da sua missão, mero gestor dos interesses da coletividade, e executá-la de forma eficiente.[82]

---

80 MELLO, Celso Antônio Bandeira de. *Curso de direito administrativo*. 32. ed. São Paulo: Malheiros, 2015. p. 100.

81 LIMA, Ruy Cirne. *Princípios de Direito Administrativo*. 7. ed. São Paulo: Malheiros, 2007. p. 41.

82 "O Estado está vinculado, necessariamente, às normas regidas pelo Direito Público; atua nos termos da Constituição e das leis, que lhe inculca, quando menos, a competência (conjunto de atribuições = deveres) e o fim (interesse

O Estado existe para servir a sociedade que o integra. Sob esse raciocínio, jamais poderá existir um contrato administrativo que afronte o bem-estar social, bem como os fundamentos e objetivos fundamentais do Estado.

Caso exista algum contrato infringindo, então é dever invalidá-lo, pois, "no exercício da função administrativa, a Administração Pública tem, *em princípio*, o dever de invalidar seus atos desconformes do Direito".[83]

1.1.4.3.2 A satisfação das necessidades públicas como finalidade do contrato administrativo

Quanto à satisfação das necessidades públicas, esse é um critério inserido na definição para ressaltar a finalidade de todo e qualquer contrato.

Aparentemente, figura como um reforço ou até uma repetição do exercício da função pública; todavia, o que pretende é deixar patente que não se busca colmatar o interesse de um órgão ou entidade da Administração Pública sobre determinado objeto, mas, sim, a satisfação de uma necessidade pública. Esta, por sua vez, é aflorada a partir de um problema público detectado e para o qual serão realizados diversos atos, a fim de encontrar a melhor forma de superá-la pela via da contratação. O objeto é o que se busca como útil e satisfatório para enfrentar uma necessidade a partir de uma relação jurídica.

Por exemplo, o objeto é o contrato de terceirização de veículos de grande porte, e a necessidade seria o deslocamento de bens e materiais de expediente de Curitiba para as unidades administrativas localizadas no interior do estado. Como se verifica, não se deve confundir objeto e necessidade pública a ser solucionada.

A Lei nº 14.133/2021, em seu artigo 18, estipula que a fase preparatória deverá apor a descrição da necessidade da contratação fundamentada em estudo técnico preliminar que caracterize o interesse público envolvido, além da definição do objeto para o atendimento da necessidade, ou seja, corroborando com a ideia de serem coisas distintas. Esse raciocínio também é refletido pelo conteúdo dos artefatos de planejamento.

Nesse sentido, Josep Ramon Fuentes i Gasó explica sob o viés dos interesses sociais presentes na contratação pública ao defini-la como "*uno de los diversos medios jurídicos de que puede hacer uso la Administración Pública en el desarrollo de su actividad propia y la realidad refleja que la contratación adquiere en la vida administrativa un lugar cada vez más destacado, que crece con proporcional medida a como aumenta la presencia de la Administración en el acontecer de los intereses sociales*".[84]

---

público = finalidade cogente)" (VITTA, Heraldo Garcia. *Aspectos fundamentais da licitação.* São Paulo: Malheiros, 2015. p. 16).

[83] FIGUEIREDO, Lúcia Valle. *Curso de direito administrativo.* 6. ed. São Paulo: Malheiros, 2003. p. 233.

[84] FUENTES I GASÓ, Josep Ramon. Contratación administrativa. *In*: BALLBÉ MALLOL, M.; FRANCH I SAGUER, M. *Manual de Derecho Administrativo.* Girona: AECI-UAB, 2002. p. 435. Sobre a dilatação da ingerência dos órgãos administrativos no exercício da autonomia contratual, Enzo Roppo pondera que esse processo "corresponde a uma linha de tendência provavelmente irreversível; donde poderia retirar-se a conclusão de que o papel do contrato está destinado a ser, cada vez mais, comprimido e circunscrito, pelo multiplicar-se das funções e dos poderes da intervenção da administração pública. (...) porque é também verdade que estes mesmos fenómenos de acrescida intervenção dos aparelhos públicos na esfera da sociedade estão na origem de um iter exatamente oposto, com base no qual o contrato se apresenta como instrumento cada vez mais utilizado e necessário para as finalidades da acção administrativa – não já, portanto, simples objeto da intervenção pública, mas seu meio insubstituível" (ROPPO, Enzo. *O Contrato.* Tradução: Ana Coimbra e M. Januário C. Gomes. Coimbra: Almedina, 2009. p. 342).

1.1.4.3.3 O regime jurídico-administrativo como elemento formal

Atinente ao regime jurídico-administrativo para interpretar e aplicar todas as circunstâncias fáticas e suas consequências jurídicas, insta ponderar que tal é o elemento formal da definição proposta.

O importante é buscar nas normas de direito público o amparo para resolver problemas decorrentes das contratações administrativas.

Além das regras, alvitra-se que os princípios de tal regime contribuem significativamente também para o encontro dos melhores caminhos, seja pela impossibilidade de positivar em regras todas as múltiplas variedades casuísticas, passíveis de surgirem numa relação contratual, seja pelo caráter orientativo e prescritivo direto que os princípios oferecem.

Nortear-se pelo regime jurídico-administrativo no Estado brasileiro, em específico para os contratos administrativos, não representa se afastar por completo da teoria do direito, dos contratos civis e do regime de direito privado.

A própria Lei nº 14.133, em seu artigo 89, prescreve que tais contratos serão regidos pelos preceitos de direito público e por suas cláusulas, aplicando-lhes supletivamente os princípios da teoria geral dos contratos e as disposições de direito privado.

Desse modo, existe a interpenetrabilidade entre o direito público e o direito privado por disposição expressa estipulada no próprio ordenamento jurídico, ressaltando que o direito posto alça o seu uso de modo supletivo.[85]

1.2 A (velha ou nova) função social ou econômica da licitação e do contrato

A função social ou econômica da licitação e do contrato administrativo sempre existiu. Não é possível raciocinar um contrato administrativo sem a sua respectiva função social ou econômica.

Compete pontuar a crítica de Eros Roberto Grau, que entoa a sua dinamicidade e o fim de serem instrumentos para atender aos objetivos das partes e do Estado frente à ordem econômica.[86] Por isso, são "condutos da ordenação dos mercados, impactados

---

85 Silvio Luís Ferreira da Rocha explana que os princípios da boa-fé, da justiça contratual e da função social poderão ser ponderados com normas publicísticas para até mesmo condicionar, limitar ou afastar alguma prerrogativa a depender do caso concreto: "(...) mesmo a Administração, investida em suas prerrogativas, não pode afastar-se dos deveres criados pela necessária observância da boa-fé, da função social e da justiça nas relações contratuais. Esses princípios podem nas respectivas funções interpretativa, integradora e limitadora diminuir ou mesmo suprimir pretensões ou direitos da Administração em matéria contratual" (ROCHA, Silvio Luís Ferreira da. Princípios contemporâneos do contrato administrativo. *In*: ROCHA, Silvio Luís Ferreira da (org.). *O contrato administrativo e os princípios da boa-fé, justiça contratual e função social do contrato*. Rio de Janeiro: Lumen Juris, 2017. p. 1-30, p. 28).

86 A despeito de uma visão geral dos contratos e sua relação com as relações econômicas, Irineu Galeski Júnior e Marcia Carla Pereira Ribeiro destacam: "O contrato é instituto intimamente ligado às relações econômicas, pois é seu instrumento de operacionalização. O Direito assume o papel de definir e regular os contratos porque é seu papel principal normatizar as instituições relevantes para a dinâmica social. Nesse contexto, a forma pela qual o Direito regula o contrato pode dar maior ou menor efetividade às relações econômicas, pode otimizar os enlaces suficientes ou pode reprovar as relações viciadas. Desse modo, uma análise jurídica e econômica do contrato é indispensável para um modelo de mercado baseado na propriedade privada, livre iniciativa e livre concorrência" (GALESKI JÚNIOR, Irineu. Economia dos contratos. *In*: RIBEIRO, Marcia Carla Pereira; KLEIN, Vinicius (coord.). *O que é análise econômica do direito*: uma introdução. Belo Horizonte: Fórum, 2011. p. 129-139, p. 138).

por normas jurídicas que não se contêm nos limites do Direito Civil: preceitos que instrumentam a intervenção do Estado sobre o domínio econômico, na busca de soluções de desenvolvimento e justiça social".

Diante de tal importância, a atuação estatal não se adscreve a normas condicionadoras, conformadoras e direcionadoras, mas também a normas criadoras de direitos e obrigações aos agentes privados.[87]

Consequentemente, a obediência aos propósitos finalísticos do Estado brasileiro, aos fundamentos e aos objetivos fundamentais da República é um pressuposto quando se examina a juridicidade do instituto e sua aplicabilidade.[88]

É claro que, no mundo dos fatos, nem sempre foi assim; porém, a falta da adequada aplicação de acordo com a ordem jurídica não significa dizer que é uma nova função.

A falta de uso ou o desuso voluntário não modifica o dever normativo. De qualquer sorte, sequer haveria necessidade de maiores elucubrações sobre a relevância da licitação e do contrato administrativo, bem como a sua repercussão na esfera social e econômica, dado que, como definido neste tópico, ambos visam à satisfação de necessidades públicas com base no interesse público.

Pode-se até defender que a "nova função" se dá pelo comportamento ilícito praticado nos últimos tempos, em que não se interpretavam adequadamente a licitação e o contrato administrativo; porém, isso precisa ser muito bem explicado.

Quando se ventila o desuso ou a incorreta aplicação como fatores presentes na realidade brasileira, isso é facilmente comprovado pela asserção da "nova função" do contrato administrativo nos inúmeros textos recentes em leis e atos normativos para expressar de forma literal tal dever.[89] Em razão dessa crítica, o autor propositalmente coloca entre parêntese "velha ou nova" no título deste tópico.

---

[87] GRAU, Eros Roberto. *A ordem econômica na Constituição de 1988*. 15. ed. São Paulo: Malheiros, 2012. p. 92 e 94-95. Como destaca José María Gimeno Feliú, deve-se "*educar el paladar de instituciones públicas y privadas y de los ciudadanos, para que pongan en valor la sostenibilidad social, es el gran reto para poder consolidar un Estado de Derecho que puede enarbolar como principal bandera la de la justicia social*" (FELIÚ, José María Gimeno e outros. *La gobernanza de los contratos públicos en la colaboración público-privada*. Barcelona: Cambra Oficial de Comerç de Barcelona, 2018. p. 53).

[88] Relativamente à juridicidade versus a legalidade estrita e a inexorável mudança de concepção de controle, Prosper Weil explica: "*Formulando la nocion de legalidad, los juristas del siglo XIX pensaban menos en la limitación del gobierno por el derecho, en el sentido amplio del término, que en su subordinación a la ley, es decir al Parlamento. Para ellos, el Estado de Derecho debía ser ante todo un Estado legal. Se ha visto que esta concepción, característica del liberalismo político del último siglo último, estaba basada en la desconfianza hacia el poder ejecutivo y la confianza en el Parlamento, único capaz de expresar la voluntad general. Esta significación originaria de la noción de legalidad no puede perderse de vista; sin ella, el derecho administrativo, privado de su soporte político e histórico, sería incomprensible. Con el uso, el término de legalidad ha recibido una acepción más amplia y ha pasado a ser sinónimo de regularidad jurídica, de juridicidad; el <bloque de la legalidad> (HAURIOU) abarca hoy día el conjunto de reglas de derecho que limitan la acción administrativa*" (WEIL, Prosper. *Derecho administrativo*. Tradução: Luis Rodríguez Zúñiga. Madrid: Editorial Civitas, 1994. p. 138).

[89] De qualquer modo, o alerta feito por Flavio Amaral Garcia é preciso, para que a licitação não perca a sua verdadeira finalidade. Pondera que "existem três princípios que limitam, ou em certa medida devem ser ponderados, no momento de se utilizar a licitação como função regulatória: o princípio da proporcionalidade, o princípio da eficiência e o princípio da isonomia" (GARCIA, Flávio Amaral. *Licitações & Contratos Administrativos*. 3. ed. Rio de Janeiro: Lumen Juris, 2010. p. 74).

1.3 O ambiente normativo brasileiro como espelho da função (socioeconômica) das licitações e dos contratos administrativos

1.3.1 A função socioeconômica das licitações e dos contratos administrativos retratada na legislação brasileira até a Lei nº 14.133

A regra e o princípio do dever de licitar estão insculpidos no artigo 37, XXI, da Constituição da República de 1988, quando esta assevera que, excepcionados os casos previstos na legislação, as obras, os serviços, as alienações e as compras deverão ser contratados mediante processo de licitação pública, a qual assegure as condições de igualdade e somente se exijam os requisitos de qualificação técnica e econômica indispensáveis à execução contratual.

Regulamentando tal dispositivo constitucional, foi sancionada a Lei nº 8.666/1993, ora revogada, que disciplinava as licitações e os contratos administrativos. Tal legislação já foi alvo de várias modificações ao longo dos anos e, em 2021, foi sancionada uma nova lei que a substituiu completamente a partir do dia 30 de dezembro de 2023, qual seja, a Lei nº 14.133.

Atualmente, são várias normas jurídicas existentes que evidenciam o poder de compra do Estado e a sua utilização para a satisfação das necessidades públicas. Nos casos de dispensa de licitações, é possível citar os seguintes:

a) o inciso IV, alínea *c*, do artigo 75, que chancela a contratação de produtos para pesquisa e desenvolvimento, no caso de obras e serviços de engenharia;
b) o inciso IV, alínea *d*, do artigo 75, que permite a contratação realizada por instituição científica, tecnológica e de inovação ou por agência de fomento para a transferência de tecnologia ou licenciamento de direito de uso ou de exploração de criação protegida;
c) o inciso IV, alínea *f*, do artigo 75, que prescreve a contratação de bens ou serviços produzidos ou prestados no país que envolvam, cumulativamente, alta complexidade tecnológica e defesa nacional;
d) o inciso IV, alínea *j*, do artigo 75, que autoriza a contratação da coleta, processamento e comercialização de resíduos sólidos urbanos recicláveis ou reutilizáveis, em áreas com sistema de coleta seletiva de lixo, por meio de associações ou cooperativas formadas exclusivamente por pessoas de baixa renda reconhecidas como catadoras de materiais recicláveis pelo poder público;
e) o inciso V do artigo 75, para a contratação visando ao desenvolvimento de projetos de cooperação envolvendo empresas, ICTs e entidades privadas sem fins lucrativos voltados para atividades de pesquisa e desenvolvimento, que objetivem a geração de produtos, processos e serviços inovadores e a transferência e a difusão de tecnologia;
f) o inciso X do artigo 75, que prevê a possibilidade de a União contratar para intervir no domínio econômico para regular preço ou normalizar o abastecimento;
g) o inciso XII do artigo 75, que permite a contratação de terceiros quando houver transferência de tecnologia de produtos estratégicos para o Sistema Único de Saúde (SUS), conforme elencados em ato da direção nacional do SUS, inclusive

por ocasião da aquisição desses produtos durante as etapas de absorção tecnológica;

h) o inciso XIV do artigo 75, para contratação de associação de pessoas com deficiência, sem fins lucrativos e de comprovada idoneidade;
i) o inciso XV do artigo 75, para a contratação de instituição brasileira que tenha por finalidade a recuperação social da pessoa presa;
j) o inciso XVI do artigo 75, para a contratação de insumos estratégicos para a saúde produzidos ou distribuídos por fundação que, regimental ou estatutariamente, tenha por finalidade apoiar órgão da Administração Pública direta, sua autarquia ou fundação em projetos de ensino, pesquisa, extensão, desenvolvimento institucional, científico e tecnológico e estímulo à inovação, inclusive na gestão administrativa e financeira necessária à execução desses projetos, ou em parcerias que envolvam transferência de tecnologia de produtos estratégicos para o Sistema Único de Saúde (SUS);
k) o inciso XVII do artigo 75, incluído pela Lei nº 14.628/2023, para contratação de entidades privadas sem fins lucrativos para a implementação de cisternas ou outras tecnologias sociais de acesso à água para consumo humano e produção de alimentos;
l) o inciso XVIII do artigo 75, incluído pela Lei nº 14.628/2023, para contratação de entidades privadas sem fins lucrativos, para a implementação do Programa Cozinha Solidária, que objetiva fornecer alimentação gratuita preferencialmente à população em situação de vulnerabilidade e risco social.

Além das hipóteses de dispensa de licitação, também é possível verificar a função socioeconômica nos seguintes dispositivos:

a) situações de desempate entre as propostas quando estão previstos os critérios de (i) desenvolvimento pelo licitante de ações de equidade entre homens e mulheres no ambiente de trabalho; (ii) desenvolvimento pelo licitante de programa de integridade; (iii) preferência para produtos ou serviços prestados por empresas nacionais, por empresas que invistam em pesquisa e desenvolvimento no Brasil ou por empresas que tenham ações efetivas de combate ao câmbio climático;
b) declaração dos licitantes de que cumprem com as exigências legais para a reserva de cargos para pessoas com deficiência e para reabilitado da Previdência Social e para aprendiz, tanto como condição para participar quanto na fase de fiscalização contratual;
c) licitação com margem de preferência para bens manufaturados e serviços nacionais que atendam a normas técnicas brasileiras ou para bens reciclados, recicláveis ou biodegradáveis;
d) possibilidade de fixar percentual mínimo de mão de obra responsável pela execução do objeto contratual por mulheres vítimas de violência doméstica ou de pessoas egressas do sistema prisional.

Os casos retroesposados são somente aqueles que estão contidos na Lei de Licitações; porém, é necessário abordar outras leis e atos normativos infralegais que demonstrem o uso da contratação pública para a satisfação das necessidades públicas, indo além da mera busca do melhor objeto, já que retratam a preocupação com o interesse público, mais precisamente em sua faceta do interesse social e econômico.[90]

Por uma questão metodológica, serão expostas as leis por ordem cronológica, salvo na questão das "licitações verdes", na qual se optou por discorrer sobre as principais legislações de forma contínua.

A Lei Complementar nº 123/2006 representou uma grande mudança de paradigma para as compras públicas brasileiras, já que, mesmo sob um olhar um pouco cético em seu início, representou – e até hoje representa – um destaque no uso da contratação pública como instrumento de política pública econômica. Proporciona benefícios e regime diferenciado às microempresas, empresas de pequeno porte, cooperativas,[91] microempreendedores individuais[92] e agricultores familiares,[93] o que fez com que se aumentasse significativamente o número de êxitos de tais pessoas nas licitações instauradas no país desde 2006.

Há um estudo do Instituto de Pesquisa Econômica Aplicada (IPEA) que demonstra o impacto de intervenção estatal similar no sucesso das microempresas e empresas de pequeno porte na Coreia do Sul e nos Estados Unidos, bem como um estudo de caso feito no Ceará, ainda que tal relatório reclame a alta apreciação de dados empíricos para proporcionar uma conclusão.[94]

Apesar da crítica de falta de dados brasileiros no relatório do IPEA, salienta-se que alguns números acessíveis no mercado das compras públicas, como é o caso dos dados extraídos do *site* www.comprasgovernamentais.com.br, demonstram a inclusão e a acessão de tais pessoas aos contratos administrativos.

Para tanto, pode-se averiguar os referenciais do Painel de Compras do Governo Federal, o qual concluiu, em 2018, que: (i) 5.367 das empresas cadastradas eram microempresas e empresas de pequeno porte, enquanto 3.173 eram de outros portes; (ii) 67,59% dos 16.373 contratos foram celebrados com MEs/EPPs, sendo que o total de tais somou o importe de R$22.783.313.578,30.

Em 2019, não foi diferente, já que, dos 28.537 fornecedores cadastrados, 17.067 são MEs/EPPs.[95] Por conseguinte, essa legislação é um bom exemplo do uso adequado e racional das compras públicas como instrumento de modificação do comportamento

---

90 "Processo de contratação pública é o conjunto de fases, etapas e atos estruturados de forma lógica para permitir que a Administração, a partir da identificação precisa de sua necessidade de demanda, possa definir com precisão o encargo desejado, minimizar seus riscos e selecionar, isonomicamente, se possível, a pessoa capaz de satisfazer a sua necessidade pela melhor relação benefício-custo" (MENDES, Renato Geraldo. *Processo de Contratação Pública*. Curitiba: Zênite, 2012. p. 25).

91 Nos termos do artigo 34 da Lei nº 11.488/2012: "Aplica-se às sociedades cooperativas que tenham auferido, no ano-calendário anterior, receita bruta até o limite definido no inciso II do caput do art. 3º da Lei Complementar nº 123, de 14 de dezembro de 2006, nela incluídos os atos cooperados e não cooperados, o disposto nos Capítulos V a X, na Seção IV do Capítulo XI, e no Capítulo XII da referida Lei Complementar".

92 Conforme artigo 18-E, §4º, da Lei Complementar nº 123/2006 após alteração pela Lei Complementar nº 155/2016.

93 De acordo com o artigo 3º-A da Lei Complementar nº 123/2006, incluído pela Lei Complementar nº 147/2014.

94 ARAÚJO JÚNIOR, Ignácio Tavares de. Análise comparada sobre medidas de favorecimento de micro e pequenas empresas (MPES) em compras públicas com avaliação de eficácia e identificação de melhores práticas (Texto 2422 para discussão). Brasília; Rio de Janeiro: IPEA, 2018.

95 Dados extraídos diretamente do Portal de Compras do Governo Federal. Disponível em: http://paineldecompras.planejamento.gov.br/QvAJAXZfc/opendoc.htm?document=paineldecompras.qvw&lang=en-US&host=QVS%40srvbsaiasprd04&anonymous=true. Acesso em: 5 fev. 2019.

do mercado. Atualizando tais dados, em 2024, o valor estimado das compras federais foi de R$259.189.683.632,30, sendo que, do total, houve a participação de MEs/EPPs em 30,70% das licitações realizadas, e 44.259 estão cadastradas.[96]

Estritamente às compras governamentais "verdes" (licitações visando à proteção ambiental pelo consumo sustentável),[97] no âmbito brasileiro, merecem destaque as Leis nº 6.938/1981, 12.187/2009 e 12.305/2010.[98]

Abre-se um parêntese para fazer uma censura à comum denominação de "licitação verde" como se algumas pudessem ser verdes, e outras, não, do ponto de vista de anseio ao equilíbrio ambiental. Não há discricionariedade administrativa para não trilhar o caminho de proteção ambiental nas licitações e nos contratos, ou seja, todo e qualquer certame deverá priorizar e pautar-se nos ditames normativos existentes para a busca da proteção.

Em outras palavras, para este autor, toda licitação é verde, até porque fazem parte da função do Estado a proteção e o respeito ao meio ambiente; logo, não há que se adjetivar "verde ou não". É o mesmo raciocínio da "nova função social".

Se continuar com tais adjetivações, futuramente haverá a segmentação quase como se fosse modalidade: licitação verde e função ambiental da licitação, licitação tecnológica e função tecnológica da licitação, licitação aberta e função transparente da licitação, licitação social e função social da licitação, licitação inovadora e função inovadora, entre outras.

Ou seja, todas essas divisões tão somente facilitam para enfraquecer a postura proativa que deverá acontecer pela Administração Pública quando das suas contratações, porquanto, em breve, estar-se-á num suposto atenuante ou excludente de culpabilidade pelo descumprimento das funções normativamente preconizadas para o atendimento do interesse público, quando alegar que não se fez a licitação verde, porém fez a licitação tecnológica.

Fazendo uma comparação, é o mesmo que, a partir de determinada atuação, o Estado pudesse alegar que buscou o desenvolvimento nacional, porém infelizmente

---

96 Dados extraídos diretamente do Portal de Compras do Governo Federal. Disponível em: https://paineldecompras.economia.gov.br/processos-compra. Acesso em: 17 fev. 2025.

97 Sobre a regulação para o incentivo de condutas que visam à proteção ambiental e práticas de consumo e produção sustentável, vide DROMI, Roberto. *La revolución del desarrollo*: inovaciones en la gestión pública. Buenos Aires; Madrid; México: Ciudad Argentina – Hispania Libros, 2007. p. 114-118.

98 Convém observar que existiam diversos decretos e regulamentações estaduais que já disciplinavam ou inseriam algumas ferramentas para colimar a sustentabilidade das contratações públicas no Brasil. Por exemplo, a Lei do Estado de São Paulo nº 11.878, de 19 de janeiro de 2005, o Decreto Estadual do Paraná nº 6.2.52/2006, etc. Sobre a função social da licitação pública e o desenvolvimento sustentável, vide: FERREIRA, Daniel. Função Social da licitação pública: o desenvolvimento nacional sustentável (*no* e *do* Brasil, antes e depois da MP 495/2010). *Fórum de Contratação e Gestão Pública – FCGP*, Belo Horizonte, ano 9, n. 107, p. 49-64, nov. 2010; FERREIRA, Daniel. *A licitação pública no Brasil e sua nova finalidade legal*: a promoção do desenvolvimento nacional sustentável. Belo Horizonte: Fórum, 2012; BARKI, Teresa Villac Pinheiro; SANTOS, Murillo Giordan (org.) *Licitações e contratações públicas sustentáveis*. Belo Horizonte: Fórum, 2011; FREITAS, Juarez. Licitações sustentáveis: conceitos e desafios. *In*: BACELLAR, Romeu Felipe; HACHEM, Daniel Wunder (coord.). *Direito público no MERCOSUL*: intervenção estatal, direitos fundamentais e sustentabilidade. Belo Horizonte: Fórum, 2013. p. 373-385; MATA DIZ, Jamile Bergamaschine; CALDAS, Roberto Correia da Silva Gomes. Contratos administrativos à luz de novas formas de gestão e da sustentabilidade: por uma concretização do desenvolvimento sustentável no Brasil. *A&C – Revista de Direito Administrativo & Constitucional*, Belo Horizonte, ano 16, n. 65, p. 249-275, jul./set. 2016; VILLAC, Tereza; BLIACHERIS; Marcos Weiss; SOUZA, Lilian Castro (org.). *Panorama de licitações sustentáveis*: Direito e Gestão Pública. Belo Horizonte: Fórum, 2016; PAZ, Jorge García. Las compras verdes, una práctica sustentable y ecológica: posibilidad de su aplicación en el Perú. *Revista Contabilidad y Negocios*, Lima, vol. 4, n. 7, p. 39-52, jul. 2009.

malferiu a igualdade de gênero, a liberdade de iniciativa e a dignidade da pessoa humana de um grupo social. Afinal, é tão interesse público a preocupação ambiental quanto a social, tecnológica, científica, afora outras.

Adstrito às leis nacionais citadas, a Lei nº 6.938/1981 dispõe sobre a Política Nacional do Meio Ambiente e traça em linhas gerais o dever de os particulares e a Administração Pública tomarem as cautelas necessárias para a prevenção e precaução com o meio ambiente, ressaltando vários princípios, dentre eles, a ação governamental na manutenção do equilíbrio ecológico e nos incentivos ao estudo e à pesquisa de tecnologia orientados para o uso racional e proteção dos recursos ambientais.

Outro destaque que pode ser aproveitado de tal legislação para as compras públicas é o cadastro técnico federal de atividades potencialmente poluidoras e/ou utilizadoras dos recursos ambientais, bem como a possibilidade de o Poder Executivo incentivar o desenvolvimento de pesquisas e processos tecnológicos destinados a reduzir a degradação da qualidade ambiental, a fabricação de equipamentos antipoluidores ou quaisquer outras iniciativas que propiciem a racionalização do uso de recursos ambientais.

A Lei nº 12.187/2009 versa a respeito da Política Nacional sobre Mudança do Clima e estabeleceu, como um dos instrumentos passíveis de serem fruídos para a estruturação e aplicação da política brasileira sobre mudança de clima, a adoção das medidas existentes ou a serem criadas que estimulem o desenvolvimento de processos e tecnologias que contribuam para a redução de emissões e remoções de gases de efeito estufa, bem como para a adaptação, inclusive com o estabelecimento de critérios de preferência nas licitações e concorrências públicas para as propostas que propiciem maior economia de energia, água e outros recursos naturais e redução da emissão de gases de efeito estufa e de resíduos.

A Lei nº 12.305/2012, que instituiu a Política Nacional de Resíduos Sólidos, é muito reverberada, pelo menos nas cláusulas editalícias e contratuais, para a questão da logística reversa, que deverá ser respeitada nos contratos públicos. Fala-se "pelo menos" porque, muitas vezes, o dispositivo editalício, a cláusula contratual e a norma da lei são esquecidos durante a execução contratual, ainda mais nos efeitos posteriores à execução, quando deverão ser inutilizados e jogados fora determinados objetos, como é o caso de bens de informática.

O direito posto trata a logística reversa como instrumento de desenvolvimento econômico e social caracterizado por um conjunto de ações, procedimentos e meios destinados a viabilizar a coleta e a restituição dos resíduos sólidos ao setor empresarial para reaproveitamento, em seu ciclo ou em outros ciclos produtivos, ou outra destinação final ambientalmente adequada.

A lei também obriga os fabricantes, importadores, distribuidores e comercial de agrotóxicos, pilhas e baterias, pneus, óleos lubrificantes, lâmpadas fluorescentes e produtos eletroeletrônicos a estruturarem e implementarem sistemas de logística reversa, mediante retorno dos produtos após o uso pelo consumidor, de forma independente do serviço público de limpeza urbana e de manejo dos resíduos sólidos.

A nova Lei de Licitações previu também a necessidade de obtemperar sempre os custos diretos e indiretos do objeto, assim como avaliar o ciclo de vida útil, tanto que preceituou que o ciclo de vida é objetivo explícito no inciso I do artigo 11 e no artigo 34 ao aludir também aos custos indiretos que deverão ser sopesados.

Mais uma vez, salienta-se que a questão não está na previsão normativa, mas, sim, na aplicação efetiva de tais normas, a partir da conscientização dos agentes públicos acerca de sua aplicação.

Pode-se perceber que o uso da força da contratação do Estado é colocado como meio para a majoração do ambiente tecnológico no país, bem como para repensar a relação custo *versus* benefício para o setor público no alcance da proposta mais vantajosa, o que pode ser encarado como um arrefecimento à ideia pura de mensuração tão somente pelo preço.

A legislação atual expressa claramente preocupação não só com a satisfação do objeto em si, mas com a solução buscada pela Administração Pública para que esta seja transversal a ponto de atingir outros pontos de interesse público, como é a questão do meio ambiente nas obras e serviços de engenharia a partir da geração de resíduos, mitigação por condicionantes e compensação ambiental, uso de objetos e serviços que auxiliem na diminuição do consumo de energia e de recursos naturais, da avaliação de impacto de vizinhança, da proteção do patrimônio cultural e da acessibilidade para pessoas com deficiência (artigo 45 da Lei nº 14.133/2021).

Trata-se de tema extremamente prático e relevante, como se verá adiante neste trabalho, ao diferenciar preço e custo, direto e indireto, bem como as suas diferenças teóricas e práticas.[99]

A Lei nº 13.303/2016, que trata especificamente das licitações e dos contratos das empresas estatais, também enfocou o poder da compra como meio para o atingimento de finalidades de interesse público, tanto que determinou o respeito à:

(i) disposição final ambientalmente adequada dos resíduos sólidos gerados pelas obras contratadas;
(ii) mitigação dos danos ambientais, por meio de medidas condicionantes e de compensação ambiental, que serão definidas no procedimento de licenciamento ambiental;
(iii) utilização de produtos, equipamentos e serviços que, comprovadamente, reduzam o consumo de energia e de recursos naturais;
(iv) avaliação de impactos de vizinhança, na forma da legislação urbanística;
(v) proteção do patrimônio cultural, histórico, arqueológico e imaterial, inclusive por meio da avaliação do impacto direto ou indireto causado por investimentos realizados por empresas públicas e sociedades de economia mista;
(vi) acessibilidade para pessoas com deficiência ou com mobilidade reduzida.

A legislação das estatais fixou o dever de avaliar a busca da proposta mais vantajosa, optando por denominar a busca da maior vantagem competitiva para a estatal a partir da consideração dos custos e benefícios, diretos e indiretos, de natureza econômica, social ou ambiental, inclusive os relativos à manutenção, ao desfazimento de bens e resíduos,

---

[99] Apesar de existirem outras previsões contributivas para evidenciar a utilização da contratação como instrumento para mudança, não serão mencionadas.

ao índice de depreciação econômica e a outros fatores de igual relevância.[100] Por sua vez, a Lei nº 14.133/2021 prescreve que é objetivo da contratação pública o asseguramento da "seleção da proposta apta a gerar o resultado de contratação mais vantajoso para a Administração Pública, inclusive no que se refere ao ciclo de vida do objeto".

A Lei nº 13.243/2016, conhecida como Marco Legal da Ciência, Tecnologia e Inovação, entre as várias e profundas modificações e inserções, acrescentou de maneira cristalina "o poder de compra do Estado" ao elevá-lo como princípio (inciso XIII do parágrafo único do artigo 1º da Lei nº 10.973/2004),[101] replicando posteriormente no inciso VIII do §2º do artigo 19 como instrumento de estímulo à inovação nas empresas, quando aplicáveis, e no inciso IX do §6º do artigo 19 ao estatuir que as iniciativas da União, estados, Distrito Federal, municípios, ICTs e suas agências de fomento poderão ser estendidas às ações visando à indução de inovação por meio de compras públicas.

1.3.1.1 Os atos infralegais no âmbito federal

Além do panorama legal em normas nacionais, sublinha-se que, especialmente em sede de compras públicas, existe uma série de atos infralegais disciplinadores do tema. Dentre eles, chama a atenção, no âmbito federal, o Decreto Federal nº 11.890/2024, que veio dispor sobre a aplicação da margem de preferência no âmbito da Administração Pública federal direta, autárquica e fundacional, e instituir a Comissão Interministerial de Contratações Públicas para o Desenvolvimento Sustentável (CICS).

Ainda estabeleceu nas contratações de tecnologia da informação e comunicação que as licitações poderão ser restritas a bens e serviços com tecnologia desenvolvida no país e de acordo com o processo produtivo básico disposto na Lei nº 10.176/2021.

A Portaria Seges/ME nº 8.678, de 19 de julho de 2021, disciplinou sobre a governança das contratações no âmbito da Administração Pública federal direta, autárquica e fundacional, e enalteceu como diretrizes vários aspectos da função socioeconômica da contratação, vide os incisos do artigo 5º:

> I - promoção do desenvolvimento nacional sustentável, em consonância com a Estratégia Federal de Desenvolvimento e com os Objetivos de Desenvolvimento Sustentável;
> II - promoção do tratamento diferenciado e simplificado à microempresa e à empresa de pequeno porte;
> III - promoção de ambiente negocial íntegro e confiável;
> IV - alinhamento das contratações públicas aos planejamentos estratégicos dos órgãos e entidades, bem como às leis orçamentárias;
> V - fomento à competitividade nos certames, diminuindo a barreira de entrada a fornecedores em potencial;
> VI - aprimoramento da interação com o mercado fornecedor, como forma de se promover a inovação e de se prospectarem soluções que maximizem a efetividade da contratação;

---

[100] Sobre o tema, vide GUIMARÃES, Edgar; SANTOS, José Anacleto Abduch. *Lei das Estatais*. Belo Horizonte: Fórum, 2017; PEREIRA JÚNIOR, Jessé; HEINEN, Juliano; DOTTI, Marinês Restelatto; MAFFINI, Rafael. *Comentários à Lei das Empresas Estatais*. Belo Horizonte: Fórum, 2017; REIS, Luciano Elias; CHIESORIN JÚNIOR, Laerzio. *Lei das Empresas Estatais*: responsabilidade empresarial e o impacto para o desenvolvimento econômico nacional. Curitiba: OAB-PR, 2017.

[101] XIII - a utilização do poder de compra do Estado para fomento à inovação.

VII - desburocratização, incentivo à participação social, uso de linguagem simples e de tecnologia, bem como as demais diretrizes do Governo Digital, dispostas no art. 3º da Lei nº 14.129, de 29 de março de 2021;
VIII - transparência processual;
IX - padronização e centralização de procedimentos, sempre que pertinente.

Como referência de sustentabilidade, no âmbito do governo federal houve a publicação da Portaria SEGES/MGI nº 5.376, de 14 de setembro de 2023, que instituiu o modelo de referência do Plano Diretor de Logística Sustentável (PLS).

Em 2023, o Decreto nº 11.715 estatuiu a estratégia nacional para o desenvolvimento do complexo econômico-industrial da saúde com o escopo de "orientar os investimentos, públicos e privados, nos segmentos produtivos da saúde e em inovação, na busca de soluções produtivas e tecnológicas para enfrentar os desafios em saúde, com vistas à redução da vulnerabilidade do Sistema Único de Saúde – SUS e à ampliação do acesso à saúde" (artigo 1º, *caput*).

Nos objetivos do artigo 3º, estão assentados no inciso III o uso do poder de compra do Estado, o financiamento, a regulação, a infraestrutura científica e tecnológica e outros incentivos, assim como no inciso V impulsionar a pesquisa, o desenvolvimento, a inovação e a produção de tecnologias e serviços destinados à promoção, à prevenção, ao diagnóstico, ao tratamento e à reabilitação da saúde.

Existem também normas que vigoram para os contratos públicos no Brasil, no entanto, são pouco tratadas nos editais e nas minutas contratuais, como, por exemplo, a Convenção nº 94 da Organização Internacional do Trabalho, devidamente recebida e aprovada pelo Decreto Legislativo nº 20/1965, o qual estipula a imperiosidade de garantir aos trabalhadores envolvidos nos contratos públicos de terceirização salários, jornada de trabalho e outras condições de trabalho que não sejam menos favoráveis que outras condições impostas para qualquer trabalho da mesma natureza, na profissão ou indústria interessada da mesma região.

Outros atos normativos infralegais, no Brasil, também exteriorizam a ideia de pensar a contratação pública como estratégica e relacioná-la com um planejamento macroestatal, como se pode notar a partir das diversas portarias e instruções normativas no âmbito federal.

1.3.2 A Lei nº 14.133 e sua preocupação com a função socioeconômica

A nova Lei de Licitações não foi diferente das normas do marco regulatório anterior. Repetiu a mesma preocupação de usar a contratação pública para atingir diversos fins estatais apregoados na Constituição da República Federativa de 1988.

Inicialmente, imperioso destacar que prescreve o princípio do desenvolvimento nacional sustentável como um dos pilares para a sua correta interpretação e aplicação, consoante regra do artigo 5º, assim como enfatizou que o incentivo à inovação e ao desenvolvimento nacional sustentável é um objetivo da licitação, nos termos do artigo 11, inciso IV.

Quanto à política de benefícios para as microempresas e empresas de pequeno porte, claramente expressou que deverá continuar, segundo se denota do artigo 4º.[102]

Ainda, preconizou que os editais poderão:

(i) exigir que percentual mínimo de mão de obra responsável pela execução do objeto da contratação seja constituído por mulheres vítimas de violência doméstica e/ou oriundos/egressos do sistema prisional (artigo 25, §9º);
(ii) estabelecer margem de preferência para bens manufaturados e serviços nacionais que atendam a normas técnicas brasileiras e/ou bens reciclados, recicláveis ou biodegradáveis, conforme regulamento (artigo 26);
(iii) nas obras e serviços de engenharia, ponderar (a) disposição final ambientalmente adequada dos resíduos sólidos gerados pelas obras contratadas; (b) mitigação por condicionantes e compensação ambiental, que serão definidas no procedimento de licenciamento ambiental; (c) utilização de produtos, de equipamentos e de serviços que, comprovadamente, favoreçam a redução do consumo de energia e de recursos naturais; (d) avaliação de impacto de vizinhança, na forma da legislação urbanística; (e) proteção do patrimônio histórico, cultural, arqueológico e imaterial, inclusive por meio da avaliação do impacto direto ou indireto causado pelas obras contratadas; e (f) acessibilidade para pessoas com deficiência ou com mobilidade reduzida (artigo 45).
(iv) determinar critério de desempate de propostas por meio de avaliação de desempenho anterior do licitante em contratos pretéritos; desenvolvimento de ações de equidade entre homens e mulheres no ambiente de trabalho; desenvolvimento de programa de integridade e empresas que invistam na mitigação de efeitos do câmbio climático por meio do Plano Nacional sobre Mudança de Clima (artigo 60).

Afora esses casos, a Lei nº 14.133 ecoou as hipóteses de dispensa de licitação em seus artigos 75 e 76 com diversos propósitos sociais e econômicos, além de mera satisfação material do objeto a ser contratado de terceiro, as quais foram retratadas no tópico anterior.

Como se verifica, o uso da licitação e do contrato pelo Estado para estrategicamente preencher vários objetivos persiste, o que confirma a compreensão holística do papel estatal durante suas compras.

---

[102] Em que pese a redação do artigo 4º ter restringido os benefícios para as microempresas e empresas de pequeno porte, assim como seus assemelhados legalmente, quando previu que não haverá a concessão de tais benesses no caso de: (i) licitação para aquisição de bens ou contratação de serviços em geral, ao item cujo valor estimado for superior à receita bruta máxima admitida para fins de enquadramento como empresa de pequeno porte; e (ii) de contratação de obras e serviços de engenharia, às licitações cujo valor estimado for superior à receita bruta máxima admitida para fins de enquadramento como empresa de pequeno porte. Ainda, excluiu as vantagens para aquelas que celebrarem contratos com a Administração Pública cujos montantes superem o limite legal de empresa de pequeno porte durante o ano-calendário, ou seja, fez uma confusão entre celebrar contrato e faturar.

1.3.3 Considerações acerca da dificuldade de conhecimento e aplicação de tantas normas incidentais sobre as licitações e os contratos administrativos

Pelo relato normativo apresentado neste ponto, pode-se visualizar que existem muitas normas em variadas fontes que regulam sobre licitações e contratos administrativos, inclusive sob o ponto de vista do seu uso estratégico, o que já se revela como um grande dificultador para a aplicação de todas, pois nem sempre os agentes públicos possuem conhecimento delas, ainda que isso não possa ser alegado considerando o velho jargão positivado na Lei de Introdução às Normas do Direito Brasileiro de que ninguém pode se escusar do cumprimento da lei.

Apesar dessa última assertiva, salienta-se que, sabiamente ao crivo deste autor, a Lei de Introdução às Normas do Direito Brasileiro sofreu uma modificação com a Lei nº 13.655/2018, a fim de incluir alguns novos textos que retratam normas mais compatíveis e de acordo com o princípio da realidade ante os agentes públicos que atuam diretamente na gestão pública.

Disso resulta, indubitavelmente, que o correto e ponderado uso da contratação pública perpassa pela preparação e qualificação dos operadores de licitações e contratos, de modo a possuírem condições para manejar todo esse "arcabouço" normativo existente,[103] até porque se defende que a preparação e capacitação são pressupostos para a ocorrência de uma licitação e de um contrato administrativo e, com isso, para o atingimento da função do Estado com os seus propósitos de interesse público.

1.4 A regulação estatal por meio de licitações públicas e contratos administrativos

1.4.1 A contratualização como instrumento de regulação estatal

A partir de 1990, a reforma da atuação estatal diante da globalização perpassa pela imperiosidade de revisitar a regulação, inclusive utilizando a contratualização administrativa como um útil instrumento.[104]

O direito tem assumido papel fundamental para esse processo de intervenção estatal, a partir de prescrições normativas visando ao desenvolvimento. Nesse prumo, os contratos e demais ajustes (dentre eles, os convênios administrativos) precisam ser repensados sobre a sua atual pragmaticidade, isto é, sob o viés da necessidade *versus*

[103] Joel de Menezes Niebuhr expressa que a legislação brasileira sobre licitação pública é "composta por um cipoal de normas espalhadas por leis, decretos, portarias, etc. Aliás, isso tumultua as atividades dos intérpretes, que, com frequência, para tomarem decisões, precisam recorrer a diversos diplomas normativos, muitos deles contraditórios" (NIEBUHR, Joel de Menezes. *Licitação pública e contrato administrativo*. 2. ed. Belo Horizonte: Fórum, 2012. p. 51).

[104] Outros países também estão no mesmo caminho para uma reanálise da regulação estatal, conforme se desprende de obras da Espanha (PUIGPELAT, Oriol Mir. *Globalización, Estado y Derecho*: Las transformaciones del Derecho Administrativo. Madrid: Civitas Ediciones, 2004. p. 95-116), Portugal (MONCADA, Luís S. Cabral de. 6. ed. *Direito Económico*. Lisboa: Coimbra Editora, 2012. p. 425-438; GONÇALVES, Pedro Costa. *Reflexões sobre o Estado Regulador e o Estado Contratante*. Coimbra: Coimbra Editora, 2013), França (CHEVALLIER, Jacques. *O Estado Pós-Moderno*. Tradução: Marçal Justen Filho. Belo Horizonte: Fórum, 2009. p. 59-80) e México (VILLANUEVA, Luis F. Aguiar. *Gobernanza y gestión pública*. México: FCE, 2006. p. 137-236).

utilidade,[105] levando em consideração o impacto econômico-social de tais avenças diante do mercado e da sociedade.[106]

Para essa missão, em especial os contratos administrativos devem estar aptos para enfrentarem os "desafios da força do mundo dos atos e da pujança dos seus múltiplos tempos", podendo sempre ser relembrado que a "realidade é sempre mais forte do que a imaginação humana" e é "tão veloz quanto inacreditável, inexplicável, desproporcional", diferenciando-se das obras criadas pelo homem, que, em geral, são mais paulatinas.[107]

Quando se trata de uma nova abordagem para o tema de regulação, quer-se, inclusive, parametrizá-la de maneira diversa daquela anterior e comumente discorrida.[108]

Se, antes, em classificações, a regulação aparecia ao lado da normatização muito mais próxima da atividade administrativa de polícia ou limitação, a expressão regulação estatal deve ser enquadrada de maneira mais ampla, como toda forma que gere a intervenção indireta do Estado na ou *sobre* a economia.

A realidade vivenciada pelos Estados a partir dos eventos nas sociedades e o avanço da informação, das relações jurídicas e do papel estatal ante as novas demandas (em geral)[109] fazem com que tal remodelação se mostre mais razoável.[110]

1.4.2 Entendendo a definição de regulação

No âmbito doutrinário, Floriano de Azevedo Marques Neto assenta que regulação envolve "toda a atividade estatal sobre o domínio econômico que não envolva a assunção direta da exploração de atividade econômica (em sentido amplo)".[111]

Sobre a sua importância, Jacques Chevallier explica que esse raciocínio acarreta uma nova concepção do papel do Estado na economia, advogando favoravelmente ao seu papel de árbitro no processo econômico, até porque, segundo o autor, "falar da função regulatória do Estado pressupõe que o sistema econômico não possa atingir

---

105 "Utilidade é a satisfação e o prazer retirado de cada bem, sem haver, necessariamente, uma conotação material. Maximizar a utilidade significa extrair o máximo de utilidades possível com o menor custo. Nesse sentido, como os recursos disponíveis são escassos, antes de fazer uma escolha, cada indivíduo leva em consideração os custos e benefícios de adquirir os bens que constam da sua lista de preferências. É o que, em economia, se chama trade-off, ou seja, uma escolha realizada a partir da análise comparativa de custo e benefício entre opções disponíveis, porém, mutuamente excludentes em razão da restrição orçamentária" (PINHEIRO FILHO, Francisco Renato Codevila. Teoria da agência: problema agente-principal. *In*: RIBEIRO, Marcia Carla Pereira; KLEIN, Vinicius (coord.). *O que é análise econômica do direito*: uma introdução. Belo Horizonte: Fórum, 2011. p. 97-109, p. 98-99).

106 Contrário à intervenção estatal na economia por entender que a ação estatal gerará distorção no mercado competitivo, bem como pela possibilidade de captura de interesses privados na ação estatal, na assimetria informacional e na teoria *public choice* (escolha coletiva ou escolha pública), vide MACKAAY, Ejan; ROUSSEAU, Stéphane. *Análise econômica do direito*. Tradução: Rachel Sztajn. 2. ed. São Paulo: Atlas, 2015. p. 125-127.

107 MOREIRA, Egon Bockmann. Contratos públicos de longo prazo, mutações e segurança jurídica. *In*: ACEVEDO, Rafael Fernández; FERNÁNDEZ, Patricia Valcárcel (dir.). *La contratación pública a debate*: presente y futuro. Navarra: Civitas, 2014. p. 511-524, p. 522.

108 Para evitar repetições, utilizar-se-á a palavra regulação ao invés de regulação estatal; portanto, sempre que neste texto aludir-se à regulação, é a regulação estatal.

109 Incluindo as sociais, econômicas, ambientais, culturais etc.

110 Segundo Jaime Rodriguez Arana, o direito administrativo não pode se desapegar ou ficar longe da realidade, bem como das diferenças existentes nas necessidades de cada Estado conforme o grau de bem-estar da sociedade e de demandas (MUÑOZ, Jaime Rodriguez-Arana. *Derecho administrativo y derechos sociales fundamentales*. Sevilla: Global Law Press Editorial Derecho Global/INAP, 2015. p. 166-183).

111 MARQUES NETO, Floriano Azevedo. Limites à abrangência e à intensidade da regulação estatal. *Revista Eletrônica de Direito Administrativo Econômico*, Salvador, Instituto de Direito Público da Bahia, n. 4, nov./dez. 2005, jan. 2006, p. 3. Disponível em: http://www.direitodoestado.com.br. Acesso em: 17 jul. 2017.

por si próprio o equilíbrio, que ela tenha necessidade da mediação do Estado para o alcançar".[112]

Exsurge para Diogo de Figueiredo Moreira Neto como um novo tipo de atividade jurídica do Estado para aperfeiçoar a atividade administrativa e superar a administração burocrática de perfil burocrático em que tanto a eficiência quanto a legitimidade possuíam papéis secundários e periféricos.[113]

Com o devido respeito, discorda-se em parte desse autor, porque a eficiência e a legitimidade nunca tiveram – ou, pelo menos, nunca deveriam ter tido – qualquer tipo de papel secundário na atuação estatal, e sim devem sempre ter um papel incidental sobre ela, inclusive buscando sempre a relação entre justiça e eficiência.[114]

De forma um pouco diferente e com um enfoque teleológico interessante, Roberto Correia da Silva Gomes Caldas e Thiago Penido Martins ponderam que a regulação é uma atividade que objetiva "conformar o setor privado aos interesses públicos" e compreende todos os tipos de normas jurídicas (total amplitude) e controles administrativos que busquem a máxima eficiência alocativa e produtiva setoriais, tanto de forma ativa como "passiva (reativa) preventiva ou repressiva".[115]

A preocupação em alargar a definição parece profícua; entretanto, não parece que a ideia de regulação possa ser substituída pela mera conformação, sob pena de parecer que a regulação possa ser sempre orientativa, o que se distancia da maioria das vezes em que é ordenatória e prescritiva.

Da mesma maneira, compreende-se que a máxima eficiência alocativa deverá subsistir; contudo, não se pode resumir a setoriais, já que muitas atuações regulatórias poderão ser intersetoriais, como uma política regulatória de consumo atingindo vários setores econômicos.

A capacidade regulatória é serviente para atender a especialidade, complexidade e multiplicidade de questões econômicas e sociais, inclusive equalizando os interesses e os diversos atores para a satisfação dos interesses da coletividade.[116]

---

[112] CHEVALLIER, Jacques. *O Estado Pós-Moderno*. Tradução: Marçal Justen Filho. Belo Horizonte: Fórum, 2009. p. 72.

[113] MOREIRA NETO, Diogo de Figueiredo. *Direito regulatório*: a alternativa participativa e flexível para a administração pública de relações setoriais complexas no estado democrático. Rio de Janeiro: Renovar, 2003. p. 68, 88 e 95.

[114] De acordo com Paulo Caliendo Velloso da Silveira, citando Casamiglia, no mínimo existem cinco sentidos que demonstram uma relação de conexão entre justiça e eficiência: "1º) uma sociedade idealmente justa é uma sociedade eficiente; 2º) uma sociedade justa e equitativa dificilmente será uma sociedade que desperdiça, não utiliza ou subutiliza recursos; 3º) a eficiência é um componente da justiça, embora não seja nem o único, nem o principal critério de justiça; 4º) a eficiência, entendida como processo de maximização da riqueza social, exige intervenções regulatórias, corretivas ou estratégicas do Estado no Mercado e; 5º) existe uma utilidade em observar se os mecanismos jurídicos de controle são eficientes na produção de riqueza social" (SILVEIRA, Paulo A. Caliendo Velloso da. *Direito tributário e análise econômica do direito*: uma visão crítica. Rio de Janeiro: Elsevier, 2009. p. 76).

[115] CALDAS, Roberto Correia da Silva Gomes; MARTINS, Thiago Penido. Princípios do Equador e Governança Regulatória nas contratações públicas sustentáveis: implicações nas desapropriações. *Revista Brasileira de Estudos Políticos*, Belo Horizonte, n. 112, p. 183-229, jan./jun. 2016, p. 196.

[116] MOURA, Emerson Affonso da Costa. Estado gerencial, regulação econômica e serviços públicos – O papel das agências na promoção do desenvolvimento. *A&C – Revista de Direito Administrativo & Constitucional*, Belo Horizonte, ano 14, n. 57, p. 193-217, jul./set. 2014, p. 199-200 e 203.

De qualquer forma, impende observar que a regulação é a forma pela qual o Estado atua quando intervém indiretamente sobre o domínio econômico.[117]

Utiliza-se a expressão regulação como sendo mais adequada, e será adotada a noção de regulação em sentido amplo e, também, a regulação em sentido estrito. A intervenção é o ato ou efeito de o Estado intervir sobre o domínio econômico, a qual pode acontecer de maneira direta, quando atua no mercado por meio de empresas estatais ou qualquer outra forma (*v.g.* participação minoritária em empresas), ou de forma indireta, quando o Estado se usa do instrumento da regulação para gerar tal interferência.[118]

A regulação também não é puro sinônimo de intervenção indireta, porque é o meio usado para atingi-la, bem como não representa toda e qualquer forma de intervenção, pois esta pode ser direta ou indireta. Toda regulação é interventiva, mas nem toda intervenção é regulatória, pois a intervenção poderá ocorrer por meio do exercício da atividade econômica.[119]

Por sua vez, a regulação possui variadas formas de ser praticada, a partir de atividades administrativas de fomento, de gestão ou por direção, denominada por este autor como regulação em sentido estrito.

Neste ponto, salienta-se ainda que há discordância quanto ao uso da expressão intervenção sobre o domínio econômico, como sustenta Luiz Alberto Blanchet, uma vez que no Brasil, juridicamente, a palavra intervenção é o conceito adotado pela Lei nº 8.987 para externar uma das medidas adotadas pelo poder concedente sobre o concessionário em caso de irregularidade durante a execução do contrato de concessão.[120]

Como se verifica, o termo regulação precisa ser bem definido para o correto entendimento do seu significado, sob pena de confundi-lo com outros instrumentos e institutos jurídicos.

---

117 "(...) a função de regulação, portanto, fundamenta-se na atuação do Estado sobre decisões e atuações empresariais, com fundamentos teóricos e científicos, que visem atender ao interesse público substantivo sem, contudo, deixar de sopesar os efeitos dessas decisões no subsistema regulado com os interesses de segmentos da sociedade e, até mesmo, com o interesse individual no caso concreto. Trata-se de espécie de intervenção indireta, que alcança atividades econômicas e sociais. Ela visa, basicamente, a implementação de políticas públicas e realização dos direitos sociais" (GUERRA, Sérgio. Riscos, assimetria regulatória e o desafio das inovações tecnológicas. *In*: FREITAS, Rafael Véras de; RIBEIRO, Leonardo Coelho; FEIGELSON, Bruno (coord.). *Regulação e novas tecnologias*. Belo Horizonte: Fórum, 2017. p. 83-98 e 90).

118 "Qualquer ação estatal que repercuta na sociedade, criando, modificando ou extinguindo direitos e situações, pode ser concebida como uma forma de interferência do Estado." Nesse compasso, a autora defende que interferência estatal é gênero, compreendendo as espécies interferência em sentido estrito, cuja área de incidência é a vida privada, e intervenção, cuja área de incidência é a ordem econômica (MELLO, Célia Cunha. *O fomento da Administração Pública*. Belo Horizonte: Del Rey, 2003. p. 1-2).

119 MOREIRA, Egon Bockmann. O direito administrativo contemporâneo e intervenção do Estado na ordem econômica. *Revista Eletrônica de Direito Administrativo Econômico*, Salvador, Instituto de Direito Público da Bahia, n. 1, fev. 2005. Disponível em: http://www.direitodoestado.com.br. Acesso em: 14 maio 2019.

120 BLANCHET, Luiz Alberto. *Curso de Direito Administrativo*. 5. ed. Curitiba: Juruá, 2008. p. 185. Valioso recordar que as classificações podem ser legais (normativas) ou doutrinárias. As legais (normativas) são preconizadas por alguma lei ou norma infralegal, assim como ocorre com a classificação de espécies de bens públicos, consoante o artigo 99 do Código Civil. As doutrinárias partem de uma divisão desenvolvida por algum jurista com base em premissas e pautada numa utilidade para o seu raciocínio. Para ilustrar estas, Evert Vedung divide a intervenção pública em substantiva e a direcionada para determinado processo. As medidas de intervenção pública substantiva "*afectan a varias campos funcionales tales como los de la energia, medio ambiente, recursos naturales, utilización de la tierra, vivienda, bienestar social, transporte, desarrollo económico y otros muchos campos del esfuerzo humano* (...)". Os programas orientados direcionados para determinado programa "*se refieren a ideas y medidas dirigidas a la organización y función de la propia administración pública*" (VEDUNG, Evert. *Evaluación de políticas públicas y programas*. Madrid: Ministerio de Trabajo y Asuntos Sociales, 1997. p. 21).

Sobre a polissemia gerada pela palavra, Evert Vedung explica os vários significados que podem dela se extrair, como: (i) aclaramento oficial de estudos, regulamentos ou ordens administrativas; (ii) atividade de governo no controle de assuntos da sociedade; e (iii) tipo de instrumento político a ser usado pelos governos.[121]

1.4.3 A regulação estatal e seu impacto perante o mercado

A relação e respectiva regulação entre Estado e mercado sempre existiu e continuará existindo.[122] Não é possível que todos os mercados sejam completamente autorregulados.

O Estado precisa exercer a sua função regulatória para que os fins estatais e o bem da sociedade sejam mantidos em ordem. Ademais, salienta-se, por exemplo, que, no Brasil, existe autorregulação no mercado de publicidade, o qual é exercido pelo CONAR; porém, sempre que há qualquer desequilíbrio ou não entendimento entre os atores do referido mercado, é o Estado que socorrerá para determinar as diretrizes e a palavra final para a sua manutenção e preservação dos direitos dos envolvidos.

Em síntese, é patente que regulação é exercício de função estatal. Entretanto, até que ponto e como exercerá são questões a serem debatidas de acordo com o modelo de Estado, a sociedade e o tempo de análise.

A intervenção – também denominada de interferência – do poder público é uma realidade histórica "consubstancial ao próprio conceito de civilização e de autoridade", bem como é um fenômeno "permanente e não é específico de um país, mas sim universal, independente das ideologias dos sistemas econômicos com maior ou menor atuação estatal, possuindo também condicionantes externos ao país em razão da internacionalização das atividades econômicas ou o pertencimento de blocos, acordos ou convenções internacionais com políticas supranacionais".[123]

Qualquer ordenamento jurídico independente do seu tempo prescreverá a intervenção admitida pelo Estado, seja através de regras claras ou a partir de princípios normatizadores das balizas a serem respeitadas.

As normas jurídicas sempre cravarão os limites e deverão ser interpretadas para a sua correta aplicação, de acordo com as circunstâncias sociais e mercadológicas. O modelo de Administração Pública adotado pelo Estado já indica uma "predeterminação da sua atuação através da função reguladora limitada pelo princípio da juridicidade".[124]

Não é o fato de uma Constituição ser da década de 1970, por exemplo, que fará com que ela possua uma visão enrijecida sobre a participação dos privados no mercado de transportes públicos, sob pena de, na atualidade, ser inviável, por exemplo, a admissão

---

[121] VEDUNG, Evert. *Evaluación de políticas públicas y programas*. Madrid: Ministerio de Trabajo y Asuntos Sociales, 1997. p. 155.

[122] Segundo Eros Roberto Grau, o mercado "além de lugar e princípio de organização social – é instituição jurídica (= institucionalizado e conformado pelo Direito posto pelo Estado). Sua consequência é função da segurança e certeza jurídicas que essa institucionalização instala, permitindo a previsibilidade de comportamentos e o cálculo econômico" (GRAU, Eros Roberto. *A ordem econômica na Constituição de 1988*. 15. ed. São Paulo: Malheiros, 2012. p. 36).

[123] VERA, José Bermejo. *Derecho administrativo (parte especial)*. 6. ed. Navarra: Editorial Aranzadi (Thomson Civitas), 2005. p. 785.

[124] CARVALHO, Raquel. *O direito à informação administrativa procedimental*. Porto: Publicações Universidade Católica, 1999. p. 133.

do transporte remunerado privado individual de passageiros ou, como chamado na Espanha, *"las licencias de vehículo de turismo con conductor"* (Uber, Cabify, etc.).

A interpretação e a aplicação deverão fazer o adequado silogismo da realidade, de acordo com o interesse público, a fim de atender as necessidades sociais, por meio do manejo proporcional da ação estatal.

Por isso, parecem pertinentes as seguintes palavras de José Bermejo Vera, quando descreve que o processo de liberalização, regulação ou desregulação não exige a diminuição do papel estatal na economia, senão que deve haver a adaptação às normas e circunstâncias usando as técnicas de intervenção indireta, e não somente a intervenção direta, para assentir com o desenvolvimento e direção de uma política econômica concreta, pautada mais nos estímulos positivos, consensuais e participativos, ao invés de meramente coercitiva.[125]

Ademais, nas modificações observadas das últimas décadas, principalmente para o século XXI, observam-se a progressão do direito privado e das relações contratuais ao direito administrativo, e a redução das ações dotadas de império e da preponderância dos fins e interesses subjetivos nas relações jurídico-administrativas, tudo isso pela complexidade atualmente vivenciada pelo direito administrativo em razão da realidade econômica, social e técnica, necessitando, assim, de uma regulação que leve em consideração os vários sistemas e subsistemas na ordem nacional e internacional.[126]

Convém exaltar que os próprios limites entre o direito público e o direito privado não são fixos nem apriorísticos, devendo ser estudados de acordo com a época dos fatos e as circunstâncias históricas.

Do ponto de vista econômico, Ludwig von Mises usa a expressão estatismo para qualificar uma entidade política fundada em pressupostos coletivistas e intervencionistas, sendo que estes têm por missão a subordinação incondicional do indivíduo ao Estado.[127]

Já o Estado pode ter a intervenção do governo como obstáculo à diminuição da liberdade no afã da preferência temporal,[128] assim como ocorre com as atividades criminosas, uma vez que nem sempre é imediato o seu reflexo para a sociedade.

---

[125] VERA, José Bermejo. *Derecho administrativo (parte especial)*. 6. ed. Navarra: Editorial Aranzadi (Thomson Civitas), 2005. p. 788. Não se pode esquecer que a desregulação não significa falta de regulação: "(...) *debe matizarse que la desregulación tiene efectos complejos porque hace creer que es un movimiento inverso al de la reglamentación de ámbitos de la actividad por parte de la Administración, cuando en su realidad se trata de utilizar otros dispositivos, incluso de autorregulación, de fomento, de negociación, de flexibilidad por medio de normas evolutivas, pero sin descartar la utilización de algunas de las técnicas administrativas clásicas como las sancionadoras*" (ARANGUREN, Juan-Cruz Alli. *Derecho administrativo y globalización*. Madrid: Civitas, 2004. p. 199).

[126] ARANGUREN, Juan-Cruz Alli. *Derecho administrativo y globalización*. Madrid: Civitas, 2004. p. 383. Fernando Araújo também externa que: "(...) a fuga para o direito privado tem efetivamente levado à é proliferação muito rápida das soluções contratualizadas no próprio seio do direito público, numa tendência que faz a privatização seguir as tendências gerais de <downsizing> e de <outsourcing>; sendo que a própria regulação tem vindo a adoptar formas contratualizadas (pensemos nos já aludidos <contratos-programas>), formas flexibilizadoras mas susceptíveis de diluírem, e por isso de confundirem, questões de legitimação e de responsabilização políticas" (ARAÚJO, Fernando. *Teoria Económica do Contrato*. Coimbra: Almedina, 2007. p. 91).

[127] MISES, Ludwig von. *Caos planejado*: intervencionismo, socialismo, fascismo e nazismo. Tradução: Beatriz Caldas. São Paulo: LVM, 2017. p. 59.

[128] "E não é por acaso o fato da intensidade da preferência pela satisfação no presente, em vez de no futuro, ser designada por taxa de preferência temporal, que 'é (e pode ser) diferente de uma pessoa para outra e (varia) de um momento para o outro, mas que nunca pode ser algo positivo para todos', e que é influenciada por 'fatores externos, biológicos, individuais, sociais e institucionais'. A preferência temporal, portanto, está intrinsecamente conectada ao objetivo da ação, que, de acordo com Ludwig von Mises: 'Visa sempre a remover um mal-estar futuro, mesmo que o futuro seja apenas o momento iminente. Entre o início da ação e a obtenção do fim pretendido

Aqui, reflete-se a importância de uma política regulatória ter premissas publicizadas e com metas claras para que a sociedade possa ter a sensibilidade de legitimidade para qualquer intervenção, seja relacionada com as contratações públicas ou não. A participação, o controle e a transparência são imprescindíveis para aproximar a Administração e os cidadãos, sendo uma *vis atractiva* pelo princípio democrático inarredável das sociedades atuais complexas.[129]

Em interessante estudo sobre o diálogo contínuo entre Estado e mercado para a demarcação da economia política, Maurin Almeida Falcão aborda, a partir da obra de Gilpin, o papel das intervenções e a busca do legítimo autor do poder político, com o intuito de compreender a mudança social no mundo contemporâneo, de acordo com a interação entre os aspectos social, econômico e político da sociedade.

Para o autor, "o cientista político arremata de forma contundente que o Estado seria o mundo puro da ciência política, responsável pela distribuição dos recursos econômicos. Por sua vez, ausente o Estado, o mecanismo dos preços e as forças do mercado determinariam o resultado das atividades econômicas, ou seja, o mundo puro do economista".[130]

A presença e o exercício efetivo da regulação são imprescindíveis para a sociedade, tanto que o Estado não só aparece de maneira indireta para interferir sobre o domínio econômico como aparece diretamente, já que os objetos tutelados são estratégicos para o bem-estar geral.[131] No decorrer da história, presencia-se a posição do Estado ora mais próximo, ora mais longe do mercado, caracterizando movimentos pendulares (Estado mínimo *versus* Estado de Bem-Estar).[132]

---

decorre um lapso de tempo, a saber, o tempo de maturação no qual a semente plantada pela ação produz o fruto'" (HOPPE, Hans-Hermann. Prefácio. *In*: MISES, Ludwig von. *Caos planejado*: intervencionismo, socialismo, fascismo e nazismo. Tradução: Beatriz Caldas. São Paulo: LVM, 2017. p. 62-63).

129 MORÓN, Miguel Sánchez. *Derecho Administrativo (Parte general)*. 6. ed. Madrid: Tecnos, 2010. p. 82.

130 FALCÃO, Maurin Almeida. O Estado, o mercado e as transformações econômicas, políticas e sociais como determinantes de uma economia política do tributo. *Revista Brasileira de Estudos Políticos*, Belo Horizonte, n. 104, p. 263-289, jan./jun. 2012, p. 273.

131 Sobre o Estado atuando de maneira direta na economia, vide passagem de Eloi Pethechust e Marcia Carla Ribeiro: "É possível extrair-se a conclusão de que pode a Administração Pública atuar no mercado por meio de sociedades estatais, pois seus objetivos perseguidos ultrapassam a mera produção de bens e serviços econômicos, atingindo interesses subjacentes de fundamental importância para o atendimento do interesse público, tal como domínio de setores estratégicos (energia elétrica, petróleo e energia nuclear) e fomento de infraestrutura básica necessária ao desenvolvimento econômico e social do país (saneamento, programas de financiamento habitacional, linhas de crédito voltadas ao financiamento de empreendimentos privados considerados necessários ao desenvolvimento do país etc.)" (PETHECHUST, Eloi; RIBEIRO, Marcia Carla Pereira. Perspectivas para as empresas estatais no Brasil: propostas para um estatuto jurídico. *A&C – Revista de Direito Administrativo & Constitucional*, Belo Horizonte, ano 15, n. 62, p. 99-121, out./dez. 2015, p. 109).

132 "*(...) el binomio intervención (pubificación) – liberalización se presenta históricamente en una relación de movimiento pendular, conforme a la cual se van sucediendo distintas etapas en las que el eje de fuerza de la relación pasa de un extremo a otro, segundo la tendencia universalmente sentida, sin que ello quiera decir que existan ni momentos de completa intervención ni fases sucesivas de total liberalización de la economía, sino que en cada caso el conjunto de medidas que tiende a regular la actuación pública en la economía se orienta mayoritariamente en un sentido o en otro, existiendo siempre, incluso en los momentos de mayor liberalización, alguna parcela o sector en la que encuentran acomodo situaciones interventoras y a la inversa.*" VERA, José Bermejo. *Derecho administrativo (parte especial)*. 6. ed. Navarra: Editorial Aranzadi (Thomson Civitas), 2005. p. 793-794. Fazendo um paralelo com os contratos administrativos, é possível visualizar que, nas sociedades empresariais públicas (denominação utilizada para se referir às empresas públicas e sociedades de economia mista), o Estado ora tem procurado uma redução de sua influência e direção, inclusive com a privatização de algumas; já doutro lado, em outros setores, tem buscado uma maior intervenção, direta ou indireta. Discorre-se de uma administrativização do direito empresarial, de um lado ampliando as empresas estatais ou participação minoritária em empresas e, de outro, a partir de um rigor maior sobre tal atuação por meio de controles legais

Compete recordar da direção à economia de mercado, seja pela economia livre, ou economia social, ou economia dirigida/controlada. A economia livre é tradicional do modelo liberal e o Estado se limita a criar uma ordem jurídica objetiva e imparcial, que visa não atuar, influenciar e nem orientar as linhas político-econômicas, deixando grande liberdade para os agentes (*players*) econômicos.

A economia social de mercado precisa do Estado e seu protagonismo para garantir a concorrência, assegurar o mercado quando este é defeituoso ou não existe, e, com isso, proporcionar aos cidadãos o bem-estar.

Já a economia dirigida ou controlada coaduna com a economia social, porém acrescidos dois pontos: (i) se existente a autorregulação do mercado, mesmo assim deve ser corrigida pela regulação do Estado e (ii) que existem objetivos nacionais que não são livres ao mercado e o Estado deve regular em sentido genérico, planejando, pela via coativa, condicionamentos, incentivo ou conduzindo a ação empresarial privada.[133]

1.4.4 O papel da regulação estatal para além da ciência do Direito e a necessidade de revisitar as formas de intervenção indireta

Como se verifica, a importância da regulação e da intervenção estatal deve ser obtemperada por ângulos além do direito, não se podendo restringir a uma discussão meramente jurídica. O direito deve servir para que se alcance o bem-estar social de forma segura.

Entretanto, sem dúvidas, os ambientes econômico e social merecem ser compreendidos para saber até que ponto haverá a sua utilidade.[134] Por isso, toda essa nova estruturação da intervenção indireta possui respaldo na necessidade de revisitar as formas em si de atuação do Estado.

Ramón Parada explica que a tripartição dos modos de atividade administrativa sempre aconteceu, mais precisamente segmentando-se em atividade de limitação ou de polícia, atividade de fomento e atividade de prestação ou de serviço público; porém, atualmente, não pode ser mais sustentada como adequada para retratar as atividades administrativas necessárias para a consecução do interesse público, tanto é que o

---

para a proteção dos consumidores, da livre concorrência, regras contábeis, transparência de atuação etc. As razões justificadoras para as técnicas ou medidas liberalizadoras do Estado podem ser qualificadas como de índole política, financeira e econômica, as quais são descritas como: *"De índole política, porque supone la acogida de planteamientos neoliberales, dentro de los cuales la iniciativa y la propiedad privada juegan un papel de primer orden, y de índole económico-financiera, ya que se pretende reducir el déficit público, así como aumentar la eficacia de las empresas"* (VERA, José Bermejo. *Derecho administrativo (parte especial)*. 6. ed. Navarra: Editorial Aranzadi (Thomson Civitas), 2005. p. 792-793).

133 VERA, José Bermejo. *Derecho administrativo (parte especial)*. 6. ed. Navarra: Editorial Aranzadi (Thomson Civitas), 2005. p. 805.

134 *"(...) el derecho administrativo sigue ampliando sus espacios de regulación, aun cuando adecue sus técnicas y se aproxime a otros ámbitos del conocimiento técnico-científico y disciplinas jurídicas, como ocurre con las actividades sanitarias, urbanísticas, de las telecomunicaciones, del bienestar social, del medio ambiente, de la biotecnología, etc. No sólo asume los términos de otros ámbitos de conocimiento, que le exigen un proceso continuo de adaptación, sino que asimila las aportaciones de otras ramas del Derecho, que habían regulado anteriormente los nuevos espacios, lo que supone un nuevo proceso de armonización y ósmosis, que contribuye a integrarlo en un nuevo orden más extenso y lo hace cada día más complejo"* (ARANGUREN, Juan-Cruz Alli. *Derecho administrativo y globalización*. Madrid: Civitas, 2004. p. 382).

autor acresce quarta e quinta atividades, quais sejam, a sancionadora e a arbitral da Administração Pública.[135]

Evert Vedung, em 1977, de forma um pouco diferente e metafórica, já explicava que os governos podem recorrer a três instrumentos básicos:

> *(...) el palo, la zanahoria y el sermón. Los gobiernos pueden obligarnos a hacer lo que ellos desean, recompensarnos o premiarnos materialmente por haberlo hecho, o predicarnos que debemos hacerlo. Al palo se denomina regulación, a la zanahoria medios económicos, y el sermón podría calificarse de información. En mi opinión, todos los demás tipos de instrumentos políticos propuestos en la bibliografía sobre el tema pueden reducirse a estos tres fundamentales. También afirmo que esta tricotomía no se puede reducir; si se transformase en un esquema de dos, la pérdida de información sería irreparable.*[136]

Carlos Ari Sundfeld sustenta a necessidade de reconstrução da teoria da ação administrativa, a qual perpassa por três grandes setores, quais sejam: a administração de gestão, a administração fomentadora e a administração ordenadora.[137]

Ao seu lado, José Roberto Pimenta Oliveira explana que, para o cumprimento dos objetivos constitucionais inerentes à estruturação do Estado Social e Democrático de Direito, desenhado pela Constituição, não há como a função administrativa restringir-se, na atualidade, ao campo ordenador e sancionatório.[138]

---

[135] PARADA, Ramón. *Derecho administrativo I*. Parte General. 15. ed. Madrid: Marcial Pons, 2004. p. 369 e seg. Prosper Weil comenta a classificação com as seguintes palavras: "*Esta clasificación expresa la intensidad variable de la acción administrativo: intervención legada por medio de la ayuda el otorgamiento y el control; intervención más rígida, pero todavía exterior, en la policía; gestión directa en el servicio público orgánico. Su interés es e orden sociológico o político, ya que traduce perfectamente la graduación de las limitaciones que la intervención del Estado acarrea para la iniciativa privada. Bajo este punto de vista, está incontestablemente inspirada en la concepción liberal de finales mucho más discutible –la distinción de policía y servicio público no ha sido nunca claramente precisada– y no presenta un interés práctico demasiado importante. Los auténticos problemas se sitúan en otro plano*" (WEIL, Prosper. *Derecho administrativo*. Tradução: Luis Rodríguez Zúñiga. Madrid: Editorial Civitas, 1994. p. 67). Santiago Muñoz Machado explica a divisão histórica das formas de atuação administrativa. Recorda a classificação de L. Jordana de Pozas (polícia, serviço público e fomento), de Eduardo García de Enterría, que sistematizou de maneira diferente com a ideia de intervenção ou regulação econômica ou social, e do italiano Santi-Romano, que classificou em atividade administrativa de limitação e atividade de prestação (MACHADO, Santiago Muñoz. *Tratado de Derecho Administrativo y Derecho Público General*: Libro XIV – La actividad regulatoria de la Administración. Madrid: Agencia Estatal Boletín Oficial del Estado, 2015. p. 13-18). Sobre outras formas de classificação das formas de atividade administrativa de acordo com a formalização jurídica e por sua incidência na esfera jurídica dos particulares, vide MONTANER, Luis Cosculluela; BENÍTEZ, Mariano López. *Derecho público económico*. 2. ed. Madrid: Justel, 2008. p. 203-205.

[136] VEDUNG, Evert. *Evaluación de políticas públicas y programas*. Madrid: Ministerio de Trabajo y Asuntos Sociales, 1997. p. 155.

[137] SUNDFELD, Carlos Ari. *Direito Administrativo Ordenador*. São Paulo: Malheiros, 2003. p. 16. Em sentido análogo, Célia Cunha conceitua a administração fomentadora "como um complexo de atividades concretas e indiretas que o Estado desempenha despido do poder de autoridade, cujo labor se limita a promover e/ou incentivar atividades e regiões, visando melhorar os níveis de vida da sociedade" (MELLO, Célia Cunha. *Op. cit.*, p. 38). Nos mesmos termos, vide GARCÍA, Jorge Sarmiento. *Derecho público*. 2. ed. Buenos Aires: Ediciones Ciudad Argentina, 1998. p. 647.

[138] Postulou-se da Administração uma crescente e cada vez mais complexa intervenção estatal no domínio social e econômico, formalizada, pela ordem jurídica, com a positivação de dever de prestar serviços públicos nos diversos campos em que o interesse da coletividade mandava uma presença ativa da atividade administrativa, considerados como atividades materiais vinculadas à existência da própria sociedade, passíveis de fruição direta pelos administrados, fornecidos pela Administração, sob regime de direito público (OLIVEIRA, José Roberto Pimenta. *Os princípios da razoabilidade e da proporcionalidade no Direito Administrativo Brasileiro*. São Paulo: Malheiros, 2006. p. 514-515).

Ainda que existam várias classificações, como já refletido, adota-se para este trabalho a regulação como um gênero representativo instrumental da intervenção indireta, a qual abarcará a função de direção (regulação em sentido estrito), fomentadora e de gestão.[139]

Para o desenvolvimento deste, destacar-se-ão as duas primeiras; porém, antes de adentrar, é imperioso ponderar que o uso da regulação por meio das licitações e dos contratos administrativos revela-se bastante saudável.

1.4.5 A contratação pública como instrumento de regulação

Segundo estudos do Instituto de Pesquisa Econômica Aplicada (IPEA) sobre as instituições e investimentos privados em infraestrutura nas economias emergentes, existe correlação direta impactante entre o aumento quantitativo e qualitativo do investimento em infraestrutura para o desenvolvimento econômico, tanto na literatura macroeconômica quanto na da distribuição de renda e minoração da pobreza; por isso, atrelar a participação do privado como operador e investidor é um ponto comum e crescente para os países de baixa e média renda nas últimas décadas.

Considerando que, de 2003 a 2010, o cenário externo para investimentos foi amplamente favorável pela alta liquidez internacional para países emergentes, como é o caso do Brasil, o mesmo não se repetiu de 2010 a 2015, quando houve diminuição de fluxo de entrada para tais países, em virtude dos efeitos do menor crescimento, dos menores preços de *commodities* e da possibilidade do fim (ou da diminuição sensível) do ciclo de política monetária expansiva que era realizada pelas economias dos países desenvolvidos.

A partir disso, com a menor liquidez internacional, faz-se necessário que as economias emergentes trabalhem com fatores locais, que são fundamentos de suas economias, como chamariz para os investimentos.

Justamente neste ponto entra o índice de liberdade econômica e o de qualidade regulatória, os quais se mostram relevantes para investimentos, e aqui reside inclusive a relação do mercado das licitações e dos contratos administrativos, tanto que o relatório sugere ao final, entre outras medidas, a aprovação de uma nova lei de licitações para produzir um cenário regulatório mais seguro aos investidores (*o que de fato se espera da Lei nº 14.133*).[140]

José María Gimeno Feliú exalta que a contratação pública e sua regulação são fenômenos de maior relevância, inclusive sociopolítica, no marco da política econômica

---

[139] A atividade administrativa de gestão seria a função de "gerir – como agente, como sujeito ativo – determinadas atividades. Engloba inicialmente o 'oferecimento de utilidade ou comodidade material fruível diretamente pelos administrados'. Em sua dupla modalidade: prestação de serviços públicos (isto é, os reservados ao Estado) e de serviços sociais (atribuídos a ele sem caráter de exclusividade, o que elimina a técnica concessional; são os casos de educação e saúde)" (SUNDFELD, Carlos Ari. *Direito Administrativo Ordenador*. São Paulo: Malheiros, 2003. p. 16).

[140] ROCHA, Katia; MOREIRA, Ajax; FIUZA, Gabriel. *Instituições e investimentos privados em infraestrutura nas economias emergentes*. Texto para discussão/Instituto de Pesquisa Econômica Aplicada. Brasília; Rio de Janeiro: IPEA, 2018. p. 8-9, 17 e 19. Sobre os referidos índices, vide ainda a fl. 17 do Relatório: "Esses índices resumem diferentes aspectos institucionais: o primeiro contempla diversos aspectos que vão desde abertura comercial até simplificação tributária e trabalhista; e o segundo leva em conta aspectos relativos à governança das agências reguladoras e à estabilidade das regras. Mesmo que a relação entre esses índices e as recomendações práticas de política não seja conhecida, consideramos útil fazer algumas recomendações e considerações práticas relacionadas ao tema e que estão na agenda econômica relativa ao Brasil".

dos Estados. Explica que, além dos aspectos financeiros, representativos pelos relevantes valores destinados aos contratos públicos, como se denota em comparação com o PIB, elas representam que "*los poderes públicos realizan una política de intervención en la vida económica, social y política del país, utilizan por las distintas autoridades nacionales como mecanismo proteccionista y evitando, por tanto, una auténtica competencia*".

Questiona-se se a proteção do mercado nacional pode ser feita pelo mercado das compras públicas ou não, sendo que o referido autor, a partir dos estudos de A. Mattera, explana e sintetiza os motivos dessa prática: (i) em certos casos, a contratação pública é uma ferramenta preeminente para gerar a devida vazão de certos produtos de tecnologia avançada e, assim, garantir por essa via a rentabilidade industrial e comercial dos gastos de investigação, pesquisas e desenvolvimento das empresas nacionais, sendo que, em muitos casos, tais empresas são subvencionadas pelo Estado; (ii) a política de contratação pública tende a favorecer empresas instaladas em zonas economicamente subdesenvolvidas ou em declínio, gerando-lhes um tratamento preferencial ante o resto das empresas competidoras, sob o fundamento de favorecer o desenvolvimento industrial e econômico das zonas consideradas, por algum motivo, de interesse público como de prioritário desenvolvimento; (iii) às vezes, a contratação pública promove a transformação e a adaptação das estruturas de produção, favorece a reconversão industrial, luta contra o desemprego, reativa os investimentos ou compensa setores discriminados etc.; (iv) existem obstáculos psicológicos que buscam uma mentalidade direcionada para a compreensão das realidades políticas e econômicas em um contexto exclusivamente nacional para a confiança de produções e técnicas nacionais ao patriotismo, às influências e, inclusive, às razões de comodidade.[141]

Posto isso, a contratação pública é considerada um importante objeto de regulação, tanto que envolve dois aspectos: (i) a regulação normativa ou regulamentação dos procedimentos de contratação e (ii) a regulação jurídica dos operadores econômicos que participam dos certames e integram o mercado dos licitantes.[142]

Não se pode olvidar que a imperiosidade de regulação se dá também pelo fato de tal pauta possuir repercussão no equilíbrio do mercado e da concorrência. Por isso, os critérios gerais para a integração das considerações concorrenciais na regulação de contratação pública pontuados por Albert Sánchez Graells são: a) o arquétipo normativo do procedimento de licitação deve assegurar um amplo acesso para todas as empresas potencialmente interessadas; b) as regras relativas à avaliação das ofertas e da adjudicação do contrato devem assegurar a igualdade de oportunidades, a neutralidade de avaliação e a ausência de distorções à competência; c) depois da adjudicação, as regras relativas ao cumprimento do contrato, sua revisão e sua eventual segunda licitação, assim como as impugnações das decisões, devem seguir garantidoras da concorrência

---

[141] FELIU, José María Gimeno. *El control de la contratación pública (las normas comunitarias y su adaptación en España)*. Madrid: Editorial Civitas, 1995. p. 37.

[142] GONÇALVES, Pedro Costa. *Reflexões sobre o Estado Regulador e o Estado Contratante*. Coimbra: Coimbra Editora, 2013. p. 23. Em sentido análogo, Santiago Muñoz Machado exalta que os objetivos da função regulatória atual devem ser não somente o poder de ditar normas, mas, sim, "*de utilizar todos los instrumentos, normativos y ejecutivos, precisos para orientar el funcionamiento de los mercados hacia la competencia e imponer obligaciones de servicio público a los operadores para que su natural afán de beneficio fuera compatible con las exigencias del interés general*" (MACHADO, Santiago Muñoz. *Tratado de Derecho Administrativo y Derecho Público General*: Libro XIV – La actividad regulatoria de la Administración. Madrid: Agencia Estatal Boletín Oficial del Estado, 2015. p. 25).

não distorcida; d) o exercício do poder de compra pública deve limitar-se na medida necessária para evitar o exercício abusivo, de modo que os contratos públicos reflitam condições anormais de mercado.[143]

Valioso recordar Luis Cosculluela Montaner e Mariano López Benítez quando abordam o princípio da menor onerosidade nas medidas de intervenção pública que gere restrição à liberdade da empresa. O Estado deve buscar a menor onerosidade possível diante do caso a ser enquadrado, não significando jamais a limitação completa da interferência estatal, tanto que não se apoia a abstenção interventiva liberal ou o intervencionismo desarrazoado, rogando só que tal medida estatal seja a menos gravosa para o exercício dos direitos e liberdades que em matéria econômica têm os cidadãos.[144]

É claro que o estudo sobre o desenho normativo, prescrito pelo Estado a partir das licitações e dos contratos públicos, deve ser realizado com cuidado, porque tal dinâmica contratual-regulatória exige que se respeitem os princípios basilares da concorrência, em especial aqueles que são preconizados pela Constituição e pelas legislações nacionais.

O agente econômico precisa de garantias contra o Estado e contra os demais agentes econômicos que operam no mercado. Como dito por Eros Roberto Grau, "cálculo e segurança inerentes à produção capitalista exigem uma dupla garantia: (a) contra o Estado (=liberalismo político) e (b) em favor do mercado (=liberalismo econômico)".[145]

No caso brasileiro, a liberdade de iniciativa e a livre concorrência estampam-se nos fundamentos e nos objetivos fundamentais da República, não podendo ser desconsiderados. Ao mesmo tempo, reitera-se que a Administração Pública precisa utilizar os ferramentais necessários para o alcance dos seus fins, inclusive utilizando a sensibilidade técnica para modificações de interpretação e aplicação jurídica, ainda mais quando se está pensando em soluções de interesse público à base de respeito, negociação e participação das partes contratantes.

Como diz Egon Bockmann Moreira, a contratação pública atual reclama o afastamento de velhos paradigmas e conviver com o novo, ter sensibilidade técnica sobre as mudanças jurídicas ocorridas e a celeridade necessária para o enfrentamento dos problemas, até porque "a certeza da precariedade vista não como um dado negativo, mas sim na condição de premissa positiva – a de acolher com segurança o futuro que não para de chegar".[146]

Por tais razões, trabalhar tal força regulatória significa não ficar adstrito à repetição de fórmulas antigas que não mais se apresentam como aptas à satisfação das necessidades atuais, e sim aproveitar as lições antigas concebidas no século XIX e início do século XX para promover uma realidade mais consentânea com os valores atuais, sempre em plena conformidade com a segurança jurídica.

---

143 GRAELLS, Albert Sánchez. Reflexiones críticas en torno a la disciplina del comportamiento de mercado del comprador público. *In*: ACEVEDO, Rafael Fernández; FERNÁNDEZ, Patricia Valcárcel (dir.). *La contratación pública a debate*: presente y futuro. Navarra: Civitas, 2014. p. 275-298, 288-296.

144 MONTANER, Luis Cosculluela; BENÍTEZ, Mariano López. *Derecho público económico*. 2. ed. Madrid: Justel, 2008. p. 30-31.

145 GRAU, Eros Roberto. *A ordem econômica na Constituição de 1988*. 15. ed. São Paulo: Malheiros, 2012. p. 37.

146 MOREIRA, Egon Bockmann. Contratos públicos de longo prazo, mutações e segurança jurídica. *In*: FERNÁNDEZ ACEVEDO, Rafael; VALCÁRCEL FERNÁNDEZ, Patricia (dir.). *La contratación pública a debate*: presente y futuro. Navarra: Civitas, 2014. p. 511-524, p. 524.

Mariana Mazzucato enaltece o poder de compra pública, inclusive a ser usado pelas empresas estatais, pois estas desenvolvem uma interface importante entre os setores público e privado para fornecer infraestrutura essencial e garantir a segurança energética, financiamento de projetos de grande escala, gerenciamento de serviços críticos, entre outros.[147]

Diante dessas breves colocações teóricas e passando a sistematizá-las, propõe-se explicar, no campo prático, como o Estado deverá efetivá-las no campo da regulação (ou intervenção)[148] da atividade econômica em sentido estrito.[149]

Para tanto, aproveita-se a classificação de Eros Roberto Grau, que diferencia esta em três modalidades, que poderão ser aproveitadas para o critério da regulação em geral: (i) intervenção por absorção ou participação, quando o Estado intervém diretamente no domínio econômico, mais precisamente na atividade econômica em sentido estrito como agente (sujeito) econômico;[150] (ii) intervenção por direção, quando "o Estado exerce pressão sobre a economia, estabelecendo mecanismos e normas de comportamento compulsório para os sujeitos da atividade econômica em sentido estrito"; e (iii) intervenção por indução, quando "o Estado manipula os instrumentos de intervenção em consonância e na conformidade das leis que regem o funcionamento dos mercados".[151]

Advoga-se que o uso das contratações públicas para a regulação evidencia-se por intermédio da direção (regulação em sentido estrito) e da indução (fomento), a fim de direcionar condutas desejáveis para o desenvolvimento nacional e impor determinados comportamentos no domínio econômico.[152]

Quanto à constitucionalidade para tal mister, alvitra-se do comando normativo do artigo 174 da Constituição da República Federativa do Brasil ao prescrever que o Estado,

---

[147] MAZZUCATO, M. (ed.) (2024). Transformação do Estado no Brasil: Desenhando compras públicas, empresas públicas e infraestrutura pública digital orientadas por missões para promover o crescimento sustentável e inclusivo. *UCL Institute for Innovation and Public Purpose.* IIPP Policy Report 2024/15, 2024, p. 16-17.

[148] Usa-se aqui a intervenção como sinônimo tão somente para se utilizar da classificação de Eros Roberto Grau, que parece apropriada quanto ao seu modo, em que pesem as ressalvas quanto ao uso dos signos intervenção e regulação.

[149] "Já se sabe que grande parte da intervenção indirecta do Estado assume hoje em dia a natureza da regulação, característica de um sistema econômico em que o mercado é o meio natural da decisão econômica e a propriedade privada o instituto predominante, mas em que o Estado continua a, por seu intermédio, assegurar certos interesses gerais consubstanciados no adequado funcionamento das regras do mercado e a prestação de certos serviços de interesse geral. A intervenção indirecta subdivide-se em: 1) criação de infraestrutura; 2) polícia económica; 3) fomento econômico" (MONCADA, Luís S. Cabral de. *Direito Económico.* 6. ed. Lisboa: Coimbra Editora, 2012. p. 439).

[150] A absorção ocorre quando o Estado "assume integralmente o controle dos meios de produção e/ou troca em determinado setor da atividade econômica em sentido estrito; atua em regime de monopólio"; já na participação, "o Estado assume o controle de parcela dos meios de produção e/ou troca em determinado setor da atividade econômica em sentido estrito; atua em regime de competição com empresas privadas que permanecem a exercitar suas atividades nesse mesmo setor" (GRAU, Eros Roberto. *A ordem econômica na Constituição de 1988.* 15. ed. São Paulo: Malheiros, 2012. p. 143).

[151] GRAU, Eros Roberto. *A ordem econômica na Constituição de 1988.* 15. ed. São Paulo: Malheiros, 2012. p. 143.

[152] "Qualquer ação estatal que repercuta na sociedade, criando, modificando ou extinguindo direitos e situações, pode ser concebida como uma forma de interferência do Estado." Nesse compasso, Célia Mello Cunha defende que interferência estatal é gênero, compreendendo as espécies interferência em sentido estrito, cuja área de incidência é a vida privada, e intervenção, cuja área de incidência é a ordem econômica. Não se desconhece que existem autores que não distinguem interferência e intervenção; porém, para o presente ensaio, utilizar-se-á o raciocínio de Célia Mello Cunha (MELLO, Célia Cunha. *O fomento da Administração Pública.* Belo Horizonte: Del Rey, 2003. p. 1-2).

como agente normativo e regulador da atividade econômica, exerce, na forma da lei, as funções de fiscalização, incentivo e planejamento, sendo que este será determinante para o setor público e indicativo para o setor privado. Logo, o Estado deverá (e não poderá) atuar na fiscalização, planejamento e incentivo, e, para tanto, deverá utilizar todos os meios possíveis, inclusive os contratos e licitações.

1.4.5.1 Via regulação em sentido estrito por meio da ordenação ou direção

Especificamente sobre a regulação em sentido estrito (ordenação ou direção) pela via das licitações e dos contratos administrativos, sua característica se dá pela prescrição normativa, que determina um padrão de comportamento a ser respeitado pelos agentes. O Estado, ao regular, "reserva para si o desempenho material e direto de algumas atividades essenciais e concentra seus esforços em produzir um conjunto de normas e decisões que influenciem o funcionamento das instituições estatais e não estatais, orientando-as em direção de objetivos eleitos".[153]

Quando o Estado impõe que determinados produtos necessariamente precisam estar certificados no Instituto Nacional de Metrologia, Normalização e Certificação de Qualidade (Inmetro), não é possível que um produto não certificado seja comercializado no âmbito privado ou público. Por determinada norma, houve a expressão de vontade do Estado estipulando a necessidade de cadastro para a preservação da saúde e do bem-estar da sociedade.[154]

Na própria exposição de motivos ao projeto de lei de criação do Inmetro, em 31 de outubro de 1973 (EM/GM/nº 79), está exposto que o seu advento decorre de um controle estatal sobre os produtos nacionais e importados para que haja a segurança mínima do ponto de vista econômico e confiabilidade do mercado para que se permita a livre concorrência e do lado do consumidor, com o intuito de não fazer deste alvo de bens irregulares, com qualidade temerária ou perigosos para a sua vida.

Da mesma forma acontece com a aquisição pelos órgãos e entidades públicas de armas, que são produtos controlados de uso permitido, pois necessariamente a fornecedora interessada em participar da licitação deverá ser devidamente registrada e fiscalizada nos termos das Leis nº 10.826/2003 e 13.060/2014, bem como pelo Decreto Federal nº 10.030/2019.

Evert Vedung, inclusive, utiliza um exemplo de possível restrição a produtos têxteis da Coreia, sendo que o Estado pode impor restrição para a importância por meio da regulação, pode impor alguma valoração maior (que o autor chama de instrumento econômico) ou determinar que se coloque na etiqueta a proveniência e esperar que a informação leve à conscientização e o produto não seja comprado.

O autor faz uma diferença entre o instrumento de regulação, no qual existe uma cogência para fazer ou não fazer, o instrumento econômico, em que existe uma liberdade para fazer, porém terá que suportar os encargos (subvenções, impostos, taxas, algum

[153] JUSTEN FILHO, Marçal. *Curso de direito administrativo*. 11. ed. São Paulo: Revista dos Tribunais, 2015. p. 665.

[154] Convém pontuar que nem todos os certificados são compulsórios; por isso, faz-se questão de ressaltar, neste parágrafo, a lista de produto com certificação obrigatória, já que existem alguns produtos que a certificação é facultativa, logo não havendo qualquer impedimento à sua comercialização sem o certificado.

saque etc.), e o instrumento da informação, que busca a mudança de comportamento a partir da informação e conhecimento das razões para tomar uma postura diversa.

Ainda, aduz que a regulação está associada a alguma ameaça de sanção negativa, como multa, pena de prisão ou outro tipo de castigo, bem como existem casos de sanção positiva, o que ele chama de normas não sancionadoras por meio de *lex imperfecta*. Em que pese essa divisão realizada pelo autor, parece que o instrumento econômico e o instrumento de regulação se equivalem, não havendo qualquer sentido para a sua diferença, uma vez que ambos decorrem de uma vontade estatal emanada por meio de uma norma que busca impor determinada postura, seja proibindo, ordenando um encargo que deverá ser suportado (não tem liberdade ao agente privado) ou estipulando uma regra obrigatória a ser seguida.[155]

Convém ponderar que a informação, ainda que colocada como instrumento apartado, deverá estar presente sempre, inclusive na regulação. A informação é indispensável para que exista a possibilidade de controle, bem como para que a sociedade se sinta legitimada com a atuação estatal.

A informação gera o convencimento ou o que Vedung chama de persuasão moral para influenciar as pessoas através do conhecimento repassado pela comunicação com argumentos racionais.[156]

1.4.5.2 Via atividade administrativa de fomento

Eros Roberto Grau trabalha com normas de intervenção por indução, as quais estipulam "preceitos que, embora prescritivos (deônticos), não são dotados da mesma carga de cogência que afeta as normas de intervenção por direção".

A norma de intervenção por indução confere ao destinatário a alternativa de aderir ou não à prescrição nela veiculada. Caso haja a sua adesão, resultará em benefícios usufruídos pelo aderente. Diferentemente, as normas de intervenção por direção impõem comportamentos por intermédio da cogência das normas.[157]

---

[155] VEDUNG, Evert. *Evaluación de políticas públicas y programas*. Madrid: Ministerio de Trabajo y Asuntos Sociales, 1997. p. 156-158. Inclusive, vale recordar a seguinte passagem: "*La diferencia consiste en que una regulación proscribe o prescribe la propia acción, mientras que la obligación, en nuestro ejemplo tributario, se aplica al pago del impuesto, no a la acción en sí misma. Existe una evidente diferencia fundamental entre prohibir la elaboración, comercialización y venta de los puros marca Rimeeester y gravar un impuesto a la producción y oferta de los mismos*" (VEDUNG, Evert. *Evaluación de políticas públicas y programas*. Madrid: Ministerio de Trabajo y Asuntos Sociales, 1997. p. 158).

[156] "*La información transmitida puede ser de muchos tipos distintos. Puede afectar al carácter del problema en cuestión, a cómo las personas no están abordando de hecho, a las medidas que se pueden adoptar para modificar la situación prevalente y las razones por las cuales los destinatarios deberían tomar en consideración y adoptar dichas medidas. No obstante, para presionar a las personas para que hagan lo que el gobierno considera conveniente, no se ofrece nada más que la simple transferencia de conocimientos o el razonamiento persuasivo*" (VEDUNG, Evert. *Evaluación de políticas públicas y programas*. Madrid: Ministerio de Trabajo y Asuntos Sociales, 1997. p. 158). Mises defende que a simples persuasão já seria suficiente para direcionar as pessoas a fazerem boas escolhas, não havendo a imprescindibilidade de atuação estatal (MISES, Ludwig von. *Burocracia*. Tradução: Raul Martins. Campinas: Vide Editorial, 2018. p. 35-45). Contudo, com o digno respeito, o Estado precisa regular certas escolhas para o bem-estar social, pensando inclusive na heterogeneidade de interesses e factíveis capturas "ilegítimas" por algum "poder" sobre as pessoas, o que, per si, demonstra que não se trata de um aviltamento à consciência dos cidadãos.

[157] GRAU, Eros Roberto. *A ordem econômica na Constituição de 1988*. 15. ed. São Paulo: Malheiros, 2012. p. 144-145.

Atinente à ação estatal na intervenção por indução, impende tecer que o intuito do Estado é justamente que o aderente da medida estatal possa beneficiar-se ante os demais no mercado.[158]

O benefício exsurge como um prêmio àquele que realiza a conduta – seja positiva ou negativa – incitada pelo Estado.[159] Por exemplo, na Lei nº 10.973/2004 (Lei de Inovação), os mecanismos de sanções premiais estão baseados na equação retorno privado dos investimentos em propriedade intelectual *versus* retorno social na exploração dos direitos garantidos, por meio da propriedade intelectual.[160]

O enaltecimento à atividade administrativa de fomento tem aparecido como um dos aspectos mais comentados da reforma estatal das últimas décadas, mesmo que não seja algo recente.[161]

Maria Sylvia Zanella Di Pietro conduz que diversas alterações têm se destacado em razão do Estado Subsidiário, dentre estas, o crescimento de técnicas de fomento e o debate sobre o dever do Estado em fomentar, mais precisamente ajudando, estimulando, criando condições com o intuito de que os vários grupos de interesses busquem seus próprios objetivos conciliados com o interesse público.[162]

Sobre o assunto, Diogo Figueiredo Moreira Neto qualifica que se trata de um "direcionamento não coercitivo do Estado à sociedade, em estímulo das atividades privadas de interesse público. É uma atividade que se sistematiza e ganha consistência acoplada ao planejamento dispositivo". Por tal relevância, o autor infere que é "inegável que o fomento público, conduzido com liberdade de opção, tem elevado alcance pedagógico e integrador, podendo ser considerado, para um futuro ainda longínquo, a atividade mais importante e mais nobre do Estado".[163]

---

158 Neste livro, defende-se o fomento como instituto passível de ser aplicado sob a natureza de função administrativa (meio) e também sob atividade legislativa. Sobre a diferença, vide SCHIER, Adriana da Costa Ricardo. *Fomento*: Administração Pública, Direitos Fundamentais e Desenvolvimento. Curitiba: Íthala, 2019. p. 146 e seguintes.

159 GRAU, Eros Roberto. *A ordem econômica na Constituição de 1988*. 15. ed. São Paulo: Malheiros, 2012. p. 145. Na mesma esteira, Marcos Juruena Villela Souto manifesta: "Consequência natural do planejamento econômico dentro de um regime que privilegia a livre iniciativa é o fomento, pela qual o administrado é livre para aderir a objetivos de interesse público fixado em lei, em troca dos incentivos nela previstos. Uma vez estabelecida a adesão do administrado, o Estado pode obrigar o particular a cumprir a lei e aquilo a que voluntariamente se comprometeu" (SOUTO, Marcos Juruena Villela. *Direito Administrativo das Parcerias*. Rio de Janeiro: Lumen Juris, 2005. p. 3).

160 OLIVEIRA, Fabrício de Souza; SAMPAIO, Kelly Cristine Baião. Lei de Inovações tecnológicas: a relação entre direito e economia legislativa da propriedade intelectual. *In*: KEMPFER, Marlene *et al*. *Direito e inovação*: estudos críticos sobre Estado, empresa e sociedade. Juiz de Fora: Editora UFJF, 2013. p. 283-297, p. 290.

161 *"La incentivación de actividades privadas es conocida desde los primeros tiempos de nuestra civilización, pero es en el Despotismo Ilustrado del siglo XVIII donde ese modo de intervención es teorizado más conscientemente como una modalidad de la acción pública y de forma más consciente. En Francia el gran ministro Colbert empleó técnicas incentivadoras, económicas y honoríficas. Estas últimas cobran también gran importancia en nuestra patria declarándose, frente a la reinante infravalorización de determinados oficios (herreros, sastres, zapateros, carpinteros y otros), la posibilidad de acceder sus ejercientes a la hidalguía e incluso a la nobleza si en tres generaciones se consiguieren en las fábricas <adelantamientos notables y de utilidad al Estado> (Carlos III, 5 de febrero de 1788)"* (PARADA, Ramón. *Derecho administrativo I*. Parte General. 15. ed. Madrid: Marcial Pons, 2004. p. 390).

162 DI PIETRO, Maria Sylvia Zanella. *Parcerias na Administração Pública*. 5. ed. São Paulo: Atlas, 2005. p. 39.

163 MOREIRA NETO, Diogo Figueiredo. *Mutações do Direito Administrativo*. 3. ed. Rio de Janeiro: Renovar, 2007. p. 45. Silvio Luis Ferreira da Rocha define a atividade de fomento de maneira descritiva e excludente, a partir da exposição de que a Administração poderá alcançar a satisfação das necessidades coletivas a partir de sua atuação de modo direto e imediato ou de modo indireto e mediato quando as atividades são prestadas pelos particulares, as quais foram incentivadas pela Administração e servem para alcançar as necessidades coletivas (ROCHA, Silvio Luis Ferreira da. *Terceiro Setor*. 2. ed. São Paulo: Malheiros, 2006. p. 23). Ecoando a mesma finalidade, porém

Carlos Ari Sundfeld é favorável à administração fomentadora como impreterível para uma nova concepção e análise da teoria da ação administrativa, sendo que ela deverá ser compreendida como "a função de induzir, mediante estímulos e incentivos – prescindindo, portanto, de instrumentos imperativos, cogentes – os particulares a adotarem certos comportamentos".[164] Consiste em dirigir a ação dos particulares em direção a fins de interesse geral mediante a outorga de incentivos diversos.[165]

De maneira um pouco diversa, Manuel María Diez aponta que a atividade de fomento pode ser estudada partindo de uma ideia negativa ou positiva. Pelo lado negativo, a Administração, mediante o fomento, persegue fins públicos sem o emprego de coação e sem a realização de prestações. Já pelo positivo, o fomento é considerado como ação administrativa encaminhada a proteger ou promover aquelas atividades, estabelecimentos ou riquezas dos particulares ou de outros entes públicos que satisfaçam necessidades públicas ou visem à utilidade geral.[166] Apesar de interessante tal divisão, não se visualiza óbice para a junção de tais ideias negativa e positiva para uma noção única ante a inexistência de diferenças substanciais com as demais noções apresentadas.

De todo modo, fica incontroverso considerar que a finalidade sempre será o interesse geral, o legítimo interesse público primário.[167] Silvio Luis Ferreira da Rocha qualifica a atividade de fomento que não persiga um fim de interesse geral como ilícita, já que o fomento legítimo e justificado "é aquele que visa a promover ou a estimular atividades que tendem a favorecer o bem-estar geral".[168]

---

pontuando que poderá alcançar os estabelecimentos particulares, Roberto Dromi define o fomento administrativo como uma "*acción dirigida a proteger o promover las actividades y establecimientos de los particulares, que satisfagan necesidades públicas o que se estimen de utilidad general*". O autor argentino defende ainda que a ideia predominante do fomento é que versa sobre uma atividade persuasiva ou de estímulo, sendo que a sua finalidade será obtida com o convencimento para que se faça algo ou se omita (DROMI, Roberto. *Derecho Administrativo*. 10. ed. Buenos Aires: Ciudad Argentina, 2004. p. 1.027).

164 SUNDFELD, Carlos Ari. *Direito Administrativo Ordenador*. São Paulo: Malheiros, 2003. p. 16. Em sentido análogo, Célia Cunha conceitua a administração fomentadora "como um complexo de atividades concretas e indiretas que o Estado desempenha despido do poder de autoridade, cujo labor se limita a promover e/ou incentivar atividades e regiões, visando melhorar os níveis de vida da sociedade" (MELLO, Célia Cunha. *O fomento da Administração Pública*. Belo Horizonte: Del Rey, 2003. p. 38). Nos mesmos termos, vide GARCÍA, Jorge Sarmiento. *Derecho público*. 2. ed. Buenos Aires: Ediciones Ciudad Argentina, 1998. p. 647.

165 PARADA, Ramón. *Derecho administrativo I*. Parte General. 15. ed. Madrid: Marcial Pons, 2004. p. 390.

166 "*Se puede estudiar la actividad de fomento partiendo de una idea negativa y de una idea positiva. Si se parte de la idea negativa, mediante el fomento, la administración persigue fines públicos, sin el empleo de la coacción y sin la realización de prestaciones. En cuanto a la idea positiva, el fomento debe ser considerado como la acción administrativa encaminada a proteger o promover aquellas actividades, establecimientos o riquezas de los particulares u otros entes públicos que satisfagan necesidades públicas o se estimen de utilidad general*" (DIEZ, Manuel María. *Manual de Derecho Administrativo*. T. II. 3. ed. Buenos Aires: Editorial Plus Ultra, 1981. p. 231).

167 O interesse público e o princípio da supremacia do interesse público foram criticados nos últimos vintes anos, entretanto não parecem existir dúvidas sobre a sua importância para a compreensão do direito administrativo e seus institutos. Para tanto, algumas classificações são feitas, como interesse público primário e interesse público secundário, a partir dos escólios dos autores italianos, e como interesse público em sentido amplo e interesse público em sentido estrito, para diferenciar o verdadeiro interesse público do privado. Neste ponto, vide excelente obra de Daniel Wunder Hachem, que inclusive descreve que "o interesse público em sentido amplo é aquele objetivamente protegido pelo ordenamento, ao passo que o interesse privado é aquele subjetivamente pretendido por qualquer pessoa, física ou jurídica, pública ou privada, voltado à satisfação de suas conveniências pessoais" (HACHEM, Daniel Wunder. *Princípio constitucional da supremacia do interesse público*. Belo Horizonte: Fórum, 2011. p. 178). Referência na segmentação de interesse público primário e secundário, vide ALESSI, Renato. *Instituciones de Derecho Administrativo*. Tomo I. Tradução: Buenaventura Pellisé Prats. Barcelona: Bosch Cada Editorial, 1970. p. 183-187.

168 ROCHA, Silvio Luis Ferreira da. *Terceiro Setor*. 2. ed. São Paulo: Malheiros, 2006. p. 31.

Por isso, o objeto pode recair tanto em atividades de particulares como de entidades públicas, mas *"el fin del fomento es la satisfacción indirecta de necesidades públicas"*.[169] O interesse público primário é a mola propulsora do fomento, sendo que o excesso às custas de recursos públicos escoima a sua validade.[170] É uma forma de "política de dirigismo social" com o apoio dos terceiros (cidadãos e pessoas em geral, inclusive jurídicas), os quais serão beneficiários.[171]

Segundo Silvio Luis Ferreira da Rocha, a atividade administrativa possui algumas características, como: (i) é uma atividade administrativa que visa à satisfação das necessidades coletivas e à obtenção dos fins do Estado; (ii) não procura alcançar imediata e diretamente tais fins, e sim objetiva que estes sejam alcançados pelas atividades dos particulares mediante a proteção e a promoção dessas atividades, excluída qualquer forma de intervenção coativa; (iii) a determinação concreta das atividades particulares a serem fomentadas caracteriza-se como uma questão política de conveniência e política, escapando ao campo estritamente jurídico; e (iv) a participação é voluntária, ou seja, depende da vontade dos particulares.[172]

O Estado, como diretor da economia por meio do fomento, enfoca o caráter de colaboração ao invés da imposição, já que alcançará os fins com os particulares, participando de maneira livre, inclusive fixando objetivos e preferências, bem como dispondo de dinheiro para premiar determinadas iniciativas e terceiros.[173]

Não se pode esquecer que, em uma economia social de mercado, as medidas de fomento representam uma garantia do direito à liberdade da empresa e dos particulares, sempre destacando que tais técnicas geram desenvolvimento econômico e devem ser articuladas sob as arestas do direito de livre-iniciativa e do princípio da livre concorrência.[174]

Carlos Ari Sundfeld expõe que os atos da administração fomentadora não se cingem "a conferir aos particulares possibilidades de autuações que estes já não tenham", e sim "consiste[m] em prestações produzidas pela Administração – sejam positivas (ajuda financeira a cientistas, créditos subsidiados a empresas estratégicas) ou negativas (isenção de impostos) – para tornar mais fáceis ou eficazes atividades que, não obstante, os indivíduos são livres para explorar".[175]

---

[169] DROMI, Roberto. *Derecho Administrativo*. 10. ed. Buenos Aires: Ciudad Argentina, 2004. p. 1.027.

[170] OLIVEIRA, José Roberto Pimenta. *Os princípios da razoabilidade e da proporcionalidade no Direito Administrativo Brasileiro*. São Paulo: Malheiros, 2006. p. 527.

[171] MONTANER, Luis Cosculluela; BENÍTEZ, Mariano López. *Derecho público económico*. 2. ed. Madrid: Justel, 2008. p. 245.

[172] ROCHA, Silvio Luis Ferreira da. *Terceiro Setor*. 2. ed. São Paulo: Malheiros, 2006. p. 26. Célia Cunha Mello define a atividade de fomento pela existência de quatro caracteres fundamentais, quais sejam: exercício de função administrativa; proteção e/ou promoção de seu objeto; ausência de compulsoriedade; e satisfação indireta das necessidades públicas. Compete destacar que a satisfação é indireta das necessidades públicas em razão de não ser realizada diretamente pela administração fomentadora, e sim pelo agente fomentado (MELLO, Célia Cunha. *O fomento da Administração Pública*. Belo Horizonte: Del Rey, 2003. p. 26-27, 31).

[173] VERA, José Bermejo. *Derecho administrativo (parte especial)*. 6. ed. Navarra: Editorial Aranzadi (Thomson Civitas), 2005. p. 938.

[174] VERA, José Bermejo. *Derecho administrativo (parte especial)*. 6. ed. Navarra: Editorial Aranzadi (Thomson Civitas), 2005. p. 938.

[175] SUNDFELD, Carlos Ari. *Direito Administrativo Ordenador*. São Paulo: Malheiros, 2003. p. 25.

Ademais, insta lembrar também que "a atividade de fomento não pode mais ser compreendida como benevolência do Estado, deixando de ser considerada mera liberalidade, favor ou graça, para apresentar-se como poderoso mecanismo de apoio, promoção e auxílio das iniciativas socialmente significantes, voltada ao desenvolvimento socioeconômico".[176]

Diante da escassez de recursos públicos, da limitação de recursos *versus* inúmeras necessidades e da própria (re)discussão do tamanho do aparelho estatal, o fortalecimento da atividade administrativa de fomento aparece como uma excelente alternativa para a melhor prestação de certos serviços e atividades públicas, visando à efetivação e satisfação da sociedade como um todo.[177]

Portanto, em tempos de mudanças e crescimento econômico,[178] não se pode deixar de aprofundar os estudos e debates sobre a atividade administrativa de fomento, até para servir de justificativa para inovações e melhorias na vida dos cidadãos brasileiros.

Como visto, o fomento não tem um caráter puramente econômico e nem visa somente incentivar atividades em que a iniciativa privada está carente, isso porque é mais amplo que o mero caráter econômico, alcançando em diversos objetos um caráter essencialmente social, sem falar que não necessariamente serve ao precípuo de ajudar e incentivar somente atividades "carentes" na iniciativa privada.[179]

Vale apontar que a atividade fomentadora é uma das modalidades de interferência ou intervenção da Administração Pública no campo privado. Nessa toada, Carlos Ari Sundfeld qualifica que a interferência da Administração Pública no campo privado poderá ocorrer por três modalidades diversas: a) por intermédio de estímulos à iniciativa privada para induzi-la em determinada direção; b) quando assume atividades particulares, passando a atuar em substituição a eles; e c) pela ordenação dos seus comportamentos via comandos cogentes advindos do poder de autoridade.[180]

Abre-se parêntese para ponderar que existe certa aproximação entre o fomento e o *nudge*. O *nudge* também visa à modificação do comportamento das pessoas, todavia por meio de um "cutucão", um empurrão ou um estímulo.[181] Revela-se como um modo de incitar uma dada conduta a partir de um estímulo que desencadeie a postura querida do seu emissor, via mudança inconsciente ou subconsciente do destinatário.[182]

---

176 MELLO, Célia Cunha. *O fomento da Administração Pública*. Belo Horizonte: Del Rey, 2003. p. 36.

177 Em trabalho recente, Adriana da Costa Ricardo Schier define fomento como "atividade administrativa inserida no contexto de parceria entre o Estado e a sociedade, mediante a qual a Administração Pública induz, promove e incentiva o particular a realizar atividades de interesse público, mediante mecanismos típicos da esfera privada. A partir desse conceito, na perspectiva adotada, deverá ser compreendido como um instrumento à disposição do Estado em prol do desenvolvimento nacional" (SCHIER, Adriana da Costa Ricardo. *Fomento*: Administração Pública, Direitos Fundamentais e Desenvolvimento. Curitiba: Íthala, 2019. p. 154).

178 Sobre a diferença entre crescimento econômico e desenvolvimento econômico, vide tópico seguinte.

179 DIEZ, Manuel María. *Manual de Derecho Administrativo*. T. II. 3. ed. Buenos Aires: Editorial Plus Ultra, 1981. p. 232.

180 SUNDFELD, Carlos Ari. *Direito Administrativo Ordenador*. São Paulo: Malheiros, 2003. p. 25.

181 A palavra *nudge* não tem uma tradução perfeita em uma palavra portuguesa, por isso a ideia do cutucão, estímulo e empurrão é adotada.

182 "Esse *nudge*, na nossa concepção, é um estímulo, um empurrãozinho, um cutucão; é qualquer aspecto capaz de mudar o comportamento das pessoas de forma previsível sem vetar qualquer opção e sem nenhuma mudança significativa em seus incentivos econômicos. Para ser considerada nudge, a intervenção deve ser barata e fácil de evitar. Colocar as frutas em posição bem visível é um exemplo de *nudge*. Simplesmente proibir a *junk food*, não" (THALER, Richard H.; SUNSTEIN, Cass R. *Nudge*. Tradução: Ângelo Lessa. São Paulo: Objetiva, 2018).

Dessa maneira, os poderes públicos podem empurrar em direção à cidadania para que de alguma forma possam se estabelecer certas políticas e alterações no comportamento da sociedade, sem coações e sem autoritarismo.[183]

Difere do fomento, pois busca uma mudança de postura comportamental econômica e social por meio de mensagens subliminares. Desde já, imperioso alertar sobre um possível debate sobre o enquadramento da postura estatal no planejamento a médio e longo prazo, que poderia ser configurado um *nudge* ou um fomento.

De qualquer modo, não se pode esquecer que o manejo adequado das verbas públicas, seja direta ou indireta, deve ser conscientizado ao gestor público quando do seu gozo e aos cidadãos para que estes também efetivem o escorreito controle, o que inclusive atualmente é facilitado pelas ferramentas operacionais existentes.[184]

Se os fundos públicos fossem utilizados de maneira mais responsável e cuidadosa, *"se trasladaría hacia la ciudadanía un efecto de <empujón> para que cumplan con sus obligaciones tributarias, ya que ese dinero servirá para mejorar el bienestar social y no para los lujos y caprichos de malos gestores públicos"*.[185]

É importante destacar que o fomento pode não desencadear no uso imediato de verbas públicas, mas no uso mediato a partir do momento em que conceder algum benefício ao particular, que poderá ser, por exemplo, uma isenção ou diminuição de algum tributo ou uma preferência de valores em licitação; portanto, deverá ser muito desenvolvido, executado e fiscalizado, sob pena de gerar prejuízo ao erário.

De nada adianta conceder vantagens a uma empresa por possuir uma certificação ambiental X, com espeque em ato normativo competente, se, durante o transcorrer da execução contratual, o órgão ou entidade contratante não tomar as devidas cautelas para perquirir se tal certificação está sendo respeitada, se não houve a perda dessa chancela ou qualquer outra postura que seja conflitante com o objetivo real da exigência.

1.4.6 A intervenção indireta por meio das licitações públicas e dos contratos administrativos no Brasil e sua perspectiva futura

A intervenção indireta do Estado a partir da licitação e do contrato administrativo pode ser visualizada a partir de algumas legislações brasileiras ou projetos legislativos nos últimos anos, os quais têm promovido ou induzido à intervenção estatal visando ao desenvolvimento.

Por exemplo, a Lei nº 12.349/2010,[186] que alterou a Lei nº 8.666/1993, é um claro exemplo de fomento pelas compras públicas, já que trouxe uma série de dispositivos

---

[183] JIMÉNEZ, Antonio García. *Las conexiones entre contratación administrativa e innovación*. Madrid: Tecnos, 2018. p. 69-70.

[184] Por exemplo, existem no Brasil aplicativos e robôs que fiscalizam verbas de gabinete dos deputados federais, como aquele denominado "Meu deputado", da organização Contas Abertas.

[185] GARCÍA JIMÉNEZ, Antonio. *Las conexiones entre contratación administrativa e innovación*. Madrid: Tecnos, 2018. p. 71.

[186] Decorrente da conversão da Medida Provisória nº 495/2010. Sobre a medida provisória e seus impactos, vide os seguintes artigos: RIGOLIN, Ivan Barbosa. Lei das licitações é novamente alterada. *Revista Zênite de Licitações e Contratos*, Curitiba, n. 199, p. 871, set. 2010; NIEBUHR, Joel Menezes. Margem de preferência para a produção nacional em licitação pública – repercussões da Medida Provisória n. 495/2010. *Revista Zênite de Licitações e Contratos*, Curitiba, n. 198, p. 777, ago. 2010; TOLOSA FILHO, Benedicto de. Os efeitos da MP 495/2010 nas contratações públicas. *Revista Zênite de Licitações e Contratos*, Curitiba, n. 202, p. 1203, dez. 2010.

de fomento ao incremento tecnológico no Brasil, quando, por exemplo, previu margem de preferência para produtos manufaturados nacionais, contratação por dispensa de licitação para a aquisição de bens e serviços exclusivamente à pesquisa científica e tecnológica com recursos concedidos pela Capes, pela Finep, pelo CNPq ou por outras instituições de fomento à pesquisa credenciadas pelo CNPq para esse fim específico, entre outras medidas.[187]

Outros exemplos mais atuais são o catálogo eletrônico de padronização e a avaliação dos fornecedores ("espécie de cadastro positivo dos fornecedores") da Petrobras, possibilidade de apresentação de propostas e alternativas para satisfazer necessidades públicas via procedimento de manifestação de interesse, entre outros. E, agora, a Lei nº 14.133, ao prescrever a direção e a indução para determinados comportamentos dos agentes econômicos em específicos setores.

Especificamente sobre as previsões normativas geradas nos últimos vinte anos, estas têm trabalhado claramente com a ideia de regulação e de fomento pelas compras públicas. Juan Francisco Mestre Delgado, em 2003, realçava o mecanismo de reforço por intermédio do fomento para "*forzar los empresarios al cumplimiento de previsiones –no necesariamente previstas con el carácter de imposiciones coactivas– contempladas en normativas sectoriales*".[188]

No âmbito nacional e europeu, outro exemplo é a compra pública inovadora, que é um típico exemplo de fomento e retrata uma medida de intervenção positiva e não cogente ao mercado.[189]

Por todas as considerações, dessume-se que a citada regulação em sentido lato, e ora esmiuçada pela regulação em sentido estrito e pelo fomento, é um caminho incontroverso e que precisa ser muito bem planejado, estruturado normativamente e executado, sob pena de sua completa ineficácia.

Recomenda-se, inclusive, desde já, que, na seara das licitações e dos contratos administrativos no Brasil, os esparsos textos normativos existentes sejam compilados de maneira organizada em um único documento, assim como se aspira agora com a Lei nº 14.133.

A insegurança jurídica ocasionada pelo extenso, confuso e teratológico conjunto de normas jurídicas sobre o tema tem prejudicado sobremaneira a eficiência administrativa e propiciado até uma indelével corrupção nas compras públicas no Brasil.[190]

---

187 Vide artigo publicado nos Anais do Seminário Ítalo-Brasileiro (REIS, Luciano Elias. Inovações legislativas nas contratações administrativas para a implementação da responsabilidade socioambiental por intermédio do fomento da pesquisa científica e tecnológica. *In*: DOTTA, Alexandre Godoy; HACHEM, Daniel Wunder; REIS, Luciano Elias (organizadores). *Anais do I Seminário* Ítalo-Brasileiro *em Inovações Regulatórias em Direitos fundamentais, Desenvolvimento e Sustentabilidade e VI Evento de Iniciação Científica UniBrasil 2001,* Curitiba, p. 115-146).

188 MESTRE DELGADO, Juan Francisco. Contratos públicos y políticas de protección social y medioambiental. *Revista de Estudios de la Administración Local y Autonómica*, n. 291, p. 705-730, 2003, p. 707.

189 LÓPEZ MIÑO, Antonio. La compra pública innovadora en los sistemas europeo y español de contratación pública. *In*: GARCIA, J. José Pernas (coord.). *Contratación Pública Estratégica*. Cizur Menor: Thomson Reuters Aranzadi, 2013. p. 215-216. Sobre o assunto, vide também: ARNAEZ ARCE, V. M. La compra pública innovadora. La administración pública como adquirente de bienes y servicios innovadores. *Revista Vasca de Administración Pública*, n. 93, p. 17-35, 2012.

190 Sempre lembrando que: "*La corrupción no es un problema que pueda ser atacado aisladamente. No es suficiente que las leyes penales busquen las manzanas podridas y las castiguen. Por supuesto, el Estado puede necesitar establecer su credibilidad castigando a los funcionarios corruptos muy visibles, pero el objetivo de dichos procesos judiciales es atraes las noticias y el apoyo del público y no resolver el problema de fondo. Las leyes anticorrupción sólo pueden proporcionar*

Após essa etapa de organização normativa, é necessário que se efetive a regulação melhor da fase de planejamento das compras governamentais, qualifique e propicie condições adequadas para os agentes públicos (etapa que faz parte da boa governança pública), permita maior transparência desde as licitações até as execuções contratuais (*v.g.*, externando a fila cronológica de pagamento dos credores) e facilite possíveis enquadramentos à legislação que tenha impacto regulatório de mercado (sob pena de positivar mais um meio para a continuidade da corrupção e "legitimar" indevidamente a exclusão de potenciais competidores).

Essas medidas, entre outras, estão no compasso do objetivo da regulação, segundo Floriano de Azevedo Marques Neto, que é "imperativa sempre que a capacidade dos atores econômicos ou põe em risco um valor de natureza coletiva (o meio ambiente, o uso de um bem escasso, um serviço de relevância social), ou se mostra insuficiente para se atingir uma finalidade de interesse geral da coletividade (a universalização de um serviço, a acessibilidade de uma comodidade, o incremento da competição, a satisfação dos usuários de um bem essencial, etc.)".[191]

Até porque Chevallier pontua que "o novo papel desempenhado pelo Estado na economia não se reduz, no entanto, a uma simples função de regulação: ele se traduz também por uma intervenção ativa no jogo econômico, tomando em conta o contexto de interdependência ligado ao processo de globalização".[192]

Sob esse raciocínio, pretende-se demonstrar e construir que a regulação estatal pelas licitações e pelos contratos administrativos deverá focar e priorizar as compras públicas inovadoras no Brasil, almejando o desenvolvimento nacional e regional, bem como a imperiosidade de existir no ordenamento jurídico um procedimento específico para permitir a contratação de objeto científico, inovador e tecnológico nacional.[193] Essa

un trasfondo para reformas estructurales más importantes. (...) Un país que combate seriamente la corrupción debe llevar a cabo un estudio detallado para determinar dónde es más perjudicial la corrupción y en qué punto puede ser atacada con más eficacia" (ACKERMAN, Susan Rose. *La corrupción y los gobiernos*: causas, consecuencias y reforma. Madrid: Siglo Veintiuno de España, 2001. p. 308-309).

191 MARQUES NETO, Floriano Azevedo. Limites à abrangência e à intensidade da regulação estatal. *Revista Eletrônica de Direito Administrativo Econômico*, Salvador, Instituto de Direito Público da Bahia, n. 4, nov./dez. 2005, jan. 2006, p. 13. Disponível em: http://www.direitodoestado.com.br. Acesso em: 17 jul. 2017.

192 CHEVALLIER, Jacques. *O Estado Pós-Moderno*. Tradução: Marçal Justen Filho. Belo Horizonte: Fórum, 2009. p. 73.

193 Argemiro Brum explica em sua obra que "a ciência e a tecnologia caracterizam o nosso tempo. Sua importância cresce a cada dia. O saber fazer (*know-how*) é o produto mais valorizado no mercado mundial – hoje e cada vez mais no futuro. As possibilidades de desenvolvimento de uma sociedade não se baseiam apenas nas suas potencialidades naturais – recursos minerais e terras produtivas – mas, mais e mais, na sua capacidade de gerar conhecimento e novas tecnologias" (BRUM, Argemiro J. *Desenvolvimento econômico brasileiro*. 16. ed. Petrópolis: Vozes, 1996. p. 283). Na mesma linha, "a fim de realizar a referida opção de política científico-tecnológica, o Brasil deve consolidar o seu sistema nacional de inovação, ligado à economia e à sociedade, dentro de um conceito amplo, compreendendo tanto a rede de instituições e de empresas financiando ou realizando pesquisa científica e tecnológica, como o conjunto de políticas e instituições relativas à importação de tecnologia (incorporada ou não a equipamentos), propriedade industrial e investimento direto externo em áreas intensivas em tecnologia" (VELLOSO, João Paulo dos Reis. Novo modelo de desenvolvimento para o Brasil. *In*: VELLOSO, João Paulo dos Reis (org.). *Desenvolvimento, tecnologia e governabilidade*. São Paulo: Nobel, 1994. p. 17-60, p. 42). Sempre preciso, Luiz Alberto Blanchet enaltece a preparação do agente para as escolhas corretas visando ao desenvolvimento, uma vez que "o termo desenvolvimento traz necessariamente implícitos os aspectos de continuidade, sustentabilidade e empreendedorismo. Não basta ao administrador vislumbrar apenas a solução imediata para o motivo fático, como se o mundo acabasse em seguida. A ele compete buscar a solução que atenda a necessidade tal como se apresenta no momento, mas também que neutralize suas futuras mutações, ressalvadas, obviamente, aquelas que, sendo também supervenientes, sejam imprevisíveis, não provocadas pela Administração e por ela inevitáveis,

necessidade e preocupação encontram amparo na Constituição da República de 1988 e refletem uma necessidade primária para a própria subsistência do mercado nacional ante o estrangeiro.

---

alcançadas pela teoria da imprevisão" (BLANCHET, Luiz Alberto. Infraestrutura nacional e desenvolvimento sustentável. *In*: DOTTA, Alexandre Godoy; HACHEM, Daniel Wunder; REIS, Luciano Elias (org.). *Anais do I Seminário* Ítalo-Brasileiro *em Inovações Regulatórias em Direitos fundamentais, Desenvolvimento e Sustentabilidade e VI Evento de Iniciação Científica da UniBrasil*. 1. ed. Curitiba: Negócios Públicos, 2011. p. 26-41).

A POLÍTICA PÚBLICA DA CONTRATAÇÃO PÚBLICA COMO IMPRESCINDÍVEL AO DESENVOLVIMENTO NACIONAL SUSTENTÁVEL NO DIREITO ADMINISTRATIVO CONTEMPORÂNEO

2.1 A concreção do desenvolvimento e da sustentabilidade nas licitações públicas e nos contratos administrativos

Antes de relacionar o desenvolvimento e a sustentabilidade frente ao princípio do desenvolvimento nacional sustentável nas licitações e nos contratos administrativos, é indispensável que se façam algumas observações sobre o significado, bem como as dificuldades de se encontrar uma definição, respectivamente, de "desenvolvimento" e "sustentabilidade".

2.1.1 Desenvolvimento e seu conceito "em desenvolvimento" a partir da interface de várias ciências

Compreender o desenvolvimento, bem como alinhar as arestas do desenvolvimento em geral e de acordo com o ordenamento jurídico brasileiro, perpassa por reconhecer a sua polissemia e avaliar como foi sendo pensado e repensado durante os fatos históricos.

Tal situação é reconhecida como um problema estrutural das teorias de Estado e economia,[194] ainda que Schumpeter enquadre o dito desenvolvimento como econômico e que, no início do século XX, mais precisamente em 1911, ponderava ser até aquela época objeto de estudo da história econômica, a qual, por sua vez, retrata somente uma parte da história universal.

Num primeiro plano, já se constata a impossibilidade de restrição de compreensão do desenvolvimento só pelo viés econômico, sociológico ou qualquer outra faceta que se queira. Mostra-se indispensável que seja realizada uma assimilação geral, holística, dinâmica e integrada.[195]

---

[194] BLOCK, Fred; EVANS, Peter. The State and the Economy. *In*: SMELSER, Neil J.; SWEDBERG, Richard. *The handbook of economic sociology*. 2. ed. New Jersey: British Library. p. 505-526, p. 508.

[195] Uma visão holística pode ser fundamentada até pela visão sistêmica da teoria da administração. Irene Nohara e Antonio Cesar Amaru Maximiano descrevem que sistema é "um todo complexo ou organizado; é o conjunto

Para Schumpeter, o desenvolvimento econômico foi sempre bastante explorado pelos economistas, já que estes não se restringem ao estudo da teoria econômica, mas vão além, inclusive estudando sobre a sociologia histórica e acerca do futuro econômico em geral.

O estudo econômico de uma sociedade não exsurge somente das condições econômicas precedentes, mas, sim, da situação total precedente, sendo que "o mundo econômico é relativamente autônomo, pois abrange parte tão grande da vida da nação e forma ou condiciona uma grande parte do restante pelo que escrever a história econômica por si mesma é obviamente uma coisa diferente do escrever, digamos, a história militar".[196]

Apesar desse ponto de vista, a autonomia idealizada não se perfaz solitariamente cíclica, demandando que se reconheça a relevância de sua interação com outras áreas, e, principalmente, com os efeitos sociais e jurídicos dela.

Tanto é assim que, do ponto de vista desenvolvimentista, Douglass North pontua a função estatal para a regulação e expansão dos mercados como sendo de fundamental importância ao prescrever normas de impacto, o que representa afirmar a interdependência do mercado e do Estado e, consequentemente, do mundo econômico.[197]

Resumindo a posição já defendida por Schumpeter nos anos de 1911, início do século XX, o desenvolvimento é compreendido pelas mudanças surgidas por sua própria iniciativa, interiores, e não por aquelas que venham de fora.

As modificações geradas de fora representam uma fenomenologia de mudança de dados e adaptação da economia para uma nova realidade, sem estereotipar em qualquer avanço pela sociedade em si.[198]

Encarados como mera perturbação ao fluxo circular ou como mudança de dados sem desencadear desenvolvimento, os dados de um Estado podem ser alterados com a majoração da população ou o crescimento da riqueza.[199]

---

de partes ou elementos que formam um todo unitário ou complexo. Um conjunto de partes que interagem e funcionam como um todo é um sistema", compreendendo "um conjunto de entidades chamadas partes, elementos ou componentes; alguma espécie de relação ou interação das partes; e a visão de uma entidade nova e distinta, criada por essa relação, em nível sistêmico de análise". Para tanto, o método da teoria dos sistemas perpassa pela interdependência das partes ("é preciso analisar os elementos e suas inter-relações. A teoria geral dos sistemas é a exploração de 'todos' e 'totalidades' formados de partes interdependentes") e tratamento complexo da realidade complexa ("é necessário utilizar abordagens holísticas ou sistêmicas, generalistas ou interdisciplinares. Sistemas são construtos, entidades construídas cognitivamente") (MAXIMIANO, Antonio Cesar Amaru; NOHARA, Irene. *Gestão Pública*: abordagem integrada da Administração e do Direito Administrativo. São Paulo: Atlas, 2017. p. 38).

196 SCHUMPETER, Joseph A. *Teoria do Desenvolvimento Econômico*: uma investigação sobre lucros, capital, crédito, juro e o ciclo econômico. Tradução: Maria Sílvia Possas. São Paulo: Abril Cultural, 1982. p. 44.

197 BLOCK, Fred; EVANS, Peter. The State and the Economy. *In*: SMELSER, Neil J.; SWEDBERG, Richard. *The handbook of economic sociology*. 2. ed. New Jersey: British Library. p. 505-526, p. 508.

198 "O desenvolvimento econômico não é um fenômeno a ser explicado economicamente, mas que a economia, em si mesma sem desenvolvimento, é arrastada pelas mudanças do mundo à sua volta, e que as causas e portanto a explicação do desenvolvimento devem ser procuradas fora do grupo de fatos que são descritos pela teoria econômica" (SCHUMPETER, Joseph A. *Teoria do Desenvolvimento Econômico*: uma investigação sobre lucros, capital, crédito, juro e o ciclo econômico. Tradução: Maria Sílvia Possas. São Paulo: Abril Cultural, 1982. p. 44).

199 SCHUMPETER, Joseph A. *Teoria do Desenvolvimento Econômico*: uma investigação sobre lucros, capital, crédito, juro e o ciclo econômico. Tradução: Maria Sílvia Possas. São Paulo: Abril Cultural, 1982. p. 45-47.

2.1.2 Desenvolvimento e crescimento: as suas diferenças

Ecoando pela diferenciação de crescimento econômico e desenvolvimento, Luiz Carlos Bresser-Pereira entoa pela noção deste como um "processo de transformação econômica, política e social, através do qual o crescimento do padrão de vida da população tende a tornar-se automático e autônomo".[200]

Não se pode falar apenas em desenvolvimento econômico sem falar em social, político etc., ou seja, é indispensável que se aliem sempre todos os setores do local a ser analisado, não podendo analisar somente o aspecto econômico ou social, por exemplo.[201]

Nesse prisma, Bresser-Pereira esclarece que, para avaliar o desenvolvimento, é indispensável que se pondere um sistema social determinado, "o qual se localizará geograficamente em uma região, um país, um continente. Será sempre, porém, um sistema social. Suas partes, portanto, serão interdependentes. Quando houver modificações reais na estrutura econômica, estas repercutirão na estrutura política e social, e vice-versa". O verdadeiro desenvolvimento deverá originar mudanças na estrutura econômica e também repercutirá na esfera política e social. Não se esconde que o aspecto econômico é preponderante para o desenvolvimento, sendo que as demais transformações e consequências (como, por exemplo, o desenvolvimento social) são reflexos dele.[202]

Como adverte Emerson Gabardo, mesmo fazendo ressalvas quanto ao uso da denominação desenvolvimento econômico, este é "o aumento quantitativo do produto nacional acompanhado por modificações qualitativas referentes ao bem-estar social", e não é correto falar em desenvolvimento autossustentado, pois, caso não se sustente, é inviável qualificar como desenvolvimento em si, sendo, no máximo, crescimento.[203]

Como método para conferir a existência ou não de um desenvolvimento em dado momento, deve-se perquirir a situação precedente para posteriormente aferir se houve ou não desenvolvimento. Por isso, Schumpeter defende que "todo processo de desenvolvimento cria os pré-requisitos para o seguinte" e "é um fenômeno distinto, inteiramente estranho ao que pode ser observado no fluxo circular ou na tendência para o equilíbrio". Configura-se, assim, uma mudança espontânea e contínua nos canais do fluxo circular da economia, na perturbação do equilíbrio, afetando e deslocando para sempre o estado de equilíbrio anterior, o que emoldura a sua teoria como um modo de tratar tal fenômeno e os processos que lhe são inerentes.[204]

---

200 BRESSER-PEREIRA, Luiz C. *Desenvolvimento e crise no Brasil*. 7. ed. Brasília: Editora Brasiliense, 1977. p. 21.

201 Nesse mesmo passo, vide: NUSDEO, Fábio. Desenvolvimento econômico – um retrospecto e algumas perspectivas. *In*: SALOMÃO FILHO, Calixto. *Regulação e desenvolvimento*. São Paulo: Malheiros, 2002. p. 11-24, p. 17-18; RISTER, Carla Abrantkoski. *Direito ao desenvolvimento*: antecedentes, significados e consequências. Rio de Janeiro: Renovar, 2007. p. 1-3.

202 BRESSER-PEREIRA, Luiz C. *Desenvolvimento e crise no Brasil*. 7. ed. Brasília: Editora Brasiliense, 1977. p. 21-22. A título complementar, o autor também alerta que, dependendo, "o setor político pode transformar-se, em determinados momentos, no foco dinâmico do processo de desenvolvimento, como, paradoxalmente, aconteceu nos países comunistas. Esses fenômenos, porém, revestem-se sempre do caráter de exceção. A regra geral é que o desenvolvimento tenha como aspecto dominante de seu processo a transformação econômica e como resultado por excelência o crescimento do padrão de vida da população no seio da qual ocorre o desenvolvimento".

203 GABARDO, Emerson. *Interesse público e subsidiariedade*. Belo Horizonte: Fórum, 2009. p. 243.

204 SCHUMPETER, Joseph A. *Teoria do Desenvolvimento Econômico*: uma investigação sobre lucros, capital, crédito, juro e o ciclo econômico. Tradução: Maria Sílvia Possas. São Paulo: Abril Cultural, 1982. p. 47.

Fato incontroverso é que o crescimento pode gerar desenvolvimento, mas este não se resume àquele. O crescimento alia-se a mudanças quantitativas, não refletindo necessariamente em melhorias na vida da população; já o desenvolvimento, segundo Carla Abrantkoski, "consiste num processo de mudança estrutural e qualitativa da realidade socioeconômica" a partir de modificações sensíveis que conferem à característica da sustentabilidade, a qual é entendida "como a capacidade de manutenção das condições de melhoria econômica e social e de continuidade do processo".[205]

No mesmo sentido, de modo pormenorizado, Fábio Nusdeo explana que o crescimento, a rigor, não conduz em si o país ao desenvolvimento em razão de duas justificativas: ou já ocorreram transformações estruturais no país que está crescendo e, portanto, não é mais subdesenvolvido; ou a transformação em face do crescimento econômico não se está produzindo, o que transluz ser a elevação da disponibilidade de bens e serviço apenas transitória e sem condições de sustentabilidade.

Além desse viés, o autor comenta que, em tais situações, o crescimento é decorrente de um fator exógeno, externo à economia do país, sendo que, cessada a ação do fator que deu origem ao crescimento, ocorrerá a regressão, mais precisamente contraindo-se a renda, o emprego, a produção e tudo mais. Exemplifica tais casos de crescimento, sem desenvolvimento, com a situação brasileira à época da economia colonial, quando ocorriam altas nos preços de insumos e produtos agrícolas que geravam uma expansão extraordinária naquele momento e tão somente nas zonas produtoras.[206]

Com o devido respeito, não parece que o raciocínio de Fábio Nusdeo é completamente verdadeiro para a ideia geral de desenvolvimento, parecendo ser mais engendrado para a situação ou critério de país desenvolvido ou não.

Independentemente, dessume-se que não importa aos Estados e à sociedade em si somente o crescimento econômico, mas, sim, o desenvolvimento. Do contrário, o crescimento econômico poderá gerar uma riqueza efêmera, a qual não repercutirá sobre a sociedade como um todo, e, muitas vezes, deixará o Estado em sua condição precária, típica de países subdesenvolvidos ou atualmente denominados de países em desenvolvimento, expressão que gera a sensação de desenvolvimento em curso, o que nem sempre é verdade.[207]

---

205 RISTER, Carla Abrantkoski. *Direito ao desenvolvimento*: antecedentes, significados e consequências. Rio de Janeiro: Renovar, 2007. p. 36.

206 NUSDEO, Fábio. Desenvolvimento econômico – um retrospecto e algumas perspectivas. *In*: SALOMÃO FILHO, Calixto. *Regulação e desenvolvimento*. São Paulo: Malheiros, 2002. p. 11-24, p. 18.

207 "Designa-se por subdesenvolvimento o estado das sociedades cujas economias não atingiram o estágio de crescimento autossustentado ou, dito de outra forma, que não realizaram ainda sua 'decolagem' ou evolução industrial e, dada a dificuldade de aferir com exatidão tal passagem a economias desenvolvidas, caracteriza-se habitualmente o fenômeno do subdesenvolvimento por uma série de indicadores econômicos e sociais, dentre eles, o mais corrente é o rendimento nacional per capita" (RISTER, Carla Abrantkoski. *Direito ao desenvolvimento*: antecedentes, significados e consequências. Rio de Janeiro: Renovar, 2007. p. 21). Não se olvida da dificuldade de encontrar uma definição para a rotulação e separação dos países desenvolvidos, em desenvolvimento e os subdesenvolvidos, já que os acordos multilaterais normalmente possuem regras de transição e exceções de barreiras tarifárias para os subdesenvolvidos e aqueles em desenvolvimento. Atualmente, um dos pontos nevrálgicos nessa separação é que inexiste um critério para classificar um país em desenvolvimento. Consequência disso é que Brasil e Índia, os quais poderiam estar num meio ponto como "em desenvolvimento", estão alocados como não desenvolvidos ao lado de países como Mongólia e Guiana. Como se verifica, a premissa adotada na classificação acaba desencadeando uma injustiça pela falta de critério de discrímen, a qual não é perfectibilizada por provável ausência de utilidade para os países desenvolvidos.

2.1.2.1 O produto interno bruto ratifica a diferença entre crescimento e desenvolvimento

Não é verdadeiro e nem verossímil associar o desenvolvimento a partir do produto interno bruto de um país. O PIB não retrata desenvolvimento, e sim riqueza. Existência de riqueza não é sinônimo de distribuição justa ou de inexistência de desigualdades sociais.[208]

Da mesma forma, a pobreza não pode ser encarada como mera privação de bens ou patrimônio. Em 1971, o ganhador do Prêmio Nobel de Economia Simon Kuznets propôs o PIB como critério para medir o desenvolvimento.[209] Ainda que tenha sido louvável o seu intento de encontrar um modo objetivo e racional para tal avaliação, o referido medidor não se mostra verdadeiro à sua finalidade.

Para exemplificar com dados atuais, é só constatar que, em 2016, segundo dados do Fundo Monetário Internacional, o Brasil ocupava o nono lugar, com 1.798,62 bilhões de dólares, e a Espanha, o décimo quarto, com 1.232,60 bilhões de dólares, sendo que este último é bem mais desenvolvido que o primeiro.[210]

Examinando outros dados entre os ditos países, como índices de escolaridade, de emprego, de moradia, de qualidade de vida, de expectativa de vida, entre outros, a resposta para ranqueá-los será bem diferente, mais precisamente com a Espanha estando bem à frente do Brasil.[211] Tanto é assim que Daniel Wunder Hachem expõe que se pautar tão somente no PIB facilmente poderia classificar um país como desenvolvido, em que pese ele violar categoricamente direitos humanos e fundamentais.

Sob esse raciocínio, deve vincular-se a indicadores econômicos e também sociais.[212] Portanto, ao contrastar o método do PIB com a realidade, infere-se que ele não é suficiente e verdadeiro para a conclusão pretendida. Em sentido análogo, entretanto agregando além da distribuição de renda, educação de qualidade, crescimento econômico, José Eli da Veiga alude à popularização da ciência como um elemento identificador.[213]

2.1.3 O crescimento dos Estados e a busca do conceito atual de "desenvolvimento" sob diversos prismas, em especial o da liberdade

Crescimento econômico de um Estado é bem diferente do crescimento em um Estado. Considerando os tempos modernos, com ênfase na década de 1990 para cá e a revolução tecnológica existente, é visível que o crescimento econômico em um Estado

---

[208] Sobre os estudos entre desenvolvimento a partir do PIB, vide CARRASCO, Cristina; TELLO, Enric. Apuntes para una vida sostenible. *In*: FREIXANET MATEO, Maria (coord.). *Sostenibilitats*: polítiques publiques des del feminisme i l'ecologisme. Barcelona: Institut de Ciències Polítiques i Socials, 2011. p. 11-53, p. 37-39.

[209] EMERY, Emerson Baldotto. *Desenvolvimento sustentável*: princípio da eficiência em procedimentos licitatórios. Belo Horizonte: Fórum, 2016. p. 33.

[210] Disponível em: http://www.funag.gov.br/ipri/index.php/indicadores/47-estatisticas/94-as-15-maiores-economias-do-mundo-em-pib-e-pib-ppp. Acesso em: 15 fev. 2019.

[211] Associando o desenvolvimento como um processo que perpassa por várias análises, vide GABARDO, Emerson. *Interesse público e subsidiariedade*. Belo Horizonte: Fórum, 2009. p. 242 e seguintes.

[212] HACHEM, Daniel Wunder. A noção constitucional de desenvolvimento para além do viés econômico: reflexos sobre algumas tendências do Direito Público brasileiro. *A&C – Revista de Direito Administrativo & Constitucional*, Belo Horizonte, ano 13, n. 53, p. 133-168, jul./set. 2013, p. 151 e 157.

[213] VEIGA, José Eli. *A emergência socioambiental*. São Paulo: Editora Senac, 2007. p. 35.

não repercute indissociavelmente com o crescimento de um Estado, já que a entrada e a saída de riqueza digital clamam por um repensar, inclusive nesse viés.

Anteriormente, tinha-se inclusive a valorização ou desvalorização da moeda a partir de um mercado específico (como, por exemplo, o ouro) ou de uma âncora monetária. Nos tempos atuais, discute-se até a existência ou não de uma única moeda (se física for)[214] e o papel estatal para a sua vinculação por meio da regulação de bancos centrais.

O esvaziamento ou a capitalização de dinheiro virtual, a partir de movimentos mercadológicos ou estatais, e a especulação avançaram de forma estratosférica, tanto que as medidas temporais para investimentos se alteraram, o interesse na regulação, por meio de acordos bilaterais ou multilaterais acerca de investimentos, é pauta estratégica dos Estados, e a força e a vinculação da moeda para o país culminam num repensar do modo de metrificar o desenvolvimento e o mero crescimento econômico.

Bresser-Pereira propõe atualmente a busca de um novo desenvolvimento, o qual deve ser focado na taxa de câmbio e na correspondente conta externa do país, isso porque tais vetores são importantes para a inflação, para o investimento e para a poupança, vergando à neutralização "a tendência à sobreapreciação cíclica e crônica da taxa de câmbio".

Ainda, alerta para a adoção de uma política macroeconômica no afã do novo desenvolvimento econômico que controle e repudie três inimigos: a incompetência dos governantes econômicos, o populismo fiscal e o populismo cambial. Além disso, manifesta que as contas fiscal e cambial sejam mantidas equilibradas e que os cinco preços macroeconômicos (taxa de lucro, taxa de juros, taxa de câmbio, taxa de salários e taxa de inflação) sejam mantidos certos.

Outrossim, destaca que o Brasil precisa enfocar numa política industrial que auxilie os operadores nacionais a serem competitivos, alinhando-se com uma política clara e séria de ciência e tecnologia que compreenda que o sucesso dessas áreas demanda não só recursos públicos, mas também uma política macroeconômica.[215]

Para Amartya Sen, o processo de desenvolvimento demanda impreterivelmente a liberdade como ponto central por duas razões: (i) a razão avaliatória, que é a avaliação do progresso que tem de ser feita verificando-se primordialmente se houve aumento da liberdade das pessoas; e (ii) a razão da eficácia, haja vista que a realização do desenvolvimento depende inteiramente da livre condição de agente das pessoas.[216]

Para o autor, a expansão da liberdade é considerada o fim primordial e também o meio – instrumento – do desenvolvimento, o que é chamado de "papel constitutivo" e "papel instrumental" da liberdade no desenvolvimento.

Compete frisar que o papel constitutivo se atrela à relevância da liberdade substantiva no enriquecimento da vida humana, a qual engloba capacidades elementares,

---

[214] Criptomoedas e *blockchain* são motivos suficientes para estudos avançados nas mais diversas áreas, não se adstringindo à área econômica ou social, já que seus impactos sobre o papel do Estado, o direito interno e o direito transfronteiriço com constituições materiais econômicas, a política nacional *versus* política global, lideranças de blocos de países etc., apresentam-se como fatores de impacto.

[215] BRESSER-PEREIRA, Luiz Carlos. *Em busca do desenvolvimento perdido*. Rio de Janeiro: FGV, 2018. p. 43-44, 27 e seguintes, 134 e seguintes e 156-158.

[216] SEN, Amartya. *Desenvolvimento como liberdade*. Tradução: Laura Teixeira Motta. São Paulo: Companhia das Letras, 2000. p. 18.

"como por exemplo ter condições de evitar privações como a fome, a subnutrição, a morbidez inevitável e a morte prematura, bem como as liberdades associadas a saber ler e fazer cálculos aritméticos, ter participação política e liberdade de expressão etc.".

Portanto, nessa perspectiva, "o desenvolvimento envolve a expansão dessas e de outras liberdades básicas: é o processo de expansão das liberdades humanas, e sua avaliação tem de basear-se nessa consideração". Já o papel instrumental da liberdade inclui "vários componentes distintos, porém inter-relacionados, como facilidades econômicas, liberdades políticas, oportunidades sociais, garantias de transparência e segurança protetora. Esses direitos, oportunidades e intitulamentos instrumentais possuem fortes encadeamentos entre si, que podem se dar em diferentes direções".[217]

Por intermédio dessa concepção da liberdade sinteticamente abordada, Amartya Sen preconiza que a liberdade deve ser estudada e resguardada para o alcance do desenvolvimento, raciocínio que deve ser sobrelevado frente às características brasileiras.

Sendo possível fazer o recorte do desenvolvimento econômico do social, o social é vislumbrado como "a aquisição da progressiva igualdade de condições básicas de vida, mediante a realização para todo o povo, dos direitos humanos de caráter econômico, social e cultural, como o direito do trabalho, o direito à educação em todos os níveis, o direito à seguridade social, o direito à habitação, o direito de fruição de bens culturais".[218]

Na mesma linha, porém falando sobre o desenvolvimento em sentido lato, Amartya Sen concorda com a necessidade de mudanças radicais na esfera social para o alcance do desenvolvimento, pois este "requer que se removam as principais fontes de privação de liberdade: pobreza e tirania, carência de oportunidades econômicas e destituição social sistemática, negligência dos serviços públicos e intolerância ou interferência excessiva de Estados repressivos".[219]

Pode-se também ser aludido o desenvolvimento como um direito humano que historicamente foi previsto por meio de diversos atos (normativos ou não) de cunho internacional, os quais estabeleceram o dever de o Estado promover as medidas necessárias para o seu alcance.

Em primeiro, cumpre recordar a Declaração Universal dos Direitos Humanos (DUDH), referendada e proclamada pela Resolução nº 217 A (III) da Assembleia Geral das Nações Unidas, em 10 de dezembro de 1948, que alçou a dignidade da pessoa humana como base da liberdade, da justiça, do progresso e da paz mundial, bem como ressaltou o espírito de fraternidade e solidariedade.[220]

O artigo 1º previu que "todos os seres humanos nascem livres e iguais em dignidade e em direitos. Dotados de razão e de consciência, devem agir uns para com os outros em espírito de fraternidade", o que já demonstra a necessidade de alteridade na busca dos

---

[217] SEN, Amartya. *Desenvolvimento como liberdade*. Tradução: Laura Teixeira Motta. São Paulo: Companhia das Letras, 2000. p. 52 e 71.

[218] RISTER, Carla Abrantkoski. *Direito ao desenvolvimento*: antecedentes, significados e consequências. Rio de Janeiro: Renovar, 2007. p. 56.

[219] SEN, Amartya. *Desenvolvimento como liberdade*. Tradução: Laura Teixeira Motta. São Paulo: Companhia das Letras, 2000. p. 18.

[220] Disponível em: https://www.ohchr.org/EN/UDHR/Pages/Language.aspx?LangID=por. Acesso em: 27 fev. 2019.

objetivos das pessoas para que não haja prejuízo ou detrimento de terceiros, alinhando com a busca de um bem-estar e direitos mínimos para a existência digna.[221]

Infelizmente, conquanto seja reconhecido como primeiro documento do Direito Internacional dos Direitos Humanos, tal documento, elaborado como uma reação às atrocidades cometidas durante e após a Segunda Guerra Mundial, não tem eficácia jurídica do ponto de vista formal, já que não foi concebido como tratado. De qualquer forma, já foi um passo importante para elencar a liberdade, a dignidade da pessoa humana, a alteridade, a fraternidade e o progresso como ingredientes que devem ser somados para o bem comum.

Após dez anos, também merece atenção a Convenção nº 111 da Organização Internacional do Trabalho (OIT), visto que preconizou que os Estados-Membros devem comprometer-se a "formular e aplicar uma política nacional que tenha por fim promover, por métodos adequados às circunstâncias e aos usos nacionais, a igualdade de oportunidades e de tratamento em matéria de emprego e profissão, com o objetivo de eliminar toda discriminação nessa matéria". Essa convenção foi internalizada no Brasil por meio do Decreto nº 10.088/2019 e também se revela um excelente passo para demarcar o dever de ação do Estado *versus* os direitos dos cidadãos.[222]

O Pacto dos Direitos Civis e Políticos e dos Direitos Econômicos, Sociais e Culturais de 1966 foi um importante marco normativo para a fixação do dever de desenvolvimento a ser buscado pelos Estados a partir do respeito às liberdades e tendo sempre como norte a dignidade da pessoa humana.

Tanto é assim que, nos considerandos, expressou que o reconhecimento da dignidade humana constitui o fundamento da liberdade, da justiça e da paz no mundo, que os direitos econômicos, sociais e culturais decorrem da dignidade inerente à pessoa humana e que os Estados têm a obrigação de promover o respeito universal e efetivo dos direitos e das liberdades do homem.

Em seu artigo 2º, ordenou aos Estados para que se comportem a adotar medidas, inclusive legislativas, "tanto por esforço próprio como pela assistência e cooperação internacionais, principalmente nos planos econômico e técnico, até o máximo de seus recursos disponíveis, que visem a assegurar, progressivamente, por todos os meios apropriados, o pleno exercício dos direitos reconhecidos no presente Pacto".

Ademais, usou a expressão de países em desenvolvimento para incumbi-los de levar em consideração que "os direitos humanos e a situação econômica nacional poderão determinar em que garantirão os direitos econômicos reconhecidos no presente Pacto àqueles que não sejam seus nacionais". Esse pacto foi internalizado no Brasil pelo Decreto Federal nº 591, de 1992.

As Conferências Mundiais de Direitos Humanos de Teerã (1968) e Viena (1993) também foram importantes acontecimentos para o amadurecimento dos direitos humanos,

---

[221] Artigo 25. Toda a pessoa tem direito a um nível de vida suficiente para lhe assegurar e à sua família a saúde e o bem-estar, principalmente quanto à alimentação, ao vestuário, ao alojamento, à assistência médica e ainda quanto aos serviços sociais necessários, e tem direito à segurança no desemprego, na doença, na invalidez, na viuvez, na velhice ou noutros casos de perda de meios de subsistência por circunstâncias independentes da sua vontade.

[222] Disponível em: https://www.ilo.org/brasilia/convencoes/WCMS_235325/lang--pt/index.htm. Acesso em: 9 jan. 2019.

inclusive para alijar a ideia de serem associados tão somente a questões penais, e sim enquadrá-los e associá-los àqueles essenciais para a dignidade humana e liberdade.[223]

O fato é que o Estado tem o dever de intervir para garantir igualdade de oportunidades de acesso a todos os meios necessários para a subsistência material de uma vida digna, sendo que tal concepção é atribuída a Kéba Mbaye quando da confecção da obra *The right to development*.[224]

Nessa diretriz, foi criado o Índice de Desenvolvimento Humano (IDH) por Mahbub ul Haq, com a colaboração do economista indiano Amartya Sen, para buscar metrificar o desenvolvimento por três dimensões básicas: renda, educação e saúde. A partir do IDH, é elaborado o Relatório de Desenvolvimento Humano, que "é reconhecido pelas Nações Unidas como um exercício intelectual independente e uma importante ferramenta para aumentar a conscientização sobre o desenvolvimento humano em todo o mundo".[225]

Do ponto de vista normativo-referencial, a Declaração sobre o Direito ao Desenvolvimento, adotada pela Resolução nº 41/128 da Assembleia Geral das Nações Unidas, de 4 de dezembro de 1986, dispõe que reconhece o desenvolvimento como "um processo econômico, social, cultural e político abrangente, que visa ao constante incremento do bem-estar de toda a população e de todos os indivíduos com base em sua participação ativa, livre e significativa no desenvolvimento e na distribuição justa dos benefícios daí resultante" e preceitua em seu artigo 1º que "o direito ao desenvolvimento é um direito humano inalienável, em virtude do qual toda pessoa e todos os povos estão habilitados a participar do desenvolvimento econômico, social, cultural e político, para ele contribuir e dele desfrutar, no qual todos os direitos humanos e liberdades fundamentais possam ser plenamente realizados".

De todo modo, o uso das liberdades como fim e instrumento, consoante escólio de Amartya Sen, revela-se coerente e, principalmente, congruente ao sistema constitucional brasileiro para a busca do verdadeiro desenvolvimento, além de ser uma medida objetiva para mensurar o desenvolvimento de cada país.[226]

Compete frisar que a falta de respaldo jurídico nunca poderá ser levantada como desculpa ou motivo de justa causa para a sua não persecução na realidade brasileira, já

---

223 GUSSOLI, Felipe Klein. *Impactos dos Tratados Internacionais de Direitos Humanos no Direito Administrativo Brasileiro*. Orientador Prof. Dr. Daniel Wunder Hachem. Curitiba, 2018, 329.f. Dissertação (Mestrado em Direito), Pontifícia Universidade Católica do Paraná, p. 12.

224 MOURA, Emerson Affonso da Costa. Estado gerencial, regulação econômica e serviços públicos – O papel das agências na promoção do desenvolvimento. *A&C – Revista de Direito Administrativo & Constitucional*, Belo Horizonte, ano 14, n. 57, p. 193-217, jul./set. 2014. p. 206.

225 Disponível no *site* do Programa das Nações Unidas: http://www.br.undp.org/content/brazil/pt/home/idh0.html. Acesso em: 23 fev. 2019.

226 André Folloni tenciona que o "tratamento constitucional do desenvolvimento: (a) deve ser um desenvolvimento econômico, no sentido de produção e distribuição de riquezas, ao menos enquanto isso for necessário; (b) deve ser um desenvolvimento social, no sentido de desenvolvimento da sociedade como um todo e não apenas dos indivíduos, e no sentido de proporcionar a satisfação dos direitos sociais; (c) deve ser um desenvolvimento que contribua para o bem estar de todos e permanecer, com esse bem-estar, em equilíbrio; (d) deve contribuir para permitir, a todas as pessoas, o desenvolvimento integral de suas potencialidades humanas e culturais; (e) deve ser obtido sem que isso prejudique o equilíbrio ecológico do meio ambiente e a vida sadia das presentes e futuras gerações. Se é assim, o desenvolvimento, na Constituição, integra, no mínimo, as noções de sustentabilidade e de liberdade, nas definições que esses termos costumam apresentar quando atrelados ao desenvolvimento" (FOLLONI, André. A complexidade ideológica, jurídica e política do desenvolvimento sustentável e a necessidade de compreensão interdisciplinar do problema. *Revista Direitos Humanos Fundamentais*, Osasco, jan./jun. 2014, ano 14, n. 1, p. 63-91, p. 81).

que, consoante posicionamento doutrinário, a Constituição da República de 1988, em diversas oportunidades, protege e augura o desenvolvimento.[227]

2.1.4 O papel fundamental do Estado para as políticas públicas em prol do desenvolvimento, inclusive tecnológico

Para o alcance da liberdade como principal vetor de finalidade e medição do desenvolvimento, o papel do Estado na sua fixação para fins de critérios de políticas públicas e atuação, em geral, revela-se singular.

Não se consegue êxito na melhoria do desenvolvimento a partir das liberdades sem a participação do Estado, seja como ator, promotor, regulador, destinatário ou colaborador. O fato incontroverso é que se clama por ação estatal.

Dentro do seu espeque e como fundamental para que qualquer ação futura seja frutífera e não decorrente da sorte do acaso ou destino, é imperioso que haja o devido planejamento.

Estruturando o planejamento de um país para o desenvolvimento, ainda mais num país não desenvolvido, deve-se pensar numa, como adverte Gilberto Bercovici, política nacional de desenvolvimento que seja arquitetada a longo prazo, abarcando "todos os setores da vida social. No desenvolvimento brasileiro, o papel do planejamento foi fundamental. O Estado desenvolvimentista brasileiro se impôs como tarefa a coordenação, dinamização e reorientação das transformações econômicas e sociais".[228] Não obstante, deve-se também alvitrar que, para um diagnóstico na etapa do planejamento, é imprescindível que se conheçam os obstáculos à atuação do Estado brasileiro e se busquem alternativas para superá-los.

Nesse raciocínio, o autor ainda comenta que, em uma democracia, "o ponto fundamental é entender o povo como sujeito da soberania, ou seja, há uma completa identificação entre soberania estatal e soberania popular" e, por isso, "fortalecer o Estado brasileiro na superação do subdesenvolvimento, neste sentido, é também, em nossa opinião, fortalecer (para não dizer instaurar) o regime republicano e democrático da soberania popular do Brasil".[229]

---

[227] Entre outros, vide: SALOMÃO FILHO, Calixto. Regulação e desenvolvimento. *In*: SALOMÃO FILHO, Calixto. *Regulação e desenvolvimento*. São Paulo: Malheiros, 2002. p. 29-64, p. 40; RISTER, Carla Abrantkoski. *Direito ao desenvolvimento*: antecedentes, significados e consequências. Rio de Janeiro: Renovar, 2007. p. 231-336 e 389-440; LOCATELLI, Liliana. Desenvolvimento na Constituição Federal de 1988. *In*: BARRAL, Welber (org.). *Direito e desenvolvimento*: análise da ordem jurídica brasileira sob a ótica do desenvolvimento. São Paulo: Editora Singular, 2005. p. 95-118; OLIVEIRA, Gustavo Justino de. Direito ao desenvolvimento na Constituição Brasileira de 1988. *Revista de Direito Público da Economia – RDPE*, Belo Horizonte, ano 3, n. 11, p. 145-162, jul./set. 2005.

[228] BERCOVICI, Gilberto. Planejamento e políticas públicas: por uma nova compreensão do papel do Estado. *In*: BUCCI, Maria Paula Dallari (org.). *Políticas Públicas*: reflexões sobre o conceito jurídico. São Paulo: Saraiva, 2006. p. 143-162, p. 145.

[229] BERCOVICI, Gilberto. Planejamento e políticas públicas: por uma nova compreensão do papel do Estado. *In*: BUCCI, Maria Paula Dallari (org.). *Políticas Públicas*: reflexões sobre o conceito jurídico. São Paulo: Saraiva, 2006. p. 143-162, p. 161.

O Estado deve promover o desenvolvimento a partir da ferramenta "planejamento",[230] sendo que a relação entre a ação pública e o ato de planejar é simbiótica, necessária e obrigatória, nos dizeres de Ligia Maria Silva Melo de Casimiro.[231]

No intuito de fortalecer o aspecto democrático e apostar que o povo reconheça a sua tarefa/responsabilidade, também nesse escopo, Welber Barral elenca como relevantes para a promoção do desenvolvimento econômico no século XXI: (i) capital humano, representado por uma população com alto nível de qualificação e de educação; (ii) alto grau de liberdade política e econômica; (iii) promoção da tecnologia e da inovação; (iv) estrutura logística que minore custos de produção e os impactos para o meio ambiente; (v) alto nível de civismo e de comprometimento com a comunidade, o que é denominado de capital social; e (vi) instituições com credibilidade e que consigam garantir os fatores citados.

Além do fator da inovação e da tecnologia, que será posteriormente mais bem trabalhado, exalta-se o capital social, que é alcançado e constatado pelos laços de comprometimento entre os membros de dada comunidade a partir do raciocínio de que, quanto menores os laços, menor a probabilidade da realização de objetivos comuns e de valorização de atividades não egoísticas.[232]

Assim, verifica-se, por intermédio de tais fatores – e, principalmente, pelo dito "capital social" –, a relevância do comprometimento da comunidade, a qual deve participar, bem como deve ser fomentada pelo Estado para que assuma e, assim, participe.

Além de compatibilizar o desenvolvimento com o meio ambiente, não se pode esquecer que o desenvolvimento econômico é uma variante que todo Estado deve buscar por meio de medidas regulatórias na medida em que se obterão vantagens para a melhoria da qualidade de vida da comunidade.[233]

Luis Villanueva destaca que é impreterível a participação da sociedade ao lado do Estado para a busca do desenvolvimento, tanto que o autor comenta que as teorias e as experiências ensejam formas de alcance do desenvolvimento, por meio da associação de tarefas entre os vários agentes e *players* (do governo, do mercado ou não) para que se criem, ajustem e complementem capacidades das mais diversas searas, sendo certo que o governo sozinho não será capaz de resolver o problema do desenvolvimento.[234]

---

230 NASCIMENTO NETO, José Osório do; BLANCHET, Luiz Alberto. O desenho institucional energético como desafio do direito administrativo para o desenvolvimento. *In*: BONAT, Alan Luiz; NASCIMENTO NETO, José Osório do; QUETES, Regeane Bransin (org.). *Políticas públicas e desenvolvimento*. Curitiba: Íthala, 2016. p. 275-298, p. 278.

231 CASIMIRO, Lígia Maria Silva Melo de. *Planejamento social e mobilidade urbana como fundamentos do direito à cidade no Brasil*. Orientador Prof. Dr. Emerson Gabardo. Curitiba, 2017, 248 f., Tese (Doutorado em Direito), Pontifícia Universidade Católica do Paraná, p. 101.

232 BARRAL, Welber. Direito e desenvolvimento: um modelo de análise. *In*: BARRAL, Welber (org.). *Direito e desenvolvimento*: análise da ordem jurídica brasileira sob a ótica do desenvolvimento. São Paulo: Editora Singular, 2005. p. 31-60, p. 43.

233 BUTELER, Alfonso. La intervención estatal en la Economía y el Derecho al Medioambiente. *In*: BACELLAR FILHO, Romeu Felipe; HACHEM, Daniel Wunder (coord.). *Direito Público no Mercosul*: intervenção estatal, direitos fundamentais e sustentabilidade: anais do VI Congresso da Associação de Direito Público do Mercosul: homenagem ao Professor Jorge Luis Salomoni. Belo Horizonte: Fórum, 2013. p. 25-33, p. 31.

234 AGUILAR VILLANUEVA, Luis F. *Gobernanza e gestión pública*. México: FCE, 2006. p. 79.

Isto é, desenvolvimento não existe de maneira isolada ou linear. É impreterível que haja a intenção de buscar o desenvolvimento conjunto, chamado de codesenvolvimento ou desenvolvimento em redes.[235]

O incentivo e a valorização ao empreendedorismo também se revelam importantes para a promoção do desenvolvimento local e geral, já que isso permitirá o desenrolar de um desenvolvimento sustentável, equilibrado e integrado para a sua permanência no decorrer do tempo.[236]

A sociologia econômica explica que o sucesso para a concretização de um Estado desenvolvimentista está na inovação institucional propiciada a partir das intricadas relações entre Estado, economia e sociedade civil, ainda que as perspectivas mais promissoras de melhoria estejam naquelas que envolvam a sociedade civil para a reconstrução da governança econômica.[237]

Sob esse olhar, haveria aqui um suposto entrave para a lógica neoliberal global, que se pauta por uma espécie de "monocultivo institucional", tendo o Estado papel fulcral. Todavia, isso não deve ocorrer e deve-se concentrar "a atenção não na questão quantitativa da expansão ou contração do Estado de bem-estar social, mas nas inovações institucionais que modificam as formas de provisão pública à medida que as sociedades lutam para redefinir as metas do Estado de bem-estar social".[238]

Sob o viés da gestão pública e a necessidade de ruptura de estruturas já envelhecidas, ou, como diz Roberto Dromi, a imperiosidade de uma revolução do desenvolvimento com inovações e quebras de paradigmas, deve-se raciocinar por um novo pensamento do atuar administrativo para que haja uma gestão pública mais eficaz, transparente e austera com a satisfação das necessidades públicas.[239] A mencionada revolução redefine as vértebras da República e requer um "*giro protagónico en asuntos de la agenda pública*

---

[235] EMERY, Emerson Baldotto. *Desenvolvimento sustentável*: princípio da eficiência em procedimentos licitatórios. Belo Horizonte: Fórum, 2016. p. 141.

[236] REIS *et al.*, 2006. Trabalho oral apresentado: *O empreendedorismo no* âmbito *das associações rurais de incentivo governamental*, 48º Congresso da Sociedade Brasileira de Economia e Administração e Sociologia Rural, Cynthia Marise dos Santos Mattosinho; Poliana Pionório Freire; Michelle Caroline Varjão de Carvalho. Fasete, Paulo Afonso, 25 a 28 de julho de 2010.

[237] Ainda que se possa discutir sobre a existência das especialidades de governança, como o caso explicitado no livro de governança econômica. Governança para a Administração Pública entende-se como "uma forma mais consensual de trato da coisa pública, segundo uma ideia de subsidiariedade, à luz dos princípios básicos (sem prejuízo de outros), de senso de justiça (referindo usualmente como *fairness*), de conformidade no cumprimento das normas regulatórias (designado mais comumente pela expressão *compliance*), transparência (citado como *disclousure*), de prestação pública de contas (havido pela expressão *accountability*)" (COSTA, Denise Souza. *Direito fundamental* à *educação, democracia e desenvolvimento sustentável*. Belo Horizonte: Fórum, 2011. p. 188). Gustavo Justino de Oliveira menciona que: "A Governança pode ser entendida como um modelo alternativo a estruturas hierarquizadas de Governo, e implica que os Governos sejam mais eficazes em um marco de economia globalizada, atuando com capacidade máxima e garantindo e respeitando as normas e valores próprios de uma sociedade democrática. A finalidade precípua da Governança Pública é a de alcançar a estabilidade das instituições políticas e sociais por meio do fortalecimento do Estado de Direito e do fortalecimento da sociedade civil, mediante o fomento de uma participação e de um pluralismo de dimensões múltiplas" (OLIVEIRA, Gustavo Justino de. *Direito Administrativo Democrático*. Belo Horizonte: Fórum, 2010. p. 215). Também se utiliza por alguns doutrinadores a denominação de nova gestão pública para mencionar sobre governança pública. Sobre o assunto e a utilização da expressão nova gestão pública, vide AGUILAR VILLANUEVA, Luis F. *Gobernanza e gestión pública*. México: FCE, 2006. p. 144.

[238] BLOCK, Fred; EVANS, Peter. The State and the Economy. *In*: SMELSER, Neil J.; SWEDBERG, Richard. *The handbook of economic sociology*. 2. ed. New Jersey: British Library. p. 505-526, p. 508.

[239] DROMI, Roberto. *La revolución del desarrollo*: inovaciones en la gestión pública. Buenos Aires; Madrid: Ciudad Argentina, 2007. p. 22.

sobre educación, seguridad, ambiente, vivienda, salud, energía, infraestructura, autonomía, regiones, integración, economía, instituciones, para cumplir con las cosas públicas pendientes".[240]

Para alcançar as consequências dessa revolução do desenvolvimento, é necessário atentar para alguns verbos, chamados de "verbos para o desenvolvimento", os quais são estudados a partir da realidade argentina, porém extensíveis em grande parte ao Brasil: reconstruir a autoridade, pensar a agenda das coisas públicas pendentes, desenvolver a agenda do desenvolvimento, consensualizar as políticas do Estado, promover as ações consequentes, planejar as políticas do Estado, definir um novo contrato social redistributivo, explicitar as causas da ação política, executar políticas públicas ativas, liderar a inovação e a criatividade, dinamizar a gestão pública, trabalhar com verdade e esperança pela justiça social, aliar os valores da ação política, aplicar as regras existentes, perseverar pelo desenvolvimento sustentável e equilibrado, e identificar o desenvolvimento.[241]

Dentro de um aspecto econômico, segundo Cristina Carrasco e Enric Tello, a economia ecológica pode contribuir significativamente para medir o desenvolvimento ou sua falta a partir das perdas à sociedade por meio dos custos sentidos pela comunidade no cuidado da vida humana e dos custos e impactos sofridos pelos sistemas naturais.

Os contributos, em geral, residem no fato de as críticas da "economia ecológica" considerarem os custos externos de um objeto (externalidades) e a sua forma de correição, computando as assimetrias de informação ou custos de oportunidade. Dito isso, faz-se necessário, além de o cálculo do custo ser macro e integrado, que exista uma capacidade mais eficiente para gerar e transmitir informação econômica verídica entre um sem-número de pessoas, o que, *per se*, gerará uma conscientização e convencimento para que cada indivíduo possa aquiescer com o uso mais adequado dos bens em geral.

Não parece que isso seja uma falha geral operativa circunstancial dos mercados capitalistas, e sim uma falha sistêmica.[242] Segundo Alfonso Buteler, uma das maneiras de conciliar o desenvolvimento econômico com o respeito ao meio ambiente *"es incluir dentro de los costos económicos de la actividad a realizar al respeto a la naturaliza"*, o que significará, em muitos casos, *"el incentivo al desarrollo medioambiental puede ser una variable de crecimiento económico"*.[243] Em síntese, o critério não é meramente de "riqueza" ou "acumulação de capital", mas, sim, de custo geral para a obtenção do desenvolvimento.

Amartya Sen esclarece que a "ligação entre liberdade individual e realização de desenvolvimento social vai muito além da relação constitutiva – por mais importante que ela seja. O que as pessoas conseguem positivamente realizar é influenciado por oportunidades econômicas, liberdades políticas, poderes sociais e por condições

240 DROMI, Roberto. *La revolución del desarrollo*: inovaciones en la gestión pública. Buenos Aires; Madrid: Ciudad Argentina, 2007. p. 24.

241 DROMI, Roberto. *La revolución del desarrollo*: inovaciones en la gestión pública. Buenos Aires; Madrid: Ciudad Argentina, 2007. p. 27-60.

242 CARRASCO, Cristina; TELLO, Enric. Apuntes para una vida sostenible. *In*: MATEO, Maria Freixanet (coord.). *Sostenibilitats*: polítiques publiques des del feminisme i l'ecologisme. Barcelona: Institut de Ciències Polítiques i Socials, 2011. p. 11-53, p. 35.

243 BUTELER, Alfonso. La intervención estatal en la Economía y el Derecho al Medioambiente. *In*: BACELLAR FILHO, Romeu Felipe; HACHEM, Daniel Wunder (coord.). *Direito Público no Mercosul*: intervenção estatal, direitos fundamentais e sustentabilidade: anais do VI Congresso da Associação de Direito Público do Mercosul: homenagem ao Professor Jorge Luis Salomoni. Belo Horizonte: Fórum, 2013. p. 25-33, p. 31-32.

habilitadoras como boa saúde, educação básica e incentivo e aperfeiçoamento de iniciativas".[244]

Desta feita, para a efetivação dos inúmeros direitos sociais assegurados na Constituição da República de 1988, logo para resguardar as liberdades mínimas dos cidadãos, é indispensável que o Estado conheça o seu papel, bem como desenvolva políticas públicas eficientes e utilize os instrumentos jurídicos existentes para a consolidação de atividades que venham a guarnecer a sociedade.

Como já dito, as licitações e as contratações administrativas são excelentes instrumentais para a melhoria desse ambiente e, consequentemente, para a promoção do desenvolvimento.

Quanto às políticas públicas, vale ressaltar que o seu fundamento "é a necessidade de concretização de direitos por meio de prestações positivas do Estado sendo o desenvolvimento nacional a principal política pública, conformando e harmonizando as demais", razão pela qual Gilberto Bercovici expressa que o desenvolvimento econômico e social, com a eliminação das desigualdades, pode ser considerado, inclusive, uma síntese dos objetivos históricos nacionais.[245]

A concepção de Bercovici está totalmente alinhada ao que prescreveu a Constituição da República Federativa de 1988, uma vez que esta preconizou como alguns dos objetivos fundamentais do Estado o desenvolvimento nacional e a diminuição das desigualdades regionais e sociais. Não basta a modernização tecnológica e produtiva sem a correspondente vitalidade na economia, nas relações comerciais internacionais e, acima de tudo, sem o preenchimento das necessidades mais comezinhas dos cidadãos, como educação, saúde, alimentação, moradia, cultura, lazer etc.[246]

2.1.5 A polissêmica sustentabilidade e os elementos usuais na sua definição

Outro conceito ao lado de desenvolvimento que possui tanta complexidade e dificuldade para a sua definição é a sustentabilidade. Apesar dos enigmas, a área jurídica não pode permitir que expressões e palavras fiquem "abertas" para a interpretação e aplicação dos operadores, sob pena de gerar um cheque em branco que é preenchido de acordo com o bel-prazer do emitente, o que, por óbvio, acarreta um enorme risco à segurança jurídica.

No intuito de buscar uma definição, pode-se recorrer a uma muito difundida, a qual preza que a sustentabilidade é a satisfação das necessidades humanas das gerações

---

[244] SEN, Amartya. *Desenvolvimento como liberdade*. Tradução: Laura Teixeira Motta. São Paulo: Companhia das Letras, 2000. p. 19. Valioso o raciocínio de Leonardo Boff de definir desenvolvimento como "ampliação das oportunidades de modelar a vida e definir-lhe um destino. O ser humano se descobre um ser utópico e um projeto infinito, habitado por um sem-número de potencialidades. Criar as condições para que elas possam vir à tona e sejam implementadas, eis o propósito do desenvolvimento humano. Trata-se de humanizar o humano, rasgar-lhe o horizonte de suas capacidades e habilidades e incentivá-lo na busca de sua realização. A serviço deste propósito estão as ciências, as tecnologias e nossos modos de produção" (BOFF, Leonardo. *Sustentabilidade:* O que é – o que não é. 5. ed. São Paulo: Vozes, 2018. p. 146-147).

[245] BERCOVICI, Gilberto. Planejamento e políticas públicas: por uma nova compreensão do papel do Estado. *In*: BUCCI, Maria Paula Dallari (org.). *Políticas Públicas*: reflexões sobre o conceito jurídico. São Paulo: Saraiva, 2006. p, 143-162, p. 144.

[246] CABRAL, Mário André Machado. *Subdesenvolvimento e estado de exceção*. Rio de Janeiro: Lumen Juris, 2018, p. 02.

atuais sem o comprometimento da satisfação das necessidades das gerações futuras.[247] Trata-se de um modo de agir e viver das pessoas com alteridade.[248]

Em palavras similares, porém dentro de um contexto mais holístico, Leonardo Boff disserta:

> É toda ação destinada a manter as condições energéticas, informacionais, físico-químicas que sustentam todos os seres, especialmente a Terra viva, a comunidade de vida e a vida humana, visando a sua continuidade e ainda a atender as necessidades da geração presente e das futuras de tal forma que o capital natural seja mantido e enriquecido em sua capacidade de regeneração, reprodução, e coevolução.[249]

Nessa concepção, Leonardo Boff defende que sustentar: (i) necessita das condições imprescindíveis para o surgimento dos seres por meio da conjugação das energias, dos elementos físico-químicos e informacionais de maneira atrelada; (ii) demanda o afastamento da ideia de antropocentrismo, já que todos os seres emergem um processo de evolução e gozam de valor intrínseco, independentemente de serem humanos ou não; (iii) torna a Terra mais do que uma coisa, ela não só contém vida, como ela própria é vida; (iv) gera a imperiosidade de compreender a comunidade da vida ampla, em que todos os seres são interdependentes, na qual se forma uma rede de vida; (v) revela a vida humana como um elo singular da rede da vida, já que possui consciência, sensibilidade e inteligência, qualidades que impõem o dever de cuidar e tutelar a Mãe Terra de qualquer forma ou intento destrutivo; (vi) absorve a continuidade do processo evolutivo, visto que os seres são conservados e suportados por uma "Energia de Fundo" ou "Fonte Originária de todo o ser"; (vii) impacta no repensar sobre como atender as necessidades humanas, conciliando o uso racional e o cuidado dos bens e serviços que são ofertados pelos cosmos e pela Terra; (viii) inspira, ou deveria inspirar, conscientização para a atual geração de que a Terra é suficiente para todas as gerações, sendo que a presente deverá compreender a relação de sinergia e cooperação para que haja a equitativa distribuição de bens e serviços; e (ix) enseja o cuidar da Terra para as próximas e futuras gerações, as quais dependem da Terra sã para viverem, o que é chamado de uma solidariedade geracional.[250]

Alinhando a definição e embasando nos fundamentos jurídicos, Juarez Freitas propõe que é um princípio constitucional que "determina, com eficácia direta e imediata, a responsabilidade do Estado e da sociedade pela conscientização solidária do desenvolvimento material e imaterial, socialmente inclusivo, durável e equânime, ambientalmente limpo, inovador, ético e eficiente", tendo como escopo "assegurar

---

[247] CARRASCO, Cristina; TELLO, Enric. Apuntes para una vida sostenible. *In*: FREIXANET MATEO, María (coord.). *Sostenibilitats*: polítiques publiques des del feminisme i l'ecologisme. Barcelona: Institut de Ciències Polítiques i Socials, 2011. p. 11-53, p. 17.

[248] SIMÃO, Angelo Guimarães; SILVA, Christian Luiz da; SILVA, Heloísa de Puppi e; CASTANHEIRA, Maria Auxiliadora Villar Castanheira; JUREC, Paulo Sérgio Sant'Anna; WIENS, Simone. Indicadores, políticas públicas e a sustentabilidade. *In*: SILVA, Christian Luiz da; LIMA, José Edmilson de Souza. *Políticas públicas e indicadores para o desenvolvimento sustentável*. São Paulo: Saraiva, 2010. p. 35-54, p. 37.

[249] BOFF, Leonardo. *Sustentabilidade e tentativa de definição*. Disponível em: https://leonardoboff.wordpress.com/2012/01/15/sustentabilidade-tentativa-de-definicao. Acesso em: 4 fev. 2019.

[250] BOFF, Leonardo. *Sustentabilidade e tentativa de definição*. Disponível em: https://leonardoboff.wordpress.com/2012/01/15/sustentabilidade-tentativa-de-definicao. Acesso em: 4 fev. 2019.

preferencialmente de modo preventivo e precavido, no presente e no futuro, o direito ao bem-estar". Como se verifica, o autor trabalha a noção de sustentabilidade alinhada aos seguintes elementos: (i) natureza jurídica de princípio constitucional; (ii) eficácia (no sentido de encontro de resultados justos) e eficiência (a partir do uso de meios idôneos); (iii) ambiente limpo e descontaminado; (iv) ética em tal mister por meio da probidade; (v) prevenção e precaução; (vi) solidariedade intergeracional; (vii) responsabilidade do Estado; e (viii) a busca do bem-estar.[251]

Das posições suscitadas, percebe-se que a de Juarez Freitas preocupa-se com o fundamento na Constituição Federal para gerar uma cogência, acima da mera conscientização dos seres humanos, enquanto a de Leonardo Boff se dá num espectro mais ambiental e holístico. Ecoando a ideia de a sustentabilidade plasmar-se na Lei Maior, J. J. Gomes Canotilho a enquadra como um princípio estruturante do direito constitucional em razão da dimensão autocompreensiva de uma constituição, a qual considere a comunidade política na qual está inserida.[252]

O que pode ser inferido é que a sustentabilidade não pode se adscrever aos muros do direito, já que se trata de um valor multivetorial e atinge uma série de interesses, atores e objetos de estudo.[253] É uma noção que perpassa por diversas ciências, ultrapassa uma mera dimensão e tem uma conotação de equilíbrio e perpetuidade para que o futuro possa existir com qualidade.

Emerson Baldotto Emery diz que "implica ações com reflexos em vários campos da atividade humana que têm que ser coerentes entre si, e, embora atividades diferentes impliquem dar uma ênfase maior a um ou outro aspecto, há um substrato comum que permite a formulação de um conceito único para dar suporte à ideia de desenvolvimento sustentável".[254]

Ainda que se possa dissertar sobre a dimensão social, econômica e ambiental, Juarez Freitas vai além e explica a sua multidimensionalidade, mais precisamente nas

---

251 FREITAS, Juarez. *Sustentabilidade*: direito ao futuro. 2. ed. Belo Horizonte: Fórum, 2012, p. 41. Sobre a colaboração em geral que deverá existir entre público e privado, bem como o respeito ao dever ético entre ambos, José María Gimeno Feliú explana: "*En mi opinión, en toda colaboración pública privada, para preservar el correcto cumplimiento de los fines públicos intrínsecos a la colaboración, como ineludible medida de una nueva gobernanza, convendría extender las exigencias de los programas de compliance empresarial – que es más que cumplimiento legal, dado que al concepto clásico de Derecho positivo (hard law), se añade el cumplimiento ético, la responsabilidad social corporativa, etc. (soft law) – al organismo gerencial de las organizaciones concesionarias, lo que permitiría detectar y evitar casos de financiación ilegal, contrataciones fraudulentas, supuestos de sobornos, etc. Y, para ello, el pliego debería regular la figura del chief compliance officer responsable de la misma*" (GIMENO FELIÚ, José María *et al. La gobernanza de los contratos públicos en la colaboración público-privada*. Barcelona: Cambra Oficial de Comerç de Barcelona, 2018. p. 32-33).

252 CANOTILHO, J. J. Gomes. O princípio da sustentabilidade como princípio estruturante do direito constitucional. *Revista de Estudos Politécnicos*, v. 8, n. 13, p. 7-18, 2010, p. 8.

253 Paulo Otero chega a alçar a sustentabilidade do Estado, inclusive a orçamentária e financeira, como pressuposto da Constituição, arguindo que inexiste ordem constitucional que dure além dela e que nenhuma Lei Fundamental pode ser indiferente ou irresponsável com o destino das gerações futuras. Por essas razões, o Estado precisa revisitar o seu papel e o nível de satisfação das necessidades coletivas a seu cargo. Deve equilibrar a própria sustentabilidade com a solidariedade para garantir um nível de bem-estar da sociedade, sendo pertinente a preocupação do autor com o equilíbrio financeiro e fiscal do Estado nesse balanceamento (OTERO, Paulo. *Manual de Direito Administrativo*. Vol. I. Coimbra: Almedina, 2013. p. 143-146).

254 EMERY, Emerson Baldotto. *Desenvolvimento sustentável*: princípio da eficiência em procedimentos licitatórios. Belo Horizonte: Fórum, 2016. p. 67.

searas social, ética, jurídico-política, econômica e ambiental, com base no bem-estar, porquanto este necessita de uma interconexão.[255]

Fato incontroverso é que a sustentabilidade pede uma transdisciplinaridade e um pensamento transcendental, a fim de as pessoas alicerçarem o raciocínio de acordo com a solidariedade, alteridade e o planejamento para arrefecer riscos em geral.[256] Para tanto, o interesse egoístico deve ser sobreposto pelo interesse público primário, inclusive para perquirir a diminuição das desigualdades, maior justiça social na aplicação do direito, majoração das capacidades, das liberdades e atendimento dos direitos mínimos para preencher o mínimo existencial a todos.[257]

Tais fins nunca serão obtidos se as pessoas não possuírem os sentimentos de pertencimento ao planeta e de que todos são semelhantes, já que a dificuldade de absorção do "fazer parte" sempre foi deveras complicada para o seu alcance. Agora, no mundo virtual, tecnológico e de diminuição de relações sociais efetivas, o olhar para o outro e para sensibilizar-se com os problemas alheios está cada vez mais difícil em microrrealidades.

Quando se analisa numa visão um pouco mais ampla, de modo a imaginar sobre a referida concepção num Estado ou num continente, são afloradas as diferenças em que os interesses individuais ou coletivos de um Estado sobrestam ou anulam os de outros em prol da relação "eu ganho e não importam os demais", seja aqueles de outros Estados ou aqueles de um futuro próximo ou não.

Um problema da leitura convencional de advogar pela multidimensionalidade do conceito é que, frequentemente, a interpretação dada é de que "*eso se interpreta desde el orden socio-simbólico dominante, y por los poderes económicos y políticos establecidos, como*

---

[255] FREITAS, Juarez. *Sustentabilidade*: direito ao futuro. 2. ed. Belo Horizonte: Fórum, 2012. p. 71-73. Igualmente, MOREIRA, Rafael Martins Costa. *Direito Administrativo e sustentabilidade*. Belo Horizonte: Fórum, 2017. p. 52-63.

[256] Christian Luiz da Silva escreve que desenvolvimento sustentável é um "processo de transformação que ocorre de forma harmoniosa nas dimensões espacial, social, ambiental, cultural e econômica a partir do individual para global. Essas dimensões são inter-relacionadas por meio de instituições que estabelecem as regras de interações e, também, influenciam no comportamento da sociedade local" (SILVA, Christian Luiz da. Proposta de um modelo de monitoramento e avaliação do desenvolvimento sustentável. *In*: SILVA, Christian Luiz da (org.). *Desenvolvimento sustentável*: um modelo analítico integrado e adaptativo. Petrópolis: Vozes, 2006. p. 15-28, p. 18).

[257] No mesmo cariz, Thiago Pereira Freitas pondera que: "Quanto à dimensão social da sustentabilidade pode-se considerá-la como sendo o paradigma que não tolera um modelo excludente e que concorda com a miserabilidade consentida ou imposta ou qualquer outro tipo de discriminação negativa. Que busca efetivar os direitos fundamentais sociais, principalmente os relacionados à saúde, educação e segurança (serviços públicos essenciais), que devem ser prestados com o máximo de eficiência e efetividade possível" (FREITAS, Thiago Pereira de. *Sustentabilidade e as contratações públicas*. Rio de Janeiro: Lumen Juris, 2014. p. 68). Para Daniel Ferreira, o desenvolvimento é triplamente sustentável, nos seus vieses econômico, social e ambiental, sendo que: (i) a sustentabilidade econômica deve levar em consideração "uma eficiência mínima dos sistemas econômicos no esforço de assegurar, de forma contínua, o aumento do Produto Interno Bruto e da Paridade do Poder de Compra, retroalimentando a economia e assim fazendo surtir os efeitos benéficos, adrede referidos, no tecido social"; (ii) a sustentabilidade social é mais complexa por sua dimensão psicológica, observando que somente ela é que autoriza a perpetuação da espécie humana, sendo a "responsável pela manutenção dos microuniversos sociais, aqueles referidos e referíveis apenas por meio da cultura, de modo a garantir sua identidade"; (iii) a sustentabilidade ambiental "deve ser assumida como um freio, não no sentido de atrasar o avanço na direção do desenvolvimento, mas de dar a temperança necessária *à* escolha da velocidade e dos caminhos eleitos no rumo *à* ecossocioeconomia do amanhã" (FERREIRA, Daniel. *A licitação pública no Brasil e sua nova finalidade legal*: a promoção do desenvolvimento nacional sustentável. Belo Horizonte: Fórum, 2012. p. 52-55).

una especie de componenda: conviene 'equilibrar' hasta donde se pueda el crecimiento económico con un poco de 'cohesión social' y cierta corrección de impactos ambientales'. Eso es todo".[258]

Por tudo isso, é muito importante a existência de fiscalização de como está sendo empregada, até porque a correspondência de signo entre várias ciências e ramos de conhecimento pode servir de arrimo para o esvaziamento na vigilância sob a (falsa) justificativa de atender um ramo de conhecimento X ou Y que seja estranho do homem médio.[259]

Apesar de usar uma denominação distinta, Tatyana Scheila Friedrich e Nelton Miguel Friedrich aventam a ideia da neossustentabilidade, a qual é encarada como uma teoria autopoiética que relaciona a vida como um sistema possuidor de elementos em permanente interação circular. Nesse raciocínio, a interação de todos os elementos do sistema e o pensamento sistêmico são indissociáveis para a correta interpretação e aplicação. As dimensões dos referidos elementos são da ordem ambiental, social, cultural, ética e jurídica.

Portanto, não basta conhecimento isolado ou sectário, e sim compreensão multidisciplinar e visão macro sobre os problemas para resolvê-los de maneira sustentável, inclusive para o Estado desenvolver a regulação.[260] Seja pelo raciocínio de sustentabilidade ou neossustentabilidade ou qualquer outro nome, o que se dessume de maneira incontroversa é que um único ramo de conhecimento jamais será suficiente para concretizar a sustentabilidade.[261]

2.1.5.1 Reflexões para calibrar a definição de sustentabilidade na prática

Algumas críticas merecem ser obtemperadas, inclusive para a sobrevivência da noção de sustentabilidade e evitar que a sua fluidez sirva para cumprimento retórico dos seus objetivos, o que, *per se*, representa um enorme prejuízo à sociedade mundial.

Um, Cristina Carrasco e Enric Tello compreendem que, antes de pensar sobre a solidariedade intergeracional, é necessário que se transforme tal regra de atuação puramente axiológica em critérios e propostas operativas concretas, fazendo a seguinte indagação: "como surgem, se formulam, se expressam e se satisfazem as necessidades

---

258 CARRASCO, Cristina; TELLO, Enric. Apuntes para una vida sostenible. *In*: MATEO, Maria Freixanet (Coord.). *Sostenibilitats*: polítiques publiques des del feminisme i l'ecologisme. Barcelona: Institut de Ciències Polítiques i Socials, 2011. p. 11-53, p. 39-40.

259 "A interdisciplinaridade aqui se sobressai; não que devamos nos tornar grandes especialistas de coisa nenhuma, tal é a amplitude a se conhecer, mas para que não ignoremos os campos dos saberes e a eles nos reportemos previamente a uma tomada de decisão ou interpretação" (VILLAC, Teresa. Licitações sustentáveis e hermenêutica jurídica. *In*: VILLAC, Teresa; BLIACHERIS, Marcos Weiss; SOUZA, Lilian Castro de (coord.). *Panorama de licitações sustentáveis*: direito e gestão pública. Belo Horizonte: Fórum, 2014. p. 65-79, p. 78).

260 FRIEDRICH, Nelton Miguel; FRIEDRICH, Tatyana Scheila. A intervenção estatal diante da crise socioambiental: exigência de ações sustentáveis. *In*: BACELLAR FILHO, Romeu Felipe; HACHEM, Daniel Wunder (coord.). *Direito Público no Mercosul*: intervenção estatal, direitos fundamentais e sustentabilidade: anais do VI Congresso da Associação de Direito Público do Mercosul: homenagem ao Professor Jorge Luis Salomoni. Belo Horizonte: Fórum, 2013. p. 131-136.

261 A título complementar, recomendam-se ainda: ENRÍQUEZ, Maria Amélia. *Trajetórias do desenvolvimento*. Rio de Janeiro: Garamond, 2010; ARNT, Ricardo (org.). *O que os economistas pensam sobre sustentabilidade*. 2. ed. São Paulo: Editora 34, 2011; DIAS, Reinaldo. *Sustentabilidade*: origem e fundamentos. São Paulo: Atlas, 2005. p. 84-113.

humanas?".[262] Além disso, escrevem que a sustentabilidade humana deve partir de uma cadeira com cinco elos lógicos e historicamente ordenados da seguinte maneira: os sistemas naturais, o espaço doméstico do cuidado, as comunidades, a Administração Pública e os mercados.[263]

Com o devido respeito, parece adequada e razoável a defesa dos autores em apresentar uma sequência para o desenvolvimento da sustentabilidade na sociedade e também a necessidade de pragmaticidade. Não se pode dissociar a realidade prática da teórica e há necessidade de imposição de meios para concretizar o discurso. Como alinhar a sustentabilidade com as necessidades humanas, respeitando e promovendo-a? Para tanto, mecanismos necessitam ser expostos.

Sob outra proposta, Reinaldo Dias propõe a sustentabilidade de acordo com três eixos fundamentais, quais sejam, crescimento econômico, preservação ambiental e equidade social, sendo necessário o equilíbrio entre eles para ser válido e atender assim o interesse da humanidade.[264]

Dois, em sentido similar sob o viés crítico, Emerson Gabardo e Eneida Desiree Salgado abordam a dificuldade de avaliar o que é bom e adequado para a atualidade. Via de consequência, como entender o que é bom para as próximas gerações e como efetuar tal escolha pública? Com certeza, haverá conflitos que deverão ser resolvidos pelos órgãos competentes, e os autores admoestam o papel exercido nas decisões do Poder Judiciário e do Tribunal de Contas, já que "as linhas divisórias institucionais estão se rompendo" e o poder decisório em um conceito tão aberto com a sustentabilidade promove um desequilíbrio ou um desarranjo institucional entre as funções estatais.[265]

Três, compatibilizar o choque dos interesses e de direitos – inclusive aqueles pertinentes ao Estado e à sociedade de um lado e, de outro, o do mercado – verifica-se como de grande enigma. Nas sociedades capitalistas, dois pontos-chave são dispostos: (i) é praticamente impossível satisfazer as sociedades humanas sem passar de um modo ou outro, seja em intensidade ou grau maior ou menor, sobre esse amparo do mercado; e (ii) normalmente os mercados estão regidos pela máxima eficiência de benefícios aos investidores privados que têm capacidade para direcionar as decisões de funcionamento da economia, mesmo que isso signifique uso de recursos públicos diretos ou indiretos.[266]

---

[262] CARRASCO, Cristina; TELLO, Enric. Apuntes para una vida sostenible. *In*: MATEO, Maria Freixanet (coord.). *Sostenibilitats*: polítiques publiques des del feminisme i l'ecologisme. Barcelona: Institut de Ciències Polítiques i Socials, 2011. p. 11-53, p. 17.

[263] CARRASCO, Cristina; TELLO, Enric. Apuntes para una vida sostenible. *In*: MATEO, Maria Freixanet (coord.). *Sostenibilitats*: polítiques publiques des del feminisme i l'ecologisme. Barcelona: Institut de Ciències Polítiques i Socials, 2011. p. 11-53, p. 15 e seguintes.

[264] DIAS, Reinaldo. A sustentabilidade nas organizações. *In*: DIAS, Reinaldo; ZAVAGLIA, Tércia; CASSAR, Maurício. *Introdução à Administração*: da competitividade à sustentabilidade. 3. ed. Campinas: Alínea Editora. p. 181-248, p. 204.

[265] GABARDO, Emerson; SALGADO, Eneida Desiree. Administração Pública e seus fundamentos de gestão: eficiência, interesse público, direitos fundamentais e desenvolvimento. *In*: BACELLAR FILHO, Romeu Felipe; HACHEM, Daniel Wunder (coord.). *Direito Público no Mercosul*: intervenção federal, direitos fundamentais e sustentabilidade: anais do VI Congresso da Associação de Direito Público do Mercosul: homenagem ao Professor Jorge Luís Salomoni. Belo Horizonte: Fórum, 2013. p. 241-251, p. 248.

[266] *"Lo que finalmente en capitalistas a nuestras sociedades de mercado actuales son estos dos rasgos clave, a saber: 1) resulta prácticamente imposible satisfacer nuestras necesidades humanas sin pasar de un modo u otro, y en un grado mayor o menor, por ese quinto eslabón del mercado; y 2) esos mercados están regidos, casi exclusivamente, por la búsqueda del máximo beneficio de los inversores privados que tienen capacidad para determinar con sus decisiones el funcionamiento de la economía en su conjunto, aunque ésta incluya en sus fundamentos, como ya hemos visto, tanto bienes públicos colectivos*

Para o funcionamento do sistema capitalista, é imprescindível a presença do Estado pela simples razão de ser que as normas, leis e regulamentos estabelecem e obrigam a cumprir o intercâmbio mercantil e seu desenvolvimento. No entanto, não se pode requerer o Estado tão somente como servil para o interesse de alguns, já que, em grande parte dos casos, o governo é para uma minoria, a qual é mais abonada financeiramente.

Basta verificar os dados atuais de que, no período de crise na Europa – em particular na Espanha – e no Brasil, os ricos ficaram mais ricos com a crise econômica.[267] O papel estatal deve mudar de foco e "*cambiar a fondo, tanto la importancia relativa de los distintos ámbitos de la cadena de sostén, como los nexos que unen unos eslabones con otros para redefinir las funciones que el Estado juega como engarce entre los mercados, las comunidades, los espacios domésticos del cuidado y la naturaleza*".[268]

Em texto específico sobre a governança energética, mas que deve ser estendido para o presente debate, Endrius Cocciolo defende a existência de assuntos que clamam por um constitucionalismo moderno, plural e transfronteiriço para atender pautas mundiais. Com isso, tal direito transnacional tem a incumbência de preconizar novos princípios aplicáveis a todos os países do mundo, que se pautarão, principalmente, em questões de energia, meio ambiente, economia e sustentabilidade, balizando as relações econômicas e sociais, independentemente do ator (estatal ou não).[269]

Vide que Leonardo Boff é conhecedor de parcela das críticas aludidas, tanto que acastela a ideia de que o zelo para as gerações futuras e a medição da capacidade de conservação do capital natural "deve servir de critério para avaliar o quanto temos progredido ou não rumo à sustentabilidade e nos deve igualmente servir de inspiração

---

financiados con impuestos como el papel amortiguador de la ayuda mutua prestada por las comunidades y la economía del cuidado doméstico, o los recursos y servicios proporcionados por los sistemas naturales (...)". A diferença de mercado e capitalismo, esquecendo que o primeiro vem antes do segundo. "*En lugar de situar a la economía al servicio de las personas, se ha convertido a las personas en instrumentos de esta forma tan descarnada de economía*" (CARRASCO, Cristina; TELLO, Enric. Apuntes para una vida sostenible. *In*: MATEO, Maria Freixanet (coord.). *Sostenibilitats*: polítiques publiques des del feminisme i l'ecologisme. Barcelona: Institut de Ciències Polítiques i Socials, 2011. p. 11-53, p. 32-33).

[267] RTVE. *Los más ricos aumentaron su fortuna durante la crisis*: en 2008, el 44% de la riqueza de España estaba en sus manos y en 2014, el 53%. 28 maio 2018. Disponível em: http://www.rtve.es/noticias/20180528/mas-ricos-aumentaron-su-fortuna-durante-crisis-2008-44-riqueza-espana-estaba-manos-2014-53/1741389.shtml; COSTAS, Antonio. Por qué los muy ricos progresan y los demás no. *El País*, 9 set. 2018. Disponível em: https://elpais.com/economia/2018/09/07/actualidad/1536333591_827747.html.

[268] CARRASCO, Cristina; TELLO, Enric. Apuntes para una vida sostenible. *In*: MATEO, Maria Freixanet (coord.). *Sostenibilitats*: polítiques publiques des del feminisme i l'ecologisme. Barcelona: Institut de Ciències Polítiques i Socials, 2011. p. 11-53, p. 31-32. Dados que mais recentemente são confirmados no Brasil em obra mais recente de Mariana Mazzucato, ao dizer: "Apesar dos avanços recentes, o Brasil continua sendo um dos países mais desiguais do mundo. O 1% mais rico no país tem uma renda mensal per capita média que é 31,2 vezes maior do que a dos 50% mais pobres (Pacto Nacional pelo Combate às Desigualdades, 2024)" (MAZZUCATO, M. (ed.). Transformação do Estado no Brasil: Desenhando compras públicas, empresas públicas e infraestrutura pública digital orientadas por missões para promover o crescimento sustentável e inclusivo. *UCL Institute for Innovation and Public Purpose*, IIPP Policy Report 2024/15, 2024, p. 19).

[269] COCCIOLO, Endrius. La unión de la energía y la gobernanza del sistema tierra en el antropoceno: una cuestión constitucional. *Revista Catalana de Dret Ambiental*, v. 6, n. 1, 2015, p. 1-44. Sobre o tema, ainda valioso colacionar as palavras do autor às fls. 23 e 24: "*Es un constitucionalismo que tiene efectos horizontales en la medida en que debe proteger las esferas sociales de la expansión de otras racionalidades sociales que pueden colonizar la sociedad. Por lo tanto, el constitucionalismo posmoderno debe establecer nuevos límites a las amenazas procedentes de nuevas matrices sociales y abrirse cognitivamente a las racionalidades de otros sistemas sociales y comunidades*".

ou de ideia-geradora para realizar a sustentabilidade nos vários campos da atividade humana", sob pena de virar "pura retórica sem consequências".[270]

Eis que, aqui neste ponto, realça-se o papel do Estado como regulador para a sustentabilidade e a busca do desenvolvimento nacional sustentável, assim como ocorre atualmente com as licitações públicas e os contratos administrativos no Brasil. Além disso, a sustentabilidade não pode se alijar da dependência de descobertas científicas, novas tecnologias e inovações.[271]

Além de regular, o Estado deve prezar pela difusão da informação para a conscientização e propagação do viver de modo sustentável, pois o cidadão tem o dever de saber a origem, o conteúdo e os efeitos daquilo que come, "precisa entender o gasto de água de sua residência e de energia de seus eletrodomésticos e precisa conhecer a quantidade de gases poluentes que emite seu carro, a indústria onde trabalha etc.".[272] Nessa posição, Jessé Torres Pereira Junior assevera que:

> Três lições desde logo se insinuam: 1ª, a pergunta inteligente não é a que indaga qual o custo da sustentabilidade, mas, sim, qual o custo de ser a sustentabilidade ignorada, nesta geração e nas vindouras; 2ª, a de que, ao contrário do que imaginavam os economistas clássicos, não é a oferta que produz a demanda, porém esta é que condiciona aquela; 3ª, a de que a sustentabilidade há de gerar um novo paradigma para identificar-se, nas contratações de compras, obras e serviços pela administração pública, a proposta mais vantajosa, que tenderá a ser a de menor preço dentre as que cumprirem os requisitos da sustentabilidade, destinando-se à desclassificação as de preços inferior, mas que os desatendam, questão tormentosa que o autor enfrenta com pertinência e rigor acadêmicos.[273]

2.1.6 O desenvolvimento nacional sustentável nas licitações públicas

Sobre o princípio do desenvolvimento nacional sustentável, estampado atualmente na Lei de Licitações, ressalta-se que a origem da expressão "desenvolvimento sustentável" começou a ser propagada no ano de 1987, por intermédio do Relatório Brundtland (Nosso Futuro Comum), organizado pela Comissão Mundial sobre o Meio Ambiente e Desenvolvimento da Organização das Nações Unidas (ONU), e o descrevia não como um estado permanente de harmonia, porém como um processo de mudança em que a exploração de recursos, a orientação dos investimentos em geral, os rumos do desenvolvimento tecnológico e a mudança institucional estariam em conformidade com as necessidades atuais e futuras.

---

[270] BOFF, Leonardo. *Sustentabilidade e tentativa de definição*. Disponível em: https://leonardoboff.wordpress.com/2012/01/15/sustentabilidade-tentativa-de-definicao. Acesso em: 4 fev. 2019.

[271] VEIGA, José Eli. *A emergência socioambiental*. São Paulo: Editora Senac, 2007. p. 24.

[272] FRIEDRICH, Nelton Miguel; FRIEDRICH, Tatyana Scheila. A intervenção estatal diante da crise socioambiental: exigência de ações sustentáveis. *In*: BACELLAR FILHO, Romeu Felipe; HACHEM, Daniel Wunder (coord.). *Direito Público no Mercosul*: intervenção estatal, direitos fundamentais e sustentabilidade: anais do VI Congresso da Associação de Direito Público do Mercosul: homenagem ao Professor Jorge Luis Salomoni. Belo Horizonte: Fórum, 2013. p. 131-136, p. 135.

[273] PEREIRA JÚNIOR, Jessé Torres. Prefácio. *In*: EMERY, Emerson Baldotto. *Desenvolvimento sustentável*: princípio da eficiência em procedimentos licitatórios. Belo Horizonte: Fórum, 2016. p. 19-20.

No próprio relatório, ficou consignado que o sucesso do alcance de tais objetivos estaria diretamente relacionado com o empenho político.[274] Posterior ao conclave em 1987, entre os dias 3 e 14 de junho de 1992, aconteceu a Conferência das Nações Unidas para o Meio Ambiente e Desenvolvimento (Rio-92 ou ECO-92), estabelecendo 27 (vinte e sete) princípios para a implementação do desenvolvimento sustentável, sendo que o oitavo princípio estabeleceu: "Para alcançar o desenvolvimento sustentável e uma qualidade de vida mais elevada para todos, os Estados devem reduzir e eliminar os padrões insustentáveis de produção e consumo, e promover políticas demográficas adequadas".[275]

O princípio do desenvolvimento sustentável "é a sustentabilidade em ação (...) tem uma dinâmica qualitativa e não quantitativa; visa a chegar num estado melhor, mais completo e mais complexo do que se observava anteriormente" e, para tanto, almeja "organizar os recursos ambientais, sociais e econômicos de uma forma integrada, sinérgica e homeostática, dentre outros".[276] Como manifestam Emerson Gabardo e Eneida Desiree Salgado, o crescimento é um surto, possuindo o "seu espectro delimitado temporalmente e depende de condições exógenas. Já o desenvolvimento, pela sua própria natureza, precisa ser autossustentável (deve possuir condições internas de autorreprodução)".[277]

É possível constatar, pela ideia de desenvolvimento sustentável e sustentabilidade, que as definições se aproximam e se confundem a ponto de inexistirem maiores diferenças entre ambos pelas definições ora discorridas ao longo deste item.

Seja pelo critério de multidimensionalidade, pela solidariedade intergeracional ou pela preocupação com o caráter ambiental, social, econômico, jurídico-político e ético, o que se verifica é que a sustentabilidade precisa buscar o desenvolvimento; via de regra e pela teoria, o desenvolvimento, em tese, deveria ser sustentável.

A proposição ora colocada é de que inexiste sustentabilidade sem desenvolvimento e não deveria acontecer desenvolvimento sem sustentabilidade, já que, para um Estado desenvolver-se, precisaria respeitar a sustentabilidade, sob pena de malferir um critério analisado para aferir o desenvolvimento. De toda forma, nem todos os critérios para se obter um desenvolvimento atualmente utilizados pelos países e por convenções são verdadeiros e reconhecidos.

A sobreposição entre as definições de sustentabilidade, de desenvolvimento e de desenvolvimento nacional sustentável pode acarretar inclusive a afirmação de que todo desenvolvimento é sustentável, caso efetivamente tenham sido observados os critérios adequados de evolução em geral, envolvendo as capacidades, as liberdades, a vida

---

274 COMISSÃO MUNDIAL SOBRE MEIO AMBIENTE E DESENVOLVIMENTO. *Nosso futuro comum*. 2. ed. Rio de Janeiro: Fundação Getulio Vargas, 1991. Disponível em: http://pt.scribd.com/doc/12906958/Relatorio-Brundtland-Nosso-Futuro-Comum-Em-Portugues. Acesso em: 23 abr. 2017.

275 CONFERÊNCIA DAS NAÇÕES UNIDAS SOBRE MEIO AMBIENTE E DESENVOLVIMENTO. *Declaração da ECO-92 sobre ambiente e desenvolvimento*. Rio de Janeiro, de 3 a 14 de junho de 1992. Disponível em: http://www.onu.org.br/rio20/img/2012/01/rio92.pdf. Acesso em: 23 mar. 2017.

276 FREITAS, Thiago Pereira de. *Sustentabilidade e as contratações públicas*. Rio de Janeiro: Lumen Juris, 2014. p. 32.

277 GABARDO, Emerson; SALGADO, Eneida Desiree. Administração Pública e seus fundamentos de gestão: eficiência, interesse público, direitos fundamentais e desenvolvimento. *In*: BACELLAR FILHO, Romeu Felipe; HACHEM, Daniel Wunder (coord.). *Direito Público no Mercosul*: intervenção federal, direitos fundamentais e sustentabilidade: anais do VI Congresso da Associação de Direito Público do Mercosul: homenagem ao Professor Jorge Luís Salomoni. Belo Horizonte: Fórum, 2013. p. 241-251, p. 248.

digna e o mínimo existencial de uma sociedade; logo, acarretaria um pleonasmo ao dizer desenvolvimento sustentável.[278]

De todo modo, o fato é que, no caso das licitações e das compras públicas, a inserção do princípio do desenvolvimento nacional sustentável como uma finalidade da licitação, ainda que existam alguns doutrinadores que discordem sobre a qualidade finalística, positivou ainda mais a preocupação com o conteúdo do desenvolvimento e da sustentabilidade.

Defende-se "ainda mais" porque a Constituição já impunha essa preocupação ao estatuir o desenvolvimento nacional como um dos objetos fundamentais, o qual está estampado no artigo 3º, e a sustentabilidade, além de estar inserida no desenvolvimento, também está prevista em diversos pontos na Lei Maior, quando trata de dignidade da pessoa humana, meio ambiente saudável, direitos fundamentais, direitos sociais etc.

Assim sendo, verifica-se que o papel do Estado como responsável por promover práticas sustentáveis de produção e consumo, na qualidade de consumidor, por meio de políticas públicas devidamente planejadas, é cumprimento normativo.[279] Ademais, a ideia de adotar práticas sustentáveis para a produção e para o consumo obedece ao duplo imperativo ético da solidariedade e exige o respeito de sustentabilidade social, ambiental e viabilidade econômica.[280]

2.1.6.1 O desenvolvimento nacional sustentável como vetor para todos os agentes econômicos, públicos ou privados

É claro que todos os jogadores (*players*) ou atores existentes na Terra devem aderir à busca incessante do desenvolvimento nacional sustentável como forma de sua própria sobrevivência ou de seus descendentes, inclusive aquelas entidades que estão no segundo setor.

---

278 *"Desde el punto de vista de la teoría económica, el desarrollo vino a sustituir al periclitado paradigma del crecimiento, añadiéndole la consideración por las condiciones de vida, la dimensión de progreso social. Lo que conceptualmente supone el Desarrollo Sostenible no es otra cosa que añadir la noción de desarrollo el adjetivo de sostenible, es decir que se trata de desarrolarse de un modo que sea compatible con el mantenimiento de la capacidad de los sistemas naturales de soportar la existencia humana"* (REAL FERRER, Gabriel. Sostenibilidad, transnacionalidad y transformaciones del derecho. *Revista de Derecho Ambiental*, Buenos Aires, n. 32, p. 65-83, oct./dic. 2002). Compreendendo desenvolvimento sustentável como pleonasmo, vide FERREIRA, Daniel. *A licitação pública no Brasil e sua nova finalidade legal*: a promoção do desenvolvimento nacional sustentável. Belo Horizonte: Fórum, 2012. p. 47 e seguintes.

279 "No mesmo eixo, o conceito de 'desenvolvimento nacional sustentável', ainda que em evolução, não deixa dúvidas de que a implementação de políticas públicas de desenvolvimento nacional deve ser precedida de estudo de viabilidade que considere as repercussões provocadas no âmbito da concretização de direitos fundamentais" (PERCIO, Gabriela Verona; RAMS, Flávio. Preferência para produtos manufaturados e serviços nacionais em licitações: análise crítica à luz do desenvolvimento nacional sustentável. *Revista Zênite – Informativo de Licitações e Contratos*, Curitiba, n. 215, p. 52-62, jan. 2012, p. 58).

280 SACHS, Ignacy. *Desenvolvimento*: includente, sustentável, sustentado. Rio de Janeiro: Garamond, 2008. p. 36. Tendo a solidariedade como um dos nortes, José María Gimeno Feliú anota: "*(...) las administraciones públicas en la actualidad, a través, entre otras, de la política de contratación pública, tiene la función de ser garante de importante intereses sociales a fin de garantizar valores superiores del ordenamiento jurídicos tan relevantes como son la libertad, la igualdad y la solidaridad. (...) El fin de nuestro Estado debe estar orientado, este debe ser su único norte, siempre de acuerdo con el contexto socio económico referido, a alcanzar las mayores cotas de solidaridad efectiva entre los ciudadanos, renunciando para ello la obtención de una mayor competitividad desde la óptica de los <engañosos> parámetros macroeconómicos*" (GIMENO FELIÚ, José María. Los procedimientos y criterios de adjudicación y la posibilidad de valorar aspectos sociales y medioambientales. *In*: GIMENO FELIU, José María (coord.). *Contratación de las Administraciones Públicas*: análisis práctico de la nueva normativa sobre contratación pública. Barcelona: Atelier, 2004. p. 61-94, p. 65).

As empresas em si possuem responsabilidade social que lhes demanda o dever de pensar e atuar de modo transcendental às suas fronteiras, motivo que gera indubitavelmente uma nova perspectiva sobre os impactos das decisões e ações de todos os agentes sociais para a busca de uma sociedade sustentável.[281]

Sobre a descentralização dessa responsabilidade socioambiental das empresas, lembra-se das palavras de Patrícia Almeida Ashley quando aborda sobre a responsabilidade social empresarial:

> É preciso descentralizar o debate sobre responsabilidade social, que hoje tem a empresa como centro e origem de toda responsabilidade, passando-se a adotar novas premissas:
> - buscar a responsabilidade social de todos os indivíduos, organizações e instituições em suas decisões a ações na sociedade – para isso o núcleo familiar e sua comunidade local precisam ter seu tempo e seu espaço resgatados com políticas de proteção social e defesa de valores humanistas e solidários, a fim de poder melhor educar suas novas gerações;
> - considerar o poder de compra e consumo dos indivíduos, das organizações privadas e públicas como fomentador de um mercado responsável, ou seja, criar uma nova lógica de mercada que privilegie o fornecimento por empresas que concebem seus produtos de forma socialmente responsável – o que é distinto de empresas que reduzem o conceito de responsabilidade social empresarial a apenas praticar benevolência ou assistencialismo empresarial, dissociados de mudanças na essência do negócio em que opera;
> - formação profissional de nível técnico e superior para uma sociedade sustentável, proporcionando a consciência de vivermos em uma rede de complexidade com múltiplos e simultâneos fatores antecedentes e resultantes.[282]

Sejam as compras públicas ou privadas, estas devem possuir regras expressas para que se atenda ao compromisso social e ambiental.[283] Infelizmente, nem sempre as pessoas assim agem. Basta verificar situações simples vivenciadas, como o uso da energia ou do elevador, e a ideia do menor sacrifício.

Como dito por Vladimir Passos de Freitas, "é difícil, quase impossível, o retorno a uma vida mais simples e desprovida do conforto ofertado pelo progresso tecnológico", o que de fato acaba acontecendo também pela falta de consciência coletiva. Por tudo isso, recorda que, em matéria de resíduos, há necessidade de se pensar numa solução que estimule ou atribua o ônus aos produtores, e isso demanda que se altere o processo produtivo a partir da forma de produção.

---

[281] ASHLEY, Patrícia Almeida. A mudança histórica do conceito de responsabilidade social empresarial. *In*: ASHLEY, Patrícia Almeida (coord.). Ética *e Responsabilidade social nos negócios*. 2. ed. São Paulo: Saraiva, 2005. p. 57. Sobre o tema, ainda valioso citar a competente crítica de Adriana da Costa Ricardo Schier, que, além de estratificar o desenvolvimento nacional em sua dimensão objetiva e subjetiva, enuncia o direito ao desenvolvimento nacional sustentável num ambiente do atual direito administrativo social (SCHIER, Adriana da Costa Ricardo. *Fomento*: Administração Pública, Direitos Fundamentais e Desenvolvimento. Curitiba: Íthala, 2019. p. 81 e 87-102).

[282] ASHLEY, Patrícia Almeida. A mudança histórica do conceito de responsabilidade social empresarial. *In*: ASHLEY, Patrícia Almeida (coord.). Ética *e Responsabilidade social nos negócios*. 2. ed. São Paulo: Saraiva, 2005. p. 58.

[283] FRIEDRICH, Nelton Miguel; FRIEDRICH, Tatyana Scheila. A intervenção estatal diante da crise socioambiental: exigência de ações sustentáveis. *In*: BACELLAR FILHO, Romeu Felipe; HACHEM, Daniel Wunder (coord.). *Direito Público no Mercosul*: intervenção estatal, direitos fundamentais e sustentabilidade: anais do VI Congresso da Associação de Direito Público do Mercosul: homenagem ao Professor Jorge Luis Salomoni. Belo Horizonte: Fórum, 2013. p. 131-136, p. 135.

Conclui escorando que a força estatal, por meio da regulação, é imperativa para que regras sejam estabelecidas, as quais sancionem e também fomentem os comportamentos sustentáveis, pois, "a partir daí, o próprio empreendedor encontrará, por meio da tecnologia, formas de conciliar a diminuição de custos e de proteção do meio ambiente", com isso "estimulando economicamente por um lado, deverá o Estado, da mesma forma, atribuir responsabilidade administrativa aos que não se adequarem às regras de responsabilidade pós-consumo".[284]

Emerson Baldotto Emery, recorrendo ao escólio de Georgescu-Roegen, advoga que não basta o mundo parar de crescer e consumir muito mais do que a Terra gera de entropia, já que os caminhos residem na descoberta de uma forma de usar as energias e os resíduos de alta entropia "sem que o processo consuma uma quantidade maior de baixa entropia, ou o 'decrescimento'". Alerta, com razão, que atualmente falta altruísmo e filantropia nas pessoas.

Ademais, rememora a história para demonstrar que, inclusive em um cenário de "exploração", é possível se pensar em desenvolvimento nacional sustentável, quando, por exemplo, "em 5 de março de 1605, durante o período da União Ibérica, o Rei Felipe III da Espanha (em Portugal, Felipe II) enviou uma carta ao bispo do Brasil, dom Pedro de Castilho, ordenando que 'por todas as formas' se evitasse a devassidão com que o 'lenho tintorial' (pau-brasil) estava sendo explorado", tanto que posteriormente Felipe III assinou o primeiro Regimento do Pau-Brasil, conquanto ulteriormente, com o fim da União Ibérica (1640), Portugal tenha voltado a explorar com completa irracionalidade.[285]

2.1.6.2 As estratégicas compras públicas sustentáveis e suas cláusulas contratuais ou editalícias

Nesse ideário, as compras públicas precisam ser sustentáveis.[286] Não se pode ater só ao objetivo imediato, que é a satisfação de uma necessidade material da Administração Pública (*v.g.*, uma obra, um serviço, uma alienação ou uma aquisição), mas se deve priorizar o objetivo mediato e a finalidade institucional de um órgão ou uma entidade da Administração Pública, que é a busca do bem-estar social.

Não é um fim em si mesmo, e sim um meio (instrumento) que busca outros interesses públicos, como a estabilidade laboral, o meio ambiente, a integração social, o acesso para pessoas descapacitadas física ou mentalmente etc.

Por certo, o tema de inclusão de cláusulas sociais ou ambientais na valoração de um contrato público suscita até hoje polêmica. Para alijar todo tipo de problema, o ideal é alçar qualquer regra nesse sentido no ato convocatório e relacioná-la objetivamente

---

[284] FREITAS, Vladimir Passos de. Os resíduos sólidos na civilização de consumo: desafio para a existência de um desenvolvimento sustentável. *Revista de Direito Econômico e Socioambiental*, Curitiba, v. 1, n. 1, p. 81-107, jan./jun. 2010, p. 102-103.

[285] EMERY, Emerson Baldotto. *Desenvolvimento sustentável*: princípio da eficiência em procedimentos licitatórios. Belo Horizonte: Fórum, 2016. p. 48 e 66-68.

[286] "Em suma, para que uma prática possa ser tida como sustentável é necessário que ela esteja voltada para a construção de uma nova modelagem institucional, que aproprie não só os conceitos de proteção ambiental e a justiça social, mas também um desenvolvimento econômico equilibrado impossível de se alcançar sem a adoção de práticas de racionalização que – fundadas numa gestão eficiente dos processos – possam garantir efetivos resultados na melhoria da qualidade do gasto público" (SANTANA, Jair; CAMARÃO, Tatiana; CHRISPIM, Anna Carla Duarte. *Termo de referência*. 5. ed. Belo Horizonte: Fórum, 2016. p. 141).

com o objeto contratual, seja para examinar durante o certame ou para impor alguma condição a ser respeitada durante a execução contratual (condição de execução) – assim têm avaliado, por exemplo, a Junta Consultiva de Contratação Administrativa da Cataluña (Recomendação da Comissão Permanente 1/2001, de 5 de abril) e a Junta Consultiva de Contratação Administrativa do Estado (Informe 11/99).[287]

Considerando os diversos objetivos mediatos e interesses públicos que podem ser perseguidos por meio da compra pública estratégica, pode-se dividir a denominação em: (i) contratação verde, para se referir à integração dos objetivos das políticas ambientais; (ii) contratação social, em virtude do objeto incorporar reclames e demandas sociais no edital, como luta contra o desemprego, a qualidade do emprego, a perspectiva de gênero, a contratação de pessoas com deficiência (descapacitadas física ou mentalmente) ou a reserva de contratos a empresas de inserção ou centros especiais de emprego; e (iii) compra ética, a qual eleva o valor para aqueles licitantes ou objetos que venham a ter alguma repercussão com o cumprimento de padrões éticos estabelecidos nas convenções internacionais sobre as condições laborais dignas, salários mínimos, direitos dos trabalhadores, luta contra o trabalho infantil e fomento do comércio justo.[288]

Depois de pregar pela etiquetação nas contratações públicas justas, Teresa Medina Arnáiz explica que a certificação deverá estar atrelada a características do objeto contratual e baseada em informações científicas a partir de procedimento aberto, transparente e acessível para que qualquer interessado possa indagar.[289]

De forma um pouco diferente, Jaime Rodríguez-Arana Muñoz usa uma denominação mais ampla para tais cláusulas, mais precisamente cláusulas sociais, para justificar a sua inserção no ato convocatório e/ou no contrato para direcionar que o setor privado colabore com o poder público, a fim de os ajustes serem da maior qualidade possível em conjunto com o compromisso social.

Parece ser possível fruir sempre e quando houver espaço para "*los postulados del pensamiento abierto, plural, dinámico y complementario*", usando para tanto uma metodologia de aproximação ou interseção entre o direito administrativo e as políticas públicas para a produção de resultados, visando ao aumento do equilíbrio entre sensibilidade social, liberdade econômica e rigor jurídico.

Por fim, o autor ainda enaltece que a contratação pública contribui e deve favorecer uma maior humanização a partir da realidade, com a intenção de "*diseñar las técnicas contractuales de manera que la centralidad de la dignidad del ser humano brille por su presencia. Simplemente con establecer estímulos fiscales a las más variadas expresiones del denominado comercio justo, ya estaríamos trabajando en esa dirección*".[290]

Como bem advertido por Josep Ramón Fuentes i Gasó e Carme Juncosa Vidal, a contratação pública estratégica não se deve cingir a tão somente incluir considerações

---

[287] GIMENO FELIÚ, José María. Los procedimientos y criterios de adjudicación y la posibilidad de valorar aspectos sociales y medioambientales. *In*: GIMENO FELIÚ, José María (coord.). *Contratación de las Administraciones Públicas*: análisis práctico de la nueva normativa sobre contratación pública. Barcelona: Atelier, 2004. p. 61-94, p. 77.

[288] MEDINA ARNÁIZ, Teresa. Comercio justo y contratación pública. *In*: PERNAS GARCÍA, J. José (dir.). *Contratación pública estratégica*. Pamplona: Editorial Aranzadi, 2013. p. 249-281, p. 253-255.

[289] MEDINA ARNÁIZ, Teresa. Comercio justo y contratación pública. *In*: PERNAS GARCÍA, J. José (dir.). *Contratación pública estratégica*. Pamplona: Editorial Aranzadi, 2013. p. 249-281, p. 277.

[290] RODRÍGUEZ-ARANA MUÑOZ, Jaime. La contratación del sector público como política pública. *In*: PERNAS GARCÍA, J. José (dir.). *Contratación pública estratégica*. Pamplona: Editorial Aranzadi, 2013. p. 31-44, p. 32.

das mais diversas facetas (sociais, ambientais, fomento, entre outras), mas também enfocar uma vocação estratégica e contextualizada, como *"una contratación moderna, eficiente e inteligente articulada en base a unos procesos competitivos basados en principios de igualdad y transparencia, que contribuyan a conseguir la mejor oferta en relación con la calidad y el precio"*.[291]

Nesse contexto, ressalta-se que a política de compras governamentais alia e persegue, "ao mesmo tempo, crescimento econômico, ganhos de eficiência e equidade sem a necessidade de *trade-offs* entre essas variáveis, um aspecto raro em intervenções do Estado na economia".[292] Dentro desse ambiente de compras públicas sustentáveis, indubitavelmente o primeiro vetor que vem à cabeça é a compra verde ou também denominada de ambiental, apesar de reiterar que compra sustentável não é sinônimo de compra verde. Esta é espécie daquele gênero.

Para concretizar uma aquisição ecológica, o Manual de Contratação Pública Ecológica da União Europeia estipula que, em primeiro lugar, é imprescindível identificar o tipo de objeto pretendido e qual é o seu impacto ambiental no decorrer de seu ciclo de vida, a fim de mensurar o seu orçamento e os gastos a serem suportados pelo Estado e pela sociedade de acordo com o interesse do mercado.

Como fatores adicionais (chamados por eles de *"extensa investigación sobre características de comportamiento medioambiental y análisis de mercado"*) a serem refletidos durante a fase interna (fase de planejamento), o órgão ou entidade deve: (i) constatar a existência ou não de prioridades ambientais locais (*v.g.*, qualidade de ar ao redor do espaço urbano, consumo de água/energia, gestão de resíduos ou adaptação do câmbio climático); (ii) verificar a disponibilidade no mercado de opções mais adequadas do ponto de vista ambiental (com menor impacto ambiental) e se existe algum objeto com etiqueta ou certificação "verde"; (iii) considerar o custo da futura contratação de acordo com as opções mais ecológicas e quanto impactarão no preço a ser pago, levando em conta, sempre para fazer uma escorreita comparação, que sejam sopesados todos os custos e valores a serem despendidos durante a vida útil do objeto (preço de compra, valor para o seu consumo – energia, água, manutenção –, descarte e seu importe).

Nessa parte, ainda não se pode esquecer de que podem existir subvenções ou subsídios para determinados objetos e que a própria União Europeia, por meio da sua comissão competente, já elaborou toda essa pesquisa para vários grupos de produtos e serviços. Ainda, segundo dados do Manual de 2016, havia 21 grupos de produtos e serviços com a descrição e estudo já detalhados, apesar de que sempre é indissociável a pesquisa de possíveis critérios adicionais nacionais ou regionais e de que haja a transposição de tal zelo por uma questão de informação *versus* conscientização de todos.[293]

---

[291] RAMÓN FUENTES I GASÓ, Josep; JUNCOSA VIDAL, Carme. Principales novedades, régimen transitorio y cuestiones adicionales. *In*: CAMPOS ACUÑA, Concepción. *La nueva contratación pública en el* ámbito *local*. Madrid: Wolters Kluwer, 2018. p. 87-131, p. 95-96.

[292] ARAÚJO JÚNIOR, Ignácio Tavares de. *Análise comparada sobre medidas de favorecimento de micro e pequenas empresas (MPES) em compras públicas com avaliação de eficácia e identificação de melhores práticas*. Texto para discussão. Brasília; Rio de Janeiro: Instituto de Pesquisa Econômica Aplicada, 2018. p. 8.

[293] *"¿Cuán visibles serán sus actividades en materia de CPE para el público, el mercado, otros órganos de contratación y su propio personal? ¿Percibirán que se está haciendo un esfuerzo para mejorar el comportamiento medioambiental? Los cambios de alto relieve como los relativos al tipo de vehículos utilizados por una autoridad o la utilización de alimentos de cultivo ecológico en el comedor pueden contribuir a promover la sensibilización con respecto a su política en materia de CPE y*

Para consolidar todas essas informações, a equipe participante da fase interna da licitação deve ser bastante qualificada e sabedora do seu papel para o sucesso ou insucesso da execução de um contrato público e de sua repercussão direta ou indireta na sociedade.

Nesse contexto, a repercussão direta na sociedade se dá quando o contrato é efetivo e, com isso, a comunidade percebe quando solicita uma atividade administrativa materialmente, como um remédio num posto de saúde ou livros escolares à disposição dos alunos.

A indireta, por sua vez, é um reflexo da direta, porém a curto, médio e longo prazo, e nem sempre é visível ou calculável, como, por exemplo, o impacto para a saúde dos estudantes com o cuidado na impressão do livro didático em razão da tinta utilizada pela gráfica, o valor de poluentes empregados para a ação de um maquinário e o consumo médio de água exonerada para a limpeza de um produto.

Pelos exemplos descritos, nota-se que nem sempre há a percepção da repercussão indireta; da mesma forma, não é em todo caso que existe a observação dos efeitos futuros de uma "simples execução contratual".

Para tal mister, não basta conhecimento teórico sem a prática. O *expert* de licitações e contratos normalmente não terá a cognição exauriente ou profunda sobre o mercado daquilo que será contratado. Ele fará o papel intermediário, ou seja, executará uma atividade como meio para alcançar alguns objetivos. Por conseguinte, aliar teoria e prática, tanto daqueles que exercem a atividade de meio quanto dos que utilizarão ou fiscalizarão na ponta, é insolapável.[294]

No aspecto ambiental, a Comissão Europeia inclusive orienta que o grupo de trabalho a ser designado deverá implicar numa cooperação de distintos departamentos e trabalhadores de uma organização, com a participação, por exemplo – e a depender do caso –, de responsáveis das finanças, do meio ambiente, da contratação pública, da construção civil, de energia, de tecnologia de informação, entre outros. A formação de uma equipe faz parte para garantir um desenho de uma política adequada e séria, com a estipulação de prioridades, objetivos e avaliação das necessidades de formação, o que, *per si*, contribuirá para garantir a seriedade, o compromisso e a satisfação das necessidades.[295]

---

mejorar la imagen de su organización" (UNIÓN EUROPEA. *Adquisiciones ecológicas*: Manual sobre la contratación pública ecológica. 3. ed. Luxemburgo: Oficina de Publicaciones de la Unión Europea, 2016. p. 11-12. Disponível em: http://ec.europa.eu/environment/gpp/pdf/handbook_2016_es.pdf). Sobre o papel estratégico dos contratos em sustentabilidade, vide MARÍN SÁNCHEZ, Ana. El papel estratégico de las administraciones públicas en la innovación y la sostenibilidad ambiental: compra pública verde e innovadora. *Revista Universitaria Europea*, n. 30, p. 177-202, ene./jun. 2019.

294 "*El teórico consigna sus conocimientos fundamentales y sus concepciones científicas; el práctico, su experiencia profesional y su ojo práctico. Aquél trabaja más bien sintetizando; éste, más bien de un modo casuista; el teórico aspira a promover un progreso constante; el práctico, a vencer las dificultades del momento. En el derecho administrativo, por el contrario, ocupa el práctico anchos campos que el teórico no pisa nunca o cultiva tan sólo de un modo extensivo. El teórico se suele deslizar aquí sobre la superficie, en tanto que el práctico, que no puede conformarse con un estudio superficial de la materia, emprende estudios detallados, profundos y esmerados. Por eso el teórico pierde aquí su papel directivo, y en vez de servir de maestro de la práctica, busca en ella sus mejores sugestiones*" (SPIEGEL, Ludwig. *Derecho Administrativo*. Tradução: Francisco J. Condes. Colección Labor. Barcelona; Buenos Aires: Editorial Labor, 1933. p. 54).

295 UNIÓN EUROPEA. *Adquisiciones ecológicas. Manual sobre la contratación pública ecológica*. 3. ed. Luxemburgo: Oficina de Publicaciones de la Unión Europea, 2016. p. 11. Disponível em: http://ec.europa.eu/environment/gpp/pdf/handbook_2016_es.pdf. Sobre a importância de conscientização e repasse de conhecimento aos agentes públicos

2.1.6.3 O caso do fortalecimento das pequenas empresas via compras públicas

Dentro das compras sustentáveis, uma prática mundialmente utilizada é o favorecimento para as pequenas empresas, independentemente da denominação utilizada para classificá-las.

No Brasil, são chamadas de microempresas e empresas de pequeno porte. Várias outras espécies são equiparadas para os fins legais de benefícios, como o produtor rural, o agricultor familiar, o microempreendedor individual e as cooperativas de trabalho com limite de faturamento igual ao da empresa de pequeno porte. Na Europa, denominam-se de PYMES, as quais são microempresas, empresas pequenas e empresas médias europeias.[296] Nos Estados Unidos da América, o programa *Small Business Act* prestigia as "*small business*".

Gonzalo Barrio García destaca a importância da contratação e dos benefícios a serem concedidos às microempresas e empresas pequenas e médias europeias (denominadas de PYMES) sem necessariamente gerar a exclusão das grandes na disputa. Ao final, conclui que a participação e a efetividade dos benefícios dependerão, em muitas ocasiões, mais de decisões individuais e da mentalidade favorável dos poderes das Administrações Públicas (poderes de *adjudicación* – adjudicadores) que do conteúdo regulatório da contratação pública prescrito.[297]

As PYMES representam o motor da economia europeia ao impulsionarem a criação de postos de trabalho e o crescimento econômico. Segundo o relatório, em 2013, mais de 21 milhões de PYMES proporcionavam 88,8 milhões de postos de trabalho, representavam nove de cada dez empresas na União Europeia e geravam dois de cada três postos de trabalho.[298]

No âmbito brasileiro, os números não são diferentes. Segundo Cartilha da Secretaria de Micro e Pequena Empresa da Presidência da República, têm-se os seguintes dados:

---

sobre como implantar as cláusulas ambientais e cláusulas sociais, vide alguns manuais governamentais: JUNTA DE ANDALUCÍA. *Guía para la inclusión de cláusulas sociales y medioambientales en la contratación de la Junta de Andalucía.* Consejería de Hacienda y Administración Pública. 2016. Disponível em: https://www.juntadeandalucia.es/export/drupaljda/GUIA_CSM.pdf. Acesso em: 4 fev. 2019; AYUNTAMIENTO DE MADRID. *Instrucción 1/2016 relativa a la incorporación de cláusulas sociales en los contratos celebrados por el Ayuntamiento de Madrid, sus organismos autónomos y las entidades del sector público municipal.* Disponível em: https://sede.madrid.es/FrameWork/generacionPDF/ANM2016_4.pdf?idNormativa=34dcd5d317362510VgnVCM1000000b205a0aRCRD&nombreFichero=ANM2016_4&cacheKey=5. Acesso em: 5 fev. 2019; ARENAS, Natália da Silveira. Os desafios para a implementação das licitações sustentáveis na Administração Pública. *Revista de Direito Ambiental*, v. 82, abr./jun. 2016; GIMENO FELIÚ, José María. *Las condiciones sociales en la contratación pública*: posibilidades y límites. Anuario del Gobierno Local. Barcelona, 2017, Fundación Democracia y Gobierno Local – Institut Dret Public, p. 241-287.

296 Segundo Regulamento da União Europeia nº 651/2014 da Comissão, de 17 de junho de 2014, considera-se que: "*1. La categoría de microempresas, pequeñas y medianas empresas (PYME) está constituida por las empresas que ocupan a menos de 250 personas y cuyo volumen de negocios anual no excede de 50 millones EUR o cuyo balance general anual no excede de 43 millones EUR. 2. En la categoría de las PYME, se define pequeña empresa como una empresa que ocupa a menos de 50 personas y cuyo volumen de negocios anual o cuyo balance general anual no supera los 10 millones EUR.3. En la categoría de las PYME, se define microempresa como una empresa que ocupa a menos de 10 personas y cuyo volumen de negocios anual o cuyo balance general anual no supera los 2 millones EUR*" (Anexo I do Regulamento).

297 GARCÍA, Gonzalo Barrio. Contratación público y PYMES: un comentario a la luz de la propuesta de la Directiva en materia de contratación pública. *In*: PERNAS GARCÍA, J. José (dir.). *Contratación pública estratégica.* Pamplona: Editorial Aranzadi, 2013. p. 133-159.

298 UNIÃO EUROPEIA. Comisión Europeia. *Guía del usuario sobre la definición del concepto de pyme.* Luxemburgo: Unión Europea, 2015. p. 3.

(i) em 2011, as micro e pequenas empresas representaram 99% dos estabelecimentos e foram responsáveis por 51,6% dos empregos privados não agrícolas formais no país e quase 40% da massa de salários; (ii) entre 2000 e 2011, de cada R$100,00 pagos aos trabalhadores no setor privado não agrícola, cerca de R$40,00, em média, foram pagos por micro e pequenas empresas; (iii) quanto à sua participação para a formação do produto interno bruto (PIB), estima-se que gire em torno de 20% a 27%; (iv) entre os anos de 2000 e 2011, o número de MPEs cresceu 50%, passando de 4,2 milhões para 6,3 milhões; (v) entre 2000 e 2005, foram gerados 2,4 milhões de postos de trabalho nas MPEs, o que equivale a um crescimento médio anual de 5,1%; (vi) houve um incremento entre os anos de 2005 e 2011, resultando na geração de 4,6 milhões de novos postos de trabalho, o que representa um crescimento médio anual de 5,9%.[299]

Em síntese, as microempresas representam uma grande fonte de empregos e zelam pela sobrevivência de diversos pequenos empreendedores e suas respectivas famílias.[300]

Além disso, segundo dados extraídos do Caderno de Logística nº 4, *Comprando das Micro e Pequenas Empresas*, o Ministério do Planejamento enaltece, com dados concretos, os avanços ocorridos entre 2007 e 2012, após a implementação do tratamento diferenciado para as microempresas e empresas de pequeno porte na Administração Pública federal.[301] Na mesma linha, em 2015, dos itens licitados pelo pregão eletrônico no Comprasnet, 94% das licitações estavam situadas na faixa de até R$80 mil, em que pese 59% destas não previrem a licitação exclusiva.[302]

A título ilustrativo, a normatização de benefícios diretos ou indiretos para pequenas empresas não é uma novidade do Brasil. Segundo estudo comparativo do Brasil com outros países latino-americanos feito pela FIESP, em 2010, constatou-se que: (i) na Argentina, havia preferências no âmbito provincial para empresas nacionais e de porte reduzido, e toda empresa deveria trabalhar associada com empresas de pequeno porte em pelo menos 30% da obra; (ii) na Colômbia, as empresas nacionais de pequeno e médio porte tinham benefícios por meio de linhas de crédito; (iii) na Venezuela, havia preferências para bens e serviços produzidos no país para empresas nacionais e para pequenas e médias empresas; e (iv) no Chile e no Peru, não havia qualquer vantagem.[303]

---

299 BRASIL. Secretaria de Micro e Pequena Empresa da Presidência da República. *Cartilha do Tratamento Diferenciado*. Brasília: 2014. Disponível em: http://smpe.gov.br/assuntos/cartilha_tratamentodiferenciado_mpe.pdf. Acesso em: 18 abr. 2014.

300 CASTRO, Noema Augusta Soares de. Do plano de recuperação judicial para microempresas e empresas de pequeno porte. *Revista Brasileira de Estudos Políticos*, Belo Horizonte, n. 92, p. 235-272, jul./dez. 2005, p. 238-239. Ainda, em cruzamento de dados pelo antigo Ministério do Planejamento, Orçamento e Gestão a partir das informações da Relação Anual de Informações Sociais (RAIS), constatou-se que, a cada bilhão de reais comprados pelo setor público junto às pequenas empresas, houve a geração de oito mil novos postos de trabalho, fazendo com que o governo federal, entre 2006 e 2013, tenha desencadeado a criação de 148 mil postos de trabalho em razão dos seus 18,5 bilhões de reais gastos em compras públicas (LIMA, Bruno Quick Lourenço de. O uso do poder de compra é uma política eficaz de desenvolvimento sustentável. *In*: SANTANA, Jair Eduardo; FERRER, Florencia. *Compras Públicas Brasil*. Rio de Janeiro: Elsevier, 2015. p. 35-39, p. 37).

301 BRASIL. Ministério do Planejamento. *Comprando das Micro e Pequenas Empresas (Caderno de Logística nº 04)*. Brasília: 2013. p. 18 e seguintes.

302 NEGÓCIOS PÚBLICOS. *Infográficos* – Informativo do Instituto Negócios Públicos sobre as Compras Públicas. Curitiba, 2016. p. 32.

303 Sobre esse estímulo à contratação de microempresas e empresas de pequeno porte na América do Sul, vide a obra *Segurança jurídica*: os aspectos políticos, legais e econômicos no Brasil e na América do Sul. São Paulo: FIESP, 2010. p. 14.

Em recente estudo avaliando a política pública de contratação pública para microempresa e empresa de pequeno porte, o Instituto de Pesquisa Econômica Aplicável explicou que a política de apoio às pequenas empresas não é recente. Os Estados Unidos instituíram o *Small Business Act* em 1953, que visa ajudar, orientar e proteger, na medida do possível e de acordo com a livre concorrência, os interesses das pequenas empresas.[304]

Consoante dados do Banco Mundial em 2017, existem 77 países de 180 consultados que praticam alguma forma de política de apoio às empresas de pequeno porte por intermédio das compras públicas, a qual pode se dar por diversos formatos, inclusive com treinamento, cessão de créditos especiais, tratamentos preferenciais nas licitações, entre outros.[305]

O fundamento está no fato de que pequenos negócios têm mais dificuldades que grandes empresas em quesitos como acesso ao crédito, conhecimento de impostos, regulamento, impacto da inflação, corrupção, criminalidade e práticas anticompetitivas, motivos legitimadores para uma ajuda ao seu crescimento ao tornarem-se fornecedores do governo, até porque, com o fortalecimento de tais entidades, através de choques tecnológicos e liquidez financeira, com tais relações negociais haverá efeitos positivos para o Estado, dadas as evidências recentes de melhorias.[306]

Ofertar condições de melhorias a um pequeno empreendedor é sinal de um Estado preocupado com o seu fortalecimento para a melhoria de condições de vida dos seus responsáveis, dos seus funcionários e de todos aqueles que com ele se relacionam. Ultrapassa aquela ideia equivocada de o Estado se preocupar somente com arrecadação, ainda que esta não seja desprezada, pois o Estado executor precisa de receita.

Entretanto, a receita advirá se houver um devido planejamento normativo para a melhoria no ambiente dos negócios e desde que haja a tão sonhada segurança ou solidez jurídica, já que o impacto regulatório (e sua falta em geral na prática), no Brasil atual, ainda devasta a esperança. Por isso, ainda que seja discutido em outro tópico deste trabalho, "dar condições de se obter o básico é muito mais importante do que comprar a um custo baixíssimo, é dar condição para que os pequenos empreendedores expandam seus limites e disseminem empregos".[307]

---

304 *"The essence of the American economic system of private enterprise is free competition. Only through full and free competition can free markets, free entry into business, and opportunities for the expression and growth of personal initiative and individual judgment be assured. The preservation and expansion of such competition is basic not only to the economic well-being but to the security of this Nation. Such security and well-being cannot be realized unless the actual and potential capacity of small business is encouraged and developed. It is the declared policy of the Congress that the Government should aid, counsel, assist, and protect, insofar as is possible, the interests of small-business concerns in order to preserve free competitive enterprise, to insure that a fair proportion of the total purchases and contracts or subcontracts for property and services for the Government (including but not limited to contracts or subcontracts for maintenance, repair, and construction) be placed with small business enterprises, to insure that a fair proportion of the total sales of Government property be made to such enterprises, and to maintain and strengthen the overall economy of the Nation" (Public Law 85-536, as amended.* Disponível em: https://www.sba.gov/sites/default/files/Small%20Business%20Act_0.pdf. Acesso em: 5 mar. 2019).

305 ARAÚJO JÚNIOR, Ignácio Tavares de. *Análise comparada sobre medidas de favorecimento de micro e pequenas empresas (MPES) em compras públicas com avaliação de eficácia e identificação de melhores práticas.* Texto para discussão. Brasília; Rio de Janeiro: IPEA/Instituto de Pesquisa Econômica Aplicada. p. 8.

306 ARAÚJO JÚNIOR, Ignácio Tavares de. *Análise comparada sobre medidas de favorecimento de micro e pequenas empresas (MPES) em compras públicas com avaliação de eficácia e identificação de melhores práticas.* Texto para discussão. Brasília; Rio de Janeiro: IPEA/Instituto de Pesquisa Econômica Aplicada. p. 7.

307 EMERY, Emerson Baldotto. *Desenvolvimento sustentável*: princípio da eficiência em procedimentos licitatórios. Belo Horizonte: Fórum, 2016. p. 71.

As pequenas empresas representam uma grande fonte de empregos formais e informais, merecendo o cuidado para que se minore cada dia mais a informalidade, pois o trabalhador tem família e eles precisam ser assegurados de direitos mínimos para a sua vivência.[308]

Por exemplo, em caso de acidente, anseia-se que o funcionário seja devidamente amparado pela Seguridade Social, sem acarretar um colapso financeiro familiar, o que acontecerá se estiver formalizado. A falta de amparo numa situação dessas será refletida para o Estado como um todo a partir do aumento de gastos em assistência social, segurança pública, educação, entre outros.

O mesmo resultado é sentido na Europa, particularmente na Espanha. José Antonio Moreno Molina e Alma Patricia Domínguez Alonso explicam que o impulso dado às PYMES contribui para a criação de empregos e crescimento de inovação, ao mesmo tempo em que aumenta a base de dados de possíveis competidores em licitações, redundando, assim, numa majoração de competitividade.[309]

2.1.6.4 O ambiente normativo brasileiro para a condição diferenciada das microempresas e empresas de pequeno porte

O ordenamento jurídico brasileiro, já em sua Lei Maior, preocupou-se em propiciar condição diferenciada para as microempresas e empresas de pequeno porte. O artigo 170 prescreve o tratamento favorecido para as empresas de pequeno porte constituídas sob as leis brasileiras e que tenham sua sede e administração no país como um dos princípios norteadores da ordem econômica.

Posteriormente, no mesmo capítulo, prescreve que a União, os estados, o Distrito Federal e os municípios dispensarão às microempresas e às empresas de pequeno porte, assim definidas em lei, tratamento jurídico diferenciado, visando incentivá-las pela simplificação de suas obrigações administrativas, tributárias, previdenciárias e creditícias, ou pela eliminação ou redução destas por meio de lei (artigo 179).[310]

Disciplinando tais normas constitucionais, a Lei Complementar nº 123/2006, atualmente, define como microempresa a sociedade empresária,[311] a sociedade simples, a sociedade individual de responsabilidade limitada e o empresário que aufira em cada exercício receita bruta igual ou inferior a R$360.000,00 (trezentos e sessenta mil reais) e, como empresa de pequeno porte, igual ou inferior a R$4.800.000,00 (quatro milhões e oitocentos mil reais).[312]

---

308 CASTRO, Noema Augusta Soares de. Do plano de recuperação judicial para microempresas e empresas de pequeno porte. *Revista Brasileira de Estudos Políticos*, Belo Horizonte, n. 92, p. 235-272, jul./dez. 2005, p. 238-239.

309 MORENO MOLINA, José Antonio; DOMÍNGUEZ ALONSO, Alma Patricia. El nuevo derecho de la Unión Europea sobre contratación pública. *In*: FERNÁNDEZ ACEVEDO, Rafael; VALCÁRCEL FERNÁNDEZ, Patricia (dir.). *La contratación pública a debate*: presente y futuro. Navarra: Civitas, 2014. p. 139-164, p. 147-148 e 162.

310 "A intervenção estatal na economia, mediante regulamentação e regulação de setores econômicos, faz-se com respeito aos princípios e fundamentos da Ordem Econômica. CF, art. 170" (Supremo Tribunal Federal, Rel. Min. Carlos Velloso, julgamento em 5.12.2005, Segunda Turma, *DJ* de 24.3.2006).

311 Artigo 3º, I e II, da Lei Complementar nº 123/2006, atualizado pela Lei Complementar nº 155/2016.

312 Convém informar que não se deve confundir microempresa e empresa de pequeno porte com empresa optante pelo Simples. O Simples Nacional é um regime tributário que poderá ser adotado pelas MEs e EPPs, mas não lhes é obrigatório. Isto é, a ME e a EPP podem ou não adotar o regime tributário do Simples Nacional, até porque, dependendo do caso, outros regimes tributários poderão ser mais benéficos. Portanto, o importante para que a

Tal legislação, ao instituir o Estatuto da Microempresa e Empresa de Pequeno Porte, tratou de diversas obrigações em diferentes áreas jurídicas, *principalmente* questões tributárias, mas também preceituou dispositivos atinentes a licitações e contratos, a obrigações civis, previdenciárias e trabalhistas.[313]

Especificamente sobre as licitações e os contratos administrativos, poder-se-ia dividir as suas prescrições, antes de sua alteração pela Lei Complementar nº 147/2014, em benefícios e faculdades. Dividia-se em benefícios, porque estes eram diretos e autoaplicáveis desde o momento da publicação da lei, e as faculdades dependiam de regulamentação e previsão no instrumento convocatório quando possíveis de serem aplicadas.[314]

Os primeiros cingiam-se à restrição de regularidade fiscal (artigos 42 e 43) e ao empate ficto (artigo 44), já os segundos (artigo 48) versavam sobre a possibilidade de licitação exclusiva de até R$80.000,00 (oitenta mil reais) para microempresa e empresa de pequeno porte, de subcontratação de até 30% para microempresa e empresa de pequeno porte, quando o contrato não se enquadrasse nessas categorias jurídicas, e o parcelamento da licitação para fornecimento de bens e serviços de natureza divisível numa cota de 25% para participação exclusiva de microempresa e empresa de pequeno porte.

Após a Lei Complementar nº 147/2014, o artigo 48 foi substancialmente alterado, além de outros dispositivos, para inserir a licitação exclusiva de até R$80.000,00 (oitenta mil reais) e a parcela exclusiva de até 25% em licitações de fornecimento de bens de natureza divisível como deveres-poderes aos agentes públicos em seus certames, ressalvadas as exceções que retratam a sua impossibilidade de uso (artigo 49).

Em síntese, só deixou como faculdade a factibilidade de subcontratação, sem limite percentual, para microempresa e empresa de pequeno porte quando for contrato de obras e serviços e não celebrado com pequenas empresas (ME e EPP). Os demais vetores ficaram como um dever obrigacional aos agentes públicos.

Outra novidade que é sustentável, a partir da Lei Complementar nº 147, foi a possibilidade de estabelecer uma margem de preferência de até 10% para beneficiar as microempresas e empresas de pequeno porte locais ou regionais em detrimento das

---

ME e a EPP possam gozar do regime diferenciado dos artigos 42 a 49 da Lei Complementar nº 123/2006 é que a empresa se enquadre aos valores de faturamento preconizados no artigo 3º. Para deixar explícito que não se confunde o regime tributário com a caracterização de uma empresa como ME ou EPP para fins licitatórios, houve a inserção do artigo 3º-B na Lei de Licitações: "Art. 3º-B. Os dispositivos desta Lei Complementar, com exceção dos dispostos no Capítulo IV, são aplicáveis a todas as microempresas e empresas de pequeno porte, assim definidas pelos incisos I e II do caput e §4º do art. 3º, ainda que não enquadradas no regime tributário do Simples Nacional, por vedação ou por opção".

313 Avaliando o uso de tal legislação em concreto, vide CHAVES, F.; BERTASSI, A.; SILVA, G. Compras Públicas e Desenvolvimento Local: Micro e Pequenas Empresas Locais nas Licitações de uma Universidade Pública Mineira. *REGEPE – Revista de Empreendedorismo e Gestão de Pequenas Empresas*, n. 8, p. 77-101, 2019.

314 "8. Observo, aliás, que os comandos contidos nos arts. 44 e 45 são impositivos ('proceder-se-á da seguinte forma...'), ao passo que a redação conferida aos arts. 47 e 48 deixam claro seu caráter autorizativo ('a administração pública poderá...'). As regras insculpidas nos arts. 44 e 45 não são, portanto, facultativas, mas auto-aplicáveis desde o dia 15.12.2006, data de publicação da Lei Complementar 123" (Tribunal de Contas da União, Acórdão nº 2144/2007 – Plenário). Mesma linha, vide Jair Santana: "No que diz respeito especificamente às licitações, as normas consignadas nos artigos 42 a 45 são de eficácia plena e imediata, ou seja, encontram-se produzindo efeitos no mundo jurídico desde a publicação da Lei Complementar nº 123/2006 (*DOU*, 15. dez. 2006)" (SANTANA, Jair; GUIMARÃES, Edgar. *Licitações e o novo estatuto da pequena e microempresa*: reflexos práticos da LC nº 123/2006. Belo Horizonte: Fórum, 2007. p. 22).

demais quando for a hipótese dos casos anteriormente arrolados de licitação exclusiva de até 80 mil reais ou de cota de até 25%.

Prestigiar o desenvolvimento local e regional deve ser prioridade, pois, assim como se viu que a metodologia do crescimento econômico não é adequada para medir o desenvolvimento, também não é concebível que se infira um desenvolvimento nacional de um Estado que possua elevada discrepância local e regional.

Está dentro do critério de desenvolvimento nacional sustentável a minoração das desigualdades regionais e locais. Ainda que a Constituição da República Federativa do Brasil, em seu artigo 3º, inciso III, preceitue tão somente o objetivo fundamental de "diminuição das desigualdades regionais", não poderia asseverar que, apreciando de maneira sistemática o texto da Lei Maior, seria crível que as desigualdades locais estariam marginalizadas dos fins no Estado brasileiro.

Para diminuir as desigualdades regionais, é imperioso que se atue do ponto micro para o macro; da localidade para a região; das regiões para o nacional. Tal pensamento é ainda mais necessário quando se está diante de um país de proporções bastante avantajadas territorialmente e com diferenças enormes de acesso e distribuição de renda.[315]

A articulação dos mercados locais e dos regionais gera, como efeito, a redução dos fatores naturais limitantes nos mais diversos lugares da Terra, seja por meio do comércio direto ou de uma especialização entre os diferentes produtos e locais; doutro lado, a concentração e a especialização extrema, seja comercial ou não, desembocam num aumento de animosidade e arrefecimento da vida digna (ou, minimamente, do mínimo existencial) entre os diversos seres.[316]

2.1.7 A Agenda 2030 como fundamento para o uso estratégico das compras públicas sustentáveis, em especial pelos governos locais

A Organização das Nações Unidas estabeleceu a Agenda 2030 para o Desenvolvimento Sustentável e elencou dezessete objetivos que deverão ser persecutidos pelos seus signatários, sendo que o Brasil e a Espanha fazem parte deste pacto.

Dentre os objetivos tracejados, vários deles impactam diretamente no temário deste trabalho, em especial:

---

[315] Segundo Lenio Streck, "em mais de cinco séculos de existência, produziu pouca democracia e muita miséria" (STRECK, Lenio Luiz. *Verdade e Consenso*. Rio de Janeiro: Lumen Juris, 2009. p. 34).

[316] CARRASCO, Cristina; TELLO, Enric. Apuntes para una vida sostenible. *In*: FREIXANET MATEO, Maria (coord.). *Sostenibilitats*: polítiques publiques des del feminisme i l'ecologisme. Barcelona: Institut de Ciències Polítiques i Socials, 2011. p. 11-53, p. 35-36. Coadunando com esse raciocínio, Antônio Carlos Filgueira Galvão explana que o Estado deverá coordenar ações entre instâncias de governo e entre macro e micropolíticas e que o futuro para o desenvolvimento brasileiro está diretamente relacionado com a atuação estatal a partir de "recuperação de graus de liberdade para a 'costura' de interesses de classes e grupos sociais, o redesenho de elementos mínimos de solidariedade federativa e a defesa de estruturas socioeconômicas internas frente às pressões subjacentes a esta peculiar linha de evolução do sistema econômico internacional parecem ser elementos importantes para a remontagem das estratégias de desenvolvimento, reclamando lugar de destaque para a estruturação de políticas de desenvolvimento regional articuladas pelas várias instâncias de governo, incluindo a instância federal" (GALVÃO, Antônio Carlos Filgueira. *Política de desenvolvimento regional e inovação*: lições da experiência europeia. Rio de Janeiro: Garamond, 2004. p. 239 e 250). Acerca do tema sopesando a vivência espanhola, vide: SÁNCHEZ CARREIRA, María del Carmen; PEÑATE VALENTÍN, María Concepción. La compra pública innovadora. Análisis regional de la experiencia española. *Journal of regional research – Investigaciones regionales*, n. 40, 2018, p. 79-107.

- Objetivo 1 – acabar com a pobreza em todas as suas formas, em todos os lugares.
- Objetivo 2 – acabar com a fome, alcançar a segurança alimentar e melhoria da nutrição e promover a agricultura sustentável.
- Objetivo 3 – assegurar uma vida saudável e promover o bem-estar para todos, em todas as idades.
- Objetivo 4 – assegurar a educação inclusiva e equitativa e de qualidade, e promover oportunidades de aprendizagem ao longo da vida para todos.
- Objetivo 8 – promover o crescimento econômico sustentado, inclusivo e sustentável, emprego pleno e produtivo e trabalho decente para todos.
- Objetivo 9 – construir infraestruturas resilientes, promover a industrialização inclusiva e sustentável e fomentar a inovação.
- Objetivo 10 – reduzir a desigualdade dentro dos países e entre eles.
- Objetivo 12 – assegurar padrões de produção e de consumo sustentáveis.
- Objetivo 16 – promover sociedades pacíficas e inclusivas para o desenvolvimento sustentável, proporcionar o acesso à justiça para todos e construir instituições eficazes, responsáveis e inclusivas em todos os níveis.
- Objetivo 17 – fortalecer os meios de implementação e revitalizar a parceria global para o desenvolvimento sustentável.

Dentro dos referidos objetivos, houve o detalhamento para expor como eles deverão ser atingidos. Em vários pontos, existe o destaque para o desenvolvimento humano, o científico, o tecnológico e o inovativo, bem como para a imperiosidade de se trabalhar de maneira diferente entre os países desenvolvidos *versus* os países em desenvolvimento, considerando o notável discrímen e o mesmo raciocínio em cada país ante as pobrezas internas que o assolam.

O próprio item 12.7 estatui a promoção de compras públicas sustentáveis em conformidade com as prioridades nacionais. Já o 10.3.a estampou o dever de implementação do tratamento especial e diferenciado entre os países de acordo com o seu nível de desenvolvimento. Portanto, desrespeitar as diferenças por meio de um acordo bilateral ou multilateral é descumprir o compromisso brasileiro com os objetivos da Agenda 2030.[317]

A própria ONU, em 2016, lançou o *Roteiro para a localização dos Objetivos do Desenvolvimento Sustentável: implementação e acompanhamento no nível subnacional*. Neste, há a ênfase de esforços que deverão se brandir aos governos locais e regionais para a concretização dos objetivos globais, isso porque os ODS têm metas arraigadas diretamente às responsabilidades dos governos locais e regionais, mormente na prestação de serviços básicos.

Como dito à época pelo secretário-geral da ONU, Ban Ki-moon, a luta pela sustentabilidade global será vencida ou perdida nas cidades. Para tanto, é imprescindível (i) a existência de uma governança local eficiente para assegurar a inclusão de uma diversidade de protagonistas locais, criando ampla propriedade, compromisso e

[317] ORGANIZAÇÃO DAS NAÇÕES UNIDAS. *Transformando nosso mundo*: a agenda 2030 para o desenvolvimento sustentável. Disponível em: https://nacoesunidas.org/wp-content/uploads/2015/10/agenda2030-pt-br.pdf. Acesso em: 29 jul. 2019.

responsabilidade para com os objetivos; (ii) uma abordagem multinível e multidisciplinar; e (iii) robusto compromisso nacional para amparos legal e institucional suficientes, bem como capacidade financeira.

Por tudo isso, o fortalecimento dos governos locais e regionais, bem como o respectivo desenvolvimento em tais searas, é pauta necessária para a Agenda 2030, rogando que os municípios elaborem um plano de ação e criem mecanismos que permitam a participação do cidadão e a responsabilidade institucional.[318]

2.1.8 Experiências internacionais sobre a contratação pública sustentável

Quanto à experiência internacional e seus êxitos sobre a contratação sustentável, convém salientar alguns exemplos.

Apesar de relativos avanços, o informe de avaliação do cumprimento dos objetivos de compras sustentáveis para 2010 nos países da União Europeia concluiu pela não obtenção do resultado inicialmente planejado, qual seja, 50% de todos os contratos públicos possuírem alguma consideração ambiental. A frustração do intento demonstrou, dessa maneira, certa dificuldade e complexidade para a criação de tal hábito. A implantação varia de país para país.

O parecer específico das contratações verdes menciona que, dos 27 países, existem números mais proeminentes na Bélgica, Holanda, Suécia e Dinamarca, enquanto em outros, tais representam menos de 20%. Para ter uma noção, a Finlândia superava em 80%; quatro países, entre 60% e 80%; quatro, entre 40% e 60%; e seis, entre 20% e 4%, inclusive a Espanha.[319]

O governo da Bélgica fixou o objetivo de 100% (cem por cento) de suas contratações cumprirem critérios sustentáveis até o ano de 2020, sendo que fixou uma série de planos de ação nos anos de 2009-2011, 2012-2014, 2015-2017 e 2018-2020 para alcançar este fim, nos quais se incluíam orientação, critérios e mecanismos para garantir que todos os departamentos da Administração vergassem para tal meta.[320]

A título complementar, houve a criação de várias redes de contratação pública ecológica e sustentável a nível nacional e regional, como, por exemplo, a Associação sobre Contratação Pública Ecológica na Dinamarca (www.groenneindkoeb.dk), que permite o intercâmbio de informações e experimentações, e também a rede regional francesa Gran Oeste (http://www.reseaugrandouest.fr). A mais, houve a difusão da campanha

---

[318] ORGANIZAÇÃO DAS NAÇÕES UNIDAS. *Roteiro para a localização dos Objetivos do Desenvolvimento Sustentável*: implementação e acompanhamento no nível subnacional. 2016. p. 13-16. Disponível em: https://nacoesunidas.org/wp-content/uploads/2017/06/Roteiro-para-a-Localizacao-dos-ODS.pdf.

[319] PERNAS GARCÍA, J. José. La dimensión ambiental en la normativa de contratos del sector público. *In*: FERNÁNDEZ ACEVEDO, Rafael; VALCÁRCEL FERNÁNDEZ, Patricia (dir.). *La contratación pública a debate*: presente y futuro. Navarra: Civitas, 2014. p. 345-379, p. 348-349. Acerca da importância de medir os impactos e a avaliação da contratação pública estratégica para a sua continuidade, vide PALACÍN SÁENZ, Bernabé. Las cláusulas de responsabilidad social en la contratación pública local. *In*: CAMPOS ACUÑA, Concepción. *La nueva contratación pública en el* ámbito *local*. Madrid: Wolters Kluwer, 2018. p. 313-351.

[320] UNIÓN EUROPEA. *Adquisiciones ecológicas Manual sobre la contratación pública ecológica*. 3. ed. Luxemburgo: Oficina de Publicaciones de la Unión Europea, 2016. p. 12. Disponível em: http:/ec.europa.eu/environment/gpp/pdf/handbook_2016_es.pdf. Sobre contratações públicas sustentáveis em outros países, vide também: ALMEIDA, Ana Carla Leite de; COELHO, Angelita de Souza. Contratações públicas sustentáveis e a promoção de uma Economia Verde e inclusiva. *In*: VILLAC, Teresa; BLIACHERIS, Marcos Weiss; SOUZA, Lilian Castro de (coord.). *Panorama de licitações sustentáveis*: direito e gestão pública. Belo Horizonte: Fórum, 2014. p. 273-284.

Procura+ (http://www.procuraplus.org.), que mira a comunhão de experiências em tais tipos de contratações para facilitar a multiplicação por outros órgãos e entidades.[321]

Não se pode olvidar da importância dos Livros Verdes para a mudança de paradigma e de diretrizes para as contratações públicas europeias. Dentre eles, o documento denominado *Os contratos públicos na União Europeia: pistas de reflexão para o futuro* é decorrente da comunicação adotada pela Comissão em 27 de novembro de 1996 pela proposta do comissário Monti.

A intenção foi estimular um amplo debate no bloco econômico, e os temas da referida agenda eram:

> Os temas abordados são os seguintes: transposição e aplicação efectiva da legislação, meios de melhorar o acesso ao mercado através da informação e da formação e graças ao desenvolvimento de processos informatizados de celebração dos contratos, forma de conjugar uma aplicação correcta do direito dos contratos públicos com a aplicação das outras políticas comunitárias, nomeadamente as relativas às pequenas e médias empresas (PME), às redes transeuropeias (RT), à normalização, ao Fundo de Coesão e aos fundos estruturais, aos contratos celebrados pelas instituições europeias ou financiados por fundos comunitários, ao domínio social, do ambiente e dos consumidores e, por último, ao acesso aos contratos públicos de outros países.[322]

Depois, em 2001, na cidade de Bruxelas, houve a apresentação pela Comissão das Comunidades Europeias de outro Livro Verde, o qual teve por escopo promover um quadro europeu para a responsabilidade social das empresas. Mesmo que o desiderato principal de uma empresa seja o lucro, uma vez que pertencente ao segundo setor, não se deve desconsiderar o seu intento de "contribuir para o cumprimento de objectivos sociais e ambientais mediante a integração da responsabilidade social, enquanto investimento estratégico, no núcleo da sua estratégia empresarial, nos seus instrumentos de gestão e nas suas operações".[323]

José Antonio Moreno Molina e Alma Patricia Domínguez Alonso retratam que, quando da abertura de manifestações para a confecção do Livro Verde, houve 623 contribuições, sendo que, sobre o uso estratégico das contratações públicas para outros objetivos, houve certa censura sobre o seu uso para questões de outros objetivos políticos por alguns, apesar do elevado apoio por parte de associações da sociedade civil.[324]

---

321 UNIÓN EUROPEA. *Adquisiciones ecológicas Manual sobre la contratación pública ecológica*. 3. ed. Luxemburgo: Oficina de Publicaciones de la Unión Europea, 2016. p. 18. Disponível em: http://ec.europa.eu/environment/gpp/pdf/handbook_2016_es.pdf. O avanço do direito da contratação pública na União Europeia avançou muito a partir da Estratégia 2020, do Livro Verde, das Directivas de 2004 e da atual de 2014 (GOMES, Pedro Cerqueira. Contratação pública e inovação – o diálogo entre Portugal e a União Europeia. *In*: FERNÁNDEZ ACEVEDO, Rafael; VALCÁRCEL FERNÁNDEZ, Patricia (dir.). *La contratación pública a debate*: presente y futuro. Navarra: Civitas, 2014. p. 525-555).

322 Disponível em: http://europa.eu/documents/comm/green_papers/pdf/com-96-583_pt.pdf. Acesso em: 15 fev. 2019.

323 Disponível em: http://www.europarl.europa.eu/meetdocs/committees/empl/20020416/doc05a_pt.pdf. Acesso em: 15 fev. 2019.

324 MORENO MOLINA, José Antonio; DOMÍNGUEZ ALONSO, Alma Patricia. El nuevo derecho de la Unión Europea sobre contratación pública. *In*: FERNÁNDEZ ACEVEDO, Rafael; VALCÁRCEL FERNÁNDEZ, Patricia (dir.). *La contratación pública a debate*: presente y futuro. Navarra: Civitas, 2014. p. 139-164, p. 143-144.

Além disso, não se pode esquecer da importância das comunicações promovidas na União Europeia e destas em conjunto com o Livro Verde para a melhoria da Directiva 2004 para 2014/24/EU.[325] Ademais, imperioso pontuar que a União Europeia se preocupa com a exigência indiscriminada de uso de critérios ambientais e sociais, porque poderão ensejar riscos de discriminação e de uso eficiente dos recursos públicos, motivos que elevam um possível debate sempre presente sobre a compatibilização (ou ponderação) entre a eficiência e economicidade e, doutro lado, a sustentabilidade.[326]

Pelo exposto neste tópico e de acordo com as repercussões sociais da visão estratégica da contratação pública, repisa-se que o "sucesso do processo conduzido pelo custeio público realmente indica que um país não precisa esperar até vir a ser muito rico (durante o que pode ser um longo período de crescimento econômico) antes de lançar-se na rápida expansão da educação básica e dos serviços de saúde".[327] A justificativa dessa assertiva encontra guarida, pois "a qualidade de vida pode ser em muito melhorada, a despeito dos baixos níveis de renda, mediante um programa adequado de serviços sociais".[328]

Nefastamente, por vezes, o Estado é conduzido por agentes que não almejam os fins sociais legítimos, e sim arquitetam realizações impactantes para fins de majoração de arrecadação e de possível retorno em escrutínios populares, alijando-se do interesse público primário.[329]

Posto isso, aquiesce-se com Carla Rister na conclusão de substituir a "preocupação econômica com os resultados pela preocupação jurídica com os valores, o que importaria uma mudança relevante. Igualdade de oportunidades, inclusão no mercado, conhecimento das melhores opções econômicas e sociais e cooperação passariam a compor o quadro valorativo de construção de uma democracia econômica".[330]

Afastando o raciocínio de pensar de maneira imediata as compras públicas, e sim de maneira macro e sistemática o ciclo da contratação pública, é possível que os Estados procurem alinhar o desenvolvimento e a sustentabilidade com as licitações e os ajustes administrativos.

---

[325] *"El citado libro verde y las respuestas al mismo nos sitúan ya en la pista de los principales aspectos que va a abordar la nueva Directiva relativa a la contratación pública, que tienen dos grandes objetivos: incrementar la eficiencia el gasto público para garantizar los mejores resultados posibles de la contratación en términos de relación calidad/precio (lo que implica, en particular, simplificar y flexibilizar las normas sobre contratación pública vigentes) y permitir que los compradores utilicen mejor la contratación pública en apoyo de objetivos sociales comunes como la protección del medio ambiente, una mayor eficiencia energética y en el uso de los recursos, la lucha contra el cambio climático, la promoción de la innovación, el empleo y la integración social y la prestación de servicios sociales de alta calidad en las mejores condiciones posibles (VALCÁRCEL FERNÁNDEZ, 2011, 2)"* (MORENO MOLINA, José Antonio; DOMÍNGUEZ ALONSO, Alma Patricia. El nuevo derecho de la Unión Europea sobre contratación pública. *In*: FERNÁNDEZ ACEVEDO, Rafael; VALCÁRCEL FERNÁNDEZ, Patricia (dir.). *La contratación pública a debate*: presente y futuro. Navarra: Civitas, 2014. p. 139-164, p. 144).

[326] PERNAS GARCÍA, J. José. La dimensión ambiental en la normativa de contratos del sector público. *In*: FERNÁNDEZ ACEVEDO, Rafael; VALCÁRCEL FERNÁNDEZ, Patricia (dir.). *La contratación pública a debate*: presente y futuro. Navarra: Civitas, 2014. p. 345-379, p. 349-350.

[327] SEN, Amartya. *Desenvolvimento como liberdade*. Tradução: Laura Teixeira Motta. São Paulo: Companhia das Letras, 2000. p. 66.

[328] SEN, Amartya. *Desenvolvimento como liberdade*. Tradução: Laura Teixeira Motta. São Paulo: Companhia das Letras, 2000. p. 66.

[329] TSCHUMI, André Vinicius. Políticas de desenvolvimento regional. *In*: BARRAL, Welber (org.). *Direito e desenvolvimento*: análise da ordem jurídica brasileira sob a ótica do desenvolvimento. São Paulo: Editora Singular, 2005. p. 143-165, p. 165.

[330] RISTER, Carla Abrantkoski. *Direito ao desenvolvimento*: antecedentes, significados e consequências. Rio de Janeiro: Renovar, 2007. p. 244.

2.2 O direito administrativo contemporâneo: concertação e consensualização para além da unilateralidade

2.2.1 A concepção do direito administrativo de acordo com a história política e a filosofia do Estado

Segundo os clássicos livros de direito administrativo, nacionais e internacionais, tal ramo é concebido como autônomo nos fins do século XVIII e início do século XIX. Tem como principal marco histórico a Revolução Francesa de 1789.[331]

Não é que anteriormente inexistiam situações típicas de direito administrativo, até porque, nos mais diversos Estados, havia relações entre cidadãos (ou pessoas)[332] e órgãos e entidades da Administração Pública, bem como estes possuíam agentes que laboravam habitualmente; todavia, o ramo não possuía autonomia ante a falta de segurança que o Estado de Direito lhe propicia.

Por isso, pode-se dizer que o direito administrativo existe onde há Estado de Direito, o qual é, segundo Maria Sylvia Zanella Di Pietro, balizado pelos princípios da legalidade e da separação dos poderes, já que a falta de contornos jurídicos determinantes para a delimitação dos direitos e deveres a todos não permite sua higidez.[333]

Cabe destacar, porém, que o direito administrativo, estudado no século XIX e XX, é diferente do atual, em pleno século XXI. Seu conteúdo varia de acordo com os elementos da estrutura política e da sociedade, a partir de um espaço e de um tempo. A estrutura política é determinante para estabelecer os contornos e os limites da legalidade e da separação de poderes estatuída a um Estado.

A sociedade é cambiante e está em pleno desenvolvimento, ainda que por alguns momentos pareça o contrário, refletindo as aspirações das pessoas sediadas num delimitado território. O tempo e o espaço são fatores que se aplicam sobre a estrutura política e a sociedade.

Nessa diretriz, não se pode utilizar os mesmos institutos e ferramentas no presente como se fossem imutáveis e atemporais. O passado é importante, no entanto é imprescindível compreender o presente e realizar prognoses para o futuro.

Com isso, não se pretende uma desvinculação do histórico do direito administrativo brasileiro, seja pelas suas influências estrangeiras ou pelo prumo como se desenvolveu internamente, até porque, como pondera Prosper Weil, o direito administrativo não pode se desvencilhar da história, em especial da história política, pois, nesta, encontra-se o seu verdadeiro fundamento e dela recebe a filosofia a ser adotada e os traços característicos.

---

[331] DI PIETRO, Maria Sylvia Zanella. 500 anos de Direito Administrativo Brasileiro. *Revista Eletrônica de Direito do Estado*, Salvador, Instituto de Direito Público da Bahia, n. 5, jan./mar. 2006. Disponível em: www.direitodoestado.com.br. Acesso em: 12 ago. 2016; MELLO, Celso Antônio Bandeira de. *Curso de direito administrativo*. 32. ed. São Paulo: Malheiros, 2015. p. 40; GASPARINI, Diogenes. *Direito Administrativo*. 13. ed. São Paulo: Saraiva, 2008. p. 37; ARAÚJO, Edmir Netto de. *Curso de Direito Administrativo*. 6. ed. São Paulo: Saraiva, 2014. p. 30; MEIRELLES, Hely Lopes. *Direito Administrativo Brasileiro*. 11. ed. São Paulo: RT, 1985. p. 17; MEDAUAR, Odete. *Direito Administrativo Moderno*. 19. ed. São Paulo: Revista dos Tribunais, 2015. p. 51.

[332] A depender do Estado.

[333] DI PIETRO, Maria Sylvia. *Direito Administrativo*. 32. ed. São Paulo: Atlas, 2019. p. 2.

Assim, complementa que não se trata de ficar recordando o passado por si, mas de conhecer para entendê-lo hodiernamente.[334]

Sob esse prumo e considerando que o sistema francês serviu de inspiração e origem a tal seara jurídica, convém alvitrar que, durante o século XIX, a Administração Pública francesa orientou-se por uma centralização de atividades ante os demais poderes, a qual possui como grande fator a existência do Conselho de Estado e da jurisdição administrativa.[335]

Indubitavelmente, as decisões administrativas do Conselho de Estado serviram como forte sustentáculo para a construção do regime jurídico de direito público que se assentou pela derrogação (total ou parcial) do direito privado ao direito público, pela existência de poderes administrativos, pela superioridade do interesse público sobre o privado, pela liberdade e vontade assistida legalmente, pelo critério da autoridade e pela concretização a partir de atos administrativos.[336]

Entretanto, as matrizes filosóficas e históricas, àquela época, precisavam de uma oposição ao Estado absolutista que se vivenciava anteriormente. Demandava-se uma força ao Estado e às suas ordens de acordo com a legalidade, a fim de romper com a sobreposição dos governantes às normas em geral.

A necessidade de disciplinar as relações sociais como meio de conferir segurança jurídica às pessoas, preservando a ordem pública ou praticando atos em benefício da coletividade, é o fundamento para a prática de tais poderes.[337] Por tais razões, o regime jurídico extraído foi de poderes administrativos de acordo com uma realidade que atualmente, em pleno século XXI, deve ser revisitada.

Nessa direção, compreender tais poderes simplesmente como uma expressão apta a permitir ordenações por si oriundas da Administração Pública, sem qualquer racionalidade, não confere qualquer legitimidade de atuação.

O regime jurídico-administrativo como objeto do direito administrativo, entendido como tal o conjunto de princípios e regras que determinam o regular exercício da função administrativa, precisa ser investigado e aplicado de maneira contextualizada. Até porque, de forma clássica, estuda-se o regime jurídico-administrativo a partir de duas pedras angulares, como se fossem duas vigas-mestras, quais sejam, a supremacia do interesse público sobre o privado e a indisponibilidade, pela Administração, dos interesses públicos,[338] por conta das quais exsurge – ainda que impropriamente – a impressão de que a relação jurídica porventura existente entre Administração Pública e cidadão é verticalizada e de que o interesse da coletividade ou público se apresenta num patamar mais elevado em face do interesse do indivíduo – ou mesmo de uma categoria de indivíduos.

---

334 WEIL, Prosper. *Derecho administrativo*. Tradução: Luis Rodríguez Zúñiga. Madrid: Editorial Civitas, 1994. p. 38. Acerca da história da Administração Pública, vide MARCOS, Rui Manuel de Figueiredo. *História da Administração Pública*. Coimbra: Almedina, 2006.

335 VALLE, Vivian Cristina Lima López. *Contratos administrativos e um novo regime jurídico de prerrogativas contratuais na Administração Pública Contemporânea*. Tese de Doutorado. Universidade Federal do Paraná. 265 f., p. 12.

336 GUGLIELMI, Gilles J. *Les très grandes décisions du Droit Administratif*: Recueil de décisions juridictionnelles. Disponível em: https://www.guglielmi.fr/IMG/pdf/TGD.09.pdf. Acesso em: 12 set. 2018.

337 CARVALHO FILHO, José dos Santos. *Manual de Direito Administrativo*. 28. ed. São Paulo: Atlas, 2015. p. 45.

338 MELLO, Celso Antônio Bandeira de. *Curso de direito administrativo*. 32. ed. São Paulo: Malheiros, 2015. p. 70 e seg.

Dita verticalidade e superioridade deve ser examinada no contexto histórico e social atual da República Federativa do Brasil, que se constitui em um Estado (Constitucional) Democrático de Direito (art. 1º, *caput*, Constituição da República), razão pela qual não pode ser vista como um pedestal inalcançável ou mesmo blindado a qualquer possível influência "externa".

Como bem explica Celso Antônio Bandeira de Mello, falar em "poderes da Administração" faz surgir esse tipo de problema cognitivo, quando, em verdade, o direito administrativo deve ser compreendido como uma verdadeira garantia, voltada à contenção e limitação dos deveres-poderes da Administração Pública.[339]

Sob essa linha de raciocínio, *a contrario sensu*, fundamentam-se inclusive críticas sobre as lições atuais do direito administrativo, como se pode verificar pelas críticas aduzidas por Carlos Ari Sundfeld na obra *Direito administrativo para céticos*, o que parece ser um grande desabafo contra aqueles que desejam aplicar nos tempos modernos os mesmos conceitos e instrumentos do final do século XVIII ou dos séculos XIX e XX.[340]

É claro que asseverar pela contextualização não significa de modo algum rasgar ou vilipendiar os escólios anteriores. Para tanto, recorda-se de Ludwig Spiegel, que entoa como objeto do direito administrativo a observação do Estado em sua atividade e descobrir as regras jurídicas que regem a sua atividade para realizar as suas funções administrativas, ressaltando ainda que a sua ocupação primordial é a colaboração harmônica dos distintos fatores do Estado para a consecução de seus fins.[341]

Como dito alhures, deve-se associar a história política e a filosofia para entender o fenômeno de uma transformação do direito administrativo ou, melhor chamando, da mutação do direito administrativo.[342]

Enquanto, no período correspondente ao Estado Liberal de Direito, o modo comum (praticamente exclusivo) de atuação da Administração era o ato administrativo, que era concebido como uma manifestação autoritária do poder estatal frente a um particular, no Estado Social de Direito este não pode perdurar do mesmo modo.[343]

Já era perceptível uma mudança de paradigma, visto que, como observado por José Luiz Esquível, no "último quartel do século XX, o Estado Pós-Social traz consigo uma Administração Pública que opta pela concertação e pela cooperação com a sociedade civil, para conseguir dar satisfação a um interesse público cada vez mais diversificado e planejado".[344]

Esclarece Antônio Moreira Barbosa de Melo que o novo estilo de administrar surgiu no domínio da administração da economia e ressalta que a ideia de administração concertada não significa necessariamente a formação de consensos ou de contratos entre

339 MELLO, Celso Antônio Bandeira de. *Curso de direito administrativo*. 32. ed. São Paulo: Malheiros, 2015. p. 46.

340 SUNDFELD, Carlos Ari. *Direito Administrativo para céticos*. 2. ed. São Paulo: Malheiros, 2014.

341 SPIEGEL, Ludwig. *Derecho Administrativo*. Tradução: Francisco J. Condes. Colección Labor. Barcelona; Buenos Aires: Editorial Labor, 1933. p. 45.

342 MEDAUAR, Odete. *Direito administrativo em evolução*. 2. ed. São Paulo: Revista dos Tribunais, 2003.

343 SILVA, Vasco Pereira da. *Em busca do acto administrativo perdido*. Coimbra: Almeida, 1998. p. 40.

344 ESQUÍVEL, José Luiz. *Os contratos administrativos e a arbitragem*. Coimbra: Almedina, 2004. p. 19. Acerca dessa tendência no direito inglês, francês e italiano, vide MEDAUAR, Odete. *O Direito administrativo em evolução*. 2. ed. São Paulo: Revista dos Tribunais, 2003. p. 211-214.

a Administração e os cidadãos, já que poderá estar presente em diversas atuações dos contratos em si.[345]

Em similar reflexão, Gustavo Justino de Oliveira discorre sobre o surgimento de uma "Administração Pública dialógica, a qual contrastaria com a Administração Pública monológica, refratária à instituição e ao desenvolvimento de processos comunicacionais com a sociedade", isso porque o direito administrativo, com base no modelo liberal de Estado, contextualizado à época do início do século XIX, era marcado pelo unilateralismo em razão da autoridade dos agentes públicos da Administração.

Nessa diretriz, sintetiza esse aspecto quando aborda que o binômio autoridade-liberdade, em especial o aspecto autoritário, sustentava-se a partir de traços característicos, tais como: "a) desigualdade entre a Administração e os indivíduos; e b) atribuição aos órgãos e entes administrativos de poderes de autoridade sobre os mesmos".[346]

Ao se pautar numa linha histórica do século XX, Isabel Celeste Fonseca explica: (i) inicialmente na década de 1930, há grandes mudanças sociais, econômicas e culturais ante a crise econômica de 1929 e a bélica, pela Primeira Guerra Mundial, o que gerou um aumento democrático e crescimento da urbanização; (ii) em resposta, a Administração Pública, que anteriormente buscava ser reduzida, passa a se multiplicar, desencadeando o crescimento da máquina administrativa e de novas formas de atuação, dentre elas, o uso maior dos contratos; e (iii) a figura do contratado passa a ser concebida como um colaborador, já que a Administração precisa deste, logo, deve ser encarado como parceiro e prestador.[347]

Antônio Moreira Barbosa de Melo explica que a ideia de administração concertada decorre de reflexões obtidas na França, em especial a partir dos anos 1980, quando se busca "um método de decisão administrativa que passa pela troca de pontos de vista e de negociação entre a Administração e os interessados" a fim de chegarem a uma linha de conduta para a solução de problemas; por isso, pode ser considerada uma ideia de boa administração na complexa sociedade técnica com um modelo administrativo participativo.[348]

Explicando num contexto brasileiro, Odete Medauar pontua que, notadamente a partir de 1990, o direito administrativo demanda essa nova concepção.[349] Um conjunto

---

[345] MELO, Antônio Moreira Barbosa de. A ideia de contrato no centro do universo jurídico-público. *In*: *Estudos de Contratação Pública da Faculdade de Direito de Coimbra*. Coimbra: Coimbra Editora, 2008. p. 7-21, p. 20.

[346] OLIVEIRA, Gustavo Justino de. *Direito administrativo democrático*. Belo Horizonte: Fórum, 2010. p. 217-219. Sobre o abrandamento da autoridade e "incremento quantitativo e qualitativo da atividade negocial Administração pública-particular", vide OLIVEIRA, Gustavo Justino de. Gestão privada de recursos públicos para fins públicos: o modelo das OSCIP. *In*: OLIVEIRA, Gustavo Justino de (coord.). *Terceiro setor, empresas e estado*: novas fronteiras entre o público e o privado. Belo Horizonte: Fórum, 2007. p. 213-259, p. 224.

[347] FONSECA, Isabel Celeste M. *Direito da contratação pública*: uma introdução em dez aulas. Coimbra: Almedina, 2009. p. 37.

[348] MELO, Antônio Moreira Barbosa de. A ideia de contrato no centro do universo jurídico-público. *In*: *Estudos de Contratação Pública da Faculdade de Direito de Coimbra*. Coimbra: Coimbra Editora, 2008. p. 7-21, p. 19-20. De forma um pouco diferente, Isabel Celeste M. Fonseca afirma que, no contexto do Estado Social de Direito, pós-década de 1930, a partir do momento em que a Administração Pública aumenta a sua máquina administrativa e tem como consequência a busca e o aprimoramento dos contratos administrativos como forma de atuação, é que se pode falar do surgimento de "formas de administração concertada" quando aparecem os contratos de administração "em que a atividade administrativa típica aparece como objeto de acordo e o particular co-contratante aparece como administrado e não como colaborador" (FONSECA, Isabel Celeste M. *Direito da contratação pública*: uma introdução em dez aulas. Coimbra: Almedina, 2009. p. 37).

[349] MEDAUAR, Odete. *O direito administrativo em evolução*. 2. ed. São Paulo: Revista dos Tribunais, 2003. p. 131.

de fatores propiciou esse novo modo de atuar, dentre os quais: a afirmação pluralista; a heterogeneidade de interesses detectados numa sociedade complexa; a maior proximidade entre Estado e sociedade; o desenvolvimento ao lado dos mecanismos democráticos clássicos; a crise da lei formal como ordenadora de interesses; o processo de desregulação; a emersão de interesses metaindividuais; a exigência de racionalidade, modernização e simplificação da atividade administrativa; e a necessidade de maior eficiência e produtividade.[350]

Eis que se desenvolve uma chamada administração consensual, *soft administration*, administração concertada ou administração participativa, na qual, segundo Almiro Couto e Silva, o Estado busca concretizar uma administração em que se pretende chamar os interessados, ouvi-los e então consentir com eles sobre as decisões a serem tomadas, o que é bastante diverso daquela posição decisória unilateral e impositiva.

Agrega que, por vezes, essa administração consensual assume formas institucionalizadas, como na França, na Alemanha e na Itália. Já em outros países, o consenso é obtido por contatos informais a que se segue o ato administrativo, salientando que, no plano jurídico, o que entra e aparece é apenas o ato administrativo. Por fim, ainda explica que, no direito brasileiro, tal práxis já é utilizada algumas vezes no direito urbanístico e no direito administrativo da economia, nos quais os protocolos e as cartas de intenção são utilizados, conquanto não sirvam como atos jurídicos aptos a gerarem efeitos jurídicos para fins de responsabilização extracontratual estatal e total proteção da confiança.[351]

Jessé Torres Pereira Júnior e Marinês Restelatto Dotti também comentam essa mudança de concepção no direito administrativo, de uma visão unilateral para uma posição de diálogo, de negociação, de acordos, de coordenação, de descentralização, de cooperação e de colaboração. Mediante adoção dessa nova postura, segundo eles, o Estado busca, por intermédio de novas atividades, atuar com mais eficiência e menos custos "em relações de coordenação, valendo-se da sinergia com acordantes associativos, públicos e privados, do que o faria nas clássicas relações de subordinação. Em outras palavras, para o superior atendimento de políticas públicas é mais eficiente a parceria, a colaboração, que a coerção".[352]

Fundamento também ecoado por Diogo de Figueiredo Moreira Neto, o qual pondera que as relações fundadas, apenas ou predominantemente, na coerção não têm o mesmo condão de continuidade ou duração daquelas tracejadas a partir do consenso, o que revela mais um motivo favorável ao diálogo ao invés da imposição, a qual é forçada por algum ato, sanção ou temor reverencial.[353]

Examinando a problemática, a partir de uma crítica bastante incisiva, Juarez Freitas sustenta que dois paradigmas estão em conflito na vivência do direito administrativo:

---

350 MEDAUAR, Odete. *O direito administrativo em evolução*. 2. ed. São Paulo: Revista dos Tribunais, 2003. p. 210.

351 SILVA, Almiro do Couto e. Notas sobre o conceito de ato administrativo. *In*: SOUTO, Marcos Juruena Villela; OSÓRIO, Fábio Medina (coord.). *Direito administrativo*: estudos em homenagem a Diogo de Figueiredo Moreira Neto. Rio de Janeiro: Lumen Juris, 2006. p. 271-292, p. 283.

352 PEREIRA JÚNIOR, Jessé Torres; DOTTI, Marinês Restelatto. *Convênios e outros instrumentos de administração consensual na gestão pública do século XXI*. Belo Horizonte: Fórum, 2010. p. 11.

353 MOREIRA NETO, Diogo de Figueiredo. *Poder, direito e estado*: o direito administrativo em tempos de globalização *in memorium* de Marcos Juruena Villela Souto. Belo Horizonte: Fórum, 2011. p. 55-56. Sobre o tema, vide A tendência de unilateralismo *versus* consensualismo. ROPPO, Enzo. *O Contrato*. Tradução: Ana Coimbra e M. Januário C. Gomes. Coimbra: Almedina, 2009. p. 344-345.

de um lado, o autoritarismo, o irracionalismo ou o emotivismo decisionista; doutro, a "racionalidade dialógica, pluralista e democrática, com plasticidade adaptativa acoplada às exigências de fundamentação consistente e endereçada ao cumprimento coerente e coeso das metas superiores da Constituição".[354]

Tal crítica deve ser obtemperada ante o desenvolvimento da sociedade e do Estado, tanto que plenamente aplicável a obediência ao "direito fundamental à boa administração e à constitucionalidade das relações administrativas", e, exatamente nesses termos, busca-se descrever e prescrever de maneira inteligente a Administração Pública como indutora do "desenvolvimento sustentável, altruísta e redutor dos conflitos".[355]

Nesse espectro, na busca de um equilíbrio para o diálogo das soluções a serem adotadas pelo Estado, deve-se ter elevada moderação para que as decisões tenham pluralidade, ênfase no ser humano, pensamento aberto, dinâmico e, com isso, se aproximem do encontro de um bom governo e uma boa administração, a qual, segundo Jaime Rodríguez-Arana Muñoz, "não pode ter aspirações de configuração única e universal".[356]

Ao comentar sobre o Estado Pós-Moderno, Jacques Chevallier descreve o impacto da flexibilização e da consensualidade, pontuando o direito pós-moderno como um direito pragmático, que é "sustentado por uma vontade de ação sobre o real; essa preocupação de eficácia modifica a concepção tradicional da normatividade; à rigidez toma lugar a flexibilidade e à estabilidade a adaptabilidade".[357]

Destaca também o procedimento contratual nas sociedades contemporâneas, que tem um grande crescimento, a ponto de aparecer como emblemático na pós-modernidade, e explicita, ainda, que existe uma grande desnaturação da concepção tradicional de contrato e o ato, bem como entre o contrato e outros ajustes, independentemente da denominação (engajamentos recíprocos).

Advoga o autor que a contratualização da ação pública gera o reconhecimento de espaço de autonomia existente para os diversos atores sociais que se relacionam com o Estado, o qual, por sua vez, é obrigado a negociar.[358]

Com a devida vênia, salienta-se que a pragmaticidade deve ser interpretada de acordo com os vetores sociais prescritos pelo ordenamento jurídico. Afora isso, alguns desafios são lançados para a contemporaneidade. Como compatibilizar a flexibilidade e a

---

[354] FREITAS, Juarez. Direito fundamental à boa administração pública e a constitucionalização das relações brasileiras. *Interesse Público*, Belo Horizonte, ano 12, n. 60, p. 13-24, abr. 2010, p. 14.

[355] FREITAS, Juarez. Direito fundamental à boa administração pública e a constitucionalização das relações brasileiras. *Interesse Público*, Belo Horizonte, ano 12, n. 60, p. 13-24, abr. 2010, p. 15.

[356] RODRÍGUEZ-ARANA MUÑOZ, Jaime. Direito fundamental à boa Administração Pública. Tradução: Daniel Wunder Hachem. Belo Horizonte: Fórum, 2012. p. 29-32. Como retrata o autor, *"una buena administración se caracteriza por: i) el reconocimiento del protagonismo y centralidad de la persona en el Ordenamiento jurídico, ii) la aproximación a las condiciones objetivas de la realidad, iii) el empleo de la metodología del entendimiento, iv) la promoción de la participación, v) la vinculación* ética, *vi) el compromiso con la innovación y la sensibilidad social"* (MAZA, José Ignacio Herce; MUÑOZ, Jaime Rodríguez-Arana. La buena administración en la contratación pública: mención especial a la fase de ejecución del contrato. *Revista del Gabinete Jurídico de Castilla-La Mancha*, mar. 2019, p. 21-45, p. 28).

[357] CHEVALLIER, Jacques. *O estado pós-moderno*. Tradução: Marçal Justen Filho. Belo Horizonte: Fórum, 2009. p. 160.

[358] CHEVALLIER, Jacques. *O estado pós-moderno*. Tradução: Marçal Justen Filho. Belo Horizonte: Fórum, 2009. p. 160-163.

eficácia das normas sem superar a segurança jurídica e a estabilidade? Como obstruir que os fins justificam os meios e, desse modo, superem os direitos e garantias dos cidadãos?

Mesmo assim, pode-se verificar que, antes do final do século XX, a coordenação da Administração Pública era considerada com suspicácia pelos defensores da competência, os quais sustentavam que, em face da indisponibilidade do interesse público, não seria possível a uma entidade ou a um órgão que a titularizasse negociar um pacto cooperativo para seu emprego, porque estaria renunciando ao seu próprio exercício.

Doutro lado, como bem explica Diogo de Figueiredo Moreira Neto, resguardado nas ideias de que a titularidade de competência não implica monopólio do interesse público e que a delegabilidade não importa em alienação, mas, sim, em partilha de responsabilidade, fica então desobstruída a via da coordenação de atividades e de esforços dos setores público e privado. Continuando, o mesmo autor explicita que, no âmbito interno, tais instrumentos foram sendo concretizados para a feitura da gestão associada de serviços públicos, "para superar os avelhentados mas renitentes emperramentos da hierarquia burocratizada",[359] e que, no âmbito externo (da Administração Pública), "desenvolveu-se o conceito de colaboração para a estimulação de gestão em parceria de serviços públicos".[360]

Com efeito, a mudança de concepção decorre de uma nova ideologia entre o Estado e a Administração Pública. Maria Sylvia Zanella Di Pietro enfatiza isso ao afirmar que há uma verdadeira transformação da postura do Estado em face da demanda da sociedade, razão pela qual descreve que "não se quer mais o Estado prestador de serviços; quer-se o Estado que estimula, que ajuda, que subsidia a iniciativa privada; quer-se a democratização da Administração Pública pela participação dos cidadãos nos órgãos de deliberação e de consulta e pela colaboração entre público e privado na realização das atividades administrativas do Estado".[361]

Para a manutenção dessa nova postura do Estado frente ao particular, segundo a autora, há a necessidade de se diminuir o tamanho do Estado para que a atuação do particular ganhe espaço. Deve existir também uma flexibilização dos rígidos modos de atuação da Administração Pública, a fim de possibilitar maior eficiência, bem como se roga por uma maior parceria entre o público e o privado, com vistas a afastar a Administração Pública autoritária, verticalizada e hierarquizada.[362]

O intento de um maior consensualismo nas relações da Administração Pública não tem origem e fim somente nos contratos ou demais ajustes governamentais, mas, sim, num espectro mais dinâmico e amplo do Estado em si, bem como da efetividade do cumprimento de suas missões institucionais.

---

[359] MOREIRA NETO, Diogo de Figueiredo. *Mutações do direito administrativo*. 3. ed. Rio de Janeiro: Renovar, 2007. p. 30-31.

[360] MOREIRA NETO, Diogo de Figueiredo. *Mutações do direito administrativo*. 3. ed. Rio de Janeiro: Renovar, 2007. p. 30-31.

[361] DI PIETRO, Maria Sylvia Zanella. *Parcerias na administração pública*. 5. ed. São Paulo: Atlas, 2005. p. 20.

[362] DI PIETRO, Maria Sylvia Zanella. *Parcerias na administração pública*. 5. ed. São Paulo: Atlas, 2005. p. 20. Sobre as parcerias e a interlocução entre Estado e sociedade por intermédio de modelo da gestão pública compartida, vide BITENCOURT, Caroline Müller; BEBER, Augusto Carlos de Menezes. O controle social a partir do modelo da gestão pública compartida: da insuficiência da representação parlamentar à atuação dos conselhos populares como espaços públicos de interação comunicativa. *Revista de Direito Econômico e Socioambiental*, Curitiba, v. 6, n. 2, p. 232-253, jul./dez. 2015, p. 235-244.

A consensualidade e a participação contribuem para o avanço da democracia contemporânea, pois servem para "aprimorar a governabilidade (eficiência); propiciam mais freios contra o abuso (legalidade); garantem a atenção a todos os interesses (justiça); proporcionam decisão mais sábia e prudente (legitimidade); desenvolvem a responsabilidade das pessoas (civismo); e tornam os comandos estatais mais aceitáveis e facilmente obedecidos (ordem)".[363]

Além disso, a abertura da Administração e a possibilidade de participação das pessoas sempre se revelam como motriz relevante para as finalidades de transparência administrativa. Isso gera o bom andamento e a imparcialidade de sua atuação ante a "clarificação e (...) precisão do quadro cognoscitivo à disposição da Administração Pública".[364] Assim, o fortalecimento do consensualismo contribui para a efetivação de uma atuação estatal mais legítima: "Administração Pública subordinativa é unilateral, hierarquizada e linear, sendo suas manifestações tradicionais praticamente esgotadas, enquanto a Administração Pública coordenativa é multilateral, equiordenada e radial, apresentando manifestações sempre novas e em plena expansão".[365]

Por tais razões, Caio Tácito já apontava, nos idos de 1998, que o direito administrativo tendia ao abandono da imposição pelo critério da autoridade e em direção à participação democrática da sociedade, vertendo, dessa maneira, para modelos de colaboração.[366] Está em causa um fenômeno da passagem da Administração unilateral à "Administração soberana consensual (*schlicht-hoheitlichen*)", ainda que muitos adotem a palavra autoritária ao invés de unilateral; com isso, os acordos vêm a substituir os atos unilaterais e se revelam como uma verdadeira e grande alternativa aos administrados.[367]

O modo de atuar, pela via da concertação e da contratualização administrativa, está presente quando há um processo de negociação para a composição das eventuais

---

[363] MOREIRA NETO, Diogo de Figueiredo. *Mutações do direito administrativo*. 3. ed. Rio de Janeiro: Renovar, 2007. p. 41. Mais adiante, explica quais as razões da preferência pela via da consensualidade: "(...) pelo potencial criativo e cooperativo dos entes da constelação social (colaboração); pelo potencial criativo e operativo dos próprios entes da constelação social (cooperação); pela redução de custos para o Estado e sociedade (economicidade); pela simplificação da máquina gestora do Estado (agilidade); pelo reforço da máquina reguladora do Estado (publicização); pela renovação das modalidades de prestação de serviços a cargo do Estado (modernização); pelo atendimento às demandas reprimidas após o fracasso dos modelos de Estado do bem-estar social e socialista (generalidade); e pela racionalização da distribuição de competência entre as entidades e órgãos do Estado (subsidiariedade)" (MOREIRA NETO, Diogo de Figueiredo. *Mutações do direito administrativo*. 3. ed. Rio de Janeiro: Renovar, 2007. p. 28).

[364] SUORDEM, Fernando Paulo da Silva. *O princípio da separação de poderes e os novos movimentos sociais*. Coimbra: Livraria Almedina, 1995. p. 140.

[365] MOREIRA NETO, Diogo de Figueiredo. *Mutações do direito administrativo*. 3. ed. Rio de Janeiro: Renovar, 2007. p. 42. Em outra passagem, o autor enuncia que: "Em síntese: na elaboração da norma; na sua execução político-administrativa; na fiscalização da sua boa aplicação e na sua execução contenciosa, em todas as suas fases, a consensualidade é uma garantia de celeridade, de precisão e de acerto – em uma palavra, de eficiência –, que é o que a sociedade espera do Direito em tempos de globalização" (MOREIRA NETO, Diogo de Figueiredo. *Poder, direito e estado*: o direito administrativo em tempos de globalização *in memorium* de Marcos Juruena Villela Souto. Belo Horizonte: Fórum, 2011. p. 31).

[366] TÁCITO, Caio. Transformações do direito administrativo. *Revista de Direito Administrativo*, Rio de Janeiro: Renovar, n. 214, p. 27-34, out./dez. 1998, p. 30.

[367] ESTORNINHO, Maria João. *Contratos da administração pública (esboço de autonomização curricular)*. Coimbra: Almedina, 1999. p. 49. Raciocínio esposado também por Cristiana Fortini, já que se vive a época do direito administrativo consensual, em que os ajustes com o setor privado são indispensáveis, não podendo continuar o raciocínio do Estado atuando somente por atos administrativos unilaterais (FORTINI, Cristiana. *Contratos administrativos*: franquia, concessão, permissão e PPP. 2. ed. São Paulo: Atlas, 2009. p. 4).

controvérsias existentes entre as partes, o que pressupõe o reconhecimento da autonomia dos parceiros envolvidos para que se permitam o diálogo, a negociação e as transações.[368]

Verifica-se que a Administração Pública está mudando porque o Estado está se transformando, pressionado pela sociedade, quando não mesmo pelas próprias alterações legislativas.[369] Essa não é uma realidade brasileira tão somente, e, sim, mundial.[370] Assim, a consensualização serve como fundamento para um modelo de diálogo que visa ao consenso por meio da democratização da ação estatal ou, como dito por Thiago Marrara, é "o movimento de transformação da Administração Pública e de seus processos administrativos em favor da edificação de consensos".[371]

É claro que o consenso e o diálogo no seio administrativo não representam o sepultamento em si dos atos administrativos unilaterais, já que inúmeros instrumentos e decisões administrativas demandam essa prerrogativa. Entretanto, sempre que não houver prejuízo ao interesse público e for para ampliar os direitos e a participação popular, os órgãos ou entidades deverão priorizar o consensualismo.[372]

Não se pode dissociar a evolução ocorrida na Administração Pública do avanço na tecnologia da informação, uma vez que a sociedade está mais inteirada a partir da cognição de boas e más práticas, ainda que falte muito filtro nas informações replicadas nos mais diversos meios de comunicação.

Apesar da assertiva crítica, é incontroverso que os avanços tecnológicos permitem um acesso cada vez maior às informações relativas à atuação estatal. Afinal, como observa Fritjof Capra, a revolução da informática "não só deu origem a uma nova economia como também transformou de modo decisivo as relações de poder tradicionais".[373]

Nesse ambiente, as redes de comunicação que regem a nova economia não servem somente para transmitir informações sobre transações financeiras e oportunidades de investimentos, "mas contam também com redes globais de notícias, artes, ciências,

---

[368] OLIVEIRA, Gustavo Justino de. *Direito administrativo democrático*. Belo Horizonte: Fórum, 2010. p. 223-224.

[369] "É essa uma nota essencial para se resistir à tentação de construir um mundo virtual em que o tradicional paradigma da Administração de acto administrativo e da regulação pública unilateral e vertical (top-down) já não existe, tendo sido substituída por um sistema de Administração de consenso e de governança partilhada em que as relações administrativas já não se estabelecem numa base hierárquica, mas sempre em sistemas descentralizados de negociação entre actores públicos e privados" (GONÇALVES, Pedro. *O Contrato Administrativo*. Coimbra: Almedina, 2003. p. 23-24).

[370] Juliana Bonacorsi de Palma assevera a existência de "normas autorizativas da adoção de esquemas consensuais pela Administração" italiana, espanhola e alemã nas próprias leis de processo administrativo (PALMA, Juliana Bonacorsi de. *Sanção e acordo na administração pública*. São Paulo: Malheiros, 2015. p. 100).

[371] MARRARA, Thiago. Acordos de leniência no processo administrativo brasileiro: modalidades, regime jurídico e problemas emergentes. *Revista de Direito Administrativo Digital*, São Paulo, v. 2, n. 2, p. 509-527, p. 509.

[372] "Por um lado, não deve subvalorizar-se o risco de a difusão das técnicas <consensuais> no campo da ação administrativa, e, portanto, a prática constante do negócio e do acordo com os privados, acabarem por determinar desvios perigosos no modo de proceder e nosso objetivos dos poderes públicos, dando azo a formas de colusão e mesmo a situações em que é fácil que interesses individuais ou de grupo se sobreponham aos interesses da colectividade. Mas, por outro lado, esta afirmação do modelo <convencional> em lugar dos instrumentos de imposição unilateral, assinala um processo rico de potencialidades positivas: isto porque a procura e a promoção do <consenso> dos <administrados> significam desenvolvimento da sua activa e consciente <participação>, na qual, por sua vez, se encontra um pressuposto de democracia e, ao mesmo tempo de eficiência do procedimento administrativo. Neste sentido, o contrato, com os valores que exprime, coloca-se, de certo modo, como símbolo e suporte de um novo e mais avançado modelo de relação entre autoridade e liberdade" (ROPPO, Enzo. *O Contrato*. Tradução: Ana Coimbra e M. Januário C. Gomes. Coimbra: Almedina, 2009. p. 346-347).

[373] CAPRA, Fritjof. *As conexões ocultas*: ciência para uma vida sustentável. São Paulo: Cultrix, 2002. p. 159.

diversões e outras expressões culturais. Também essas expressões foram profundamente transformadas pela Revolução da Informática".[374]

Sensível a isso, Gustavo Justino de Oliveira utiliza as concepções de *Estado em rede* e de governança pública para contextualizar a Administração consensual como a nova face da Administração Pública no século XXI, dado que as citadas concepções, com esteio em Manuel Castells, consubstanciam-se em razão da era da informação e do galopante avanço das tecnologias de informação.[375]

Ponderando um aspecto extremamente negativo nesse ponto, Diogo Figueiredo Moreira Neto admoesta que entre as consequências da globalização da economia e da difusão de novos paradigmas na ciência e na tecnologia estão o enfraquecimento e o esvaziamento do Estado Nacional, razão pela qual se clama por um reposicionamento do Estado. Ante essa situação, algumas marcas despontarão como imprescindíveis para o Estado, quais sejam: a instrumentalidade, a abertura democrática substantiva, o diálogo, a argumentação, a consensualidade e a motivação.

Conquanto se concorde com tal crítica, inclusive pela inviabilidade de uma nova postura gerar consequências positivas e negativas, não se pode caracterizá-la como negativa por si, mas se deverá estudar formas para diminuir as externalidades negativas sobrevindas com tais avanços.[376] Convém, ainda, ressaltar o argumento de Massimo Giannini de que boa parte da busca pelo Estado de relações com terceiros privados se deve a razões tecnológicas para atender necessidades coletivas.[377]

No último quartel do século passado, Diogo Figueiredo Moreira Neto realça a existência da transformação por intermédio do polígono de mobilidades, até porque, com as novas tecnologias, há uma clara perda dos fatores tradicionais que determinavam a produção econômica, o que, *per se*, o autor qualifica como obsoleto o modelo fordista. O polígono é formado pela mobilidade da informação, da produção, financeira e social, as quais representam todas as consequências das mudanças provocadas pelo avanço da rápida mobilidade que permeia as diversas áreas.

Vale destacar que o efeito é o polifacetismo, o que representa, na visão do autor, a sociedade pluralista, a qual é uma "constelação de módulos de interesses diversificados em torno dos quais gravitam e se agregam, em câmbio permanente, os indivíduos e as entidades de sua criação".[378] Tendo a sociedade pluralista, desta advém o Estado Pluriclasse, que simplesmente reflete a busca coletiva, e não individual e egoística, da cobrança do espaço público.

---

374 CAPRA, Fritjof. *As conexões ocultas*: ciência para uma vida sustentável. São Paulo: Cultrix, 2002. p. 163.

375 OLIVEIRA, Gustavo Justino de. *Direito administrativo democrático*. Belo Horizonte: Fórum, 2010. p. 213-215. O progresso dos meios de comunicação é enaltecido por Johan Norberg ao relacioná-lo como meio de mudança para a concepção das precondições de uma boa vida e do seu ponto de partida e de chegada, distinguindo a realidade atual daquela vivenciada há duzentos anos. Como ponto nodal para tal diferenciação está a questão psicológica e intelectual das pessoas, uma vez que a difusão e a facilidade de informação desencadearam novos horizontes (NORBERG, Johan. *Progresso*. Tradução: Alessandra Bonrruquer. Rio de Janeiro: Record, 2017. p. 189-202).

376 MOREIRA NETO, Diogo de Figueiredo. *Poder, direito e estado*: o direito administrativo em tempos de globalização *in memorium* de Marcos Juruena Villela Souto. Belo Horizonte: Fórum, 2011. p. 138-144.

377 GIANNINI, Massimo Severo. *Derecho Administrativo*. Tradução: Luis Ortega. Volumen Primero. Madrid: Ministerio para las Administraciones Públicas, 1991. p. 86-87.

378 MOREIRA NETO, Diogo Figueiredo. *Mutações do Direito Administrativo*. 3. ed. Rio de Janeiro: Renovar, 2007. p. 37-39.

De todo esse avanço nas mobilidades, duas decorrências devem ser aventadas, quais sejam, a consciência dos interesses e a participação política.[379] A consciência dos interesses e a participação revelam-se como verdadeiros avanços e, mormente, uma maior legitimidade da atuação estatal, isso porque dará aos agentes públicos certa estabilidade de sua atuação, pois, do contrário, haverá uma contestação imediata em razão de alguma forma.

Doutro lado, pelo enfoque do interesse público, Odete Medauar resume a quebra de paradigma contextualizando que, após "uma concepção da Administração detentora do monopólio do interesse público, emerge entendimento de que a Administração deve compartilhar tal atribuição com a sociedade".[380]

A realidade em transformação não é fruto, pois, de um movimento ou de uma guerra, mas, sim, de uma conscientização do povo no que se refere à sua participação na atuação da Administração Pública.

Como qualquer mudança de paradigma, ainda que os meios de comunicação e de informação estejam avançados, salienta-se que as alterações substanciais demorarão para gerar certa uniformização, ainda mais quando se trata de um Estado grande, como é o caso do Brasil.[381] Nessa cadência, Emerson Gabardo salienta "que a participação deve ocorrer tanto no viés de mobilização política no plano das mentalidades, com ênfase na prática eminentemente cultural, quanto no sentido propriamente de atuação no Estado e, obviamente, fora dele, no espaço público não-estatal".[382]

Eduardo García de Enterría e Tomás-Ramón Fernández, tratando dessa mesma "Administração-concertada", referem que a renúncia ao imperativo unilateral dos poderes administrativos para acordar com os particulares, a fim de obter uma maior participação dos particulares no exercício da atividade administrativa, auxilia na minoração dos litígios envolvendo particular e Administração.[383] Em função disso, Gustavo Justino de Oliveira e Odete Medauar assentam o fortalecimento da negociação na esfera da Administração Pública, por via de acordos, como um desses novos paradigmas.[384]

Ecoando a tendência de cooperação e ação concertada entre Administração Pública e os particulares, Pedro Gonçalves explica que "um dos traços que caracteriza o sistema administrativo da nossa época é a cooperação e acção concertada entre a

---

[379] MOREIRA NETO, Diogo Figueiredo. *Mutações do Direito Administrativo*. 3. ed. Rio de Janeiro: Renovar, 2007. p. 38. Sobre o Estado Pluriclasse, vide também Maria Sylvia Zanella Di Pietro (DI PIETRO, Maria Sylvia Zanella. *Parcerias na Administração Pública*. 5. ed. São Paulo: Atlas, 2005. p. 27).

[380] MEDAUAR, Odete. *O direito administrativo em evolução*. São Paulo: Revista dos Tribunais, 1992. p. 192.

[381] Compete exaltar que o mercado da informação merece atenção especial do Estado em razão do seu valor no atual mundo globalizado, uma vez que, ao tempo em que não é algo fácil de se apropriar, também "informação de qualquer complexidade é difícil de transmitir e é muito mais difícil de obtê-la quando é organizada de forma a dificultar a comunicação. Administradores podem evitar a crescente facilidade com que a informação possa ser transmitida, e furtada, ao resistirem à tentação de estruturá-lo organizadamente na forma escrita. Além disso, ela tem alta taxa de depreciação, pois seu valor depende da ação dos competidores. Um mercado de informações furtadas é de difícil organização. (...) Ainda, muita informação só faz sentido para quem a detém, como o segredo empresarial associado a patentes" (ROSSI, Juliano Scherner. *Compensações tecnológicas (offset)*: segredo empresarial e transferência internacional. Rio de Janeiro: Lumen Juris, 2015. p. 112).

[382] GABARDO, Emerson. *Eficiência e legitimidade do Estado*. Barueri: Manole, 2003. p. 165.

[383] ENTERRÍA, Eduardo García de; FERNÁNDEZ, Tomás-Ramón. *Curso de derecho administrativo*. vol. 1. Madrid: Civitas, 1999. p. 665.

[384] MEDAUAR, Odete; OLIVEIRA, Gustavo Justino. *Consórcios públicos*. São Paulo: Revista dos Tribunais, 2006. p. 31.

Administração Pública e os particulares. A cooperação, em sentido estrito, representa a actuação sinérgica, coordenada e concertada de vários agentes em vista da realização de objectivos determinados".[385]

Segundo Diogo de Figueiredo Moreira Neto, várias características podem ser retiradas dessas novas tendências do Estado da Administração Pública e mesmo da sociedade quanto à administração dos interesses públicos, merecendo destaque as seguintes: a imparcialidade da Administração Pública em sua atuação; a abertura da Administração Pública à participação do administrado para dela receber orientação para que possa colaborar; a eficiência na ação administrativa – não se espera mais só eficácia (produzir os resultados esperados), e, sim, eficiência (melhor nível de qualidade e com o mínimo de dispêndio de recursos públicos) –; e a preferência às atividades concertadas consensualmente pela Administração Pública, sobrepujando a coercitividade e o autoritarismo.

Além desses, menciona ainda outros aspectos, como "a valorização da legitimidade e da licitude, *pari passu* com a legalidade, a ascendência da uniformização e da processualidade administrativas, o avenço da principiologia jurídica e da discricionariedade técnica".[386] Assim é que, "pela consensualidade, o poder público vai além de estimular a prática de condutas privadas de interesse público, passando a estimular a criação de soluções privadas de interesse público, concorrendo para enriquecer seus modos e formas de atendimento".[387]

Por tudo isso, Gustavo Justino de Oliveira utiliza a expressão "Administração Paritária" e aduz que a sua pertinência justifica-se por ser uma forma de administrar fundada no consenso, em módulos negociais, desse modo originam relações entre a Administração e particulares mais próximas à horizontalidade, o que *per se* reflete um tratamento mais isonômico".[388] Inclusive, a expressão "Administração Paritária" parece se encaixar melhor no direito brasileiro ao invés da "Administração Concertada", mais precisamente por conta do vernáculo português, ou seja, assim transluzindo melhor o seu próprio intuito.

No contexto brasileiro, ainda, Diogo de Figueiredo Moreira Neto assinala que a consensualidade configura verdadeiro princípio constitucional, mais precisamente lastreado nos princípios fundamentais constitucionais expressos nos artigos 3º e 4º.[389]

Num sentido ainda mais amplo, Cláudio Cairo Gonçalves descreve que, no campo da atuação da Administração Pública brasileira, existem normas que preveem a consensualidade (entre ela e os administrados), a partir de diversas figuras contratuais ou sistemas de transferência do exercício de certas atividades do ente estatal para entes

---

[385] GONÇALVES, Pedro Antonio Pimenta da. *Entidades privadas com poderes públicos*: o exercício de poderes públicos de autoridade por entidades privadas com funções administrativas. Coimbra: Edições Almedina, 2008. p. 454-455.

[386] MOREIRA NETO, Diogo de Figueiredo. *Mutações do direito administrativo*. 3. ed. Rio de Janeiro: Renovar, 2007. p. 124-125.

[387] MOREIRA NETO, Diogo de Figueiredo. Novos institutos consensuais da ação administrativa. *Revista de Direito Administrativo*, Rio de Janeiro, n. 231, p. 1.029-1.156, jan./mar. 2003, p. 1.156.

[388] OLIVEIRA, Gustavo Justino de. *Direito administrativo democrático*. Belo Horizonte: Fórum, 2010. p. 223-224.

[389] MOREIRA NETO, Diogo de Figueiredo. Novos institutos consensuais da ação administrativa. *Revista de Direito Administrativo*, Rio de Janeiro, n. 231, p. 1.029-1.156, jan./mar. 2003, p. 1.156.

da sociedade, tais como os convênios, termos de parcerias, franquias, entre outros instrumentos.

Segundo ele, para o sucesso de tais instrumentos, é imperioso um intenso incentivo à cooperação e colaboração com o setor público, sendo que "a participação e o envolvimento dos indivíduos e das comunidades depende principalmente de sua conscientização para atuação na esfera pública, e diretamente de sua organização, como pessoas físicas ou jurídicas, nacionais ou estrangeiras, que, constituídas com objetivos específicos, passam a travar relações diretas com a Administração Pública".[390]

Quando se atenta para tais atos consensuais, não se pode esquecer da imprescindibilidade de aproximação entre Estado e sociedade para a identificação e satisfação do interesse público, isso porque a Administração Pública não pode perseguir o interesse público sem examinar junto à coletividade qual é a demanda em cada caso.[391]

Assim que, na atualidade, o consensualismo encontra maior eco por conta da efetiva participação da sociedade junto à Administração Pública, o que também decorre do dever de desenvolvimento como exigido constitucionalmente (art. 3º, inciso II) e da aplicação do princípio (ou vetor) da subsidiariedade. Em decorrência disso, agrega-se diálogo e diminui-se a unilateralidade, dado que o Estado pode e deve encontrar, junto ao mercado, alternativas para satisfazer as suas necessidades. Nesse diapasão, é inegável que o maior diálogo e a abertura para consenso evitam condutas arbitrárias ou inapropriadas, as quais, por vezes, tornam inviável ou por demais sacrificante uma parceria ou contrato administrativo.

Destarte, é possível afirmar que a consensualidade se mostra como uma realidade que permeia muitos Estados, inclusive o brasileiro, e que fortalece o Estado Democrático de Direito mediante uma elevada participação popular, a qual serve de fundamento legitimador para a atuação estatal, principalmente sob o enfoque de principal interessada na atuação em prol do interesse público primário.

Afinal, como aponta Almiro do Couto e Silva, o "progresso da Administração Pública concertada ou consensual, da participação popular nas deliberações administrativas do Estado, que enriquecem o Direito Administração de nossos dias pelo saudável ar democrático que injetam, não pode ser visto como um fato de desprestígio do ato administrativo". Ao revés, eles devem servir como "predicados que lhe permitem, com bons governantes, tornar ágil e eficiente a máquina administrativa do Estado Democrático de Direito".[392]

Por todas essas razões, a Administração Pública tende – aparentemente com razões de sobra, de fato e de direito, principalmente – a ser mais concertada, dialógica,

---

[390] GONÇALVES, Cláudio Cairo. O princípio da consensualidade no Estado Democrático de Direito – Uma introdução. *Revista de Direito Administrativo*, Rio de Janeiro, n. 232, abr./jun. 2003, p. 105-114, p. 110.

[391] "A prossecução do interesse público, expressão do bem comum da comunidade, integra a dimensão social da dignidade humana, enquanto fonte de direitos e deveres fundamentais, nunca se encontrando habilitada essa prossecução a derrogar o núcleo essencial da dignidade de cada pessoa: esse núcleo essencial é um bem individual que, assumindo sempre relevância colectiva, nunca pode deixar de prevalecer sobre um bem comum sem conexão ou em violação da dignidade humana" (OTERO, Paulo. *Manual de Direito Administrativo*. Vol. I. Coimbra: Almedina, 2013. p. 67).

[392] SILVA, Almiro do Couto e. Notas sobre o conceito de ato administrativo. *In*: SOUTO, Marcos Juruena Villela; OSÓRIO, Fábio Medina (coord.). *Direito administrativo*: estudos em homenagem a Diogo Figueiredo Moreira Neto. Rio de Janeiro: Lumen Juris, 2006. p. 271-292, p. 291.

consensual ou paritária, rechaçando a linha cética da unilateralidade e da verticalidade de postura, absolutamente incompatíveis com o reconhecimento constitucional de que "todo poder emana do povo", a despeito de exercido por meio de representantes eleitos ou diretamente (parágrafo único do art. 1º).

2.3 O uso da contratação pública como integrante da política econômica de um Estado

2.3.1 A contratualização e o interesse público

A partir do ambiente de um direito administrativo mais dialógico e consensual, os contratos administrativos também passaram a ter uma compreensão diferente.[393] Ao invés de caracterizá-los tão somente como um fim em si mesmo ou como um instrumento para a satisfação de alguma necessidade imediata, as cifras financeiras envolvidas neles fizeram com que a postura cambiasse. É notório que, em período de abundância econômica nacional, as aludidas contratações passavam desapercebidas.

Entretanto, a partir do momento em que há uma crise de bem-estar, associada à falta de recursos orçamentários e financeiros, bem como dificuldades em satisfazer vários direitos sociais – dentre eles, trabalho, saúde, cultura, segurança e educação –, a procura por qualquer escape para minimizar os prejuízos é intentada.

Desse modo, a relação entre a concertação e a forma como os contratos administrativos passam a ser usados é facilmente explicada pelo contexto econômico, mas, antes de perpassar por números e dados, é preciso compreender, do ponto de vista histórico, esse movimento pendular a favor da contratualização administrativa, que significa também uma maneira de privatizar a Administração Pública.[394]

---

[393] Mas, note-se, falar da expansão do consenso no direito administrativo não remete necessariamente para o contrato ou, em conjunto com ele, para a terra incognata dos acordos informais. É que, ao contrário do que se sugere por vezes, o próprio acto administrativo, o acto unilateral de autoridade, também "consente o consenso", revelando-se-nos afinal como uma figura dúctil, que não reflete necessariamente uma 'imagem autoritária' da Administração – e nem se diga que com isso se está afinal a desfigurar o velho acto administrativo, pois que, desde sempre, a doutrina o apresentou como um acto de autoridade que pode não dispensar a colaboração, a adesão ou o consentimento do particular (GONÇALVES, Pedro. *O Contrato Administrativo.* Coimbra: Almedina, 2003. p 24-25).

[394] Ainda que o termo privatização possa ser concebido de diversas maneiras, utilizam-se para o presente trabalho os termos apregoados por Maria Sylvia Zanella Di Pietro em sentido lato: "Objetiva-se a 'reforma do Estado', com vistas a fazer reverter os males instaurados pelo Estado intervencionista: de um lado, visto do lado do cidadão, quer-se restaurar e prestigiar a liberdade individual e a livre concorrência; isso leva às ideias de privatização, fomento, parceria com o setor privado; visto do lado do Estado, quer-se alcançar a eficiência na prestação dos serviços públicos, o que leva à ideia de desburocratização. Na realidade, poder-se-ia falar apenas em 'privatização' em sentido amplo, na qual se inserem todos esses objetivos" (DI PIETRO, Maria Sylvia Zanella. *Parcerias na Administração Pública.* 5. ed. São Paulo: Atlas, 2005. p. 39). Pedro Gonçalves denomina de tarefa pública atribuída a particular nos casos de privatização, lembrando que, para o autor, a privatização no âmbito da execução de tarefas públicas é a cedência, total ou parcial, de tarefas públicas a agentes privados (GONÇALVES, Pedro Antonio Pimenta da. *Entidades privadas com poderes públicos*: o exercício de poderes públicos de autoridade por entidades privadas com funções administrativas. Coimbra: Edições Almedina, 2008. p. 321 e seg.). Usando a palavra privatização para transluzir o critério de subsidiariedade horizontal ou chamada de funcional, recorre-se a esta para se referir "ao protagonismo do indivíduo e da sociedade civil na consecução das atividades que lhe são necessárias, relegando aos organismos institucionais público-estatais uma competência de caráter acessório (complementar e/ou suplementar)" (GABARDO, Emerson. *Interesse público e subsidiariedade.* Belo Horizonte: Fórum, 2009. p. 213).

Há a imprescindibilidade de uma readequação da dogmática administrativa em resposta às evoluções recentes da Administração Pública, até porque as mudanças têm sido profundas nas suas próprias formas de organização e atuação, provocando mudanças nas suas próprias formas de organização e atuação, que estão ultrapassadas.[395] Inteligência artificial e inteligência alienígena, bem como os meios de repasse de informação atuais, não estavam presentes antigamente; logo, o tratamento conferido pelo direito administrativo deverá enfrentar e dar as devidas respostas para tais realidades sociais contemporâneas.

Maria João Estorninho classifica tal evolução a partir de três vetores fundamentais: (i) uma crescente relevância da atividade contratual em comparação a outras formas de atuação administrativa; (ii) o alargamento do tipo de fins de interesse público, com mais atribuições administrativas para serem perseguidas; e (iii) a diversificação das espécies contratuais que podem ser utilizadas.[396]

Ressaltando a busca para parcerias e contratos ao setor privado, o que demonstra a importância da contratualização em geral, a crise do Estado de Providência faz tal procura acentuar-se, conduzindo a modelo ainda imperfeitamente delineado como "a Administração Conformadora (João Caupers), ou Administração de infraestruturas ou Administração prospectiva (Vasco Pereira da Silva) ou Administração reguladora ou de fomento (Maria João Estorninho). Neste modelo, pretende-se que haja menos Estado e mais atividades de natureza jurídico-privada, sem que se volte ao Estado liberal".

A intenção é que o Estado possa criar condições adequadas para que as atividades privadas se realizem a partir de diversas formas jurídico-privadas de organização e atuação administrativa ou na colaboração dos particulares com as entidades públicas.[397]

Para a criação de condições, uma nova mentalidade se faz necessária, a fim de assimilar o impacto da contratualização e a relação da Administração com os contratados e parceiros.[398] A necessidade de aproximação do Estado-contratante com o

---

395 ESTORNINHO, Maria João. *Contratos da administração pública (esboço de autonomização curricular)*. Coimbra: Almedina, 1999. p. 43.

396 ESTORNINHO, Maria João. *Contratos da administração pública (esboço de autonomização curricular)*. Coimbra: Almedina, 1999. p. 43. Em sentido similar, Pedro Vaz Mendes: "A transformação e alargamento das atribuições do Estado ocorridas nos séculos XIX e XX obrigaram a administração a adotar mecanismos de consensualização das suas intenções com as dos particulares (...)" (MENDES, Pedro Vaz. *Pacta Sunt Servanda e interesse público nos contratos administrativos*. Lisboa: Universidade Católica, 2016. p. 3).

397 FONSECA, Isabel Celeste M. *Direito da contratação pública*: uma introdução em dez aulas. Coimbra: Almedina, 2009. p. 38. A autora ainda menciona que o perfil de objeto (ou, melhor dizendo, de causa) dos contratos passa a ser diferente: "Se antes havia contratos de colaboração, aqueles pelos quais uma das partes se obra a proporcionar à outra uma colaboração temporária no desempenho de atribuições administrativas mediante uma remuneração, nesta época surgem os contratos substitutivos de actos administrativos. Se antes a Administração é autoritária e agressiva, agora é parceira e prestadora. E é neste contexto que surgem formas de administração concertada e surgem os contratos de administração, em que a atividade administrativa típica aparece como objeto de acordo e o particular co-contratante aparece como administrado e não como colaborador" (FONSECA, Isabel Celeste M. *Direito da contratação pública*: uma introdução em dez aulas. Coimbra: Almedina, 2009. p. 37). Com o digno respeito, deve-se discordar porque sempre a causa de um contrato administrativo será a colaboração e, somente nas vezes de algum contrato de concessão ou permissão, bem como nas parcerias, é que se poderá pensar na ideia da jurista de "contratos de administração", sendo que, nas parcerias, essa expressão também não permitirá pensar em exclusividade de administração ante os fins persecutidos.

398 ESTORNINHO, Maria João. *Contratos da administração pública (esboço de autonomização curricular)*. Coimbra: Almedina, 1999. p. 48. Sobre a relação da contratualização para a efetivação de políticas públicas, Jacques Chevalier esclarece que: "A função de 'regulador' doravante atribuída ao Estado na economia lhe impõe especialmente privilegiar a contratualização em face do enquadramento pela via regulamentar: o Estado não busca mais a

terceiro-contratado faz com que surja um maior senso de responsabilidade por este, o qual percebe o seu grau de envolvimento para a satisfação dos interesses públicos – ou pelo menos assim deveria se sensibilizar.

Não se está assentindo com o mero repasse de responsabilidade pela prossecução do interesse público para o contratado, mas, sim, destacando um espírito de solidariedade que deve ocorrer.[399] Não se pode ser inocente a ponto de centralizar a solidariedade como único motivo para gerar a aproximação dos candidatos a um futuro negócio, até porque o combustível daqueles que atuam no segundo setor da economia é o lucro, o qual deve ser sempre respeitado e buscado.

2.3.2 Proximidade entre agentes público e privado não quer dizer subserviência ou dar azo à corrupção

Entrementes, convém ressaltar que a aludida aproximação nunca pode servir de arrimo para práticas de colusões ou de confusão injustificada entre público e privado. Infelizmente, abre-se parêntese para alvitrar que os ajustes dependem de seres humanos, e aí reside a possibilidade de ocorrerem desvios de conduta na aproximação existente entre agentes do contratante e do mercado antes da celebração de ajustes em geral para a discussão de modelos contratuais, prazos, condições habituais, soluções existentes no mercado, entre outros pontos, razão pela qual se deve trabalhar sempre, seja do lado da administração contratante ou de terceiros pretensos contratados, com a implantação de matrizes de risco institucionais e específicas do setor de contratação.[400]

As interferências e a comunicabilidade com os possíveis fornecedores servem para avaliar as condições futuras de um possível ajuste, inclusive o que pode ser estipulado de maneira rígida e o que goza de alguma flexibilidade, para posteriormente ser fixado nas condições de um ato convocatório ou de um contrato.

Sobre a possibilidade de corrupção, Antonio García Jiménez justifica pelo fato de os valores envolvidos nas contratações em geral serem extremamente significativos, o que torna *"más vulnerables para el desarrollo de prácticas corruptas y, por lo tanto, donde los actores que intervienen en el proceso pueden estar más expuestos a aceptar sobornos, las conocidas coloquialmente como mordidas"*.[401]

---

impor a sua vontade pela coerção; ele discute com as empresas e se esforça em obter a sua colaboração, que não é jamais adquirida antecipadamente. (...) rompendo com a lógica tradicional de setorialização, as políticas públicas são cada vez mais caracterizadas por uma exigência de transversalidade: a sua implantação supõe a intervenção de um conjunto de atores públicos, cuja cooperação será formalizada em um dispositivo contratual. (...) Essas diferentes facetas da contratualização são indissociáveis: a técnica contratual aparece como o meio de fazer cooperarem atores diversos, situações tanto no seio como fora do Estado e portadores de racionalidades divergentes. (...) Como tal, a contratualização aparece emblemática dessas novas técnicas de 'governança', que são chamadas a tomar o lugar dos antigos métodos de 'governo', de tipo unilateral e coercitivo: a ação pública torna-se o produto de interações entre atores múltiplos, públicos e privados, quanto aos quais se procura conciliar as estratégias e harmonizar os interesses; o contrato é o meio de formalizar essa cooperação" (CHEVALLIER, Jacques. *O estado pós-moderno*. Tradução: Marçal Justen Filho. Belo Horizonte: Fórum, 2009. p. 160-163).

[399] MENDES, Pedro Vaz. *Pacta Sunt Servanda e interesse público nos contratos administrativos*. Lisboa: Universidade Católica, 2016. p. 377.

[400] Tal assunto será mais explorado nos critérios para o estabelecimento de medidas eficientes para os promotores e incentivadores de ciência, tecnologia e inovação (tópico 5.3).

[401] GARCÍA JIMÉNEZ, Antonio. *Las conexiones entre contratación administrativa e innovación*. Madrid: Tecnos, 2018. p. 284-285. Convém destacar que o impacto da contratação pública na dinâmica competitiva dos mercados teve até hoje uma relevância relativamente secundária, tanto do ponto de vista econômico quanto jurídico, conquanto

2.3.3 O contrato público como instrumento de política econômica

Em crise, os ajustes também servem como reguladores da despesa pública.[402] Com isso, o governo toma decisões para a execução da despesa pública, utilizando os contratos públicos como instrumento de política econômica ou social ou como meio de redistribuição, atingindo, assim, vários objetivos de uma política econômica, como a redistribuição, apoio social, falha de mercado ou outros, no raciocínio de Nuno Cunha Rodrigues.[403]

Discordando parcialmente do autor português, parece que toda política econômica será social e nem toda política social será econômica, já que a social poderá inclusive ser dispendiosa e prejudicar a contenção de gastos econômicos ou até mesmo poderá ser neutra do ponto de vista econômico.

De qualquer maneira, os mercados públicos devem ser sempre priorizados como instrumentais para políticas econômicas, já que representam um mercado deveras importante. Tanto é assim que os países em geral utilizam esse seu poder de comprador ou também chamado como administração cliente.[404]

Pode-se até justificar na ideia de a administração pública ser um sistema, assim como defendem os especialistas em ciências políticas, o que significa ser um conjunto em que cada parte do todo depende da outra ou, dito de forma mais rudimentar, *"un sistema consiste en <input> (insumo), transformación y <output> (resultado)"*.[405]

Posto isso, é indiscutível que a contratação pública assume um papel estratégico para os Estados. Tanto é assim que chegam a denominar tal área de direito da contratação pública ou até de direito internacional da contratação pública, justificando também na busca de um equilíbrio nos seus princípios gerais internacionalmente para alcançar

---

que a aplicação conjunta da normativa de defesa da concorrência e da contratação pública venha recebendo uma maior atenção (crescente). A crítica se faz pertinente, pois a análise sempre é feita pelo viés do direito concorrencial de acordo com a corrupção e *colusión* (práticas desleais) dos concorrentes, entrementes as peculiaridades dos mercados dominados pelo comprador público influenciam largamente nos casos de controle de operações de concentração entre os provedores ou contratados do poder público e, de modo similar, com o controle das ajudas estatais para empresas contratadas. Por isso, Albert Sánchez Graells justifica a imprescindibilidade de estudar a inter-relação entre o direito da concorrência e o direito da contratação pública, bem como o impacto da atividade de aprovisionamento (planejamento) e contratação pelo poder público frente à normativa e à realidade da dinâmica competitividade dos mercados privados: *"Plantear el problema derivado de la falta de cobertura de estas posibles distorsiones competitivas por las normas de defensa de la competencia, enfatizar la necesidad de diseñar el sistema e contratación pública de modo que no restrinja, altere ni falsee la competencia en los mercados en que el comprador público desarrolla su actividad (de abastecimiento) y reflexionar críticamente acerca de la necesidad de someter el ejercicio de poder de mercado por el comprador público a controles y límites similares (si no idénticos) a los que existen para los operadores de mercado privados"* (SÁNCHEZ GRAELLS, Albert. Reflexiones críticas em torno a la disciplina del comportamiento de mercado del comprador público. *In*: FERNÁNDEZ ACEVEDO, Rafael; VALCÁRCEL FERNÁNDEZ, Patricia (dir.). *La contratación pública a debate*: presente y futuro. Navarra: Civitas, 2014. p. 275-298, p. 276-277).

402 GOMES, Pedro Cerqueira. Contratação pública e inovação – o diálogo entre Portugal e a União Europeia. *In*: FERNÁNDEZ ACEVEDO, Rafael; VALCÁRCEL FERNÁNDEZ, Patricia (dir.). *La contratación pública a debate*: presente y futuro. Navarra: Civitas, 2014. p. 525-555, p. 526.

403 RODRIGUES, Nuno Cunha. *A contratação pública como instrumento de política econômica*. Coimbra: Almedina, 2015. p. 69-70.

404 BAÑO LEÓN, José María. La figura del contrato en el derecho público: nuevas perspectivas y límites. *In*: Congreso Luso-Hispano de profesores de Derecho Administrativo (5º Barcelona, 2002). *La contratación pública en el horizonte de la integración europea*. Madrid: Instituto de Administración Pública, 2004. p. 11-29, p. 13.

405 VEDUNG, Evert. *Evaluación de políticas públicas y programas*. Madrid: Ministerio de Trabajo y Asuntos Sociales. 1997. p. 22.

a flexibilidade necessária para aprimoramento dos processos e dos mecanismos de aquisição atuais.[406]

De forma interessante e para transluzir a necessidade de encarar tais ajustes como estratégicos para a política econômica, Claudia Viana aborda duas diferentes realidades no panorama internacional da contratação pública: de um lado, promoção do desenvolvimento econômico dos países; de outro, o intento de se pautar por critérios de racionalidade e eficiência econômicas, a fim de evitar o aumento de gastos.[407]

Com argumentos diferentes, Nuno Cunha Rodrigues enfatiza a globalização dos contratos públicos e de uma potencial instrumentalização que os Estados podem exercer relativamente a estes com o fito de proteger as indústrias domésticas a partir da não abertura da conta da ação pública a entidades estrangeiras; ou por meio da imposição a outros Estados da abertura desse mercado; ou até pela interferência na política interna pela via das contratações públicas, assim como aconteceu na Lei de Massachusetts, em que se impedia a acessão de empresas com negócios com a Birmânia a contratos públicos nos Estados Unidos, enquanto aquele país não respeitasse os direitos humanos.

Segundo o autor, toda essa instrumentalização pode ser avaliada pelo prisma econômico, pois se procura perquirir as consequências econômicas – máxime macroeconômicas –, e pelo prisma jurídico, com o qual se busca estudar tal postura pelos instrumentos jurídicos existentes no direito internacional econômico e as consequências a serem ocasionadas por tal instrumentalização. Considerando os impactos transfronteiriços, deve-se obtemperar que tal política econômica se relacione estreitamente com a ajuda ou não ao desenvolvimento subjacente à criação de regras de funcionamento para os contratos e consequente abertura ao exterior e/ou com a concessão de empréstimos relativamente a mercados domésticos (*tied-aid*) a partir de investimentos de organismos, bancos ou entidades internacionais.[408]

Numa abordagem bastante crítica e visando repensar o direito administrativo dos contratos administrativos, Egon Bockmann Moreira defende que é necessário revisitar o tempo do direito dos contratos, as modificações da Administração Pública oitocentista para a atual, o uso dos contratos administrativos como instrumento de governo – o que é aplicável para todos os contratos, apesar de o autor enfatizar os contratos de longo prazo – e a necessidade de mudança de pensamento acerca da mutação contratual para garantir a segurança jurídica, assim como admoesta a ideia da imprevisibilidade e da falta do previsível com soluções não adequadas, como é o caso das cláusulas *rebus sic stantibus*, *pacta sunt servanda* e *jus variandi*.

---

406 GARCÍA JIMÉNEZ, Antonio. *Las conexiones entre contratación administrativa e innovación*. Madrid: Tecnos, 2018. p. 83.

407 VIANA, Cláudia. A globalização da contratação pública e o quadro jurídico internacional. *In*: *Estudos de Contratação Pública da Faculdade de Direito de Coimbra*. Coimbra: Coimbra Editora, 2008. p. 23-49, p. 23.

408 RODRIGUES, Nuno Cunha. *A contratação pública como instrumento de política econômica*. Coimbra: Almedina, 2015. p. 15-16. Sobre a capacidade de auxílio internacional para países subdesenvolvidos e países em desenvolvimento por meio de agências e organismos internacionais, Francis Fukuyama critica o formato de tais ajudas e se estas realmente seriam efetivadas do modo como são efetivadas, já que, ao invés de fortalecerem os Estados nacionais, buscam se sub-rogar nas competências estatais. Tanto é que pondera que "os responsáveis pelas políticas no campo do desenvolvimento deveriam, no mínimo, fazer o juramento de Hipócrates, de 'não causar dano' e não iniciar programas que prejudiquem ou esgotem a capacidade institucional em nome de sua construção" (FUKUYAMA, Francis. *Construção de estados*: governo e organização mundial no século XXI. Tradução: Nivaldo Montingelli Jr. Rio de Janeiro: Rocco, 2005. p. 64).

Os argumentos aventados, que parecem pertinentes e corretos, convivem com vários tempos, simultâneos e assimétricos, em que nem tudo está dentro do campo jurídico, já que "o direito não mais se relaciona com um só tempo (e sua medida)". Para tanto, consubstancia a sua tese recorrendo aos tempos[409] financeiro, político e econômico. Em suma, é necessário que o agente conheça e tenha noção dos tempos que estão em jogo e os sincronize para que se adote uma solução adequada, assim utilizando corretamente o contrato como instrumento de governo.[410]

Totalmente pertinente a observação supra, pois, como se verá ao longo do trabalho e inclusive nas conclusões deste livro, é preciso uma interdisciplinaridade entre os vários ramos de conhecimento quando se trata de gestão pública, já que a economia não pode resolver de maneira solitária, tampouco o direito, a sociologia ou qualquer outro campo isoladamente.

2.3.4 Direito globalizado do contrato público ou necessidade de uma avaliação nacional para o uso estratégico econômico?

Da mesma forma, desde já, rechaça-se a busca por um direito globalizado dos contratos administrativos, isso porque um sistema global demandaria a interoperabilidade para que todos os países estivessem em condições similares de partida para se chegar a uma concorrência justa.[411]

Sabe-se que, muitas vezes, nem sequer os blocos econômicos e territoriais, como União Europeia ou MERCOSUL, têm condições equivalentes entre os países para o ponto de partida comum; portanto, não se faria justo inserir um ponto final igual para todos.

Para não restar dúvidas, porém num cenário de garantias e direitos fundamentais, de nada adianta igualar os direitos de todos os cidadãos se, infelizmente, nem todos estão no mesmo patamar de saída e, logo, não obterão êxito na chegada, como bem pondera Daniel Wunder Hachem.[412]

---

409 O autor preferiu centrar-se nos três tempos acima aludidos, ainda que outros tempos pudessem servir de argumento, como o tecnológico, o diplomático, o das comunicações, o das competições esportivas mundiais e o da globalização.

410 MOREIRA, Egon Bockmann. Contratos públicos de longo prazo, mutações e segurança jurídica. *In*: FERNÁNDEZ ACEVEDO, Rafael; VALCÁRCEL FERNÁNDEZ, Patricia (dir.). *La contratación pública a debate*: presente y futuro. Navarra: Civitas, 2014. p. 511-524, p. 515-516.

411 A interoperabilidade visa a uma standarização. É muito tratada na tecnologia da informação e atualmente na área de inteligência artificial para os governos eletrônicos. Sobre o assunto, em especial sobre a interoperabilidade das plataformas e dos sistemas eletrônicos usados pela Administração Pública (espanhola), vide o artigo realizado por Rubén Martínez Gutiérrez no *XIV Congreso Anual de la Asociación de Profesores de Derecho Administrativo*: GUTIÉRREZ, Rubén Martínez. *Los retos de la innovación tecnológica en la jurisdicción contencioso-administrativa*. XIV Congreso Anual de la Asociación de Profesores de Derecho Administrativo, 8 e 9 de febrero de 2019. Disponível em: http://www.aepda.es/AEPDAPublicaciones-2162-Actividades-Congresos-de-la-AEPDA-XIV-CONGRESO-DE-LA-AEPDA.aspx. Acesso em: 2 fev. 2019.

412 A igualdade de oportunidades demanda necessariamente uma igualdade material de partida para que se possa respeitar um mínimo de disputa igualitária e obediência ao texto constitucional. Por isso, apresenta que, no "Estado Social e Democrático como o brasileiro, o desenvolvimento reclama a sua associação a uma concepção material de igualdade, que não limite a incumbência do poder público a propiciar igualdade de condições no ponto partida, mas que também lhe outorgue o dever de agir em prol da redução das desigualdades da sociedade" (HACHEM, Daniel Wunder. A maximização dos direitos fundamentais econômicos e sociais pela via administrativa e a promoção do desenvolvimento. *Revista Direitos Fundamentais & Democracia*, v. 13, n. 13, Curitiba, UniBrasil, p. 340-399, jan./jul. 2013, p. 389). Em igual sentido, apregoa que "a universalidade dos direitos fundamentais sociais como a saúde e a educação, no que toca à sua função prestacional, há que ser encarada como um ponto de chegada: embora nem todos possam, de partida, exigir as respectivas prestações

Em que pesem tais observações, o fato é que os países têm direcionado forças para obter uma contratação pública estratégica, na qual se almeja um modelo mais eficiente e socialmente comprometido com o desenvolvimento de novas práticas, experimento de novas estruturas normativas para relação Administração-terceiro e alteração da mentalidade da formatação para a seleção de fornecedores, bem como dos agentes desenvolvedores das licitações.[413]

Para demonstrar o interesse e a preocupação dos Estados quanto ao tema, seja como causa ou consequência, basta analisar os seguintes valores envolvidos nas compras públicas na Europa, na Espanha e no Brasil ante o produto interno bruto (PIB):

- 19,7% do PIB europeu, segundo indicadores da União Europeia de 2010;[414]
- aproximadamente, 1,8 bilhão de euros anuais, o que representaria em torno de 14% ou 17%, segundo o Manual sobre a Contratação Pública Ecológica da União Europeia de 2016;[415]
- na Espanha, por volta de 15% a 20% do PIB, conforme dados extraídos por Antonio López Miño,[416] ou algo em torno 15,5% do PIB, em 2011, segundo o Diário Oficial da União Europeia. Já em estudos de 2013, a OCDE elencava um pouco diferente, mais precisamente para cifrar o percentual de 11% do PIB, já que, em seu cômputo, não calcula as organizações públicas dependentes dela e as empresas públicas;[417]
- em geral, as compras públicas correspondem a 17,9% do produto interno bruto (PIB) mundial, chegando a quase 22% do PIB da União Europeia e a 15,5% entre

estatais positivas gratuitamente, já que alguns não necessitam delas e podem obtê-las de outras formas ou pagar por elas, esses direitos são universais como um ponto de chegada, porque a sua previsão pressupõe que todos acedam através deles, com ou sem o auxílio do Estado, o conjunto valorativo que compõe a moralidade básica dos direitos humanos (dignidade, liberdade, igualdade, etc.)" (HACHEM, Daniel Wunder. Direito fundamental ao serviço público adequado e capacidade econômica do cidadão: repensando a universalidade do acesso à luz da igualdade material. *In*: BLANCHET, Luiz Alberto; HACHEM, Daniel Wunder; SANTANO, Ana Claudia. *Eficiência e ética na Administração Pública*. Curitiba: Íthala, 2015. p. 75-108, p. 101).

413 GARCÍA JIMÉNEZ, Antonio. *Las conexiones entre contratación administrativa e innovación*. Madrid: Tecnos, 2018. p. 83.

414 MORENO MOLINA, José Antonio; DOMÍNGUEZ ALONSO, Alma Patricia. El nuevo derecho de la Unión Europea sobre contratación pública. *In*: FERNÁNDEZ ACEVEDO, Rafael; VALCÁRCEL FERNÁNDEZ, Patricia (dir.). *La contratación pública a debate*: presente y futuro. Navarra: Civitas, 2014. p. 139-164, p. 141.

415 UNIÓN EUROPEA. *Adquisiciones ecológicas Manual sobre la contratación pública ecológica*. 3. ed. Luxemburgo: Oficina de Publicaciones de la Unión Europea, 2016. p. 5. Disponível em: http://ec.europa.eu/environment/gpp/pdf/handbook_2016_es.pdf. Rafael Fernández Acevedo e Patrícia Valcárcel Fernández explanam em torno de 17%: "(...) a utilização estratégica de um setor como o da compra pública representa 17% do PIB da União Europeia, o que pode significar um impulso significativo para a sustentabilidade do processo de produção das obras, dos fornecimentos e dos serviços e de maneira mais direta para promover os objetivos da estratégia da Europa 2020" (FERNÁNDEZ ACEVEDO, Rafael; VALCÁRCEL FERNÁNDEZ, Patricia. Análisis de los criterios de adjudicación de los contratos públicos en el marco de la cuarta generación de Directivas del Sector. *In*: FERNÁNDEZ ACEVEDO, Rafael; VALCÁRCEL FERNÁNDEZ, Patricia (dir.). *La contratación pública a debate*: presente y futuro. Navarra: Civitas, 2014. p. 199-274, p. 212).

416 LÓPEZ MIÑO, Antonio. La compra pública innovadora en los sistemas europeo y español de contratación pública. *In*: PERNAS GARCÍA, J. José (dir.). *Contratación pública estratégica*. Pamplona: Editorial Aranzadi, 2013. p. 213-248, p. 215.

417 BERNAL BLAY, Miguel Ángel. El desarrollo de políticas activas de empleo a través de los contratos públicos. *In*: PERNAS GARCÍA, J. José (dir.). *Contratación pública estratégica*. Pamplona: Editorial Aranzadi, 2013. p. 161-186, p. 164-165.

os países da América Latina, segundo estimativas de 2015 feitas pelo Sistema Económico Latinoamericano y del Caribe (SELA);[418]

- mais ou menos 15% do PIB do Brasil, de acordo com a apresentação oficial do Governo Federal, em 2015;[419]
- em países em desenvolvimento, as compras governamentais representam um movimento de 10% a 15% do produto interno bruto, conforme estudos da OCDE.[420]

Os dados expõem a dimensão dos contratos públicos para os Estados e, acima de tudo, para o mercado em geral, seja público ou privado,[421] motivo pelo qual Pedro Cerqueira Gomes afirma que, especificamente no mercado europeu, como movimenta cerca de 2 trilhões de euros anuais, os Estados podem exercer grande influência para a implantação e sucesso de políticas decisivas no consumo e na produção, como, por exemplo, no caso das pequenas empresas.[422]

Para contextualizar, além dos números desembolsados, é preciso infelizmente destacar também o desperdício a partir de irregularidades e corrupção nas contratações, isso porque, em 2015, foi constatado pela *Comisión Nacional de los Mercados y la Competencia*, na Espanha, que a falta de concorrência por motivos diversos[423] acarretou um desvio aproximado de 25% do total gasto, o que, *per se*, significou 4,6% do PIB espanhol – 47.500 milhões de euros.[424]

Tudo isso reflete fatos sociais e econômicos a partir de comportamentos econômicos. Como diz Schumpeter, os "fatos sociais resultam, ao menos de modo imediato, do comportamento humano. Os fatos econômicos resultam do comportamento econômico", sendo que este último deve ser definido como o comportamento dirigido para a aquisição de bens. Logo, sempre existe "um motivo econômico para a ação, de forças econômicas na vida social e econômica, e assim por diante".[425]

---

[418] ARAÚJO JÚNIOR, Ignácio Tavares de. *Análise comparada sobre medidas de favorecimento de micro e pequenas empresas (MPES) em compras públicas com avaliação de eficácia e identificação de melhores práticas*. Texto para discussão. Brasília; Rio de Janeiro: Ipea – Instituto de Pesquisa Econômica Aplicada. p. 7.

[419] BRASIL. Ministério do Meio Ambiente. *Licitação sustentável*. Disponível em: http://www.mma.gov.br/responsabilidade-socioambiental/a3p/eixos-tematicos/item/526&gt. Acesso em: 30 mar. 2015.

[420] Fato reconhecido pela Organização Mundial do Comércio (OMC) em seu *site*: *"La contratación pública representa en promedio el 10-15% del PIB de una economía. Constituye un mercado significativo y un aspecto importante del comercio internacional. La labor de la OMC en materia de contratación pública tiene por objeto promover la transparencia, la integridad y la competencia en este mercado"*. Informação disponível em: https://www.wto.org/spanish/tratop_s/gproc_s/gproc_s.htm. Acesso em: 2 dez. 2018.

[421] Caso se faça distinção entre mercado público e mercado privado, já que mercado é mercado, independentemente da origem ou destinação.

[422] GOMES, Pedro Cerqueira. Contratação pública e inovação – o diálogo entre Portugal e a União Europeia. *In*: FERNÁNDEZ ACEVEDO, Rafael; VALCÁRCEL FERNÁNDEZ, Patricia (dir.). *La contratación pública a debate*: presente y futuro. Navarra: Civitas, 2014. p. 525-555, p. 526.

[423] Dentre eles, barreiras para a participação de interessados, multiplicidade de órgãos compradores e heterogeneidade de normas (algumas complexas) por ausência de uniformização e problemas intrínsecos de assimetria informacional (*v.g.* pesquisa de preços na fase interna da licitação) e relações de agências encadeadas.

[424] ESPANHA. Comisión Nacional de los Mercados y la Competencia. *PRO/CNMC/001/15*: Análisis de la contratación pública en España: oportunidades de mejora desde el punto de vista de la competencia. p. 5-6. Disponível em: http://www.urko.net/attachments/article/701/ANEXO%20Informe%20CNMC%20Febrero%202015%20Contrataci%C3%B3n%20P%C3%BAblica.pdf. Acesso em: 26 jan. 2019.

[425] SCHUMPETER, Joseph A. *Teoria do Desenvolvimento Econômico*: uma investigação sobre lucros, capital, crédito, juro e o ciclo econômico. Tradução: Maria Sílvia Possas. São Paulo: Abril Cultural, 1982. p. 9.

Assim, o estudo, em si, do comportamento econômico das contratações públicas e dos agentes envolvidos (contratante e contratado) deve ser muito bem desenvolvido. Para tanto, não se deve restringir a aspectos meramente teóricos, e sim inter-relacioná-los com a prática operacional para buscar o melhor tratamento.

Aqui, reside o casamento que deve existir entre os teóricos e os práticos, mormente quando versa sobre situações econômicas e de gestão pública. O estudo isolado na academia sobre as contratações ou a intervenção estatal e os gastos sem recorrer às questões cotidianas e práticas enseja uma investigação estéril, ainda mais num tema que ainda necessita de uma maior verticalização.[426]

Com efeito, as contratações podem representar políticas estratégicas por promoverem o desenvolvimento econômico em geral (*v.g.*, ao propagar a inovação, a melhoria ambiental, o combate às alterações climáticas, a redução do consumo energético, o comércio justo, a melhoria do emprego, da saúde ou da inclusão de grupos desfavorecidos ou desigualados) e protegerem a indústria da concorrência externa a partir de custos financeiros associados mínimos quando comparado com a concessão de subsídios.[427]

Sem dúvida, tal raciocínio representa o uso dos ajustes não somente em "um papel econômico racional para uma perspectiva instrumental, além disso usa o nome de papel redistributivo". E não é uma novidade, pois já foi utilizado: (i) no Reino Unido, quando, após a Primeira Guerra Mundial, foi necessário favorecer os veteranos; (ii) nos Estados Unidos, em 1938, ao terem sido impostos pelo governo privilégios aos deficientes visuais na aquisição de bens e produtos produzidos por invisuais; (iii) nos Estados Unidos, com o *Buy American Act*, que prevê restrições para empresas estrangeiras nas compras relacionadas com a defesa; (iv) no Canadá, ao beneficiar a população indígena como forma de compensação pela perda de terras; (v) na África do Sul, ao direcionar à população negra; (vi) na Malásia, visando prestigiar a etnia malaia; e (vii) em Portugal, na última década, com a associação das políticas ambientais às contratações públicas.[428]

Egon Bockmann Moreira assente que é bastante crível impactar na economia pelos contratos a longo prazo, como são os casos, no Brasil, das parcerias público-privadas e das concessões comuns, já que, ao convencioná-los, fincam-se uma postura e uma prioridade

---

[426] *"El teórico consigna sus conocimientos fundamentales y sus concepciones científicas; el práctico, su experiencia profesional y su ojo práctico. Aquél trabaja más bien sintetizando; éste, más bien de un modo casuista; el teórico aspira a promover un progreso constante; el práctico, a vencer las dificultades del momento. En el derecho administrativo, por el contrario, ocupa el práctico anchos campos que el teórico no pisa nunca o cultiva tan sólo de un modo extensivo. El teórico se suele deslizar aquí sobre la superficie, en tanto que el práctico, que no puede conformarse con un estudio superficial de la materia, emprende estudios detallados, profundos y esmerados. Por eso el teórico pierde aquí su papel directivo, y en vez de servir de maestro de la práctica, busca en ella sus mejores sugestiones"* (SPIEGEL, Ludwig. *Derecho Administrativo*. Tradução: Francisco J. Condes. Colección Labor. Barcelona; Buenos Aires: Editorial Labor, 1933. p. 54).

[427] RODRIGUES, Nuno Cunha. *A contratação pública como instrumento de política econômica*. Coimbra: Almedina, 2015. p. 18-19.

[428] RODRIGUES, Nuno Cunha. *A contratação pública como instrumento de política econômica*. Coimbra: Almedina, 2015. p. 19, 21-22. Sobre a lei americana, destaca-se que "a Buy American Act, Lei de Licitações, é de 1933. Foi editada após a grande depressão e contempla objetivos claros e proteger a produção nacional, fortalecendo geração de empregos. Muitas determinações da Lei de Licitação ainda são aplicadas e existem inúmeras restrições às compras governamentais de bens não produzidos nos Estados Unidos, que podem ser afastadas em função da disponibilidade interna do produto, do interesse público ou se o produto nacional não possuir preços razoáveis" (CÂMARA, Jacintho Arruda; NOHARA, Irene. *Tratado de Direito Administrativo*: licitação e contratos administrativos. São Paulo: Revista dos Tribunais, 2014. p. 228). Para um estudo mais específico, recomenda-se SANTOS, Fábio de Souza. *Contratação pública, competição e desenvolvimento*. Curitiba: Íthala, 2019.

governamental por longos anos – 10, 20 ou até 35 anos.[429] Ademais, dependendo da "sofisticação técnica de sua modelagem, tais contratos podem se prestar à real e concreta distribuição de riqueza; a configurar, portanto, políticas distributivas de longo prazo"; com isso, o governo define a racionalidade econômica e social que regerá os principais setores da economia por um longo período de maneira vinculante.[430]

Por tais razões, Jaime Rodríguez-Arana Muñoz explica que o contratado, na condição de colaborador, deve ser conscientizado de que, além do justo lucro a ser perseguido, por meio de contratações públicas, poderá cooperar na obtenção de resultados sociais, de humanização da realidade, do fortalecimento da dignidade do ser humano e de seu entorno. Até mesmo ressalta que a ideia de cooperação com a participação volitiva e consensual é "*fundamental para construir políticas públicas abiertas, dinámicas, profundamente humanas y sociales. La acción pública es una acción compleja que, entre otras cosas, incluye la movilización de los recursos sociales, la coordinación de los esfuerzos, la integración de las iniciativas y la conjugación de las aspiraciones de la sociedad*".

Assim, na política da contratação pública, para o autor, tais coordenadas devem estar presentes, a fim de permitir que o contratado possa contribuir para a melhoria nas condições de vida das pessoas a partir da dimensão solidária e ambiental.[431] Compactuando do mesmo pensamento, José María Gimeno Feliú endossa o uso dos contratos como uma potestade ou ferramenta a serviço dos poderes públicos para o alcance dos seus fins ou de suas políticas públicas, porquanto deve ter como norte objetivos sociais, ambientais ou de investigação, o que justifica a adequação da visão estratégica da contratação pública.[432]

2.4 A política da contratação pública como integrante da política econômica é uma política pública

2.4.1 A compreensão da definição de política pública

É indispensável saber alguns conhecimentos preambulares sobre a relação da política econômica da contratação pública como política pública, como visto alhures, ante os diversos motivos e dados anteriormente coligidos.

Como é integrante de uma política pública adotada pelo Estado na seara da economia, logo é indispensável que se conheça o que é uma política pública, como deve ser formada e qual é o seu ciclo para, posteriormente, estipular uma tese de política de contratação pública brasileira para as áreas versadas neste trabalho.

---

429 Salienta-se que os prazos dependem da modalidade de concessão no Brasil. As parcerias público-privadas que têm esteio na Lei nº 11.107/2004 geram contratos com no máximo 25 anos de duração, porém as concessões comuns prescritas na Lei nº 8.987/95 não têm prazo predefinido legalmente e com sustentáculo em tal legislação já foram celebrados contratos de até 35 anos.

430 MOREIRA, Egon Bockmann. Contratos públicos de longo prazo, mutações e segurança jurídica. *In:* FERNÁNDEZ ACEVEDO, Rafael; VALCÁRCEL FERNÁNDEZ, Patricia (dir.). *La contratación pública a debate*: presente y futuro. Navarra: Civitas, 2014, p. 511-524, p. 518-520.

431 RODRÍGUEZ-ARANA MUÑOZ, Jaime. La contratación del sector público como política pública. *In:* PERNAS GARCÍA, J. José (dir.). *Contratación pública estratégica*. Pamplona: Editorial Aranzadi, 2013. p. 31-44, p. 43-44.

432 GIMENO FELIÚ, José María. Compra pública estratégica. *In:* PERNAS GARCÍA, J. José (dir.). *Contratación pública estratégica*. Pamplona: Editorial Aranzadi, 2013. p. 45-79, p. 45.

Iniciando a partir de uma definição, pode-se recorrer a Maria Paula Dallari Bucci, que a delimita como "programa de ação governamental que resulta de um processo ou conjunto de processos juridicamente regulados (...) visando coordenar os meios à disposição do Estado e as atividades privadas, para a realização de objetivos socialmente relevantes e politicamente determinados".[433]

De maneira um pouco diversa, o Programa das Nações Unidas para o Desenvolvimento agrega a ideia de essencialidade feita pelo poder político para a escolha de políticas almejando o cidadão, sempre aludindo como finalidade a promoção do desenvolvimento humano e atrelando a expansão de liberdades da população: "Políticas públicas referem-se a políticas governamentais, essenciais pelo poder político que têm quanto a políticas para o cidadão, pela necessidade da promoção do desenvolvimento humano como um processo de expansão de liberdades para a população".[434]

Enfocando a teleologia de um possível conceito, Osvaldo Canela compreende que as políticas públicas são as atividades desenvolvidas pelo Estado visando à realização dos objetivos fundamentais prescritos na Constituição da República Federativa do Brasil, isso porque defende que esta cria "os núcleos constitucionais de irradiação dos direitos fundamentais sociais, que comandam a prática de todos os atos estatais", o que, *per se*, enseja dizer que "o destino dos núcleos constitucionais de irradiação é a realização dos direitos fundamentais sociais, e as políticas públicas constituem o seu veículo material".[435]

Cristiane Derani, sob outro viés, mais precisamente a respeito da repercussão na vida dos indivíduos, defende que são ações "comandadas pelos agentes estatais e destinadas a alterar as relações existentes. São políticas públicas, porque são manifestações das relações de forças sociais refletidas nas instituições estatais e atuam sobre campos institucionais diversos, para produzir efeitos modificadores na vida social".[436]

De maneira similar, Evert Vedung retrata que os instrumentos utilizados pelas políticas representam um conjunto de técnicas pelas quais as autoridades do setor público exercem seu poder num propósito de gerar alterações sociais.[437] Para Leonardo Secchi, qualquer política pública deve ter dois elementos fundamentais: o problema público (intencionalidade de resolução) e a política pública (instrumental para levar a cabo a intencionalidade).[438]

Celina Souza, após fazer um apanhado de definições, elenca e sintetiza os principais elementos principais:

---

[433] BUCCI, Maria Paula Dallari. O conceito de política pública em direito. *In*: BUCCI, Maria Paula Dallari (org.). *Políticas públicas*: reflexões sobre o conceito jurídico. São Paulo: Saraiva, 2006. p. 1-49, p. 39.

[434] PROGRAMA DAS NAÇÕES UNIDAS PARA O DESENVOLVIMENTO. *Valores e Desenvolvimento Humano 2010*. Brasília: 2010. p. 201.

[435] CANELA JÚNIOR, Osvaldo. *Controle judicial de políticas públicas*. São Paulo: Saraiva, 2011. p. 57-58.

[436] DERENE, Cristiane. *Privatização e serviços públicos*: as ações do Estado na produção econômica. São Paulo: Max Limonad, 2002. p. 239.

[437] VEDUNG, Evert. *Evaluación de políticas públicas y programas*. Madrid: Ministerio de Trabajo y Asuntos Sociales, 1997. p. 154.

[438] SECCHI, Leonardo. *Análise de políticas públicas*: diagnóstico de problemas, recomendação de soluções. São Paulo: Cengage Learning, 2017. p. 5.

> A política pública permite distinguir entre o que o governo pretende fazer e o que, de fato, faz.
> A política pública envolve vários atores e níveis de decisão, embora seja materializada através dos governos, e não necessariamente se restringe a participantes formais, já que os informais são também importantes.
> A política pública é abrangente e não se limita a leis e regras.
> A política pública é uma ação intencional, com objetivos a serem alcançados.
> A política pública, embora tenha impactos no curto prazo, é uma política de longo prazo.
> A política pública envolve processos subsequentes após sua decisão e proposição, ou seja, implica também implementação, execução e avaliação.[439]

Fato é que as políticas públicas não podem ser definidas de maneira estanque.

Atualmente, o artigo 1º, inciso V, da Lei Federal nº 12.288/2010 conceitua que são "as ações, iniciativas e programas adotados pelo Estado no cumprimento de suas atribuições institucionais".

Ainda que se intente, tal conceito, sob um prisma geral, não é completo e suficiente. Uma das justificativas e dos inconformismos dos estudiosos da área do direito é tentar emoldurá-la como uma categoria jurídica, em que pese o seu maior estudo até hoje ser realizado por cientistas políticos, sociólogos e *experts* de outras áreas científicas.

Celina Souza, quando apresenta uma revisão da literatura para debater o tema, sugere resumir política pública como "o campo do conhecimento que busca, ao mesmo tempo, 'colocar o governo em ação' e/ou analisar essa ação (variável independente) e, quando necessário, propor mudanças no rumo ou curso dessas ações (variável dependente)".[440]

Descreve Maria Paula Dallari Bucci que tal temática advém da ciência política e da ciência da administração pública; já Leonardo Secchi manifesta que a ciência da política pública é uma área de estudos desmembrada das ciências políticas que possui bastante reverberação de várias disciplinas, como economia, sociologia, engenharia, psicologia social, administração pública e direito.[441]

Quanto à falta de precisão técnica na "noção jurídica de política pública", Fábio Konder Comparato argui que se deve também à pouca exploração e desenvolvimento do tema para a ciência do direito.[442]

Thiago Lima Breus reconhece a complexidade do tema e que não possui uma "raiz ontologicamente jurídica, mas sim derivada de um âmbito de preocupação de ordem política e, por conseguinte, dinâmica", mesmo assim a emoldura como uma categoria jurídica que merece ser tratada pelo direito administrativo contemporâneo.[443]

---

439 SOUZA, Celina. Políticas públicas: uma revisão da literatura. *Sociologias*, Porto Alegre, ano 8, n. 16, p. 20-45, jul./dez. 2006, p. 36-37.

440 SOUZA, Celina. Políticas públicas: uma revisão da literatura. *Sociologias*, Porto Alegre, ano 8, n. 16, p. 20-45, jul./dez. 2006, p. 26.

441 SECCHI, Leonardo. *Análise de políticas públicas*: diagnóstico de problemas, recomendação de soluções. São Paulo: Cengage Learning, 2017. p. 7.

442 COMPARATO, Fábio Konder. O Ministério Público na defesa dos direitos econômicos, sociais e culturais. *In*: CUNHA, Sérgio Sérvulo da; GRAU, Eros Roberto (org.). *Estudos de direito constitucional*: em homenagem a José Afonso da Silva. São Paulo: Malheiros, 2003. p. 246.

443 BREUS, Thiago Lima. *Políticas públicas no estado constitucional*. Belo Horizonte: Fórum, 2007. p. 218.

Wilson Donizeti Liberati defende que as políticas públicas estão ligadas de maneira imprescindível com direitos sociais e que o estudo referente a estas "está intrinsecamente relacionado à existência de um Estado Social, desde Weimar, 1919".[444]

Discordando-se dessa assertiva, entende-se que as políticas públicas nem sempre estarão relacionadas com direitos sociais, visto que é possível que exista uma política pública econômica sem impacto direto nos direitos sociais, como a política pública de exploração de determinado setor econômico. O conceito é bem mais abrangente, pois "envolve não apenas a prestação de serviços ou o desenvolvimento de atividades executivas diretamente pelo Estado, como também sua atuação normativa, reguladora e de fomento, nas mais diversas áreas".[445]

Thiago Lima Breus alerta que o fundamento das políticas públicas é, a rigor, a existência dos direitos sociais; entretanto, tal raciocínio não significa dizer que todas as formas e modalidades de políticas públicas são sociais, pois há "as de fomento industrial, de energia, de transportes, que não se fundamentam necessariamente na realização de direitos fundamentais sociais, mas se inserem numa política de desenvolvimento, que possibilitam uma elevação do nível e da qualidade de vida da população".[446]

Não obstante, percebe-se que o intento de melhoria na vida das pessoas deve estar sempre presente. Como reconhece Jaime Rodríguez-Arana Muñoz: "*Las políticas públicas son tareas o que haceres a cargo de los poderes públicos que se destinan, de una y otra forma, a través de las diferentes técnicas disponibles, a la mejora de las condiciones de vida de los ciudadanos*".[447]

2.4.1.1 Definição de política pública

Diante das várias definições explanadas, propõe-se ao presente estudo que política pública é um processo gerador de ações de governo[448] desenvolvidas a partir de uma atuação estatal, com ou sem o auxílio de agentes privados, que visam ao atendimento dos fundamentos e objetivos fundamentais preconizados pela Constituição.[449]

---

444 LIBERATI, Wilson Donizeti. *Políticas públicas no Estado constitucional*. São Paulo: Atlas, 2013. p. 81-83.

445 BARCELLOS, Ana Paula. Constitucionalização das políticas públicas em matéria de direitos fundamentais: o controle político-social e o controle jurídico no espaço democrático. *In*: SARLET, Ingo Wolfgang; TIMM, Luciano Benetti. *Direitos fundamentais*: orçamento e reserva do possível. 2. ed. Porto Alegre: Livraria do Advogado, 2010. p. 101-132, p. 102.

446 BREUS, Thiago Lima. *Políticas públicas no estado constitucional*. Belo Horizonte: Fórum, 2007. p. 219.

447 MUÑOZ, Jaime Rodríguez-Arana. La Directiva Europea de Contratación Pública y la lucha contra la corrupción. *Revista de Direito Econômico e Socioambiental*, Curitiba, v. 8, n. 1, p. 24-56, jan./abr. 2017, p. 38.

448 Ações de governo jamais podem ser confundidas como ações individuais ou de interesse sectário de um determinado governante, classe ou casta política, isso porque, uma vez escolhida, legitimada e implementada, passa a configurar como uma verdadeira política estatal.

449 Conceito já adotado no artigo da política de quotas: REIS, Luciano Elias. As políticas públicas de quotas raciais no Brasil: necessidade, desafios e resultados. *Revista Juris Plenum Direito Administrativo*, v. 1, p. 499-554, 2017. Ainda que inexista "apenas um conceito de que se servem os juristas (e os não juristas) como guia para entendimento das políticas públicas", não se deve alijar a necessidade de uma metodologia jurídica para descrever, compreender e analisá-las (BUCCI, Maria Paula Dallari. O conceito de política pública em direito. *In*: BUCCI, Maria Paula Dallari (org.). *Políticas públicas*: reflexões sobre o conceito jurídico. São Paulo: Saraiva, 2006. p. 47).

2.4.1.2 Os elementos integrantes da definição de política pública

O processo clama por um conjunto de ações, elaborado a partir de um planejamento, posteriormente executado formal e materialmente, para que, ao final, haja a mensuração do seu impacto com aquilo que foi inicialmente planejado para ser atingido. Convém pontuar a relevância do planejamento para as políticas públicas. Um processo não se origina de um ato isolado nem de um ato destacado proveniente somente da vontade de um administrador público.

O processo pressupõe uma apreciação percuciente sobre a agenda existente, as opções possíveis e proporcionais (sob o viés da necessidade, adequação e proporcionalidade em sentido estrito) de serem utilizadas, as escolhas efetuadas e o modo de implementação para *ex post* desencadear a avaliação dos resultados obtidos.

Para justificar tais pressupostos, utiliza-se o raciocínio de Celina Souza ao enaltecer o ciclo da política pública, que é formado pelos seguintes estágios: "Definição de agenda, identificação de alternativas, avaliação das opções, seleção de opções, implementação e avaliação".[450]

Mormente acerca do planejamento, ainda que estivesse abordando a planificação da igualdade para a transição político-econômica, valioso colacionar a ideia de Pontes de Miranda, que pode servir de arrimo para a questão das políticas públicas:

> Planificar é estabelecer série de proposições encadeadas em ordem lógica e cronológica, de modo que se verifique certa unidade, não só dentro dos pensamentos como também entre eles. Pode-se planificar, portanto, com indefinido número de combinações de proposições e como incalculável número de propósitos. Falar-se de planificação, sem se precisarem os fins a que obedece, é o mesmo que se combinar proposições sem se saber como as escolher. Dentro da própria expressão 'planificação econômica' está infinidade de planificações possíveis.[451]

Por isso, necessariamente, planejar supõe ter a ciência dos fins que deverão ser colimados, até para que se possa aferir durante a execução se o caminho percorrido está adequado aos resultados futuros perquiridos.

Exaltando o planejamento na esfera administrativa para a formulação das políticas públicas, a partir de uma agenda externada num processo administrativo, Thiago Lima Breus condiciona a efetividade de uma política pública com a qualidade do processo administrativo que precede a sua realização e implementação, pois "as informações

---

[450] SOUZA, Celina. Políticas públicas: uma revisão da literatura. *Sociologias*, Porto Alegre, ano 08, n. 16, jul./dez. 2006, p. 20-45, p. 29. "Dentro dessa visão de políticas públicas, suas principais características são: i) natureza institucional, na qual a autoridade formal legalmente constituída pelo processo político executa um mandato por meio do aparato do governo; ii) caráter decisório, envolvendo uma sequência de decisões sobre meios e fins como resposta a problemas e necessidades; iii) comportamental, com impacto sobre o curso de ação dos indivíduos; e iv) causal, produto de uma ação com efeitos no sistema político e social. A necessidade da intencionalidade na execução das políticas públicas faz com que essas tenham que ser elaboradas, implementadas, monitoradas e avaliadas" (PROGRAMA DAS NAÇÕES UNIDAS PARA O DESENVOLVIMENTO. *Valores e Desenvolvimento Humano 2010*. Brasília: 2010. p. 200). Existem classificações diferentes, como a proposta por Felipe de Melo Fonte, que argumenta para fins jurídicos a desnecessidade de separar as etapas de formulação das alternativas e tomada de decisão (FONTE, Felipe de Melo. *Políticas públicas e direitos fundamentais*. 2. ed. São Paulo: Saraiva, 2015. p. 58). Para comprovar as mais diversas classificações, vide PROCOPIUK, Mario. *Políticas Públicas e fundamentos da Administração Pública*. São Paulo: Atlas, 2013. p. 158-165.

[451] MIRANDA, Pontes de. *Democracia, liberdade, igualdade (os três caminhos)*. 2. ed. São Paulo: Saraiva, 1979. p. 526-527.

sobre a realidade a transformar, a capacidade técnica e a vinculação profissional dos servidores públicos, a disciplina jurídica dos serviços públicos determinarão em concreto os resultados da política pública como instrumento de desenvolvimento".[452]

Na formação da agenda, existe a escolha de determinadas temáticas ou problemas pelos formuladores, que são decorrentes de algum convencimento de atores sociais, a fim de escolher quais são as prioritárias.[453]

Inexiste um critério totalmente racional, científico e objetivo para a escolha da agenda em si, já que os atores sociais podem estar sendo influenciados por algum motivo ou propósito externo explícito ou não, de dentro ou de fora do governo.[454] Por exemplo, pode ser que uma agenda se torne interessante pela proximidade das eleições. É claro que teoricamente isso é flagrantemente nefasto, porém não se pode dissociar a práxis da teoria.

2.4.2 O povo e seus interesses como foco na construção de uma política pública

O que seria sempre importante num plano democrático constitucionalizado é que a construção da agenda, que gera uma lista de problemas, fosse requisitada pelo titular em tese de toda política pública, qual seja, o povo.[455]

Os novos enfoques que são encontrados na interface entre direito administrativo e ciência da administração pública tencionam/coincidem sempre para a colocação da pessoa, do cidadão, do particular ou do administrado, independentemente de qual expressão queira usar, como o destinatário principal de qualquer política pública.

Realçar o seu protagonismo, como admoesta Muñoz, não é atribuir um papel absoluto e uma substituição do protagonismo natural dos gestores democráticos da coisa pública; contudo, representa defender que a liberdade da pessoa e a solidariedade são o destaque e todos os cidadãos precisam participar dos assuntos públicos. "*Afirmar el protagonismo de la persona es colocar el acento en su libertad, en su participación en los asuntos públicos y en la solidaridad.*"[456]

Como bem pontuado por Reinaldo Dias e Fernanda Costa de Matos, a política pública "implica o estabelecimento de uma ou mais estratégias orientadas à solução de problemas públicos e/ou à obtenção de maiores níveis de bem-estar social", sendo que "não existe um modelo de política pública 'ideal' ou 'correta', pois elas são respostas contingentes à situação de uma cidade, região ou um país".[457]

---

[452] BREUS, Thiago Lima. *Políticas públicas no estado constitucional*. Belo Horizonte: Fórum, 2007. p. 223.

[453] FREITAS, Thiago Pereira de. *Sustentabilidade e as contratações públicas*. Rio de Janeiro: Lumen Juris, 2014. p. 124.

[454] VIANA, Ana Luiza. Abordagens metodológicas em políticas públicas. *Revista de Administração Pública*, Rio de Janeiro, FGV, v. 30, n. 2, p. 5-43, mar./abr. 1996.

[455] COELHO, Saulo de Oliveira Pinto; ASSIS, Aline Neves de. Um constitucionalismo do espetáculo? Espetacularização das políticas públicas e ineficiência do controle jurídico-constitucional. *Revista Brasileira de Estudos Políticos*, Belo Horizonte, n. 115, p. 541-584, jul./dez. 2017, p. 545.

[456] MUÑOZ, Jaime Rodríguez-Arana. *Derecho administrativo y derechos sociales fundamentales*. Sevilla: Global Law Press Editorial Derecho Global/INAP, 2015. p. 159-160.

[457] DIAS, Reinaldo; MATOS, Fernanda Costa de. *Políticas públicas*: princípios, propósitos e processos. São Paulo: Atlas, 2012. p. 15.

Da passagem, destaca-se que uma política pública nem sempre tem o objetivo – e muitas vezes nem conseguiria, mesmo se tivesse esse intento inicial – de acabar com um problema e também que o motivo de uma política varia de Estado para Estado, fato que será mais trabalhado durante o decorrer deste trabalho, quando abordar sobre as soluções de desenvolvimento regional e nacional pelas licitações e quanto à possibilidade de tratamento diferenciado para a ciência, tecnologia e inovações nacionais no Brasil, raciocínio que seria diferente para outro país, com características socioeconômicas diversas.

2.4.3 A racionalidade e o planejamento estatal na política pública

Ao tempo em que existe um planejamento, não se pode esquecer de que este não se pode transformar em engessamento. Assim como o processo em si já possui e necessita de dinamicidade, o objeto da política pública também clama por tal agilidade em possíveis adaptações para atingir sua finalidade.

Maria Paula Dallari Bucci entoa que a agenda do desenvolvimento se abre para a compreensão de como são formuladas e executadas as políticas públicas "por meio de diferentes arranjos, seja para o atendimento de direitos, diretamente, seja para a organização das formas econômicas e sociais que se relacionam com esse resultado, a partir de iniciativas dirigidas e coordenadas pelo poder público".

Nessa linha, a autora enfatiza a imperiosidade de compreensão da dinamicidade do objeto das políticas públicas, dado que, para aprimorar a modernização dos serviços públicos, da infraestrutura, dos incentivos à produção e à inovação, das políticas de inclusão social e de todas as demais iniciativas de longo prazo, revela-se impreterível que haja o domínio técnico dos seus mecanismos de funcionamento, "tanto no nível das relações políticas tradicionais como nas implicações dessas com a execução das decisões e dos dispêndios governamentais", além da correta compreensão dos papéis do Estado e do governo.[458]

Independentemente da política pública em análise, entende-se que a atuação estatal é imprescindível. Como visto alhures, existem vários estágios do ciclo da política pública.[459] No mínimo durante a formulação, a atuação estatal estará presente, ainda que se utilize de mecanismos de participação popular para a exteriorização da agenda

---

[458] BUCCI, Maria Paula Dallari. *Fundamentos para uma teoria jurídica das políticas públicas*. São Paulo: Saraiva, 2013. p. 35.

[459] "Uma das principais vantagens da análise de políticas públicas na perspectiva de ciclo (ou de *policy cicle*) é a possibilidade de levar em consideração a existência de círculos de retroalimentação ao longo de todo processo; havendo a possibilidade de identificar, em cada etapa, desafios e atores envolvidos; reduzindo assim a complexidade da composição dos atores caso fosse considerado o processo como um todo. Nesta perspectiva há a possibilidade de examinar a variação da participação de diferentes atores ao longo de todo o ciclo" (DIAS, Reinaldo; MATOS, Fernanda Costa de. *Políticas públicas*: princípios, propósitos e processos. São Paulo: Atlas, 2012. p. 64).

e para a elaboração da política pública.[460] A atuação estatal deverá ser coordenada e decorrente de um processo administrativo.[461]

O Programa das Nações Unidas para o Desenvolvimento, em sua obra *Valores e desenvolvimento humano*, propõe que o processo de formulação se dê a partir de três fases fundamentais: insumo primário, insumo intermediário e produto final.

O insumo primário tem a sua definição a partir de solicitações sociais explicitadas por diversos atores (cidadãos, ONGs, iniciativa privada, associações, fundações etc.) aos atores políticos, sendo que, nesse momento, os formuladores de política pública (conhecidos também como *policymakers*) começam "a definição da agenda governamental por meio da priorização de temas que se encaixam em uma agenda pública e uma agenda formal".[462] Nesse momento, os problemas são identificados e repassados aos atores políticos, ainda que alguns sejam mais ressaltados e outros passem despercebidos.

O insumo intermediário gera o processamento das demandas por meio da atividade política, "entendida como atendimento de demandas sociais, define os temas que serão escolhidos como prioritários pelos governos".

Por fim, o produto final é a conclusão "com a escolha das ações selecionadas e da montagem das estratégias de implementação".[463]

Salienta-se que, nesse raciocínio apresentado das Nações Unidas, o processo de formulação equivaleria, na classificação de Celina Souza, à identificação de alternativas, avaliação das opções, seleção das opções e implementação. É conveniente ponderar que na formulação das alternativas "quanto mais concreto for o objeto, mais fácil será mensurá-lo e, consequentemente, mais simples de saber se ele está sendo cumprido ou não".[464]

É o momento apropriado para avaliar quais são as alternativas existentes para arrefecer ou estancar o problema anteriormente identificado. Revela-se imprescindível a realização de um diagnóstico (ou qualquer documento independentemente do *nomen juris*, desde que atinja o escopo), a fim de identificar as possibilidades reais.

---

460 Sobre políticas públicas e participação popular, vide DAL BOSCO, Maria Goretti. *Discricionariedade em políticas públicas*. Curitiba: Juruá, 2007. p. 239-318. Ainda, acerca do tema e da possibilidade de a participação do povo não refletir os intentos da sociedade como um todo, as fraquezas e as virtudes da democracia direta local, inclusive aventando os mitos acerca do tema, vide o bom artigo de BRUGUÉ, Quim; CASADEMONT, Xavier; GIFREU, Judith; PRIETO-FLORES, Òscar. Democràcia directa local: Consideracions sobre les consultes municipals. *Revista Catalana de Dret Públic*, n. 57, 2018, p. 1-16.

461 Marco Aurélio Romagnoli Tavares aduz que incumbe ao gestor público "definir, em primeiro lugar, as políticas públicas e, posteriormente, como aplicar as verbas disponíveis pelo orçamento para a garantia da efetivação dessas políticas" (TAVARES, Marco Aurélio Romagnoli. *Ativismo judicial e políticas públicas*. Porto Alegre: Sérgio Antônio Fabris Editor, 2011. p. 128).

462 Agenda pública é aquela lista de temas que alcançou alto nível de interesse público, já a agenda formal lista aquelas questões formalmente reconhecidas pelos formuladores de políticas.

463 PROGRAMA DAS NAÇÕES UNIDAS PARA O DESENVOLVIMENTO. *Valores e Desenvolvimento Humano 2010*. Brasília: 2010. p. 200-201.

464 DIAS, Reinaldo; MATOS, Fernanda Costa de. *Políticas públicas*: princípios, propósitos e processos. São Paulo: Atlas, 2012. p. 76.

2.4.4 Possíveis conflitos e tensões entre os interesses dos diversos atores no processo democrático

As tensões e coalizões entre os diversos atores envolvidos sucederão nesse momento, tudo visando ao interesse na proposição, e, acima de tudo, uma viabilidade futura de escolha, sendo que tais movimentações são importantes inclusive para o diálogo intra e extragovernamental, bem como para a criação da consciência coletiva a ser perseguida na esfera pública.

Quando a busca por tal consciência coletiva acontece via processo eleitoral, por meio de mudanças nos partidos que governam, ou, ainda, via mudanças nas ideologias, em conjunto com a força ou fraqueza dos grupos de interesse, é um fator poderoso e determinante para a fixação da agenda; entretanto, quando tal ponto de *start* acontece puramente a partir da política, então o imbróglio reside na probabilidade de barganha e meios diretos (ou indiretos) morais (ou imorais) para a persuasão, diferentemente se o início decorresse diretamente da identificação do problema, caso em que o consenso tenderia a ser o insumo edificador.[465]

No âmbito da ciência política sobre a seleção das opções, existem duas teorias: a da realidade prática e do ideal a ser perseguido. Como adverte Felipe de Melo Fonte, a racional ocorre a partir de uma série de passos visando ao alcance da máxima eficiência, ou seja, "mais *output* com menos ou igual *input*", o que, *per se*, enseja realizar uma profunda análise sobre o custo *versus* benefício de todas as opções. Do ponto de vista teórico, esta indubitavelmente seria a melhor solução.

Todavia, a análise empírica e o cotidiano acabam por levantar alguns óbices, quais sejam, nem sempre existem agentes públicos com *expertise* e tempo necessários para ponderar cada solução e para metrificar as consequências de cada caminho.[466]

Desse modo, a da realidade prática é mais pragmática e busca encontrar um consenso[467] a partir da convenção entre as forças sociais e coletivas envolvidas, o que, por certo, pode gerar (e, na maioria das vezes, gera) um afastamento do verdadeiro propósito do contraponto nas avaliações.

Salienta-se que tal ponto é deveras relevante para a proposição a ser exposta neste livro, o qual apresentará formas de contenção à usurpação de vontades e desvios de finalidade ao interesse público quando da seleção das propostas a serem incrementadas nas licitações e nos contratos almejando o prestígio da ciência, tecnologia e inovação nacionais.

---

[465] SOUZA, Celina. Políticas públicas: uma revisão da literatura. *Sociologias*, Porto Alegre, ano 8, n. 16, jul./dez. 2006, p. 20-45, p. 30.

[466] FONTE, Felipe de Melo. *Políticas públicas e direitos fundamentais*. 2. ed. São Paulo: Saraiva, 2015. p. 64-65.

[467] O consenso, em tese, deveria significar que não existe oposição para a sua realização, o que é bem diferente de dizer que todos concordam (unanimidade). O fato de existir um consenso para uma decisão, reitera-se, não quer dizer cem por cento de volatilidade para a mesma direção. O mesmo raciocínio acontece, por exemplo, nas decisões da Organização Mundial do Comércio, as quais demandam consenso, não podendo haver qualquer voto contrário, ainda que muitas decisões sejam decorrentes da vontade da maioria, desde que ninguém tenha formalmente se oposto.

2.4.5 A motivação necessária para a tomada de decisão

Na seleção das opções, ou também chamada de tomadas de decisão, "há o balanceamento entre todos os interessados envolvidos no processo de elaboração da política pública e em que se escolhe, dentro de diversas alternativas, quais serão as soluções que vão ser utilizadas para a resolução do problema inicialmente encontrado".[468]

Como observa Clarice Seixas Duarte, para o estudo das tomadas de decisão, "há de se levar em consideração as causas (ou fundamentos) e consequências (resultados) da ação governamental".[469] Esse é o momento em que se deve levar em conta todos os riscos e ter um julgamento do todo, "avaliando e incluindo perspectivas diferentes e não caindo no próprio risco de analisar somente uma área específica de forma isolada".[470]

Para fins de controle, a seleção deve ser altamente motivada para que possa posteriormente ser alvo de controle interno ou externo da Administração. A motivação atina-se à forma do ato administrativo e significa a exposição formal do motivo; por sua vez, o motivo configura-se como o processo mental interno ao(s) agente(s) que pratica(m) o ato.[471]

Como diz Marçal Justen Filho, a "motivação consiste na exteriorização formal do motivo, visando a propiciar o controle quanto à regularidade do ato. Para ser mais preciso, a motivação consiste na exposição por escrito da representação mental do agente relativamente aos fatos e ao direito, indicando os fundamentos que o conduziram a agir em determinado sentido".[472] É uma exigência do Estado de Direito, tanto que afirma que, em princípio, todo ato administrativo deve ser motivado e a sua ausência implica vício de forma e, principalmente, vício de arbitrariedade.[473]

---

[468] FREITAS, Thiago Pereira de. *Sustentabilidade e as contratações públicas*. Rio de Janeiro: Lumen Juris, 2014. p. 126.

[469] DUARTE, Clarice Seixas. O Ciclo das Políticas Públicas. *In*: SMANIO, Gianpaolo Poggio; BERTOLIN, Patrícia Tuma Martins (org.). *O Direito e as políticas públicas no Brasil*. São Paulo: Atlas, 2013. p. 16-43, p. 18.

[470] MIRANDA, Rodrigo Fontenelle de A. *Implementando a gestão de riscos no setor público*. Belo Horizonte: Fórum, 2017. p. 39.

[471] "Chama-se motivo do ato administrativo o antecedente da norma concreta que veicula, isto é, a parte de sua estrutura lógica que descreve (mas em linguagem prescritiva) o fato jurídico. Ocorre aquele fato (motivo), a relação jurídica estabelecida pelo ato administrativo impõe-se. O ato é editado porque ocorreu um fato jurídico que justifica sua edição" (FOLLONI, André Parmo. *Teoria do Ato Administrativo*. Curitiba: Juruá, 2006. p. 73).

[472] JUSTEN FILHO, Marçal. *Curso de Direito Administrativo*. 11. ed. São Paulo: Revista dos Tribunais, 2015. p. 391. Luiz Alberto Blanchet, sobre motivação, enfatiza que "a congruência desse motivo com o motivo legal apontará para a legalidade da atuação do administrador" (BLANCHET, Luiz Alberto. *Curso de Direito Administrativo*. 5. ed. Curitiba: Juruá, 2007. p. 90).

[473] DROMI, Roberto. *Derecho Administrativo*. 10. ed. Buenos Aires: Ciudad Argentina, 2004. p. 377. Para o autor, somente ocorre a dispensa de motivação nos atos tácitos. Sobre a necessidade ou não de motivar todos os atos administrativos, vide Fernanda Marinela (MARINELA, Fernanda. *Direito Administrativo*. 4. ed. Niterói: Impetus, 2010. p. 247-250) e Raquel Melo Urbano de Carvalho (CARVALHO, Raquel Urbano de. *Curso de Direito Administrativo*. 2. ed. Salvador: Juspodivm, 2009. p. 394-404). De forma análoga a Roberto Dromi, Julieta Mendes manifesta que é "decorrência lógica da concepção de Estado Democrático de Direito, o qual exige uma atuação pública transparente e em consonância com o ordenamento jurídico, permitindo-se o controle por toda a sociedade dos atos praticados pelo poder público" (VARESCHINI, Julieta Mendes Lopes. *O controle da discricionariedade administrativa no contexto da constitucionalização do direito brasileiro*: uma leitura desde a hermenêutica filosófica. Orientador Prof. Dr. Marco Aurélio Marrafon. Curitiba, 2010, 191 f. Dissertação (Mestrado em Direito), Faculdades do Brasil (UniBrasil)).

2.4.6 A implementação efetiva da política pública e o seu retorno social

Depois de feita a escolha, deve-se efetivar a implementação da política pública escolhida. De nada adianta todas as etapas anteriores sem o devido planejamento para a implementação de acordo com os recursos disponíveis, seja financeiro, pessoal, temporal, social, tecnológico etc.

É quando o discurso se torna ação. Aqui não se pode ficar adstrito ao aspecto meramente técnico, uma vez que dependerá de pessoal e de aspecto da política entre os mais diversos envolvidos, o que já demonstra a sua complexidade.

Trata-se de um emblema sobre como agir, mesmo com os problemas e limitações de qualquer órgão ou entidade administrativa. Reinaldo Dias e Fernanda Costa de Matos tracejam que é uma "adaptação do programa de políticas públicas às situações concretas que deverão ser enfrentadas (produção de *outputs*)" e em que algumas perguntas deverão ser respondidas: "Existem tempo e recursos (materiais e humanos) suficientes para colocar essas ações em prática? A relação causa-efeito/meios-fins é adequada? Há comunicação e coordenação perfeitas?".[474]

Depois de implementada, é hora de os responsáveis realizarem uma medição e mensuração qualitativa e quantitativa da política pública de acordo com as metas, objetivos e resultados alcançados.[475]

Não existe um prazo fixo para serem feitas tais avaliações, já que tudo dependerá do tipo de política pública adotada, bem como das possibilidades reais para tal conferência. Pode-se dizer que é o momento propício para avaliar o impacto concreto da política, se os objetivos estão sendo ou foram atingidos, se necessita de alguma modificação ou adaptação para a sua continuidade, se há uma correlação entre meios usados e fins colimados, se tais estão dentro do almejado e se não existe alguma forma mais eficiente para se alcançarem os mesmos ou melhores resultados.

Sob a perspectiva do cientista político, "o foco recai sobre a questão da sua eficácia, deixando-se de lado, muitas vezes, a avaliação política dos princípios e objetivos que as fundamentam, ou seja, o conteúdo concreto da política".[476]

Como pondera Evert Vedung, *"es cuidado valoración retrospectiva de los méritos, importancia y valor de la aplicación, productividad y resultados de las intervenciones gubernamentales, que se pretende desempeñe un papel en futuras situaciones y acciones prácticas"*.[477]

A retrospecção deve ser geral, excluída somente a valoração da ação e dos processos nas etapas de planejamento. Ademais, gera uma retroalimentação. A avaliação resulta numa nova avaliação. É um conceito de produto em processo como uma atividade meritória de importância e valor; logo, a avaliação pressupõe critérios objetivos sobre

---

474 DIAS, Reinaldo; MATOS, Fernanda Costa de. *Políticas públicas*: princípios, propósitos e processos. São Paulo: Atlas, 2012. p. 79-80.

475 Silvio Guidi enaltece o requisito de coordenação geral das ações praticadas para a caracterização como política pública a partir de "competências definidas por atos normativos, capazes de dar coerência lógica entre ações e objetivos" (GUIDI, Silvio. *Serviços Públicos de Saúde*. São Paulo: Quartier Latin, 2019. p. 47).

476 DUARTE, Clarice Seixas. O ciclo das políticas públicas. *In*: SMANIO, Gianpaolo Poggio; BERTOLIN, Patrícia Tuma Martins (org.). *O Direito e as políticas públicas no Brasil*. São Paulo: Atlas, 2013. p. 16-43, p. 31.

477 VEDUNG, Evert. *Evaluación de políticas públicas y programas*. Madrid: Ministerio de Trabajo y Asuntos Sociales, 1997. p. 19.

como julgar as vantagens e as desvantagens, bem como as normas de controle de rendimento que indicarão a excelência ou a precariedade da intervenção pública.

Por tudo isso, a avaliação é uma cuidadosa valoração retrospectiva, devendo levar a cabo de acordo com normas que impliquem, por exemplo, uma recompilação sistemática de dados e uma seleção, clarificação e aplicação meticulosa de critérios avaliativos sobre méritos estândares de rendimento. Por fim, também é prospectiva no sentido concreto e específico de que se propõe a desempenhar um papel de auxiliar em futuras situações e ações práticas. O que se propõe é um *feedback* ou uma retroalimentação em que se utilizem debates e na adoção de decisões públicas não tão afastadas do tempo.

No âmbito do controle externo no Brasil, atualmente, o Tribunal de Contas da União tem utilizado oito pilares para a avaliação de uma boa governança em políticas públicas – (i) institucionalização; (ii) planos e objetivos; (iii) participação; (iv) capacidade organizacional e recursos; (v) coordenação e coerência; (vi) monitoramento e avaliação; (vii) gestão de riscos e controle interno; e (viii) *accountability* –, sendo que tais critérios foram sendo desenvolvidos e ampliados desde o Acórdão nº 2.919/2009 – Plenário, momento em que avaliou a governança da política nacional de desenvolvimento regional.

Quanto à formatação das políticas públicas, mais precisamente com relação ao tipo específico de relação (ou discussão) política pretendida, revela-se fundamental conhecer as tradicionalmente tratadas para avaliar qual tipo cada política pública se busca. Assevera-se que "cada tipo de política pressupõe uma rede diferente de atores, bem como arenas, estruturas de decisões e contextos institucionais diferentes", sendo que, de acordo com a arena de poder ou arena decisória, um tipo se aspira.

2.4.7 A política pública da contratação administrativa para a ciência, tecnologia e inovação nacionais

Apreciando todas as observações sobre as políticas públicas anteriormente alinhavadas, dessume-se que o uso da contratação pública como ferramenta de política pública nacional precisa, em primeiro lugar, seguir o ciclo, principalmente quando utilizá-la afeta algum setor econômico, como no caso das contratações de inovação, de tecnologia, ambiental, de ciência, entre outras.

Não se pode aquiescer com a prescrição de uma norma impondo alguns ônus a alguém da sociedade ou à parcela do universo de fornecedores da Administração Pública sem a abertura para deliberação sobre a forma, a intensidade, a participação sobre possíveis alternativas, as justificativas para a escolha da decisão e o possível tempo de imposição.

No caso específico de inovação, ciência e tecnologia nacionais, que é o objeto do presente livro, tal situação fica ainda mais clarividente, pois os ajustes poderão servir de arrimo para políticas regulatórias, distributivas, redistributivas e constitutivas. Ou seja, é possível cogitar o uso de todos os tipos.

Explica-se:

- regulatória, ao instituir normas por meio, *v.g.*, de uma instrução normativa do Ministério do Planejamento que discriminem fornecedores com determinado produtivo básico, assim como acontece na Lei nº 8.248/91 ao tratar de processo produtivo básico dos produtos de informática;[478]

- distributiva, caso se fixe algum tipo de subsídio, isenção tarifária ou incentivo fiscal para as empresas que tiverem um x percentual de investimento anual de sua receita líquida do exercício financeiro anterior em pesquisa científica junto a uma universidade federal ou algum instituto de pesquisa credenciado pelo poder público;[479]
- redistributiva, ao conceder determinada preferência durante o julgamento das propostas na licitação para as empresas que tenham proposto um produto manufaturado nacional ou um serviço nacional;[480]
- constitutiva, ou também chamada de política estruturadora, ao prescrever regras procedimentais, de competência e disputa política para a elaboração de políticas públicas, quando por exemplo seja prescrito um texto normativo por um ato administrativo (*v.g.* uma instrução normativa) fixando como deverão ser realizados os estudos para o ciclo da política pública de inovação industrial ou a contratação de um objeto científico, tecnológico ou inovativo nacional.[481]

Convém ressaltar que, dentro da contratação pública, pode-se ventilar a realização de diversas políticas públicas, assim como ocorre com a questão ambiental, de recuperação social dos presos, de coeficiente tecnológico ou de favorecimento para as microempresas e empresas de pequeno porte.

De qualquer modo, é muito importante que, no contexto brasileiro, as políticas públicas estejam colmatadas de acordo com os fundamentos e objetivos fundamentais preconizados pela Constituição, os quais estão externados nos artigos 1º e 3º.

Não se pode assentir com a realização de um processo gerador de ação de governo que destoe ou não encontre guarida em tais imposições determinadas pelo Poder Constituinte.

Se houver um processo gerador de ação de governo que não vise ao alcance dos fundamentos ou dos objetivos fundamentais, não significa chancelar possível e

---

478 Distributivas porque "envolvem discriminação no atendimento das demandas de grupos distinguindo os beneficiados e prejudicados por essas políticas, estabelecendo controle, regulamento e padrões de comportamento de certas atividades políticas. Este tipo de política nasce do conflito entre coalizões políticas de interesses claros e opostos, uma vez que gera claramente uma distinção entre favorecidos e desfavorecidos (quem ganha e quem perde)" (DIAS, Reinaldo; MATOS, Fernanda Costa de. *Políticas públicas*: princípios, propósitos e processos. São Paulo: Atlas, 2012. p. 18).

479 Distributivas "são financiadas pelo conjunto da sociedade e os benefícios são distribuídos atendendo as necessidades individualizadas, ou seja, o governo distribui recursos a uns, sem que isso afete outros grupos ou indivíduos" (DIAS, Reinaldo; MATOS, Fernanda Costa de. *Políticas públicas*: princípios, propósitos e processos. São Paulo: Atlas, 2012. p. 18).

480 As políticas serão redistributivas, porque "atinge[m] maior número de pessoas e impõe[m] perdas concretas e no curto prazo para certos grupos sociais, e ganhos incertos e futuro para outros" (SOUZA, Celina. Políticas públicas: uma revisão da literatura. *Sociologias*, Porto Alegre, ano 8, n. 16, jul./dez. 2006, p. 20-45, p. 28), sendo que "o objetivo é o desvio e o deslocamento consciente de recursos financeiros, direitos ou outros valores entre camadas sociais e grupos da sociedade" (FREY, Klaus. Políticas públicas: um debate conceitual e reflexões referentes *à* prática da análise de políticas públicas no Brasil. *Planejamento e Políticas Públicas*, n. 21, jun. 2000, p. 211-259, p. 224).

481 Constitutivas "são políticas públicas que estabelecem regras sob as quais outras políticas públicas são selecionadas" (DIAS, Reinaldo; MATOS, Fernanda Costa de. *Políticas públicas*: princípios, propósitos e processos. São Paulo: Atlas, 2012. p. 18).

imediata ilicitude da atuação estatal; entrementes, não haverá a sua salvaguarda pelas prerrogativas e direitos de uma política pública.

Infelizmente, não é possível que o Estado faça um número ilimitado de políticas públicas ante a "infinidade" de necessidades públicas (problemas públicos) legítimas *versus* os recursos públicos disponíveis para tal mister.

Por isso, a justificação das escolhas de acordo com a agenda pelos agentes é imperiosa, bem como o detalhamento de quais serão os métodos, a forma de implementação e os resultados projetados para ulteriormente conferir a prognose inicial e a realidade. Aproveitando as lições de Danielle Anne Pamplona, quando abordou o controle de constitucionalidade dos atos administrativos, insta destacar que o agente público precisa interpretar a situação, adotar critérios objetivos e decidir de maneira razoável e motivada para que se possa ulteriormente exercer o controle.[482]

Sobre a questão de recursos finitos, Ana Paula de Barcellos explica, em suma, tal situação ao dizer que: "A Constituição preceitua como um de seus fins essenciais a garantia e a promoção dos direitos fundamentais; as políticas públicas representam um instrumento pelo qual os fins constitucionais podem ser realizados de forma sistemática e abrangente; tais políticas públicas geram gasto de dinheiro público e estes são limitados, razão pela qual são necessárias escolhas; e a própria Constituição cria a vinculação das escolhas em matérias de políticas públicas e o respectivo gasto".[483]

Especificamente sobre as políticas sociais, Yves Meny e Jean-Claude Thoenig descrevem um equívoco normalmente ocorrido e sem ser sopesado, que é a fixação dos "*inputs (las demandas) y los outputs (los productos, las políticas) sin preocuparse demasiado de lo que pasaba en la caja negra*".[484]

Por tudo o que foi explanado, em que pese a relevância de toda e qualquer política pública, inclusive aquelas relacionadas a licitações e contratos públicos, é necessário muita cautela no escorreito preenchimento dos estágios integrantes do ciclo à sua formação para que haja a devida maturação das escolhas diante da realidade vivenciada, em conformidade com os objetivos e fundamentos da Constituição da República Federativa de 1988.

---

482 PAMPLONA, Danielle Anne. *O Supremo Tribunal Federal e a decisão de questões políticas*: a postura do Juiz. Curitiba: Juruá, 2011. p. 156-157.

483 BARCELLOS, Ana Paula. Constitucionalização das políticas públicas em matéria de direitos fundamentais: o controle político-social e o controle jurídico no espaço democrático. *In*: SARLET, Ingo Wolfgang; TIMM, Luciano Benetti. *Direitos fundamentais*: orçamento e reserva do possível. 2. ed. Porto Alegre: Livraria do Advogado, 2010. p. 101-132, p. 106.

484 MENY, Yves; THOENING, Jean-Claude. *Las políticas públicas*. Tradução: Salvador Del Carrii. Barcelona: Editorial Ariel, 1992. p. 27.

A INTERFACE ENTRE O DESENVOLVIMENTO SUSTENTÁVEL E AS COMPRAS PÚBLICAS INOVADORAS

3.1 A compreensão da ciência, tecnologia e inovação e seu tratamento jurídico na legislação brasileira para as compras públicas inovadoras

Como dito na introdução, quando se discorre sobre compras inovadoras, a intenção não é discorrer sobre os meios de tecnologia para promover as contratações públicas, as licitações eletrônicas ou o uso de criptomoedas para pagamento, mas, sim, tratar da viabilidade de uso da regulação estatal para direcionar e promover as licitações e contratações que versem sobre ciência, tecnologia e inovação, seja a partir do anseio de contratar objetos que especificamente venham a ter esse foco ou de quaisquer objetos que em contrapartida imponham ao contratado esse "ônus" para o bem da sociedade.

Ou seja, compras públicas inovadoras são aquelas contratações públicas que têm foco direto ou indireto num objeto científico, inovador ou tecnológico, assim como nos casos em que se visa à promoção e ao direcionamento de agentes para tais setores como encargo da remuneração obtida a partir de uma verba pública.

Sei que muitos não gostaram da minha definição por atrelar ao ambiente CTI e não isolar tão só ao cenário da inovação; entretanto, a partir dos conhecimentos acerca da compreensão do que é ciência, tecnologia e inovação, pode-se perceber que um contrato decorrente do diálogo competitivo, uma parceria para o desenvolvimento de um produto, um contrato público de solução inovadora ou outras formatações configuram-se como compras públicas inovadoras.

Portanto, considerando que a definição deve abarcar todos os limites e premissas adotadas no raciocínio para não gerar a sua própria desconstituição, entende-se como plenamente adequada a linha de raciocínio utilizada neste livro para se chegar à respectiva definição.

3.1.1 A imprescindibilidade de estudar ciência, tecnologia e inovação no século XXI

Antes de se buscarem noções sobre ciência, tecnologia e inovação, é importante que se aborde o contexto sociológico sobre o qual a vida no mundo está acontecendo: revolução tecnológica, nova revolução industrial, revolução dos meios disruptivos, a força do empreendedorismo, entre outras várias denominações que são comumente utilizadas para representar a necessidade de uma abordagem do setor privado e do público sobre os temas da inovação, pesquisa científica e tecnologia.

A humanidade sempre investiga e almeja melhorias, seja para aumentar a acumulação de riqueza, o bem-estar ou o capital (intelectual ou não) dos envolvidos. No final do século XIX e início do XX, houve grandes descobrimentos, como a eletricidade, o motor de combustão interna, o conhecimento de novos materiais e combustíveis derivados de petróleo, o conjunto de novos meios de comunicação, o telefone, o rádio, a televisão, o cinema, entre outros.

Já o século XX foi de incorporação dos estudos sobre o átomo, o gene e o computador, itens que impactaram e ainda impactam o comportamento e a vida humana. Passados mais alguns anos e hoje, no século XXI, têm-se como pauta de debates a informática, a robótica, a inteligência artificial, a domótica, os novos materiais (*v.g.*, grafeno) e meios de comunicação, que regem uma série de variações dos meios e modos de trabalho, modos de produção e do convívio social.[485]

Dentro desse contexto, indubitavelmente, a tecnologia, a inovação e a ciência representam vetores prioritários para a sociedade e para a atividade econômica. Difundir tais searas ultrapassa em muito a simples aquisição de produtos e maquinários, até porque a difusão não representa necessariamente que o país esteja em um patamar aceitável em tais setores.[486]

Os países, em geral, são acometidos por tais avanços e/ou retrocessos, a depender da concepção de vida e sociedade; porém, o ponto nodal reside no assenhorar-se ou não sobre os meios, visto que daí advém uma distinção grande em quem conduz e quem é conduzido ou, respectivamente, quem é desenvolvido e quem não é.

Aqui, o Estado precisa assumir seu papel de ator nesse cenário, tanto é que as grandes empresas americanas, conhecidas mundialmente, receberam auxílio do governo americano, como, por exemplo, IBM, Google, Apple, Facebook, Messenger, entre outras, bem como se for avaliar pelos setores de interesse econômico mundial, como é o caso da nanotecnologia, biotecnologia, internet, indústria farmacêutica, tecnologia verde, etc., e as típicas agências da NASA (*National Aeronautics and Space Administration*) e da DARPA (*Defense Advanced Research Projects Agency*).

Como diz Mariana Mazzucato, o Estado assume papel primordial como grande investidor e empreendedor nas mais diversas áreas de interesse mundial, tanto que é a principal fonte de recursos para inversões, seja em capital de risco ou não, o que transluz a sua elevada relevância para o sucesso e coesão no ecossistema da ciência,

---

485 ARANGUREN, Juan-Cruz Alli. *Derecho administrativo y globalización*. Madrid: Civitas, 2004. p. 242.

486 SANTOS, Adriana B. A. dos; FAZION, Cíntia B.; MEROE, Giuliano P. S de. Inovação: um estudo sobre a evolução do conceito de Schumpeter. *Revista Caderno de Administração da PUC-SP*, v. 5, n. 1, 2011.

tecnologia e inovação. Não se trata de um capital investido de maneira desproposital, e sim antevendo os possíveis "lucros socioeconômicos" (resultados), e aqueles valores que forem frustrados estão dentro do risco assumido pelo Estado ante o interesse público em geral objetivado.[487]

Especificamente sobre a tecnologia, esta é um peso estruturante para a balança do progresso. Pode-se defender que ela desencadeia um novo espaço cultural, histórico e social, segundo Juan-Cruz Aranguren.

O cultural está representado na transformação das estruturas e dos conceitos que foram se alterando pelas tecnologias de comunicação, pela facilidade de intercâmbio de conhecimento geral e pelo conhecimento em tempo real num âmbito mundial.

O social supõe uma nova forma de vida e evolução pelas redes eletrônicas "*representacionales, asincrónicas y digitales*", as quais transcendem o mero aspecto urbano. O acompanhamento, a adaptação e o revisitar das tecnologias passaram a ser atividades ínsitas para aqueles que anseiam permanecer nos meios produtivos ou deles se beneficiar, sob pena de se isolarem e perderem as condições de trabalho direto ou indireto, seja como um emprego ou como um potencial fornecedor.

A falta do compreender a mudança cultural na organização dos processos produtivos de trabalho, de estrutura social, da formação educacional e dos comportamentos em conformidade com a tecnologia atual no estado das coisas gerará uma exclusão natural.[488]

Neste ponto, é de crucial importância que o estudo não se centre em uma dada área científica, mas que haja uma interpenetração para o estudo sobre tais fatos e que soluções possam ser adotadas para arrefecer os impactos nos seres em geral. Por exemplo, a sociologia econômica tem a função de atrelar como responder à "incorporação social do aprendizado tecnológico e sua exploração no trabalho".[489]

Para ela, o processo econômico é uma parte orgânica da sociedade e, consequentemente, as suas linhas de investigação podem ser sintetizadas em: (i) análise sociológica do processo econômico; (ii) análise das conexões e interações entre a economia e o resto da sociedade; e (iii) estudo de mudanças nos parâmetros institucionais e culturais que constituem o contexto societário da economia.[490]

---

[487] MAZZUCATO, Mariana. *O estado empreendedor*: desmascarando o mito do setor público vs. setor privado. São Paulo: Portfolio-Penguin, 2014. Especificamente sobre o desenvolvimento por meio do transbordamento e da tecnologia de uso dual (denominação usada para formas de organização das estruturas civil e militar de inovação) na área de defesa nacional, vide ROSSI, Juliano Scherner. *Compensações tecnológicas (offset)*: segredo empresarial e transferência internacional. Rio de Janeiro: Lumen Juris, 2015. p. 64 e seguintes. Igualmente, Helena Villarejo Galende explana: "*Estados Unidos es muy probablemente el ejemplo más paradigmático de empleo de las compras públicas como instrumento de desarrollo de ciertas industrias. Mediante sus programas de Defensa y otros programas civiles interesados en una mayor atención a los administrados, ha propiciado la aparición de novedades tecnológicas que se han ido incorporando a productos de mercado. Así, tanto la NASA (Nation Aeronautics and Space Administration) como DARPA (Defense Advanced Research Projects Agency) son organizaciones norteamericanas pioneres en esta cuestión*" (GALENDE, Helena Villarejo. Colaboración público-privada y contratación precomercial para el impulso de la I+D+i y la transferencia del conocimiento. *In*: VELÁZQUEZ, Antonio Calonge (dir.). *Ciencia, Tecnología e Innovación*: nuevo régimen jurídico. Granada: Editorial Comares, 2013. p. 133-145, p. 138).

[488] ARANGUREN, Juan-Cruz Alli. *Derecho administrativo y globalización*. Madrid: Civitas, 2004. p. 243-244. Assim como Darwin trabalhava a ideia de seleção natural, pode-se associar para o presente raciocínio a exclusão natural.

[489] DOSI, Giovanni; ORSENIGO, Luigi; LABINI, Mauro Sylos. Technology and the Economy. *In*: SMELSER, Neil J.; SWEDBERG, Richard. *The handbook of economic sociology*. 2. ed. New Jersey: British Library. p. 678-702, p. 695.

[490] SMELSER, J. Neil; SWEDBERG, Richard. Introducing Economic Sociology. *In*: SMELSER, Neil J.; SWEDBERG, Richard. *The handbook of economic sociology*. 2. ed. New Jersey: British Library. p. 3-25, p. 6.

De qualquer forma, a preocupação atual talvez seja diferente da mais antiga em razão da dimensão do tempo e da "suposta" instantaneidade dos atos. No entanto, não se pode desprezar o conhecimento e o estudo mais antigo sobre o avanço da inovação, da tecnologia e da ciência pelo campo econômico.

Sobre essa linha, as lições de Joseph Schumpeter também são compatíveis e interpenetrantes com a atual. Para o autor, a inovação acarreta o afastamento de uma visão conservadora e enseja a criação de expectativa de retorno a partir de prognoses. Evita a diminuição de produção com o intuito de buscar a mantença das posições tradicionais, bem como majora a exploração máxima dos lucros. Por isso, o despertar para um mundo criativo acautela a sociedade para a não manutenção de um estado estacionário ou de um crescimento lento; ao contrário, eclode um intento de inovação para o bem-estar geral. Do ponto de vista econômico, em síntese, defende que a não inovação pode ser usada para aumentar o lucro às custas dos compradores quando se diminui propositalmente a produção.

Considerando que toda inovação pode deixar de ser inovação a partir de uma nova inovação, seu produtor ou mentor não teria o intento de torná-la rara para arbitrariamente majorar o seu lucro. Claro que esse pensamento é afastado na situação de um progresso consciente e equilibrado, no qual o próprio inovador permitiria a amplitude dos novos conhecimentos e investiria, diretamente ou não, para propiciar novas descobertas.[491]

O economista pondera que essa inteligência não se restringe a novas empresas, métodos e indústrias, já que a eterna tempestade pode alcançar qualquer uma delas. A premência de estar sempre vigilante é um estado contínuo que não pode ser desapegado, sob pena de ser encoberto pela tormenta da destruição criadora, sendo que o impacto sofrido pelo Estado é luzente, porque haverá "rápida transformação da conjuntura, tão característica deste processo, desorganiza de tal maneira a indústria a ponto de lhe infligir prejuízos absurdos e ocasionar um desemprego evitável". Espraiando o fio da meada do pensamento do economista para um horizonte maior, parece que o Estado não pode ficar à mercê de tais variações e nem pode ser simplesmente um mero expectador. Por isso, a capacidade criadora em sentido lato é um assunto que ultrapassa a mera esfera privada, merecendo espaço em sua pauta da agenda.[492]

O progresso tecnológico não pode ser freado pelo Estado ou pela sociedade. A própria sociedade é a mola propulsora para o seu acontecimento, seja por solicitações expressas ou subliminares, sempre no afã de novidades. Já o móvel de buscar o lucro é a direção perseguida para que o progresso tecnológico e a investigação incessante de invenções em geral aconteçam.

Para a busca da satisfação das necessidades em geral e dos hábitos sociais, o processo capitalista ocasiona ao empreendimento capitalista e ao progresso tecnológico o papel de responsáveis pelo desenvolvimento da produção em geral, a qual busca diminuir

---

[491] SCHUMPETER, Joseph A. *Capitalismo, Socialismo e Democracia*. Tradução: Ruy Jungman. Rio de Janeiro: Editora Fundo de Cultura, 1961. p. 114.

[492] SCHUMPETER, Joseph A. *Capitalismo, Socialismo e Democracia*. Tradução: Ruy Jungman. Rio de Janeiro: Editora Fundo de Cultura, 1961. p. 116-117.

ou cessar a vontade provocada.[493] Poder-se-ia defender que o estado de saciedade seria repassado à sociedade como se as suas necessidades estivessem satisfeitas.

Já àquela época, Schumpeter alertava que, "à medida que são alcançados padrões mais altos de vida, as necessidades automaticamente se expandem e novas necessidades surgem ou são criadas, a saciedade torna-se meta fugitiva, sobretudo se incluirmos o ócio entre os bens de consumo".[494] Deve-se obtemperar o papel dos riscos na inovação.[495]

Como alerta Aswath Damodaran, na história, muitas das mais valiosas e duradouras inovações emergiram do anseio de eliminar ou afastar o risco, bem como de se expor sobre este. Consoante se denota do comércio de especiarias, "os riscos inerentes às viagens marítimas e às forças hostis geraram uma necessidade de equipamentos melhor adaptados ao mar, de armas mais poderosas e de mais inovações, especialmente projetadas para explorar riscos".[496]

No atual estágio de comunicação e de mundialização da vida, o próprio ambiente (ou, ainda, o que se denomina como *habitus*, por Pierre Bourdieu)[497] condiciona a autofagia de consumo de necessidades. Pode-se dizer que a pessoa vive no mundo, e não mais num mero país, em razão da sua condição acessível para executar os atos mais comezinhos do seu cotidiano (ligações, reuniões, negócios jurídicos, transações bancárias, pagamento em criptomoedas, entre outros, a partir de meios de comunicação avançados).

A "autofagia do consumo" é o consumo sendo o seu próprio responsável para a manutenção da indústria, do emprego, do pagamento de tributos, da existência de relação entre mercado-Estado, entre outros pontos, a partir da criação de necessidades, reais ou fictas, para justificar o círculo vicioso. Nesse cenário, independentemente de a autofagia do consumo ser correta ou errada,[498] o fato incontroverso é que o empreendedor utiliza a ciência, a tecnologia e a inovação para a sua sobrevivência e seu crescimento.

---

493 "E, portanto, inteiramente errado dizer – e também, completamente não marxista – como o fizeram tantos economistas, que o empreendimento capitalista e o progresso tecnológico foram fatores distintos no desenvolvimento da produção. Constituíram essencialmente a mesma coisa ou, como podemos dizer também, o primeiro foi a mola propulsora do segundo" (SCHUMPETER, Joseph A. *Capitalismo, Socialismo e Democracia*. Tradução: Ruy Jungman. Rio de Janeiro: Editora Fundo de Cultura, 1961. p. 141-142).

494 SCHUMPETER, Joseph A. *Capitalismo, Socialismo e Democracia*. Tradução: Ruy Jungman. Rio de Janeiro: Editora Fundo de Cultura, 1961. p. 165.

495 "*Una mayor innovación requerirá una apuesta más alta respecto a los riesgos a ser asumidos*" (LAVRATTI, Paula Cerski. *El derecho ambiental como instrumento de gestión del riesgo tecnológico*. Tarragona: Publicacions URV, 2011. p. 60).

496 DAMODARAN, Aswath. *Gestão estratégica do risco*: uma referência para a tomada de riscos empresariais. Tradução: Félix Nonnenmacher. Porto Alegre: Bookman, 2009. p. 25.

497 O *habitus* é um sistema de disposições, o modo de perceber, pensar e fazer que leva os agentes a atuarem de determinada forma. Bourdieu discorre que os agentes sociais possuem as disposições adquiridas denominadas de *habitus*, "maneiras de ser permanentes, duráveis que podem, em particular, levá-los a resistir, a opor-se às forças do campo" (BOURDIEU, Pierre. *Os usos sociais da ciência*: por uma sociologia do campo científico. São Paulo: Editora UNESP, 2004. p. 28). É integrado pelo *ethos* (valores em estado prático que norteiam a vida diária como não consciente) e pelo *héxis* (princípios interiorizados pelo corpo, como posturas e expressões corporais). Ele "gera uma lógica, uma racionalidade prática, irredutível à razão teórica. É adquirido mediante a interação social e, ao mesmo tempo, é o classificador e o organizador desta interação. É condicionante e é condicionador das nossas ações" (THIRY-CHERQUES, Hermano Roberto. Pierre Bourdieu: a teoria na prática. *Revista de Administração Pública*, Rio de Janeiro, v. 40, n. 1, p. 27-53, jan./fev. 2006, p. 33).

498 Não é intenção deste estudo abordar as causas, consequências e efeitos do consumo como risco para a vida em sociedade e a própria manutenção do Estado, bem como os planos de ação e de contingência a serem elaborados para aceitar, mitigar ou transferir tal risco.

Adota-se o critério de empreendedor como aquele sujeito capaz de atuar em prol da melhoria do bem-estar da coletividade.[499]

Para Schumpeter, o dito empreendedor seria o empresário, que é o agente responsável por quebrar paradigmas, reformando ou revolucionando o sistema de produção por meio da invenção ou de uma possibilidade tecnológica para produzir uma nova mercadoria ou fabricar uma antiga de forma moderna, o que, *per se*, reflete na abertura de novas fontes de suprimento de materiais, novos canais de distribuição, reorganização da indústria, etc.[500] O empreendimento seria a realização de combinações novas, e os empresários, aqueles responsáveis por executá-las, sendo que estes não estão permanentemente vinculados a uma empresa ou uma entidade.[501]

Especificamente sobre a função da produção e a necessidade de seu estudo ultrapassar as fronteiras econômicas para Schumpeter, Luiz Moricochi e José Sidnei Gonçalves explicam didaticamente que poderia ser resumida na seguinte equação: Y = f (K, N, L, S, U), em que: Y é a produção; K, "os meios de produção produzidos", e não a sua noção de capital; N, recursos naturais; L, força de trabalho; S e U, as principais forças condicionadoras da produtividade dos fatores K, N e L. Como S é o fundo de conhecimento aplicável à sociedade, e U, o meio ambiente sociocultural da economia em questão, logo fica explícito que a taxa de produção de uma economia não pode ser resumida a um fenômeno puramente econômico, merecendo ser estudada e compreendida além do viés da economia.[502]

Do ponto de vista sociológico, o empreendedorismo está relacionado a três grandes temas de teoria e pesquisa recentes: (i) os empresários podem tanto reproduzir quanto desafiar a ordem social existente; (ii) o empreendedorismo é o garantidor do desenvolvimento das populações existentes e representa a base para a criação das futuras; e (iii) o empreendedorismo impacta de maneira direta nos níveis de estratificação e de desigualdade também ao moldar as chances de vida dos empregadores e empregados.

Para consubstanciar, salienta-se que, antes da Revolução Industrial, a diferença entre os países mais pobres e os mais ricos era menor, provavelmente na ordem de 1 para 1,5, o que foi transformado bastante após a Revolução e acentuado na linha histórica depois da Segunda Guerra Mundial, quando as descobertas inventivas, a tecnologia e o desenvolvimento da ciência erigiram muito mais do que mera criação, assim como os efeitos consectários, como a questão da imitação, plágio, engenharia

[499] Luiz Alberto Blanchet define empreendedor como aquele "que contribui com seu esforço pessoal para melhorar a sua vida e a da coletividade. Assim, não apenas aquele que cria ideias e coisas físicas novas a ponto de gerar emprego para os demais, mas também o coletor de papéis que, embora muitas vezes passe despercebido, não é um andarilho sem condições ou futuro, é também ele um empreendedor, pois não depende da esmola alheia. Esse cidadão, com toda a sua simplicidade, além de ser o seu próprio patrão, contribui para a limpeza das cidades, recolhe o que se transformaria em lixo e lhe garante um futuro útil nas usinas de reciclagem, evitando, por exemplo, que resíduos se acumulem nas redes pluviais agravando inundações favorecendo a proliferação de animais maiores e de insetos transmissores de doenças" (BLANCHET, Luiz Alberto. Manifestações públicas e desenvolvimento. *Revista Interesse Público*, Belo Horizonte, v. 17, v. 90, mar./abr. 2015).

[500] SCHUMPETER, Joseph A. *Capitalismo, Socialismo e Democracia*. Tradução: Ruy Jungman. Rio de Janeiro: Editora Fundo de Cultura, 1961. p. 166.

[501] SCHUMPETER, Joseph A. *Teoria do Desenvolvimento Econômico*: uma investigação sobre lucros, capital, crédito, juro e o ciclo econômico. Tradução: Maria Sílvia Possas. São Paulo: Abril Cultural, 1982. p. 54.

[502] MORICOCHI, Luiz; GONÇALVES, José Sidnei. Teoria do desenvolvimento econômico de Schumpeter: uma revisão crítica. *Revista Informações Econômicas*, São Paulo, v. 24, n. 8, ago. 1994, p. 27-35, p. 29.

reversa, adoção de inovações incorporadas ao capital e ainda a máxima de "aprender fazendo e aprender usando".[503]

Nessa direção, outros números podem ratificar, pois, entre 1992 e 1996, aproximadamente 48 milhões de empregos foram criados ou destruídos nos Estados Unidos a partir de criação, desmobilização, fusões e aquisições empresariais, bem como cerca de 70% (setenta por cento) dos 11,2 milhões de novos empregos surgiram a partir de novas organizações.[504] De qualquer forma, assevera-se que a leitura e releitura das lições de Schumpeter, de acordo com o atual contexto, são indispensáveis para compreender as inúmeras modificações ocorridas sobre a atividade econômica.[505]

Há necessidade de esforços para que a capacidade da Administração Pública ante as inovações se dê a partir de uma relação de políticas públicas mais dinâmicas e menos estáticas e repetidas, até porque a absorção de tecnologia reclama uma atuação mais voltada à aprendizagem pelos integrantes da sociedade e é preciso uma modificação nas relações interempresariais de cooperação e uma administração pública evolutiva e desenvolvimentista como condição primordial para o acesso à escada tecnológica para atividades mais complexas, ainda mais nos países latino-americanos.[506]

A matriz da economia moderna perpassa pela consolidação de novos mercados e tem o setor de ciência, tecnologia e inovação como estratégico para os auspícios do desenvolvimento nacional sustentável, amparando-se inclusive no fortalecimento das empresas nacionais.[507]

3.1.2 O Brasil no contexto da ciência, tecnologia e inovação

Por óbvio, o Brasil não está desligado desse conjunto. De acordo com dados oficiais do Instituto Brasileiro de Geografia e Estatística, por meio da Pesquisa de Inovação de 2014, a qual é realizada a cada três anos por uma pesquisa nos setores de energia, gás, serviços e indústria, tem-se que:[508]

- entre 2012 e 2014, 36% das 132.529 empresas brasileiras que possuem dez ou mais trabalhadores executaram algum tipo de inovação em produto ou processo. No mesmo período, houve um incremento de empresas beneficiadas por algum tipo de incentivo governamental (passou de 34,2% em 2009-2011 para 40% em

503 DOSI, Giovanni; ORSENIGO, Luigi; LABINI, Mauro Sylos. Technology and the Economy. *In*: SMELSER, Neil J.; SWEDBERG, Richard. *The handbook of economic sociology*. 2. ed. New Jersey: British Library. p. 678-702, p. 679.

504 ALDRICH, Howard E. Entrepreneurship. *In*: SMELSER, Neil J.; SWEDBERG, Richard. *The handbook of economic sociology*. 2. ed. New Jersey: British Library. p. 451-477, p. 451.

505 MORICOCHI, Luiz; GONÇALVES, José Sidnei. Teoria do desenvolvimento econômico de Schumpeter: uma revisão crítica. *Revista Informações Econômicas*, São Paulo, v. 24, n. 8, ago. 1994, p. 27-35, p. 34-35.

506 HERNÁNDEZ UMAÑA, Iván Darío. *Empresa, innovación & desarrollo*. Bogotá: Universidad Nacional de Colombia, 2008. p. 282.

507 VIEIRA, André Luís; ÁLVARES, João Gabriel. *Acordos de compensação tecnológica (offset)*: teoria e prática na experiência brasileira. Rio de Janeiro: Lumen Juris, 2017. p. 48.

508 Ainda não está disponível e consolidada a Pesquisa de 2015-2018, conforme informação do *site* https://www.ibge.gov.br/estatisticas/multidominio/ciencia-tecnologia-e-inovacao/9141-pesquisa-de-inovacao.html?=&t=o-que-e. Os dados citados foram veiculados, entre outros meios, no seguinte endereço eletrônico: https://metadados.ibge.gov.br/consulta/estatisticos/operacoes-estatisticas/IT. Dados importantes extraídos do *site*: https://agenciadenoticias.ibge.gov.br/agencia-sala-de-imprensa/2013-agencia-de-noticias/releases/9466-pintec-2014-taxa-de-inovacao-se-mantem-estavel-e-apoio-governamental-aumenta. Acesso em: 2 fev. 2019.

2012-2014), inclusive levando em consideração o incentivo na área de compras públicas (cerca de 2% das empresas inovadoras);

- o total de investimento feito pelas empresas, em 2014, nas atividades inovativas foi de 81,5 bilhões de reais, o que é 2,54% da receita líquida total de vendas delas; já na indústria, tal patamar foi de 2,12%. Desses montantes, 24,7 bilhões de reais afetaram atividades internas de pesquisa e desenvolvimento, o que representa 0,77% da receita líquida das empresas;
- as mulheres têm uma participação ainda pequena no geral no ramo da pesquisa, desenvolvimento, inovação e tecnologia, já que alcançam tão somente 20,85% do total de pessoas envolvidas, ainda que em determinados setores econômicos o montante seja expressivo, como no caso da fabricação de farmoquímicos, com o percentual de 75,3%;
- a indústria e os setores de eletricidade e gás foram os mais inovadores, respectivamente, com 18,2% e 22,1%, enquanto nos serviços houve um menor índice (15,9%);
- as empresas industriais diminuíram seus gastos ante o dispêndio total das atividades inovativas em relação à receita líquida de vendas de 2011 para 2014 (passaram de 2,37% em 2011 para 2,12% em 2014), o que foi bem diferente de 2008 (2,54%), dado que não pode ser dissociado da realidade econômica e da segurança jurídico-econômica no país. Nos serviços, essa relação passou de 4,96% do faturamento, em 2011, para 7,81%, em 2014, sendo que a justificativa se deve aos serviços de telecomunicações, que obtiveram uma expansão de prestação e consumo em geral (de 3,66%, em 2011, para 9,99%, em 2014). O setor de eletricidade e gás acompanhou as indústrias no decréscimo (1,28% do total de sua receita, em 2011, para 0,57%, em 2014);
- a compra de maquinários e equipamentos foi considerada essencial para a mudança de números de inovações industriais, já que quantificou em 73,8% das empresas inovadoras como a atividade mais relevante para viabilizar suas inovações, enquanto o treinamento (61,7%) e aquisição de *software* (31,7%) vieram em seguida. Já nos serviços, a ordem foi treinamento (67,5%), aquisição de máquinas e equipamentos (60,8%) e aquisição de *software* (52,6%), sendo que, infelizmente, a aquisição externa de pesquisa e desenvolvimento em geral foi a atividade menos importante tanto para a indústria (5,4%) quanto para os serviços (5,3%), apesar de que, no setor de eletricidade e gás, houve um importe positivo (de 30,9% para 76,3%);
- na área específica da pesquisa, existiu uma deflação de pessoas contratadas, exclusivamente para prestar serviços de pesquisa. Houve uma migração da dedicação exclusiva para parcial de 2009-2011 para 2012-2104. Em 2014, 110 mil pessoas dedicavam-se de maneira exclusiva à realização de atividades internas de pesquisa e desenvolvimento. Na indústria, eram 76.200 pessoas, em 2008, 76,3% do total alocava com exclusividade; em 2011, 65,1%; e em 2014 apenas 61,4%. Ao mesmo tempo, constata-se a busca de uma diminuição de custos, em geral, e, consequentemente, uma subtração de percentual de agentes contratados como pesquisadores (em 2011, 65,3% eram pesquisadores, enquanto, em 2014,

63,4%), apesar de o nível de instrução ter aumentado em geral (em 2011, 69,2% possuía nível superior e, em 2014, 71,5%);
- aconteceu uma diminuição do percentual de empresas como principais responsáveis pelo desenvolvimento de inovações de produto de 2009-2011 (82,6%) para 2012-2014 (78,1%), ainda que nos demais setores tenha acontecido um aumento, como na indústria (de 9,1% para 11,7%), eletricidade e gás (de 9,2% para 20,9%) e serviços (de 2,7% para 10,2%). Outras empresas ou institutos aparecem como responsáveis pelo processo inovativo na indústria (67,4%), no setor de eletricidade e gás (65,3%) e nos serviços (51,1%), o que reflete a importância de tecnologia por meio de máquinas, equipamentos e *software*;
- no setor industrial, os clientes são colocados como principal fonte de informações, independentemente do modo de obtenção de tais dados. As redes digitais representam 78,8% para as indústrias, 89,3% para os serviços, e os fornecedores diretamente no setor de eletricidade e gás atingem um patamar elevado de 83,9%;
- apesar de existir um ecossistema de possíveis atores e financiadores, a principal fonte de financiamento das atividades inovativas foram os recursos próprios (em 2014, 85% dos recursos foram originários das próprias empresas; já em 2011, 78%);
- os principais obstáculos apontados em 2014 pelos agentes para a inovação no Brasil foram: elevado custo, riscos de inovação, escassez de fonte de financiamento e, em quarto lugar, a falta de pessoal qualificado;
- em 2014, as empresas inovadoras responderam que usaram alguma ferramenta para proteger suas inovações, como, preferencialmente, o segredo industrial, tempo de liderança sobre os seus *players* adversários e a complexidade no desenho;
- 3,4% das empresas inovadoras, o que representa 2.583 empresas, possuíram algum engajamento em biotecnologia e em nanotecnologia: tal número foi de 1,8%, sendo que, na comparação entre 2014 e 2011, houve uma elevação para a biotecnologia e um arrefecimento na nanotecnologia.

Especificamente na questão de ciência e tecnologia, o Brasil e seu impacto com a competitividade fazem com que ocupe a 61ª colocação dentre as 63 nações mapeadas pelo Índice de Competividade Mundial de 2017 (*World Competitiveness Yearbook* – WCY), que é divulgado pelo *International Institute for Management Development* (IMD) e pela Fundação Dom Cabral.[509] Agora, mais recentemente, em 2024, o Brasil infelizmente caiu uma posição, indo para a 62ª colocação dentre as 67 nações analisadas.[510]

Vários fatores são levados em consideração para mensurar a eficiência do governo e dos negócios, sendo que, no caso brasileiro, quatro fatores geraram a descida do Brasil em algumas colocações, quais sejam: desempenho da economia, eficiência do governo,

[509] Informação disponível em: http://www.fdc.org.br/blogespacodialogo/Lists/Postagens/Post.aspx?ID=609 e https://www.imd.org/wcc/world-competitiveness-center-rankings/world-digital-competitiveness-rankings-2017/. Acesso em: 30 mar. 2018.

[510] Informação disponível em: https://www.imd.org/centers/wcc/world-competitiveness-center/rankings/world-competitiveness-ranking/rankings/wcr-rankings/#_tab_Rank. Acesso em: 18 fev. 2025.

eficiência empresarial e infraestrutura. A Organização das Nações Unidas, por sua vez, possui um Índice de Desenvolvimento de Tecnologia da Informação e Comunicação, em que é avaliada a capacidade tecnológica do país para tal área. Na última edição, o Brasil aparece ocupando o 66º lugar.[511]

Já no *ranking* do Banco Mundial do *Doing Business 2018*, o país ocupa a posição 125, sendo que essa classificação considera o impacto da ciência, tecnologia e inovação, já que os critérios avaliadores são: abertura de empresa, obtenção de alvarás de construção, obtenção de eletricidade, registro de propriedades, obtenção de créditos, proteção de investidores minoritários, pagamento de impostos, comércio internacional, execução de contratos e resolução de insolvência.[512] No relatório mais atual, o de 2020, o Brasil passou a ocupar a posição 124.[513]

Em 2023, saiu o Índice Global de Inovação Global da OMPI (Organização Mundial da Propriedade Intelectual), em que o Brasil ficou no 49º lugar, sendo que do relatório mundial algumas considerações de suprarrelevância foram extraídas, quais sejam:

- Os indicadores de publicações científicas, pesquisa e desenvolvimento (P&D), operações de capital de risco (mas não seu valor) e patentes seguiram em trajetória de alta e renovaram sua máxima histórica. As taxas de crescimento, porém, não foram tão excepcionais quanto as observadas em 2021.
- Em 2022, as empresas com os maiores orçamentos de P&D gastaram US$1,1 trilhão – o maior valor registrado até hoje. Em termos nominais, essa cifra representa um aumento de 7,4% em 2022, abaixo dos 15% verificados em 2021.
- Refletindo a recente ascensão da inteligência artificial, o setor de equipamentos de TIC obteve o crescimento mais significativo nas atividades de P&D em 2022, graças principalmente aos fabricantes de placas de vídeo e chips. Outros setores que reduziram os gastos em P&D durante a pandemia, como os de automóveis e viagens e lazer, voltaram a investir com força em 2022.
- Dados preliminares apontam para um crescimento real nos orçamentos públicos de P&D em 2022, com aumentos significativos no Japão e na República da Coreia e uma alta menos expressiva no caso da Alemanha, compensando os cortes feitos por outros países.
- Diante de um cenário de maior aversão ao financiamento de risco, o valor total dos investimentos de capital de risco teve uma queda anual acentuada de quase 40% em 2022, ainda que a base de comparação de 2021 tenha sido excepcionalmente alta. A África foi a única região em que não houve redução nos investimentos de capital de risco em 2022.

---

[511] Informação disponível em: https://www.itu.int/net4/ITU-D/idi/2017/. Acesso em: 30 mar. 2018.

[512] Informação disponível em: http://portugues.doingbusiness.org/rankings. Acesso em: 24 abr. 2018. Outro dado que pode servir é o montante gasto com inovação, conforme a *Red de Indicadores de Ciencia y Tecnología Iberoamericana / Interamericana* (RICYT). Fazendo uma comparação entre Brasil e Espanha no setor de serviços, em 2010 o Brasil investiu 7.365,00 milhões de dólares; já a Espanha, em 2009, 9.521,69 milhões de dólares. O grande investimento em inovações no Brasil é na indústria manufatureira, o que demonstra a sua economia ainda centrada em extrativismo e matéria-prima e bastante deficitária em outros ramos. Disponível em: http://app.ricyt.org/ui/v3/comparative.html?indicator=GastoxServ&start_year=2007&end_year=2016. Acesso em: 3 mar. 2019.

[513] Disponível em: https://archive.doingbusiness.org/pt/data/exploreeconomies/brazil. Acesso em: 18 fev. 2025.

- Para 2023 e 2024, as perspectivas para o capital de risco são incertas, uma vez que as elevações das taxas de juros tendem a continuar afetando o financiamento da inovação.
- Os indicadores nas áreas de tecnologia da informação, saúde e energia continuam a evoluir – as ondas de inovação da era digital e da ciência profunda descritas no IGI de 2022 vêm rapidamente se materializando.
- A adoção de tecnologias tem mostrado uma evolução geral positiva, embora algumas tecnologias, como a de veículos elétricos e radioterapia para câncer, ainda tenham baixa penetração.[514]

A partir do Índice Global de Inovação Global da OMPI (Organização Mundial da Propriedade Intelectual), o Brasil agora elaborou o Índice de Inovação e Desenvolvimento, que foi lançado pelo Instituto Nacional da Propriedade Intelectual para avaliar e retratar o desempenho das vinte e sete unidades federativas.[515]

O Brasil tem o dever constitucional de evitar a dependência em inovação, ciência e tecnologia estrangeira, valores extremamente significativos no mercado global.[516] Para tanto, também se deve dar a devida atenção para a internacionalização da ciência e tecnologia.

O Manual de Indicadores de Internacionalización de la Ciencia y la Tecnología da Red de Indicadores de Ciencia y Tecnología Iberoamericana / Interamericana (RICYT) classificou uma série de fatores internos como incitadores para o avanço da internacionalização de tais áreas.

Destacam-se a crescente interdisciplinaridade de investigação e de abordagem dos problemas complexos e interdependentes, a requisição de infraestrutura e equipamentos singulares e o intento de eficácia nos grupos de investigação para majorar a capacidade de resposta e de habilidades, gerando, inclusive, os atos colaborativos e cooperativos entre os pesquisadores e investigadores. Indubitavelmente, a internacionalização é deveras propícia para ampliar a formação e especialização dos técnicos e investigadores, o quadro temático de pesquisa e, com isso, as possibilidades existentes no país, além de existir um incremento qualitativo na pesquisa, motivos que ensejam papel de destaque nos investimentos orçados para tal seara, conquanto, infelizmente, no Brasil, ainda seja um setor que geralmente sofre no primeiro corte em qualquer crise financeira.

A comunicação dos pesquisadores não necessariamente gera a imperiosidade de deslocamento para um segundo momento, considerando que, atualmente, a própria tecnologia dos meios de comunicação propicia a factibilidade de interação e interpenetração de pesquisas colegiadas a distância; contudo, no mínimo, o primeiro contato em comum demanda que seja físico até para o estreitamento dos laços da pesquisa. O fato

---

[514] Informação disponível em: https://www.wipo.int/pressroom/pt/articles/2023/article_0011.html. Acesso em: 18 fev. 2025.

[515] Informação extraída em: https://www.confea.org.br/brasil-agora-tem-um-indice-de-inovacao-e-desenvolvimento. Acesso em: 12 fev. 2025.

[516] Sobre a intervenção do Estado favorável ao mercado interno por meio de políticas internas de inovação, ciência e tecnologia, vide CHANG, Ho-Joon. *Chutando a escada*. Tradução: Luiz Antônio Oliveira de Araújo. São Paulo: Unesp, 2004. Em contraponto, refutando a interferência do Estado como forma de incentivo à livre-iniciativa para propiciar pesquisa e desenvolvimento científico, vide ROTHBARD, Murray. *Ciência, tecnologia e governo*. Tradução: Giovanna Louise Libralon. Campinas: Vide Editorial, 2017. p. 101-106.

é que a internacionalização das investigações na ciência e na tecnologia é assunto de prioridade máxima para os países que se preocupam com o desenvolvimento nacional sustentável, com a qualidade da ciência e tecnologia nacional e com a sua respectiva (in)dependência.[517]

Feitas essas colocações que transluzem motivos suficientes para que a inovação, tecnologia e ciência sejam temas de primeira de um Estado, é preciso definir tais palavras, suas características e conhecer o tratamento jurídico conferido pela legislação brasileira.

3.1.3 A relevância da inovação no ambiente socioeconômico

O primeiro ponto que merece atenção na inovação é como ela exsurge. Serve indubitavelmente para a satisfação das necessidades humanas. A dúvida que fica é: a inovação é criada para a satisfação da necessidade humana, ou o mercado, por meio do produtor, induz a inovação para criar a necessidade humana?

Seguindo a diretriz defendida por Schumpeter, ao que parece acertada, por sinal, é o produtor que modifica o aparato produtivo com o intuito de mudar a atividade econômica e direcionar os consumidores, a fim de quererem "coisas novas ou que diferem em um aspecto ou outro daquelas que tinham o hábito de usar". Em outras palavras, "apesar de ser permissível e até necessário considerar as necessidades dos consumidores como uma força independente e, de fato, fundamental na teoria do fluxo circular", a respectiva vontade do consumidor é direcionada e induzida em favor da inovação e do mercado.[518]

Defende-se que a inovação possui um ciclo para o seu aparecimento e tem fases. Sequencialmente, possui três etapas: invenção, a qual esteve sempre na humanidade; e imitação ou difusão, que é comum nos mercados baseados pela produção e terceirização de produtos de consumo e inovação, é uma estratégia para a sustentabilidade econômica das organizações do século XXI, que necessitam de produtos e novidades para acompanhar a dinâmica contemporânea.[519]

Quanto às fases, podem ser classificadas como abertas ou fechadas. Estas "limita[m] o processo inovador aos conhecimentos, conexões e tecnologias desenvolvidos dentro das organizações, sem participação de instituições externas ou outras empresas no processo"; já as abertas buscam o conhecimento das universidades, de outras organizações parceiras e do mercado por meio dos consumidores, fornecedores e canal de distribuição; por isso, é passível de ser usada até a denominação "conectividade e desenvolvimento" adicional à tradicional "pesquisa e desenvolvimento".[520]

Compete enfatizar que, conquanto o intuito inovador em geral está tratado nas mais diversas literaturas como algo para o mercado e para a obtenção de vantagem ante os

---

[517] ALBORNOZ, Mario (coord.). *Manual de Santiago*: Manual de Indicadores de Internacionalización de la Ciencia y la Tecnología. Buenos Aires: Red de Indicadores de Ciencia y Tecnología Iberoamericana / Interamericana (RICYT), 2009. p. 18.

[518] SCHUMPETER, Joseph A. *Teoria do Desenvolvimento Econômico*: uma investigação sobre lucros, capital, crédito, juro e o ciclo econômico. Tradução: Maria Sílvia Possas. São Paulo: Abril Cultural, 1982. p. 48.

[519] SANTOS, Adriana B. A. dos; FAZION, Cíntia B.; MEROE, Giuliano P. S de. Inovação: um estudo sobre a evolução do conceito de Schumpeter. *Revista Caderno de Administração da PUC-SP*, v. 5, n. 1, 2011.

[520] SANTOS, Adriana B. A. dos; FAZION, Cíntia B.; MEROE, Giuliano P. S de. Inovação: um estudo sobre a evolução do conceito de Schumpeter. *Revista Caderno de Administração da PUC-SP*, v. 5, n. 1, 2011.

demais concorrentes, seja para diminuição de custos, majoração de lucro, aumento de vendas ou outro objetivo qualquer, o fato é que a inovação deve ser encarada para toda e qualquer relação, independentemente de ser do primeiro, segundo ou terceiro setor.

Num sentido leigo e comum, a inovação pode ser confundida com o descobrimento ou a invenção, como se fossem sinônimos. Essa é uma falsa associação.[521] A inovação não precisa gerar um produto ou um serviço novo. Basta que haja a produção de outras coisas ou de mesmas coisas com a combinação de materiais e forças que demandem um método diferente.

As ditas novas combinações, por Joseph Schumpeter, para a realização do mesmo resultado, porém com um método, alguma ferramenta ou algum ajuste diverso, já são suficientes para se qualificarem como inovação em sua ideia. A classificação esposada pelo autor, e que é seguida até os dias atuais, prevê cinco casos de inovação:

> 1) introdução de um novo bem – ou seja, um bem com que os consumidores ainda não estiverem familiarizados – ou de uma nova qualidade de um bem. 2) Introdução de um novo método de produção, ou seja, um método que ainda não tenha sido testado pela experiência no ramo próprio da indústria de transformação, que de modo algum precisa ser baseada numa descoberta cientificamente nova, e pode consistir também, em nova maneira de manejar comercialmente uma mercadoria. 3) Abertura de um novo mercado, ou seja, de um mercado em que o ramo particular da indústria de transformação do país em questão não tenha ainda entrado, quer esse mercado tenha existido antes ou não. 4) Conquista de uma nova fonte de oferta de matérias-primas ou de bens semimanufaturados, mais uma vez independentemente do fato de que essa fonte já existia ou teve que ser criada. 5) Estabelecimento de uma nova organização de qualquer indústria, como a criação de uma posição de monopólio (por exemplo, pela trustificação) ou a fragmentação de uma posição de monopólio.[522]

Em sentido similar, agregando o fator do *marketing* e as relações externas como possíveis objetos, o Manual de Oslo descreve a inovação como "a implementação de um produto (bem ou serviço) novo ou significativamente melhorado, ou um processo, ou um novo método de *marketing*, ou um novo método organizacional nas práticas de negócios, na organização do local de trabalho ou nas relações externas".

O conceito propugnado pela OCDE é de que há necessidade de mudança nos seguintes aspectos para a sua ocorrência: (i) a inovação está associada à incerteza sobre os resultados das atividades inovadoras; (ii) a inovação envolve investimentos; (iii) a

---

[521] JIMÉNEZ, Antonio García. *Las conexiones entre contratación administrativa e innovación*. Madrid: Tecnos, 2018. p. 23. Valmir Alberto Thomé aduz que "é possível depreender que a inovação é um fato concomitantemente técnico e econômico, diferente da invenção, que por si só não é capaz de gerar efeitos práticos" (THOMÉ, Valmir Alberto. *Inovar*: a arte das organizações em superar as expectativas. Curitiba: Juruá, 2019. p. 22).

[522] SCHUMPETER, Joseph A. *Teoria do Desenvolvimento Econômico*: uma investigação sobre lucros, capital, crédito, juro e o ciclo econômico. Tradução: Maria Sílvia Possas. São Paulo: Abril Cultural, 1982. p. 48-49. No mesmo sentido, vide: "*A estos efectos, define la innovación como la introducción de un producto servicio o proceso nuevos o significativamente mejorados, que incluye, a título de ejemplo, los procesos de producción, edificación o construcción, un nuevo método de comercialización o un nuevo método de organización de prácticas con el objetivo de ayudar a resolver desafíos de la sociedad o a apoyar la estrategia Europa 2020*" (FERNÁNDEZ ACEVEDO, Rafael; VALCÁRCEL FERNÁNDEZ, Patricia. Análisis de los criterios de adjudicación de los contratos públicos en el marco de la cuarta generación de Directivas del Sector. *In*: FERNÁNDEZ ACEVEDO, Rafael; VALCÁRCEL FERNÁNDEZ, Patricia (dir.). *La contratación pública a debate*: presente y futuro. Navarra: Civitas, 2014. p. 199-274, p. 230).

inovação é o substrato dos transbordamentos; (iv) a inovação requer a utilização de conhecimento novo ou um novo uso ou combinação para o conhecimento existente; e (v) a inovação visa melhorar o desempenho de uma empresa com o ganho de uma vantagem competitiva.[523]

Como se verifica, ela corresponde a um processo de modificação que revoluciona a estrutura econômica. Pressupõe um processo contínuo de reinvenção que almeja maiores proveitos de riqueza e bem-estar social. Ao usar as estruturas tradicionais, o ser humano gera conhecimento, exerce e aperfeiçoa habilidades suficientes para criar outras novas, aprimorar as já existentes ou aquilatar procedimentos com o afã inovativo.[524]

Enquanto a linha schumpeteriana verga a inovação como experimento de mercado e reestruturação das indústrias e mercados, a teoria da economia corrente dominante ou os neoclássicos a veem como criação de ativos de experimentos de mercado.[525] Ainda, segundo o Manual de Oslo, que foi concebido para ser um referencial de diretrizes sobre a inovação e a competitividade mundial pela OCDE, as empresas têm interesse em inovar por diversos motivos relacionados aos produtos, mercados, eficiência, qualidade ou à capacidade de aprendizado ou implementação de mudanças, os quais estão sempre atrelados para melhorias na competição.

Além disso, quanto à intensidade e momento para a sua realização, depende de setor para setor, porque cada um tem a sua respectiva taxa de mudança tecnológica, interação e acesso ao conhecimento, estruturas organizacionais e fatores institucionais; logo, em alguns, há maior celeridade, em outros nem tanto.[526] O mercado de inovação, em si, é um mercado muito dinâmico, o qual refuta qualquer obsolescência.[527]

De forma um pouco diferente, Nivaldo dos Santos e Viviane Romeiro explicam a diferenciação entre invenção e inovação, visto que invenção é "a criação industrial objeto de patente, podendo ser descrita como uma nova solução para um problema técnico de produção, desde que ninguém tenha criado anteriormente ou divulgado o acesso de sua informação ao público"; já a inovação decorre de uma invenção e

---

[523] ORGANIZAÇÃO PARA COOPERAÇÃO E DESENVOLVIMENTO ECONÔMICO; EUROSTAT. *Manual de Oslo*: Diretrizes para a Coleta e Interpretação de Dados sobre Inovação. 3. ed. Brasília: OCDE, EUROSTAT e FINEP, 2007. p. 43 e 55.

[524] GARCÍA JIMÉNEZ, Antonio. Las conexiones entre contratación administrativa e innovación. Madrid: Tecnos, 2018. p. 37. Sobre a função da inovação, Agustí Cerrillo i Martínez pontua: "*De este modo, no cualquier cambio que introduzcan las administraciones públicas puede considerarse como manifestación de la innovación. La innovación debe suponer cambios ambiciosos, radicales, que incluso lleguen a romper las reglas del juego existentes. La innovación se basa en el desarrollo de ideas aplicadas, que respondan a una necesidad específica o problema, que puedan involucrar cambios deliberados en el comportamiento de los agentes, las prácticas, los procesos y/o productos, que mejoren el desarrollo institucional y generen resultados observables, que agreguen valor público, contribuyan al fortalecimiento institucional y, en* última *instancia, mejoren la calidad de los servicios y la calidad de vida de los ciudadanos*" (MARTÍNEZ, Agustí Cerrillo i. *Los servicios de la ciudad inteligente*. XV Congreso Anual de la Asociación de Profesores de Derecho Administrativo, 7 e 8 de febrero de 2020. Disponível em: http://www.aepda.es/AEPDAEntrada-2518-XV-CONGRESO-DE-LA-AEPDA.aspx. Acesso em: 9 fev. 2020).

[525] ORGANIZAÇÃO PARA COOPERAÇÃO E DESENVOLVIMENTO ECONÔMICO; EUROSTAT. *Manual de Oslo*: Diretrizes para a Coleta e Interpretação de Dados sobre Inovação. 3. ed. Brasília: OCDE, EUROSTAT e FINEP, 2007. p. 37.

[526] ORGANIZAÇÃO PARA COOPERAÇÃO E DESENVOLVIMENTO ECONÔMICO; EUROSTAT. *Manual de Oslo*: Diretrizes para a Coleta e Interpretação de Dados sobre Inovação. 3. ed. Brasília: OCDE, EUROSTAT e FINEP, 2007. p. 122 e 46.

[527] GOMES, Pedro Cerqueira. Contratação pública e inovação – o diálogo entre Portugal e a União Europeia. *In*: FERNÁNDEZ ACEVEDO, Rafael; VALCÁRCEL FERNÁNDEZ, Patricia (dir.). *La contratación pública a debate*: presente y futuro. Navarra: Civitas, 2014. p. 525-555, p. 543.

prossegue "até a comercialização da própria invenção, sendo o processo inovativo estritamente relacionado ao processo de comercialização. Deve estar necessariamente relacionada a um sistema produtivo, caso contrário será considerada como invenção".[528]

Com o digno respeito, não parece crível que a inovação decorra de uma invenção. A posição de Nivaldo dos Santos e Viviane Romeiro parece resumir a inovação e invenção para produtos (fornecimento) comercializados. Aqui estão os defeitos: um, não necessariamente precisa do invento de um produto ou de um serviço para inovar; dois, nem sempre onde se inova busca-se o comércio em si, pois se pode inovar na estrutura organizacional de uma entidade do terceiro setor, por exemplo; três, a inovação deve ser concebida de maneira ampla, a fim de albergar os mais diversos setores e seus processos produtivos. Outro motivo, ainda, como acertadamente explana Joseph Schumpeter, as inovações não precisam decorrer necessariamente de invenções, e o importante é que sejam colocadas em prática para servir à sociedade.[529]

A inovação poderia ser compendiada como um processo linear, de acordo com soluções necessariamente tecnológicas de especialistas que não interagiam com os processos internos e externos das sociedades empresariais; entretanto, atualmente, cada dia mais tem prezado por uma evolução que intrinsecamente impõe interatividade, dinamicidade, participação, intercâmbio de cognição e diagnóstico dos meios produtivos para a sua eficácia, inclusive para fins de competitividade naqueles setores concorrenciais.[530]

Ainda não se pode olvidar que a capacidade de inovar depende de uma mescla de insumos, como aponta Antonio García Jiménez, que aglutina capacidade intelectual, criatividade, talento, causalidade, sorte, conhecimento e prática.[531] Defende-se que o radar da inovação envolve treze dimensões: oferta; plataforma; marca; clientes; soluções; relacionamento; agregação de valor; processos; organização; cadeia de fornecimento; presença; rede; e ambiência inovadora.[532]

Não se tem inovação sem resultados e ganhos. Da mesma maneira, ela inexiste se não for posta em prática e executada, sob pena de cingir-se a meras ideias.[533] Por

---

[528] SANTOS, Nivaldo dos; ROMEIRO, Viviane. Estratégias competitivas e capacitação tecnológica no Brasil: paradigmas técnico-econômicos. *In*: TAVARES NETO, José Querino e outros. *Estado, empresa e desenvolvimento econômico*. Florianópolis: Fundação Boiteux, 2008. p. 479-509, p. 484.

[529] SCHUMPETER, Joseph. *A teoria do desenvolvimento econômico*. São Paulo: Abril Cultural, 1982. p. 62.

[530] OLIVEIRA, Michel Ângelo Constantino de; MENDES, Dany Rafael Fonseca; PINHEIRO, Adalberto Amorim; COSTA, Luma Cordeiro. Microempresas e Empresas de Pequeno Porte (ME/EPP) de Brasília: uma abordagem econométrica. *Revista de Administração da Fatea*, v. 10, n. 10, p. 6-141, jan./jun. 2015, p. 39-52, p. 42.

[531] GARCÍA JIMÉNEZ, Antonio. *Las conexiones entre contratación administrativa e innovación*. Madrid: Tecnos, 2018. p. 52. Sem execução, boas ideias se esvaem: "As estimativas de fracasso de *startups* no Vale do Silício na Califórnia giram em torno de 90%. Em outras palavras, a probabilidade de uma boa ideia ser desenvolvida no principal lócus de inovação do planeta é de apenas 10%" (CAVALCANTE, Pedro. *Inovação e políticas*: superando o mito da ideia. Brasília: IPEA, 2019. p. 12).

[532] OLIVEIRA, Michel Ângelo Constantino de; MENDES, Dany Rafael Fonseca; PINHEIRO, Adalberto Amorim; COSTA, Luma Cordeiro. Microempresas e Empresas de Pequeno Porte (ME/EPP) de Brasília: uma abordagem econométrica. *Revista de Administração da Fatea*, v. 10, n. 10, p. 6-141, jan./jun. 2015, p. 39-52, p. 40.

[533] "Uma inovação, no sentido econômico somente é completa quando há uma transação comercial envolvendo uma invenção e assim gerando riqueza" (SANTOS, Adriana B. A. dos; FAZION, Cíntia B.; MEROE, Giuliano P. S de. Inovação: um estudo sobre a evolução do conceito de Schumpeter. *Revista Caderno de Administração da PUC-SP*, v. 5, n. 1, 2011). Em sentido similar, Antonio García Jiménez pontua: "*No es suficiente con una gran idea u ocurrencia para innovar, también es necesario saber gestionar el conocimiento, en el sentido de que el marco social y tecnológico existente en el momento en que surge la idea posibilite disponer de los avances suficientes como para permitir*

tais motivos, o empreendedor se concatena com a inovação, ainda que ninguém seja empreendedor para sempre, mas tão somente quando está inovando, seja pela introdução de novos produtos e métodos de produção, pela abertura de novos mercados ou pela obtenção de novas fontes de matérias-primas.[534]

A título ilustrativo, Manuel Castells aduz sobre a existência de meio de inovação, que seria "um conjunto específico de relações de produção e gerenciamento com base em uma organização social que, de modo geral, compartilha uma cultura de trabalho e metas instrumentais, visando gerar novos conhecimentos, novos processos e novos produtos".

Aborda especificamente o meio de inovação sem uma dada dimensão espacial, apesar de reconhecer que, no caso das indústrias de tecnologia de informação (na era da informação), esse é a "capacidade de gerar sinergia, isto é, o valor agregado resultando não do efeito cumulativo dos elementos presentes no meio".

Também discorre que fatores como capital, trabalho e matéria-prima reunidos por um empreendedor institucional e havendo a cooperação de uma organização social podem ser insumos essenciais para que áreas neófitas ou sem nada possam cambiar para um polo de inovações tecnológicas.[535]

Ainda, a Administração Pública não pode ficar afastada desse panorama, tanto que é seu dever perquirir a inovação internamente e em suas relações negociais. No âmbito europeu, advoga-se que os procedimentos pré-contratuais inovatórios têm recebido uma atenção especial, tanto por meio das PYMES (pequenas e médias empresas) quanto pelas demais espécies contratuais, discorridas em tópico vindouro.[536]

---

desarrollarla, así como que las personas o la organización que la han creado o la conocen tengan la suficiente capacidad como para saber desarrollarla. En segundo lugar, es necesario romper con el tópico que asocia la innovación a la idea del empresario como exclusivo innovador, sin considerar que esta pueda proceder de otras fuentes, como el sector público, el cual tiene la responsabilidad y obligación de innovar para adaptares a las nuevas necesidades de los ciudadanos a los que administra" (GARCÍA JIMÉNEZ, Antonio. *Las conexiones entre contratación administrativa e innovación*. Madrid: Tecnos, 2018. p. 35-36).

534 ALDRICH, Howard E. Entrepreneurship. *In*: SMELSER, Neil J.; SWEDBERG, Richard. *The handbook of economic sociology*. 2. ed. New Jersey: British Library. p. 451-477, p. 455.

535 CASTELLS, Manuel. *A sociedade em rede*. Volume I. 2. Tradução: Roneide Venancio Majer. 2. ed. São Paulo: Paz e Terra, 1999. p. 414 e 416. A importância da informação exsurge no mundo atual, ainda mais quando os dados e as informações se quantificam em moeda. No âmbito dos negócios, o que pode ser facilmente extensível para o presente trabalho, sempre há a sujeição ao risco e é preciso que tenhamos uma ofensiva para enfrentá-lo. Aswath Damoradaran sugere os cinco passos a seguir: "A primeira é o acesso a melhores e mais oportunas informações sobre eventos, à medida que ocorrem, e as suas consequências, o que permite elaborar com que reagimos às de qualidade superior para a situação. A segunda é a velocidade com que reagimos às circunstâncias ocorridas, em termos de alterar como e onde fazemos nossos negócios, pois agindo mais rapidamente do que os nossos competidores poderemos ser capazes de transforma uma ameaça em uma oportunidade. A terceira vantagem origina-se de nossa experiência com crises semelhantes no passado e de nosso conhecimento do modo como essas crises afetaram o mercado, o que nos possibilita reagir de modo mais efetivo do que outras empresas no setor. A quarta tem sua origem na posse de recursos – financeiros e de pessoal – que permitam atravessar os períodos difíceis subsequentes a uma crise com mais tranquilidade do que o restante do setor. O último fator é a flexibilidade financeira e operacional, pois a capacidade de alterar nossa base tecnológica, e nossa estrutura financeira e operacional, em reação a um ambiente mudado oferece expressivas vantagens em ambientes de incerteza. A chave de todas essas vantagens é o fato de emergirmos dessas crises com a nossa posição competitiva mais fortalecida do que antes de as adversidades se manifestarem" (DAMODARAN, Aswath. *Gestão estratégica do risco*: uma referência para a tomada de riscos empresariais. Tradução: Félix Nonnenmacher. Porto Alegre: Bookman, 2009. p. 343-344).

536 GOMES, Pedro Cerqueira. Contratação pública e inovação – o diálogo entre Portugal e a União Europeia. *In*: FERNÁNDEZ ACEVEDO, Rafael; VALCÁRCEL FERNÁNDEZ, Patricia (dir.). *La contratación pública a debate*: presente y futuro. Navarra: Civitas, 2014. p. 525-555, p. 533.

Essa não é uma realidade europeia e tem sido bastante trabalhada no Brasil, seja por meio de contratos públicos, convênios administrativos e até na própria estruturação das organizações públicas. Essa constatação é corroborada pelo relatório do Banco Nacional do Desenvolvimento do Estado (BNDES) para a perspectiva de investimento de 2015-2018, no qual os investimentos em perspectiva tiveram um crescimento real de 17%, taxa anualizada de 3,2%, em relação ao quadriênio de 2010-2013, apesar das diferenças de acordo com cada setor.

Para mostrar que a mão estatal pode fazer a diferença, inclusive por meio das compras públicas, vide que os setores aeroespacial e de complexo industrial de saúde tiveram uma alavancagem em razão das compras públicas estratégicas na área da defesa e da saúde.

Ademais, outro ponto que chama a atenção é a relação do investimento com a tecnologia, já que a qualidade dos investimentos em determinados setores é mais intensiva em tecnologia e menos intensiva em capital, numa analogia com tais setores no período do quadriênio anterior (setor de petróleo, mineração, químico, telecomunicação, etc.).[537]

Para Antonio García Jiménez, a busca e a erupção da inovação pelo setor privado são visíveis e mais fáceis de serem compreendidas. Em primeiro, porque a busca de lucro perdura de maneira constante, e a inovação poderá desencadear maiores lucros a uma empresa. A maior facilidade decorre da menor burocratização e maior dinamicidade nos processos internos de uma administração privada em prover condições para a criação da inovação.

Doutro lado, na Administração Pública já existem mais empecilhos, formalidades e burocracia para investir em inovação e, com isso, fazer inovação. Por isso, é necessário revisitar o papel dos Estados e dos seus órgãos e entidades para que a inovação possa ser propiciada, inclusive asseverando um papel bastante amplo da inovação, que gerará, com certeza, melhorias nos serviços públicos e atividades administrativas. Até porque não é possível aceitar na atual sociedade do conhecimento e das novas tecnologias que um servidor público responda uma solicitação qualquer de uma pessoa "*con el ya mítico <vuelva usted mañana>, y eso en el mejor de los casos, porque en otros pueden ser días o incluso semanas*".[538]

3.1.4 Definição de inovação

No ordenamento jurídico brasileiro, inovação, segundo o inciso IV do artigo 1º da Lei nº 10.973/2004 (com alteração pela Lei nº 13.243/16), é a "introdução de novidade ou aperfeiçoamento no ambiente produtivo e social que resulte em novos produtos, serviços ou processos ou que compreenda a agregação de novas funcionalidades ou características a produto, serviço ou processo já existente que possa resultar em melhorias e em efetivo ganho de qualidade ou desempenho".

Como se verifica, o conceito jurídico de inovação existente no sistema jurídico brasileiro prestigia a tese de inovação apresentada por Schumpeter. Nesse sentido de

---

537 BNDES. *Perspectivas do investimento 2015-2018 e panoramas setoriais*. p. 1 e 3. Disponível em: www.bndes.gov.br/bibliotecadigital. Acesso em: 8 out. 2018.

538 GARCÍA JIMÉNEZ, Antonio. *Las conexiones entre contratación administrativa e innovación*. Madrid: Tecnos, 2018. p. 38 e 64.

amplitude, inclusive, chama-se atenção para o glossário da Financiadora de Inovação e Pesquisa no Brasil (FINEP),[539] que estabelece: inovação gerencial e organizacional, inovação de processo eletrônico, inovação de processo e produto tecnológico em nível mundial, inovação de produtos e processos tecnológicos, inovação gerencial e organizacional, inovação incremental, inovação para o desenvolvimento social, inovação radical, inovação tecnológica de processo, inovação tecnológica de produto e inovação tecnológica de serviços.[540]

O Manual de Oslo classifica quatro tipos de inovação: de produto, de processo, organizacional e de *marketing*. A de produtos replica modificações significativas nas potencialidades de produtos e serviços, incluindo tanto os novos quanto os aperfeiçoamentos realizados. A de processo são alterações significativas nos métodos de produção e de distribuição. A organizacional "refere-se à implementação de novos métodos organizacionais, tais como mudanças em práticas de negócios, na organização do local de trabalho ou nas relações externas da empresa". Por fim, a de *marketing* são as implementações de métodos de *marketing*, o que engloba as "mudanças no design do produto e na embalagem, na promoção do produto e sua colocação, e em métodos de estabelecimento de preços de bens e de serviços".[541]

Em síntese, inovação é o incremento de um produto, bem ou serviço novo ou aprimorado, bem como a inserção de novos processos, novos métodos ou organizações, sempre com o escopo de engendrar melhorias e/ou resultados favoráveis aos seus empreendedores e destinatários.

3.1.5 Definição de ciência

A ciência se arraiga a formulações teóricas e/ou práticas que venham a ser elaboradas a partir de métodos construtivos de acordo com cada área de conhecimento. O Supremo Tribunal Federal já manifestou que a ciência, enquanto atividade individual, é direito fundamental consagrado pela Lei Maior.[542]

---

[539] Empresa pública vinculada ao Ministério da Ciência, Tecnologia e Inovação, nos termos do Decreto nº 6.129, de 20 de junho de 2007, conforme o art. 191 do Decreto-Lei nº 200, de 25 de fevereiro de 1967, e o Decreto-Lei nº 298, de 28 de fevereiro de 1967, a qual tem por escopo apoiar estudos, projetos e programas de interesse para o desenvolvimento econômico, social, científico e tecnológico do país, tendo em vista as metas e prioridades setoriais estabelecidas nos planos do governo federal.

[540] "Todos fazem parte da raiz de conceito de inovação como sendo a 'introdução, com êxito, no mercado, de produtos, serviços, processos, métodos e sistemas que não existiam anteriormente, ou contendo alguma característica nova e diferente do padrão em vigor'. Compreende diversas atividades científicas, tecnológicas, organizacionais, financeiras, comerciais e mercadológicas. A exigência mínima é que o produto/serviço/ processo/método/sistema inovador deva ser novo ou substancialmente melhorado para a empresa em relação aos seus competidores." Informação disponível em: http://www.finep.gov.br/biblioteca/glossario. Acesso em: 1º fev. 2019.

[541] ORGANIZAÇÃO PARA COOPERAÇÃO E DESENVOLVIMENTO ECONÔMICO; EUROSTAT. *Manual de Oslo*: Diretrizes para a Coleta e Interpretação de Dados sobre Inovação. 3. ed. Brasília: OCDE, EUROSTAT e FINEP, 2007. p. 23.

[542] "O termo 'ciência', enquanto atividade individual, faz parte do catálogo dos direitos fundamentais da pessoa humana (inciso IX do art. 5º da CF). Liberdade de expressão que se afigura como clássico direito constitucional-civil ou genuíno direito de personalidade. Por isso que exigente do máximo de proteção jurídica, até como signo de vida coletiva civilizada. Tão qualificadora do indivíduo e da sociedade é essa vocação para os misteres da Ciência que o Magno Texto Federal abre todo um autonomizado capítulo para prestigiá-la por modo superlativo (capítulo de nº IV do título VIII). A regra de que 'O Estado promoverá e incentivará o desenvolvimento científico, a pesquisa e a capacitação tecnológicas' (art. 218, *caput*) é de logo complementada com o preceito (§1º do mesmo art. 218) que autoriza a edição de normas como a constante do art. 5º da Lei de Biossegurança. A compatibilização

É um termo que tem sido muito utilizado no período pandêmico, já que, graças às formulações teóricas avançadas e à interlocução de diversos agentes no ecossistema da saúde, permitiu-se a feitura de vacinas num período temporal tão curto.

O glossário da FINEP define como "o conjunto organizado dos conhecimentos relativos ao universo, envolvendo seus fenômenos naturais, ambientais e comportamentais" e que a "geração do conhecimento científico se faz através da pesquisa ou investigação científica, seguindo as etapas do método ou metodologia científica".[543]

A ciência também não pode ser vista de maneira isolada, e sim de acordo com a tecnologia e inovação, "isso porque apenas o crescimento acadêmico não gera riquezas; contribui, isto sim, de fato, para o gerenciamento de novas tecnologias, mas a implementação das mesmas é de vital importância para o sistema industrial brasileiro".[544]

Tanto é assim que o próprio Manual de Oslo explica que a "economia baseada em conhecimento" é uma expressão largamente utilizada para definir tendências em "economias avançadas no sentido de maior dependência do conhecimento, informação e altos níveis de especialização, e a crescente necessidade de pronto acesso a esses fatores pelos setores privado e público". Isso quer dizer um entrelaçamento entre o conhecimento e a tecnologia, aumentando, dessa maneira, a importância dessa ligação via um conhecimento mais verticalizado e especializado.[545]

O estreitamento entre ciência e tecnologia acontece desde o surgimento da ciência moderna. Normalmente, alude-se a partir de novos e importantes paradigmas tecnológicos por meio de descobertas.

Se antes, no século XIX, as inovações tecnológicas eram resultado em geral de artesãos imaginativos, tal sistemática mudou totalmente no século XX e ainda mais agora no século XXI.[546] Na mesma senda, a internacionalização da ciência e da tecnologia tem-se revelado como relevante para o sucesso de pesquisas, nacionais e internacionais, públicas ou privadas, e na organização da produção do conhecimento e da tecnologia pela difusão, comercialização e transferência.

Essa evolução se deve "tanto a aspectos intrínsecos del propio desarrollo científico y tecnológico como al contexto político, económico, social y cultural en el que se realiza este desarrollo" e pode ser justificada por números como: (i) em 2000, as pessoas estrangeiras que laboravam com ciência e tecnologia na União Europeia eram 466.000, e metade dessas era proveniente de países afora do bloco econômico-social; (ii) em

---

da liberdade de expressão científica com os deveres estatais de propulsão das ciências que sirvam à melhoria das condições de vida para todos os indivíduos. Assegurada, sempre, a dignidade da pessoa humana, a CF dota o bloco normativo posto no art. 5º da Lei 11.105/2005 do necessário fundamento para dele afastar qualquer invalidade jurídica (Ministra Cármen Lúcia)" (Supremo Tribunal Federal, ADI nº 3.510, Relator Ministro Ayres Britto, julgamento em 29.5.2008, Plenário, *DJE* de 28.5.2010).

[543] Disponível em: http://www.finep.gov.br/biblioteca/glossario. Acesso em: 1º fev. 2019. Quase igual, Simhon Moussa expressa a sua definição ao destacar o objeto como verdades gerais ou operação de leis gerais testadas e obtidas a partir de um método científico e que depende da lógica (MOUSSA, Simhon. *Inovação tecnológica, pesquisa e desenvolvimento*. São Paulo: Editora do Autor, 2012. p. 45).

[544] CREUZ, Luis Rodolfo Cruz e; SILVA, Marck da. A Lei de Incentivos à Inovação e à Pesquisa Científica e Tecnológica. *Revista IOB de Direito Administrativo*, São Paulo, v. 6, p. 66-81, jun. 2006, p. 81.

[545] ORGANIZAÇÃO PARA COOPERAÇÃO E DESENVOLVIMENTO ECONÔMICO; EUROSTAT. *Manual de Oslo*: Diretrizes para a Coleta e Interpretação de Dados sobre Inovação. 3. ed. Brasília: OCDE, EUROSTAT e FINEP, 2007. p. 35.

[546] DOSI, Giovanni; ORSENIGO, Luigi; LABINI, Mauro Sylos. Technology and the Economy. *In*: SMELSER, Neil J.; SWEDBERG, Richard. *The handbook of economic sociology*. 2. ed. New Jersey: British Library. p. 678-702, p. 686.

2000, nos Estados Unidos quase um milhão de trabalhadores de tais áreas não eram estadunidenses.[547]

Mauro Sylos Labini, Giovani Dosi e Luigi Orsenigo explicam que, historicamente, o papel ascendente do conhecimento científico para a obtenção de avanços tecnológicos tem trilhado *pari passu* com as mudanças na organização das atividades inovadoras.

Aduzem que, seja pelo "modelo de Arrow-Nelson" para que a ciência forneça as oportunidades nacionais e o conhecimento tecnológico útil via pesquisa e desenvolvimento industrial, seja pelo ideário de que a ciência é um componente que aumenta a capacidade genérica de resolver problemas técnicos complexos, o fato inquestionável é que existe uma relação simbiótica entre atividades tecnológicas e científicas desde o final do século XIX quando alguns países, como Alemanha, Suíça e Estados Unidos, começaram a incorporar e investir de maneira progressiva nas atividades de pesquisa e desenvolvimento internamente nas empresas.[548]

Qualquer processo de transformação tecnológica pode ser considerado como resultado natural de um processo estrutural por uma série de fatores, mecanismos e instituições ou como resultado de algumas decisões estratégicas de seres humanos; portanto, um planejamento se faz imprescindível a partir de um ambiente político democrático entre Estado e sociedade. Dessa maneira, estes serão autores, e não meros destinatários de um acaso.[549]

Schumpeter, inclusive, pondera que a ciência, assim como a inovação, possui uma dificuldade para a adoção de um novo posicionamento científico ou um método novo. Tão difícil fazer com que as pessoas venham a quebrar paradigmas e vícios da continuidade; por isso, a liberdade para inovar e para fazer ciência necessita de um grande excedente de força sobre o dia a dia e uma liberdade mental para essa superação.

Da mesma forma, deve-se obtemperar e lidar com a resistência do ambiente social, já que a irresignação se manifesta, seja pela falta de cooperação, pela ignorância ou pela dificuldade de obter os resultados já conquistados com a posição científica ou inovação velha.[550] Mais uma vez, chama-se atenção para o papel do Estado no aprimoramento

---

547 ALBORNOZ, Mario (coord.). *Manual de Santiago*: Manual de Indicadores de Internacionalización de la Ciencia y la Tecnología. Buenos Aires: Red de Indicadores de Ciencia y Tecnología Iberoamericana / Interamericana (RICYT), 2009. p. 9 e 13-14.

548 DOSI, Giovanni; ORSENIGO, Luigi; LABINI, Mauro Sylos. Technology and the Economy. *In*: SMELSER, Neil J.; SWEDBERG, Richard. *The handbook of economic sociology*. 2. ed. New Jersey: British Library. p. 678-702, p. 687. Sobre a importância do investimento em ciência, tecnologia e inovação, Enrique Linde Paniagua explica o porquê da Espanha necessitar investir o quanto antes em tais áreas: "*Las naciones más desarrolladas del mundo occidental, desde finales del siglo XIX, situaron a la investigación en el centro de sus preocupaciones. Alemania, Francia, Reino Unidos e Italia en Europa, Estados Unidos en América, y Japón en Asia, han sido las naciones investigadoras por excelencia. Muchos son los factores determinantes de que estas naciones hayan ocupado, y sigan ocupando, la cabeza del mundo, y si su primacía está siendo puesta en tela de juicio lo es por naciones como China, India o Corea del Sur, entre otras, que han emulado a aquellas naciones llevando a cabo un esfuerzo financiero y humano en materia de investigación sin precedentes en la historia*" (PANIAGUA, Enrique Linde. Gobernanza del sistema español de ciencia, tecnología e innovación. *In*: CALONGE VELÁZQUEZ, Antonio (dir.). *Ciencia, tecnología e innovación*: nuevo régimen jurídico. Granada: Editorial Comares, 2013. p. 21-40, p. 22.

549 PÉREZ DÍAZ, Victor. *Cambio tecnológico y procesos educativos en España*. Madrid: Seminarios y Ediciones, 1972. p. 15.

550 "Não apenas é objetivamente mais difícil fazer algo novo do que fazer o que é conhecido e testado pela experiência, mas o indivíduo se sene relutante em fazê-lo e assim seria mesmo que as dificuldades objetivas não existissem. É assim em todos os campos. (...) A própria natureza dos hábitos arraigados de pensar, a sua função poupadora de energia, se funda no fato de que se tornaram subconscientes, que produzem seus resultados automaticamente e são à prova de crítica e até de contradição por fatos individuais. Mas, precisamente por causa disso tornam-se

da ciência e da tecnologia a partir do investimento público a ser realizado, bem como os incentivos para que terceiros venham a colaborar e cooperar com as empresas e instituições de ensino desenvolvedoras de pesquisas.[551]

3.1.6 Definição de tecnologia

A tecnologia deve ser compreendida como o aproveitamento dos conhecimentos da ciência para aplicação prática a fim de influenciar os processos de formação.

O glossário da FINEP define de forma parecida, mais precisamente como "o conjunto ordenado de conhecimentos empregados na produção e comercialização de bens e serviços, e que está integrado não só por conhecimentos científicos – provenientes das ciências naturais, sociais, humanas, etc. –, mas igualmente por conhecimentos empíricos que resultam de observações, experiência, atitudes específicas, tradição (oral ou escrita), etc.".[552]

O paradigma tecnológico baseia-se em três ideias fundamentais:

(i) a tecnologia não se resume a um conjunto de projetos bem definidos, e sim trata-se das "atividades de resolução de problemas que envolvem – em graus variados – também formas tácitas de conhecimento incorporadas em indivíduos e procedimentos organizacionais";

(ii) roga que haja um compartilhamento de "heurísticas específicas e visões sobre 'como fazer as coisas' e como melhorá-las" por diversos agentes de especialidades diversas, gerando assim um quadro cognitivo coletivo;

(iii) modelos já existentes ao longo do tempo são alterados e aprimorados como resultados de um progresso tecnológico que pondera não somente o insumo, produto ou serviço, mas, a partir de um estudo e progresso sobre todas as possíveis variantes acessórias, aquelas que podem impactar direta ou indiretamente no sucesso da funcionalidade do modelo já existente.[553]

---

grilhões quando sobrevivem à sua utilidade. (...) Em questões econômicas essa resistência se manifesta antes de tudo nos grupos ameaçados pela inovação, depois na dificuldade para encontrar a cooperação necessária, finalmente na dificuldade para conquistas os consumidores. Mesmo que esses elementos ainda sejam efetivos hoje em dia, a despeito do fato de que um período de desenvolvimento turbulento acostumou-nos à aparição e à realização de inovações, eles podem ser mais bem estudados nos primórdios do capitalismo. Mas são tão óbvios ali que seria tempo perdido para os nossos propósitos estender-nos a respeito" (SCHUMPETER, Joseph A. *Teoria do Desenvolvimento Econômico*: uma investigação sobre lucros, capital, crédito, juro e o ciclo econômico. Tradução: Maria Sílvia Possas. São Paulo: Abril Cultural, 1982. p. 61).

551 DOSI, Giovanni; ORSENIGO, Luigi; LABINI, Mauro Sylos. Technology and the Economy. *In*: SMELSER, Neil J.; SWEDBERG, Richard. *The handbook of economic sociology*. 2. ed. New Jersey: British Library. p. 678-702, p. 688. Como bem sopesado por Carlos Molina del Pozo, "*la inversión, por tanto, en conocimiento científico y tecnológico es un factor clave para aumentar el valor añadido de los productos y servicios que ofrecen las empresas, estimular la innovación y mejorar así la productividad y la competitividad de una economía*" (POZO, Carlos Molina del. La política de I+D+i en la Unión Europea: su inserción en la Ley de la Ciencia de España. *In*: CALONGE VELÁZQUEZ, Antonio (dir.). *Ciencia, Tecnología e Innovación*: nuevo régimen jurídico. Granada: Editorial Comares, 2013. p. 171-193, p. 193).

552 Disponível em: http://www.finep.gov.br/biblioteca/glossario. Acesso em: 1º fev. 2019.

553 DOSI, Giovanni; ORSENIGO, Luigi; LABINI, Mauro Sylos. Technology and the Economy. *In*: SMELSER, Neil J.; SWEDBERG, Richard. *The handbook of economic sociology*. 2. ed. New Jersey: British Library. p. 678-702, p. 682.

Em razão dos seus benefícios econômicos, seja para o mercado ou para a sociedade nacional,[554] o desenvolvimento tecnológico é uma bandeira de qualquer Estado desenvolvimentista.[555]

Não é por acaso que os países com elevado número de patentes, como é o caso dos Estados Unidos e da Grã-Bretanha, também são modelos de países desenvolvidos.[556]

No Brasil, existem atualmente algumas legislações e programas que orientam a ação estatal em favor da tecnologia, em especial na aplicação da tecnologia – Lei do Bem (Lei nº 11.196), Programa de Incentivos Fiscais à indústria automobilística nas regiões menos desenvolvidas do país (Lei nº 9.440/97 e Lei nº 9.826/99), Programa de Apoio ao Desenvolvimento Tecnológico da Indústria de Semicondutores (PADIS), Programa de Apoio ao Desenvolvimento Tecnológico da Indústria de Equipamentos para a TV Digital (PATVD) (Lei nº 11.484/2007) e Lei de Informática (Lei nº 8.387/91 e Lei nº 8.248/91) –, no avanço de tecnologias setoriais (biotecnologia, energia e recursos naturais), nas tecnologias estratégicas, inclusive com tratamento diferenciado para as compras públicas (setores de defesa, aeronáutica, espacial e nuclear) e nas tecnologias convergentes de interesses (biotecnologia, fotônica, nanotecnologia, novos materiais e manufatura avançada).

Mais recentemente, alguns planos governamentais chamam a atenção também, tais como o Plano de Transformação Ecológica, Novo Plano de Aceleração do Crescimento, Nova Indústria Brasil e o Plano Clima.

Defende-se que existe um ecossistema ao trabalhar sobre tecnologia e inovação, que, igualmente, tem sido abordado nos últimos anos em *startups*, uma vez que o pesquisador, sem um financiamento interno ou externo, não consegue empreender a sua pesquisa. Uma instituição de ensino precisa de auxílio externo para servir como incubadora, e o Estado precisa fomentar ou direcionar tais enlaces e o repasse do conhecimento científico, etc.; posto isso, a preocupação para que haja condições nesse encadeamento é de todos, inclusive demanda uma atuação estatal.[557]

O Estado é o responsável para que exista a combinação econômica com a tecnológica.

---

[554] Além do mero financeiro, já que envolve até a sensação de felicidade e bem-estar da sociedade.

[555] Vide linha histórica da evolução tecnológica de 1770 a 2000, de acordo com os países e qual tecnologia a ser desenvolvida e seus reflexos sociais (DOSI, Giovanni; ORSENIGO, Luigi; LABINI, Mauro Sylos. Technology and the Economy. *In*: SMELSER, Neil J.; SWEDBERG, Richard. *The handbook of economic sociology*. 2. ed. New Jersey: British Library. p. 678-702, p. 694).

[556] ALBORNOZ, Mario (coord.). *Manual de Santiago*: Manual de Indicadores de Internacionalización de la Ciencia y la Tecnología. Buenos Aires: Red de Indicadores de Ciencia y Tecnología Iberoamericana / Interamericana (RICYT), 2009. p. 16-17. Igual sentido, sobre a comparação do avanço tecnológico em conjunto com a atividade científica por meio do número de patentes depositadas no USPTO (*United States Patent and Trademark Office*) para apreciar o *gap* tecnológico, vide: CARRETEIRO, Ronald. *Inovação tecnológica*. Rio de Janeiro: LTC, 2009. p. 77-78.

[557] "O processo de inovação não ocorre em uma sequência linear da pesquisa básica para a aplicada, seguida de desenvolvimento e implementação produtiva. Os processos envolvem relações interdependentes entre conhecimento, ciência, tecnologia, produção, oferta e demanda" (TOSCAS, Fotini Santos; NASCIMENTO, Marco Aurelio Carvalho. O Ministério da Saúde como indutor da inovação em dispositivos e materiais para saúde. *In*: BRASIL. Ministério da Saúde. *Avanços e desafios no complexo industrial em produtos para saúde*. Brasília: Ministério da Saúde, 2017. p. 25). Também sobre a necessidade de uma interação no ecossistema da inovação, da ciência e da tecnologia especificamente na área de produtos de saúde, vide MORETTI, Débora Monteiro; UZIEL, Daniela; ROZENTAL, Renato. Inovação em produtos para saúde: uma experiência na visão do empreendedor. *In*: BRASIL. Ministério da Saúde. *Avanços e desafios no complexo industrial em produtos para saúde*. Brasília: Ministério da Saúde, 2017. p. 154-166; SANTOS, Adriana B. A. dos; FAZION, Cíntia B.; MEROE, Giuliano P. S de. Inovação: um estudo sobre a evolução do conceito de Schumpeter. *Revista Caderno de Administração da PUC-SP*, v. 5, n. 1, 2011.

De um lado, às vezes o empreendedor é cerceado por dificuldades financeiras para a sua própria subsistência e, quiçá, para criar ou buscar uma tecnologia; entretanto, o planejamento estatal deve pensar na fortificação do seu mercado interno como condição para uma vida saudável e feliz de sua sociedade.

É claro que o auxílio estatal deverá focar no desenvolvimento, e não no simples progresso tecnológico ou econômico, uma vez que, aqui, reiteram-se os comentários alhures sobre o norte seguro do desenvolvimento nacional sustentável. Justamente neste ponto, merece ser aposta a crítica de Schumpeter:

> Mas não coincidem as combinações econômicas e as tecnológicas, as primeiras ligadas às necessidades e meios existentes, as últimas, à ideia básica dos métodos. O objetivo da produção tecnológica é na verdade determinado pelo sistema econômico; a tecnologia só desenvolve métodos produtivos para bens procurados. A realidade econômica não executa necessariamente os métodos até que cheguem à sua conclusão lógica com inteireza tecnológica, mas subordina sua execução a pontos de vista econômicos. O ideal tecnológico, que não leva em conta as condições econômicas, é modificado. A lógica econômica prevalece sobre a tecnológica. E em consequência vemos na vida real por toda a parte à nossa volta cordas rotas em vez de cabos de aço, animais de tração defeituosos ao invés de linhagens de exposição, o trabalho manual mais primitivo ao invés de maquinas perfeitas, uma desajeitada economia baseada no dinheiro em vez de na circulação de cheques, e assim por diante. O ótimo econômico e o perfeito tecnologicamente não precisam divergir, no entanto o fazem com frequência, não apenas por causa da ignorância e da indolência, mas porque métodos que são tecnologicamente inferiores ainda podem ser os que melhor se ajustam às condições econômicas dadas.[558]

A admoestação do economista é que a união das condições para o ótimo econômico e a perfeição tecnológica muitas vezes não acontece por ignorância, motivo pelo qual a atuação estatal clama para que gere a conscientização, seja pela via da informação, pela via dos subsídios, pela via da imposição normativa ou por qualquer outra via legítima.

O agir nesse campo da tecnologia é matéria afeta à esfera pública, ainda que se possa defender de maneira falsa que, dessa forma, a atuação estatal poderia contribuir para o desemprego e a pobreza.[559] Com efeito, a mudança com novas combinações e a interferência estatal nos meios de produção são necessárias para a sobrevivência num mundo tão tecnológico e competitivo.[560]

---

[558] SCHUMPETER, Joseph A. *Teoria do Desenvolvimento Econômico*: uma investigação sobre lucros, capital, crédito, juro e o ciclo econômico. Tradução: Maria Sílvia Possas. São Paulo: Abril Cultural, 1982. p. 16.

[559] O Estado como fundamental para o desenvolvimento e o avanço tecnológico, vide SION, Daniel Phillip. Direito, política e economia: o papel do Estado no incentivo à tecnologia. *In*: SILVA, Claudia Sayuri Shigekiyo Miranda; COSTA, Larissa Trindade; SILVA, Magno Israel Miranda. *Direito, política e economia*. Lisboa: Assunto Sábio, 2019. p. 131-165, p. 149-153.

[560] Schumpeter e Mises discordam sobre a interferência estatal direta sobre os meios de produção. Ainda que pareça estéril possível debate, tal assunto é de arena pública no mundo digital. "O comando sobre os meios de produção é necessário para a realização de novas combinações" (SCHUMPETER, Joseph A. *Teoria do Desenvolvimento Econômico*: uma investigação sobre lucros, capital, crédito, juro e o ciclo econômico. Tradução: Maria Sílvia Possas. São Paulo: Abril Cultural, 1982. p. 50). Mises lucubra que os fatores de produção não podem ser poupados e sempre os materiais de produção são escassos, tanto que o empresário fará a sua avaliação pelo cálculo de perdas e sucessos: "Quando um empresário rejeita um determinado projeto porque o seu custo é muito alto, significa que o público não está preparado para pagar o preço para que sejam usados materiais brutos daquela maneira. Faz-se uso dos fatores disponíveis de produção para a realização do maior número de projetos que satisfaçam

Se há a mudança de um produto ou de um serviço em virtude uma remodelação infligida por um avanço da ciência sobre determinado produto ou serviço, aqueles que não se adaptarem sofrerão consequências econômicas e poderão ficar desempregados. Qualquer nova combinação que passe a ser regra causará impactos. De um lado, os que não se atualizarem ficarão desempregados; de outro, os mais atualizados ficarão empregados.[561]

A perda é suplantada pelo ganho de outro lado. Exemplifica-se em questão cotidiana: o dono de uma vinícola rústica e que não mecanizou a produção do seu vinho não terá hoje como competir com outras vinícolas para fins de tamanho de produção (e não necessariamente para qualidade), com aqueles que utilizam todos os meios tecnológicos para a sua produção. Isso quer dizer que, para aqueles que exercem uma atividade econômica, somente resta acompanhar a tecnologia e fruí-la a seu favor.

3.1.7 O tema da ciência, tecnologia e inovação no ordenamento jurídico brasileiro e o dever insuperável do Estado de intervir em tais setores

Os assuntos da ciência, tecnologia e inovação são primordiais para o Brasil, tanto que a Constituição da República os preconiza e protege.

O artigo 218 é muito explícito ao determinar que a promoção e o incentivo serão realizados pelo Estado.[562]

Justificando o *caput* do artigo 218, a Constituição também preceitua em seus parágrafos que: (i) a pesquisa científica básica e tecnológica receberá tratamento prioritário do Estado em razão do bem comum e do progresso da ciência, tecnologia e inovação; (ii) a pesquisa tecnológica voltar-se-á preponderantemente para a solução dos problemas brasileiros e para o desenvolvimento do sistema produtivo nacional e regional; (iii) o Estado apoiará a formação de recursos humanos nas áreas de ciência, pesquisa, tecnologia e inovação, inclusive por meio de apoio às atividades de extensão tecnológica, e concederá aos que delas se ocupem meios e condições especiais de trabalho; (iv) a lei apoiará e estimulará as empresas que invistam em pesquisa, criação de tecnologia adequada ao país, formação e aperfeiçoamento de seus recursos humanos e que pratiquem sistemas de remuneração que assegurem ao empregado, desvinculada do salário, participação nos ganhos econômicos resultantes da produtividade de seu trabalho; (v) o Estado estimulará a articulação entre entes públicos e privados; e (vi) o Estado promoverá e incentivará a atuação no exterior das instituições públicas de ciência, tecnologia e inovação.

---

as necessidades mais urgentes, sem desperdiçar fatores de produção, tirando-os de empregos mais urgentes para alocá-los em outros de menor importância" (MISES, Ludwig von. *O livre mercado e seus inimigos*. Tradução: Flávio Quintela. VIDE Editorial, 2017. p. 48).

561 SCHUMPETER, Joseph A. *Teoria do Desenvolvimento Econômico*: uma investigação sobre lucros, capital, crédito, juro e o ciclo econômico. Tradução: Maria Sílvia Possas. São Paulo: Abril Cultural, 1982. p. 49.

562 Mesmo antes da promulgação da Constituição, Crodowaldo Pavan e João Alexandre Viégas já pontuavam que a "Constituinte deve, sobretudo, reconhecer o papel vital da pesquisa para o desenvolvimento econômico e social e soberania do país, dotando-o de instrumentos que assegurem sua capacitação científica e tecnológica e oferecendo à Nação razões de otimismo quanto ao seu futuro" (PAVAN, Crodowaldo; VIEGAS, João Alexandre. *Constituinte, Ciência e Tecnologia*. São Paulo: Editora Hamburg, 1986. p. 68).

Para auxiliar na guarida constitucional dessa intervenção por direção e indução estatal, insta recordar o artigo 219, o qual propugna que o mercado interno integra o patrimônio nacional e será incentivado de modo a viabilizar o desenvolvimento cultural e socioeconômico, o bem-estar da população e a autonomia tecnológica do país, nos termos de lei federal.[563]

Mais recentemente (Emenda Constitucional nº 85/2015), foram inseridos na Lei Maior os artigos 219-A e 219-B para preceituar, respectivamente, a cooperação entre os órgãos e as entidades dos entes federativos visando à execução de projetos de pesquisa, desenvolvimento científico e tecnológico e de inovação, bem como a previsão do Sistema Nacional de Ciência, Tecnologia e Inovação (SNCTI).

É notória a escolha feita pelo poder constituinte originário e também pelo constituinte reformador quando da promulgação da Emenda Constitucional nº 85/2015, que a incumbência dessa missão não deve recair tão somente na atuação direta (promoção).

Deve também utilizar as ferramentas existentes no próprio ordenamento jurídico para a intervenção indireta, mais precisamente pela atividade administrativa de fomento e pela regulação. Portanto, clama-se pela atuação estatal pela intervenção por absorção, por direção e por indução, segundo classificação de Eros Roberto Grau.[564]

Não se pode ludibriar ou sonegar o comando constitucional, até porque a Administração Pública deve fundar o seu comportamento (omissivo ou comissivo) na Constituição. Como a Lei Maior prescreveu uma ordem, o seu descumprimento enseja o imediato controle por qualquer um do povo, nos termos do artigo 1º, parágrafo único, e a plena sindicabilidade do Poder Judiciário para efetivar o cumprimento da dita norma.

Não se está a defender que o Poder Judiciário faça as escolhas típicas do administrador público sobre como serão feitos a promoção e o incentivo da ciência, tecnologia e inovação ou qual é a prioridade para o momento do controle, mas, sim, que algo seja efetivamente executado. Existe aqui uma ordem a ser respeitada, e não um mero conselho ao administrador público no Brasil.

Aliás, não se pode esquecer da interpretação das normas constitucionais. O texto prevê que a pesquisa científica, tecnologia e inovação plasmam-se pelo bem comum a ser buscado, motivo legitimador para receber um tratamento prioritário. Da mesma maneira, preceitua que a pesquisa tecnológica visa à solução dos problemas brasileiros de maneira preponderante e para o desenvolvimento do sistema produtivo nacional e regional.

Essas previsões normativas devem ser interpretadas em conjunto com o artigo 219, que preconiza o incentivo ao mercado interno para alcançar a finalidade da *autonomia*

---

563 "O mercado interno não é sinônimo de economia de mercado, como pretendem alguns. A sua inclusão no Texto Constitucional, como parte integrante do patrimônio nacional, significa a valorização do mercado interno como centro dinâmico do desenvolvimento brasileiro, inclusive no sentido de garantir melhores condições sociais de vida para a população e a autonomia tecnológica do país" (BERCOVICI, Gilberto. Ciência e inovação sob a Constituição de 1988. *Revista dos Tribunais*, São Paulo, v. 916, ano 101, p. 267-294, fev. 2012, p. 284). Eros Roberto Grau defende a soberania nacional econômica quando da atuação estatal no domínio econômico para romper a dependência em relação às sociedades desenvolvidas, sendo que a acumulação de saber e tecnologia faz parte da busca do desenvolvimento nacional (GRAU, Eros Roberto. *A ordem econômica na Constituição de 1988*. 15. ed. São Paulo: Malheiros, 2012. p. 226 e 263).

564 GRAU, Eros Roberto. *A ordem econômica na Constituição de 1988*. 15. ed. São Paulo: Malheiros, 2012. p. 143.

tecnológica em conjunto com o desenvolvimento cultural e socioeconômico e o bem-estar da população.

A importância do temário não passou despercebida pela Comissão de Constituição, Justiça e Cidadania do Senado Federal quando analisou o Projeto de Emenda Constitucional nº 85, tanto que atrelou as modificações à obtenção de alcance do objetivo fundamental da erradicação da pobreza, que está encartada no artigo 3º da Constituição.[565]

Autonomia é diferente de mero desenvolvimento. Autonomia requer a prescindibilidade de dependência tecnológica da forma mais intensa possível. Inexistem palavras vãs ou supérfluas no texto constitucional.[566] Autonomia é muito mais do que mero desenvolvimento de tecnologia.

Não se confunde com soberania, porquanto esta pressupõe a total ausência de permeabilidade com outros aspectos e Estados. A soberania é um poder absoluto, como se não houvesse a necessidade de comunicabilidade ou qualquer relação com terceiros.

Emerson Gabardo, ainda que não discorrendo sobre esse ponto específico, elucida que "a palavra 'autonomia' significa uma 'liberdade interdependente', distinguindo-se, portanto, da '*eleutheria*', que denota uma liberdade na total independência", razão pela qual se pode concluir que "autonomia não significa soberania, mas a garantia de respeito ao interesse próprio no âmbito da comunidade maior, o que é conseguido pela participação, em igualdade, nos processos de tomada de decisão".[567]

De forma parecida, ao usar o conceito específico de soberania nacional econômica, Eros Roberto Grau defende-a quando da atuação estatal no domínio econômico para romper a dependência completa em relação às sociedades desenvolvidas, sendo que a acumulação de saber e tecnologia faz parte da busca do desenvolvimento nacional.[568]

Por isso, parece que o poder constituinte usou muito bem a expressão autonomia tecnológica. Deve-se buscar a diminuição da dependência do mercado interno com a tecnologia decorrente de países estrangeiros. Para tanto, o tema de tecnologia deve fazer parte de um assunto da arena pública, tanto na esfera privada quanto na pública.

Afeta todos os brasileiros de maneira direta ou indireta. Pode-se visualizar desde a aquisição de um aplicativo na era digital ou a aquisição de um maquinário até a de um eletrodoméstico. Todavia, para o Estado brasileiro ser um protagonista atuante na corrida para uma autonomia tecnológica, é preciso que gere confiança a possíveis investidores e dê condições para que o próprio poder público desenvolva tecnologia (assim como ciência e inovação) e formalize parcerias com o setor privado para que este assim proceda.

Deve ser priorizada uma análise do ecossistema da ciência, tecnologia e inovação, a fim de conferir condições adequadas para que todos os participantes do sistema possam

---

565 "Quanto ao mérito, entendemos que a preocupação com a inovação tecnológica está em plena discussão pela sociedade brasileira. Atualmente o desenvolvimento científico e tecnológico representa um dos critérios mais relevantes para avaliar o nível de desenvolvimento de uma nação. (...) No cotejo das nações são invejadas aquelas que detêm amplo conhecimento científico e tecnológico capazes de responder aos desafios para a geração de riqueza indispensável à erradicação da pobreza" (COMISSÃO DE CONSTITUIÇÃO, JUSTIÇA E CIDADANIA DO SENADO. Disponível em: http://www.stf.jus.br/arquivo/biblioteca/pec/EmendasConstitucionais/EC85/senado/EC085_%20sen_26112014_ccjc_PEC12.pdf. Acesso em: 8 abr. 2019).

566 ALMEIRA MELO, José Tarcízio de. *Direito Constitucional do Brasil*. Belo Horizonte: Del Rey, 2008. p. 249.

567 GABARDO, Emerson. *Interesse público e subsidiariedade*. Belo Horizonte: Fórum, 2009. p. 317.

568 GRAU, Eros Roberto. *A ordem econômica na Constituição de 1988*. 15. ed. São Paulo: Malheiros, 2012. p. 226 e 263.

sentir-se atrativos para a execução do seu papel. Atratividade envolve reconhecimento, remuneração e segurança jurídica, sob pena de a ausência de um desses três vetores gerar um esvaziamento ou uma não atratividade. Para tanto, é indispensável que seja transparente e leal em seu planejamento, bem como eficiente na regulação.[569]

Sobre a previsão de proteção ao mercado interno, esclarece Gilberto Bercovici que a sua inclusão no texto constitucional representa "a valorização do mercado interno como centro dinâmico do desenvolvimento brasileiro, inclusive no sentido de garantir melhores condições sociais de vida para a população e a autonomia tecnológica do país".[570] O povo deverá fiscalizar o cumprimento dessa determinação imposta ao Estado pela norma constitucional.

O agente público não pode esquecer e muito menos adiar a busca pela autonomia tecnológica. Não se quer, sob o ponto de vista da racionalidade, tampouco se espera que um país com parcos investimentos em tecnologia, ciência e inovação venha a obter uma diminuição da dependência em pouco tempo. São inúmeras políticas públicas, como processos coordenados almejando a satisfação do interesse público, que permitirão o alcance dessas missões.

A questão de cooperação interinstitucional, de colaboração entre os entes e de parcerias entre os setores público e privado é fortemente enfatizada pelo texto constitucional originário, pelas novas prescrições constitucionais a partir da Emenda nº 85/2015 e pela Lei nº 13.243/2016.

Pode-se vislumbrar tais passagens normativas como um leque de opções para que os desígnios sejam alcançados. Entrementes, parece que as normas extraídas a partir da interpretação pelo aplicador do direito deverão ser no sentido de conjugação de esforços por todos, o que mais uma vez evidencia a necessidade de cumprimento de tais regras de comportamento como indispensáveis à atuação estatal.

Tudo isso endossa a conclusão de responsabilização dos agentes públicos competentes quando não implantarem qualquer política pública envolta na ciência, tecnologia e inovação, bem como o direito público subjetivo a toda e qualquer pessoa para requerer o seu cumprimento. Em outras palavras, a ação dos agentes públicos competentes para a implantação de atuações almejando a diminuição da dependência tecnológica é um dever, inclusive ensejando a responsabilização pela inércia.

Para criar capacidade tecnológica nacional, Abraham Benzaquen Sicsú enumera alguns passos a serem dados pelo Estado: (i) possuir um projeto nacional que priorize a formação dos setores dinâmicos e crie instrumentos para gerar capacidade tecnológica nacional, como é o caso de uma política industrial e tecnológica; (ii) ter uma base de

---

569 Sobre planejamento, vide ADRI, Renata Porto. *O planejamento da atividade econômica como dever do Estado*. Belo Horizonte: Fórum, 2010. Já sobre a eficiência regulatória, Emerson Gabardo enuncia que: "É possível concluir que o grau de eficiência da atividade regulatória do Estado Interventor, a partir da ótica do constitucionalismo social, deverá ser avaliado primeiramente a partir da otimização da realização dos serviços, mediante um controle de equilíbrio entre a lógica concorrencial (rentabilidade) e a lógica social (solidariedade). Este equilíbrio deverá ser conquistado pela correta avaliação das necessidades coletivas, notadamente quanto à queda de eficiência de setores específicos, ao abuso de preços, à seletividade no atendimento, e também aos controles da poluição e do desrespeito ao meio ambiente" (GABARDO, Emerson. *Eficiência e legitimidade do Estado*. Barueri: Manole, 2003. p. 191).

570 BERCOVICI, Gilberto. Ciência e inovação sob a Constituição de 1988. *Revista dos Tribunais*, São Paulo, v. 916, ano 101, p. 267-294, fev. 2012, p. 284.

recursos humanos nos setores específicos e organizar um programa de capacitação e formação; (iii) investir em estruturas específicas para a tecnologia industrial; (iv) retornar o conceito de capital nacional como o grande capital nacional e criar condições de internalização da capacidade tecnológica; (v) permitir o salto de escala para a competitividade da indústria e do setor de serviços nacionais; e (vi) exigir do capital internacional que se implanta no Brasil condições para transferência de tecnologia e sua absorção, inclusive com a criação de empresas-espelho de controle de capital nacional.[571]

Aqui entra inclusive o possível debate sobre se os avanços em pesquisa e desenvolvimento, ciência, tecnologia e inovação poderiam ser emoldurados como bem público.

Por um lado, se assim forem considerados, o agente privado poderia sentir-se não incentivado para a sua investigação e alcance; enquanto, doutro lado, a apropriação e o não repasse para outros de alguma conquista em tal seara podem gerar desvios na concorrência (no mítico padrão de competição pura).[572]

De qualquer forma, para evitar possíveis discussões nesse ponto, o financiamento estatal, em muitas vezes, afasta tal debate ao preceituar como regra a ser respeitada pelos atores subsidiados que haja liberdade do conhecimento encontrado.

Salienta-se que, no Brasil, em janeiro de 2016, foi sancionada a Lei nº 13.243, que trouxe significativas mudanças, tanto que recebeu a alcunha de Marco Legal da Ciência, Tecnologia e Inovação.

O legislador deixou de maneira cristalina no direito posto os princípios que devem nortear a atuação estatal no progresso científico, tecnológico e de inovação: a) promoção das atividades científicas e tecnológicas como estratégicas para o desenvolvimento econômico e social; b) promoção e continuidade dos processos de desenvolvimento científico, tecnológico e de inovação, assegurados os recursos humanos, econômicos e financeiros para tal finalidade; c) redução das desigualdades regionais; d) descentralização das atividades de ciência, tecnologia e inovação em cada esfera de governo, com desconcentração em cada ente federado; e) promoção da cooperação e interação entre os entes públicos, entre os setores público e privado e entre empresas; f) estímulo à atividade de inovação nas instituições científicas, tecnológicas e de inovação (ICTs) e nas empresas, inclusive para a atração, constituição e instalação de centros de pesquisa, desenvolvimento e inovação e de parques e polos tecnológicos no país; g) promoção da competitividade empresarial nos mercados nacional e internacional; h) incentivo à constituição de ambientes favoráveis à inovação e às atividades de transferência de tecnologia; i) promoção e continuidade dos processos de formação e capacitação científica e tecnológica; j) fortalecimento das capacidades operacional, científica, tecnológica e administrativa das ICTs; k) atratividade dos instrumentos de fomento e de crédito, bem como sua permanente atualização e aperfeiçoamento; l) simplificação de procedimentos para gestão de projetos de ciência, tecnologia e inovação e adoção de controle por resultados em sua avaliação; m) utilização do poder de compra do Estado

---

571 SICSÚ, Abraham Benzaquen. Desenvolvimento e padrões de financiamento de inovação no Brasil: mudanças necessárias. *In*: PROENÇA. Adriano e outros (org.). *Gestão da inovação e competitividade no Brasil*. Porto Alegre: Bookman Editora, 2015. p. 1-16, p. 14-15.

572 DOSI, Giovanni; ORSENIGO, Luigi; LABINI, Mauro Sylos. Technology and the Economy. *In*: SMELSER, Neil J.; SWEDBERG, Richard. *The handbook of economic sociology*. 2. ed. New Jersey: British Library. p. 678-702, p. 690.

para fomento à inovação; n) apoio, incentivo e integração dos inventores independentes às atividades das ICTs e ao sistema produtivo.[573]

Além dessa legislação mais recente, outras ações foram praticadas pelo Estado brasileiro para impactar em tais importantes áreas. Uma delas visando ao crescimento da economia brasileira, de 2005 para frente, foi o Programa de Aceleração do Crescimento, o qual fixou uma alteração de modelo de política econômica em que, antes, o Estado agia como mero regulador de mercado e como fornecedor de uma rede de proteção social, passando, então, a atuar também na função de coordenador do investimento e indutor do processo de crescimento.

Aliado ao PAC, em 2008, houve o lançamento da Política de Desenvolvimento Produtivo, que teve por missão a majoração da taxa de investimento no país e da capacidade de inovação.[574]

Não se pode esquecer, ainda, da eterna discussão sobre se o Estado deve ou não agir na pesquisa e desenvolvimento científico, tecnológico e de inovação concedendo isenções fiscais.

Conforme estudos do Instituto de Pesquisa Econômica Aplicada, apurou-se se o aumento expressivo das desonerações fiscais provocou aumento do dispêndio empresarial em pesquisa e desenvolvimento, como seria desejável e esperado, para que houvesse a reversibilidade à sociedade.

Prefacialmente, é incontroverso que o investimento em pesquisa e desenvolvimento é fator primordial para a inovação e tecnologia, já que, dessa forma, concederá condições adequadas para que as empresas e a mão de obra interna possam concorrer.

O apoio governamental deve ser feito por intermédio de uma série de atos e políticas que deem suporte direto e indireto nas empresas, seja por meio de subsídios, incentivos fiscais ou outros tipos.

Segundo estudo da OCDE, de 2006 a 2015, o total de gasto em pesquisa e desenvolvimento empresarial cresceu em 25 dos 37 países da respectiva organização, além da intensificação do uso das compras públicas como ferramentas dessa política econômica. O estudo concluiu que, pela análise "*input-output*", não houve um aumento de gastos pelas empresas em P&D mesmo com a ampliação de isenções fiscais, o que, *per se*, não quer dizer que não é o caminho adequado, mas que esse ato isolado não será eficiente.

Inclusive, na realidade brasileira, inferiu-se que tais vantagens concedidas geraram a diminuição na alocação de recursos próprios das empresas em P&D, ou seja, "o aumento da isenção à inovação não apenas gerou um efeito de substituição como diminuiu o investimento empresarial total em P&D", e isso demonstrou que, solitariamente, a isenção não é capaz de mudar o comportamento empresarial.

---

573 O Programa Institutos Nacionais de Ciência e Tecnologia, os INCTs, atualmente leva em consideração os seguintes pilares como consolidadores para a ciência brasileira: (i) formação de redes de pesquisa; (ii) consolidação de parcerias institucionais; (iii) abordagem multidisciplinar em temas estratégicos para o país; (iv) formação e capacitação de recursos humanos altamente qualificados; e (v) investimento a longo prazo. Informação disponível no *site*: http://inct.cnpq.br/sobre/.

574 ELLERY JÚNIOR, Roberto; NASCIMENTO JÚNIOR, Antônio; SACHSIDA, Adolfo. *Avaliando o impacto do programa de sustentação do investimento na taxa de investimento da economia brasileira* – Texto para discussão. Brasília; Rio de Janeiro: Ipea, 2018.

Diante das condições específicas coletadas no estudo, considera-se que a isenção é uma ferramenta útil, mundialmente usada e que tem resultados, desde que não seja empregada sem um estudo preliminar e de maneira isolada.

Por isso, o relatório do IPEA propôs que: (i) haja a recalibragem do atual portfólio de instrumentos de fomento à inovação utilizado no Brasil, a fim de incrementar a sua eficiência, sendo que o "volume adequado e o mix (de incentivo fiscal) ideal dependem de características muito específicas do sistema de inovação de cada país – estruturais e conjunturais; tangíveis e intangíveis" –; (ii) se mantenham as isenções fiscais cujas avaliações de impacto demonstrem resultados positivos e se cessem ou se modifiquem aquelas com resultados negativos; (iii) especificamente sobre o Programa Inovar-Auto e os novos projetos no setor automobilístico, tais sejam projetados a partir de estudos prévios e, se forem adotados, com avaliações criteriosas; e (iv) se reavalie a relação isenção-investimento em pesquisa e desenvolvimento, primando para que seja concedido um marco regulatório mais claro e seguro aos destinatários, sob pena de não serem alcançados os resultados colimados.[575]

Pelos dados descritos e pelas informações colacionadas neste item, pode-se dizer que a atuação estatal deve ser planejada, como já apontado neste livro, para fins de conceder qualquer tipo de benefício para direcionar e/ou incentivar o mercado na área de ciência, tecnologia e inovação. A isenção, o financiamento ou subsídio são algumas ferramentas, porém não as únicas existentes.[576]

Também não se pode esquecer de que a atuação estatal deverá engendrar uma política pública com uma série de ações e ainda avaliar se os resultados pretendidos foram alcançados, bem como uma permanente vigilância sobre os riscos existentes e os tratamentos necessários para que se mantenha eficiente tal política pública.

3.2 O fundamento constitucional no ordenamento jurídico-brasileiro para a edição de normas de licitações públicas e contratos administrativos relacionadas com ciência, tecnologia e inovação

A competência federativa é assunto de ímpar relevância para a compreensão de quem poderá editar normas sobre ciência, tecnologia e inovação incidentais ou diretas nas licitações públicas e nos contratos administrativos. Para tanto, neste tópico, segmentar-se-ão duas análises: (i) a competência legislativa sobre licitações e contratos administrativos e (ii) a competência legislativa sobre inovação, tecnologia e inovação incidental nas licitações e nos contratos.

---

[575] ROCHA, Glauter; RAUEN, André. *Mais desoneração, mais inovação?* Uma avaliação da recente estratégia brasileira de intensificação dos incentivos fiscais à pesquisa e desenvolvimento – Texto para discussão. Brasília; Rio de Janeiro: Ipea – Instituto de Pesquisa Econômica Aplicada, 2018. p. 8-9, 16, 19 e 30-31.

[576] "Por outro lado, na realização de combinações novas, o 'financiamento', como um ato especial, é fundamentalmente necessário, na prática como na teoria" (SCHUMPETER, Joseph A. *Teoria do Desenvolvimento Econômico*: uma investigação sobre lucros, capital, crédito, juro e o ciclo econômico. Tradução: Maria Sílvia Possas. São Paulo: Abril Cultural, 1982. p. 51).

3.2.1 A "problemática" competência legislativa sobre licitações e contratos administrativos

A Constituição da República Federativa de 1988 estabeleceu as competências materiais e legislativas de cada ente, as quais estão prescritas mais precisamente nos artigos 21, 22, 23, 24, 25 e 30.

Nos aludidos dispositivos constitucionais, estão compreendidas as competências materiais e as competências legislativas. Sobre a diferença entre elas, insta salientar que as hipóteses de competência material ou administrativa são aquelas em "que se atribui ao poder público o poder-dever de realizações de índole político-administrativa", o que é diferente da capacidade legiferante.[577]

Quanto à competência legislativa da União, convém destacar o artigo 22, inciso XXVII, o qual estabelece que compete à União legislar privativamente sobre normas gerais de licitação e contratação, em todas as modalidades, para as administrações públicas diretas, autárquicas e fundacionais da União, estados, Distrito Federal e municípios,[578] obedecido o disposto no artigo 37, XXI, e para as empresas públicas e sociedades de economia mista, nos termos do artigo 173, §1º, III.[579]

Em primeiro lugar, vale lembrar que o tema da constitucionalidade da legislação de licitação não é um assunto novo.

Segundo Adilson Abreu Dallari, a Constituição da República Federativa de 1988 contribuiu para afastar as controvérsias que existiam anteriormente acerca da competência legislativa da União quanto às licitações e contratos administrativos, mais precisamente quando se debatia acerca da legalidade de as licitações serem regulamentadas por um decreto-lei, haja vista que a Constituição de 1967 e a Emenda Constitucional nº 01/69 não permitiam tal disciplinamento.[580]

O artigo 55 da Emenda Constitucional nº 01/1969 permitia que houvesse a edição de decreto-lei tão somente para as seguintes matérias: (i) segurança nacional; (ii) finanças públicas, inclusive normas tributárias; e (iii) criação de cargos públicos e fixação de vencimentos.[581]

---

577 ARAÚJO, Luiz Alberto David; NUNES JÚNIOR, Vidal Serrano. *Curso de Direito Constitucional*. 13. ed. São Paulo: Saraiva, 2009. p. 272.

578 No presente estudo, utilizar-se-ão as distinções entre competência privativa e competência exclusiva, adotando o constitucionalista José Afonso da Silva (SILVA, José Afonso da. *Curso de direito constitucional positivo*. 31. ed. São Paulo: Malheiros, 2008. p. 481). De forma diversa, vide por exemplo Fernanda Dias Menezes (MENEZES, Fernanda Dias. *Competências na Constituição de 1988*. São Paulo: Atlas, 1991. p. 87), a qual defende que inexiste qualquer diferença entre as expressões competência privativa e competência exclusiva.

579 A Constituição Federal de 1988 segmenta os critérios de repartição de competências em dois: horizontal e vertical. O horizontal é representado pela definição das competências privativas ou exclusivas; já no vertical, as competências podem ser simultaneamente exercidas por mais de um ente federativo (ARAÚJO, Luiz Alberto David; NUNES JÚNIOR, Vidal Serrano. *Curso de Direito Constitucional*. 13. ed. São Paulo: Saraiva, 2009. p. 271-272).

580 DALLARI, Adilson Abreu. *Aspectos jurídicos da licitação*. 7. ed. São Paulo: Saraiva, 2006. p. 24. Sobre o assunto, recomenda-se a leitura dos seguintes artigos: *Inaplicabilidade da nova regulação sobre licitações a Estados e Municípios e inconstitucionalidade radical do Dec.-lei 2.300/86*, de Celso Antônio Bandeira de Mello (MELLO, Celso Antônio Bandeira de. Inaplicabilidade da nova regulação sobre licitações a Estados e Municípios e inconstitucionalidade radical do Dec.-lei 2.300/86. *Revista de Direito Público*, vol. 83, São Paulo, p. 16-28, jul. 1987) e *Inaplicabilidade do Dec.-lei 2.300/86 a Estados e Municípios*, de Weida Zancaner (ZANCANER, Weida. Inaplicabilidade do Dec.-lei 2.300/86 a Estados e Municípios. *Revista de Direito Público*, vol. 82, São Paulo, p. 167-173, abr./jun. 1987).

581 "Artigo 55. O Presidente da República, em casos de urgência ou de interêsse público relevante, e desde que não haja aumento de despesa, poderá expedir decretos-leis sôbre as seguintes matérias: I - segurança nacional; II - finanças públicas, inclusive normas tributárias; e III - criação de cargos públicos e fixação de vencimentos.

Sobre o assunto, Eros Roberto Grau afirma a inconstitucionalidade que permeava o Decreto-Lei nº 2.300/86 quanto à aplicabilidade do texto legal para os estados, municípios e Distrito Federal. Os próprios dispositivos, mais precisamente os artigos 85 e 86, previam que as normas deveriam nortear a atuação dos estados, municípios e Distrito Federal, desde a sua edição inicial até depois das alterações realizadas pelo Decreto-Lei nº 2.360/87.[582]

Ou seja, não havia qualquer espeque constitucional para a previsibilidade, e, sim, uma prescrição normativa infraconstitucional determinando que as normas lá preconizadas espraiassem validade e eficácia para os demais entes. Eros Grau comenta que, "como até então essa competência não fora atribuída à União, aqueles preceitos padeciam de constitucionalidade. Não obstante, vieram sendo eles aplicados, sem qualquer tormento, aos Estados e Municípios, e suas entidades – o que comprova serem, as normas jurídicas, não o que está escrito nos textos, mas sim o que os intérpretes dizem que neles está escrito".[583]

3.2.1.1 Primeiro problema: "licitação e contratação" e sua extensão

Em que pesem alguns festejos, alerta-se para o fato de que houve uma falta de zelo do Poder Constituinte Originário[584] no momento da confecção da atual Constituição brasileira, visto que não foi tão feliz ao prescrever a expressão "licitação e contratação", pois gera a dúvida: o que é e o que está abrangido no vernáculo "contratação"?

A primeira interpretação pode inferir que a compreensão da palavra "contratação" estaria prescrita para enquadrar qualquer acordo administrativo ou qualquer ajuste firmado pela Administração Pública, independentemente de ser um contrato, convênio, consórcio ou outra espécie. Essa concepção enquadraria todos os ajustes, acordos e parcerias da Administração num conceito de contrato em sentido amplo, assim como entende Marçal Justen Filho quando define o contrato administrativo em sentido lato.

Nesse diapasão, dever-se-ia estender à palavra "contratação" a interpretação e compreensão de toda e qualquer forma de ajuste, acordo ou parceria da Administração. Via de consequência, os estados, o Distrito Federal e os municípios poderiam legislar somente de modo suplementar e não poderiam legislar normas gerais, haja vista a

---

§1º - Publicado o texto, que terá vigência imediata, o Decreto-lei será submetido pelo Presidente da República ao Congresso Nacional, que o aprovará ou rejeitará, dentro de sessenta dias a contar do seu recebimento, não podendo emendá-lo, se, nesse prazo, não houver deliberação, aplicar-se-á o disposto no §3º do artigo 51 (Redação dada pela Emenda Constitucional nº 22, de 1982) §2º A rejeição do Decreto-lei não implicará a nulidade dos atos praticados durante a sua vigência."

582 "Art. 85. Aplicam-se aos Estados, Municípios; Distrito Federal e Territórios as normas gerais estabelecidas neste Decreto-lei. Parágrafo único. As entidades mencionadas neste artigo e no artigo seguinte não poderão ampliar os casos de dispensa de licitação, nem os limites máximos de valor fixados para convite, tomada de preços e concorrência. Artigo 86. As sociedades de economia mista, empresas públicas, fundações sob supervisão ministerial e demais entidades controladas direta ou indiretamente pela União, até que editem regulamentos próprios, devidamente publicados, com procedimentos seletivos simplificados e observância dos princípios básicos da licitação, ficarão sujeitas às disposições deste Decreto-lei."

583 GRAU, Eros Roberto. Licitação sem objeto – Lei 8.666 e Estados e Municípios. *Revista Trimestral de Direito Público*, n. 10, São Paulo, 1995, p. 88-102, p. 92.

584 Sobre Poder Constituinte, vide Luzia Marques da Silva Cabral Pinto (PINTO, Luzia Marques da Silva Cabral. *Os limites do poder constituinte e a legitimidade material da Constituição*. Coimbra: Coimbra Editora, 1994); Jorge Miranda (MIRANDA, Jorge. *Teoria do Estado e da Constituição*. Rio de Janeiro: Forense, 2007. p. 355-388) e José Afonso da Silva (SILVA, José Afonso da. *Poder Constituinte e Poder Popular*. São Paulo: Malheiros, 2007).

competência privativa da União. Seguindo o raciocínio, incumbiria aos demais entes o dever de obediência às normas jurídicas determinadas pela União.

Contudo, para que ocorra a interpretação de que o inciso XXVII do artigo 22 da Constituição abarque todos os ajustes da Administração, seja contrato propriamente dito (contrato em sentido restrito da classificação proposta por Marçal Justen Filho), sejam os acordos administrativos, é indispensável que o intérprete parta da premissa de que contrato é sinônimo, ou no mínimo com os mesmos efeitos, de contratação.

Neste ponto, não se pode concordar com essa possível interpretação.

Conforme bem explicado por Fernando Dias Menezes de Almeida, contrato é diferente de contratação. Para chegar ao seu raciocínio, o autor justifica com a premissa de que os entes federados são autônomos para sua auto-organização e que, por tal fundamento, não se pode confundir contratação com contrato:

> Contratação é a ação de contratar. Contrato é objeto dessa ação. Sendo assim, estariam contidos na noção de contrato, mas não na de contratação, os aspectos naturais dos contratos administrativos (ex.: tipos contratuais, cláusulas necessárias, regime jurídico próprio). Por outro lado, contratação diria respeito a normas de regência do ato de contratar (ex.: necessidade de previsão de recursos orçamentários, respeito ao resultado do procedimento licitatório, controles externos e internos pertinentes).[585]

A interpretação de Fernando Dias Menezes de Almeida é coerente, pois não se pode admitir que o intérprete tenha o condão de transformar palavras ou ainda interpretar com premissa equivocada. Não existem palavras vãs na Constituição.[586]

Lembra-se, também, que é a partir dos enunciados e dos textos que exsurgem as normas em si. Como bem adverte Eros Roberto Grau, "o conjunto das disposições (textos, enunciados) é apenas ordenamento em potência, um conjunto de possibilidades de interpretação, um conjunto de normas potenciais. O significado (isto é, a norma) é o resultado da tarefa interpretativa".[587] Por essa concepção, concorda-se com a opinião expressa por Fernando Dias Menezes.

3.2.1.2 Segundo problema: a competência privativa ou a competência concorrente

Verifica-se que existem diversas críticas acerca da competência privativa da União para legislar tais normas gerais.[588]

---

585 ALMEIDA, Fernando Dias Menezes de. Contratos administrativos. *In*: PEREIRA JÚNIOR, Antônio; JABUR, Gilberto Haddad (coord.). *Direito dos contratos II*. São Paulo: Quartier, 2008. p. 200-201, p. 193-216.

586 ALMEIDA MELO, José Tarcízio de. *Direito Constitucional do Brasil*. Belo Horizonte: Del Rey, 2008. p. 249.

587 GRAU, Eros Roberto. *Ensaio e discurso sobre a interpretação/aplicação do direito*. 5. ed. São Paulo: Malheiros, 2009. p. 85.

588 Inclusive sobre a própria semântica do "legislar sobre normas gerais", já que José Cretella Júnior admoesta que o correto seria "editar normas gerais". Explana que há uma redação defeituosa, pois "'legislar' já é 'editar normas', pois a lei é 'norma jurídica geral e impessoal'" (CRETELLA JÚNIOR, José. *Das licitações públicas*. 18. ed. Rio de Janeiro: Forense, 2006. p. 46).

Há adeptos que defendem que o coerente e lógico perante a ordem constitucional brasileira seria determinar competência concorrente.[589] Nessa direção, Adilson Abreu Dallari, no que se refere a licitações e contratos administrativos, preconiza pela inexistência de qualquer coerência ou lógica para outorgar competência legislativa privativa à União para a edição de normas gerais. Deveria o Poder Constituinte ter colocado a competência para a promulgação de normas no artigo 24, dispositivo que trata de competência concorrente das esferas federativas?

Segundo o autor, a matéria de licitações e contratos não deveria estar prevista no artigo 22 da Constituição Federal, o qual aborda a questão de competência privativa, pois a simples menção a normas gerais já afasta automática e logicamente a privatividade preconizada no *caput* do artigo 22.[590]

Com pensamento adverso, Jorge Ulisses Jacoby Fernandes pondera que as "normas gerais" aludidas no artigo 24 e no artigo 22 possuem conotações e extensões diferentes, não podendo ser confundidas.[591]

Concordando com o posicionamento de Adilson Abreu Dallari e enaltecendo o equívoco técnico do poder constituinte, Fernanda Dias Menezes de Almeida ressalta que não é possível confundir a competência da União para editar normas gerais e sua competência plena para certas matérias indicadas no artigo 22 da Constituição, até porque a edição de normas especiais pelos demais entes somente poderia ser possível se houvesse lei complementar autorizando os outros entes federativos, conforme determina o parágrafo único do artigo 23.[592]

As normas especiais aludidas por Fernanda Dias Menezes estariam dentro do conceito de normas gerais, até porque, do contrário, a União não poderia delegar algo que não possui competência.[593] Sob o motivo de direito distinto, Sidney Bittencourt destacava que a Lei nº 8.666 não possuía somente regras com esteio no artigo 22, inciso XXVII, visto que existem, no referido texto legislativo, normas que são pertinentes ao direito financeiro, razão pela qual existem normas aplicáveis a todos os entes,[594] raciocínio que deve ser ecoado também para a extensa Lei nº 14.133, a qual, por diversas vezes, traz regras federais, e não nacionais.

---

589 As competências concorrentes podem ser classificadas em próprias e impróprias. As próprias são designadas por indicação expressa do texto constitucional e preceituam o exercício simultâneo e limitado de competências por mais de uma das ordens federativas; já as impróprias não estão expressamente prescritas na Constituição, mas se encontram implícitas na definição das competências comuns. Sobre o assunto, vide Luis Alberto David Araújo e Vidal Serrano Nunes Júnior (ARAÚJO, Luiz Alberto David; NUNES JÚNIOR, Vidal Serrano. *Curso de Direito Constitucional*. 13. ed. São Paulo: Saraiva, 2009. p. 274). Todavia, compete avisar que existe denominação diversa para tais competências. Exemplifica-se pela classificação de Fernanda Dias Menezes, a qual classifica em competências legislativas concorrentes primárias e secundárias, correspondendo, respectivamente, às próprias e impróprias (MENEZES, Fernanda Dias. *Competências na Constituição de 1988*. São Paulo: Atlas, 1991. p. 150).

590 DALLARI, Adilson Abreu. *Aspectos jurídicos da licitação*. 7. ed. São Paulo: Saraiva, 2006. p. 27-28. Sobre a repartição de competências, vide Raul Machado Horta (HORTA, Raul Machado. Repartição de competências na Constituição Federal de 1988. *Revista Trimestral de Direito Público*, n. 2, p. 6-20, 1993).

591 FERNANDES, Jorge Ulisses Jacoby. *Contratação Direta sem Licitação*. 9. ed. Belo Horizonte: Fórum, 2011, p. 28-30.

592 MENEZES, Fernanda Dias. *Competências na Constituição de 1988*. São Paulo: Atlas, 1991. p. 111-115.

593 MENEZES, Fernanda Dias. *Competências na Constituição de 1988*. São Paulo: Atlas, 1991. p. 113. Com o mesmo posicionamento de que o mais adequado seria a alocação da competência para legislar (editar) sobre normas gerais de licitação e contratação no artigo 24 da Constituição, vide JUSTEN FILHO, Marçal. *Comentários à Lei de Licitações e Contratos Administrativos*. 16. ed. São Paulo: RT, 2014. p. 19-20; NIEBUHR, Joel de Menezes. *Licitação pública e contrato administrativo*. 2. ed. Belo Horizonte: Fórum, 2012. p. 48.

594 BITTENCOURT, Sidney. *Manual de Convênios Administrativos*. Rio de Janeiro: Temas e Ideias Editora, 2005. p. 34.

Por outro lado, discordando, Carlos Ari Sundfeld escreve que a repartição da competência à União para legislar privativamente sobre licitação e contratação administrativa aconteceu propositadamente pelo Poder Constituinte, pois o motivo para a sua inclusão no artigo 22, e não no artigo 24, decorreu da permissividade de os municípios exercerem poderes equivalentes aos dos estados no tocante à edição de normas suplementares, o que não se visualiza se estivesse no artigo 24.[595]

Numa linha distinta, há uma percepção de que o artigo 24 da Constituição deve ser interpretado de forma sistemática com o artigo 18, a fim de concluir que a legislação sobre licitação e contratação envolve diretamente a capacidade de auto-organização dos entes.

Com esse olhar, Vera Monteiro diz que "somente as normas gerais das leis federais que tratam sobre licitação e contratação são impositivas para as esferas federativas. Estados e Municípios devem respeito a elas, mas permanecem com sua competência legislativa própria para se auto-organizar e para legislar de modo suplementar em matéria de licitação e contratação, na forma do artigo 24 da Constituição".[596]

Quanto à interpretação da competência para legislar com base no artigo 24, insta destacar que o *caput* do dispositivo constitucional tão somente menciona União e estados, razão que poderia levantar a dúvida se os municípios poderiam legislar sobre matérias preconizadas no preceito em lume.[597]

Lúcia Valle Figueiredo enuncia que, conquanto o artigo 24 da Constituição Federal não inclua os municípios, a situação pode ser dirimida pela interpretação sistemática do artigo 24 com os artigos 30, I, II, VIII, e 183, §§1º e 4º, da própria Constituição.[598] Pelo exame em conjunto, o intérprete chega à compreensão de que os municípios possuem competência para legislar, desde que respeitados os limites preconizados nos incisos I e II do artigo 30.

No mesmo patamar, Fernanda Dias Menezes pondera que, "embora o artigo 24 não indique os Municípios entre os titulares da competência legislativa concorrente,[599] não ficaram eles dela alijados. Deslocada, no inciso II do artigo 30, consta a competência dos Municípios de suplementar a legislação federal e estadual no que couber".[600]

---

595 SUNDFELD, Carlos Ari. Sistema constitucional das competências. *Revista Trimestral de Direito Público*, n. 1, p. 272-281, 1993, p. 277.

596 MONTEIRO, Vera Cristina Caspari. *A caracterização do contrato de concessão após a edição da Lei nº 11.079/2004*. Orientador: Prof. Dr. Fernando Dias Menezes. 2009. 226 f. Tese (Doutorado em Direito do Estado) – Faculdade de Direito, USP, 2009.

597 Nem se fala sobre o Distrito Federal, pois a Constituição, em seu artigo 32, §1º, tornou-o equivalente ao estado no tocante à competência legislativa. Vide o dispositivo: "Artigo 32. O Distrito Federal, vedada sua divisão em Municípios, reger-se-á por lei orgânica, votada em dois turnos com interstício mínimo de dez dias, e aprovada por dois terços da Câmara Legislativa, que a promulgará, atendidos os princípios estabelecidos nesta Constituição. §1º - Ao Distrito Federal são atribuídas as competências legislativas reservadas aos Estados e Municípios".

598 FIGUEIREDO, Lúcia Valle. Competências administrativas dos estados e municípios – licitações. *Revista Trimestral de Direito Público*, São Paulo, n. 8, p. 24-39, 1994, p. 28.

599 O exercício da competência legislativa concorrente é regido pelas disposições dos parágrafos do artigo 24, conforme explica Fernanda Dias Menezes. Sobre o assunto, vide: MENEZES, Fernanda Dias. *Competências na Constituição de 1988*. São Paulo: Atlas, 1991. p. 161.

600 MENEZES, Fernanda Dias. *Competências na Constituição de 1988*. São Paulo: Atlas, 1991. p. 80.

Esclarece, ainda, que é outorgada aos municípios a legislação de forma suplementar à legislação federal e estadual, nos termos expostos pelo artigo 30, II, da Constituição;[601] por tal razão, continua explicando que se trata de competência legislativa concorrente primária, pois decorre diretamente da Constituição, mas é diverso da "competência concorrente primária que envolve a União e os Estados. E diferente porque a Constituição não define os casos e as regras de atuação da competência suplementar do Município, que surge delimitada implicitamente pela cláusula genérica do interesse local".[602]

Contudo, apesar do raciocínio exposto advogar favoravelmente à possibilidade de os municípios editarem normas, como a competência deles é suplementar à legislação federal e estadual no que couber, consoante preconiza o artigo 30, II, e como os estados possuem a competência para suplementar as matérias constantes do artigo 24, segundo determina o §2º do artigo 24, então, caso o dispositivo que fundamentasse a competência legislativa fosse o artigo 24, conclui-se que a competência municipal teria que ser em conformidade com a legislação federal (normas gerais) e com a legislação estadual (normas de complementação).

Sobre o assunto, Regina Maria Macedo Nery Ferrari conclui sinteticamente que, "no âmbito da competência concorrente, prevalecerá a da União sobre a dos Estados e Distrito Federal, assim como no caso da competência suplementar do Município a legislação federal e estadual prevalecerá sobre a municipal".[603]

Descrevendo de forma similar, Fernanda Dias Menezes assinala que a competência conferida aos estados para complementar as normas gerais da União não afasta a competência do município de fazê-lo, porém este "não poderá contrariar nem as normas gerais da União, o que é óbvio, nem as normas estaduais de complementação, embora possa também detalhar estas últimas, modelando-as mais adequadamente às particularidades locais".[604]

A título ilustrativo, acerca do papel dos estados na competência legislativa concorrente e do signo das expressões concedidas, André Ramos Tavares destaca que, aos estados-membros, cabem as normas particulares, razão que se denomina competência complementar, já que se adiciona à legislação nacional no que for necessário.[605]

Com posição diferente, Tércio Sampaio Ferraz dispõe sobre a competência suplementar dos estados e municípios, defendendo que esta não se confunde com o exercício da competência plena "para atender a suas peculiaridades", nos termos dispostos pelo §2º, a qual versa sobre competência para editar normas gerais em caso de lacuna (inexistência) na legislação federal.

---

[601] Na classificação de André Ramos Tavares, as competências complementar e supletiva são espécies da competência suplementar. A supletiva ocorre quando os estados-membros legislam diante da ausência de legislação nacional e a complementar para adicionar à legislação nacional no que for necessário (TAVARES, André Ramos. *Curso de Direito Constitucional*. São Paulo: Saraiva, 2002. p. 751-752).

[602] MENEZES, Fernanda Dias. *Competências na Constituição de 1988*. São Paulo: Atlas, 1991. p. 168.

[603] FERRARI, Regina Maria Macedo Nery. *Direito Municipal*. 5. ed. Belo Horizonte: Fórum, 2018. p. 110.

[604] MENEZES, Fernanda Dias. *Competências na Constituição de 1988*. São Paulo: Atlas, 1991. p. 170. No mesmo sentido, vide Luiz Alberto David Araújo e Vidal Serrano Nunes Júnior (ARAÚJO, Luiz Alberto David; NUNES JÚNIOR, Vidal Serrano. *Curso de Direito Constitucional*. 13. ed. São Paulo: Saraiva, 2009) e Celso Ribeiro Bastos e Ives Gandra Martins (BASTOS, Celso Ribeiro; MARTINS, Ives Gandra. *Comentários à Constituição do Brasil*. v. 3. tomo II. São Paulo: Saraiva, 1993. p. 72-75).

[605] TAVARES, André Ramos. *Curso de Direito Constitucional*. São Paulo: Saraiva, 2002. p. 751.

Por essa razão, o autor diz que "não se trata, pois, de competência para editar normas gerais eventualmente concorrentes. Se assim fosse, o §3º seria inútil ou o §3º tornaria inútil o §2º. Além disso, é competência também atribuída aos Municípios, que estão, porém, excluídos da legislação concorrente".

Em conclusão, arremata que a competência suplementar não é para a edição de legislação concorrente, e sim para a edição de legislação decorrente, a qual se configura como uma legislação de regulamentação, "portanto de normas gerais que regulam situações já configuradas na legislação federal e às quais não se aplica o disposto no §4º (ineficácia por superveniência de legislação federal), posto que com elas não concorrem (se concorrem, podem ser declaradas inconstitucionais)". Nesse sentido, expressa que é competência que se exerce de acordo com as normas gerais da União, e não na ausência delas.[606]

Expostos os debates e posições diversas, o fato é que a Constituição da República de 1988 prescreveu a competência legislativa para editar normas gerais de licitação para a União de acordo com o artigo 22.[607]

Não se pode abstrair ou abnegar o texto da Lei Maior.[608] Portanto, optar-se-á pelo entendimento de que a União possui competência para editar normas gerais. Já os estados, o Distrito Federal e os municípios têm competência legislativa remanescente, consoante justifica Tércio Sampaio Ferraz, ou denominada como competência legislativa remanescente, como adjetiva Andreas J. Krell, ainda que exista julgado do Supremo Tribunal Federal no sentido de considerá-las como suplementares.[609]

O que tudo isso significa?

Os estados, o Distrito Federal e os municípios são competentes para editar normas especiais e, no caso de ausência de uma norma geral (*v.g.*, a revogação da Lei nº 8666/93 ou da Lei nº 14.133 sem a substituição por outra), permanece válida a norma estadual,

---

606 FERRAZ, Tércio Sampaio. Normas gerais e competência concorrente – uma exegese do artigo 24 da Constituição Federal. *Revista Trimestral de Direito Público*, n. 7, p. 16-20, 1994, p. 19-20.

607 Nessa asserção, Marçal Justen Filho concorda que "eventual revogação da Lei nº 8666/1993, sem que fosse adotado outro diploma veiculador de normas gerais, não impediria que os demais entes federativos exercitassem competência legislativa plena" (JUSTEN FILHO, Marçal. *Comentários à Lei de Licitações e Contratos Administrativos*. 16. ed. São Paulo: RT, 2014. p. 20).

608 Deve-se buscar uma interpretação sistemática, até porque, como dito por Luís Roberto Barroso, "a ordem jurídica é um sistema e, como tal, deve ser dotada de unidade e harmonia" (BARROSO, Luís Roberto. *Curso de direito constitucional contemporâneo*. São Paulo: Saraiva, 2009. p. 294).

609 Andreas J. Krell possui entendimento diverso, interpretando que não se aplicam os parágrafos do artigo 24 às normas gerais indicadas em outros dispositivos constitucionais, razão pela qual compreende que o exercício da competência estadual, distrital e municipal com esteio no artigo 22, XXVII, trata-se de competência legislativa remanescente, e não competência suplementar (complementar e supletiva) (KRELL, Andreas J. *Leis de normas gerais, regulamentação do poder executivo e cooperação intergovernamental em tempos de reforma administrativa*. Belo Horizonte: Fórum, 2008. p. 34-39). Quanto ao Supremo Tribunal Federal, recorda-se do voto do ministro à época, Carlos Ayres Britto: "A competência que assiste aos Estados e ao Distrito Federal, em matéria de licitação, é de natureza suplementar. Embora topograficamente inserida no art. 22 da Constituição Federal, a competência da União para legislar sobre licitação e contratação, em todas as modalidades, para as Administrações Públicas Diretas, autárquicas e fundacionais da União, Estados, Distrito Federal e Municípios se limita à edição de "normas gerais" (inciso XXVII do art. 22 da CF), assim como a competência legislativa de todas as matérias referidas no art. 24 da Constituição (§1º do art. 24 da CF). Ademais, inexistindo lei federal sobre normas gerais de licitação, ficam os Estados autorizados a exercer a competência legislativa plena para atender a suas peculiaridades (§3º do art. 24 da CF). A não ser assim, o que se tem é recusa aos Estados-membros quanto a sua própria autonomia administrativa, quebrantando o princípio federativo" (STF, ADI nº 3.059, Relator(a): Min. AYRES BRITTO, Relator(a) p/ Acórdão: Min. LUIZ FUX, Tribunal Pleno, julgado em 09.04.2015, ACÓRDÃO ELETRÔNICO *DJe*-085 DIVULG 07.05.2015 PUBLIC 08.05.2015).

distrital ou municipal. Ademais, a norma especial não pode conflitar com a norma geral, sob pena de pecha de inconstitucionalidade.[610]

3.2.1.3 Terceiro problema: o que são normas gerais?

Uma grande dúvida também que reside é saber o que significam normas gerais e quais são seus limites.[611]

As normas gerais não possuem uma significação prescritiva expressa. Tal expressão está incursa e chancelada como um conceito jurídico indeterminado. Logo, não existem delimitações explícitas no direito posto. A incumbência, para o conhecimento dos seus contornos e as suas confrontações, fica a encargo do intérprete, o qual tem a dura e difícil missão de tentar encontrar métodos para consignar quais são os seus limites.[612]

Para demonstrar a dificuldade no encontro de métodos para encontrar o que é uma norma geral, trabalhar-se-ão as principais propostas apresentadas, posicionando, inclusive, possíveis confrontos entre os estudiosos acerca da melhor maneira de buscar caminhos para certificar quando se está legislando normas gerais ou quando se está frente a normas especiais.

Adilson Abreu Dallari propõe que, para se chegar a um conceito de norma geral, deve-se fazer o caminho inverso, qual seja, dizer o que não é norma geral. Consoante o autor, "não é norma geral aquela que corresponde a uma especificação, a um detalhamento"; por isso, norma geral "cuida de determinada matéria de maneira ampla" e "comporta uma aplicação uniforme pela União, Estado e Município; norma geral é aquela que não é completa em si mesma, mas exige uma complementação".[613]

Carlos Ayres Britto descreve que as normas gerais são aquelas que têm por objetivo "desatar" os princípios e regras constantes na Constituição, que têm na licitação o seu âmbito material de incidência e, em todas as demais ordens jurídicas federadas, o âmbito espacial de aplicabilidade.[614]

Nesse ponto, as normas gerais funcionam apenas como limitador negativo das normas específicas. As normas gerais estão subordinadas às prescrições constitucionais.

---

610 "Se corretamente dentro de seu campo de abrangência, ao contrário do que se pode dizer em matéria de invasão de competências federativas, é, sobretudo, fator de segurança e certeza jurídicas, portanto tende à igualdade e certeza da aplicação uniforme de dados princípios" (FIGUEIREDO, Lúcia Valle. *Curso de Direito Administrativo.* 9. ed. São Paulo: Malheiros, 2008. p. 481).

611 "E tudo se agrava porque o conceito de normas gerais não é objetivo; ao contrário, admite forte dose de subjetividade e de indeterminação" (NIEBUHR, Joel de Menezes. *Licitação pública e contrato administrativo.* 2. ed. Belo Horizonte: Fórum, 2012. p. 50).

612 Sobre o assunto, valioso recorrer ao espaço de interpretação a ser respeitado pelo intérprete. Segundo Canotilho, "considera-se como espaço de interpretação o âmbito dentro do qual o programa normativo (=medida de ordenação expressa através de enunciados linguísticos) se considera ainda compatível com o texto da norma" (CANOTILHO, J. J. Gomes. *Direito Constitucional e Teoria da Constituição.* 7. ed. Coimbra: Almedina, 2000. p. 1.203).

613 DALLARI, Adilson Abreu. *Aspectos jurídicos da licitação.* 7. ed. São Paulo: Saraiva, 2006. p. 26.

614 BRITTO, Carlos Ayres. *O perfil constitucional da licitação.* Curitiba: Zênite, 1997. p. 27 e seguintes. Quanto ao verbo desatar, o ministro Britto esclarece: "Com a palavra 'desatar', o trazemos à berlinda é a função lógica de desdobrar ou fazer render o que, na Lei Maior, se encontre de alguma forma contracto. Não contracto por já significar uma formulação normativo-constitucional que é ponto de partida e de chegada, a um só tempo, sem a menor abertura de espaço para ulterior normação. Mas por decorrer do deliberado propósito de apenas iniciar a regulação de uma dada matéria, deixando para outra fonte normativa de menor escalão (no caso, o Poder Legislativo Ordinário da União) o aporte complementar de prescritibilidade" (BRITTO, Carlos Ayres. *O perfil constitucional da licitação.* Curitiba: Zênite, 1997. p. 27).

Por outro lado, quanto às normas específicas, há uma relação de mera compatibilidade. Segundo Carlos Ayres Britto:

> Em resumo, todas as relações objeto de norma geral da União deverão comportar reenvio material à Magna Carta, ou válidas não serão (...). Mas não é esta a natureza do vínculo que prende as normas específicas ao diploma constitucional e às próprias normas gerais da União, naquele plano da materialidade licitatória, pois a tal categoria de normas é suficiente a disciplina de relações de simples não contradição. O remonte das normas específicas à materialidade da Constituição e das normas gerais de timbre federal há de ser feito, sim, mas não num sentido confirmatório ou de prolongamento eficacial, por não ser por meio da especificidade legislativa que *ricocheteiam* sobre novas relações jurídicas os conteúdos empíricos das regras e princípios (um mínimo de empirismo há de se conter em cada princípio jurídico) da Constituição e das próprias normas gerais.[615]

Já Celso Antônio Bandeira de Mello marca as delimitações das normas gerais nos preceitos principiológicos, fundamentais, diretrizes, critérios basilares e conformadores das leis que completarão a matéria ("daquel' outras que produzirão a ulterior disciplina específica e suficiente, ou seja, indispensável, para regular o assunto que foi objeto de normas apenas 'gerais'") e nos preceitos que são uniformes no país por prescreverem aspectos nacionais que são aplicáveis com neutralidade em todas as localidades e regiões brasileiras.[616]

Utilizando a lógica para compreender a expressão "normas gerais", Tércio Sampaio Ferraz disserta que existem as normas gerais pelo destinatário (normas universais) ou pelo conteúdo. No que se refere aos destinatários, considera-se geral a norma que é aplicada à universalidade; já quanto ao conteúdo, é considerada geral no tocante à matéria prescrita, tal se reporta a toda e qualquer ocorrência da espécie.

Todavia, segundo o autor, a lógica não é suficiente para reconhecer quando se está diante de uma norma geral ou uma norma particular, razão pela qual demanda a participação do intérprete para avaliar o contexto finalístico do conteúdo da norma.[617]

Com uma metodologia diversa para explicar o assunto, Eros Roberto Grau enaltece dois parâmetros para analisar as normas gerais.

O primeiro parâmetro desenvolve-se a partir de normas gerais e normas especiais, e o segundo se utiliza do critério de normas nacionais, federais, estaduais e municipais. Quanto ao critério da norma geral e da norma especial, Eros Roberto Grau se aproveita do escólio de Natalino Irti, o qual defende que a distinção de generalidade e especialidade deriva de um juízo de comparação entre duas normas.

---

[615] BRITTO, Carlos Ayres. *O perfil constitucional da licitação*. Curitiba: Zênite, 1997. p. 42.

[616] MELLO, Celso Antônio Bandeira de. *Curso de Direito Administrativo*. 32. ed. São Paulo: Malheiros, 2015. p. 544-545. Já Marçal Justen Filho explica que a identificação das normas gerais perpassa por exames em que há situações de certeza positiva, de certeza negativa e de situações em que resta uma zona cinzenta. Exemplifica na certeza positiva quando o objeto da norma for: "a) requisitos mínimos necessários e indispensáveis à validade da contratação administrativa; b) hipóteses de obrigatoriedade e de não obrigatoriedade de licitação; c) requisitos de participação em licitação; d) modalidades de licitação; e) tipos de licitação; f) regime jurídico da contratação administrativa" (JUSTEN FILHO, Marçal. *Comentários à Lei de Licitações e Contratos Administrativos*. 16. ed. São Paulo: RT, 2014. p. 20-22).

[617] FERRAZ JÚNIOR, Tércio Sampaio. Normas gerais e competência concorrente – uma exegese do artigo 24 da Constituição Federal. *Revista Trimestral de Direito Público*, n. 7, p. 16-20, 1994, p. 18-19.

Segundo o autor, "norma geral e normal especial não são 'geral' e 'especial' em si e por si, mas sempre em relação a outras normas. Assim, uma norma que se deve ter como geral em relação a outra norma pode ser tida como especial quando posta em relação a uma terceira norma". Com base em Natalino Irti, pode-se deduzir que "norma geral é dotada de uma compreensão (aqui como conjunto das notas de cada norma) menor de uma extensão (conjunto de sujeitos aos quais cada norma se dirige) maior", e, diante disso, a "norma especial é dotada de uma compreensão maior e de uma extensão menor".[618]

Em que pese esse parâmetro, Eros Roberto Grau aponta que a noção federativa deve ser usada para a definição de norma geral, mais precisamente para considerá-la como norma nacional, e que elas fundamentam regras concretistas a determinados princípios, preceituam princípios, suprem lacunas constitucionais e respaldam a ordenação de condutas uniformes para evitar qualquer tipo de conflito entre os entes.[619]

Diogo Figueiredo Moreira Neto utiliza a generalidade para compreender as normas gerais, explicando que cabe à União as declarações principiológicas, restringindo-se ao estabelecimento de diretrizes nacionais sobre certos assuntos, as quais deverão ser respeitadas pelos estados-membros na confecção das suas legislações, "por intermédio da sanção de normas específicas e particularizantes que as detalharão, de modo que possam ser aplicadas, direta e imediatamente, às relações e situações concretas a que se destinam, em seus respectivos âmbitos políticos".[620]

Inclusive, Lúcia Valle Figueiredo, seguindo o pensamento de Diogo Figueiredo Moreira Neto, expressa que as normas gerais possuem características peculiares das demais normas, razão pela qual se encontram num grau de hierarquia normativa superior e inibitória ao legislador ordinário, se estadual ou municipal, de dispor de maneira diversa.[621]

Romeu Felipe Bacellar Filho interpreta que, em licitações e contratos, é de competência concorrente, de acordo com o art. 22, XXVII, sendo que, pela legislação, a norma "é nacional somente quanto à emanação de seus preceptivos gerais". Assim, o autor coteja também que a antiga Lei nº 8666 (ou agora com a Lei nº 14.133) estabelece normas gerais para todos os entes e respectivas administrações indiretas, bem como expede "normas específicas sobre a matéria de licitações e contratos; neste caso, cogentes apenas para a esfera federal, em respeito à competência constitucionalmente estipulada". Em outras palavras, a lei possui normas gerais para todos os entes e também possui legislação específica competente tão só para a seara federal.[622]

---

[618] GRAU, Eros Roberto. Licitação sem objeto – Lei 8.666 e Estados e Municípios. *Revista Trimestral de Direito Público*, São Paulo, n. 10, p. 88-102, 1995, p. 93-94.

[619] GRAU, Eros Roberto. Licitação sem objeto – Lei 8.666 e Estados e Municípios. *Revista Trimestral de Direito Público*, São Paulo, n. 10, p. 88-102, 1995, p. 94.

[620] MOREIRA NETO, Diogo de Figueiredo. Competência concorrente limitada. Brasília. *Revista de Informação Legislativa*, ano 25, n. 100, p. 159, out./dez. 1988.

[621] FIGUEIREDO, Lúcia Valle. Competências administrativas dos estados e municípios – licitações. *Revista Trimestral de Direito Público*, São Paulo, n. 8, p. 24-39, 1994, p. 31.

[622] BACELLAR FILHO, Romeu Felipe. *Direito Administrativo*. 4. ed. São Paulo: Saraiva, 2008. p. 111. Reverberando na mesma toada, Jessé Torres Pereira Júnior explica que é uma missão dificultosa encontrar na Lei nº 8.666/93 qual dispositivo é nacional e qual é federal, ainda que o autor em sua obra aponte em cada artigo, inciso e alínea qual o seu raio de extensão. Ademais, para fazer as suas conclusões, adota que norma geral é aquela que "se mostre indispensável para implementar os princípios constitucionais reitores da Administração Pública e os

Parece bastante acertado o raciocínio de Romeu Felipe Bacellar Filho, já que não é o fato de a norma estar num texto normativo editado pela União, como é o caso da Lei nº 8.666 ou da Lei nº 14.133, que representa dizer que todas as normas de lá extraídas são de caráter nacional.[623]

Lúcia Valle Figueiredo assenta que "é claro que a lei não contém tão somente normas gerais. Entretanto, só por só, não se poderia entendê-la inconstitucional sem antes de proceder à interpretação conforme a Constituição (CANOTILHO)". A autora ainda prossegue: "Portanto, no que a lei contiver disciplina que guarde características de normas gerais será constitucional. No que não contiver, não se aplicará aos Estados e Municípios por inconstitucionalidade".[624]

Alice Gonzalez Borges enquadra a legislação como passível de possuir normas exclusivamente federais (restritas à Administração Pública federal ante as minudências e os detalhes tratados); normas cogentes em âmbito nacional, em virtude da competência da União para tratar de maneira privativa, mesmo que alheia ao tema de licitações; e normas gerais propriamente ditas, sob o fundamento de serem concretizadoras de princípios ou prescritoras de normas uniformes em todo o país para que se tenha uma teoria geral dos contratos administrativos e se evite qualquer tipo de conflito federativo entre as unidades ou órgãos e administrados.[625]

Com base em tais motivos, Adilson Abreu Dallari, ainda que o seu raciocínio seja realizado com fulcro nas licitações e contratos, aduz que é um verdadeiro disparate qualificar a Lei nº 8.666/93 (ou atualmente a Lei nº 14.133) como Estatuto Jurídico das Licitações e Contratos, pelo menos no que se refere aos estados e municípios, visto que

---

básicos arrolados em seu art. 3º. Definindo-se princípio como a proposição geral e abstrata que permeia e orienta todo o sistema de normas ou de conhecimentos a que se refere, não se compreenderá desrespeito a qualquer deles, sob pena de fraudar-se a diretriz magna de submeter à competição pública todos aqueles que pretendam contratar com a Administração" (PEREIRA JÚNIOR, Jessé Torres. *Comentários à Lei das Licitações e Contratações da Administração Pública*. 8. ed. Rio de Janeiro: Renovar, 2009. p. 18-19).

623 Em sentido contrário, merece pontuar o pensamento de José Cretella Júnior. Para ele, todas as normas editadas pela União, independentemente do seu teor, são de caráter nacional: "Para que a norma seja classificada como 'geral' é preciso que atenda a dois requisitos: a) que assim o diga ou rotule a Constituição; b) que incida apenas sobre as matérias determinadas pela Constituição. (...) Qualquer lei federal sobre 'licitação e contratação' é, em princípio, formalmente 'pela origem' e 'pela matéria', norma geral, nem que desça a todas as minúcias possíveis imagináveis, do modo mais exaustivo possível. Os dois pressupostos, a 'origem' e o 'conceito explícito constitucional', permitem a classificação da norma, antes mesmo de ser promulgada, em projeto ou em discussão. Não há a menor possibilidade de arguição de inconstitucionalidade de determinada norma geral sobre licitação, por exemplo, sob o fundamento de que seus dispositivos são especiais, não gerais, nem sobre efetivos das polícias militares e corpos de bombeiros militares" (CRETELLA JÚNIOR, José. *Das licitações públicas*. 18. ed. Rio de Janeiro: Forense, 2006. p. 47).

624 FIGUEIREDO, Lúcia Valle. Competências administrativas dos estados e municípios – licitações. *Revista Trimestral de Direito Público*, São Paulo, n. 8, p. 24-39, 1994, p. 24. Para complementar o raciocínio de Lúcia Valle Figueiredo, Vera Monteiro explica que: "Não é pelo mero fato de uma norma ter sido expedida com base em competência legislativa para a edição de norma geral, que todo o seu conteúdo pode ser qualificado como norma geral. O 'qualificativo' norma geral determina a aplicação de um regime jurídico próprio e só pode ser dado àquilo que estiver contido em lei editada por ente competente para a edição de norma geral (conforme a divisão constitucional de competências legislativas), e desde que seja estruturante para o tema objetivo de tratamento legislativo" (MONTEIRO, Vera Cristina Caspari. *A caracterização do contrato de concessão após a edição da Lei nº 11.079/2004*. Orientador: Prof. Dr. Fernando Dias Menezes. 2009. 226 f. Tese (Doutorado em Direito do Estado) – Faculdade de Direito, USP, 2009, p. 106-107).

625 BORGES, Alice Gonzalez. *Normas gerais no Estatuto de Licitações e Contratos Administrativos*. São Paulo: RT, 1994. p. 46 e seguintes.

um "estatuto" deve tratar de maneira completa, integrada e sistemática dos assuntos que lhe são afeitos, e não da maneira como foi disposto na Lei nº 8.666.[626]

Por sua vez, para Carlos Ari Sundfeld, a lógica impõe que não compete à União o "tratamento de aspectos particulares, de detalhes de organização, de questões contingentes", mas só aquelas que "contêm apenas os princípios da regulamentação da matéria, os deveres básicos dos indivíduos e do Estado e os instrumentos a serem utilizados pela Administração".

O autor ainda qualifica como impróprios para as normas gerais os seguintes temas: a fixação de prazos, a definição das autoridades competentes para tal ou qual ato, o estabelecimento de valores exatos de multa, o detalhamento dos procedimentos administrativos, entre outros.[627]

Os juristas colacionados e as respectivas diversas interpretações permitem inferir a *prima facie* que se trata de um assunto extremamente complicado, porquanto existem diversas fundamentações para embasar constitucionalmente a competência legislativa e a definição de normas gerais. Essa complexidade não é enfrentada unicamente pela doutrina, já que os tribunais ecoam para essa árdua tarefa.

3.2.2 O enigma das normas gerais de acordo com a jurisprudência pátria

O Supremo Tribunal Federal já teve oportunidades para deliberar sobre as normas gerais da revogada Lei nº 8.666, mais precisamente para apontar quais normas seriam gerais e quais seriam especiais, bem como qual seria a extensão de competência dos estados, Distrito Federal e municípios para legislarem sobre o tema; todavia, nos julgamentos acerca do assunto, o referido sodalício, na maioria das vezes, manifestou-se sobre a constitucionalidade de legislações estaduais e municipais sob o ponto de vista do princípio da isonomia.[628]

O julgado mais conhecido sobre o tema e que o Supremo Tribunal Federal poderia, em sede liminar, ter enfrentado o assunto, já que não o fez, bem como poderia[629] realizar tal intento no momento do julgamento definitivo, refere-se à Ação Direta de Inconstitucionalidade nº 927-3 RS, que teve a liminar julgada em 1993 e, posteriormente, foi

[626] DALLARI, Adilson Abreu. *Aspectos jurídicos da licitação*. 7. ed. São Paulo: Saraiva, 2006. p. 26.

[627] SUNDFELD, Carlos Ari. *Licitação e contrato administrativo*. 2. ed. São Paulo: Malheiros, 1995. p. 28 e seg. Discriminando as normas especiais passíveis de serem editadas pelos estados, Distrito Federal e municípios, Márcio Pestana arrola: "De qualquer maneira, admite que determinados aspectos de interesse prevalecente regional ou local, como, exemplificativamente, a estruturação, acesso, atualização e utilização, no certame licitatório, de um determinado sistema de registro cadastral da pessoa licitante, ou a presença de veículos comunicacionais de divulgação dos atos procedimentais que não se limitem somente a aqueles já assinalados e exigidos na norma geral, dando maior eficácia e cumprimento ao princípio da publicidade, possam ser legislativa e supletivamente disciplinados, no exercício do que se convenciona chamar competência suplementar" (PESTANA, Marcio. *Licitações públicas no Brasil*. São Paulo: Atlas, 2013. p. 10).

[628] Exemplos: ADI nº 3.670, Rel. Min. Sepúlveda Pertence, julgamento em 2.4.2007, Plenário, *DJ* de 18.5.2007, que tratou sobre a impossibilidade de restringir empresas de participarem de licitações que tenham comprovadamente vedado a contratação de funcionários por estarem em banco de dados de proteção ao crédito; e ADI nº 3.059-MC, Rel. Min. Carlos Britto, julgamento em 15.4.2004, Plenário, *DJ* de 20.8.2004, que considerou a viabilidade de uma lei sul-rio-grandense fixar condições para a contração de *software* pelo poder público, bem como determinar a preferência em favor de *softwares* livres a serem adquiridos pela Administração Pública estadual.

[629] Poderia, pois, com o advento da Lei nº 14.133, parece-me que o resultado do processo será a extinção da perda do objeto (revogação da Lei nº 8.666).

julgada prejudicada pelo advento da Lei nº 14.133/2021 e revogação da Lei nº 8.666/93.[630] Nessa oportunidade, a Corte deliberou liminarmente pela existência de dispositivos dentro da Lei nº 8.666/93 que não abrangem estados, Distrito Federal e municípios.

Floriano Azevedo Marques Neto, ao analisar o julgamento da ADI nº 927-3/RS sob o aspecto das normas gerais de licitação e contratação, critica a assertiva de que os estados, municípios e Distrito Federal devam dispor sobre normas específicas e que estas são enquadradas como normas que tratam de minúcias e detalhamentos.[631]

Segundo o autor, ao compreender no sentido de que legislar sobre normas específicas é editar normas para cuidar de meros detalhamentos ou de simples repartições dos preceitos contidos no diploma federal, então está se confundindo a capacidade de legislar normas específicas com a capacidade de expedir regulamentos.

Além disso, o autor aduz que, "admitido que fosse o caráter amplo das ditas normas gerais, e elas estariam desvestidas do seu obrigatório caráter de generalidade. Até porque a natureza de detalhamento, as minudências dos dispositivos, faz parecer – por contradição lógica racional – o caráter genérico".[632]

Em 14 de março de 2019, o Supremo Tribunal Federal reconheceu a repercussão geral no Recurso Extraordinário nº 1.188.352 para avaliar a constitucionalidade de normas especiais normalmente editadas por estados que modificaram as etapas do procedimento licitatório.[633] Nas modalidades da Lei nº 8.666/93, primeiramente ocorria a habilitação e, depois, a proposta, segundo se denota do artigo 43. Já no pregão instituído pela Lei nº 10.520/2002, existia a inversão das etapas: primeiro, a de propostas e, depois, a habilitação. Diante dessa modificação, nas leis estaduais, foram impetradas ações diretas de inconstitucionalidade perante a Corte Suprema.

No caso em foco, o Tribunal de Justiça do Distrito Federal reconheceu a inconstitucionalidade de ser alterada a referida ordem por meio de uma lei que não fosse de competência da União.

Interposto recurso judicial competente, o ministro relator Luiz Fux, em sua decisão que reconheceu a repercussão geral, apontou: (i) a baixa densidade da expressão norma geral incursiona em insegurança jurídica, ainda mais considerando a "postura inegavelmente maximalista assumida pelo legislador federal quando da edição da Lei nº 8.666/93, cuja redação revela nítida pretensão de normatização exauriente da

---

[630] Sobre o instigante tema da constitucionalidade dos diversos dispositivos prescritos na Lei nº 8.666/93, Floriano Azevedo Marques Neto esperava que o Supremo Tribunal Federal, ao julgar a ADI nº 927-3 RS, manifestasse sobre o caráter das normas da respectiva legislação sob pena de permanecer a incerteza da extensão do tratamento realizado pelo legislador frente às normas de competência da Constituição (MARQUES NETO, Floriano Azevedo. Normas gerais de licitação – doação e permuta de bens de Estados e de Municípios – aplicabilidade de disposições da Lei Federal 8.666/93 aos entes federados. *Revista Trimestral de Direito Público*, São Paulo, n. 12, 173-191, 1995, p. 177).

[631] Em que pese o artigo do Floriano Azevedo Marques Neto ser de 1995, suas críticas permanecem atuais, haja vista que até hoje não houve o julgamento da referida ação direta de inconstitucionalidade. A liminar dessa ação foi julgada em 3 de novembro de 1993. Para mais informações sobre o andamento do feito, vide http://portal.stf.jus.br/processos/detalhe.asp?incidente=1570900. Acesso em: 2 jun. 2019.

[632] MARQUES NETO, Floriano Azevedo. Normas gerais de licitação – doação e permuta de bens de Estados e de Municípios – aplicabilidade de disposições da Lei Federal 8.666/93 aos entes federados. *Revista Trimestral de Direito Público*, São Paulo, n. 12, 173-191, 1995, p. 176.

[633] Vários estados já editaram normas nessa linha, como o estado da Bahia (Lei nº 9.433/2005), o estado de Sergipe (Lei nº 5.848/2006), o estado do Paraná (Lei nº 15.608/2007), o Distrito Federal (Lei nº 5.345/1014) e o estado de São Paulo (Lei nº 13.121/2008).

matéria em toda a federação"; (ii) "a imposição constitucional de existência de um núcleo comum e uniforme de normas deve ser sopesada com a noção de laboratório da democracia (*laboratory of democracy*)", fato que enseja o dever de liberdade para os entes federativos gozarem de certa liberdade para a regulação em razão das peculiaridades locais e, inclusive, como meio para o aprimoramento da própria regulação a partir das comparações e suas avaliações (exitosas ou desastrosas); (iii) o conceito de normas gerais muito abrangente limita a diversidade, a autonomia das entidades integrantes do pacto federativo, o pluralismo e o experimentalismo local; (iv) que a licitação é promotora dos princípios setoriais e conformadores da atuação administrativa e que não se pode mais identificá-la como um fim em si mesmo, mas como "meio de promoção dos imperativos de impessoalidade, moralidade, eficiência e publicidade nas contratações promovidas pelo Estado"; e, por tudo isso, (v) que os limites do julgamento ultrapassam as partes e revelam uma relevância econômica e jurídica, até porque "a encampação de interpretações extremas do conceito de norma geral – seja para torná-la excessivamente ampla, seja para restringi-la em demasia – pode desencadear desequilíbrios indesejáveis no pacto federativo".[634]

A referida repercussão geral foi julgada em 2024 pelo Supremo Tribunal Federal, que deliberou pela constitucionalidade da inversão de fases e fixou a seguinte tese em sede de precedente: "São constitucionais as leis dos Estados, Distrito Federal e Municípios que, no procedimento licitatório, antecipam a fase da apresentação das propostas à da habilitação dos licitantes, em razão da competência dos demais entes federativos de legislar sobre procedimento administrativo".

Mais interessante do que a tese foram os fundamentos exarados pelos ministros em seus votos, que servem de guarida para a compreensão dos contornos de normas gerais e especiais.

O ministro Fux enalteceu a necessidade de os entes federativos possuírem a capacidade de editarem normas, inclusive usando como fundamento a noção de laboratório de democracia. A coexistência de leis diversas em vários entes para tratar do mesmo tema permite uma conclusão crítica acerca de uma adaptação/adequação à realidade local ou de um abuso, assim como pode servir de parâmetro para futuras modificações na legislação geral, exemplificando diversas experiências de leis estaduais que foram adotadas na Lei nº 14.133/21.

---

[634] O sistema processual civil brasileiro prescreve a possibilidade de o Supremo Tribunal Federal reconhecer em julgamento de recurso extraordinário a repercussão geral, nos termos do artigo 102, §3º, da Constituição. Para tanto, o Código de Processo Civil dispõe que: "Art. 1.035. O Supremo Tribunal Federal, em decisão irrecorrível, não conhecerá do recurso extraordinário quando a questão constitucional nele versada não tiver repercussão geral, nos termos deste artigo. §1º Para efeito de repercussão geral, será considerada a existência ou não de questões relevantes do ponto de vista econômico, político, social ou jurídico que ultrapassem os interesses subjetivos do processo. §2º O recorrente deverá demonstrar a existência de repercussão geral para apreciação exclusiva pelo Supremo Tribunal Federal. §3º Haverá repercussão geral sempre que o recurso impugnar acórdão que: I - contrarie súmula ou jurisprudência dominante do Supremo Tribunal Federal; (...) III - tenha reconhecido a inconstitucionalidade de tratado ou de lei federal, nos termos do art. 97 da Constituição Federal. §4º O relator poderá admitir, na análise da repercussão geral, a manifestação de terceiros, subscrita por procurador habilitado, nos termos do Regimento Interno do Supremo Tribunal Federal. §5º Reconhecida a repercussão geral, o relator no Supremo Tribunal Federal determinará a suspensão do processamento de todos os processos pendentes, individuais ou coletivos, que versem sobre a questão e tramitem no território nacional".

Descreve na ementa e explica detalhadamente em seu voto que:

> A amplitude com que a Suprema Corte define com conteúdo do que sejam normas gerais influi decisivamente sobre a experiência federalista brasileira. Qualquer leitura maximalista do aludido conceito constitucional milita contra a diversidade e a autonomia das entidades integrantes do pacto federativo, em flagrante contrariedade ao pluralismo que marca a sociedade brasileira. Contribui ainda para asfixiar o experimentalismo local tão caro à ideia de federação. Nesse cenário, é preciso extrema cautela na árdua tarefa de densificar o sentido e o alcance da expressão normas gerais, limitando a censura judicial às manifestações nitidamente abusivas de autonomia (trecho da ementa).
> O conceito de "norma geral" é essencialmente fluido, de fronteiras incertas, o que, embora não o desautorize como parâmetro legítimo para aferir a constitucionalidade de leis estaduais, distritais e municipais, certamente requer maiores cautelas no seu manejo. Isso porque a amplitude com que a Suprema Corte define com conteúdo do que sejam "normas gerais" influi decisivamente sobre a experiência federalista brasileira. Qualquer leitura maximalista do aludido conceito constitucional milita contra a diversidade e a autonomia das entidades integrantes do pacto federativo, em flagrante contrariedade ao pluralismo que marca a sociedade brasileira. Contribui ainda para asfixiar o experimentalismo local tão caro à ideia de federação. Nesse cenário, é preciso extrema cautela na árdua tarefa de densificar o sentido e o alcance da expressão "normas gerais", limitando a censura judicial às manifestações nitidamente abusivas de autonomia.

O ministro Edson Fachin, em seu voto, expressou que a "ausência de regra clara (*clear statement rule*), portanto, não afasta a presunção relativa de autonomia do demais entes federativos e, por essa razão, impõe que se reconheça como compatível com a distribuição constitucional de competência norma estadual que disponha, sem excluir qualquer delas, sobre a ordem de fases do procedimento externo das licitações".

O ministro Gilmar Mendes foi bastante explícito ao citar que as normas estaduais, distritais e municipais encontram os seguintes limitadores: (i) não podem criar novas fases ou novas modalidades de licitação; (ii) não têm autorização constitucional para misturar procedimentos de modalidades, estipular novas hipóteses de dispensa de licitação ou criar exigências de certificados ou novos documentos. Ainda ressaltou que há uma releitura constitucional "permitindo certa liberdade aos entes subnacionais, em matéria tão rígida de normas sobre licitações, longe de ser anarquista no sensível tema de licitações e contratos públicos, incentiva a eliminação de gargalos e *gaps* legislativos, que demoram anos para corrigir e uniformizar procedimentos, bem ainda diminuir a burocracia estatal" e ainda que "esta Corte vem cada vez mais pavimentando o caminho a permitir maior espaço de atuação legislativa suplementar de Estados e também dos Municípios em matéria relacionada a licitações, em temáticas que não conflitem diretamente com o disposto em norma geral elaborada pela União".

Entre o lapso temporal da ADI nº 927-3 e a repercussão geral reconhecida em março de 2019, convém ainda destacar atenção a outros dois julgados do Supremo Tribunal Federal.[635]

[635] Sem desconhecer a existência de outros que, por uma razão de pertinência e utilidade para o raciocínio ora adotado, foram desconsiderados de maior explicação, como são os casos de: ADI nº 1.746, Rel. Min. Marco Aurélio,

Um, o Recurso Extraordinário nº 423.560 analisou sobre a constitucionalidade ou não da Lei Orgânica de Brumadinho (Minas Gerais), que vedou a contratação do poder público municipal com o prefeito, vice-prefeito, os vereadores, os ocupantes de cargo em comissão ou função de confiança, as pessoas ligadas a qualquer deles por matrimônio ou parentesco, afim ou consanguíneo, até o segundo grau, ou por adoção e os servidores e empregados públicos municipais, inclusive após seis meses findas as respectivas funções públicas.

O entrave seria se a lei municipal não conflitaria com o artigo 9º da Lei nº 8.666/93 e, se este fosse norma geral, logo, a norma especial municipal seria inconstitucional. A Corte deliberou no sentido de que a norma municipal concretizaria o princípio constitucional da moralidade e da impessoalidade e, ainda, que o seu teor é mais abrangente que o contido no artigo 9º, não havendo óbice, pois a referida norma municipal trará "ínsita a garantia de possibilidade de efetiva, real e isonômica competição".[636]

Dois, a Ação Direta de Inconstitucionalidade nº 3.735 enfrentou a viabilidade jurídica ou não de inserir como documento exigível em certames do estado do Mato Grosso do Sul, mais precisamente na etapa de habilitação, a certidão de violação dos direitos do consumidor, documento este criado para aferir se o fornecedor respeitava ou não decisões administrativas e/ou judiciais da área consumerista.

Segundo o voto do ministro relator Teori Zavascki, dois testes devem ser realizados para saber se a norma especial (de caráter suplementar) é compatível: "(a) a identificação, em face do modelo nacional concretamente estabelecido, das normas gerais do sistema; e (b) a verificação da compatibilidade, direta e indireta, entre as normas gerais estabelecidas e as inovações fomentadas pelo direito local".

Para o primeiro, o ministro pondera que não é possível descrever um conceito genérico e aberto de normas gerais, sendo que uma conclusão somente deverá ser executada a partir de um caso posto em concreto. Portanto, dessumiu que somente a lei nacional poderá estatuir desequiparações entre os concorrentes e, com isso, restringir o direito de participar de licitações. Já a norma especial (ou suplementar, como chamou na decisão) só pode inovar se tiver como "objetivo estabelecer condições específicas, nomeadamente quando relacionadas a uma classe de objetos a serem contratados ou a peculiares circunstâncias de interesse local".[637]

Além do Supremo Tribunal Federal, os tribunais regionais também enfrentam quotidianamente apreciações sobre a constitucionalidade ou não de legislações municipais impactantes de maneira direta ou indireta nas licitações públicas e nos contratos administrativos.

Em sede do Tribunal de Justiça do Paraná, já se deliberou que: (i) não é possível que norma especial venha a preceituar sobre condições ou requisitos em dispensa de

---

j. 18.9.2014, P, *DJE* de 13.11.2014, ADI nº 3.670, Rel. Min. Sepúlveda Pertence, j. 2.4.2007, P, *DJ* de 18.5.2007; RE 547063, Rel. Min. Menezes Direito, Primeira Turma, j. em 7.10.2008.

[636] Supremo Tribunal Federal, RE nº 423.560, Relator(a): Min. JOAQUIM BARBOSA, Segunda Turma, julgado em 29.05.2012, ACÓRDÃO ELETRÔNICO *DJe*-119 DIVULG 18.06.2012 PUBLIC 19.06.2012 RT v. 101, n. 923, 2012, p. 678-683.

[637] SUPREMO TRIBUNAL FEDERAL, ADI nº 3.735, Relator(a): Min. TEORI ZAVASCKI, Tribunal Pleno, julgado em 08.09.2016, ACÓRDÃO ELETRÔNICO *DJe*-168 DIVULG 31.07.2017 PUBLIC 01.08.2017. Nesse caso, também chamou a atenção o voto do ministro Luiz Edson Fachin, que entoou na mesma linha do ministro relator Teori Zavascki, mas também enfatizou a importância do princípio da subsidiariedade e do federalismo cooperativo.

licitação;[638] (ii) é possível norma estadual especial disciplinar o alcance das sanções administrativas aplicadas por órgãos e entidades públicas estaduais, mesmo que esteja em descompasso com a norma federal;[639] (iii) há criação de novas hipóteses de dispensa de licitação.[640]

Portanto, abstrai-se que diversos métodos poderão ser utilizados pelo operador do direito para o encontro das normas gerais, inclusive não havendo qualquer posicionamento uníssono e abstrato como um possível "conceito" do Supremo Tribunal Federal especificadamente sobre o tema, ainda que o julgamento do Tema nº 1.036 tenha descrito importantes balizas, razões que demonstram a relevância e a necessidade de uma excelente interpretação.

De todo modo, seja qual for o método para o seu encontro, o que se tem como certo é que sua edição compete à União, bem como sua aplicabilidade atinge todo o território nacional. Os estados, o Distrito Federal e os municípios poderão editar normas específicas,[641] suplementares ou especiais, sempre em conformidade com as normas gerais. Note-se que a União também poderá produzir esse último tipo de norma; entretanto, as normas específicas expedidas pela União obrigarão somente a Administração Pública federal.

Sob o viés da nova Lei de Licitações, insta destacar que o Supremo Tribunal Federal já apreciou dois casos interessantes: (i) ADI nº 6.890, que declarou a constitucionalidade do artigo 75, VIII, da Lei nº 14.133/21; e (ii) Agravo Regimental no Recurso Extraordinário nº 1.410.340/SP, que deliberou pela possibilidade de os entes municipais, distrital e estaduais fixarem o montante do "grande vulto" que foi estipulado em duzentos milhões na redação originária da Lei nº 14.133/21 para caracterizar obras, serviços e fornecimento de grande vulto nos termos do artigo 6º, inciso XXII.

Considerando que a licitação se integra da fase interna (fase preparatória) e da fase externa (fase de seleção de fornecedores), indubitavelmente a interna poderá ser disciplinada por cada ente de acordo com as suas particularidades, até como uma condição e dedução interpretativa da autonomia federativa calcada no artigo 18 da

---

638 "O artigo 17, inciso II, da Constituição Estadual, reproduzindo o disposto no artigo 30, inciso II, da Constituição Federal, autoriza o Município a legislar apenas de modo suplementar à legislação federal e estadual no que couber. 2- A competência legislativa suplementar abrange somente normas específicas, detalhes ou minúcias da matéria abordada, não compreendendo a competência para legislar sobre normas gerais. 3- O Município de Matelândia, ao editar a Lei nº 1.298, de 20 de dezembro de 2002, não observou os limites do artigo 17, inciso II, da Constituição Estadual, haja vista que legislou sobre normas gerais de licitação e contratação da Administração Pública, invadindo competência privativa da União (artigo 22, inciso XXVII, da Constituição Federal). 4- Pedido julgado procedente" (TRIBUNAL DE JUSTIÇA DO PARANÁ - Órgão Especial - AI - 135920-8 - Matelândia - Rel.: Hirosê Zeni - Unânime - J. 07.11.2003).

639 "Lei paranaense de licitações. Prevalência deste diploma normativo para entes vinculados à esfera estadual paranaense, em relação à lei nacional de licitações - Lei federal nº 8.666/93. Autonomia legislativa dos entes federados. Exegese do princípio federativo. Inexistência de afronta ao inc. XXVII do art. 22 da Constituição Federal que atribui à união competência legislativa exclusiva para dispor acerca de normas gerais de licitação. Liminar mantida. Recurso conhecido como agravo da lei do mandado de segurança, e desprovido" (TRIBUNAL DE JUSTIÇA DO PARANÁ - 5ª C. Cível em Composição Integral - A - 1290788-1/01 - Curitiba - Rel.: Rogério Ribas - Unânime - J. 10.03.2015).

640 TRIBUNAL DE JUSTIÇA DO PARANÁ - Órgão Especial - AI - 1469563-5 - Curitiba - Rel.: Luís Carlos Xavier - Unânime - J. 01.08.2016 e TRIBUNAL DE JUSTIÇA DO PARANÁ - Órgão Especial - IDI - 1747462-5 - Curitiba - Rel.: Sônia Regina de Castro - Unânime - J. 15.04.2019.

641 Nomenclatura adotada por Carlos Ayres Britto (BRITTO, Carlos Ayres. *O perfil constitucional da licitação*. Curitiba: Zênite, 1997. p. 16).

Constituição. Contudo, quando a norma dispuser sobre a fase externa, ter-se-á que estudar se é uma norma geral ou especial para dessumir pela competência privativa da União ou, respectivamente, pela competência de cada ente.[642]

3.2.2.1 E agora, com a Lei nº 14.133?

O debate, que parecia requentado, agora ganha novos contornos com a maximalista Lei nº 14.133, que tratou de diversos temas e procedimentos em licitações públicas e contratos administrativos, inclusive descendo a minudências sobre competências, procedimentos internos, requisitos para ocupação de funções públicas, entre outros pontos.

Agora, a atenção deverá se renovar sobre as cortes de justiça responsáveis pela avaliação da constitucionalidade de normas federais, estaduais, distritais e municipais para saber como será o julgamento de acordo com a nova legislação, ressaltando os julgamentos do Supremo Tribunal Federal expostos no tópico anterior.

3.2.3 A competência legislativa para tratar de ciência, tecnologia e inovação direta e/ou incidentalmente nas licitações públicas e nos contratos administrativos

Além da duvidosa questão do item anterior, deve-se avaliar se é possível que uma norma que verse sobre ciência, tecnologia e inovação possa interferir incidentalmente nas licitações públicas e nos contratos administrativos como pode acontecer nas compras públicas inovadoras.

Para tanto, faz-se inexorável recordar que a competência constitucional para legislar sobre tecnologia, pesquisa, desenvolvimento e inovação é concorrente entre a União, estados e Distrito Federal nos termos do artigo 24, IX.[643]

Na redação originária da Constituição do artigo 24, IX, não constava a expressão "tecnologia, pesquisa, desenvolvimento e inovação", e o seu advento veio na Emenda Constitucional nº 85, de 26.2.2015, e a justificativa para a inserção foi a pretensão para que fossem constituídas iniciativas que harmonizem as ações da esfera federal, estadual, distrital e municipal, portanto clamando pela especificação como tema de competência concorrente.[644]

---

642 A título complementar, pondera-se a crítica de que todo esse imbróglio acerca da competência legislativa e a forma de encontrar o ente competente no Brasil deveria ser resolvido a partir do federalismo como forma jurídica da organização política, e não por mera leitura do texto constitucional, que é inundado de conceitos abertos. Por isso, Caroline Müller Bitencourt e Janriê Rodrigues Reck reflexionam sobre o uso da regra da "preponderância de interesses", a qual, quando adotada, é uma "comunicação que meramente reforça o caráter simbólico do Federalismo. Ao invés de ajudar na definição das competências, simplesmente estabelece um sistema valorativo que nada ou praticamente nada dispõe". Apesar dessa alternativa, talvez se precise também de um Supremo Tribunal Federal mais célere para decidir questões de competência sensíveis, como é o caso das licitações, inclusive para gerar mais segurança jurídica (BITENCOURT, Caroline Müller; RECK, Janriê Rodrigues. Paradoxos do federalismo: uma observação pragmático-sistêmica. *Revista de Direito Administrativo & Constitucional*, Belo Horizonte, ano 12, n. 49, p. 151-176, jul./set. 2012).

643 "Art. 24. Compete à União, aos Estados e ao Distrito Federal legislar concorrentemente sobre: (...) IX - educação, cultura, ensino, desporto, ciência, tecnologia, pesquisa, desenvolvimento e inovação."

644 Disponível em: http://www.stf.jus.br/arquivo/biblioteca/pec/EmendasConstitucionais/EC85/Camara/EC085_cam_07082013_ini_PEC290.pdf. Acesso em: 26 mar. 2019.

Desse modo, como está abarcado pelo já comentado artigo 24 da Lei Maior, todas as observações acerca do tema anteriormente tracejado são aproveitadas.

As normas editadas pela União possuem caráter nacional e são gerais; as dos estados e Distrito Federal são complementares e devem estar em consonância com as da União; as dos municípios são suplementares e devem guardar compatibilidade com as da União e dos estados.[645] Não havendo legislação federal, logo a lei estadual será plena e, ausentes leis federal e estadual, a lei municipal será plena.[646]

Como as normas gerais incumbem à União, a criação de uma norma sobre ciência, tecnologia e inovação que incida sobre as licitações e contratação administrativa, como, por exemplo, uma vantagem ou uma preferência, não será problema do ponto de vista de constitucionalidade formal, já que deverá ser interpretada sistematicamente.

Contudo, quanto à ausência de uma disciplina federal sobre ciência, tecnologia e inovação e à previsão de uma norma estadual desses temas que transcenda à licitação e contratação, a questiúncula já é mais complexa, porquanto poderá ser considerada inconstitucional formalmente caso se compreenda que afronte as normas gerais de contratação pública.

Por conseguinte, seguindo uma estabilidade de razões para decidir do Supremo Tribunal Federal, consoante julgados anteriores, em especial o RE nº 423.560 e as ADIs nº 3.735, 3.059 e 3.679, elencam-se os seguintes requisitos e testes para apreciar a constitucionalidade formal na situação aludida:[647]

---

[645] "O art. 24 da CF compreende competência estadual concorrente não cumulativa ou suplementar (art. 24, §2º) e competência estadual concorrente cumulativa (art. 24, §3º). Na primeira hipótese, existente a lei federal de normas gerais (art. 24, §1º), poderão os Estados e o Distrito Federal, no uso da competência suplementar, preencher os vazios da lei federal de normas gerais, a fim de afeiçoá-la às peculiaridades locais (art. 24, §2º); na segunda hipótese, poderão os Estados e o Distrito Federal, inexistente a lei federal de normas gerais, exercer a competência legislativa plena 'para atender a suas peculiaridades' (art. 24, §3º). Sobrevindo a lei federal de normas gerais, suspende essa a eficácia da lei estadual, no que lhe for contrário (art. 24, §4º)" (Supremo Tribunal Federal, ADI nº 3.098, rel. min. Carlos Velloso, j. 24.11.2005, P, *DJ* de 10.3.2006). Na mesma linha, ADI nº 2.030, rel. Min. Gilmar Mendes, j. 09.08.2017.

[646] "Somente na hipótese de inexistência de lei federal é que os Estados-membros exercerão competência legislativa plena (...). Sobrevindo lei federal dispondo sobre normas gerais, a lei estadual terá sua eficácia suspensa naquilo que contrariar a federal (...). De igual modo, aos Municípios compete legislar sobre assuntos de interesse local e suplementar a legislação federal ou estadual no que couber (...)" (SUPREMO TRIBUNAL FEDERAL, ADI nº 3.937, rel. p/ o ac. min Dias Toffoli, j. 24.8.2017).

[647] Válido lembrar-se de critérios e limites para a análise da inconstitucionalidade das competências outorgadas no artigo 24, conforme dois acórdãos do STF: "Nas hipóteses de competência concorrente (CF, art. 24), nas quais se estabelece verdadeira situação de condomínio legislativo entre a União Federal e os Estados-membros (HORTA, Raul Machado. *Estudos de direito constitucional*. Del Rey, 1995, p. 366, item 2), daí resultando clara repartição vertical de competências normativas, a jurisprudência do STF firmou-se no sentido de entender incabível a ação direta de inconstitucionalidade, se, para o específico efeito de examinar-se a ocorrência, ou não, de invasão de competência da União Federal, por parte de qualquer Estado-membro, tornar-se necessário o confronto prévio entre diplomas normativos de caráter infraconstitucional: a legislação nacional de princípios ou de normas gerais, de um lado (CF, art. 24, §1º), e as leis estaduais de aplicação e execução das diretrizes fixadas pela União Federal, de outro (CF, art. 24, §2º). Precedentes. É que, tratando-se de controle normativo abstrato, a inconstitucionalidade há de transparecer de modo imediato, derivando, o seu reconhecimento, do confronto direto que se faça entre o ato estatal impugnado e o texto da própria Constituição da República" (STF, ADI nº 2.344 QO, rel. min. Celso de Mello, j. 23.11.2000, P, *DJ* de 2.8.2002). "Se é certo, de um lado, que, nas hipóteses referidas no art. 24 da Constituição, a União Federal não dispõe de poderes ilimitados que lhe permitam transpor o âmbito das normas gerais, para, assim, invadir, de modo inconstitucional, a esfera de competência normativa dos Estados-membros, não é menos exato, de outro, que o Estado-membro, em existindo normas gerais veiculadas em leis nacionais (como a Lei Orgânica Nacional da Defensoria Pública, consubstanciada na LC 80/1994), não pode ultrapassar os limites da competência meramente suplementar, pois, se tal ocorrer, o diploma legislativo estadual incidirá, diretamente, no vício da inconstitucionalidade. A edição, por determinado Estado-membro, de lei que contrarie,

a) a política de incentivo ao desenvolvimento científico, tecnológico e inovativo está compatível com os fundamentos e objetivos fundamentais da República;
b) não afronta a eficiência e a economicidade a partir do ponto de vista da análise econômica da proposta mais vantajosa, proposta no tópico anterior;
c) não trata de qualquer criação de norma geral de licitação e contratação ou que seja conflitante para abnegar alguma norma geral de licitação e contratação;
d) se permite a garantia de possibilidade de efetiva, real e isonômica competição e de promoção ao desenvolvimento nacional sustentável; e
e) se deve ponderar qual norma proporcionará o maior respeito e atendimento dos fundamentos e dos objetivos fundamentais da República.[648]

É claro que os requisitos supra são servientes para a apreciação da constitucionalidade formal, uma vez que a constitucionalidade material dependerá em síntese da aplicação da regra da proporcionalidade para aferir se a norma subjugada possui amparo na Lei Maior.

Ademais, ditas condições visam solucionar um suposto conflito existente, temperando sempre para evitar que se sufrague a competência dos entes, tanto aquele que está imbuído de um interesse maior quanto o menor. Discorre-se interesse maior não numa estratificação vertical de hierarquia entre os entes, mas, sim, na ideia de interesse nacional, regional e local.

O Supremo Tribunal Federal tem, inclusive, evitado que sempre a resposta se dê com base no interesse nacional a partir da competência da União e buscado na jurisprudência mais recente o federalismo cooperativo, como se desprende do trecho do aresto carreado:

> Nos casos em que a dúvida sobre a competência legislativa recai sobre norma que abrange mais de um tema, deve o intérprete acolher interpretação que não tolha a competência que detêm os entes menores para dispor sobre determinada matéria (presumption against preemption). Porque o federalismo é um instrumento de descentralização política que visa realizar direitos fundamentais, se a lei federal ou estadual claramente indicar, de forma adequada, necessária e razoável, que os efeitos de sua aplicação excluem o poder de complementação que detêm os entes menores (clear statement rule), é possível afastar a presunção de que, no âmbito regional, determinado tema deve ser disciplinado pelo ente menor. Na ausência de norma federal que, de forma nítida (clear statement rule), retire a presunção de que gozam os entes menores para, nos assuntos de interesse comum e concorrente, exercerem plenamente sua autonomia, detêm Estados e Municípios, nos seus respectivos âmbitos de atuação, competência normativa.[649]

---

frontalmente, critérios mínimos legitimamente veiculados, em sede de normas gerais, pela União Federal ofende, de modo direto, o texto da Carta Política" (SUPREMO TRIBUNAL FEDERAL, ADI nº 2.903, rel. min. Celso de Mello, j. 1º.12.2005, P, *DJE* de 19.9.2008).

[648] Em julgamento, o Supremo Tribunal Federal decidiu pela inconstitucionalidade de leis municipais que obrigassem os mercados ou similares à prestação de serviços de acondicionamento ou embalagem de compras, visto que, conquanto louvável a intenção de resguardar os valores sociais de trabalho como fundamento da República, não se pode olvidar-se do outro fundamento republicano, que é a livre-iniciativa. Por isso, fixou a tese em repercussão geral no RE nº 839.950 (Rel. Min. Luiz Fux, j. 24.10.2018): "São inconstitucionais as leis que obrigam supermercados ou similares à prestação de serviços de acondicionamento ou embalagem das compras, por violação ao princípio da livre iniciativa (arts. 1º, IV, e 170 da Constituição)".

[649] SUPREMO TRIBUNAL FEDERAL, RE nº 194.704, rel. p/ o ac. min. Edson Fachin, j. 29.6.2017, P, *DJE* de 17.11.2017.

Fernando Dias Menezes pondera que a interpretação da competência legislativa sobre ciência, tecnologia e inovação deverá ser feita do artigo 24, IX, sob a luz do §2º do artigo 219-A, inserido pela Emenda Constitucional nº 85, para que se chegue à conclusão de que: (i) a matéria de CT&I concernente especificamente sobre o Sistema Nacional é de competência da União, pois não faria sentido ter a previsão de um "sistema nacional" em que houvesse possibilidade de concorrência na edição normativa ou normas díspares; (ii) afora esse aspecto do dito sistema, no geral, a competência é da União, porém os estados, Distrito Federal e municípios possuem competência suplementar para editarem normas específicas; (iii) quando a legislação for de CT&I e de outro tema (*v.g.* propriedade industrial, tributário e inovação), então dever-se-á apreender num prisma sistêmico para reflexionar sobre a competência legislativa de todos os assuntos versados e as consequências da interação temática; e, (iv) por fim, arrazoa acertadamente que a competência material é comum nos termos do artigo 23, V, da Constituição, motivo pelo qual, por exemplo, a Lei nº 10.973/2004 e a Lei nº 13.243/16, quando tratam de comandos vinculantes substanciais, devem ser consideradas não aplicáveis aos estados, Distrito Federal e municípios por ausência de constitucionalidade.[650]

De qualquer modo, no aspecto material, qualquer ente poderá disciplinar normas acerca de ciência, tecnologia e inovação, devendo ter o máximo de cuidado quando for exercer a sua competência legislativa, isso porque deverá respeitar as balizas expressas na Constituição, principalmente quando o assunto legislado se comunicar com outros, como é o caso das licitações e contratos.

Por isso, sobre a competência legislativa, como está exposta na Constituição da República Federativa de 1988, mesmo que haja a hercúlea transposição de alguns obstáculos para a convicção prévia sobre a certeza ou não do atendimento de um texto como norma geral ou como conforme a norma geral, tem-se que:

(i) a edição de normas gerais sobre licitação e contratação é de competência privativa da União;
(ii) a edição de normas especiais sobre licitação e contratação é de competência concorrente;
(iii) a competência material sobre ciência, tecnologia e inovação é de competência comum a todos os entes;
(iv) a competência legislativa sobre normas gerais de ciência, tecnologia e inovação é da União nos termos e com as ressalvas dos parágrafos do artigo 24; e
(v) quando a edição de normas for de ciência, tecnologia e inovação incidentalmente sobre as licitações e contratos administrativos, tais devem ser incentivadas para todos os entes, ressalvada a questão da norma geral de licitação e contratação, que é da União.

E, em toda e qualquer situação, deve-se primar para que a norma criada respeite os fundamentos e os objetivos fundamentais da Lei Maior como norte e como critério de validade.

---

650 ALMEIDA, Fernando Dias Menezes de. A legislação federal sobre ciência, tecnologia e inovação no contexto da organização federativa. *In*: FREITAS, Rafael Véras de; RIBEIRO, Leonardo Coelho; FEIGELSON, Bruno (Coord.). *Regulação e novas tecnologias*. Belo Horizonte: Fórum, 2017, p. 99-110.

REVISITANDO O CONCEITO DA BUSCA DA PROPOSTA MAIS VANTAJOSA A PARTIR DO ATUAL CONTEXTO DAS COMPRAS PÚBLICAS INOVADORAS NO BRASIL E NA ESPANHA

4.1 Uma reanálise da busca da proposta mais vantajosa, da isonomia e do desenvolvimento nacional sustentável nas licitações públicas e nos contratos administrativos

Como já definido anteriormente, licitação é o procedimento administrativo desenvolvido de forma ordenada e sucessiva, almejando encontrar a proposta economicamente mais vantajosa para o poder público, a partir de uma análise interna da melhor solução para satisfazer a necessidade pública, e desde que sejam observadas a isonomia, a competitividade e a promoção do desenvolvimento nacional sustentável.

Percebe-se que a busca da proposta economicamente mais vantajosa é a finalidade da licitação na definição ora defendida, visto que todo o procedimento administrativo e o respeito aos princípios jurídicos norteadores ambicionam, ao final, que se encontre a proposta que melhor atenderá ao interesse público com máxima segurança jurídica.

Por sua vez, é responsável também pelo sucesso ou não do contrato administrativo, como consequente lógico da licitação, para que este possa atingir o seu objetivo mediato e imediato.

Vantajosidade ou proposta economicamente mais vantajosa normalmente é utilizada de maneira corriqueira em decisões judiciais e de cortes de contas, bem como nos mais diversos escritos sobre o tema; entretanto, não parece que exista a adequada compreensão, verticalização e objetividade no seu uso. Reclama ser interpretada conforme as políticas públicas horizontais em sede de compras públicas.[651]

---

[651] Especificamente sobre o enfoque na inovação tecnológica, Helena Villarejo Galende explica que: "*El objetivo principal de las compras públicas es dotar a las Administraciones públicas de soluciones para prestar un mejor servicio a los ciudadanos. Este objetivo inmediato puede coexistir perfectamente con propósitos adicionales y mal ambicioso como el fomento de la innovación tecnológica. (...) En nuestra opinión, es un hecho evidente que se puede impulsar de un modo más eficaz la innovación a través de la contratación pública incorporando las denominadas cláusulas de progreso y valorando como solvencia el carácter innovador de la empresa*". GALENDE, Helena Villarejo. Colaboración público-privada y contratación precomercial para el impulso de la I+D+i y la transferencia del conocimiento. *In*: VELÁZQUEZ,

A mais, não basta tencionar que vantajosidade não se resume a preço. Isso já estava exposto na Lei nº 8.666 no Brasil, ao estatuir diversos tipos de licitação no artigo 45, como o menor preço, maior lance ou oferta, melhor técnica ou técnica e preço ou agora, na Lei nº 14.133, em seu artigo 33, com o menor preço, maior desconto, melhor técnica ou conteúdo artístico, técnica e preço, maior lance ou maior retorno econômico. Na mesma reta, a Ley 09/2017, da Espanha, expressa em seu artigo 131 que o julgamento (adjudicação) se dará por uma pluralidade de critérios embasados na relação qualidade-preço.[652]

A vantagem da proposta se caracteriza como sendo a melhor para o atendimento do interesse público. Isso pode ou não, conforme o objeto licitado, ser sinônimo de menor preço,[653] porque, em certas hipóteses, será necessário avaliar aspectos diversos do preço para se selecionar a melhor oferta. Caso a Administração perquira tão somente o valor das propostas, não se examinará o binômio custo-benefício, mas só análise de custo.[654] Não é esse o norte que deveria guiar o mister da Administração Pública quando da feitura de suas licitações públicas.

A falta de parâmetros objetivos e de maiores estudos sobre a melhor forma para a obtenção da vantajosidade na legislação brasileira tem originado uma enorme precariedade das contratações públicas, já que o mantra do menor preço (ou menor qualidade na prática) a qualquer custo é a música ambiente da grande maioria das licitações brasileiras, inclusive ecoado pelas cortes de contas.[655]

Para tanto, basta analisar os números no Brasil, pois a enorme maioria das licitações é concretizada por meio da modalidade pregão, presencial ou eletrônico, sendo que esta modalidade somente permite o uso do tipo menor preço ou maior desconto, que resulta em menor preço.

Antonio Calonge (dir.). *Ciencia, tecnología e innovación*: nuevo régimen jurídico. Granada: Editorial Comares, 2013. p. 133-145, p. 138 e 145.

[652] A incorporação da qualidade é ponto pacífico nos últimos textos normativos sobre contratação pública. A valoração da proposta economicamente mais vantajosa deverá perpassar pela aferição da "*calidad de la prestación, la visión de cómo se satisface el interés público, debe ser el factor determinante para decidir las fórmulas de gestión de los servicios y la intensidad de colaboración público-privada*" (GIMENO FELIÚ, José María *et al*. *La gobernanza de los contratos públicos en la colaboración público-privada*. Barcelona: Cambra Oficial de Comerç de Barcelona, 2018. p. 20).

[653] O ministro Marcos Vinicios Vilaça, no Acórdão nº 256/2005 – Plenário, referindo-se ao menor preço buscado no suporte fático apreciado, manifestou: "Não acredito que o princípio da vantajosidade deva prevalecer a qualquer custo" (Tribunal de Contas da União, Acórdão nº 256/2005 – Plenário, julgamento 16.03.2005, Processo nº 017.900/2004-8).

[654] Dentre os modelos de avaliação, existem as espécies: modelo de efetividade, modelo econômico e profissional. Dentro do modelo econômico, existe o modelo de eficiência (*coste x efectividad y coste x eficiencia*). Segundo Evert Vedung: "*El segundo modelo económico importante a utilizar en la moderna evaluación política y administrativa es el modelo de eficiencia. La eficiencia puede medirse de dos maneras distintas: como coste-beneficio o como coste-efectividad. <Las valoraciones de eficiencia (análisis de coste-beneficio y de coste-efectividad) proporcionan un marco de referencia para relacionar los costes con los resultados del programa>, afirman Rossi y Freeman en su ampliamente utilizado libro do texto Evaluación: un enfoque sistemático. <En los análisis de coste-beneficio, tanto los 'inputs' como los resultados del programa se miden en términos monetarios; en los análisis de coste-efectividad, los 'inputs' se calculan en términos monetarios y los resultados en términos de impactos real> (1989:3775). Si se mide en un análisis de coste-beneficio, la eficiencia podrá expresarse como la relación entre valor monetarizado de los resultados producidos por el programa y los costes monetarizados. Si el resultado es igual al medio en el análisis coste-efectividad, la eficiencia prestará atención a los costes monetarizados como en un análisis de coste-eficiencia, pero el valor de los efectos se indica sólo en términos físicos. (...) La diferencia más importante radica en que la eficiencia toma en cuenta los costes, lo que no ocurre en el análisis de la efectividad*" (VEDUNG, Evert. *Evaluación de políticas públicas y programas*. Madrid: Ministerio de Trabajo y Asuntos Sociales, 1997. p. 114-115).

[655] Cite-se como exemplo a recente decisão do Tribunal de Contas da União, que entendeu pela possibilidade de uso da modalidade pregão para a contratação de serviços de engenharia com elevado grau de intelectualidade, como é o caso de projetos (BRASIL. Tribunal de Contas da União. *Processo nº 012.522/2018-0. Acórdão nº 713/2019 – Plenário*, Relatoria Ministro Bruno Dantas).

Seja adotando o critério de menor preço e o depurando de maneira mais objetiva e segura, seja propondo uma mudança no nome previsto pela legislação brasileira para que se adote a denominação melhor relação qualidade-preço, o fato incontroverso é que, se permanecerem os atuais termos, as compras sustentáveis no Brasil não passarão de mera retórica, as execuções contratuais continuarão sofríveis para fins de pragmaticidade (binômio utilidade *versus* efetividade) e a necessidade pública continuará tendo um papel secundário, ainda que sua satisfação deveria ser o principal objetivo de qualquer contratação.

Exemplos são os mais diversos, conforme se escuta nos cursos e congressos para servidores públicos nos últimos quinze anos, desde café de péssima qualidade e praticamente intragável, papel-toalha que não seca as mãos até canetas que não escrevem, situações fáticas que podem sintetizar um pouco a angústia vivenciada.

Além do mais, a prática impensada do leilão inverso sem o devido cuidado no pregão é fator nodal ou, no mínimo, um grande fomentador de contratações socialmente irresponsáveis.

Desta feita, o escopo deste tópico é debater a melhor forma de se obter a proposta economicamente mais vantajosa, bem como estabelecer novos critérios para tal mister, examinando de maneira macro e sistêmica, até porque a validade e a eficácia de uma licitação dependem incondicionalmente do respeito à vantajosidade na seleção do fornecedor.

4.1.1 A vantajosidade deve conviver com o princípio da isonomia e, dele, é uma consequência prática

Vantajosidade e isonomia devem conviver pacificamente nas licitações. Dizer que em um certame inexistem discriminações é falsear a realidade dos fatos. A todo momento, discriminam-se, desde o momento da escolha da solução no estudo preliminar, as condições impeditivas para participar, os documentos e requisitos habilitatórios, as obrigações contratuais estabelecidas, entre outros pontos. A isonomia não proíbe as discriminações entre as pessoas,[656] mas veda a discriminação injustificada.

Celso Antônio Bandeira de Mello, em sua valiosa monografia, advoga que o tratamento diferenciado somente é possível quando concorrerem três elementos: (i) existência de diferenças nas próprias situações de fato que serão reguladas pelo direito; (ii) correspondência (adequação) entre o tratamento discriminatório e as diferenças existentes entre as situações de fato; e (iii) correspondência (adequação) entre os fins visados pelo tratamento discriminatório e os valores jurídicos consagrados pelo ordenamento jurídico.[657]

---

[656] Marçal Justen Filho anota que, quando o poder público seleciona um particular para com ele contratar, "está efetivando uma diferenciação entre os interessados. Em termos rigorosos, está introduzindo um tratamento diferenciado para os terceiros" (JUSTEN FILHO, Marçal. *Comentários à Lei de Licitações e Contratos*. 16. ed. São Paulo: RT, 2014. p. 68).

[657] MELLO, Celso Antônio Bandeira de. *O conteúdo jurídico do princípio da igualdade*. 3. ed. São Paulo: Malheiros, 1999. p. 10. O Supremo Tribunal Federal já assentou que somente amparadas por lei poderão acontecer desequiparações entre os concorrentes, bem como a restrição de participações de licitações em condições de igualdade (STF, ADI nº 3.735, Relator(a): Min. TEORI ZAVASCKI, Tribunal Pleno, julgado em 08.09.2016, Acórdão eletrônico *DJe*-168 DIVULG 31.07.2017 PUBLIC 01.08.2017).

Em suma, somente no caso em que houver uma situação concreta que envolva os três requisitos aludidos é que será legítima uma dada escolha ou ação do gestor público quando da condução do procedimento licitatório.[658]

Robert Alexy também adverte que a igualdade deve estar presente não somente na igualdade na aplicação do direito, mas também na criação do direito. Isso não significa nem que o legislador tenha que incluir todos nas mesmas posições jurídicas, nem que possua a responsabilidade de que todos tenham as mesmas características naturais e estejam nas mesmas condições fáticas.

Para que o legislador possua uma vinculação substancial, deve-se interpretar a fórmula da igualdade como uma exigência direcionada ao conteúdo, "ou seja, não no sentido de um dever formal, mas de um dever material de igualdade". Nesse sentido, para a existência de uma ordem jurídica diferenciada, propugna a igualdade valorativa de duas maneiras: (i) igualdade valorativa em relação às igualdades (desigualdades) fáticas parciais e (ii) igualdade valorativa em relação a determinados tratamentos, os quais deverão ser examinados também em relação ao critério de valorização para aferir a razoabilidade da discriminação.[659]

A relevância de observar a igualdade reside no fato de legitimação de poder e contenção de possíveis atuações pelo ordenamento jurídico que repliquem mais indiscrição ilícita e injusta. Por isso, Dworkin pondera que "a consideração igualitária é a virtude soberana da comunidade política – sem ela o governo não passa de tirania".[660]

Não se pode ter uma relação míope de que todos os fornecedores estão em condições igualitárias.[661] Caso se tenha o pensamento de inexistência de diferenças entre objetos e fornecedores, o leilão continuará sendo a ferramenta operacional adequada para a escolha do fornecedor da Administração Pública, e, consequentemente, a busca do menor preço a qualquer custo possuirá serventia.

Entrementes, discorda-se de tal raciocínio. As diferenças existentes no mercado de fornecedores, seja com a distinção entre as suas condições intrínsecas ou entre os objetos ofertados, somente podem ser detectadas se houver uma pesquisa mercadológica responsável. A fase interna, também chamada de fase de planejamento ou fase preparatória, é fundamental para o dimensionamento escorreito sobre o que existe na realidade (para aquele órgão ou entidade),[662] sobre o que pode atender as necessidades

[658] Abordando a obrigatoriedade de fazer um teste de calibração também pela razoabilidade, Raquel Melo Urbano de Carvalho explica: "O fundamental para esclarecer o conteúdo preciso da igualdade em cada situação, mediante a identificação de qual a discriminação é justificada ou não, é estabelecer a razoabilidade do critério discriminatório utilizado. Uma diferenciação é justa se o discrímen utilizado é razoável e não arbitrário. Caso se utilizem, para distinguir, excluir ou inserir pessoas em determinadas realidades jurídicas, critérios não admitidos pelo sistema jurídico e que se mostram desproporcionais em face dos fins a serem perseguidos, tem-se clara a ofensa à igualdade" (CARVALHO, Raquel Melo Urbano de. *Curso de Direito Administrativo*. 2. ed. Salvador: Juspodivm, 2009. p. 162).

[659] ALEXY, Robert. *Teoria dos direitos fundamentais*. São Paulo: Malheiros, 2008. p. 393-400.

[660] DWORKIN, Ronald. *A virtude soberana*: a teoria e prática da igualdade. Tradução: Jussara Simões. São Paulo: Martins Fontes, 2005. p. I.

[661] FREITAS, Thiago Pereira de. *Sustentabilidade e as contratações públicas*. Rio de Janeiro: Lumen Juris, 2014. p. 154.

[662] Às vezes, o princípio da realidade é distanciado da prática, já que são feitas opções não adequadas pelo órgão ou entidade licitadora. Alvitra-se que o mercado fornecedor num país tão agigantado e continental como o Brasil em regra é bastante heterogêneo, o que gera uma dificuldade até para copiá-lo e colar sem avaliar as condições mercadológicas.

públicas, sobre quantas e quem são as fornecedoras, sobre como as empresas operam, qual é o processo produtivo do objeto, além de outros aspectos.

Com efeito, a oitiva e o estudo do mercado são condições imprescindíveis a serem executadas. É possível se cogitar da realização de audiência pública ou até uma espécie de chamamento público para subsidiar a Administração Pública de informações para a sua tomada de decisão pela viabilidade ou não da futura contratação.[663] O exame do custo das soluções a partir das condições futuras do contrato também deverá ser trazido aos autos para mensuração.

O conhecimento efetivo a despeito do ambiente mercadológico é tarefa para os agentes públicos. Desafortunadamente, por falta de estrutura operacional ou por falta de capacidade técnica, não raras vezes as escolhas na fase de planejamento são irracionais e despidas de justificativa. Todos esses ingredientes acabam gerando uma futura contratação desastrosa e condicionada ao insucesso.

Associando os fatos colacionados e a estrutura dos elementos de Celso Antônio Bandeira de Mello, já há uma elevada dificuldade em conhecer e saber discernir as situações de fato presentes no mercado. Ou seja, o primeiro elemento é um óbice para a intelecção sobre a existência ou não de respeito à isonomia. O desconhecimento dos agentes não gera a sua validação. Se não houver conhecimento, não tem convicção na tomada da decisão e, consequentemente, escoima a tomada de decisão.

De conseguinte, é necessário que se avalie a existência ou não da distinção de fato por meio de uma pesquisa para que futuramente se torne factível o estabelecimento de qualquer discriminação positiva ou não discriminação. Na mesma senda, ainda que sob outra linha de argumentação, aduz sobre o papel da isonomia para privilegiar a concorrência a partir de condições equivalentes entre os concorrentes, pois se exige "*que todos los licitadores dispongan de las mismas oportunidades en la formulación de los términos de sus ofertas e implica que éstas se sometan a las mismas condiciones para todos los competidores*".[664]

Os elementos da correspondência (adequação) entre tratamento discriminatório e as diferenças existentes entre as situações de fato, bem como correspondência (adequação) entre os fins visados pelo tratamento discriminatório e os valores jurídicos consagrados pelo ordenamento jurídico, ficam prejudicados porque o primeiro elemento é condição para análise dos posteriores.

De qualquer maneira, por elucubração, a congruência da adequação da discriminação, efetuada a partir da situação, de fato carece de justificação no processo administrativo pelos agentes públicos competentes, visto que a falta desta impede a aferição da calibração executada. Aqui, mais um motivo para defender que a vantajosidade é decorrência da isonomia. Se não é possível a diferenciação entre possíveis ofertas e ofertantes na fase interna daquilo que está à disposição no mercado, como identificar a proposta mais vantajosa?

---

663 A prova em si num processo administrativo "se apresenta como operação preparatória, efetuada e preparada a buscar uma decisão justa para o fato controverso, tendo como objetivo final a fixação decisória do pensamento da Administração" (FRANCO SOBRINHO, Manoel Oliveira. *A prova no processo administrativo*. Curitiba: Universidade Federal do Paraná, 1970. p. 51).

664 MORENO MOLINA, José Antonio; DOMÍNGUEZ ALONSO, Alma Patricia. El nuevo derecho de la Unión Europea sobre contratación pública. *In*: FERNÁNDEZ ACEVEDO, Rafael; VALCÁRCEL FERNÁNDEZ, Patricia (dir.). *La contratación pública a debate*: presente y futuro. Navarra: Civitas, 2014. p. 139-164, p. 142.

Se vários ofertantes e ofertas estão em patamar similar, ainda que sejam diferentes de fato, logo a Administração Pública não terá condições técnicas e objetivas para efetivamente atingir a vantajosidade. Qualquer coisa será vantajosa desde que atenda à descrição superficial alinhavada no ato convocatório, e, então, a disputa converter-se-á no encontro do menor preço puro.

A mais, a adequação também será realizada para saber se a discriminação entabulada encontra amparo nos valores consagrados no ordenamento jurídico. Vide que a Administração Pública deverá avaliar se durante o procedimento licitatório as condições discriminatórias atendem, por exemplo, ao contido na Constituição da República Federativa de 1988.

Não é novidade, mas as contratações públicas devem venerar direitos e garantias fundamentais individuais e coletivos, reverenciar os fundamentos e os objetivos fundamentais do Estado, os princípios da ordem econômica e social, os princípios da Administração Pública, entre outras diversas normas constitucionais.

Por tais vetores, o princípio da isonomia não deve ser relativizado em si, mas tem que ser interpretado com outras normas, inclusive como condição de sua validade. A ausência da sua adequada intelecção o afastará por completo (numa situação equivocada de aplicação do tudo ou nada) e não oportunizará a efetiva análise da vantajosidade.

O contrato administrativo, como qualquer contrato, é intergeracional, segundo leciona Fernando Araújo, bem como "é basicamente uma ordenação estratégica que visa diminuir os custos de transacção na prossecução estratégica de um fim partilhado",[665] devendo ser planejado em vista das outras relações contratuais a decorrerem e dos custos de transação gerados para que se encontre um ponto óptimo.

Essa função transcendental das gerações é apontada por Fernando Araújo com enfoque na análise econômica do direito; todavia, não se pode afastar a ideia de intergeracional pelo fato de a solidariedade ser levada em consideração para a fixação das condições contratuais.

Como o Estado deve intervir para desestimular condutas perniciosas e direcionar e fomentar condutas, respectivamente, prescritas ou desejadas, deve-se antever riscos e conceder o seu devido tratamento para que a sustentabilidade seja respeitada, de modo que a alteridade sobressaia.

O pensar no outro, o destinatário direto e indireto do contrato público – a sociedade. Jaime Rodríguez-Arana Munõz argui que as compras públicas precisam ser analisadas sob um viés, inclusive, aristotélico, mais precisamente pela virtualidade: "*El reformismo (...) tiene una virtualidad semejante a la de la virtud aristotélica en cuanto se opone igualmente a las actitudes revolucionarias y las inmovilistas*". Por tais argumentos, arrazoa ainda que a política pública em matéria contratual reclama reformas que vão desde a simplificação dos procedimentos, a premência de relações intergovernamentais, a gestão integrativa e a inclusão equilibrada de cláusulas de comércio justo ou de controle social.[666]

Sobre o tema, é valioso recordar o Tribunal de Justiça da União Europeia e seus clássicos *cases* em defesa da discriminação positiva para proteger o meio ambiente ou

---

[665] ARAÚJO, Fernando. *Teoria Económica do Contrato*. Coimbra: Almedina, 2007. p. 92.

[666] RODRÍGUEZ-ARANA MUÑOZ, Jaime. La contratación del sector público como política pública. *In*: PERNAS GARCÍA, J. José (dir.). *Contratación pública estratégica*. Pamplona: Editorial Aranzadi, 2013. p. 31-44, p. 33-34.

para inserir cláusulas sociais, já que estas não ofenderiam a liberdade concorrencial e a isonomia.

Alvitram-se o caso Beentjes (*Gebroeders Beentjes Bv contra Estado de los Países Bajos*), que assentiu com cláusulas sociais para valorar empresas que contratassem trabalhadores desempregados por um período alongado, e o caso Concordia Bus Finlândia, em que se decidiu pela permissividade de inserção de cláusulas ambientais, mais precisamente para avaliar como critério o nível de emissão de óxido de azoto ou o nível sonoro dos carros.[667]

Além desses casos, exemplos de previsão cogente para a inserção de cláusulas ambientais no âmbito da União Europeia, vide a Diretiva 2009/33/CE do Parlamento Europeu e do Conselho, de 23 de abril de 2009, relativa à promoção de veículos de transporte rodoviário não poluentes e energeticamente eficientes (JO L 120 de 15.5.2009, p. 5) e o Regulamento (CE) nº 106/2008 do Parlamento Europeu e do Conselho, de 15 de janeiro de 2008, relativo a um Programa Comunitário de Rotulagem em Matéria de Eficiência Energética para Equipamento de Escritório (JO L 39 de 13.2.2008, p. 1).

O autoengano de o menor preço ser a solução para a escolha do fornecedor com a proposta economicamente mais vantajosa é extremamente lesivo ao interesse público. Já diria o jargão popular que "não se faz economia com porcaria", e ainda outra expressão que merece repúdio é que "o mais barato é sempre o melhor, sem contemplação com a técnica e a qualidade".[668] Preço menor de um objeto sem qualidade é uma ode

---

[667] "1) O artigo 36º, nº 1, alínea a), da Directiva 92/50/CEE do Conselho, de 18 de Junho de 1992, relativa à coordenação dos processos de adjudicação de contratos públicos de serviços, deve ser interpretado no sentido de que, quando, no quadro de um concurso público referente à prestação de serviços de transportes urbanos por autocarro, a entidade adjudicante decida adjudicar um concurso ao proponente que apresente a proposta economicamente mais vantajosa, pode tomar em consideração critérios ecológicos, como o nível de emissões de óxido de azoto ou o nível sonoro dos autocarros, desde que esses critérios estejam relacionados com o objecto do concurso, não confiram à referida entidade adjudicante uma liberdade de escolha incondicional, estejam expressamente mencionados no caderno de encargos ou no anúncio de concurso e respeitem os princípios fundamentais do direito comunitário, designadamente o princípio da não discriminação. 2) O princípio da igualdade de tratamento não se opõe à tomada em consideração de critérios relacionados com a protecção do ambiente, como os em questão na causa principal, apenas pelo facto de a própria empresa de transportes da entidade adjudicante figurar entre as raras empresas que têm a possibilidade de propor um material que satisfaça os referidos critérios." Disponível em: https://eur-lex.europa.eu/LexUriServ/LexUriServ.do?uri=CELEX:61999CJ0513:PT:PDF. Acesso em: 3 abr. 2019. Segundo Nuno Cunha Rodrigues, a partir desse julgado e do caso Nord Palais, passou a ser admitida a possibilidade de serem contemplados outros subcritérios (nomeadamente sociais ou ambientais) no procedimento de contratação, desde que sejam respeitadas quatro condições: i) os critérios devem ter uma ligação ao objeto do contrato; ii) os critérios tem de ser específicos e objetivamente quantificáveis; iii) os critérios devem ser previamente publicitados; iv) os critérios devem respeitar o direito da união europeia, em particular o princípio da não discriminação (RODRIGUES, Nuno Cunha. *A contratação pública como instrumento de política econômica*. Coimbra: Almedina, 2015. p. 273-274).

[668] AMARAL, Antonio Carlos Cintra do. *Licitação e contratos administrativos*: estudos, pareceres e comentários. 3. ed. Belo Horizonte: Fórum, 2010. p. 103. Além disso, não é permitido que o licitante se manifeste e renuncie parte do seu lucro, porque, do contrário, estará praticando uma infração na concorrência, ou seja, de um lado a busca da proposta mais vantajosa e, do outro lado, o direito da concorrência, não sendo permitida a busca da proposta mais vantajosa a qualquer custo. "*En definitivo, las ofertas a perdida solo podrán considerarse como anormalmente bajas y, en consecuencia, ser rechazadas si, tras el oportuno procedimiento contradictorio en el que el licitador ha ofrecido justificaciones razonables y suficientes de su viabilidad, se constata que incurren en competencia desleal y/o encierran vulneraciones de la normativa ambiental, social o laboral*" (FERNÁNDEZ ACEVEDO, Rafael; VALCÁRCEL FERNÁNDEZ, Patricia. Análisis de los criterios de adjudicación de los contratos públicos en el marco de la cuarta generación de Directivas del Sector. *In*: FERNÁNDEZ ACEVEDO, Rafael; VALCÁRCEL FERNÁNDEZ, Patricia (dir.). *La contratación pública a debate*: presente y futuro. Navarra: Civitas, 2014. p. 199-274, p. 271).

para o desperdício. Há diferença luzente entre menor melhor preço e melhor menor preço.[669]

O princípio da boa-fé precisa ser utilizado para interpretar as atuações administrativas. A continuidade do uso inadequado do menor preço se caracteriza como uma conduta antijurídica, inclusive por violação ao princípio da boa-fé, consoante lições de Jesús González Pérez, o qual é um princípio geral do direito e que supõe uma regra de conduta ou um comportamento com civilidade, uma conduta, normal, reta e honesta que um homem médio deve possuir não em sua relação geral, mas, sim, na sua posição jurídica da concreta relação jurídica analisada e como exerceu os direitos e obrigações no caso.[670]

Ademais, pode-se teorizar também que afrontaria o princípio da eficiência na medida em que a busca de menores dispêndios suscitaria desperdícios e dissipações desnecessárias para o erário, considerando que a realização de um fim é condição para um ato eficiente.[671] Por esses fundamentos, "*el pensamiento ecológico y el pensamiento holístico nos han permitido descubrir que todo reducionismo, toda visón sesgada o parcial de la realidad reduce la eficacia de la acción, la convierte en estéril o incluso en perjudicial*".[672]

4.1.2 Análise financeira *versus* análise econômica: uma visão sistêmica da contratação administrativa

A análise financeira está dentro da análise econômica.

Pode-se dizer que a análise econômica realiza uma investigação sobre várias facetas, dentre elas, a financeira. A presente afirmação, como decorrente da ideia de como chegar ao cálculo e encontro da proposta economicamente mais vantajosa, é extremamente relevante. Se o ambiente atual das compras públicas brasileiras ou espanholas ou inglesas fosse de uma economia de trocas perfeita, não haveria necessidade de discutir o presente tema.

---

669 "A questão é que, em nome do menor preço, os licitantes em vezes, maltratam o instituto da proposta mais vantajosa, ao licenciar-se, maltratam o instituto da proposta mais vantajosa, ao licenciar-se a prática de traquinagens jurídicas ou econômico-financeiras, em agressão aos princípios e preceitos licitatórios, maquiando ou sonegando custos, sem que a Administração seduzida pela economicidade, coíba a formação do preço. (...) A eficiência técnica da Administração será fundamental para evitar que subsista proposta maquiada com preço insuficiente para cumprir o objeto licitado, mediante a omissão ou formação irreal de custos dos insumos indispensáveis à consecução do objeto licitado" (ALCORADO, Luiz Carlos. *Licitação e Contrato Administrativo*. 2. ed. Brasília: Brasília Jurídica, 2000. p. 284).

670 PEREZ, Jesús González. *El principio general de la buena fe en el derecho administrativo*. 5. ed. Navarra: Editorial Aranzadi, 2009. p. 113 e 116. Além disso, outra passagem chama atenção do autor às fls. 129-130: "*En este aspecto, el principio general de la buena fe ha prestado una inestimable función de integración del ordenamiento jurídico privado. Y puede prestarla en Derecho Administrativo, no ya como norma limitadora del ejercicio de actividades discrecionales, sino para llenar los vacíos de las normas legales, y completar los supuestos ciertamente numerosos en que, tanto la regulación del nacimiento de las relaciones, como en la del ejercicio de los derechos o cumplimiento de las obligaciones en que la norma olvida las exigencias de la buena fe*".

671 Vale recordar as palavras de Jaime Rodríguez-Arana Muñoz: "*La eficiencia significa buscar resultados efectivos, con el mínimo coste, y significa también rigor: en el discurso y en las cuentas. Engordar exageradamente el déficit público no contribuirá nunca al bienestar social, sino que tal práctica se reduce simple y llanamente a hipotecarlo. Satisfacer las expectativas sociales mediante actuaciones inflaciones es practicar el ilusionismo*". MUÑOZ, Jaime Rodríguez-Arana. La contratación del sector público como política pública. *In*: GARCÍA, J. José Pernas (dir.). *Contratación pública estratégica*. Pamplona: Editorial Aranzadi, 2013. p. 31-44, p. 40).

672 MUÑOZ, Jaime Rodríguez-Arana. La contratación del sector público como política pública. *In*: GARCÍA, J. José Pernas (dir.). *Contratación pública estratégica*. Pamplona: Editorial Aranzadi, 2013. p. 31-44, p. 37.

Na economia de trocas, os preços de todos os produtos são iguais aos preços dos serviços do trabalho e da natureza nele incorporados em livre concorrência, o que equivale a dizer que as despesas de produção mais os custos de esforços pessoais para a sua feitura resultam numa produção sem lucro puro.[673]

Na economia de mercado, já é diferente. A autoridade pública influencia e intervém no mercado para a própria sobrevivência deste, já que anseia que a produção e o consumo venham a se desenvolver "ao longo de linhas diferentes daquelas prescritas pelo mercado livre de obstáculos, e procura atingir o seu objetivo injetando no funcionamento das diretrizes e mercado os comandos e as proibições cuja execução conta com prontidão do poder de polícia e seu aparato de coerção e pressão". A interferência estatal não deve ser usada para fazer o controle total da produção e do consumo nas mãos das autoridades, até porque o governo possui consciência de que ele, de maneira isolada, não consegue criar postos de trabalho, igualmente o mercado.[674]

De maneira diferente de Ludwig von Mises, defende-se que o intervencionismo não gera só "desastre e caos" ou que seria fruto de um ressentimento invejoso contra produtores, empresários e capitalistas. É necessário que o Estado assuma o seu papel em prol da sociedade, até porque, de fato, a sua existência está condicionada para a devida subsistência dela. Além disso, não se pode subtrair o "Estado Consumidor" ou o denominado "Estado Comprador".

Com isso, ao se propor, aqui neste livro, o uso do poder de compra estatal como direcionador e incentivador para determinadas áreas, como é o caso das compras inovadoras, bem como que se respeite o desenvolvimento socioeconômico, não se quer fazer o controle de preços como mecanismo de intromissão no controle de produção.

De fato, lucros e perdas são cenários daqueles que estão no mercado e que precisam de uma atenção especial do Estado, pois os capitalistas e produtores impactam nas condições das massas, desde a empregabilidade e suas condições de acesso. Entretanto, atenção especial não significa distorção de competitividade, ingerência na produção, controle de preços ou qualquer outro intento de economia antifuncional.[675]

Os consumidores, em geral, devem ser soberanos na escolha e na seleção natural daqueles que estão no mercado, cabendo ao Estado também usar o seu papel regulador por meio do poder de compra ao direcionar ou fomentar determinado bem ou atividade que recaia indiretamente sobre o bem.[676]

---

673 SCHUMPETER, Joseph A. *Teoria do Desenvolvimento Econômico*: uma investigação sobre lucros, capital, crédito, juro e o ciclo econômico. Tradução: Maria Sílvia Possas. São Paulo: Abril Cultural, 1982. p. 26.

674 MISES, Ludwig von. *Caos planejado*: intervencionismo, socialismo, fascismo e nazismo. Tradução: Beatriz Caldas. São Paulo: LVM, 2017. p. 106-107.

675 MISES, Ludwig von. *Caos planejado*: intervencionismo, socialismo, fascismo e nazismo. Tradução: Beatriz Caldas. São Paulo: LVM, 2017. p. 107-116.

676 "Na economia de mercado, os consumidores são soberanos. A opção entre compras e abster-se de comprar, em última instância, determina o que os empresários produzem e em que quantidade e qualidade. Determina diretamente as mercadorias dos consumidores e indiretamente os preços de todas as mercadorias dos produtores, a saber, todos os fatores trabalhistas e materiais da produção. (...) O mercado ajusta os esforços de todos aqueles envolvidos no atendimento das necessidades dos consumidores correlacionados aos desejos daqueles por quem produzem – os consumidores. Sujeita a produção ao consumo" (MISES, Ludwig von. *Caos planejado*: intervencionismo, socialismo, fascismo e nazismo. Tradução: Beatriz Caldas. São Paulo: LVM, 2017. p. 115-116). No que se refere à relação entre fornecedor e consumidor para a satisfação das necessidades, Joseph Schumpeter explica a dificuldade da busca do equilíbrio na relação de dependência entre consumidor-ofertante, bem como a compreensão sobre o poder de compra: "Quando trata das necessidades, o autor enfoca a questão e a relação

Nesse trilho, a importância da análise econômica ultrapassa em muito a mera conexão de bens escassos e demanda crescente.[677] A proposição nas compras públicas é de semear uma visão mais ampla do papel estatal quando está na figura de comprador.

Emerson Gabardo explica que, com a complexidade social, a compreensão de o Estado sempre primar pela máxima competitividade e pela abertura de capital e de número de vendedores e compradores é uma falácia absoluta, bem como é desarrazoado o raciocínio de que o próprio mercado se estrutura de maneira a evitar todos esses escopos.[678]

Aliás, é claro que alguém poderá alegar possível conflito entre o consumidor e o regulador, por isso a importância de o exercício da regulação ser laborado por intermédio de políticas públicas com ampla participação popular, logo, democráticas.

Raciocinar holisticamente provoca que as consequências de um bem sejam devidamente medidas para saber o seu verdadeiro custo. Para examinar um móvel ou um papel, não basta aferir o custo da madeira. A retirada da árvore da natureza deve ser calculada, incluindo a perda biológica direta e indireta (para o ecossistema ao redor).[679] Deve-se calcular todo o impacto do bem e daqueles que recaiam sobre o bem.

Como diz o Manual de Contratação Pública Ecológica da União Europeia, deve haver uma relação de custos *versus* benefícios, a fim de encontrar uma solução satisfatória. A proteção do meio ambiente é também um fator até de igualdade para julgar uma licitação, o qual deve ser somado aos fatores da qualidade, eficiência, eficácia e idoneidade.[680]

Estaria consentâneo com a ideia de Pedro Cerqueira Gomes, na qual, para inovar nas compras públicas, é preciso que, na fase preparatória, no momento da decisão de contratar, se pense na inovação social e na dita ecoinovação. Alinhar a prevenção do impacto ambiental futuro e o impacto social, inclusive, exemplifica a ideia de construir um centro de conferência para permitir reuniões a distância em vez de gastar muito

---

entre consumidor, produto e produtor. A quantidade de carne que o açougueiro vende depende de quanto seu freguês, o alfaiate, comprará e a que preço. Isso depende, todavia, dos resultados financeiros dos negócios deste último, estes novamente dependem das necessidades e do poder de compra de seu freguês, o sapateiro, cujo poder de compra depende, por sua vez, das necessidades e do poder de compra das pessoas para quem produz; e assim por diante, até que finalmente chegamos a alguém cujos rendimentos provenham da venda de seus bens ao açougueiro. Essa concatenação e dependência mútua das quantidades de que consiste o cosmo econômico é sempre visível, em qualquer das possíveis direções que alguém queira escolher para seguir. Onde quer que se irrompa, para onde quer que se mova a partir daí, deve-se sempre voltar ao ponto de partida, talvez após um número de passos bem grande, embora finito. A análise nem chega a um ponto final natural, nem esbarra com uma causa, ou seja, um elemento que faça mais para determinar outros elementos do que ser por eles determinado" (SCHUMPETER, Joseph A. *Teoria do Desenvolvimento Econômico*: uma investigação sobre lucros, capital, crédito, juro e o ciclo econômico. Tradução: Maria Sílvia Possas. São Paulo: Abril Cultural, 1982. p. 12).

677 Indo além da mera lógica da economia de bens escassos e demandas infinitas, como exposto por FREITAS, Thiago Pereira de. *Sustentabilidade e as contratações públicas*. Rio de Janeiro: Lumen Juris, 2014. p. 144.

678 "Sempre foi presumido pelo senso comum liberal que os fatores de produção eram dotados de razoável mobilidade para poder reagir aos momentos indesejáveis do mercado. Acredita-se na capacidade de autocorreção mercantil (automatismo). Todavia, a prática demonstrou que tal agilidade não existe. Há uma certa rigidez inerente a todos os fatores da produção, impedindo deslocamentos rápidos e oportunos. Ainda que cada vez menos haja rigidez na movimentação do capital, é inafastável uma rigidez física (do estabelecimento), uma operacional (do trabalho), uma institucional (legislação) e uma psicológica (marcas)" (GABARDO, Emerson. *Eficiência e legitimidade do Estado*. Barueri: Manole, 2003. p. 117-118).

679 EMERY, Emerson Baldotto. *Desenvolvimento sustentável*: princípio da eficiência em procedimentos licitatórios. Belo Horizonte: Fórum, 2016. p. 50.

680 UNIÓN EUROPEA. *Adquisiciones ecológicas. Manual sobre la contratación pública ecológica*. 3. ed. Luxemburgo: Oficina de Publicaciones de la Unión Europea, 2016. p. 19. Disponível em: http://ec.europa.eu/environment/gpp/pdf/handbook_2016_es.pdf.

dinheiro a médio e longo prazo com deslocamentos para reuniões, diárias, hora-trabalho e outros custos.[681]

Tecnologia, ciência, inovação e meio ambiente podem, e devem, ser trabalhados conjuntamente para o respeito da opção mais econômica ao poder público, já que, muitas vezes, a solução mais atual – e ambientalmente mais adequada – pode ser até melhor de acordo com o custo total de vida (*v.g.* tempo de uso), assim como ocorre com as lâmpadas de LED.[682]

Outrossim, salienta-se que o artigo 70 da Constituição Federal impõe ao administrador público que suas condutas sejam pautadas na economicidade, não podendo cometer qualquer ato díspar dessa linha.[683] Em geral, as constituições estaduais prescrevem por simetria também, assim como é o caso do estado do Paraná.[684]

A economicidade tem relação com o domínio de gestão e a ideia fundamental de desempenho qualitativo, tratando-se, pois, da obtenção do melhor resultado estratégico de uma alocação de recursos financeiros.

Régis Fernandes de Oliveira esclarece que economicidade diz respeito a averiguar se foi obtida a melhor proposta para a efetuação da despesa pública, isto é, se o caminho perseguido foi o melhor e mais amplo para se chegar à despesa e se ela se fez com modicidade, dentro da equação custo-benefício.[685]

Seguindo a mesma linha, Maria Sylvia Zanella Di Pietro consagra a tese de que o controle da economicidade, assim como da legitimidade, envolve questão de mérito,

---

681 GOMES, Pedro Cerqueira. Contratação pública e inovação – o diálogo entre Portugal e a União Europeia. *In*: FERNÁNDEZ ACEVEDO, Rafael; VALCÁRCEL FERNÁNDEZ, Patricia (dir.). *La contratación pública a debate*: presente y futuro. Navarra: Civitas, 2014. p. 525-555, p. 535-536.

682 Discorda-se em parte da afirmação de Ana Claudia Finger e Regeane Bransin Quetes, de que os objetos mais modernos são mais caros do que os "tradicionais", assim como quando a comparação se dá entre o objeto sustentável e o não, até porque isso depende muito do ambiente do mercado, dos meios de produção, como está sendo veiculada a informação da sustentabilidade, entre outros critérios: "Existem argumentações no sentido de que haveria colisão entre o princípio da economicidade e da ecoeficiência, entretanto, ressalta-se que os produtos ditos como 'tradicionais' possuem ciclo de vida muito maior que os produtos sustentáveis, sendo assim, estes últimos podem até ser mais caros no ponto de vista da aquisição, mas os tradicionais trazem custos maiores no futuro" (FINGER, Ana Claudia; QUETES, Regeane Bransin. Licitações e contratos administrativos sustentáveis como um instrumento de concretização da supremacia do interesse público. *A&C – Revista de Direito Administrativo & Constitucional*, Belo Horizonte, ano 14, n. 57, p. 105-131, jul./set. 2014, p. 121). Igualmente, mesmo que fosse mais caro financeiramente, deve-se buscar a visão econômica da proposta mais vantajosa. Assim também recorda Jessé Torres Pereira Júnior: "Aliás, mediante tal justificativa técnica, também é possível superar o entrave do menor preço, sempre presente quando se fala em licitação sustentável, vez que muitos dos objetos ambientalmente amigáveis costumam ser mais caros que os produtos dos demais concorrentes, que não se apresentam as mesmas qualidades. Normalmente, apesar do eventual preço superior no momento do julgamento da licitação, o objeto ambiental atenderá ao requisito da economicidade a longo prazo, no âmbito da própria execução contratual, no decorrer de seu uso, manutenção e descarte" (PEREIRA JÚNIOR, Jessé Torres. A tecnologia na atividade contratual do Estado. *In*: FREITAS, Rafael Véras de; RIBEIRO, Leonardo Coelho; FEIGELSON, Bruno (coord.). *Regulação e novas tecnologias*. Belo Horizonte: Fórum, 2017. p. 269-298, p. 289-290).

683 Art. 70. A fiscalização contábil, financeira, orçamentária, operacional e patrimonial da União e das entidades da administração direta e indireta, quanto à legalidade, legitimidade, economicidade, aplicação das subvenções e renúncia de receitas, será exercida pelo Congresso Nacional, mediante controle externo, e pelo sistema de controle interno de cada Poder.

684 Art. 27. A administração pública direta, indireta e fundacional, de qualquer dos Poderes do Estado e dos Municípios obedecerá aos princípios da legalidade, impessoalidade, moralidade, publicidade, razoabilidade, eficiência, motivação, economicidade e, também, ao seguinte (...).

685 OLIVEIRA, Régis Fernandes de; HORVATH, Estevão; TAMBASCO, Teresa Cristina Castrucci. *Manual de Direito Financeiro*. São Paulo: Revista dos Tribunais, 1990. p. 94.

para verificar se o órgão procedeu, na aplicação da despesa pública, de modo mais econômico, atendendo, por exemplo, a uma adequada relação custo-benefício.[686]

A título complementar, salienta-se que até mesmo o valor do procedimento licitatório atualmente tem sido sopesado para suputar benesses ou não da forma como contratar.

José Antonio Moreno Molina e Alma Patricia Domínguez expõem que, na Espanha, um procedimento normal custa em torno de "*28.000 euros (por término medio, 5.500 euros para la entidad o poder adjudicar y 3.800 euros por empresa licitadora). En el umbral más bajo de las directivas, aplicable a los contratos de suministros y servicios (125.000 euros), estos costes representan entre el 18 y 29% del valor del contrato*", isso sem mensurar o tempo entre a data do ato convocatório ("*envío del anuncio de contrato*") até o julgamento.[687]

No mesmo sentido, no Brasil, segundo estudos do Grupo Negócios Públicos, o custo de uma licitação seria, em 2014, em torno de R$12.849,00,[688] e o tempo médio para a finalização de um pregão é em torno de 30 a 45 dias.[689] Em recente pesquisa, em 2024, houve um maior detalhamento do custo por cada ato das fases preparatória e de seleção de fornecedores para então se chegar ao valor de R$27.735,65.[690]

De maneira similar, para quantificar o valor global a ser gasto durante uma licitação, o governo federal, em maio de 2007, realizou um "Mapeamento e Análise dos Custos Operacionais dos Processos de Contratação do Governo Federal" e concluiu que as licitações poderão representar um dispêndio de R$2.000,00 a R$16.553,26; especificamente, um pregão presencial para registro de preços custa R$3.033,88.

É claro que a análise ora proposta demanda dizer que o valor gasto para o contrato, em si, será mais dispendioso para o Estado; porém, se considerados os custos que possuirá em razão de uma proposta mais barata, porém que não prestigie cláusulas sociais, inovadoras, ambientais, tecnológicas ou científicas, a conta será bem diferente.[691]

---

686 DI PIETRO, Maria Sylvia Zanella. *Direito Administrativo*. 32. ed. São Paulo: Atlas. 2019. p. 923. Suzana M. Rossetti, em profunda obra monográfica, pesa que: "Evidentemente, não se pretende com isso dizer que não será levado em consideração o reflexo sobre a competitividade da licitação e o preço a ser pago. Pelo contrário, o desafio está em, a partir do levantamento de mercado, definir critérios que, direcionados à promoção do desenvolvimento nacional sustentável, não provoquem uma restrição imotivada da concorrência ou uma elevação não calculada e/ou desproporcional de custos" (ROSSETTI, Suzana M. *Processos de contratação pública e desenvolvimento sustentável*. Belo Horizonte: Fórum, 2017. p. 96-97).

687 MOLINA, José Antonio Moreno; ALONSO, Alma Patricia Domínguez. El nuevo derecho de la Unión Europea sobre contratación pública. *In*: FERNÁNDEZ ACEVEDO, Rafael; VALCÁRCEL FERNÁNDEZ, Patricia (dir.). *La contratación pública a debate*: presente y futuro. Navarra: Civitas, 2014. p. 139-164, p. 147-148.

688 NEGÓCIOS PÚBLICOS. *Infográfico – Informativo do Instituto Negócios Públicos – Compras Públicas*. Curitiba: Negócios Públicos, 2014. p. 4.

689 NEGÓCIOS PÚBLICOS. *Infográfico – Informativo do Instituto Negócios Públicos – Compras Públicas*. Curitiba: Negócios Públicos, 2017. p. 33 e 37.

690 Informação disponível em: https://portal.sollicita.com.br/Noticia/21529/quanto-custa-uma-licita%C3%A7%C3%A3o. Acesso em: 19 fev. 2025.

691 A Diretiva 24/2014 da União Europeia preceitua que: "A proposta economicamente mais vantajosa do ponto de vista da autoridade adjudicante deve ser identificada com base no preço ou custo, utilizando uma abordagem de custo-eficácia, como os custos do ciclo de vida em conformidade com o artigo 68.o, e pode incluir a melhor relação qualidade/preço, que deve ser avaliada com base em critérios que incluam aspetos qualitativos, ambientais e/ou sociais ligados ao objeto do contrato público em causa. Estes critérios podem compreender, por exemplo: a) Qualidade, designadamente valor técnico, características estéticas e funcionais, acessibilidade, concessão para todos os utilizadores, características sociais, ambientais e inovadoras, negociação e respetivas condições; b) Organização, qualificações e experiência do pessoal encarregado da execução do contrato em questão, caso a qualidade do pessoal empregue tenha um impacto significativo no nível de execução do contrato; ou c) Serviço e assistência técnica pós-venda, condições de entrega, tais como a data de entrega, processo de entrega e prazo de entrega ou de execução. O fator custo pode igualmente assumir a forma de um preço ou custo fixo com base

Por isso, é uma impressão equivocada o pensamento tão só sobre o preço praticado pelo licitante em uma proposta que considere somente o objeto.[692] Preço e custo são coisas diferentes e precisam ser tratados de maneira diversa.[693] Ademais, adotar corretamente o critério da proposta economicamente mais vantajosa é um método apto para assegurar a feitura de políticas secundárias ou horizontais por meio das contratações públicas.[694]

Na linha de o Estado influenciar a matriz produtiva com o seu poder de compra, Juarez Freitas defende que a "proposta mais vantajosa será sempre aquela que se apresentar a mais apta a gerar, direta ou indiretamente, o menor impacto negativo e, simultaneamente, os maiores benefícios econômicos, sociais e ambientais".[695]

Com efeito, Nuno Cunha Rodrigues tenciona que a ponderação do *Value for Money* aparece depois da definição de políticas horizontais ou secundárias, "ainda que a adequação destas deva ser procedida de uma análise custo/benefício que não considera, naturalmente, o *Value for Money* da aquisição *per se* mas antes o custo/benefício da prossecução da política secundária ou horizontal".

O autor descreve a dificuldade de os Estados quantificarem os critérios adicionais ou colaterais de tais políticas públicas, o que é chamado na Europa de "*secondori policies*" e, nos Estados Unidos, de "*collateral policies*", criando assim uma zona cinzenta aos Estados na busca de achar o equilíbrio (*trade-off*) no julgamento ou nas condições de execução em que, de um lado, está a prossecução das ditas políticas horizontais e, doutro, o "*Value for Money*".[696]

---

no qual os operadores económicos concorrem exclusivamente em termos de critérios de qualidade. Os Estados-Membros podem prever que as autoridades adjudicantes não possam utilizar o preço ou o custo como único critério de adjudicação, ou podem restringir essa utilização exclusiva a determinadas categorias de autoridades adjudicantes ou a determinados tipos de contratos".

692 FERNÁNDEZ ACEVEDO, Rafael; VALCÁRCEL FERNÁNDEZ, Patricia. Análisis de los criterios de adjudicación de los contratos públicos en el marco de la cuarta generación de Directivas del Sector. *In*: FERNÁNDEZ ACEVEDO, Rafael; VALCÁRCEL FERNÁNDEZ, Patricia (dir.). *La contratación pública a debate*: presente y futuro. Navarra: Civitas, 2014. p. 199-274, p. 214-215. No mesmo sentido, RODRIGUES, Nuno Cunha. *A contratação pública como instrumento de política econômica*. Coimbra: Almedina, 2015. p. 201.

693 REIS, Paulo Sérgio de Monteiro. *Obras Públicas*: Manual de Planejamento Contratação e Fiscalização. Belo Horizonte: Fórum, 2018. p. 141. Economicamente pode ser explicado pela seguinte passagem: "Os vários modelos apresentados mostraram que o relacionamento entre o preço de qualquer produto e seu custo pode ser influenciado por muitos fatores: o grau de diferenciação de produto, a possibilidade de coordenação entre os fornecedores etc. Um traço comum a todos estes modelos é o pressuposto de que a empresa individualmente tem em mente um preço-alvo e que este, de modo bem definido, está relacionado ao custo. Também mostramos que um preço, uma vez estabelecido, frequentemente persiste durante algum tempo (formalmente, uma estação), ainda que as condições da procura e custo se tornem diferentes do que era esperado" (LIVESEY, Frank. *Formação de preço*. São Paulo: Saraiva, 1978. p. 14).

694 Ainda que seja comum usar política secundária ou horizontal, este livro preferirá denominar como política pública horizontal para evitar uma carga negativa na expressão secundária, como se fosse de segunda linha de importância ou subsidiária à política principal. Igualmente: GOMES, Pedro Cerqueira. Contratação pública e inovação – o diálogo entre Portugal e a União Europeia. *In*: FERNÁNDEZ ACEVEDO, Rafael; VALCÁRCEL FERNÁNDEZ, Patricia (dir.). *La contratación pública a debate*: presente y futuro. Navarra: Civitas, 2014. p. 525-555, p. 529-531. Salienta-se que há quem compreenda o adjetivo horizontal para classificar a função da licitação e do contrato, e não da política pública em si, como se depreende da tese FABRE, Flavia Moraes Barros Michele. *Função horizontal da licitação e da contratação administrativa*. Orientadora Prof. Dra. Odete Medauar. 2014. 185 f. Tese (Doutoramento em Direito) – Faculdade de Direito, USP, São Paulo, 2014.

695 FREITAS, Juarez. *Sustentabilidade*: direito ao futuro. 2. ed. Belo Horizonte: Fórum, 2012. p. 238.

696 RODRIGUES, Nuno Cunha. *A contratação pública como instrumento de política econômica*. Coimbra: Almedina, 2015. p. 200-204.

A discussão existente também nessa regulação do papel da busca da proposta economicamente mais vantajosa procura entender até que ponto poderá o Estado afetar o ambiente econômico das empresas e se isso não prejudicaria a própria livre concorrência.

Em primeiro lugar, não se assente com critérios residuais ou casuísticos a serem adotados para uma licitação de um órgão ou entidade, mas que exista uma objetividade e neutralidade no uso de tais cláusulas. Como alertado por Rafael Fernández Acevedo e Patricia Valcárcel Fernández, a nova Directiva da União Europeia prevê que os métodos usados para avaliar os custos ambientais externos podem ser estabelecidos de acordo com a escala do ambiente (nacional, regional ou local), desde que se evitem distorções à concorrência com metodologia "*ad hoc*" e "específica para um caso".[697]

Outros custos que devem ser avaliados e clausulados são os referentes à vida útil, substituição e manutenção para então perdurar o sentido econômico da vantajosidade.[698] Contudo, não é possível deixar muito aberto ao bel alvitre do administrador público, sob pena de cometer arbítrios sob o suposto fundamento da economicidade.

Por isso, os critérios admitidos pela Directiva 2014/24 da União Europeia que podem ser valorados pela Administração Pública são: (i) critérios qualitativos, ambientais e sociais; (ii) os relacionados com a experiência do pessoal encarregado da execução do contrato; e (iii) os relativos aos serviços de pós-venda e entrega da prestação.[699]

Nuno Cunha Rodrigues explicita como lícitas discriminações que reflitam, fundamentalmente, nas especificações técnicas, na capacidade técnica e/ou profissional dos candidatos, nos critérios de adjudicação (julgamento), na definição das condições de execução dos contratos ou na definição das causas de exclusão.[700]

---

[697] FERNÁNDEZ ACEVEDO, Rafael; VALCÁRCEL FERNÁNDEZ, Patricia. Análisis de los criterios de adjudicación de los contratos públicos en el marco de la cuarta generación de Directivas del Sector. *In*: FERNÁNDEZ ACEVEDO, Rafael; VALCÁRCEL FERNÁNDEZ, Patricia (dir.). *La contratación pública a debate*: presente y futuro. Navarra: Civitas, 2014. p. 199-274, p. 215-216.

[698] GOMES, Pedro Cerqueira. Contratação pública e inovação – o diálogo entre Portugal e a União Europeia. *In*: FERNÁNDEZ ACEVEDO, Rafael; VALCÁRCEL FERNÁNDEZ, Patricia (dir.). *La contratación pública a debate*: presente y futuro. Navarra: Civitas, 2014. p. 525-555, p. 533. É muito importante que os agentes públicos sejam bem capacitados, já que possuem uma racionalidade limitada e os fornecedores aproveitam-se das incompletudes dos editais e dos contratos para renegar a qualidade do serviço, a fim de reduzir seus custos (LIMBERGER, Têmis; TEIXEIRA, Anderson Vichinkeski; ABREU, Mateus Barbosa Gomes. Contratos administrativos e gestão pública: proposições a partir de estudos de casos na Administração Pública federal indireta. *A&C – Revista de Direito Administrativo & Constitucional*, Belo Horizonte, ano 14, n. 58, p. 155-176, out./dez. 2014, p. 162). Thiago Pereira de Freitas chega a defender o princípio da nova vantajosidade ou da vantajosidade sustentável, a qual sopese os custos diretos e indiretos que causem menor impacto negativo e traga maiores benefícios em termos ambientais, econômicos e sociais (FREITAS, Thiago Pereira de. *Sustentabilidade e as contratações públicas*. Rio de Janeiro: Lumen Juris, 2014. p. 157).

[699] FERNÁNDEZ ACEVEDO, Rafael; VALCÁRCEL FERNÁNDEZ, Patricia. Análisis de los criterios de adjudicación de los contratos públicos en el marco de la cuarta generación de Directivas del Sector. *In*: SÁNCHEZ GRAELLS, Albert. Reflexiones críticas en torno a la disciplina del comportamiento de mercado del comprador público. *In*: FERNÁNDEZ ACEVEDO, Rafael; VALCÁRCEL FERNÁNDEZ, Patricia (dir.). *La contratación pública a debate*: presente y futuro. Navarra: Civitas, 2014. p. 199-274, p. 229.

[700] RODRIGUES, Nuno Cunha. *A contratação pública como instrumento de política econômica*. Coimbra: Almedina, 2015. p. 261. Favorável à inserção de critérios sociais, de meio ambiente e de defesa do consumidor poderá estar na fase de determinação do objeto do contrato e de suas especificações técnicas, de seleção do contratista e na execução do contrato (PALLARÉS, Pedro Luis Martínez. El recurrente debate sobre los criterios de adjudicación de los contratos públicos – en especial la inclusión de criterios medioambientales (comentario sobre la sentencia del TSJCE de 17 de septiembre de 2002, asunto C-513/99, Concordia bus Finland OY AB, y Helsigin Kaupunk). *In*: FELIÚ, José María Gimeno. *Contratación de las administraciones públicas*: análisis práctico de la nueva normativa sobre contratación pública. Barcelona: Atelier Administrativo, 2004. p. 161-170, p. 161-163).

Com relação ao impacto no mercado concorrencial, afirma-se que podem existir influências sobre a concorrência e que cada atuação estatal impactante deve gerar uma orientação em prol da competição entre os fornecedores.

Albert Sánchez Graells, ao refletir criticamente sobre o papel do comportamento de mercado do comprador público, adverte que as autoridades públicas deveriam mudar de perspectiva e serem mais conscientes dos efeitos de suas decisões; por isso, recomenda que não seria possível restringir o acesso às licitações, nem poderia interferir no resultado da competição pura entre os competidores, como tampouco deveria permitir a alteração do certame durante a execução contratual com renegociações, alterações ou outras medidas impactantes no negócio jurídico.[701]

Com o devido respeito, não parece acertado sob o ponto de vista exclusivo da concorrência. Esta deverá se adaptar ante a regulação estatal e, acima de tudo, não é um super ou ultraprincípio, merecendo conviver harmonicamente com outros princípios, valores e regras. Seja pela ideia de o princípio da livre concorrência não ser de caráter absoluto, como dito por José Pernas J. García,[702] ou pela contratação a partir de um comércio justo que respeite de maneira equivalente a igualdade de trato, transparência e não discriminação injustificada, como censura Teresa Medina Arnáiz,[703] o intervencionismo estatal é condição para a própria sobrevivência do mercado competitivo.[704] Sem regulação estatal, o mercado se autoflagela.[705]

Outro viés é que a força do Estado, como ator no cenário das compras públicas e diante do alto valor consumido, fará com que o mercado se adapte. Depende de como se usa tal potência.

Conforme anota Richard Swedberg, o poder econômico "representa a probabilidade de que um ator possa fazer com que outros atores dediquem suas energias voluntariamente a alguma tarefa, por meio da oferta de dinheiro (em contraste com outras formas

---

701 SÁNCHEZ GRAELLS, Albert. Reflexiones críticas en torno a la disciplina del comportamiento de mercado del comprador público. *In*: FERNÁNDEZ ACEVEDO, Rafael; VALCÁRCEL FERNÁNDEZ, Patricia (dir.). *La contratación pública a debate*: presente y futuro. Navarra: Civitas, 2014. p. 275-298, 296.

702 GARCÍA, J. José Pernas. La dimensión ambiental en la normativa de contratos del sector público. *In*: FERNÁNDEZ ACEVEDO, Rafael; VALCÁRCEL FERNÁNDEZ, Patricia (dir.). *La contratación pública a debate*: presente y futuro. Navarra: Civitas, 2014. p. 345-379, p. 346.

703 ARNÁIZ, Teresa Medina. Comercio justo y contratación pública. *In*: GARCÍA, J. José Pernas (dir.). *Contratación pública estratégica*. Pamplona: Editorial Aranzadi, 2013. p. 249-281, p. 277.

704 Explicitando o duplo objetivo de forma a abranger tanto a concorrência interna quanto externa, Marcia Carla Pereira Ribeiro e Filipe Starke explicam: "(...) Direito Concorrencial os Estados buscam dois tipos de objetivos (ainda que estes objetivos possam se desdobrar em outros): de um lado regular a concorrência interna, dentro de sua jurisdição, de forma que o mercado não gere monopólios e não se feche para a entrada de novas empresas; de outro lado, paradoxalmente, incentivar as concentrações empresariais e os monopólios, de forma a favorecer a concorrência em escala mundial relativamente aos grandes grupos empresarias incentivados pelos Estados ou comunidades nos quais concentram suas riquezas" (STARKE, Felipe; RIBEIRO, Marcia Carla Pereira. Eficiência e concentração empresarial: o caso do setor de bebidas frias. *In*: CLARK, Giovani; OPUSZKA, Paulo Ricardo; SILVA, Maria Stela Campos da (org.). *Direito e Economia*. 1. ed. v. I. Florianópolis: CONPEDI, 2014. p. 225-251, p. 227.

705 "No mundo real existem quatro características principais que dificultariam, ou até mesmo impossibilitariam, a obtenção da produção ótima através do setor privado. Assim, o governo emerge como um elemento capaz de intervir na alocação de recursos, atuando paralelamente ao setor privado, procurando estabelecer a produção ótima dos bens e serviços que satisfaçam às necessidades da sociedade. As quatro características que podem ser consideradas como falhas do mecanismo de mercado em atender às necessidades da sociedade são: indivisibilidade do produto; externalidades; custo de produção decrescente e mercados imperfeitos; riscos e incertezas na oferta de bens" (RIANI, Flávio. *Economia no setor público*. 2. ed. São Paulo: Atlas, 1994. p. 26-27).

de poder que operam por meio de autoridade ou coerção)" – eis aqui para transluzir a importância, seja de medidas de direção ou de ações fomentadoras.[706]

Posto isso, não se configura qualquer prejuízo ao exercício da atividade econômica ou liberdade de iniciativa. A liberdade de iniciativa e a livre concorrência não podem avultar outros vários valores presentes no ordenamento jurídico, como é o caso do meio ambiente ou da diminuição das desigualdades regionais e sociais.[707]

No Brasil, o Supremo Tribunal Federal, na Ação Direta de Inconstitucionalidade nº 2.135, que tratou sobre as mudanças no Código Florestal, em especial sobre a reserva legal, destacou que o desenvolvimento nacional e a preservação do meio ambiente devem possuir um justo equilíbrio, a fim de balancear as exigências da economia e da ecologia.[708] Os princípios da concorrência, do desenvolvimento nacional sustentável e da isonomia deverão ser utilizados conforme a regra da proporcionalidade para encontrar a adequação, necessidade e justeza da medida, o que torna favorável o uso da contratação pública para a busca de tais fins perscrutados nas mais diversas políticas horizontais, as quais se resumem à política industrial, política ambiental, política social, política regional e política criminal.[709]

De todo modo, a análise financeira que residiria na mera aferição do preço ofertado não pode se sobrepor à escorreita análise econômica para encontrar a proposta mais

706 SWEDBERG, Richard. Markets in Society. *In*: SMELSER, Neil J.; SWEDBERG, Richard. *The handbook of economic sociology*. 2. ed. New Jersey: British Library. p. 233-253, p. 233.

707 "A União Europeia não goza de discricionariedade absoluta quanto ao enquadramento da prossecução de políticas horizontais ou secundárias. Encontra-se limitada pelos princípios de competência, de subsidiariedade e de proporcionalidade sabendo-se, neste domínio, que a actuação da UE exerce-se segundo regras de competência exclusiva e de competência partilhada." RODRIGUES, Nuno Cunha. *A contratação pública como instrumento de política econômica*. Coimbra: Almedina, 2015. p. 254. Paula Forgioni explica ainda que "o Direito à Concorrência também não significa desprezo a objetivos sociais ou ambientais, isto porque são finalidades, além de outros, de tal ramo a redistribuição de renda, a proteção das pequenas empresas, a proteção dos trabalhadores, o bem-estar do consumidor, a obtenção de resultados econômicos desejáveis, a promoção de concorrência, a promoção de condutas locais e a ampliação da capacidade competitiva das empresas nacionais" (FORGIONI, Paula. *Os fundamentos do antitruste*. 5. ed. rev., atual. e ampl. São Paulo: Revista dos Tribunais, 2012. p. 160-161).

708 "A incolumidade do meio ambiente não pode ser comprometida por interesses empresariais nem ficar dependente de motivações de índole meramente econômica, ainda mais se se tiver presente que a atividade econômica, considerada a disciplina constitucional que a rege, está subordinada, dentre outros princípios gerais, àquele que privilegia a 'defesa do meio ambiente' (CF, art. 170, VI), que traduz conceito amplo e abrangente das noções de meio ambiente natural, de meio ambiente cultural, de meio ambiente artificial (espaço urbano) e de meio ambiente laboral. (...) A QUESTÃO DO DESENVOLVIMENTO NACIONAL (CF, ART. 3º, II) E A NECESSIDADE DE PRESERVAÇÃO DA INTEGRIDADE DO MEIO AMBIENTE (CF, ART. 225): O PRINCÍPIO DO DESENVOLVIMENTO SUSTENTÁVEL COMO FATOR DE OBTENÇÃO DO JUSTO EQUILÍBRIO ENTRE AS EXIGÊNCIAS DA ECONOMIA E AS DA ECOLOGIA. - O princípio do desenvolvimento sustentável, além de impregnado de caráter eminentemente constitucional, encontra suporte legitimador em compromissos internacionais assumidos pelo Estado brasileiro e representa fator de obtenção do justo equilíbrio entre as exigências da economia e as da ecologia, subordinada, no entanto, a invocação desse postulado, quando ocorrente situação de conflito entre valores constitucionais relevantes, a uma condição inafastável, cuja observância não comprometa nem esvazie o conteúdo essencial de um dos mais significativos direitos fundamentais: o direito à preservação do meio ambiente, que traduz bem de uso comum da generalidade das pessoas, a ser resguardado em favor das presentes e futuras gerações" (SUPREMO TRIBUNAL FEDERAL, ADI nº 3.540 MC, Relator(a): Min. CELSO DE MELLO, Tribunal Pleno, julgado em 01.09.2005, *DJ* 03.02.2006 PP-00014 EMENT VOL-02219-03 PP-00528).

709 "O princípio da proporcionalidade exige que qualquer medida escolhida seja ao mesmo tempo necessário e apropriado à luz do objetivo a alcançar. Os Estados membros devem optar, na escolha das medidas, pelas que comportarem o menor grau de perturbação para o exercício de uma atividade económica, como foi afirmado pelo TJ." RODRIGUES, Nuno Cunha. *A contratação pública como instrumento de política econômica*. Coimbra: Almedina, 2015. p. 258.

vantajosa, pois os critérios da qualidade, impacto social, ambiental, tecnológico, inovativo e outros deverão possuir serventia para o julgamento dos licitantes.[710]

Ainda que o menor preço por si seja mais fácil e objetivo pela ausência de maiores elucubrações, o fato é que o seu contínuo uso desmesurado prejudicará o interesse público com execuções contratuais inadequadas ou gastos maiores em geral (outras searas) para o Estado ou, ainda, como aponta Antonio García Jiménez, pode incentivar estruturas oligopolísticas, aumento proposital de preços a médio prazo e, com isso, esfacela o erário e, consequentemente, o interesse público.[711]

Como explica Jaime Rodríguez-Arana Muñoz, a contratação pública deve encarar o contratado como um colaborador do setor público que tem a missão de contribuir também para a obtenção de resultados sociais, de humanização da realidade, de fortalecimento da dignidade do ser humano e de seu entorno. Complementa que, por tais razões, é indispensável que a complexa ação pública, por via das compras públicas, deve contribuir de maneira direta e permanente para a melhoria das condições de vida das pessoas em conformidade com a dimensão solidária e ambiental.[712]

O referido ideário encontra eco no ordenamento jurídico, a partir da prescrição normativa dos artigos 1º e 3º da Lei Maior, quando trata dos fundamentos e dos objetivos fundamentais, já que acolá elenca a dignidade da pessoa humana, o bem-estar, a diminuição das desigualdades regionais e sociais e o desenvolvimento humano; portanto, qualquer atuação estatal, inclusive aquelas direcionadas para o domínio econômico, deverá vergar para tais fundamentos de validação.

4.1.3 A composição do custo do ciclo total de vida: uma alternativa para a maior aproximação da teoria ante a realidade

Para alcançar o desidério da proposta economicamente mais vantajosa, é imprescindível que se afira o custo do ciclo total de vida do objeto para comparar as ofertas apresentadas à Administração Pública e, então, escolher a que melhor atende o interesse público.

O custo do ciclo total de vida não deve ser pensado tão somente para as obrigações de dar, mas para qualquer tipo de obrigação a ser contratada, ou seja, independentemente se é de dar ou de fazer.

É possível mensurar o ciclo total de vida nos serviços, nas obras, nos produtos e até nas alienações; por isso, segmentam-se as facetas a serem apreciadas na seguinte cesta de

---

[710] Sobre a análise macro da concorrência na União Europeia, convém alvitrar do Acórdão de 11.12.2007 – Processo C-438/05, que versava sobre a incidência da convenção coletiva com um sindicato de um Estado e sua aplicabilidade numa filial em outro Estado-Membro, pois a passagem da fundamentação deixa claro que a preocupação no mercado concorrencial deve ser transcendental, alcançando também a área social: "Dado que a Comunidade tem, deste modo, não só uma finalidade económica mas igualmente uma finalidade social, os direitos que resultam das disposições do Tratado relativas à livre circulação de mercadorias, de pessoas, de serviços e de capitais devem ser ajustados aos objectivos prosseguidos pela política social, entre os quais figura, designadamente, como resulta do artigo 136º, primeiro parágrafo, CE, a melhoria das condições de vida e de trabalho, de modo a permitir a sua igualização no progresso, uma protecção social adequada e o diálogo social". Disponível em: http://curia.europa.eu/juris/showPdf.jsf?docid=71495&doclang=PT. Acesso em: 5 mar. 2019.

[711] GARCÍA JIMÉNEZ, Antonio. *Las conexiones entre contratación administrativa e innovación*. Madrid: Tecnos, 2018. p. 283-284.

[712] MUÑOZ, Jaime Rodríguez-Arana. La contratación del sector público como política pública. *In*: GARCÍA, J. José Pernas (dir.). *Contratación pública estratégica*. Pamplona: Editorial Aranzadi, 2013. p. 31-44, p. 43-44.

custos: (i) manutenção; (ii) depreciação e revenda; (iii) de responsabilidade ambiental; (iv) de responsabilidade do desenvolvimento local e regional; (v) de responsabilidade social; e (vi) de responsabilidade do desenvolvimento científico, tecnológico e inovativo.

Em primeiro lugar, convém salientar que, conforme assinalado por J. José Pernas García, existe uma diversidade entre custo do ciclo de vida e, de outro lado, custo de vida global ou custo total de vida ou custo total da propriedade do bem. O primeiro é uma realidade mais limitada, uma vez que não encobre os custos derivados do final da vida e da eliminação dos resíduos gerados pela execução contratual.[713]

Para o presente livro, adotar-se-á o ciclo total de vida por compreender de maneira ampla todos os custos diretos e indiretos que recaiam sobre este, ainda que vários textos normativos simplesmente asseverem o ciclo de vida, inclusive a Lei nº 14.133 (artigos 6º, XXIII, alínea *c*, 11, I; 18, VIII; e 34, §1º).[714]

O indivíduo precisa medir o valor relativo às quantidades de seus meios de produção; para tanto, necessita de um padrão de valor para auxiliá-lo a regular o seu comportamento econômico.[715]

Nessa diretriz, a análise do ciclo total de vida exige que se avaliem todos os aspectos impactantes de maneira direta ou potenciais sobre o objeto, desde a retirada dos insumos utilizados como matéria-prima até a disposição final do objeto, inclusive com os dispêndios necessários dos resíduos gerados.[716] É uma forma de conceber de maneira consequencialista o objeto do contrato e, com isso, permitir que existam elementos concretos e objetivos para a avaliação da melhor escolha.[717] Não é somente uma técnica para que se alvejem objetivos ambientais. Ultrapassa tais horizontes.

Juarez Freitas explica de maneira enfática que "a proba avaliação do ciclo de vida do objeto não conjumina com a visão estanque do certame em si, ignorando seus desdobramentos diretos e secundários. Nessa perspectiva, força abarcar o largo espectro

---

713 *"La comisión europea ha señalado que el poder adjudicador podrá optar por la aplicación del concepto que considere más apropiado en función, por ejemplo, de la información disponible"* (GARCÍA, J. José Pernas. Contratación pública y eficiencia energética. *In*: GARCÍA, J. José Pernas (dir.). *Contratación pública estratégica*. Pamplona: Editorial Aranzadi, 2013. p. 283-328, p. 298).

714 Historicamente, relata-se que o custo do ciclo de vida foi usado pela primeira vez nos Estados Unidos para aferir o quanto representavam os custos de operação e suporte dos equipamentos militares: *"Life Cycle Costing (LCC hereafter) was first used in the United States by the Department of Defense (US DoD) in the mid-1960s (Epstein, 1996). The US DoD applied LCC in the procurement of military equipment, as they found that acquisition costs only accounted for a small part of the total cost for the weapons systems while operation and support costs comprised as much as 75% (Asiedu and Gu, 1998)"* (SPP REGIONS – Regional Networks for Sustainable Procurement. *Life Cycle Costing State of the art report*. (Bruxelas): ICLEI – Local Governments for Sustainability, 2017. p. 4).

715 SCHUMPETER, Joseph A. *Teoria do Desenvolvimento Econômico*: uma investigação sobre lucros, capital, crédito, juro e o ciclo econômico. Tradução: Maria Sílvia Possas. São Paulo: Abril Cultural, 1982. p. 22.

716 Na mesma linha, aclara José María Gimeno Feliú: *"El ciclo de vida abarca todas las etapas de la existencia de un producto, una obra o la prestación de un servicio, desde la adquisición de materias primas o la generación de recursos hasta la eliminación, el desmantelamiento o la finalización. Los costes que deben tenerse en cuenta no incluyen solo los gastos monetarios directos, sino también los costes medioambientales externos, si pueden cuantificarse en términos monetarios y verificarse"* (FELIÚ, José María Gimeno. Compra pública estratégica. *In*: GARCÍA, J. José Pernas (dir.). *Contratación pública estratégica*. Pamplona: Editorial Aranzadi, 2013. p. 45-79, p. 53).

717 ARAÚJO, Jailson de Souza; VETTORAZZI, Karlo Messa. A sustentabilidade de produtos e serviços enquanto pré-requisito ao consumo consciente. *Revista de Direito Econômico e Socioambiental*, Curitiba, v. 1, n. 1, p. 109-126, jan./jun. 2010, p. 123.

formativo e dissolutivo do objeto, via metodologias cuidadosamente estabelecidas e revisadas".[718]

Como diz estudo específico do Instituto de Pesquisa Econômica Aplicada, o inventário de ciclo de vida "é uma matriz representativa do sistema de produção de um produto ou serviço que consome tempo e recursos financeiros para sua construção".[719]

Para tal escopo, é inexorável que haja agentes públicos qualificados ou terceiros com estudos apropriados para consubstanciar a tomada de decisão administrativa no julgamento de uma licitação, pois é difícil "*calcular, por ejemplo, el consumo energético o los costes ambientales (externalidades) derivados de las emisiones contaminantes de un producto a lo largo de su ciclo de vida, o los gastos vinculados con la eliminación de una determinada obra y el tratamiento final de los residuos*".

Aliás, a metodologia usada deve ser transparente para que qualquer pessoa possa questionar, criticar ou solicitar alterações na metodologia adotada, tal como acontece com as ecoetiquetas no âmbito da União Europeia.[720]

Dentro do contexto da mudança de 2014 nas Diretivas da União Europeia, José María Gimeno Feliú informa sobre: (i) a possibilidade de se justificarem as decisões na busca da oferta economicamente mais vantajosa a partir do custo do ciclo de vida dos produtos e dos serviços e das obras a serem comprados; (ii) os poderes adjudicadores poderem exigir que as obras, os fornecimentos ou os serviços tenham certificações específicas que atestem determinadas características socioambientais ou de outro tipo, desde que não exista um direcionamento de certificação e amplitude de certificadores (por exemplo, etiqueta ecológica europeia ou plurinacional de que o produto foi feito sem qualquer trabalho infantil); (iii) a investigação e a inovação representarem um papel central na Estratégica Europa 2020 para um crescimento inteligente, sustentável e integrador, motivo pelo qual os compradores públicos devem adquirir produtos ou serviços que promovam o crescimento futuro e melhorem a qualidade e a eficiência dos serviços públicos; e (iv) a melhoria de acesso ao mercado para as empresas de pequeno porte (PYMES e empresas incipientes), decisão que não é protecionista, e, sim, asseguradora de uma efetiva concorrência entre os operadores econômicos dentro do marco normativo nacional-comunitário.[721]

---

718 FREITAS, Juarez. Nova lei de licitações e o ciclo de vida do objeto. *Revista de Direito Administrativo*, vol. 281, n. 2, ago. 2022, p. 91-106, p. 96.

719 COELHO FILHO, Osmar; SACCARO JÚNIOR, Nilo Luiz; LUEDEMANN, Gustavo. *A avaliação de ciclo de vida como ferramenta para a formulação de políticas públicas no Brasil* – Textos para discussão 2205. Brasília; Rio de Janeiro: IPEA, 2016. p. 8.

720 GARCÍA, J. José Pernas. Contratación pública y eficiencia energética. *In*: GARCÍA, J. José Pernas (dir.). *Contratación pública estratégica*. Pamplona: Editorial Aranzadi, 2013. p. 283-328, p. 299. Com a mesma posição, o Manual das Contratações Ecológicas da União Europeia expõe sobre a inclusão das externalidades no cômputo e acerca da exposição dessas informações por questões de transparência e mensuração dos riscos pelos ofertantes: "*El CCV también puede incluir el coste de las externalidades (como las emisiones de gases de efecto invernadero) en las condiciones específicas descritas en el apartado 5.3.2. Las Directivas de 2014 exigen que, cuando se utilice el CCV, se indiquen en el pliego de condiciones de la licitación el método de cálculo y los datos que deban aportar los licitadores. Asimismo, se aplican normas específicas con respecto a los métodos de asignación de costes a las externalidades medioambientales, cuyo objetivo es garantizar la equidad y transparencia de dichos métodos. (...) La solicitud de información de apoyo detallada a propósito de las estimaciones de costes facilitadas por los licitadores es, por lo tanto, importante*" (UNIÓN EUROPEA. *Adquisiciones ecológicas Manual sobre la contratación pública ecológica*. 3. ed. Luxemburgo: Oficina de Publicaciones de la Unión Europea, 2016. p. 51 e 54. Disponível em: http://ec.europa.eu/environment/gpp/pdf/handbook_2016_es.pdf).

721 FELIÚ, José María Gimeno. Compra pública estratégica. *In*: GARCÍA, J. José Pernas (dir.). *Contratación pública estratégica*. Pamplona: Editorial Aranzadi, 2013. p. 45-79, p. 52-58.

Mais recentemente, a União Europeia estabeleceu as metas digitais para 2030 com a intenção de capacitar as empresas e as pessoas num futuro digital centrado no ser humano, sustentável e mais próspero, perpassando sensivelmente pela inovação e tecnologia.

Para tanto, estabeleceram-se alguns pontos cardeais de ação:

(i) competências: prognóstico de vinte milhões de especialistas em tecnologia da informação e comunicação e mínimo de oitenta por cento da população com competências digitais básicas;
(ii) transformação digital das empresas: meta para que setenta e cinco por cento das empresas da União Europeia utilizem a computação em nuvem, IA ou megadados; crescimento de empresas em fase de expansão e financiamento para duplicar dos unicórnios; mais de noventa por cento das microempresas e empresas de pequeno porte atingirem um nível básico de intensidade digital;
(iii) infraestruturas digitais seguras e sustentáveis: conectividade com o gigabit para todos; semicondutores de ponta por meio da duplicação da quota da União Europeia na produção mundial; dados, periferia e nuvem para dez mil nós periféricos de alta segurança com impacto neutro no clima; primeiro computador com aceleração quântica; e
(iv) digitalização dos serviços públicos: serviços públicos cem por cento em linha; cem por cento dos cidadãos com saúde em linha e pleno acesso do seu quadro clínico; e cem por cento de identificação eletrônica dos seus cidadãos.[722]

4.1.3.1 O ciclo total de vida útil segundo o ordenamento jurídico brasileiro

Avaliando especificamente a existência de normas no Brasil e na Espanha sobre o ciclo total de vida útil, é valioso expender algumas constatações.

No Brasil, existe um órgão público específico para a avaliação do ciclo de vida, que é o Instituto Brasileiro de Informação em Ciência e Tecnologia, criado no início da década de 1950.[723]

Tal instituto se configura como uma unidade de pesquisa integrante da estrutura do Ministério da Ciência e Tecnologia (MCT) e tem como competências, segundo o artigo 5º do seu Regimento Interno: (i) propor ao MCT políticas para orientação do setor de ICT, colaborando com a sua implementação; (ii) apoiar e executar programas, projetos, atividades e serviços, no âmbito de sua competência; (iii) estabelecer e manter cooperação e intercâmbio com entidades públicas e privadas, nacionais e internacionais; (iv) estimular a formação e capacitação de recursos humanos, com perfis profissionais que respondam às demandas da área de informação em ciência, tecnologia e inovação tecnológica no país; (v) apoiar a geração, difusão e absorção de conhecimento e tecnologia

---

722 Informação disponível em: https://commission.europa.eu/strategy-and-policy/priorities-2019-2024/europe-fit-digital-age/europes-digital-decade-digital-targets-2030_pt. Acesso em: 23 jan. 2025.

723 A avaliação do ciclo de vida é um método científico, estruturado e abrangente padronizado internacionalmente para quantificar os recursos consumidores, as emissões, os impactos ambientais e de saúde e os problemas de esgotamento de recursos. SPP REGIONS – Regional Networks for Sustainable Procurement. *Life Cycle Costing State of the art report*. (Bruxelas): ICLEI – Local Governments for Sustainability, 2017. p. 6.

para a informação em ciência, tecnologia e inovação tecnológica; e (vi) criar mecanismos de produção e capacitação de novos recursos financeiros e ampliar as receitas próprias.

Dentro dessa incumbência normativa do IBCT, está, desde 2003, a de incorporar a Avaliação do Ciclo de Vida (ACV), a qual foi concebida no país em 1994 e que consiste em ser uma "técnica desenvolvida para mensuração dos possíveis impactos ambientais causados como resultado da fabricação e utilização de determinado produto ou serviço".

No país, a referida avaliação é usada por pesquisadores que buscam ampliar a base científica de conhecimento sobre sistemas produtivos e seus impactos e também setor governamental, de modo a buscar subsídios para a elaboração e fomento de políticas públicas que atinjam a sustentabilidade.[724]

O principal resultado da Avaliação do Ciclo de Vida é o Banco Nacional de Inventários do Ciclo de Vida (SICV Brasil), que é uma coletânea de informações sobre o "conjunto consolidado de Inventários do Ciclo de Vida (ICVs) adaptados à realidade da produção industrial e agroprodução brasileira".[725] Diante da alta relevância da temática e dos resultados sociais colimados, parece que é incontroversa a imperiosidade de um órgão público tratar do tema.[726]

Além disso, o pensamento do ciclo da vida possui enormes dificuldades para a sua concretização, já que necessita de conhecimentos aprofundados de diversas áreas para, por fim, fazer essa interseção entre tais. Por isso, muito pertinente a ponderação que é transcrita no *site* institucional da AVC do IBCT:

> O pensamento ocidental tem sido marcado desde há muito tempo pela fragmentação dos sistemas que nos rodeiam. As relações intrínsecas entre e dentro destes sistemas têm sido negligenciadas. Assim, a consciência humana tem sido construída em partes distintas, como gavetas em uma cômoda, nas quais as experiências são guardadas e isoladas de outras gavetas ou sistemas com quem invariavelmente têm relações causais.
> Esta forma de perceber e pensar o mundo é limitada e excludente. A noção das partes sem entender as inter-relações não permite a compreensão do todo. Há centenas de anos, Aristóteles percebeu que o todo é maior que a simples soma das partes que o constituem. E

[724] Disponível em: http://acv.ibict.br/acv/o-que-e-o-acv/. Acesso em: 4 fev. 2025. Além disso, consigna-se que: "O Ibict também promove o desenvolvimento de competências em ACV por meio da realização de cursos de sensibilização, introdução à ACV e palestras para órgãos do governo, entidades de classe e academia. Produz ainda, conteúdos de cunho estratégico para o fortalecimento da ACV, como manuais técnicos, estudos e artigos científicos". A origem da ACV "remonta aos estudos do economista Wassily Leontief, através da metodologia de economic input-output life cycle assessment (EIO-LCA), lançada na década de 1970 e baseada em seus trabalhos com matrizes insumo-produto de 1930 (CMU, 2015). Com o avanço da computação, em meados dos anos 1990, pesquisadores do Green Design Institute, da Carnegie Mellon University, criaram um ambiente de simulação capaz de decodificar matrizes de grande escala" (COELHO FILHO, Osmar; SACCARO JÚNIOR, Nilo Luiz; LUEDEMANN, Gustavo. *A avaliação de ciclo de vida como ferramenta para a formulação de políticas públicas no Brasil* – Textos para discussão 2205. Brasília; Rio de Janeiro: IPEA, 2016. p. 7). Apesar de existir uma discordância sobre o histórico, o *site* institucional do IBICT descreve que o primeiro estudo como ACV aconteceu nos Estados Unidos em 1965 pela Coca-Cola para identificar qual embalagem para refrigerante teria o menor prejuízo para emissões de gases e recursos para a sua fabricação, sendo que tal estudo ficou conhecido como *Resource and Environmental Profile Analysis*. Disponível em: http://acv.ibict.br/acv/historico-da-acv/. Acesso em: 4 mar. 2019.

[725] Disponível em: http://acv.ibict.br/sobre/quem-somos/. Acesso em: 3 fev. 2025.

[726] Existem atualmente várias iniciativas nesta linha no Brasil, tais como: RAICV – Rede de Pesquisa em Avaliação de Impacto do Ciclo de vida, ACV Brasil, Rede ACV Embrapa, Fundação Espaço Eco, Enciclo Soluções Sustentáveis, Rede Brasileira de Avaliação do Ciclo de Vida (LinkedIn) e o Grupo de Gestão Ambiental Avançada.

assim, não percebemos que, ao não considerar as inter-relações, provocamos interferências nos sistemas que posteriormente serão percebidas por todos.[727]

As Normas Brasileiras de Contabilidade Aplicada ao Setor Público, NBCs T 16.1 a 16.11, aprovadas pelo Conselho Federal de Contabilidade e que geraram uma mudança de paradigma na contabilidade pública a partir do aproveitamento de técnicas do setor privado, preveem que: (i) a vida útil econômica é "o período de tempo definido ou estimado tecnicamente, durante o qual se espera obter fluxos de benefícios futuros de um ativo"; (ii) deverão sopesar para a sua estimativa a capacidade de geração de benefícios futuros, o desgaste físico decorrente de fatores operacionais ou não, a obsolescência tecnológica e os limites legais ou contratuais sobre o uso ou a exploração do ativo; (iii) deverá haver um critério objetivo com base em parâmetros e índices admitidos em norma ou laudo técnico específico; e (iv) os métodos de depreciação, amortização e exaustão devem ser compatíveis com a vida útil econômica e deverão ser computados.[728]

No seu decorrer, também menciona uma série de definições de custos (custo indireto, custo fixo, custo variável, etc.), as quais se entendem como inaplicáveis para o julgamento de um objeto numa licitação, apesar de concordar e entender como plenamente utilizável para este trabalho a importância dos atributos da informação de custos, quais sejam:

> (a) relevância – entendida como a qualidade que a informação tem de influenciar as decisões de seus usuários auxiliando na avaliação de eventos passados, presentes e futuros; (b) utilidade – deve ser útil à gestão tendo a sua relação custo benefício sempre positiva; (c) oportunidade – qualidade de a informação estar disponível no momento adequado à tomada de decisão; (d) valor social – deve proporcionar maior transparência e evidenciação do uso dos recursos públicos; (e) fidedignidade – referente à qualidade que a informação tem de estar livre de erros materiais e de juízos prévios, devendo, para esse efeito, apresentar as operações e acontecimentos de acordo com sua substância e realidade econômica e, não, meramente com a sua forma legal; (f) especificidade – informações de custos devem ser elaboradas de acordo com a finalidade específica pretendida pelos usuários; (g) comparabilidade – entende-se a qualidade que a informação deve ter de registrar as operações e acontecimentos de forma consistente e uniforme, a fim de conseguir comparabilidade entre as distintas instituições com características similares. É fundamental que o custo seja mensurado pelo mesmo critério no tempo e, quando for mudada, esta informação deve constar em nota explicativa; (h) adaptabilidade – deve permitir o detalhamento das informações em razão das diferentes expectativas e necessidades informacionais das diversas unidades organizacionais e seus respectivos usuários; (i) granularidade – sistema que deve ser capaz de produzir informações em diferentes níveis de detalhamento, mediante a geração de diferentes relatórios, sem perder o atributo da comparabilidade.[729]

---

[727] Disponível em: http://acv.ibict.br/acv/pensamento-do-ciclo-de-vida/. Acesso em: 3 fev. 2025.

[728] A depreciação pode ter inúmeras causas para gerar a redução do valor do bem (*v.g.* o uso, natureza, obsolescência, etc.). A amortização é gerada pelos elementos patrimoniais de direitos de propriedades e bens intangíveis, sendo que sua causa é a limitação de tempo para o seu uso. A exaustão acontece com recursos naturais esgotáveis e a causa é a exploração, assim como ocorre com veículos, *softwares* e recursos minerais (SECRETARIA DO TESOURO NACIONAL. *Manual de Contabilidade Aplicada ao Setor Público.* 7. ed. Brasília: STN, 2017. p. 175).

[729] Disponível em: http://portalcfc.org.br/wordpress/wp-content/uploads/2013/11/setor_publico.pdf. Acesso em: 4 mar. 2019.

As normas de contabilidade aplicada ao setor público usam a denominação vida útil[730] e podem servir de arrimo para a compreensão do ciclo total de vida do objeto, considerando a vida útil como fator a ser sopesado, principalmente nos custos de manutenção e depreciação e revenda. Em que pese a existência de normas dispondo sobre o tema, insta colacionar que ainda é pouco desenvolvida no Brasil a avaliação do ciclo de vida para fins de explorá-la como instrumento de apoio à decisão nas políticas públicas.[731]

No plano normativo, a lei que dispõe sobre a política nacional de resíduos sólidos preceitua o ciclo de vida do produto como uma "série de etapas que envolvem o desenvolvimento do produto, a obtenção de matérias-primas e insumos, o processo produtivo, o consumo e a disposição final" (artigo 3º, IV), bem como a responsabilidade compartilhada entre fabricantes, importadores, distribuidores, comerciantes, consumidores e titulares dos serviços públicos de limpeza urbana e manejo dos resíduos sólidos para diminuir o volume de resíduos e seu impacto sobre a saúde humana e a qualidade de vida (artigo 2º, XVII).

Acerca dessa responsabilidade, o artigo 30 prescreve que seus objetivos são: (i) a compatibilidade entre os interesses dos agentes econômicos e sociais para desenvolver estratégias sustentáveis; (ii) a promoção do aproveitamento dos resíduos sólidos ao remetê-los para a sua cadeia produtiva ou de outras cadeias produtivas; (iii) a redução da geração de resíduos, inclusive com a diminuição do desperdício, da poluição e dos danos ambientais; (iv) o incentivo do uso de insumos que agridam menos o meio ambiente e aumente a sustentabilidade; (v) o estímulo da produção e do consumo do mercado de materiais reciclados e recicláveis; (vi) o propício de atividades produtivas que alcancem eficiência e sustentabilidade; e (vii) o incentivo de boas práticas de responsabilidade socioambiental. Interessa também destacar o artigo 42, inciso II, que preceitua ao poder público o poder-dever de instituir medidas fomentadoras e linhas de financiamento para, de forma preferencial, as iniciativas de "desenvolvimento de produtos com menores impactos à saúde humana e à qualidade ambiental em seu ciclo de vida", bem como o artigo 44, que determina aos entes federativos que instituam normas com o fito de conceder incentivos fiscais, financeiros ou creditícios a projetos relacionados à responsabilidade pelo ciclo de vida dos produtos.

Especificamente na legislação de licitações e contratos públicos, a Lei nº 8.666/93 e a Lei nº 10.520/2002 nada dispunham sobre o assunto. Pode-se usar a Lei do Regime Diferenciado de Contratação (artigo 4º, III, da Lei nº 12.462/2011) e a Lei das Estatais (artigo 32, II, da Lei nº 13.303/2016) como fontes normativas iniciais da possibilidade de

---

730 "Ao realizar a estimativa do tempo de vida útil de um determinado ativo, deve-se verificar: a. O tempo pelo qual o ativo manterá a sua capacidade para gerar benefícios futuros para o ente. b. Os aspectos técnicos referentes ao desgaste físico e a obsolescência do bem. Por exemplo, a utilização ininterrupta do bem pode abreviar a sua vida útil. c. O tempo de vida útil de um bem que possui a sua utilização ou exploração limitada temporalmente por lei e contrato não pode ser superior a esse prazo. d. A política de gestão de ativos da entidade, ao considerar a alienação de ativos após um período determinado ou após o consumo de uma proporção específica de benefícios econômicos futuros ou potencial de serviços incorporados no ativo, fazendo com que a vida útil de um ativo possa ser menor do que a sua vida econômica" (SECRETARIA DO TESOURO NACIONAL. *Manual de Contabilidade Aplicada ao Setor Público*. 7. ed. Brasília: STN, 2017. p. 191).

731 Conclusão emergida na obra: COELHO FILHO, Osmar; SACCARO JÚNIOR, Nilo Luiz; LUEDEMANN, Gustavo. *A avaliação de ciclo de vida como ferramenta para a formulação de políticas públicas no Brasil* – Textos para discussão 2205. Brasília; Rio de Janeiro: IPEA, 2016.

seu uso, uma vez que preconizam que a busca da maior vantagem para a Administração Pública dar-se-á "considerando custos e benefícios, diretos e indiretos, de natureza econômica, social ou ambiental, inclusive os relativos à manutenção, ao desfazimento de bens e resíduos, ao índice de depreciação econômica e a outros fatores de igual relevância".

E, agora, a Lei nº 14.133 expressamente tratou sobre o ciclo de vida do objeto e a imperiosidade de o gestor público avaliar, tanto na fase interna quanto na seleção do fornecedor, todos os custos que o integram, como se pode observar da prescrição nos artigos 6º, XXIII, alínea *c*; 11, I; 18, VIII; e 34, §1º.

Há tanto destaque para o ciclo de vida que ele está como objetivo de todo processo de contratação pública. O inciso I do artigo 11 estabelece que é objetivo assegurar a seleção da proposta apta a gerar o resultado mais vantajoso para a Administração Pública, inclusive sopesando o ciclo de vida.

4.1.3.2 O ciclo total de vida útil segundo o ordenamento jurídico espanhol

No ambiente europeu, mais precisamente na Diretiva 24/2014 da União Europeia, o ciclo de vida é citado quatorze vezes somente nos considerandos, o que demonstra a sua relevância.

Em síntese, descreve que:

(i) deve ser permitida a apresentação de soluções técnicas, de normas e de especificações técnicas existentes no mercado, as quais sopesem o ciclo de vida e a sustentabilidade do processo de produção do objeto como critério a servir para julgamento;
(ii) deve ser possibilitada a apresentação de soluções técnicas, de normas e de especificações técnicas existentes no mercado que ponderem o ciclo de vida e a sustentabilidade como critério a ser apreciado;
(iii) a legislação setorial específica deverá estipular objetivos e metas de acordo com a política e condições do setor, sempre evitando que se adote uma metodologia casuística – não para um único Estado-Membro, e sim pensando no bloco;
(iv) o conceito do ciclo de vida inclui todos os custos diretos e indiretos ao longo das obras, serviços e fornecimentos;[732]

---

[732] "Tal implica tanto os custos internos, por exemplo os que dizem respeito à investigação a efetuar, ao desenvolvimento, à produção, ao transporte, à utilização, à manutenção e à eliminação no fim de vida, como os custos imputáveis a externalidades ambientais, como a poluição causada pela extração de matérias-primas utilizadas no produto ou causada pelo próprio produto ou pelo seu fabrico, desde que possam ser quantificados monetariamente e controlados. Os métodos que as autoridades adjudicantes utilizam para avaliar os custos imputados a externalidades ambientais deverão ser estabelecidos previamente de forma objetiva e não discriminatória e ficar acessíveis a todas as partes interessadas. Estes métodos poderão ser estabelecidos a nível nacional, regional ou local, mas deverão, a fim de evitar distorções de concorrência devidas a metodologias específicas, conservar um caráter geral no sentido de que não deverão ser especificamente concebidos para um determinado contrato público. Deverão ser desenvolvidas metodologias comuns a nível da União para o cálculo dos custos do ciclo de vida de determinadas categorias de fornecimentos ou serviços. Sempre que sejam desenvolvidas metodologias comuns deste tipo, a sua utilização deverá ser tornada obrigatória." Disponível em: https://eur-lex.europa.eu/legal-content/pt/TXT/?uri=CELEX:32014L0024. Acesso em: 26 mar. 2019.

(v) deverá ser estudada e criada uma metodologia para o cálculo dos custos sociais do ciclo de vida, considerando as já existentes, como é o caso das *Guidelines for Social Life Cycle Assessment of Products*, adotadas no âmbito do Programa das Nações Unidas para o Ambiente; e
(vi) a Comissão da União Europeia deverá criar as metodologias para a composição do ciclo de vida dos objetos, bem como tem a missão de manter atualizada a lista com tais informações no sítio eletrônico.[733]

O artigo 68 da Diretiva 24/2014 da União Europeia prescreve que o cálculo deve albergar partes ou a totalidade dos custos relevantes, divididos em:

a) custos suportados pela autoridade adjudicante ou outros utilizadores, nomeadamente: i) custos relacionados com a aquisição, ii) custos de utilização, tais como consumo de energia e de outros recursos, iii) custos de manutenção e iv) custos de fim de vida, tais como custos de recolha e reciclagem; e
b) custos imputados a externalidades ambientais ligadas ao produto, serviço ou obra durante o seu ciclo de vida, desde que seja possível determinar e confirmar o seu valor monetário; esses custos podem incluir o custo das emissões de gases de efeito estufa e de outras emissões poluentes, assim como outros custos de atenuação das alterações climáticas.

Atualmente, existem ferramentas utilizadas na União Europeia para a fixação do ciclo de custo de vida de bens e serviços.[734] O próprio *site* da Contratação Pública Verde da Comissão Europeia já menciona tais cálculos e expõe informações para os mais diversos objetos (produtos e serviços de limpeza, computador e monitores, cópia e papel gráfico, equipamentos elétricos e eletrônicos utilizados nos setor de saúde, eletricidade, serviços de alimentação e *catering*, mobília, produtos e serviços de jardinagem, equipamento de imagem, projeto, construção e gerenciamento de prédios de escritórios, tintas, vernizes e marcações rodoviárias, projeto, construção e manutenção de estradas, torneiras sanitárias, iluminação rodoviária e sinais de trânsito, têxteis, banheiros e mictórios, transporte rodoviário, infraestrutura de águas residuais e aquecedores à base de água).[735]

---

733 De acordo com esse raciocínio, atualmente existe a Comissão Europeia, que versa sobre consumo e produção sustentáveis (CPS), sendo que o objetivo "consiste em identificar potenciais melhorias a realizar em produtos e serviços que poderão reduzir o impacto no ambiente e a utilização de recursos em todas as fases do ciclo de vida desses produtos ou serviços (matérias-primas/cadeias de abastecimento/utilização de produtos/fim de vida útil: as consequências da eliminação e as possibilidades de reutilização ou reciclagem)". Disponível em: http://www.europarl.europa.eu/factsheets/pt/sheet/77/consumo-e-producao-sustentaveis. Acesso em: 26 mar. 2019.

734 Merecem destaque as seguintes calculadoras:
(i) para aquisição de veículos: https://ec.europa.eu/transport/themes/urban/vehicles/directive/;
(ii) para construção: http://ec.europa.eu/growth/sectors/co nstruction/support-toolsstudies/index_en.htm;
(iii) para mensurar a emissão de CO_2: http://www.smart-spp.eu; e
(iv) para cálculo geral, iluminação interna, iluminação exterior, carros, cozinha, edifícios modulares temporários, máquinas de venda, café e eletrodomésticos, feita pelo Conselho Sueco de Gestão Ambiental: http://www.upphandlingsmyndighete n.se/omraden/lcc/lcc-kalkyler/.

735 Disponível em: http://ec.europa.eu/environment/gpp/eu_gpp_criteria_en.htm. Acesso em: 3 fev. 2019.

4.1.4 Os custos que deverão integrar o ciclo total de vida útil

Feitas tais considerações, explica-se cada elemento do custo total de vida que deve ser respeitado como boa prática de contratação administrativa no cálculo do custo, tanto na fase preparatória quanto para aferir a exequibilidade das propostas.[736]

a) Custos de manutenção, depreciação e revenda

Os custos de manutenção, depreciação e revenda precisam ser considerados quando da fase interna (preparatória) da licitação, mais precisamente para que, na arquitetura pretendida a ser contratada, seja sopesada a viabilidade de especificações técnicas ou discriminações sobre o objeto.

Esses valores estão associados ao que se chama de custo total de propriedade (*total cost of ownership*), cuja expressão do setor comercial representa quantificar todos os gastos até o uso econômico do objeto.[737]

Os gastos de manutenção e reparos são aqueles incorridos para a manutenção ou recolocação do objeto em condição normal de uso, não gerando qualquer aumento de vida útil. Diferem-se de qualquer melhoria sobre o objeto, já que a definição desta acarreta um aumento de vida útil em virtude de incrementar a capacidade produtiva ou diminuir o custo operacional.[738]

Como diz o Manual de Contratações Ecológicas da União Europeia, o consumo de energia, água e combustível, em geral, deverá ser estimado para reputar como boa ou não uma opção de objeto (serviço ou produto), até porque o maior ou menor dispêndio ensejará um parecer aconselhável ou não do ponto de vista econômico e ambiental.[739]

O mesmo raciocínio é feito sobre os valores de manutenção e substituição, como exemplificado na feitura de um edifício e uma ponte, já que os materiais utilizados no acabamento exterior poderão ser mais caros no momento da construção comparados a outros, entretanto o custo de manutenção e limpeza resultará num melhor negócio.[740]

---

[736] *"En efecto, la práctica administrativa adquiere relevancia en Derecho a través de un doble camino: en primer lugar, por cuanto es de la práctica administrativo de donde el legislador toma los criterios, legalizando así y dando carácter positivo a las antiguas prácticas administrativas (gran parte de la legislación administrativa fue inicialmente mera práctica interna de la Administración). En segundo lugar, a través de la doctrina del precedente (...)"* (PALASI, Jose Luis Villar; EZCURRA, Jose Luis Villar. *Principios de Derecho Administrativo.* Tomo I. 3. ed. Madrid: Universidad Computense, 1992. p. 306).

[737] SPP REGIONS – Regional Networks for Sustainable Procurement. *Life Cycle Costing State of the art report.* (Bruxelas): ICLEI – Local Governments for Sustainability, 2017. p. 6.

[738] SECRETARIA DO TESOURO NACIONAL. *Manual de Contabilidade Aplicada ao Setor Público.* 7. ed. Brasília: STN, 2017. p. 110.

[739] Acerca do papel dos Estados na proteção e eficiência ambiental, em especial no contexto da legislação europeia, ainda que versando sobre as contenções energéticas nos edifícios públicos e privados, pois estes representam oitenta por cento do consumo europeu, Judith Gifreu Font explica no artigo: FONT, Judith Gifreu. La integración de medidas de eficiencia energética en la edificación a la vista de los objetivos de la UE para los horizontes 2020-2030. Las redesdistrict heating and cooling. *RCDA*, n. 1, vol. X, p. 1-55, 2019, p. 5-14.

[740] UNIÓN EUROPEA. *Adquisiciones ecológicas Manual sobre la contratación pública ecológica.* 3. ed. Luxemburgo: Oficina de Publicaciones de la Unión Europea, 2016. p. 51-52. Disponível: http://ec.europa.eu/environment/gpp/pdf/handbook_2016_es.pdf. Vale colacionar aqui a ideia de taxa de desconto e duração da vida de produto para fins de encontro do montante de depreciação, conforme explicado no citado Manual à fl. 53: *"La frecuencia con que un producto debe sustituirse también tendrá una importante repercusión en su coste, especialmente a lo largo de un periodo más prolongado. Un producto barato que debe sustituirse con frecuencia puede costar más a largo plazo que un producto de precio más alto que dure muchos años. Esto debe tenerse en cuenta a la hora de determinar a lo largo de cuántos años desea realizar una comparación de los costes del ciclo de vida. Tasa de descuento. En el futuro, los costes tendrán un valor inferior al actual, puesto que la sociedad asigna un peso mayor a los efectos positivos y negativos que se producen*

Se for um produto, também deve ser calculado o seu valor de revenda se não houver a completa depreciação durante o seu uso pela Administração Pública.

Por tais razões, essa vertical perscrutação deverá ser feita durante a fase interna da licitação e também como forma objetiva de conferência da exequibilidade da proposta quando determinada a abertura do preço, seja por meio de juntada obrigatória da planilha segundo regra editalícia ou quando houver diligência sobre a sua viabilidade ou não de ser concretizada.

b) Custo de responsabilidade ambiental

O custo de responsabilidade ambiental também deverá ser calculado, o qual faz parte da promoção do desenvolvimento nacional sustentável e significa que a Administração Pública deverá avaliar quais serão os custos ambientais para ter o objeto.

Algumas inquirições devem ser feitas: é possível reciclar? É viável reutilizar? Quanto gera um processo de reciclagem? Quanta energia é gasta? É permitido o uso de produto biodegradável ou não? Qual a degradação e seu grau? Qual o custo para dar o tratamento do resíduo? Quais são as demais opções existentes no mercado? Enfim, busca-se saber quais são os custos da responsabilidade ambiental e seu impacto no valor final do ciclo do custo total de vida.[741] A mais, é a busca pela menor geração de entropia no processo como um todo.[742]

Nesse propósito, políticas de certificação ambiental ou ecológica de objetos, métodos de produção e de serviços representam uma excelente oportunidade de aliar o zelo verde e o desenvolvimento de tecnologia.

Na Coreia do Sul, existe um programa governamental que fornece o selo *New Excellent Product* (NEP) e, com essa certificação, a empresa poderá ser contratada diretamente – caso haja concorrência, poderá servir como peso para julgamento na

---

hoy que a los que tienen lugar en el futuro. 100 EUR invertidos hoy a un interés de 5 % equivaldrían a 105 EUR al cabo de un año. Por consiguiente, 105 EUR gastados dentro de un año tendrían un «valor» de 100 EUR a día de hoy. Ese sería su valor actual neto (VAN). El VAN se puede tener en cuenta a la hora de comparar los costes del ciclo de vida, mediante la aplicación de una tasa de descuento social a los costes futuros. Esta tasa varía según los países, pero por lo general oscila entre un 3 % y un 8 % (ajustada para eliminar los efectos de la inflación)".

741 Exemplos de cláusulas ambientais: "*Entrega y envasado de bienes a granel y no por unidades; Recuperación o reutilización a cargo del contratista del material de envasado y de los productos usados; suministro de bienes en recipientes reutilizables; recogida, reciclado o reutilización a cargo del contratista de los despachos producidos durante la utilización o consumo de un producto o después; transporte y entrega donde tenga lugar la utilización de los productos químicos (por ejemplo, productos de limpieza) concentrados e diluidos*" (FELIÚ, José María Gimeno. Los procedimientos y criterios de adjudicación y la posibilidad de valorar aspectos sociales y medioambientales. *In*: FELIÚ, José María Gimeno (coord.). *Contratación de las Administraciones Públicas*: análisis práctico de la nueva normativa sobre contratación pública. Barcelona: Atelier, 2004. p. 61-94, p. 93). Acerca de exemplos de especificações técnicas relativas a características funcionais, Maria João Estorninho apresenta: "Exigir certo tipo de matérias-primas, percentagens mínimas de material reciclado, proibição de utilização determinada substância". Já sobre as especificações técnicas sobre a produção: "Exigir determinado método de produção (ex. madeira proveniente de florestas geridas de modo sustentável, alimentos de agricultura biológica, eletricidade proveniente de fontes de energia renovável)" (ESTORNINHO, Maria João. *Curso de Direito de Contratos Públicos*: por uma contratação pública sustentável. Coimbra: Almedina, 2013. p. 435).

742 EMERY, Emerson Baldotto. *Desenvolvimento sustentável*: princípio da eficiência em procedimentos licitatórios. Belo Horizonte: Fórum, 2016. p. 127-129. A mais, como exemplo, salienta-se que já há alguns estudos e normas sobre procedimentos e critérios para o funcionamento de sistemas de tratamento térmico de resíduos, como é o caso da Resolução CONAMA nº 316/2002, porém é necessário que se estudem e criem outras normas com ampla participação democrática a fim de disciplinar sobre os mais variados métodos ambientais impactantes em obras, serviços ou produtos.

qualidade.[743] Na Romênia, a prefeitura de Baia Mare, em uma dada oportunidade, realizou a licitação para a aquisição de veículos e ônibus, sendo que foi levada em consideração, além de outros critérios no ciclo de vida, a emissão de gases.[744]

Na Europa, a Diretiva 2009/33/CE do Parlamento Europeu e do Conselho de 23 de abril de 2009 impõe critérios para a contratação de transporte rodoviário e energeticamente eficiente, abarcando, assim, a aferição dos gases exarados.[745]

No Brasil, as licitações de concessão de serviço público de transporte coletivo já têm demonstrado a necessidade de avaliar a questão da emissão dos gases como critérios de seleção ou requisito de aceitabilidade da proposta.[746]

Nesse ponto, o progresso tecnológico revela-se como essencial, até mesmo para calcular e propor alternativas aos consumidores; por tal razão, a atualização com os conhecimentos sobre o mercado do objeto é essencial para o sucesso da contratação.

Na legislação brasileira, a Lei do Regime Diferenciado de Contratação (Lei nº 12.462) expressamente preceituava a busca da maior vantagem para a Administração Pública considerando os custos e benefícios de índole ambiental, entre outros (artigo 4º, III),[747] e também a possibilidade de exigir certificado ambiental para atestar a qualidade do produto ou do processo de fabricação, no caso de aquisição de bens (artigo 7º, inciso III).

No mesmo sentido, há a Lei das Empresas Estatais (Lei nº 13.303/16), com disposições similares em seus artigos 32, II, e 47, III.

A Lei nº 8.666/93 nada disciplinava de maneira explícita, mas tão somente quando versava sobre projeto básico ao estatuir que deveria assegurar o adequado tratamento do impacto ambiental do empreendimento, conforme artigos 6º, IX, e 12, VII.

Agora, da intelecção da Lei nº 14.133 é possível aferir que o tratamento do impacto ambiental e a aferição desse custo para o ciclo total de vida do objeto devem ser estudados e inseridos quando da feitura dos atos preparatórios à licitação, mais precisamente na fase interna (artigos 6º, XXIV, alínea *e*, XXV; 18, §1º, XII; 34, §1º; 45).

---

[743] ARAÚJO JÚNIOR, Ignácio Tavares de. Análise comparada sobre medidas de favorecimento de micro e pequenas empresas (MPES) em compras públicas com avaliação de eficácia e identificação de melhores práticas. Texto para discussão. Brasília; Rio de Janeiro: IPEA – Instituto de Pesquisa Econômica Aplicada, 2018. p. 37.

[744] UNIÓN EUROPEA. *Adquisiciones ecológicas Manual sobre la contratación pública ecológica*. 3. ed. Luxemburgo: Oficina de Publicaciones de la Unión Europea, 2016. p. 51. Disponível em: http://ec.europa.eu/environment/gpp/pdf/handbook_2016_es.pdf.

[745] Disponível em: https://eur-lex.europa.eu/legal-content/PT/TXT/PDF/?uri=CELEX:32009L0033&from=EN. Acesso em: 3 fev. 2019.

[746] Sobre o tema, vide a licitação da Urbanização de Curitiba S. A. – Edital de Concorrência Pública nº 005/2009. Disponível em: https://www.urbs.curitiba.pr.gov.br/PORTAL/licitacoes/documentos/Edital_cc_005_2009.pdf. Acesso em: 10 jul. 2019.

[747] "Art. 4º Nas licitações e contratos de que trata esta Lei serão observadas as seguintes diretrizes: (...) III - busca da maior vantagem para a administração pública, considerando custos e benefícios, diretos e indiretos, de natureza econômica, social ou ambiental, inclusive os relativos à manutenção, ao desfazimento de bens e resíduos, ao índice de depreciação econômica e a outros fatores de igual relevância; (...) §1º As contratações realizadas com base no RDC devem respeitar, especialmente, as normas relativas à: I - disposição final ambientalmente adequada dos resíduos sólidos gerados pelas obras contratadas; II - mitigação por condicionantes e compensação ambiental, que serão definidas no procedimento de licenciamento ambiental; III - utilização de produtos, equipamentos e serviços que, comprovadamente, reduzam o consumo de energia e recursos naturais; IV - avaliação de impactos de vizinhança, na forma da legislação urbanística; V - proteção do patrimônio cultural, histórico, arqueológico e imaterial, inclusive por meio da avaliação do impacto direto ou indireto causado pelas obras contratadas; e (...)."

Na União Europeia, segundo Diretiva 24/2014, o zelo ao meio ambiente é tratado em vários artigos, a saber: (i) artigo 42, que prevê as especificações técnicas e que poderão ser incluídas características ambientais; (ii) o artigo 43, que permite a exigência de rótulos ambiental, social ou outro; (iii) o artigo 57, que dispõe que poderá ser gerada a exclusão de licitante por não ter cumprido a proteção ambiental; (iv) o artigo 62, que aborda as normas de garantia de qualidade e normas de gestão ambiental, ou seja, as ecoetiquetas; (v) o artigo 67, que dispõe que poderá ser usado o critério ambiental no julgamento (adjudicação) das propostas; (vi) o artigo 68, que, quando trata do ciclo total de vida, insere os custos das externalidades ambientais; e (viii) o artigo 70, que estipula o cumprimento das condições ambientais para a regularidade da execução contratual.[748]

A avaliação dos custos ambientais externos é fato que tem preocupado as autoridades europeias, mais precisamente na parte das externalidades ambientais dos objetos, assim como ocorre com os fatores do câmbio climático, acidificação do solo ou comprometimento da água. Tanto é que, atualmente, a Diretiva permite a inserção de cláusulas nesse sentido, desde que explicitem o método a ser utilizado, demonstrem que se trata de critérios objetivos e não discriminatórios, seja algo acessível para as partes interessadas e que haja uma proporcionalidade na obtenção pelos operadores econômicos dessa certificação.[749]

Em outras palavras, as informações sobre a relação qualidade e preço a ser ponderada no julgamento da licitação deverão ser claramente expressas no ato convocatório, inclusive como se chegou ao critério a partir de uma dada metodologia.

J. José Pernas García aponta tais limites para inserir a necessidade de etiquetas como referência para a determinação das especificações técnicas, quais sejam: (i) devem estar vinculadas ao objeto do contrato e não se referir ao comportamento ambiental do operador econômico; (ii) não se pode exigir que as empresas fiquem presas a determinado sistema de etiqueta (um único etiquetador); (iii) o edital deve indicar as características ambientais detalhadas derivadas de um sistema de ecoetiquetado determinado e concretar nos documentos contratuais as especificações detalhadas obtidas dos sistemas de etiquetado utilizado como referência; e (iv) os órgãos poderão exigir etiquetas específicas, desde que aceitem outras etiquetas análogas e correspondentes de conteúdo ou outros meios de prova sobre o conteúdo da etiqueta.[750]

---

[748] É mencionado o caráter ambiental ou meio ambiente por 16 vezes no bojo da Diretiva e por 67 vezes no geral, computando os considerandos e os anexos.

[749] UNIÓN EUROPEA. *Adquisiciones ecológicas Manual sobre la contratación pública ecológica*. 3. ed. Luxemburgo: Oficina de Publicaciones de la Unión Europea, 2016. p. 52. Disponível em: http://ec.europa.eu/environment/gpp/pdf/handbook_2016_es.pdf.

[750] GARCÍA, J. José Pernas. Contratación pública y eficiencia energética. *In*: GARCÍA, J. José Pernas (dir.). *Contratación pública estratégica*. Pamplona: Editorial Aranzadi, 2013. p. 283-328, p. 323-324. Sobre a viabilidade de vincular o objeto contratual a critérios ambientais, o Governo Vasco, a partir da Junta de Assessoria de Contratação Pública, aponta na Recomendación 02/2018, de 21 de junho, que: "*Se recomienda pues la interpretación amplia de tal vinculación al objeto: cualquier aspecto del desarrollo de un bien, obra o incluso servicio, desde su diseño o producción hasta su eliminación o reaprovechamiento, pasando por su comercialización, transporte y puesta a disposición, ha de entenderse vinculado al objeto del contrato, independientemente de que forme o no parte de la sustancia material de la prestación*" (GOBIERNO VASCO. *Recomendación 2/2018, de 21 de junio, de la junta asesora de contratación pública*. Objeto: cláusulas ambientales en la contratación pública. Disponível em: http://www.contratacion.euskadi.eus/contenidos/informacion/junta_asesora/es_normativ/adjuntos/Recomendaci%C3%B3n%202_2018%20_%20Cl%C3%A1usulas%20ambientales.pdf. Acesso em: 4 fev. 2019).

Não se pode esconder que existem críticas sobre o uso do selo ou de qual critério ambiental será adotado, uma vez que a justificativa objetiva deste ou daquele é bastante dificultosa, motivo que geraria a escolha de determinar o respeito ao critério ambiental durante a execução contratual, e não na hora do julgamento.[751]

Com a devida vênia, aqui entraria a dificuldade de fiscalizar a execução contratual e da probabilidade de maior prejuízo ao interesse público, a partir do momento em que, se um contratado não cumprisse com a regra contratual, consequentemente teria que rescindir o contrato e convocar os licitantes remanescentes para avaliar o interesse de algum deles, na ordem sequencial, em aceitar a celebração do contrato.

Para evitar esse recaminho, que economicamente é mais penoso e custoso, prefere-se a sua solicitação como condição objetiva para participação do certame. Por fim, neste ponto, José María Gimeno Feliú explica que, na maior parte dos casos de etiquetas ambientais, os critérios se referem à qualidade ou eficácia do bem ou à execução de obras ou prestação de serviços; portanto, a justificativa estaria em pé de igualdade junto às características funcionais e estéticas, que também são critérios válidos.[752]

Em suma, defende-se que o Estado também é responsável pelo consumo consciente, a partir da contratação de empresas ambientalmente responsáveis por meio de selos, certificações e catálogos, até porque gerará um papel educativo, pedagógico e orientativo para o mercado e para a sociedade.[753] Portanto, a mensuração dessa responsabilidade no custo é condição *sine qua non* para o escorreito cômputo e ainda para a difusão da consciência da contratação responsável, a qual deve ser exercida por todos os consumidores.[754]

---

[751] ACEVEDO, Rafael Fernández; FERNÁNDEZ, Patricia Valcárcel. Análisis de los criterios de adjudicación de los contratos públicos en el marco de la cuarta generación de Directivas del Sector. *In*: ACEVEDO, Rafael Fernández; FERNÁNDEZ, Patricia Valcárcel (dir.). *La contratación pública a debate*: presente y futuro. Navarra: Civitas, 2014. p. 199-274, p. 232.

[752] FELIÚ, José María Gimeno. Los procedimientos y criterios de adjudicación y la posibilidad de valorar aspectos sociales y medioambientales. *In*: FELIÚ, José María Gimeno (coord.). *Contratación de las Administraciones Públicas*: análisis práctico de la nueva normativa sobre contratación pública. Barcelona: Atelier, 2004. p. 61-94, p. 89.

[753] ARAÚJO, Jailson de Souza; VETTORAZZI, Karlo Messa. A sustentabilidade de produtos e serviços enquanto pré-requisito ao consumo consciente. *Revista de Direito Econômico e Socioambiental*, Curitiba, v. 1, n. 1, p. 109-126, jan./jun. 2010, p. 125. Valiosos os comentários de Irene Nohara, ressoando que: "A licitação deve mirar o objetivo do desenvolvimento nacional sustentável, sendo que as políticas de desenvolvimento, ao serem planejadas, devem considerar a potencialidade das compras governamentais como um fator relevante para induzir o desenvolvimento nacional de forma sustentável. (...) Houve a percepção de que o planejamento e a gestão da política pública das compras governamentais são meios adequados para induzir o comportamento sustentável de um segmento relevante para economizar composto dos fornecedores de produtos e serviços para o poder público" (CÂMARA, Jacintho Arruda; NOHARA, Irene. *Tratado de Direito Administrativo*: licitação e contratos administrativos. São Paulo: Revista dos Tribunais, 2014. p. 44-45).

[754] *"La contratación pública responsable implica la traslación al ámbito público de la responsabilidad social de la empresa que consiste en la integración voluntaria, por parte de las empresas, de las preocupaciones sociales y medioambientales en sus operaciones comerciales más allá de sus obligaciones legales. En este sentido, utilizamos el término contratación pública responsable de forma genérica para referirnos al hecho de que la inversión pública que acompaña la contratación tenga en cuenta o impulse objetivos beneficiosos para toda la sociedad –principalmente de carácter medioambiental y/o social– desde un planteamiento que descansa en una utilización estratégica de la contratación pública sin atender exclusivamente a factores económicos y que se integra por tres elementos: compra verde o ecológica, compra pública ética e compra social"* (ARNÁIZ, Teresa Medina. Comercio justo y contratación pública. *In*: GARCÍA, J. José Pernas (dir.). *Contratación pública estratégica*. Pamplona: Editorial Aranzadi, 2013. p. 249-281, p. 253-255).

c) Custo de responsabilidade do desenvolvimento local e regional

No caso brasileiro, existe necessidade de responsabilidade pelo desenvolvimento local e regional, do ponto de vista formal e material.

Formalmente, a Constituição da República Federativa do Brasil, em seu artigo 3º, III, prescreve que é um objetivo fundamental a diminuição das desigualdades regionais e sociais, sendo que tal norma é repetida como princípio da ordem econômica no artigo 170.[755]

Materialmente, não é possível pensar no desenvolvimento nacional se não houver o desenvolvimento regional e local. Imagine um índice que meça o desenvolvimento nacional diante de um Estado territorialmente gigantesco, igual ao Brasil, e se pergunte: é possível que haja uniformidade?

A resposta negativa parece ser a única possível de ser adotada. O uso de um índice nacional gera a mesma falácia de atrelar o desenvolvimento ao crescimento econômico. Enquanto o crescimento econômico a partir do PIB pode significar que a riqueza tenha ficado nas mãos de poucos ou, atualmente, inclusive, tenha sido devolvida a países de origem de investidores, advogar por um desenvolvimento nacional sem enfocar no regional e local ensejará o mesmo resultado, qual seja, premissa equivocada, que impede a confirmação do dogma (ou afirmação) pretendido.

Para consubstanciar a asserção, basta conferir os dados recolhidos em pesquisa pelo Instituto Brasileiro de Geografia e Estatística, mais precisamente pelo Sistema de Indicador Social dos dados – coletados em 2017 e editados em 2018 –, o qual informa:

(i) na taxa de frequência bruta, o estabelecimento de ensino da população residente de um grupo de idade de 18 a 24 anos, enquanto, em Brasília, a taxa é de 42,9, a de Fortaleza é de 33,6;
(ii) nas medidas do hiato da pobreza (*poverty gap*), em especial a massa de rendimento para que todos alcancem a linha de pobreza (R$ milhões), enquanto em Florianópolis é de 5 (22%), Porto Velho é de 22 (10,3%); e
(iii) sobre rendimento-hora média real habitual do trabalho principal das pessoas de 14 anos ou mais de idade ocupadas na semana de referência, por nível de instrução, com indicação do coeficiente de variação, segundo grandes regiões, sexo e cor ou raça, pode-se visualizar que a média sem instrução no Nordeste é de 5,1 e, no Sul, de 9,3.[756] Tais números continuam demonstrando uma disparidade entre as localidades e regiões brasileiras.[757]

---

755 O Supremo Tribunal Federal já decidiu que é possível fixar alíquotas diferentes para beneficiar determinada região ou localidade, conforme julgado abaixo: "Decreto 420/1992. Lei 8.393/1991. IPI. Alíquota regionalizada incidente sobre o açúcar. Alegada ofensa ao disposto nos arts. 150, I, II e §3º, e 151, I, da Constituição do Brasil. Constitucionalidade. O Decreto 420/1992 estabeleceu alíquotas diferenciadas – incentivo fiscal – visando dar concreção ao preceito veiculado pelo art. 3º da Constituição, ao objetivo da redução das desigualdades regionais e de desenvolvimento nacional. Autoriza-o o art. 151, I, da Constituição" [STF, AI nº 630.997 AgR, rel. min. Eros Grau, j. 24.4.2007, 2ª T, *DJ* de 18.5.2007]. Além deste, recentemente foi julgado o RE nº 596.614, que trata da Zona Franca de Manaus, e a maioria do colegiado deliberou também pela possibilidade.

756 Esses foram somente alguns dados do Sistema de Indicador Social do IBGE para evidenciar o contraste entre localidades e regiões no Brasil. Disponível em: https://www.ibge.gov.br/estatisticas/multidominio/condicoes-de-vida-desigualdade-e-pobreza/9221-sintese-de-indicadores-sociais.html?=&t=resultados. Acesso em: 3 fev. 2019.

757 Disponível em: https://www.ibge.gov.br/cidades-e-estados.html?view=municipio. Acesso em: 10 fev. 2025.

Independentemente do nome utilizado (subdesenvolvimento, países em desenvolvimento, países emergentes ou qualquer outro), o fato é que o Brasil "ainda conta com estruturas econômicas típicas de país subdesenvolvido, em que, além de atraso tecnológico em muitos setores, uma grande parte da população ainda não desfruta de garantias básicas de vida digna".[758] Discorre-se mais: infelizmente, ainda grande parcela do povo brasileiro não goza do mínimo existencial, razão pela qual sequer se pode aferir qualquer dignidade da pessoa humana, ainda que esta esteja elencada como fundamento da República Federativa do Brasil no artigo 1º, III.

Como dizem Emerson Gabardo e Clayton Santos do Couto, o direito ao desenvolvimento assegura que o seu foco deve ser "voltado à redução das desigualdades locais ou regionais dentro de um mesmo Estado ou de um espaço político supranacional, servindo de instrumento de uniformização dos benefícios do progresso econômico e social dentro de uma mesma coletividade".[759]

O problema de uma microrregião espraiará efeitos para a macrorregião e assim sucessivamente, o que permite asseverar que o problema de uma localidade é também da região e da nação.

Marcos Juruena Villela Souto ensina que os incentivos podem ser setoriais, para atender determinada atividade, ou regionais, para acolher e ajudar "o desenvolvimento de zonas que sofrem condições climáticas adversas, para criar novos empregos e elevação de renda *per capita*, para aproveitamento das riquezas regionais em zonas onde faltam recursos humanos e financeiros, muitas vezes em razão de preferências localizadas em regiões mais desenvolvidas".[760]

Aproveita-se o raciocínio esposado por Emerson Gabardo quando trata da solidariedade entre os cidadãos para utilizar aqui entre os entes locais e regionais para com o nacional, mais precisamente para asseverar que, num sistema efetivamente democrático, é imprescindível raciocinar que todos são independentes, porém fracos, e que precisam aprender a se ajudar mutuamente no afã do fortalecimento.[761]

Com o digno respeito, discorda-se da ideia propalada por Oksandro Gonçalves de que "o desenvolvimento regional de uma região não pode ser feito à custa do desenvolvimento de outra", isso porque, quando se está diante de um desenvolvimento regional ou desenvolvimento local, com certeza o Estado fará escolhas políticas pautadas, pelo menos do ponto de vista do dever-ser, em questões técnicas e devidamente justificadas.[762]

Da mesma maneira, parece acertada a ideia de os Estados terem posições diferentes quanto ao protecionismo em geral, de acordo com as suas condições socioeconômicas, sob pena de malferir a isonomia. Nesse ponto, o contrato público deve ser usado estrategicamente, a fim de traduzir uma política local ou regional, conforme dados e informes técnicos para aferir a obediência ao princípio da isonomia.

---

758 CABRAL, Mário André Machado. *Subdesenvolvimento e Estado de exceção*. Rio de Janeiro: Lumen Juris, 2018. p. 6.

759 GABARDO, Emerson; COUTO, Clayton Santos do. O desenvolvimento para além das fronteiras nacionais: entre universalismo e subsidiariedade. *In*: RAMINA, Larissa; FRIEDRICH, Tatyana Scheila (coord.). *Coleção Direito Internacional Multifacetado*. Vol. V. Curitiba: Juruá, 2015. p. 105-127, p. 114.

760 SOUTO, Marcos Juruena Villela. *Direito Administrativo das Parcerias*. Rio de Janeiro: Lumen Juris, 2005. p. 04.

761 GABARDO, Emerson. *Interesse público e subsidiariedade*. Belo Horizonte: Fórum, 2009. p. 126-127.

762 GONÇALVES, Oksandro. Os incentivos tributários na Zona Franca de Manaus e o desequilíbrio concorrencial no setor de refrigerantes. *Economic Analysis of Law Review*, v. 3, p. 72-94, 2012, p. 93.

No âmbito europeu, tal raciocínio é atualmente vedado pela União Europeia, o que até não se discorda, considerando a uniformidade de ponto de partida bastante parecido entre os Estados-Membros; ainda que se reconheça a distância entre Dinamarca e Portugal, por exemplo, porém não se tem disparate com um país subdesenvolvido.[763]

A diversificação de posições relativas entre localidades, regiões e países sempre existirá, e as mudanças de oportunidades de mercado gerarão um arrefecimento e uma substituição, inclusive do local, para a execução do processo produtivo e da destinação dos lucros.[764] Mesmo assim, compreende-se que é dever da União se preocupar com o desenvolvimento local e regional, sob pena de permitir a ocorrência de direcionamento ou bolsões de desenvolvimento em contraste com outros pontos extremamente deficitários.

A própria participação das pequenas empresas, ou de pequeno porte, como são denominadas no Brasil, ou empresas pequenas e medianas chamadas na União Europeia, constitui um fator essencial para a coesão econômica e social das regiões menos favorecidas.[765]

Luis Aragón E. relata o impacto da ciência e tecnologia no desenvolvimento regional da bacia amazônica pelos diversos países banhados.[766] Em linha similar, o professor da Universidade de Guadalajara Marco Antonio Merchand Rojas explica que o alargamento das divergências inter-regionais e intrarregionais nas dimensões locais, nacionais e mundial justifica a institucionalização de políticas públicas regionais idôneas que intentem arrefecer os efeitos da divergência. A diminuição da divergência ajuda a promover o efetivo desenvolvimento regional.[767]

Em vigor no Brasil, a Lei Complementar nº 123/2006, com as suas alterações supervenientes, permite que seja concedida uma margem de preferência adicional para microempresas e empresas de pequeno porte local ou regional em comparação com as demais nas licitações exclusivas de até R$80 mil (artigo 48, inciso I) e na licitação de cota exclusiva (artigo 48, III).

---

763 "Os contratos públicos podem reflectir políticas regionais que considerem, nomeadamente, a familiaridade com o contexto social. No passado, directivas sobre contratação pública admitiam expressamente a adopção de mecanismos de preferência a regiões economicamente menos favorecidas. Porém, mais tarde esta possibilidade foi eliminada porque se considera que a exigência de familiaridade conduz, no entanto, à (potencial) discriminação de operadores económicos intra-comunitários" (RODRIGUES, Nuno Cunha. *A contratação pública como instrumento de política econômica*. Coimbra: Almedina, 2015. p. 291). Sobre o viés internacionalista, Natália Figueiredo explana: "Dessa maneira, uma política industrial que não tenha por propósito e efeito o atingimento desses objetivos estarão na contramão da Constituição Federal. A promoção de políticas públicas de transformação das estruturas socioeconômicas deve ter como fim a promoção do desenvolvimento equilibrado, buscando-se o desenvolvimento nacional e a redução das disparidades regionais. Qualquer outro objetivo ou efeito poderá dar origem a um questionamento legítimo de sua constitucionalidade" (FIGUEIREDO, Natália. Acordo TRIMS: flexibilização ou não? Política de conteúdo local, processo produtivo básico (PPB) e os desafios para a indústria brasileira e a integração latino-americana. *Revista de Direito Internacional, Brasília*, v. 13, n. 1, 2016, p. 100-121, p. 115).

764 SCHUMPETER, Joseph A. *Capitalismo, Socialismo e Democracia*. Tradução: Ruy Jungman. Rio de Janeiro: Editora Fundo de Cultura, 1961. p. 149.

765 RODRIGUES, Nuno Cunha. *A contratação pública como instrumento de política econômica*. Coimbra: Almedina, 2015. p. 280.

766 ARAGÓN, Luis E. *Educação, Ciência e Tecnologia*: bases para o desenvolvimento sustentável da Amazônia. Belém: Associação de Universidades Amazônicas, UNESCO, 1997.

767 ROJAS, Marco Antonio Merchand. Las teorías del desarrollo y las estrategias de política económica regional en las economías periféricas. *In*: ETGES, Virginia Elisabeta; AREND, Silvio Cezar (org.). *CEPAL*: leituras sobre o desenvolvimento latino-americano. Santa Cruz do Sul: EDUNISC, 2012. p. 38-75.

Há legislações municipais que determinam a contratação da mão de obra do local para as obras públicas do município de São Sebastião (70% deve ser trabalhador residente no município – Lei Municipal nº 2.336/2015) e que preveem que a licitação será exclusiva para microempresas e empresas de pequeno porte do local ou da região, como sucede no município de Pontal do Paraná (artigo 28-G da Lei Complementar Municipal nº 12/2015).[768] No caso de São Sebastião, o Tribunal de Justiça do Estado de São Paulo julgou inconstitucional, consoante Ação Direta de Inconstitucionalidade nº 2179909-75.2017.8.26.0000.[769]

Como reforçam os estudos da disciplina existente nos cursos de direito na Espanha, denominada de desenvolvimento local (*Desarrollo Local*), o objetivo específico das iniciativas para desenvolver o local, segundo José Manuel Rodríguez Álvarez, se perfectibiliza a partir do reforço da capacidade de uma zona concreta de buscar autonomia para a sua sobrevivência, gerar um entorno adequado e permitir a riqueza no seu ambiente, tudo isso para viabilizar a melhoria na qualidade de vida e de ambiente social.

Com isso, pode-se aproveitar a definição, tanto para o local quanto regional, que é "*un proceso de cambio y de enriquecimiento de las estructuras económicas en un territorio homogéneo por sus características culturales, sociales y económicas*".[770] O autor ainda pontua os elementos para a existência de um modelo de desenvolvimento local de acordo com os marcos político, jurídico, econômico competitivo e tecnológico:

> *a) soporte físico, entendiendo por tal todas aquellas infraestructuras básicas, de transportes, telecomunicaciones y de suelo imprescindibles para la actividad económica y que configuran físicamente la oferta municipal;*
> *b) promoción económica, elemento que se refiere a la existencia de una planificación económica en el territorio, de programas de promoción del territorio o de sus productos, etc.*
> *c) financiación, ya que el desarrollo de una base económica dinámica exige la existencia y buena accesibilidad a mecanismos de financiación particularmente orientados a ella.*
> *d) Información y asesoramiento, especialmente necesarias para las pequeñas y medias empresas, cuyas posibilidades se ven además potenciadas a través de la operación en red de los distintos agentes involucrados.*
> *e) La gestión municipal, cuya modernización y agilización constituyen un decisivo elemento definitorio del atractivo que un municipio puede ofrecer para localizar en él actividades económicas.*

[768] "Art. 28-F. Os processos licitatórios previstos nos artigos 28-C, 28-D, 28-E, poderão ser destinados unicamente às ME e EPP sediadas no Município de Pontal do Paraná, quando existentes em número igual ou superior a 03 (três) microempresas competitivas, assim entendidas aquelas que atendam os requisitos de credenciamento no caso de pregão e de habilitação para as demais modalidades, devendo, em caso contrário, serem ampliados às microempresas e empresas de pequeno porte regionais, assim entendidas aquelas sediadas nos municípios que compõem a Microrregião Geográfica Paranaguá – classificada com o número 38 segundo IPARDES." Disponível em: http://www.ipardes.gov.br/pdf/mapas/base_fisica/relacao_mun_micros_mesos_parana.pdf. Acesso em: 26 mar. 2019.

[769] Em Aracruz, no Espírito Santo, existe legislação similar – Lei Municipal nº 4.140/2017.

[770] ÁLVAREZ, José Manuel Rodríguez (coord.). *Experiencias prácticas de desarrollo local*. Barcelona: Editorial Bayer Hinos, 2001. p. 37. Sobre a formação histórica do regime local espanhol, vide PASTOR, Juan Alfonso Santamaría. *Princípios de Derecho Administrativo Geral I*. 2. ed. Madrid: Justel, 2009. p. 519 e seguintes.

f) Los recursos humanos del municipio, cuya adecuada capacitación para hacer frente a los nuevos requisitos del mercado de trabajo constituye otro elemento esencial para contribuir de forma positiva a la creación de una oferta atractiva para la generación de actividad económica.[771]

Todo esse cenário da estratégia das compras públicas, a partir do desenvolvimento local e regional e de sua repercussão no ambiente socioeconômico, reclama também que iniludivelmente o setor estatal, o setor privado e a sociedade comunguem esforços para a obtenção de um resultado proveitoso a todos.

Emerson Gabardo explana a respeito do destaque sobre as posições locais e regionais para o fortalecimento inicial da União Europeia, o que ficou evidenciado por uma política de coesão social que sopesou como objetivos iniciais: (i) a alteração de regiões de parco desenvolvimento ou declínio industrial; (ii) a redução da ruralidade e dos setores com densidade populacional baixa; (iii) o controle do desemprego; (iv) a precaução do desemprego por falta de condições técnicas em virtude de mutações industrial; e (v) o incentivo à adaptação e reestruturação dos setores da agricultura e da pesca.

O trato paulatino sobre o viés local e depois regional é que permitiu uma política comunitária, tanto que aduz que "nos anos 70 as regiões não existiam expressamente nos tratados; nos anos 80 até 90 surgem as políticas regionais (notadamente em uma perspectiva territorial e econômica)" e, somente a partir dos anos 1990, que as regiões são integradas institucionalmente à estrutura política comunitária.[772]

A Espanha incentivou os governos locais para que tivessem um impulso econômico para sair da crise por meio de oficinas de promoção econômica e ofertas de polígonos industriais com vantagens fiscais, ao mesmo tempo em que geririam os fundos transferidos pelo Instituto Nacional de Emprego ou o Fundo Social Europeu.

A primeira etapa de políticas públicas locais (1979-1991) leva em consideração dois fatores: (i) as prefeituras (*ayuntamientos*) são os primeiros empregadores em número de postos de trabalho e em tamanho do orçamento, o que, *per se*, converte-se em um dinamizador socioeconômico; (ii) a recuperação da sociedade civil espanhola, tanto na recuperação econômica como na social, com o setor econômico em franca expansão.

Até meados dos anos 1990, não quer dizer que o desemprego ou a crise em geral foram afastados; porém, o que ocorreu é que a sociedade estava mais madura e estruturada, saindo de sua passividade global, esperando que os poderes públicos resolvessem todos os seus problemas e carências, assumindo, assim, as suas responsabilidades e riscos.

José Manuel Rodríguez Álvarez explica que a recuperação da sociedade civil espanhola se deu em grande partida pelo estímulo impulsor e catalisador que ela impõe aos governos locais. Passa, dessa maneira, a possuir uma elevada importância no planejamento de alternativas, na formulação de política ou na adoção de decisões.[773]

Enquanto nos anos 1980 houve um dispêndio muito grande para amparar o nível local com obras e serviços para os cidadãos, gerando, assim, um grande *boom* nos gastos

[771] ÁLVAREZ, José Manuel Rodríguez (coord.). *Experiencias prácticas de desarrollo local.* Barcelona: Editorial Bayer Hinos, 2001. p. 38-39.

[772] GABARDO, Emerson. *Interesse público e subsidiariedade.* Belo Horizonte: Fórum, 2009. p. 334-335.

[773] ÁLVAREZ, José Manuel Rodríguez (coord.). *Experiencias prácticas de desarrollo local.* Barcelona: Editorial Bayer Hinos, 2001. p. 29.

públicos na Espanha, a partir dos anos 1990, os governos locais tiveram problemas de índole mais qualitativa, tentando definir seu papel diferencial num marco regional e local; já em outros casos, num âmbito nacional e internacional.

Como dito por Álvarez, o desenvolvimento local visa estimular e participar do aproveitamento de recursos e iniciativas econômicas locais, as quais são imprescindíveis para lograr um "*desarrollo económico sostenible y un reequilibrio territorial necesario para alcanzar o mantener los niveles deseables de calidad de vida y, por lo que se refiere a las zonas rurales especialmente, lograr el mantenimiento de la población en el territorio y hacerlas atractivas para las nuevas generaciones y para amplios sectores profesionales*".

Tanto é assim que, nos 1990, foram desenvolvidos na Espanha os planos estratégicos das cidades, por meio dos quais se buscou definir aspectos e características que melhor destacassem as cidades e seus entornos a partir da aplicação da metodologia "*DAFO (análisis de debilidades, amenazas, fortalezas y oportunidades), respondiendo las primeras y terceras a características o elementos endógenos de la ciudad, mientras que las segundas y las cuartas constituyen aspectos exógenos, del contexto o medio en que la ciudad desarrolla su existencia*".[774]

Por tais razões, pelo menos no ambiente jurídico brasileiro, conforme razões já alinhavadas e ante a luzente diferença de desenvolvimento entre as regiões e localidades brasileiras, existe motivo para que o desenvolvimento local e regional seja sopesado para encontrar o custo total do ciclo de vida, já que poderá ser calculada alguma benesse para dada localidade/região ou a necessidade de fixação de preços diferentes em razão dos próprios custos de localização.

d) Custos de responsabilidade social

A responsabilidade social, por meio das contratações públicas, também deverá ser calculada, haja vista que as empresas devem computar nos seus custos operacionais tais dispêndios no momento da formulação das suas propostas, bem como é um dever do Estado se preocupar com a inserção de cláusulas sociais para que os interesses da sociedade sejam protegidos pela ferramenta dos seus ajustes.

Aquiesce-se que a fixação de cláusulas sociais ou de outro interesse público acarreta modificação no preço final apresentado no certame, tanto é assim que se propõe a sua mensuração.

Emerson Baldotto Emery argumenta que, se as compras públicas brasileiras significassem 10% do PIB e houvesse a majoração dos valores para o respeito a tais cláusulas sociais ou qualquer outra (do meio ambiente, da ciência, da tecnologia, da inovação ou outra) na ordem de 25%, então o Brasil diminuiria o resultado de suas compras em 1/4, o que representaria duas vezes o PIB da Bolívia ou do Paraguai, pelo menos à época da edição do seu livro. Por isso, critica qualquer forma de protecionismo ou de um projeto de desenvolvimento sustentável isolado.[775]

[774] ÁLVAREZ, José Manuel Rodríguez (coord.). *Experiencias prácticas de desarrollo local*. Barcelona: Editorial Bayer Hinos, 2001. p. 29-30.

[775] EMERY, Emerson Baldotto. *Desenvolvimento sustentável*: princípio da eficiência em procedimentos licitatórios. Belo Horizonte: Fórum, 2016. p. 147-148.

É impossível pensar numa política isolada, antidemocrática por falta de participação popular, contrária ao interesse público ou anacrônica, já que haveria problemas de validade e legitimação. Ronny Charles Lopes de Torres apresenta que, de um lado da balança, há um pretenso benefício à sociedade e ao empresariado nacional para tomar o crescimento de empresas, geração de emprego e crescimento econômico; já doutro lado, existem uma majoração do custo estatal e possível acomodação competitiva das empresas nacionais.[776] Contudo, no tocante ao argumento de gastar mais agora, o dispêndio maior de hoje planejado é a economia a médio e longo prazo.

Crítica também endossada contra o pensamento de Henrique Guerreiro de Carvalho Maia e Mônica Bandeira de Mello Lefèvre, os quais apregoam que, na fase interna (planejamento), deverá ser sopesado se vale a pena concretizar o critério ambiental do objeto licitado, já que, caso se constate um valor muito superior aos demais praticados no mercado sem critério sustentável, logo, deve afastá-lo.[777]

Com o digno respeito, não parece que exista a possibilidade de afastar-se do conceito de sustentabilidade para as licitações públicas independentemente do valor encontrado na fase interna e da possível diferença entre um objeto sustentável e outro não. A Administração Pública está obrigada a cumprir fielmente o que determina a Constituição e perquirir sempre favorável a uma atuação sustentável, seja na via das licitações e dos contratos ou em qualquer forma de atuação concreta.

Nuno Cunha Rodrigues argui que Bélgica, Áustria, Espanha, França e Dinamarca ratificaram a Convenção da Organização Internacional do Trabalho nº 94, de 1949, a qual determina a inclusão de condições sociais nos contratos públicos, em especial para que as condições de trabalho e seu respectivo pagamento não sejam inferiores à média, o que pode ser considerado ofensivo ao artigo 351 do Tratado de Funcionamento da União Europeia.[778] O Brasil também ratificou tal convenção e deve respeitar tais condições.

São vários exemplos de responsabilidade social, como: medidas favoráveis para pessoas deficientes, critérios que favoreçam empresas que contratam pessoas desempregadas por determinado período, preocupação na licitação para valoração ou condição objetiva para aqueles que tomam medidas para proteger a saúde laboral e ocupacional, vinculação de percentual dos trabalhadores das empresas terceirizadas serem mulheres que infelizmente sofreram violência doméstica, o mesmo raciocínio para os egressos do sistema prisional, descapacitados ou outro objetivo legítimo.[779]

---

[776] TORRES, Ronny Charles Lopes de. *Leis de Licitações Públicas Comentadas*. 10. ed. Salvador: Juspodivm, 2019. p. 107.

[777] "Esse potencial aumento nos custos das contratações que envolvam requisitos mais rígidos sobre a sustentabilidade deve ser necessariamente ponderado pela Administração no âmbito da fase interna da licitação. Caberá a ela demonstrar que o interesse coletivo a ser atendido com tais critérios justifica os custos adicionais, sem que haja a supressão de outros valores igualmente perseguidos com as contratações públicas" (MAIA, Henrique Guerreiro de Carvalho; LEFÈVRE, Mônica Bandeira de Mello. A fase interna e o instrumento convocatório no regime diferenciado de contratação. *Informativo Justen, Pereira, Oliveira e Talamini*, Curitiba, n. 59, jan. 2012. Disponível em: www.justen.com.br/informativo. Acesso em: 5 maio 2019).

[778] RODRIGUES, Nuno Cunha. *A contratação pública como instrumento de política econômica*. Coimbra: Almedina, 2015. p. 288.

[779] Sobre o tema, vide: ACEVEDO, Rafael Fernández; FERNÁNDEZ, Patricia Valcárcel. Análisis de los criterios de adjudicación de los contratos públicos en el marco de la cuarta generación de Directivas del Sector. *In*: ACEVEDO, Rafael Fernández; FERNÁNDEZ, Patricia Valcárcel (dir.). *La contratación pública a debate*: presente y futuro. Navarra: Civitas, 2014. p. 199-274, p. 234; FELIÚ, José María Gimeno. Los procedimientos y criterios de adjudicación y la posibilidad de valorar aspectos sociales y medioambientales. *In*: FELIÚ, José María Gimeno

Enfim, essas são algumas medidas ilustrativas sobre como concretizar uma cláusula social no edital.[780]

Miguel Ángel Bernal Blay explana, inclusive, algumas regras do certame específicas para o combate ao desemprego, tais como: (i) obrigação de dar trabalho a desempregados por muito tempo (longa duração) ou organizar atividades de formação para jovens e desempregados; (ii) obrigação de contratar um número de pessoas deficientes (descapacitadas) superior ao exigido pela legislação nacional no Estado-Membro ou no Estado do titular; e (iii) considerações relativas à situação da exclusão social dos trabalhadores vinculados à realização do contrato.[781]

Na legislação brasileira, algumas práticas sociais são permitidas e, com certeza, geram impacto ao custo do ciclo total de vida do objeto, dentre elas:

(i) os licitantes deverão declarar que cumprem as reservas de cargos previstas em lei para pessoa com deficiência, para reabilitado da Previdência Social ou para aprendiz (artigos 63, IV, 92, XVII, 116, 137, IV, da Lei nº 14.133/21);
(ii) nas obras e serviços de engenharia, a execução deverá respeitar a acessibilidade de pessoas com deficiência e mobilidade reduzida (artigo 45, VI, da Lei nº 14.133);
(iii) possibilidade de contratação direta por meio da dispensa de licitação de associações de portadores de deficiência física (artigo 75, XVI, da Lei nº 14.133);
(iv) possibilidade de determinação que um percentual de funcionários da empresa contratada seja egresso do sistema prisional (artigo 25, §9º, II, da Lei nº 14.133);
(v) possibilidade de benefício para desempate de propostas para as licitantes que desenvolvam ações de equidade entre homens e mulheres no ambiente de trabalho (artigo 60, III, da Lei nº 14.133); e
(vi) previsibilidade no ato convocatório de um percentual de funcionárias contratadas que tenham, infelizmente, sido vítimas de violência doméstica (artigo 25, §9º, I, da Lei nº 14.133).

Na legislação espanhola, além de observar a Diretiva 24/2014 da União Europeia, que disciplina o tema, e a Resolução do Parlamento Europeu sobre comércio justo e

(coord.). *Contratación de las Administraciones Públicas*: análisis práctico de la nueva normativa sobre contratación pública. Barcelona: Atelier, 2004. p. 61-94, p. 88-89.

780 *"Las consideraciones de tipo social o relativas al empleo, podrán introducirse, entre otras, con alguna de las siguientes finalidades: contratar un número de personas con discapacidad superior al que exige la legislación nacional, favorecer la mayor participación de la mujer en el mercado laboral y la conciliación del trabajo y vida familiar, garantizar la seguridad y la protección de la salud en el lugar de trabajo y el cumplimiento de los convenios colectivos sectoriales y territoriales aplicables, y medidas para prevenir la diniestralidad laboral"* (MOLINA, José Antonio Moreno. *Hacia una compra pública responsable y sostenible*. Valencia: Tirant lo Blanch, 2018. p. 78).

781 BLAY, Miguel Ángel Bernal. El desarrollo de políticas activas de empleo a través de los contratos públicos. *In*: GARCÍA, J. José Pernas (dir.). *Contratación pública estratégica*. Pamplona: Editorial Aranzadi, 2013. p. 161-186, p. 174. José María Gimeno Feliú explica que o Acórdão 80/2016 do Tribunal Administrativo de Contratos Públicos de Aragón é favorável a tal mister, ao declarar que "(...) *como criterio de adjudicación, non quiebran as reglas expuestas, pois existe uma vinculación coa mellor calidad na prestación do servicio e non se distorsiona indebidamente a competencia ao asignar soamente unha puntuación de cinco puntos. É máis, garántese unha mellor eficiencia social que preserva as exigencias constitucionales de políticas sociais activas*". FELIÚ, José María Gimeno. O efecto directo das novas directivas comunitarias sobre a contratación pública. Consecuencias prácticas da falta de transposición das directivas en España. *Revista Galega de Administración Pública (REGAP)*, n. 52, p. 9-60, jul./dec. 2016, p. 14.

desenvolvimento 2005/2245, a Ley 9/2017 estabelece na parte de cláusulas sociais, entre outras, as seguintes obrigações:

(i) o artigo 71.D contém proibição de contratar para quem descumprir a legislação sobre a obrigatoriedade de contratar pessoas deficientes (descapacitadas) nos termos do ordenamento espanhol;
(ii) o artigo 107 permite o afastamento da exigência de garantia em caso de contratação de serviços que contenham no objeto serviços sociais ou a inclusão de social ou laboral de pessoas deficientes;
(iii) o artigo 127 obriga etiquetas de tipo social ou ambiental como requisito ao produto proposto pelos licitantes;
(iv) o artigo 145 prevê uma série de características sociais a serem exigidas nos contratos públicos;[782]
(v) o artigo 147 traz a vantagem de ser usado como critério de desempate;
(vi) os artigos 201 e 202, quando tratam de obrigações contratuais e condições especiais de execução, estabelecem uma série de benefícios e obrigações;[783] e
(vii) o artigo 334 estipula como critério a ser ponderado e normatizado na Estratégia Nacional de Contratação Pública.

Portanto, conclui-se pela possibilidade e conveniência, seja como imposição normativa ou como uma boa prática, de inserção de cláusulas sociais nos editais de licitação, bem como a quantificação do seu custo, pois o seu escopo coaduna com objetivos prioritários do Estado.[784] Mesmo sendo louvável nortear o processo de aquisição

---

782 *"Las características sociales del contrato se referirán, entre otras, a las siguientes finalidades: al fomento de la integración social de personas con discapacidad, personas desfavorecidas o miembros de grupos vulnerables entre las personas asignadas a la ejecución del contrato y, en general, la inserción sociolaboral de personas con discapacidad o en situación o riesgo de exclusión social; la subcontratación con Centros Especiales de Empleo o Empresas de Inserción; los planes de igualdad de género que se apliquen en la ejecución del contrato y, en general, la igualdad entre mujeres y hombres; el fomento de la contratación femenina; la conciliación de la vida laboral, personal y familiar; la mejora de las condiciones laborales y salariales; la estabilidad en el empleo; la contratación de un mayor número de personas para la ejecución del contrato; la formación y la protección de la salud y la seguridad en el trabajo; la aplicación de criterios éticos y de responsabilidad social a la prestación contractual; o los criterios referidos al suministro o a la utilización de productos basados en un comercio equitativo durante la ejecución del contrato."*

783 O rol apresentado no artigo 202 chama positivamente a atenção: "*Las consideraciones de tipo social o relativas al empleo, podrán introducirse, entre otras, con alguna de las siguientes finalidades: hacer efectivos los derechos reconocidos en la Convención de las Naciones Unidas sobre los derechos de las personas con discapacidad; contratar un número de personas con discapacidad superior al que exige la legislación nacional; promover el empleo de personas con especiales dificultades de inserción en el mercado laboral, en particular de las personas con discapacidad o en situación o riesgo de exclusión social a través de Empresas de Inserción; eliminar las desigualdades entre el hombre y la mujer en dicho mercado, favoreciendo la aplicación de medidas que fomenten la igualdad entre mujeres y hombres en el trabajo; favorecer la mayor participación de la mujer en el mercado laboral y la conciliación del trabajo y la vida familiar; combatir el paro, en particular el juvenil, el que afecta a las mujeres y el de larga duración; favorecer la formación en el lugar de trabajo; garantizar la seguridad y la protección de la salud en el lugar de trabajo y el cumplimiento de los convenios colectivos sectoriales y territoriales aplicables; medidas para prevenir la siniestralidad laboral; otras finalidades que se establezcan con referencia a la estrategia coordinada para el empleo, definida en el artículo 145 del Tratado de Funcionamiento de la Unión Europea; o garantizar el respeto a los derechos laborales básicos a lo largo de la cadena de producción mediante la exigencia del cumplimiento de las Convenciones fundamentales de la Organización Internacional del Trabajo, incluidas aquellas consideraciones que busquen favorecer a los pequeños productores de países en desarrollo, con los que se mantienen relaciones comerciales que les son favorables tales como el pago de un precio mínimo y una prima a los productores o una mayor transparencia y trazabilidad de toda la cadena comercial*".

784 FELIÚ, José María Gimeno. Los procedimientos y criterios de adjudicación y la posibilidad de valorar aspectos sociales y medioambientales. *In*: FELIÚ, José María Gimeno (coord.). *Contratación de las Administraciones Públicas*: análisis práctico de la nueva normativa sobre contratación pública. Barcelona: Atelier, 2004. p. 61-94, p. 88-89.

pública pelo lado social, impreterível se faz a quantificação para o seu cumprimento copiosamente na fase interna.

e) Custo de responsabilidade do desenvolvimento científico, tecnológico e inovativo

O desenvolvimento científico, tecnológico e inovativo também representa um custo a ser contabilizado pelas empresas contratadas pelo poder público, considerando que deverão investir em tais áreas para obtenção de vantagens em certames ou a possibilidade (como condição objetiva, sob pena de não participar da licitação) de celebrar contratos públicos.

Ao passo que as licitações inovadoras e o modo de inovar para a realização das licitações têm chamado a atenção, o fato é que a correlação entre inovação e licitação existe e deve ser acuradamente trabalhada,[785] assim como contratar objetos inovadores, como inovar no momento da contratação e também como calcular o custo inovação no ciclo de vida vergam também para a ideia de que o Estado precisa da inovação para satisfazer os seus interesses mediatos e imediatos.

Os custos científico, tecnológico e inovativo se relacionam com o custo ambiental, conquanto tal lógica nem sempre esteja presente, isso porque, dependendo do aprimoramento do objeto por questões inovativas e tecnológicas, pode ser que o dispêndio ambiental minore.[786]

Vide o exemplo trazido por Emerson Baldotto Emery, da panela comum que cozinha um quilo de arroz tipo "A" com dois litros de água e a mesma quantidade do tipo "B" com três litros de água, gerando assim um custo maior no "B", pois se gastará mais água e gás.[787] Quando se fala do tipo, pode-se aventar, entre outras, a ideia de espécies distintas a partir de inovações decorrentes de pesquisas científicas, como acontece diuturnamente no meio dos alimentos com novas espécies e subespécies de sementes mais protegidas de pestes em geral e que acarretarão menor uso de pesticidas e agrotóxicos.

Chama a atenção a *ratio decidendi* do Supremo Tribunal Federal em um julgamento sobre a constitucionalidade da lei estadual do Rio Grande do Sul que determinava que

---

785 "Para tal muito contribui o surgimento de novos procedimentos pré-contratuais no quadro das directivas sobre contratação pública, como o diálogo concorrencial ou o concurso para trabalhos de concepção ou ainda os chamados 'contratos pré-comerciais'. Estes últimos contratos visam adquirir serviços de investigação e desenvolvimento para encontrar novas soluções – no contexto dos contratos excluídos da Directiva-clássica, de harmonia com o artigo 16º, alínea f) – na perspectiva da eventual aquisição do produto ou serviço final por via de um processo de adjudicação de um contrato público normal, numa fase ulterior". RODRIGUES, Nuno Cunha. *A contratação pública como instrumento de política econômica*. Coimbra: Almedina, 2015. p. 282. Em Portugal, o artigo 42, n. 7, do Código de Contratos Públicos inseria a obrigação no caderno de encargos de que o adjudicatário elaborasse um ou vários projetos de investigação e desenvolvimento diretamente relacionados com a prestação dos serviços objeto do ajuste em território nacional de pelo menos 1% do preço contratual. Tal norma foi questionada pela Comissão Europeia, que a considerou contrária ao Tratado de Funcionamento da União Europeia, porque violaria o princípio da não discriminação entre os países-membros em razão de um benefício às empresas portuguesas. O referido dispositivo foi revogado posteriormente.

786 O Tribunal de Contas da União já deliberou que "é recomendável à Administração definir formalmente o processo de desenvolvimento de software aderente à norma NBR ISSO/IEC 12.207 (Processos do Ciclo de Vida do Software), previamente à contratação de serviços de desenvolvimento ou manutenção de software, vinculando o contrato com o processo de desenvolvimento" (Acórdão nº 2.272/2009 – Plenário, Ministro Relator Walton Alencar Rodrigues, julg. 30/09/2009).

787 EMERY, Emerson Baldotto. *Desenvolvimento sustentável*: princípio da eficiência em procedimentos licitatórios. Belo Horizonte: Fórum, 2016. p. 138.

as compras públicas de *software* deveriam conceder preferência para *softwares* livres, justamente por utilizar uma ideia de custo de desenvolvimento inovativo e tecnológico.

A Corte decidiu que a legislação era constitucional justamente porque era: (i) "em rigor, uma política de incentivo ao desenvolvimento científico e tecnológico regional. Política em tudo compatível com o objetivo fundamental que se lê no inciso II do art. 3º da Constituição"; e (ii) não afrontaria eficiência e economicidade, pois justamente tais não se mensuram somente pelo custo do produto ou serviço em si, e sim por todo o contexto em geral, desde a segurança dos dados públicos inseridos nos sistemas informatizados e pela aquisição imaterial do conhecimento tecnológico.[788]

José María Gimeno Feliú explica que, nas licitações para inovações, deverá ser redobrada a atenção para que se examine não somente o custo do objeto, mas, sim, o do ciclo total de vida, incluindo obrigatoriamente o valor de seu desenvolvimento, sua aquisição, possível dispêndio de transporte, instalação, manutenção e disposição sobre os produtos e serviços associados à sua eliminação, além de outros aspectos no tocante à qualidade e ao mérito técnico.

Apesar do comentário referir-se às licitações para inovações, entende-se que essa preocupação e consideração devem ser realizadas em toda e qualquer licitação, pois as empresas no mercado concorrencial sempre procurarão inovar para se diferenciar, bem como para ofertar coisas novas aos consumidores, a fim de aumentar o seu lucro.

Portanto, o custo de ciência, tecnologia e inovação deve ser computado como regra para fins de ciclo total de vida, o que, por óbvio, não afasta o custo zero quando em pesquisa mercadológica assim ficar consignado.[789]

Como explica Marina Beas, em licitações para associação inovativa, nos termos da legislação europeia e em especial espanhola, os editais deverão prever os custos estimados da fase de investigação, mesmo sem saber sobre a viabilidade e eficácia, eficiência e custo-benefício da solução a ser alcançada.[790] Até porque o êxito da contratação pública requererá dos compradores públicos como clientes uma visão estratégica e planejamento do que necessitam, qual o seu custo e como comprar.[791] Mais um motivo para corroborar com a existência de custos de inovação, ciência e tecnologia, mesmo antes do próprio certame.

Como já apresentado e explicado, mesmo sendo diferentes a ciência, a tecnologia e a inovação, o fato é que elas se inter-relacionam e representam (ou deveriam representar, em tese) um custo a ser suportado pelas empresas para auxiliar o Estado em tais precípuas missões. Em alguns setores, como, por exemplo, o energético no Estado brasileiro, já se impõe a alocação de parcela do lucro em tais escopos.

---

[788] Supremo Tribunal Federal, ADI nº 3.059, Relator(a): Min. AYRES BRITTO, Relator(a) p/ Acórdão: Min. LUIZ FUX, Tribunal Pleno, julgado em 09.04.2015, ACÓRDÃO ELETRÔNICO *DJe*-085 DIVULG 07.05.2015 PUBLIC 08.05.2015.

[789] FELIÚ, José Gimeno. La contratación pública como estrategia: el fomento de la innovación. *Revista Ius Publicum Network Review*, España, p. 1-27, 2018, p. 22.

[790] BEAS, Marina Rodríguez. La innovación en la nueva Directiva de contratación pública: la asociación para la innovación. *Revista Quadernos de Derecho Local*, Fundación Democracia y Gobierno Local, p. 141-161, oct. 2015, p. 156.

[791] FELIÚ, José Gimeno. La contratación pública como estrategia: el fomento de la innovación. *Revista Ius Publicum Network Review*, España, p. 1-27, 2018, p. 14.

De qualquer forma, conquanto seja um custo muito pouco explorado, parece que é dever do Estado avançar sobre o seu estudo e acerca da quantificação quando for consumidor, a fim de permitir que haja um parâmetro mais adequado para medir o custo total do ciclo de vida e também para incentivar as áreas de ciência, tecnologia e inovação, permitindo, dessa maneira, que os empreendedores vejam quanto investem[792] em tais e quanto isso reverte futuramente para os seus negócios.

4.1.5 Conhecimento e qualificação para descortinar o ciclo total de vida útil do objeto

Trespassada esSa classificação, para tornar mais objetivo o modo de cálculo do ciclo total de vida, é imperioso aduzir que o seu uso não poderá ser meramente retórico, até porque existirão inúmeras dificuldades para a implementação de tal método no Brasil e, então, será preciso uma ampla fiscalização.

Sobre o primeiro ponto, a busca da vantajosidade ou o respeito ao desenvolvimento nacional sustentável pela análise do ciclo total de vida do objeto não podem servir de argumentos retóricos para justificar (sem elo lógico) decisões administrativas, controladoras e judiciais, bem como para o cometimento de arbítrios travestidos de "atos legítimos e regulares de direito". A preocupação está na recorrência de conceitos indeterminados para imputar responsabilidade e obrigações em decisões, sem explicar ou compreender os obstáculos reais para a sua prática, bem como no uso indiscriminado por determinados agentes públicos para implementar gostos e desejos pessoais em nome do interesse público.[793]

Como bem prescrito na legislação brasileira, mais precisamente na Lei de Introdução às Normas do Direito Brasileiro, a partir das alterações decorrentes da Lei nº 13.655/2018, na interpretação de normas sobre gestão pública "serão considerados os obstáculos e as dificuldades reais do gestor e as exigências das políticas públicas a seu cargo, sem prejuízo dos direitos dos administrados".[794]

Por isso, exigir o cumprimento do princípio do desenvolvimento nacional sustentável, que as compras sejam sustentáveis ou a adoção do ciclo total de vida sem dar condições adequadas com exemplos ou cartilhas para que o agente público

---

792 Jamais se pode pensar em gastos com ciência, tecnologia e inovação, e sim sempre se deve trabalhar como investimento, já que permitirá um aumento de lucro para a empresa a partir de uma ampliação de conhecimento e de técnicas sobre os seus meios de produção em geral.

793 Por exemplo, o Tribunal de Contas da União entendeu no Acórdão nº 1.375/2015 – Plenário que a ausência de motivação expressa nos autos do processo de contratação para a inclusão de cláusula de exigência de apresentação de certificação ambiental era motivo de irregularidade, mas também não fixou até que percentual ou qual a forma objetiva de entender que o valor se sobreporá ao critério ambiental. Independentemente do acerto ou não da decisão, o fato é que, ausente critério objetivo e aferível, o gestor público sempre ficará na dúvida se está agindo de maneira correta ou não.

794 Considerando a possibilidade de uso arbitrário nas decisões judiciais, administrativas e controladoras sobre o que são obstáculos e dificuldades reais, o Instituto Brasileiro de Direito Administrativo emitiu enunciados para tracejar diretrizes objetivas de sua aplicação: "11. Na expressão 'dificuldades reais' constante do art. 22 da LINDB estão compreendidas carências materiais, deficiências estruturais, físicas, orçamentárias, temporais, de recursos humanos (incluída a qualificação dos agentes) e as circunstâncias jurídicas complexas, a exemplo da atecnia da legislação, as quais não podem paralisar o gestor. 12. No exercício da atividade de controle, a análise dos obstáculos e dificuldades reais do gestor, nos termos do art. 22 da LINDB, deve ser feita também mediante a utilização de critérios jurídicos, sem interpretações pautadas em mera subjetividade".

conheça e possa executar é um convite para "o aumento do surto da *decisoriofobia* na Administração Pública".

Decisoriofobia[795] é a doença que tem acometido muitos gestores públicos, os quais têm medo de emitir uma decisão, uma vez que as atividades de controle na esfera administrativa, controladora ou judicial não sopesam as circunstâncias reais e dificuldades vivenciadas pela autoridade, fazendo com que a propensão de aumento do medo e do pavor gere a paralisia de qualquer ato inovador que não possua um "precedente".[796]

A falta de capacidade técnica pelos agentes públicos para exercerem o papel no momento da pesquisa mercadológica de encontrar o custo total do ciclo de vida está consentânea, infelizmente, com a falta de profissionalização no serviço público.

Na maioria das vezes, não há incentivo, qualificação, condições operacionais e sequer remuneração condigna para o exercício de importantes funções, como é o caso das compras públicas. Não é possível que se exija também conhecimento técnico do departamento de licitações e contratos para todo e qualquer objeto.

Em geral, licita e compra de tudo, de preços a equipamentos sofisticados, de papel higiênico a obras complexas, entre outras diversas comparações factíveis de serem feitas, o fato é que se depositam em tais pessoas qualidades surreais, como conhecimento profundo em diversas áreas (jurídico, técnico, contábil, etc.), onipresença e onipotência. Isso sem falar na personificação (e responsabilização) em tais para o sucesso da contratação. É claro que isso não é possível.

Deve-se estar atento à matriz de competência/responsabilidade e moderação no excesso de tarefas para um único ser humano ou um pequeno grupo integrante do departamento.[797] Atualmente, a Lei nº 14.133 preconiza o dever de existir uma gestão de competência e segregação de funções para o desempenho das atividades durante o ciclo da contratação pública (artigos 5º, *caput*, e 7º, *caput* e §1º).[798] Para este autor,

---

795 Trata-se de denominação e definição utilizadas de modo livre pelo autor.

796 Precedente entre aspas, porque não necessariamente o gestor público pauta-se em verdadeiros precedentes, mas, sim, costuma se apropriar de trechos de decisões das Cortes de Contas e do Poder Judiciário, muitas vezes isolados, que não representam um conjunto de decisões no mesmo sentido ou decisões uniformizadas para motivar o seu ato e, com isso, ter a sensação de proteção. Não raras vezes, o trecho usado é fora do contexto, não se tem conhecimento da decisão como um todo e não se contemplam as peculiaridades do caso. Sobre o assunto, vale a leitura da crítica de AMORIM, Victor Aguiar Jardim. Julgados do TCU em matéria de licitações e contratos não são jurisprudência. *Revista Consultor Jurídico*, 17 abr. 2018.

797 Oportuno comentário sobre o conhecimento (ou, pelo menos, o desejo por parte de órgãos de controle ou autoridades superiores) de que os agentes alocados no departamento de compras possuam conhecimento avantajado sobre a parte jurídica, sobre a parte técnica do objeto e sobre a gestão de conflitos: "Além disso, grande cuidado há que ser tomado na formulação dos editais. Em significativo número de casos, ocorre que um pequeno grupo de pessoas que compõe o departamento de licitações fica encarregado de fazer editais e todos os procedimentos para contratação da integralidade das demandas da Administração. Essas pessoas, além de terem que conhecer sobre as normas jurídicas que envolvem o procedimento, são obrigadas a criar critérios para a compra etc." (EMERY, Emerson Baldotto. *Desenvolvimento sustentável*: princípio da eficiência em procedimentos licitatórios. Belo Horizonte: Fórum, 2016. p. 130).

798 Art. 5º Na aplicação desta Lei, serão observados os princípios da legalidade, da impessoalidade, da moralidade, da publicidade, da eficiência, do interesse público, da probidade administrativa, da igualdade, do planejamento, da transparência, da eficácia, da segregação de funções, da motivação, da vinculação ao edital, do julgamento objetivo, da segurança jurídica, da razoabilidade, da competitividade, da proporcionalidade, da celeridade, da economicidade e do desenvolvimento nacional sustentável, assim como as disposições do Decreto-Lei nº 4.657, de 4 de setembro de 1942 (Lei de Introdução às Normas do Direito Brasileiro) (...) Art. 7º Caberá à autoridade máxima do órgão ou da entidade, ou a quem as normas de organização administrativa indicarem, promover gestão por competências e designar agentes públicos para o desempenho das funções essenciais à execução desta Lei que preencham os seguintes requisitos: (...) §1º A autoridade referida no caput deste artigo deverá observar

propõe-se que, sempre para o exercício de uma função pública, deve-se ter competência, capacidade técnica, capacidade operacional e capacidade física.

Atos comuns e normas antigas já geram dúvidas e erros. Muito maior a probabilidade de erros em questões novas (como é o caso da Lei nº 14.133) e que demandam a interpretação e aplicação de conceitos indeterminados.

Por isso, antes de exigir, é imprescindível que se deem condições apropriadas ao gestor público. Do contrário, a exigência de cumprimento será retórica. Para tanto, deverá ser definida objetivamente de maneira precisa a composição do ciclo total de vida e arrazoada a sua relevância para a análise econômica da proposta mais vantajosa (ou da proposta economicamente mais vantajosa), a fim de servirem como vetores indissociáveis para um estudo sério e comprometido com a sua pragmaticidade. Em outras palavras, é preciso atentar-se para o princípio da realidade.[799]

Nessa direção, a simplificação é medida salutar. O próprio relatório do professor M. Monti ao presidente da Comissão Europeia, denominado *Uma nova estratégica para o mercado único*, em 2010, recomendou a simplificação e clarificação da normatização dos contratos públicos. Também a maior incidência da política horizontal para o favorecimento da inovação, do crescimento ecológico e a inclusão social devem ser requisitos específicos obrigatórios.[800]

No âmbito brasileiro, existia uma série de legislações sobre licitações e contratos administrativos espalhadas e que não raras vezes estão escondidas em outras legislações, o que também configura um contrabando legislativo nos termos do que entende o Supremo Tribunal Federal[801] e é totalmente contrário às boas práticas para a elaboração, redação, alteração e consolidação de leis determinadas pela Lei Complementar nº 95/1995.

Agora, com a extensa Lei nº 14.133, há um período largo de adaptação e aprendizado pelos operadores das compras públicas, tanto que o período de dois anos e

o princípio da segregação de funções, vedada a designação do mesmo agente público para atuação simultânea em funções mais suscetíveis a riscos, de modo a reduzir a possibilidade de ocultação de erros e de ocorrência de fraudes na respectiva contratação.

799 Ao abordar a Administração e o direito administrativo nos séculos XIX e XX, mais especificamente as últimas tendências, Massimo Severo Giannini aborda a ideia da teoria do realismo: "*Dirección realista no puede significar, en cambio, renuncia a aquello que la pandectística nos es todavía válido; la elaboración de una teoría general del derecho, la rigurosa individualización de un cuerpo preciso de nociones y conceptos, la ya alabada técnica del análisis jurídico. Significa, en cambio, abandono del apriorismo técnico, de la teoría como fin en sí mismo y de sus derivaciones de teoricismo y del formalismo, del espíritu geométrico y de las pretensiones de unidad a toda costa. En la certeza que el mundo del derecho constituye un hecho histórico que encierra en sí las contradicciones y los contrastes de la historia, que está construido y modificado por los hombres, para compones intereses de los hombres, la dirección realista quería aparecer como una síntesis y no como la antítesis de las direcciones precedentes. Así, en nuestro campo, la dirección realista ha reprochado a las otras corrientes teóricas haber abandonado, por intentar una construcción unitaria y perfecta, otros muchos principios del Estado moderno, como aquellos que se refieren a la libertad, a las distintas maneras de ser de la autoridad, a la representatividad, a las posiciones jurídicas de los grupos, de haber olvidado que el Estado antes de ser un ente es una colectividad; que como ente es, sobre todo, un ente político, etc.*" (GIANNINI, Massimo Severo. *Derecho Administrativo*. Tradução: Luis Ortega. Volumen Primero. Madrid: Ministerio para las Administraciones Públicas, 1991. p. 83).

800 "Principais recomendações: – repensar as políticas em matéria de contratos públicos, a fim de as tornar mais simples, mais eficazes e menos onerosas para as autoridades nacionais e locais; reforçar a participação das PME através da aplicação do código de conduta da Lei das Pequenas Empresas; – clarificar as regras aplicáveis aos fornecimentos <a nível interno>; – fazer com que os contratos públicos favoreçam a inovação, o crescimento ecológico e a inclusão social, impondo requisitos específicos obrigatórios" (MONTI, Mario. *Uma nova estratégia para o mercado* único: ao serviço da economia e da sociedade europeias. 9 maio 2010. Disponível em: http://ec.europa.eu/DocsRoom/documents/15501/attachments/1/translations. Acesso em: 3 fev. 2019.

801 Vide *ratio decidendi* da Ação Direta de Inconstitucionalidade nº 5.127.

meio praticamente para a sua efetiva aplicação e implementação por todos os órgãos e entidades da Administração Pública, com algumas ressalvas para os municípios com menos de 20.000 (vinte mil) habitantes, foi muito mal utilizado, já que deixaram para a última hora a qualificação de suas equipes, a feitura de suas regulamentações e a experimentação em si da nova legislação.

Tudo isso pode ser comprovado no estudo elaborado pelo Tribunal de Contas da União em 2024 acerca da maturidade da implantação da Lei nº 14.33/21, após pesquisa empírica com questionários enviados a 1.768 órgãos e entidades da Administração Pública no Brasil, em que aproximadamente 97% responderam. Do cotejo das respostas, verificou-se que: 61% dos entes estão no nível de implementação insuficiente; 30%, no nível básico; 5%, no nível intermediário; e 1%, no nível avançado. No Acórdão nº 1.917/2024, o ministro relator Benjamin Zymler determinou uma série de medidas para acompanhamento da situação, a fim de avaliar se haverá melhoras significativas das constatações.

É notório que existem algumas regras repetidas do marco regulatório anterior; não obstante, há outras que são novidades e demandarão uma maturidade de conhecimento para a sua aplicabilidade escorreita, tal como acontece com o ciclo de vida.

Afora isso, outro ponto que merece destaque e poderá exortar contrariamente ao uso do referido ciclo é o suposto encarecimento das compras públicas.

Em verticalizado estudo sobre a adoção de regras claras e a possibilidade de preferência para determinadas empresas ou setores, ainda que o relatório tenha sido elaborado para apreciação da política sobre a microempresa e empresa de pequeno porte, o Instituto de Pesquisa Econômica Aplicada expôs que inexiste na literatura técnica e empírica qualquer estudo comprovando que políticas de preferência geram distorção no mercado e aumento da eficiência do gasto público, até porque é necessário que a disputa acirrada seja permeada sempre pela entrada de novas firmas e pela efetiva competição intra e entre grupos de empresas.[802]

Com isso, os custos de contratação deverão cair ao invés de subir. Tal raciocínio é condicionado à existência de transparência de informações, inclusive nos custos do objeto a ser contratado e como a Administração Pública está alocando riscos, condições objetivas e subjetivas de participação e obrigações contratuais para então gerar menor externalidade, custos de transação, assimetrias de custos e menor probabilidade de interação estratégica entre as empresas.

Ademais, qualquer abertura do mercado de compras públicas por meio de acordo bilateral ou multilateral sem uma atenção especial para as empresas nacionais (grandes, médias e pequenas) poderá ser nocivo a médio e longo prazo.

A fiscalização revela-se essencial para o sucesso da adoção do ciclo total de vida. Neste ponto, o Tribunal de Contas da União tem exercido um papel bastante decisivo no avanço das melhores práticas pelos órgãos e entidades públicas em licitações e contratos administrativos, o que não é diferente no caso de como alinhar a busca das compras sustentáveis.

---

[802] ARAÚJO JÚNIOR, Ignácio Tavares de. *Análise comparada sobre medidas de favorecimento de micro e pequenas empresas (MPES) em compras públicas com avaliação de eficácia e identificação de melhores práticas* – Texto para discussão. Brasília; Rio de Janeiro: Ipea – Instituto de Pesquisa Econômica Aplicada; p. 18-19 e 42-43.

Como manifestado por Ana Claudia Finger e Regeane Bransin Quetes, o tribunal precisa exercer um papel pedagógico, preventivo e fiscalizatório, tal qual está executado a partir da análise de implementação da nova lei, como outrora explanado.[803] Ultrapassando o viés só do TCU, a fiscalização deve ser eficiente por todos os agentes, órgãos e entidades competentes.[804] Para tanto, devem ser adotadas técnicas que busquem a máxima eficiência com flexibilidade nos processos e resultados,[805] desde que sempre sejam para ampliar direitos.[806]

De qualquer modo, para que se sustente uma política pública de contratação pública estratégica, deve a Administração atender a um tripé, segundo Jaime Rodríguez-Arana Muñoz: boa preparação profissional, capacidade de diálogo e respeito às normas éticas. Alinhando tais ingredientes para a matéria contratual, adverte que os editais devem estar bem redigidos, ser realistas, proteger a intelecção sobre o bem-estar e priorizar elevados padrões éticos em seu conteúdo.[807] Até porque aplicar determinada regra no âmbito licitatório demanda entender todo o sistema para conferir o máximo proveito do seu significado, de acordo com a integralidade do sistema.[808]

É preciso informação acessível para que se possa cambiar o modo atual de julgamento para a escolha do objeto a ser contratado.[809] É preciso que se multipliquem a informação e os dados para que a persuasão seja passível de ser executada como modo democrático de escolhas.[810]

Por isso, com os argumentos expendidos neste tópico, pretende-se persuadir os operadores das compras públicas de que a melhor maneira de mensurar o custo do objeto

---

803 FINGER, Ana Claudia; QUETES, Regeane Bransin. Licitações e contratos administrativos sustentáveis como um instrumento de concretização da supremacia do interesse público. *A&C – Revista de Direito Administrativo & Constitucional*, Belo Horizonte, ano 14, n. 57, p. 105-131, jul./set. 2014, p. 126.

804 Ainda se faz presente a crítica de Edgar Guimarães para que exista um "processo de transformação e mutação das figuras de controle da Administração Pública" (GUIMARÃES, Edgar. *Controle das licitações públicas*. São Paulo: Dialética, 2002. p. 106).

805 Flexibilidade não deve ser confundida com atuação jurídica informal. A segurança jurídica sempre deverá ser enfocada em qualquer espécie de controle. Os fins não justificam os meios.

806 MOURA, Emerson Affonso da Costa. Estado gerencial, regulação econômica e serviços públicos – O papel das agências na promoção do desenvolvimento. *A&C – Revista de Direito Administrativo & Constitucional*, Belo Horizonte, ano 14, n. 57, p. 193-217, jul./set. 2014, p. 196.

807 MUÑOZ, Jaime Rodríguez-Arana. La contratación del sector público como política pública. *In*: GARCÍA, J. José Pernas (dir.). *Contratación pública estratégica*. Pamplona: Editorial Aranzadi, 2013. p. 31-44, p. 39.

808 FORTINI, Cristiana. Licitação: prerrogativas ou privilégios? Anulação, revogação e exceção do contrato não cumprido. *In*: FORTINI, Cristiana; PEREIRA, Maria Fernanda Pires de Carvalho; CAMARÃO, Tatiana Martins da Costa. *Licitações e Contratos*: aspectos relevantes. Belo Horizonte: Fórum, 2007. p. 111-118, p. 113.

809 *"Aquí solamente trazaremos una distinción, la existente entre información sobre e información como. La información es una condición necesaria para el funcionamento racional de todos los demás controles gubernamentales. Unos programas públicos seriamente diseñados exigen que sus supuestos beneficiarios estén debidamente informados de la existencia y significado del programa. Dicha información puede denominarse información sobre instrumentos políticos en oposición a la información como un instrumento político. Cuando se defina el input de la evaluación, podría ser conveniente diferenciar los instrumentos políticos en sí de la información sobre dichos instrumentos políticos. Si se desea que una regulación, como una ley o un estatuto, sea eficaz, los individuos del grupo al que va destinada deben ser conscientes de su existencia y contenido. De lo contrario, como es lógico, no podrán cumplir racionalmente con ella. En muchos casos, el gobierno nacional debe transmitir a los ciudadanos información acerca del significado y existencia de instrumentos regulativos recientemente impuestos"* (VEDUNG, Evert. *Evaluación de políticas públicas y programas*. Madrid: Ministerio de Trabajo y Asuntos Sociales, 1997. p. 167-168).

810 MISES, Ludwig von. *Caos planejado*: intervencionismo, socialismo, fascismo e nazismo. Tradução: Beatriz Caldas. São Paulo: LVM, 2017. p. 117.

a ser contratado é adotando o ciclo total de custo de vida. A importância da persuasão para não impor regras impeditivas diretas, e sim impeditivas indiretas como premiais.

Deve-se repassar conhecimento para informar ao mercado. Não é impor regras ao mercado. Qualquer imposição direta por meio da coerção levará, sem sombras de dúvidas, ao não alcance do objetivo, já que haverá uma maquiagem na composição do preço. Não se pode pensar em preço sem levar em conta os critérios objetivos na composição dos preços, mais precisamente nos custos diretos e indiretos.

Não se deseja que a ponderação dos custos em geral para encontrar o custo do ciclo total de vida seja uma interferência excessiva ou uma coação do Estado para o mercado. O que se requer é a conscientização do Estado Consumidor, que deverá avaliar corretamente o custo do objeto a ser contratado.

Não se pretende impor uma interferência na vida das pessoas jurídicas ou físicas acerca do aumento ou diminuição de salários ou lucro, mas, sim, compreender como se deve chegar a um preço adequado num processo que avalie todos os custos reais, diretos e indiretos, de um objeto.

Jamais deverá ser pensado como legítimo em substituir a escolha do consumidor pela pressão policial.[811] Com efeito, como defende Schumpeter, o líder real de qualquer meio de produção e processo produtivo é o consumidor. Por isso, defende-se que o Estado deve assumir o seu papel de consumidor para influir em práticas de interesse público, como são aquelas convergentes para o desenvolvimento ambiental, social, econômico, tecnológico, inovativo, científico, entre outras.[812]

4.2 A comparação entre as compras públicas inovadoras no Brasil, na União Europeia e na Espanha

4.2.1 As compras públicas inovadoras no Brasil

A revogada Lei nº 8.666/93 não preceituava um procedimento específico para a contratação de bens e serviços tecnológicos, científicos e inovadores, diferentemente da Lei nº 14.133 e da Lei Complementar nº 182, que, em 2021, prescreveram ferramentas superinteressantes, que serão abordadas neste tópico.

---

811 MISES, Ludwig von. *Caos planejado*: intervencionismo, socialismo, fascismo e nazismo. Tradução: Beatriz Caldas. São Paulo: LVM, 2017. p. 118.

812 "Do fato de que todos os bens encontram um mercado, segue-se novamente que o fluxo circular da vida econômica é fechado, em outras palavras, que os vendedores de todas as mercadorias aparecem novamente como compradores em medida suficiente para adquirir os bens que manterão seu consumo e seu equipamento produtivo no período econômico seguinte e no nível obtido até então, e vice-versa. (...) portanto, em nossos pressupostos, os meios de produção e o processo produtivo não têm em geral nenhum líder real, ou melhor, o líder real é o consumidor. As pessoas que dirigem as empresas de negócios apenas executam o que lhes é prescrito pelas necessidades ou pela demanda e pelos meios e métodos de produção dados" (SCHUMPETER, Joseph A. *Teoria do Desenvolvimento Econômico*: uma investigação sobre lucros, capital, crédito, juro e o ciclo econômico. Tradução: Maria Sílvia Possas. São Paulo: Abril Cultural, 1982. p. 12 e 20).

4.2.2 Legislações brasileiras diretas e correlatas sobre compras públicas inovadoras

Existem também, entre outras, a Lei nº 10.973/2004, a qual dispõe sobre incentivos à inovação e à pesquisa científica e tecnológica no ambiente produtivo brasileiro, a Lei nº 8.248/1991, com as alterações principalmente da Lei nº 10.176/2001, que disciplina sobre o processo produtivo básico no setor de informática e automação; a Lei nº 11.196/2005, que prevê um regime especial tributário para a plataforma de exportação de serviços de tecnologia da informação; e a Lei nº 12.715/2012, que versa sobre a desoneração da folha de pagamento de vários setores.[813]

Especificamente, ofertar um produto ou serviço dotado de processo produtivo básico para bens e serviços TIC, nos termos da legislação brasileira, em especial o Decreto Federal nº 7.174/2010,[814] concede, além de vantagens tributárias, uma margem de preferência para os licitantes na ordem de até dez por cento, fazendo com que a Administração Pública compre um produto mais caro até dez por cento (a depender do percentual estipulado no edital) em detrimento de outro mais barato, porém que não se emoldure como PPB.[815]

Em 2023, o Decreto Federal nº 11.715 previu, entre outros aspectos, a Estratégia Nacional para o Desenvolvimento do Complexo Econômico-Industrial da Saúde, com a finalidade de orientar os investimentos, públicos e privados, nos segmentos produtivos da saúde e em inovação, na busca de soluções produtivas e tecnológicas para enfrentar os desafios em saúde, com vistas à redução da vulnerabilidade do Sistema Único de Saúde (SUS) e à ampliação do acesso à saúde.

Objetiva: (i) reduzir vulnerabilidades do SUS e ampliar o acesso universal à saúde, por meio do desenvolvimento e da absorção de tecnologias em saúde; (ii) fortalecer a produção local de bens e serviços, que: a) envolva a reconstrução da capacitação local de fornecimento de insumos farmacêuticos ativos (IFAs), medicamentos, vacinas e soros, hemoderivados, produtos biotecnológicos, dispositivos médicos e tecnologias digitais; e b) contribua para que o Complexo Econômico-Industrial da Saúde seja resiliente e capaz de dar suporte à preparação e ao enfrentamento de emergências e necessidades

---

[813] Em artigo, Marcia Carla Pereira Ribeiro e Marcelle Franco Espíndola Barros explicitam outras várias legislações de incentivo de processo de inovação tecnológica (RIBEIRO, Marcia Carla Pereira; BARROS, Marcelle Franco Espíndola. Contratos de transferência de tecnologia: custos de transação versus desenvolvimento. *Revista de Informação Legislativa*, Brasília, v. 51, n. 204, p. 43-66, out./dez. 2014).

[814] Concordo com a aplicabilidade do Decreto Federal n. 7.174/2010 para as licitações de bens e serviços de tecnologia de informação e da comunicação, mesmo após o advento da Lei nº 14.133/2021, ainda que existam vozes divergentes a esse posicionamento. Sobre o assunto, vide: AMORIM, Victor. Breve análise acerca da inaplicabilidade do Decreto Federal n.º 7.174/2010 para as Licitações de Bens e Serviços TIC baseadas na Lei n.º 14.133/2021. *Observatório da Nova Lei de Licitações*. Disponível em: https://www.novaleilicitacao.com.br/2024/09/20/breve-analise-da-inaplicabilidade-decreto-federal-n-o-7-174-2010-para-licitacoes-de-bens-e-servicos-tic-baseadas-na-lei-n-o-14-133-2021/#:~:text=Com%20efeito%2C%20o%20decreto%20regulamentar,151).&text=%5B8%5D%20O%20Decreto%20Federal%20n,em%20uma%20l%C3%B3gica%20de%20ultratividade. Acesso em: 18 fev. 2025.

[815] Art. 5º Será assegurada preferência na contratação, nos termos do disposto no art. 3º da Lei nº 8.248, de 1991, para fornecedores de bens e serviços, observada a seguinte ordem: I - bens e serviços com tecnologia desenvolvida no País e produzidos de acordo com o Processo Produtivo Básico (PPB), na forma definida pelo Poder Executivo Federal; II - bens e serviços com tecnologia desenvolvida no País; e III - bens e serviços produzidos de acordo com o PPB, na forma definida pelo Poder Executivo Federal. Parágrafo único. As microempresas e empresas de pequeno porte que atendam ao disposto nos incisos do *caput* terão prioridade no exercício do direito de preferência em relação às médias e grandes empresas enquadradas no mesmo inciso.

em saúde; (iii) articular os instrumentos de políticas públicas, como o uso de poder de compra do Estado, o financiamento, a regulação, a infraestrutura científica e tecnológica e outros incentivos, com vistas ao desenvolvimento do Complexo Econômico-Industrial da Saúde; (iv) criar um ambiente institucional que favoreça o investimento, a inovação, a capacitação e a geração de empregos diretos e indiretos no âmbito do Complexo Econômico-Industrial da Saúde; (v) impulsionar a pesquisa, o desenvolvimento, a inovação e a produção de tecnologias e serviços destinados à promoção, à prevenção, ao diagnóstico, ao tratamento e à reabilitação da saúde; (vi) promover a transição digital e ecológica no âmbito do Complexo Econômico-Industrial da Saúde; (vii) ampliar e modernizar a infraestrutura do Complexo Econômico-Industrial da Saúde; e (viii) apoiar iniciativas relacionadas com a saúde global por meio de acordos de cooperação internacionais, especialmente para viabilizar o acesso dos países da América Latina e da África aos produtos e às tecnologias em saúde.

Para atender o escopo da referida estratégia, existe um instrumento bastante útil para o estabelecimento de parcerias entre instituições públicas com terceiros, que é a parceria para o desenvolvimento produtivo (PDP).

O PDP é instrumentalizado para firmar parcerias que envolvam a cooperação mediante acordo entre instituições públicas e entre instituições públicas e entidades privadas para desenvolvimento, transferência e absorção de tecnologia, produção, capacitação produtiva e tecnológica do país em produtos estratégicos para atendimento às demandas do SUS.

Atualmente, está regulado pela Portaria de Consolidação GM/MS nº 05/2017, mais precisamente no anexo XCV, sendo que tal ato normativo estabelece diretrizes para a implementação da Estratégia Nacional para o Desenvolvimento do Complexo Econômico-Industrial da Saúde.

Em 2018, o Decreto Federal nº 9.283, ao regulamentar a Lei nº 10.973, também previu medidas de incentivo à inovação e à pesquisa científica e tecnológica no âmbito produtivo, com vistas à capacitação tecnológica, ao alcance da autonomia tecnológica e ao desenvolvimento do sistema produtivo nacional e regional.

Estipulou as seguintes características e deixou expresso:

(i) a feitura de licitação realizada por Instituição de Ciência e Tecnologia ou por agência de fomento para a transferência de tecnologia e para o licenciamento de direito de uso ou de exploração de criação protegida é dispensável;

(ii) quando da contratação por dispensa de licitação, poderá ser feita a cessão de uso de imóveis públicos para a instalação e a consolidação de ambientes promotores da inovação, sendo que a escolha do cessionário deverá observar critérios impessoais da escolha, a partir de parcerias estratégicas entre os setores público e privado, o incentivo ao desenvolvimento tecnológico, a interação entre as empresas e as ICTs ou por outros critérios de avaliação dispostos expressamente na oferta pública da cessão de uso;

(iii) o fornecimento do produto, do serviço ou do processo inovador resultante das atividades de pesquisa, desenvolvimento e inovação encomendadas (encomenda de tecnologia pela Administração Pública por meio de ICT) será concretizado por meio de dispensa de licitação com o próprio desenvolvedor e poderá preconizar a opção de compra do bem resultante da encomenda;

(iv) o acordo de parceria para pesquisa, desenvolvimento e inovação dispensa licitação ou outro processo competitivo de seleção equivalente, tendo que ficar avençadas a titularidade da propriedade intelectual e a participação nos resultados da exploração das criações resultantes da parceria a fim de manter o espírito cooperativo entre ambos;

(v) obras e serviços de engenharia como produtos para pesquisa e desenvolvimento também poderão ser contratados por dispensa de licitação, limitado ao valor máximo definido na legislação; e

(vi) caso a contratação de obras e serviços de engenharia, como produtos para pesquisa e desenvolvimento, ultrapasse o referido teto, poderão ser contratados por licitação, sendo permitido adotar a contratação integrada e o regime diferenciado de contratação em qualquer caso.

A Lei nº 10.973 prescreveu diversos instrumentos de estímulo à inovação nas empresas, tais como: subvenção econômica; financiamento; participação societária; bônus tecnológico; encomenda tecnológica; incentivos fiscais; concessão de bolsas; uso do poder de compra do Estado; fundos de investimentos; fundos de participação; títulos financeiros, incentivados ou não; e previsão de investimento em pesquisa e desenvolvimento em contratos de concessão de serviços públicos ou em regulações setoriais.

Por sua vez, o Decreto Federal nº 9.283 estabeleceu também instrumentos jurídicos de parceria, como o termo de outorga, acordo de parceria para pesquisa, desenvolvimento e inovação e convênio para pesquisa, desenvolvimento e inovação.

Além disso, salienta-se que existem outras medidas normativas que determinam a contratação de objetos fabricados ou industrializados no Brasil ou uma certa margem de fabricação ou industrialização nacional.

Nessa linha, a Agência Reguladora Nacional do Petróleo impõe a contratação de um percentual de conteúdo local para as empresas concessionárias a partir de 2005, para os contratos de cessão onerosa e dos contratos de partilha, para exploração e desenvolvimento da produção de petróleo e/ou gás natural. Tal ordem se dá a partir de uma cláusula nos referidos contratos em que os concessionários, cessionários e contratados deverão solicitar aos seus fornecedores de bens e serviços as devidas certificações de seus produtos com o selo de conteúdo local.[816]

Atualmente, a legislação que norteia essa regulação, para os fornecedores de bens e serviços, certificadores e concessionárias, é a Resolução ANP nº 19/2013 e, para os organismos de certificação, a Resolução ANP nº 963/2023.

O objetivo é que, com a imposição de materiais, equipamentos, sistemas e subsistemas e serviços de conteúdo local, haja o resultado de crescimento da indústria

---

[816] Disponível em: http://www.anp.gov.br/exploracao-e-producao-de-oleo-e-gas/conteudo-local. Acesso em: 3 fev. 2019.

nacional, desenvolvimento da tecnologia, qualificação de mão de obra local e geração de empregos e renda.[817]

Outra regra preceituada no Brasil que se relaciona com a ciência, tecnologia e inovação nacional é o dever de afetar parte das receitas de empresas de alguns setores, como:

(i) no campo de energia elétrica, as empresas concessionárias, permissionárias e autorizadas do setor, com base na Lei nº 9991/2002,[818] deverão aplicar anualmente no mínimo 1% (um por cento) de sua receita operacional líquida em pesquisa e desenvolvimento do setor elétrico, sendo que 40% é destinado ao Fundo Nacional de Desenvolvimento Científico e Tecnológico (FNDCT); 20%, ao Ministério de Minas e Energia; e 40%, à execução de projetos de pesquisa e desenvolvimento regulados pela ANEEL;[819]

(ii) no campo de petróleo e gás natural, no mínimo 1% (um por cento) da receita bruta da produção do campo no qual a participação especial seja devida pela entidade deverá ser investido em pesquisa, desenvolvimento e inovação, sendo que 0,5% é destinado para a própria empresa ou empresas nacionais e 0,5% para instituições de pesquisa;[820] e

(iii) as empresas fruidoras de regime diferenciado na Zona Franca de Manaus e que possuam a finalidade de produção de bens e serviços de tecnologias da informação e comunicação deverão investir, anualmente, no mínimo 5% (cinco por cento) do seu faturamento bruto no mercado interno, decorrente da comercialização de bens e serviços de tecnologias da informação e comunicação incentivados na forma da Lei nº 8.387/1991 e Lei nº 13.674/18, deduzidos parcela de tributos correspondentes a tais comercializações e o valor das aquisições de produtos incentivados consoante a legislação, mormente a inversão deverá ser em atividades de pesquisa, desenvolvimento e inovação a serem realizadas na Amazônia Ocidental ou no estado do Amapá, conforme projeto

---

[817] Está amparado pelo Programa de Mobilização da Indústria Nacional de Petróleo e Gás Natural – PROMINP, que foi instituído pelo Decreto Federal nº 4.925/2003 e visa fomentar a participação da indústria nacional de bens e serviços, de forma competitiva e sustentável, na implantação de projetos de petróleo e gás, no Brasil e exterior.

[818] "Art. 2º As concessionárias de geração e empresas autorizadas à produção independente de energia elétrica ficam obrigadas a aplicar, anualmente, o montante de, no mínimo, 1% (um por cento) de sua receita operacional líquida em pesquisa e desenvolvimento do setor elétrico, excluindo-se, por isenção, as empresas que gerem energia exclusivamente a partir de instalações eólica, solar, biomassa, pequenas centrais hidrelétricas e cogeração qualificada, observado o seguinte: (Redação dada pela Lei nº 10.438, de 2002) I – caso a empresa tenha celebrado, até a data de publicação desta Lei, contrato de concessão contendo cláusula de obrigatoriedade de aplicação de recursos em pesquisa e desenvolvimento tecnológico, prevalecerá o montante de aplicação ali estabelecido até 31 de dezembro de 2005; II – caso a empresa tenha celebrado, até a data da publicação desta Lei, contrato de concessão sem obrigatoriedade de aplicação em pesquisa e desenvolvimento tecnológico, a obrigatoriedade de que trata o *caput* deste artigo passará a vigorar a partir de 1º de janeiro de 2006. Art. 3º As concessionárias de serviços públicos de transmissão de energia elétrica ficam obrigadas a aplicar, anualmente, o montante de, no mínimo, um por cento de sua receita operacional líquida em pesquisa e desenvolvimento do setor elétrico, observado o seguinte: I – caso a empresa já tenha celebrado contrato de concessão, a obrigatoriedade de que trata o *caput* deste artigo passará a vigorar a partir da data da publicação desta Lei; II – caso a empresa ainda não tenha celebrado contrato de concessão, a obrigatoriedade de que trata o *caput* deste artigo passará a vigorar a partir da data de assinatura do referido contrato."

[819] Agência Reguladora Nacional de Energia Elétrica.

[820] Atualmente, é regulamentado pela Resolução ANP nº 50/2015, Resolução ANP nº 15/2016, Resolução ANP nº 674/2017, Regulamento Técnico ANP nº 3/2015, Nota Técnica nº 1/2015/SPD e Nota Técnica nº 33/2018/SPD.

elaborado pelas próprias empresas, com base em plano de investimento em pesquisa, desenvolvimento e inovação a ser apresentado à Superintendência da Zona Franca de Manaus (Suframa).

4.2.3 A plêiade de dispositivos sobre inovação, ciência e tecnologia na Lei nº 14.133 e os procedimentos para contratar compras públicas inovadoras

A nova Lei de Licitações indubitavelmente gerou um grande avanço para a compra de objetos tecnológicos, científicos e inovadores.

Para iniciar, o artigo 11 prescreveu que o processo licitatório tem por objetivos, entre outros, incentivar a inovação e o desenvolvimento nacional sustentável. Sublinhar a inovação como objetivo representa uma atualidade do legislador acerca da relevância do temário ante o contexto mundial, seja sob o prisma estatal e sua competitividade, seja pela sinalização aos *players* de mercado.

Continuou preceituando a viabilidade de fixar uma margem de preferência para bens manufaturados e serviços nacionais que atendam a normas técnicas brasileiras e agora, também, para bens reciclados, recicláveis ou biodegradáveis, conforme regulamento.

Dita margem de preferência será definida em decisão fundamentada do Poder Executivo federal e poderá ser de até 10% (dez por cento) sobre o preço dos bens e serviços que não se enquadrem como bens manufaturados e serviços nacionais que atendam a normas técnicas brasileiras e/ou bens reciclados, recicláveis ou biodegradáveis. O referido percentual poderá ser estendido a bens manufaturados e serviços originários de Estados-Partes do Mercado Comum do Sul (MERCOSUL), desde que haja reciprocidade com o país previsto em acordo internacional aprovado pelo Congresso Nacional e ratificado pelo presidente da República.

No tocante aos bens manufaturados nacionais e serviços nacionais resultantes de desenvolvimento e inovação tecnológica no país, definidos conforme regulamento do Poder Executivo federal, a margem de preferência poderá ser de até 20% (vinte por cento), diferenciando-se da Lei nº 8.666, que trazia o percentual de até 25%.

A margem de preferência não se aplica aos bens manufaturados nacionais e aos serviços nacionais se a capacidade de produção desses bens ou de prestação desses serviços no país for inferior à quantidade a ser adquirida ou contratada ou aos quantitativos fixados em razão do parcelamento do objeto, quando for o caso.

Pode-se dizer que essa avaliação será realizada pelo Poder Executivo federal quando da mensuração e da escolha da margem de preferência de acordo com o objeto/setor. Também será sopesada pelo órgão ou entidade licitador quando da realização da fase interna da licitação, preparatória, já que os estudos técnicos preliminares podem indicar potencial ofensa à competitividade e frustração da necessidade pública por previsão editalícia nesse sentido.

Está determinada a possibilidade de os editais de licitação para a contratação de bens, serviços e obras, mediante prévia justificativa da autoridade competente, exigirem que o contratado promova, em favor de órgão ou entidade integrante da Administração Pública ou daqueles por ela indicados a partir de processo isonômico, medidas de compensação comercial, industrial ou tecnológica ou acesso a condições vantajosas de financiamento, cumulativamente ou não, na forma estabelecida pelo Poder

Executivo federal. E, ainda, que o certame destinado à implantação, à manutenção e ao aperfeiçoamento dos sistemas de tecnologia de informação e comunicação considerados estratégicos em ato do Poder Executivo federal poderá ser restrito a bens e serviços com tecnologia desenvolvida no país produzidos de acordo com o processo produtivo básico de que trata a Lei nº 10.176, de 11 de janeiro de 2001.

Em que pesem a novel legislação não disponha de uma periodicidade para a fixação de margem de preferência e os fatores que deverão ser sopesados para a confecção dessa política pública, entende-se que é natural de qualquer política pública ter um prazo e um escopo, por exemplo, uma política pública de favorecimento de produtos de tecnologia robótica.

Para regulamentar a margem de preferência normal e a margem de preferência adicional, foi editado o Decreto nº 11.890/2024, o qual inclusive instituiu a Comissão Interministerial de Contratações Públicas para o Desenvolvimento Sustentável (CICS).

A CICS desempenhará as suas competências em alinhamento com a política industrial estabelecida no âmbito do Conselho Nacional de Desenvolvimento Industrial (CNDI), com o Plano de Transformação Ecológica, com as políticas da CIIA-PAC e com outros programas e políticas prioritários do Poder Executivo federal. Ou seja, a ideia é que a escolha da política pública seja de diversos atores do ecossistema, ainda que todos sejam governamentais.

São objetivos da CICS: mobilizar e articular a demanda estatal para apoiar os objetivos de políticas públicas; promover o alinhamento entre diferentes políticas públicas; e melhorar a qualidade da contratação pública. Será considerada uma unidade de governança, no âmbito das contratações públicas, para: discussão e definição de margens de preferência normais e adicionais; medidas de compensação comercial, industrial ou tecnológica; diálogo competitivo; concursos para solução inovadora; critérios de desempate, de sustentabilidade e de inclusão em contratações públicas; e outros instrumentos baseados na contratação pública.

A CICS já elaborou duas notas técnicas para estabelecimento de margem de preferência para os setores de metroviários e ônibus, assim como medicamentos e TICs. Quanto à relevância da margem para a proteção nacional de empregos e absorção de *know-how*, impende transcrever um trecho da nota atinente aos medicamentos e TICs: "Nota-se que a aplicação bem-sucedida de margens de preferência nas compras de bens de TICs e de medicamentos tem potencial de mobilizar respectivamente 10 e 8 postos de trabalho no país para cada R$ 1 milhão gasto pelo governo em compras de produtos nacionais desses setores".[821]

Ainda, considerando a competência legislativa sobre ciência, tecnologia e inovação, compreende-se que o regulamento do âmbito do Executivo federal cinge-se à Administração Pública federal direta, autárquica e fundacional. Não alcança necessariamente os demais entes, que poderão legislar de modo diverso, e os demais poderes e órgãos constitucionalmente autônomos. Discorre-se "necessariamente", porque nada impede deles adotarem, por meio de ato administrativo formal, o regulamento federal. Não me parece que seja automática a sua aplicação, mesmo com a redação do artigo

---

[821] Disponível em: https://www.gov.br/gestao/pt-br/assuntos/comissao-interministerial-de-contratacoes-publicas-para-o-desenvolvimento-sustentavel/dados-e-estudos. Acesso em: 19 fev. 2025.

187 da Lei nº 14.133, que permite aos estados, Distrito Federal e municípios usarem os regulamentos federais. A título complementar, insta pontuar que a própria norma do artigo 187 é completamente desnecessária, já que, pela autonomia e capacidade dos entes asseguradas constitucionalmente no artigo 18, eles podem prescrever uma norma com o comando para que se use determinado texto normativo federal ou de outro ente.

Uma novidade da nova lei foi que, no caso de obrigações de resultado (obrigação de fim), é possível a estipulação de cláusula contratual de matriz de risco contratual em que deixe evidente que os contratados poderão inovar no uso de soluções metodológicas ou tecnológicas. Conquanto exista uma fixação de qual solução poderia ser utilizada na execução contratual, o contratado tem a plena liberdade, desde que comunique a fiscalização contratual, de fruir de outra solução metodológica ou tecnológica que entenda mais pertinente, pragmática, eficaz, efetiva ou eficiente. Isso é deveras fundamental para que a Administração Pública não engesse o mercado com uma dada tecnologia, já que o fornecedor poderá possuir uma tecnologia mais avançada, que sequer esteve no radar durante a realização dos artefatos na fase de planejamento por desconhecimento.

Já para as obrigações de meio, não existe essa liberdade aos contratados, já que se presume ideal para a execução do ajuste a escolha feita pela Administração Pública na fase de planejamento (interna) de qual seria a solução metodológica ou tecnológica. Sob o raciocínio do comentário esposado nas obrigações por escopo, não parece pertinente que se restrinjam melhorias na execução do objeto contratual nas obrigações de meio, desde que não fira os princípios da isonomia e da competitividade. Impedir a substituição da tecnologia a ser executada durante o contrato poderá significar um alijamento de resultados melhores no objetivo imediato da contratação ao órgão ou entidade contratante e, com isso, prejuízo indireto à sociedade.

No que se refere à cessão de direitos patrimoniais, o artigo 93 da lei entoou de maneira similar ao que estava determinado na Lei nº 8.666. Contudo, foi mais elucidativo e atualizado ao constar a sua aplicabilidade nas contratações de projetos ou de serviços técnicos especializados, inclusive daqueles que contemplem o desenvolvimento de programas e aplicações de internet para computadores, máquinas, equipamentos e dispositivos de tratamento e de comunicação da informação (*software*).

Especificamente aos objetos que envolverem atividade de pesquisa e desenvolvimento de caráter científico, tecnológico ou de inovação, articulou a possibilidade – e não imperiosidade – de ser exigida a cessão de direitos, sempre respeitando os princípios e os mecanismos instituídos pela Lei nº 10.973.

Quanto às hipóteses de contratação direta afetas a casos de objetos científicos, inovadores e tecnológicos, destacam-se as seguintes situações de dispensa de licitação nos termos do artigo 75:

(i) contratação de produtos para pesquisa e desenvolvimento, limitada a contratação, no caso de obras e serviços de engenharia, ao valor de R$300.000,00 (trezentos mil reais),[822] entendidos produtos para pesquisa e desenvolvimento como sendo aqueles bens, insumos, serviços e obras necessários para

[822] Valor que é atualizado anualmente, sendo que, em 2025, está em R$376.353,48 (trezentos e setenta e seis mil trezentos e cinquenta e três reais e quarenta e oito centavos), conforme previsão do Decreto Federal nº 12.343/2024.

atividade de pesquisa científica e tecnológica, desenvolvimento de tecnologia ou inovação tecnológica, discriminados em projeto de pesquisa (artigo 6º, LV);

(ii) contratação de transferência de tecnologia ou licenciamento de direito de uso ou de exploração de criação protegida, nas contratações realizadas por instituição científica, tecnológica e de inovação (ICT) pública ou por agência de fomento, desde que demonstrada vantagem para a Administração;

(iii) contratação de bens ou serviços produzidos ou prestados no país que envolvam, cumulativamente, alta complexidade tecnológica e defesa nacional;

(iv) contratação de serviços especializados ou aquisição ou locação de equipamentos destinados ao rastreamento e à obtenção de provas previstas nos incisos II e V do *caput* do art. 3º da Lei nº 12.850, de 2 de agosto de 2013, quando houver necessidade justificada de manutenção de sigilo sobre a investigação;

(v) contratação de aquisição de medicamentos destinados exclusivamente ao tratamento de doenças raras definidas pelo Ministério da Saúde;

(vi) contratação com vistas ao cumprimento do disposto nos arts. 3º, 3º-A, 4º, 5º e 20 da Lei nº 10.973, de 2 de dezembro de 2004, observados os princípios gerais de contratação constantes da referida lei;

(vii) em que houver transferência de tecnologia de produtos estratégicos para o Sistema Único de Saúde (SUS), conforme elencados em ato da direção nacional do SUS, inclusive por ocasião da aquisição desses produtos durante as etapas de absorção tecnológica e em valores compatíveis com aqueles definidos no instrumento firmado para a transferência de tecnologia;

(viii) contratação de instituição brasileira que tenha por finalidade estatutária apoiar, captar e executar atividades de ensino, pesquisa, extensão, desenvolvimento institucional, científico e tecnológico e estímulo à inovação, inclusive para gerir administrativa e financeiramente essas atividades, ou para contratação de instituição dedicada à recuperação social da pessoa presa, desde que o contratado tenha inquestionável reputação ética e profissional e não tenha fins lucrativos;

(ix) contratação para aquisição, por pessoa jurídica de direito público interno, de insumos estratégicos para a saúde produzidos por fundação que, regimental ou estatutariamente, tenha por finalidade apoiar órgão da Administração Pública direta, sua autarquia ou fundação em projetos de ensino, pesquisa, extensão, desenvolvimento institucional, científico e tecnológico e de estímulo à inovação, inclusive na gestão administrativa e financeira necessária à execução desses projetos, ou em parcerias que envolvam transferência de tecnologia de produtos estratégicos para o SUS, nos termos do inciso XII do artigo 75, e que tenha sido criada para esse fim específico em data anterior à entrada em vigor desta lei, desde que o preço contratado seja compatível com o praticado no mercado.

Quanto ao modo de celebrar compras inovadoras na definição proposta neste livro que se relaciona a objetivo científico, inovador e tecnológico, além das situações de dispensa anteriormente retratadas, convém ponderar três instrumentos legalmente inseridos.

4.2.3.1 Modalidade concurso

Continua existindo a modalidade concurso, que serve para a escolha de trabalho técnico, científico ou artístico, cujo critério de julgamento será o de melhor técnica ou conteúdo artístico, e para concessão de prêmio ou remuneração ao vencedor. É possível ser utilizada para as compras públicas inovadoras, mais precisamente para objeto científico ou tecnológico. O objeto tecnológico poderá ter parcela inovadora, caracterizando assim uma inovação tecnológica.

O ato convocatório do certame estipulará que, no procedimento de seleção do fornecedor, deverão ser solicitados a qualificação exigida dos participantes, as diretrizes e formas de apresentação do trabalho, as condições de realização e o prêmio ou remuneração a ser concedida ao vencedor.

Quando for um concurso para a elaboração de um projeto, inclusive tecnológico, o vencedor deverá ceder à Administração Pública, nos termos do art. 93 dessa lei, todos os direitos patrimoniais relativos ao projeto e autorizar sua execução conforme juízo de conveniência e oportunidade das autoridades competentes. Contudo, caso o objeto tecnológico ou científico se encontre dentro dos patamares da Lei nº 10.973, logo a cessão dos direitos não é obrigatória e deverá ser prevista com cláusula especial, sob pena de incorrer em cláusula patológica.

A comissão que participará e desenvolverá as atividades da etapa de seleção do fornecedor é diferenciada ante as demais modalidades de licitação. Essa distinção se dá pelo fato de ser um objeto bastante específico e peculiar, razão pela qual é bastante crível que inexista alguém com capacidade técnica para efetuar o julgamento das propostas apresentadas pelos licitantes. Desse modo, recomenda-se que a contratação desses sujeitos seja feita, via de regra, por meio de dispensa de licitação, inclusive de acordo com o que preceitua o artigo 75, XIII, da Lei nº 14.133.

A Lei nº 14.133 considerou a contratação de profissionais técnicos com notória especialização para compor a comissão de avaliação de critérios de técnica, uma hipótese de dispensa de licitação, e não de inexigibilidade.

Conquanto o artigo 74 da lei ainda preveja a possibilidade de contratação de profissionais ou empresas com notória especialização para prestarem serviços técnicos especializados de natureza predominantemente intelectual como situação de inexigibilidade, verifica-se que o artigo 75 detalhou a formatação da seleção dos profissionais para integrarem especialmente a comissão de avaliação.

Pode-se pensar que, seja pela aplicabilidade do artigo 74 ou do artigo 75, ambas ensejarão contratação direta. Não obstante tal raciocínio de que o resultado será o mesmo, afastamento do dever de licitar, compreende-se que a boa interpretação sempre gerará ao intérprete o dever de usar a hipótese mais específica, a fim de não incorrer em erro na subsunção do fato à norma, segundo exegese da teoria do direito.

É incontroverso que um objeto tecnológico ou científico demandará uma prescrição das regras de seleção objetivas o máximo possível. O ideal sempre em qualquer licitação é que as cláusulas sejam objetivas, sem qualquer tipo de dubiedade ou interpretação ao aplicador, para evitar violação dos princípios da isonomia, impessoalidade, imparcialidade e julgamento objetivo. Contudo, *in casu*, o objeto em si, por vezes, potencializa ao criador do ato convocatório a inserção de algumas cláusulas com definições abstratas ou conceitos um pouco mais abertos, ensejadores de margem de avaliação crítico-subjetiva do examinador.

Igual situação acontece nos casos de concurso com objeto artístico, pois a compreensão de algumas técnicas artísticas, assim como ocorre com a ponderação da formatação da tecnologia apresentada na proposta ou do cunho científico proposto pelo licitante, pode ser sopesada por cada avaliador de modo díspar de acordo com a sua experiência e *know-how* acerca do melhor modo para encetar uma solução ao problema a ser satisfeito pelo objeto licitado.

Após feito o julgamento pela comissão, abrir-se-á oportunidade de recurso administrativo para que os licitantes irresignados com o resultado declarado possam interpor formalmente a sua peça recursal. O prazo é de três dias úteis, contado da data de intimação ou da lavratura da ata devidamente publicada. Recomenda-se que o edital esclareça sempre quando se dará o termo inicial para o cômputo do prazo recursal, assim como se dará a entrega do recurso – via digital ou física e em quais endereços correspondentes.

4.2.3.2 Nova modalidade de licitação: diálogo competitivo

A modalidade diálogo competitivo, sem dúvidas, foi a que gerou maior curiosidade aos operadores de compras públicas no Brasil, pois é nova e não constava nem na Lei nº 8.666, nem em outras legislações do tema anteriores. Apesar disso, insta salientar que não é uma modalidade totalmente inédita e criada pelo legislador brasileiro. Pode se constatar a sua existência na Europa, como adiante é detalhado neste livro.[823]

Para os fins da Lei nº 14.133, diálogo competitivo é a modalidade de licitação para contratação de obras, serviços e compras em que a Administração Pública realiza diálogos com licitantes previamente selecionados mediante critérios objetivos, com o intuito de desenvolver uma ou mais alternativas capazes de atender às suas necessidades, devendo os licitantes apresentar proposta final após o encerramento dos diálogos.

De imediato, impende gizar que não se confunde tal modalidade com a situação em que a Administração Pública não possui informações completas para realizar a sua licitação, e uma simples audiência pública é suficiente para supri-la com os dados e subsídios e assim proceder a uma contratação segura. A audiência pública é preconizada agora expressamente no artigo 21 da nova lei. Mesmo antes dessa previsão explícita, no âmbito de contratação de soluções de tecnologia da informação, já havia norma disciplinando que o seu uso seria uma boa prática quando o termo de referência ou o projeto básico é disponibilizado em consulta ou audiência pública, a fim de avaliar a completude e a coerência da especificação dos requisitos, a adequação e a exequibilidade dos critérios de aceitação.

---

[823] Sobre o tema, a título complementar indica-se a leitura de: REISDORFER, Guilherme F. *Diálogo competitivo*. Belo Horizonte: Fórum, 2022; OLIVEIRA, Rafael Sérgio Lima de. O diálogo competitivo brasileiro. *Fórum de Contratação e Gestão Pública – FCGP*, Belo Horizonte, ano 20, n. 232, p. 67-106, abr. 2021.

Essa colheita de informações junto ao mercado, de maneira formal, ocorre porque, às vezes, os agentes de contratação não possuem subsídios e sequer segurança da correição do que está colocado no edital ante o desconhecimento ou incompletude técnica em decorrência da assimetria informacional.

A Lei nº 14.133 condicionou o diálogo competitivo aos casos em que o objeto envolva as seguintes condições: (i) inovação tecnológica ou técnica; (ii) impossibilidade de o órgão ou entidade ter sua necessidade satisfeita sem a adaptação de soluções disponíveis no mercado; e (iii) impossibilidade de as especificações técnicas serem definidas com precisão suficiente pela Administração.

Quanto ao primeiro pressuposto, inovação tecnológica ou técnica, valioso relembrar o que já foi dito sobre a distinção de inovação e tecnologia. A inovação técnica é distinta da tecnológica por óbvio, já que seria somente o uso de uma técnica diferente para apresentar uma solução. A imperiosidade de inovação pode significar a inexistência de uma solução no mercado ou ainda a inexistência de uma solução disponível, de pronto, no mercado. Ou seja, há grande diferença entre ausência de solução e falta de solução customizada para atender a necessidade pública.[824]

São duas coisas completamente diferentes: enquanto a inexistência de solução no mercado pode ser caso, por exemplo, de soluções inovadoras nos termos da Lei Complementar nº 182, o que se assemelha em partes à parceria para inovações estipulada na legislação da União Europeia, aqui no diálogo competitivo já preexiste a solução genericamente no mercado, porém o fornecedor terá que adaptá-la para ser customizada à Administração Pública. Adaptação e customização são albergadas pelo conceito de inovação.

Caso fosse para criar uma nova solução em si, logo o legislador teria que utilizar a palavra invenção ou o intérprete teria que associar neste momento inovação com invenção, o que não parece ser o caso.

O pressuposto da alínea *b* é uma delimitação da alínea anterior. Ao preconizar que existem soluções disponíveis no mercado, porém essas não suprem a necessidade pública sem uma adaptação, logo quer dizer que, dentro do gênero inovação, se almeja uma inovação técnica ou tecnológica para adaptar solução já existente. Nem toda inovação técnica ou tecnológica enseja só uma adaptação. Isto é, em outras palavras, uma adaptação técnica ou tecnológica é uma inovação, mas nem toda inovação técnica ou tecnológica se concretiza por meio de adaptação. Infelizmente, houve um erro do legislador ao disciplinar em duas alíneas, porquanto poderia ter descrito tudo em uma única alínea, evitando potenciais futuras interpretações equivocadas. Por tais razões, prega-se o discernimento sobre o que é inovação, ciência e tecnologia neste livro, já que o uso dessas palavras sem a cognição adequada sobre o seu alcance pode desencadear impropriedades legislativas como esta.

O requisito da alínea *c* é fundamental que esteja presente para caracterizar o escorreito uso da modalidade. A Administração Pública recorre à interação com os

---

[824] "O inciso I, alínea a, do art. 32 trata de caso em que a demanda da Administração envolve uma inovação tecnológica ou técnica. Trata-se de situação em que o Estado deseja que o mercado desenvolva, no bojo do procedimento licitatório, aspectos tecnológicos ou técnicos de um bem, serviço ou obra de que a Administração Pública necessita. Esse é o caso em que não há no mercado solução disponível para a necessidade da Administração" (OLIVEIRA, Rafael Sérgio Lima de. *O diálogo competitivo brasileiro*. Belo Horizonte: Fórum, 2021. p. 32).

fornecedores justamente para arrefecer a assimetria informacional e buscar subsídios técnicos para primeiramente compreender dadas soluções holisticamente e, depois, avaliar como bem descrever adequadamente as especificações técnicas da solução escolhida como a mais apropriada.

Quanto à diferença entre esse pressuposto e o uso da audiência pública outrora referida, convém explicar que, no diálogo competitivo, a Administração Pública não sabe qual solução adotará para satisfazer a sua necessidade. Seu anseio é conversar com diversos empreendedores para descortinar a sua ignorância sobre a existência de uma ou várias soluções, assim como assimilar as vantagens e desvantagens de cada qual para posterior escolha. Diferentemente, na audiência pública, a solução já foi escolhida, mas existem dúvidas ou obscuridades para publicar o ato convocatório, isso sem falar nas situações de audiência para ampliar a transparência da atuação estatal.

Desde já, imperioso asseverar que as condições impostas pelo legislador quanto ao objeto são pressupostas e integrativas ao caso concreto. Ou seja, é imprescindível que todos os requisitos estejam presentes no caso concreto, sob pena de inviabilidade do uso da modalidade.

Quanto ao problema que a Administração Pública visa satisfazer, é inexorável que o novo procedimento legal seja usado quando ela não possuir conhecimento suficiente do mercado nem noção completa para identificar os meios e as alternativas que satisfaçam suas necessidades, em especial: (i) não sabe ou sequer conhece a solução técnica mais adequada para resolver o seu problema (ou mesmo se existe solução para tanto); (ii) desconhece os requisitos técnicos aptos a concretizar a solução já escolhida a ponto de não ter subsídios e segurança para descrever no ato convocatório, notadamente no termo de referência; e (iii) não tem noção completa da estrutura jurídica ou financeira do contrato (formatação jurídica e/ou financeira da operação), visto que há necessidade de avaliar pagamento antecipado, pagamento parcelado, formato usual do mercado para o recebimento provisório e definitivo, entre outros aspectos, os quais serão fundamentais para as cláusulas financeiras e também para aquelas atinentes à gestão e fiscalização do ajuste.

Aqui, por sua vez, as condições não são cumulativas. Pode ser que as dificuldades enfrentadas sejam tão somente para elaborar os requisitos técnicos de uma solução conhecida superficialmente, em linhas gerais, pelo órgão ou entidade licitadora. O inciso I do artigo 32 prescreve pressupostos indispensáveis e cumulativos para a escorreita utilização da modalidade; já o inciso II prevê requisitos alternativos e não cumulativos.

No que se refere ao iter procedimental, está previsto no §1º do artigo 32 da Lei nº 14.133 e consiste basicamente em três etapas.

A primeira é a manifestação e avaliação da qualificação dos fornecedores que intencionem participar da licitação. A Administração Pública disponibilizará um primeiro edital com as exigências e suas necessidades. O prazo entre a publicação e a data da entrega dos documentos dos licitantes será de, no mínimo, 25 dias úteis. É recomendável prazo maior a depender das dificuldades de compreensão das necessidades da Administração Pública e da complexidade dos documentos a serem apresentados.

Nesse primeiro momento, haverá uma pré-seleção dos fornecedores que poderão participar da segunda etapa, razão pela qual a Administração Pública deverá fazer uma ata de julgamento da análise documental, assim como abrir prazo para que os inconformados possam interpor recurso administrativo nos termos do artigo 154.

A segunda etapa consiste nos diálogos propriamente ditos entre fornecedores e Administração Pública. Serão marcadas sessões (temporariamente) sigilosas para que cada fornecedor apresente a sua solução de proposta para resolver o problema e a necessidade pública indicados pelo órgão ou entidade no instrumento convocatório.

A sessão será individual por licitante e tão somente participarão a Comissão de Contratação e o(s) representante(s) do licitante. Pode ser que a sessão individual de cada licitante dure um período do dia ou vários períodos e dias, tudo a depender da complexidade da proposta e da escorreita compreensão dos agentes integrantes da Comissão.

É viável também que a Administração Pública opte por fazer várias rodadas de diálogo. Em outras palavras, a primeira sessão com cada licitante seja de mera apresentação genérica da solução apresentada para que, em uma segunda rodada, cada licitante explique as minudências de cada projeto e ainda responda aos questionamentos técnicos dos agentes da Comissão de Contratação.

Durante as rodadas de diálogo, pode ser que a Comissão de Contratação opte por não continuar escutando alguma solução, fato que ensejará a desclassificação do licitante para as próximas rodadas.

O número de rodadas pode ser, inicialmente, concebido no ato convocatório, porém não se deve deixar estipulado um limite máximo de rodadas de diálogos sob pena de haver um engessamento da atuação da Comissão da Contratação.

Como versa sobre soluções que são total ou parcialmente desconhecidas pela Administração Pública, não é possível aferir de plano na redação do ato convocatório como e quando se dará a completa compreensão de cada solução pelos agentes da comissão. Por isso, recomenda-se que se coloque, a título de orientação, um número indicativo de rodadas, sem impedimento de se entender pelo seu elastecimento.

Assim, os candidatos poderão ir aprimorando as suas propostas até que a Administração, quando encerrado o diálogo, decida por qual ou quais soluções apresentadas permitirão que seja enviada uma proposta final (oferta definitiva).

Quando se fala que as sessões serão temporariamente sigilosas, quer dizer que as sessões até o julgamento final dessa segunda etapa serão restritas e delas só participarão o licitante envolvido e a Comissão de Contratação. O condicionamento da publicidade se dá justamente pelo fato de existir parcela de inovação entre os empreendedores licitantes.

Como já dito alhures, o segredo em um processo de formação de inovação é essencial para que sirva como um diferencial de um empreendedor ante os demais concorrentes no mercado, seja para este certame ou para outros potenciais negócios – privados ou públicos. Informação de um processo inovativo vale dinheiro e é essencial para quem atua no mercado concorrencial.

Ainda que sejam sigilosas, todas as sessões serão gravadas. Entende-se pertinente a feitura de atas com os principais acontecimentos apesar da gravação de vídeo e áudio. A informação sobre a gravação decorre de interpretação legal, mais precisamente no inciso VIII do §1º do artigo 32 da lei, e mesmo assim deverá ser expressamente colocada no edital para evitar qualquer elucubração futura, inclusive em consequência da legislação de proteção de dados.

A quebra da restrição de acesso ao conteúdo nas sessões somente acontecerá quando houver o julgamento final dessa segunda etapa pela Comissão da Contratação, oportunidade em que todas as gravações serão liberadas para acesso a toda e qualquer pessoa, seja licitante ou não.

É muito importante que, dentro da repartição, exista algum mecanismo para o controle do referido sigilo temporário, evitando assim qualquer violação da regra do sigilo. Se algum agente da Comissão da Contratação disponibilizar alguma informação privilegiada ou descortinar o seu sigilo profissional, deverá responder nas esferas cível, criminal e administrativa.[825]

Caso, porventura, exista interesse legítimo de algum agente de controle, interno ou externo, para acompanhar tais sessões, entende-se plenamente possível. Igualmente acontece com o caso do orçamento sigiloso, é viável que algum agente de controle tenha justificativa para intervir em tais rodadas. De todo modo, isso deve ficar consignado em ata, assim como o agente deve ser alertado que não poderá publicizar algo ali ocorrido, salvo em algum documento oficial expedido dentro do contexto de sua competência institucional. A deterioração dessa regra o sujeitará à responsabilização nos termos da lei.

Uma questão interessante no diálogo competitivo é que a segunda etapa não necessariamente julgará favorável a, tão somente, uma única solução. Poderá a Comissão de Contratação optar por uma ou várias soluções, totais ou parciais.

O cuidado a ser tomado aqui é que sempre se confeccione o novo ato convocatório para selecionar a proposta mais vantajosa na terceira etapa com critérios objetivos e claros. Em outras palavras, pode ser inconsistente selecionar duas soluções antagônicas, já que, na terceira etapa da seleção do fornecedor, poderão inexistir critérios objetivos para discernir duas ou mais propostas e, com isso, violar o princípio da isonomia, inclusive.

É deveras relevante que a Comissão de Contratação sempre se paute também nos princípios da ordem econômica da Constituição da República Federativa de 1988 e no dever de respeitar os valores sociais do trabalho e da livre-iniciativa (fundamentos do Estado brasileiro); por isso, deve receber preparação e informações sobre os conceitos de inovação e limites de intervenção do Estado na economia.

Outro ponto é que, nessa segunda etapa, a Comissão de Contratação poderá sugerir ou indicar condição para uma solução ser aceita. Por exemplo, desde que implemente algumas modificações a contento dos interesses da Administração Pública. Essa solicitação poderá acontecer nas rodadas de negociação para que passe à próxima rodada de diálogo ou até vir descrita no julgamento final.

A terceira etapa iniciará com um novo ato convocatório. Tal edital tem por escopo a estipulação de regras para a seleção da proposta mais vantajosa da solução ou das soluções entendidas como adequadas na segunda etapa.

A lei brasileira vedou a participação de novos licitantes, leia-se fornecedores que não participaram anteriormente das etapas pretéritas. Entende-se que é o mais correto, até para prestigiar aqueles que gastaram tempo e recursos para convencer a Administração

---

[825] Se for agente público.

Pública que a sua solução seria a mais pertinente. Caso o fornecedor tenha participado da primeira etapa, porém foi excluído por não preencher a qualificação necessária, este não poderá disputar a terceira etapa. Em outras palavras, é imprescindível que tenha efetivamente atuado na etapa do diálogo, mesmo que desclassificado em algum momento, para então ter o direito de ofertar proposta na terceira etapa (análise de propostas e habilitação). A título de curiosidade, no âmbito estadual no Paraná, o Decreto nº 10.086/2022 traz a possibilidade de que o licitante desqualificado na primeira etapa possa participar da etapa competitiva, desde que o edital assim estipule, consoante regra esposada no artigo 144, §3º. A mais, um ponto superinteressante no referido decreto é a permissividade de se fixar a concessão de prêmio ou remuneração ao licitante que tiver sua solução escolhida e adotada, conforme regra do artigo 140, §5º.

De outro lado, alguém poderia entender que o simples fato de sua solução ser a escolhida já o colocaria em uma vantagem natural ante os demais concorrentes; contudo, a rapidez de adaptação do mercado e a busca fluida de informações, até disruptivas, entre os empreendedores fazem com que essa vantagem seja pequena.

O segundo edital deverá ser devidamente publicado nos meios legalmente determinados e respeitará o prazo, mínimo, de sessenta dias úteis de publicidade. Regerá ainda como será feita a escolha da proposta mais vantajosa por meio de critérios claros, objetivos e mensuráveis, assim como os documentos a serem entregues.

Na questão documental, deverá haver a dispensa, parcial ou total, de documentos habilitatórios já apresentados na primeira etapa do processo de licitação. Tudo dependerá do que se solicitará agora na terceira etapa.

Atinente à proposta comercial, essa será exigida de todos os licitantes, inclusive para aquele(s) que apresentou(aram) a(s) solução(ões) licitada(s). Imperioso o cuidado nas cláusulas editalícias para equalizar as propostas (respeitando as diferenças de cada qual e o quanto elas representam no julgamento), se houver mais de uma solução descrita no edital como passível de atender aos reclamos da Administração Pública.

A primeira etapa de qualificação e a terceira etapa não serão sigilosas, sendo que o sigilo temporário (ou publicidade diferida) ocorrerá tão somente para a etapa de diálogo em razão da sua funcionalidade. O sigilo é exceção, logo deverá ser aplicado em situações excepcionais, tal como apontado pela própria Lei de Licitações. Usa-se a expressão sigilo temporário ou publicidade diferida porque a publicização de todos os atos somente sucederá após a emissão da decisão administrativa sobre a segunda etapa, mesmo que a decisão possa não ser a definitiva em virtude do recurso administrativo.

A fase recursal da terceira etapa será feita nos termos do artigo 165 da lei e dependerá da regra escolhida pelo edital para inferir se única ou não. Será única se a etapa de proposta for antes da habilitação; do contrário, haverá dois momentos recursais.

Aproveitando sobre a fase recursal, salienta-se que os regulamentos expedidos para a regulamentação da nova lei têm divergido sobre as etapas e os atos decisórios que serão objeto de recurso administrativo nessa modalidade. O Decreto Estadual nº 10.086/2022 do estado do Paraná preceitua no artigo 147 a possibilidade de interposição de recurso administrativo após a fase de qualificação, de diálogo e de apresentação e julgamento de propostas.[826] O Decreto Estadual nº 1.525/2022 do estado do Mato Grosso prescreve que o procedimento será em duas etapas (do diálogo e da competição ou, nas palavras do artigo 100, "a primeira, a fase do diálogo entre Administração Pública e os particulares, e a segunda, a fase competitiva") e que não acontecerá viabilidade de interposição de recurso após a decisão da primeira fase, consoante se observa do artigo 104. Isto é, o recurso poderá ser manejado tão somente após a decisão da fase competitiva, o que me parece um grande equívoco e uma restrição à ampla defesa e ao contraditório inadmissível. De todo modo, nesse caso, a melhor interpretação a ser feita é que houve restrição ao recurso hierárquico, e os licitantes prejudicados poderão interpor recurso administrativo de reconsideração, nos termos do inciso II do artigo 165 da Lei nº 14.133, após a primeira fase.

No que se refere ao critério de julgamento a ser escolhido nessa terceira etapa, o mais usual será a técnica e preço, já que a Administração Pública deverá tomar a devida cautela para escolher alguém que possua uma metodologia e *expertise* técnica na solução apresentada na proposta, além de superar o critério do preço em menor escala.

Todavia, nada obsta que se possa utilizar também a melhor técnica, o maior retorno econômico e até *excepcionalmente* o menor preço ou maior desconto, quando a solução estiver bem definida, inclusive no aspecto metodológico, e não houver risco ao interesse público para a execução do objeto ante a diferença entre potenciais fornecedores de acordo com a sua *expertise*. No âmbito federal, as instruções normativas mencionam os critérios de julgamento menor preço ou maior desconto passíveis de serem usados nessa modalidade.

Ainda, salienta-se que a Lei nº 14.133 também teve o condão de acrescentar a modalidade de diálogo competitivo como factível de ser utilizada para as concessões comuns e para as parcerias público-privadas.

Por fim, quanto à Comissão de Contratação, ou denominada de Comissão Especial por alguns regulamentos, será composta de pelo menos três servidores efetivos ou empregados públicos pertencentes aos quadros permanentes da Administração, admitida a contratação de profissionais para assessoramento técnico da comissão. Os profissionais contratados assinarão termo de confidencialidade e abster-se-ão de atividades que possam configurar conflito de interesses, sob pena de responsabilidade cível e penal. Aqui é feita uma crítica, porque, a depender das características técnicas do problema a ser resolvido, das soluções apresentadas pelo mercado e do grau de maturidade acerca do tema, é comum que o profissional ou a comissão para fins de assessoramento técnico tenham papel fundamental na etapa do diálogo e até na formação do convencimento para a emissão da decisão sobre o vencedor, razão pela qual se deveria pensar que eles pudessem subscrever os atos decisórios, inclusive para serem responsabilizados em casos de desvios, atos dolosos ou erros grosseiros.

---

[826] O artigo 147 alude às fases do artigo 135, porém, ao que parece, se trata de um erro de indicação dos numerais das remissões após as revisões e elaboração da minuta final, por isso se deve ler e compreender como as fases do artigo 137.

4.2.3.3 Procedimento de manifestação de interesse

O procedimento de manifestação de interesse não é novidade da Lei nº 14.133, uma vez que já estava previsto no Decreto Federal nº 8.428/2015 para apresentação de projetos, levantamentos, investigações ou estudos, a ser proposto por pessoa física ou jurídica de direito privado, "com a finalidade de subsidiar a administração pública na estruturação de empreendimentos objeto de concessão ou permissão de serviços públicos, de parceria público-privada, de arrendamento de bens públicos ou de concessão de direito real de uso". Como se verifica, o escopo do decreto é bastante restrito, consoante se nota pelo seu teor.

A Lei nº 14.133 estatuiu o procedimento de manifestação de interesse para os casos em que a Administração solicita à iniciativa privada a propositura e a realização de estudos, investigações, levantamentos e projetos de soluções inovadoras que contribuam com questões de relevância pública. Não se trata de uma modalidade de licitação, e sim de um procedimento auxiliar.

Tanto é que, do procedimento de manifestação de interesse, poderá, caso haja a concordância da Administração Pública, resultar uma futura licitação para selecionar a proposta mais vantajosa da solução que foi escolhida pelo referido procedimento auxiliar.

Inicia com um ato convocatório, denominado de chamamento público ou edital de chamamento público, que tem o escopo de publicizar o interesse da Administração Pública de receber contribuições do mercado. É devidamente publicado nos meios legalmente determinados, consoante disposto nos artigos 54 e 55 da lei.

Em síntese, o seu iter procedimental consiste em três etapas: (i) abertura do PMI a partir da publicidade do edital de chamamento público; (ii) autorização para a apresentação de projetos, levantamentos, investigações ou estudos, quando os interessados entregarão as suas propostas de soluções para a Administração Pública; e (iii) a fase de avaliação, seleção e aprovação.

Por questões didáticas, abaixo se transcrevem as informações que deverão ser contidas no ato convocatório:

> I – demonstração do interesse público na realização do empreendimento a ser escopo do procedimento de manifestação de interesse;
> II – diretrizes e premissas que orientem a apresentação dos trabalhos;
> III – critérios para habilitação;
> IV – prazo máximo para apresentação dos trabalhos, contado da data de publicação do termo de autorização de participação;
> V – proposta de cronograma de reuniões técnicas;
> VI – critérios para avaliação e seleção dos trabalhos, os quais consistirão, ao menos, em:
> a) consistência das informações que subsidiaram sua realização;
> b) adoção das melhores técnicas de elaboração, segundo normas e procedimentos científicos pertinentes, utilizando, sempre que possível, equipamentos e processos recomendados pela melhor tecnologia aplicada ao setor;
> c) compatibilidade com as normas técnicas e legislação aplicável ao setor,
> d) atendimento às exigências estabelecidas no edital de chamamento;
> e) atendimento de todas as etapas e atividades de elaboração dos estudos estabelecidas no cronograma de execução;

f) demonstração comparativa de custo e benefício do empreendimento em relação a opções funcionalmente equivalentes, se existentes; e
g) critérios para avaliação, seleção e ressarcimento dos estudos;
VII – valor nominal máximo para eventual ressarcimento, ou critérios para a sua fixação, bem como base de cálculo para fins de reajuste;
VIII – previsão de cessão dos direitos autorais da solução ofertada para a Administração, salvo quando o objeto envolver atividade de pesquisa e desenvolvimento de caráter científico, tecnológico ou de inovação; e
IX – informações disponíveis necessárias à realização de projetos, levantamentos, investigações e estudos, quando houver.

A Lei nº 14.133 prescreveu que o PMI será disciplinado via regulamento, o qual será feito de acordo com a competência legislativa sobre licitações e contratos. Não especificou em norma geral o prazo de publicidade. Entendo que deverá ser um prazo de, no mínimo, vinte dias úteis, em virtude das particularidades do procedimento.

É necessário que exista um prazo inicial de divulgação para que a intenção da Administração Pública seja divulgada pelo mercado. Ademais, os fornecedores precisam de tempo para maturar e desenvolver os seus respectivos projetos. Normalmente, tais projetos contam com a participação de uma heterogeneidade de profissionais, ainda mais levando em consideração o ecossistema de soluções inovadoras, que é bastante integrativo com agentes de diversas áreas de conhecimento.

Quando da seleção e julgamento das propostas, a Administração Pública deverá publicizar a sua decisão e abrir prazo para que irresignados possam interpor o recurso nos termos do artigo 165 da lei.

Na ata de julgamento, a Administração deverá elaborar parecer fundamentado com a demonstração de que o produto ou serviço entregue é adequado e suficiente à compreensão do objeto, de que as premissas adotadas são compatíveis com as reais necessidades do órgão e de que a metodologia proposta é a que propicia maior economia e vantagem entre as demais possíveis.

Não se vislumbra óbice para que o edital de chamamento não se restrinja a um único selecionado (vencedor). Pode a Administração Pública pensar na possibilidade de declarar mais de um vencedor quando existirem motivos para tanto, sempre de acordo com o edital. Via de regra, é um selecionado, mas há viabilidade de exceção para a escolha de vários.

Isso pode acontecer, por exemplo, quando se buscam projetos de soluções inovadoras que futuramente serão implantados para diferentes realidades em um Estado, diferenciando-se de acordo com a infraestrutura física, socioeconômica ou geológica das regiões. Da mesma forma, poderá haver a seleção parcial de uma proposta.

Ainda, a lei previu que a escolha no PMI poderá cingir-se a *startups*, as quais são consideradas, nos termos da legislação, como os microempreendedores individuais, as microempresas e as empresas de pequeno porte, de natureza emergente e com grande potencial, que se dediquem à pesquisa, ao desenvolvimento e à implementação de novos produtos ou serviços baseados em soluções tecnológicas inovadoras que possam causar alto impacto, exigida, na seleção definitiva da inovação, validação prévia fundamentada em métricas objetivas, de modo a demonstrar o atendimento das necessidades da Administração.

Após a seleção do(s) projeto(s), a Administração Pública terá dois caminhos: (i) utilizar o projeto (total ou parcialmente) para desenvolver uma licitação para escolher a proposta mais vantajosa para executá-lo; (ii) ou, excepcionalmente, entender que o projeto não é conveniente ou oportuno para ser licitado em seguida.

Em outras palavras, na fase de seleção, os trabalhos poderão ser: (i) integralmente aproveitados, hipótese em que o autorizado fará jus a possível ressarcimento, observado o disposto no edital de chamamento público; (ii) parcialmente aproveitados, hipótese em que o valor do possível ressarcimento será apurado apenas em relação às informações efetivamente utilizadas em eventual processo de contratação; ou (iii) totalmente rejeitados, hipótese em que, ainda que haja licitação do objeto, não haverá ressarcimento ou qualquer forma de indenização devida ao responsável pelos trabalhos.

No caso da licitação, poderá participar todo e qualquer fornecedor que apresente interesse e a documentação solicitada. Não existe qualquer preferência ou vantagem direta ao vencedor do PMI. Há vantagem indireta, pois ele possui pleno conhecimento do projeto com um tempo maior de antecedência, o que lhe permite fazer melhores arranjos comerciais em potenciais orçamentos e, com isso, na apresentação de uma proposta financeiramente melhor.

Caso o vencedor do PMI participe do certame e não vença ou sequer participe, ele será indenizado pelo vencedor da licitação. É proibida a remuneração do autor do projeto licitado pelo poder público quando houver a licitação e um vencedor.

Ainda que a lei seja omissa, entende-se que, no caso de a Administração Pública não licitar posteriormente o projeto, deverá remunerar o seu respectivo autor, sob pena de enriquecimento ilícito, mesmo que alguns interpretem o inciso IV do §2º do artigo 81 da Lei de Licitações como óbice ao enunciar que o projeto será remunerado somente pelo vencedor da licitação, vedada, em qualquer hipótese, a cobrança de valores do poder público. Ademais, a falta de uma remuneração em tal caso afastará potenciais autores de projetos de se relacionarem com o poder público e, logo, quem sairá perdendo será o interesse público e toda a sociedade.

Aqueles que participaram do PMI e não tiveram o seu projeto selecionado poderão ser ressarcidos dos custos que tiveram para a elaboração de suas respectivas propostas.

Não parece que o ideal seria a apresentação de notas fiscais e comprovação dos custos para posterior ressarcimento, mas, sim, o preestabelecimento no edital de chamamento público de um valor de ressarcimento para os projetos que preencherem determinados requisitos, evitando, com isso, o pagamento a fornecedores que formularam projetos claramente inócuos e deficitários.

O PMI revela-se uma excelente ferramenta para que a Administração Pública se antene ao mercado de soluções inovadoras. É um instrumento jurídico prévio de compras públicas inovador. Não é a licitação para a satisfação da necessidade pública em si, mas, sim, um conjunto de atos e decisões que almeja subsidiar a Administração Pública para a escolha da futura solução a ser aplicada caso persista o interesse no atendimento de dado problema anteriormente alinhavado.

Outrossim, pode-se perceber que alguns entes têm como regulamento o PMI e previsto também a possibilidade de os fornecedores apresentarem projetos, estudos, levantamentos, investigações ou soluções por iniciativa própria, mesmo sem o edital de chamamento do poder público.

É o que estão denominando de manifestação de interesse privado, a qual acontece com a apresentação espontânea, por pessoa física ou jurídica, de propostas, projetos, levantamentos, investigações, estudos ou soluções que atendam às necessidades específicas da Administração ou contribuam com questões de relevância pública. Sobre o tema, vide o Decreto Municipal nº 47/2024 de Colombo, o Decreto Municipal nº 346/2023 de Pinhais e o Decreto Municipal nº 32.398/2024 de Foz do Iguaçu.

O ideal é que os entes regulamentem o PMI em suas respectivas esferas e o utilizem racionalmente. Normatizem criteriosamente, a fim de protegerem os mentores intelectuais das soluções e também os executores contratuais delas.

4.2.4 As compras de soluções inovadoras da Lei Complementar nº 182 – Lei das *Startups*

No dia 1º de junho de 2021, foi criado o Marco Legal das *Startups* e do empreendedorismo inovador por meio da publicação da Lei Complementar nº 182. Segundo o artigo 1º, a lei visa: a) estabelecer os princípios e as diretrizes para a atuação da Administração Pública no âmbito da União, dos estados, do Distrito Federal e dos municípios; b) apresentar medidas de fomento ao ambiente de negócios e ao aumento da oferta de capital para investimento em empreendedorismo inovador; e c) disciplinar a licitação e a contratação de soluções inovadoras pela Administração Pública.

Portanto, fica patente que a intenção da legislação tem um aspecto fortemente regulatório sobre o mercado, em especial de acordo com a capacidade de regulação em sentido estrito e de atividade administrativa de fomento, como já dito em tópico anterior neste livro.[827]

Os princípios e as diretrizes prescritos são totalmente compatíveis com o desenvolvimento inovativo, científico e tecnológico, segundo se denota dos incisos do artigo 3º:

> I – reconhecimento do empreendedorismo inovador como vetor de desenvolvimento econômico, social e ambiental;
> II – incentivo à constituição de ambientes favoráveis ao empreendedorismo inovador, com valorização da segurança jurídica e da liberdade contratual como premissas para a promoção do investimento e do aumento da oferta de capital direcionado a iniciativas inovadoras;
> III – importância das empresas como agentes centrais do impulso inovador em contexto de livre mercado;
> IV – modernização do ambiente de negócios brasileiro, à luz dos modelos de negócios emergentes;
> V – fomento ao empreendedorismo inovador como meio de promoção da produtividade e da competitividade da economia brasileira e de geração de postos de trabalho qualificados;

---

[827] A título complementar, vide PICININ, Juliana; CAMARÃO, Tatiana; CAMPOLINA, Henrique. *As contratações de inovação pela Administração Pública à luz do Marco Legal das Startups e do Empreendedorismo Inovador*. Belo Horizonte: Fórum, 2024.

VI – aperfeiçoamento das políticas públicas e dos instrumentos de fomento ao empreendedorismo inovador;
VII – promoção da cooperação e da interação entre os entes públicos, entre os setores público e privado e entre empresas, como relações fundamentais para a conformação de ecossistema de empreendedorismo inovador efetivo;
VIII – incentivo à contratação, pela administração pública, de soluções inovadoras elaboradas ou desenvolvidas por startups, reconhecidos o papel do Estado no fomento à inovação e as potenciais oportunidades de economicidade, de benefício e de solução de problemas públicos com soluções inovadoras; e
IX – promoção da competitividade das empresas brasileiras e da internacionalização e da atração de investimentos estrangeiros.

Desde já, impende gizar que a lei representou um grande avanço para futuros negócios e investimentos em *startups*; entretanto, é bastante rasa e sucinta, o que demandará uma série de atos legais e infralegais integrativos, sob pena de sua eficácia ficar prejudicada.[828]

Ante a qualificação da Lei Complementar nº 182, deve-se compreender o conceito legal de *startups* como as organizações empresariais ou societárias, nascentes ou em operação recente, cuja atuação caracteriza-se pela inovação aplicada a modelo de negócios ou a produtos ou serviços ofertados.

Diverge do conceito estatuído na Lei de Licitações, qual seja, microempreendedores individuais, microempresas e empresas de pequeno porte, de natureza emergente e com grande potencial, que se dediquem à pesquisa, ao desenvolvimento e à implementação de novos produtos ou serviços baseados em soluções tecnológicas inovadoras.

O Marco das *Startups* ainda enunciou que, para os benefícios da citada legislação, são elegíveis o empresário individual, a empresa individual de responsabilidade limitada, as sociedades empresárias, as sociedades cooperativas e as sociedades simples que preencham os seguintes requisitos: (i) receita bruta de até R$16.000.000,00 (dezesseis milhões de reais) no ano-calendário anterior ou de R$1.333.334,00 (um milhão trezentos e trinta e três mil trezentos e trinta e quatro reais) multiplicada pelo número de meses de atividade no ano-calendário anterior, quando inferior a 12 (doze) meses, independentemente da forma societária adotada; (ii) ter até 10 (dez) anos de inscrição no Cadastro Nacional da Pessoa Jurídica (CNPJ) da Secretaria Especial da Receita Federal do Brasil do Ministério da Economia; e, (iii) no mínimo, preencher um dos requisitos a seguir: declarar em seu ato constitutivo ou alterador e utilizar-se de modelos de negócios inovadores para a geração de produtos ou serviços, nos termos do inciso

---

828 Nessa toada, Joel de Menezes Niebuhr também assevera: "Ressalva-se que o regime de Contratação de Soluções Inovadoras pelo Estado da Lei Complementar n. 182/2021 não veicula regras exaurientes. Quer dizer que as regras nela prescritas não são suficientes para estruturar processo de contratação pública do início ao fim. A Lei Complementar n. 182/2021 traz apenas algumas diretrizes e condições particulares que devem ser aplicadas sob uma determinada base normativa, que, inevitavelmente, deve ser a da Lei n. 8.666/1993 ou a da Lei n. 14.133/2021, ambas dedicadas às licitações públicas e contratos administrativos, a serem aplicadas por analogia. Isso significa que, no regime da Lei Complementar n. 182/2021, deve prevalecer as suas regras específicas. Na ausência de regras específicas, deve-se recorrer às disposições da Lei n. 8.666/1993 ou da Lei n. 14.133/2021. Por sua vez, a opção entre a Lei n. 8.666/1993 e a Lei n. 14.133/2021 deve se dar em acordo com o prescrito no artigo 191 da Lei n. 14.133/2021" (LUPI, André Lipp Pinto Basto; NIEBUHR, Joel de Menezes; QUINT, Gustavo Ramos da Silva. *Marco Legal das Startups e do Empreendedorismo Inovador*. Florianópolis: Menezes Niebuhr, 2021. p. 30-31).

IV do *caput* do art. 2º da Lei nº 10.973, de 2 de dezembro de 2004, ou enquadrar-se no regime especial Inova Simples, nos termos do art. 65-A da Lei Complementar nº 123, de 14 de dezembro de 2006.

Especificamente sobre a relação do marco legal com a atuação estatal, do ponto de vista regulatório, a lei previu a possibilidade de as empresas que possuem obrigações de investimento em pesquisa, desenvolvimento e inovação, decorrentes de outorgas ou de delegações firmadas por meio de agências reguladoras, estarem autorizadas a cumprir seus compromissos com aporte de recursos em *startups* por meio de:

(i) fundos patrimoniais de que trata a Lei nº 13.800, de 4 de janeiro de 2019, destinados à inovação, na forma do regulamento;
(ii) Fundos de Investimento em Participações (FIP), autorizados pela CVM, nas categorias capital semente, empresas emergentes e empresas com produção econômica intensiva em pesquisa, desenvolvimento e inovação; e
(iii) investimentos em programas, em editais ou em concursos destinados a financiamento, à aceleração e à escalabilidade de *startups*, gerenciados por instituições públicas, tais como empresas públicas direcionadas ao desenvolvimento de pesquisa, inovação e novas tecnologias, fundações universitárias, entidades paraestatais e bancos de fomento, que tenham como finalidade o desenvolvimento de empresas de base tecnológica, de ecossistemas empreendedores e de estímulo à inovação.

Essa obrigatoriedade de investimento em pesquisa, desenvolvimento e inovação acontece para aqueles casos mencionados quando foi discorrido sobre outras legislações correlatas em compras públicas neste livro.

Trata-se de uma excepcional oportunidade de comprovação de investimentos do percentual legalmente determinado para as empresas, em especial sob o ponto de vista da teleologia da captação e da viabilidade de retorno altamente qualificado para o investidor e para a sociedade como um todo.

Como o ecossistema escolhido pelo investidor será próximo de sua atuação profissional e finalística, logo as chances de um *feedback* altamente rentoso se avultam.

Especificamente sobre a oportunidade de uso do poder de compra estatal para fomentar e direcionar favoravelmente as *startups*, a lei dispõe sobre as licitações e contratos que poderão ser celebrados.

Nesta parte, trata-se de lei com conteúdo de normas nacionais, aplicáveis à Administração Pública direta, autárquica e fundacional da União, estados, Distrito Federal e municípios.

Poderá ser aplicada pelas empresas estatais nos termos do que disciplina o §2º do artigo 12 da lei em conjunto com o artigo 22, XXVII, parte final, da Constituição da República Federativa de 1988. As estatais deverão avaliar o uso das normas estipuladas no Marco das *Startups* de acordo com a Lei das Estatais e principalmente em conformidade com os seus regulamentos.

Segundo os incisos I e II do artigo 12, a finalidade das licitações e dos contratos desse marco regulatório é (i) resolver demandas públicas que exijam solução inovadora com emprego de tecnologia e (ii) promover a inovação no setor produtivo por meio do uso do poder de compra do Estado.

É mais um conjunto normativo e instrumental disponível para que a Administração Pública possa celebrar compras públicas inovadoras.

Para tanto, poderão ser contratadas pessoas físicas ou jurídicas, isoladamente ou em consórcio, para o teste de soluções inovadoras por elas desenvolvidas ou a serem desenvolvidas, com ou sem risco tecnológico.[829] Mais uma vez, visualiza-se a relevância de discernir inovação e tecnologia, tanto que o legislador asseverou a possibilidade de a compra ser de solução inovadora, com ou sem risco tecnológico, o que me parece crível afirmar também com ou sem tecnologia.

A modalidade a ser utilizada para perfectibilizar a licitação é o procedimento especial estabelecido na própria Lei Complementar nº 182, razão pela qual se entende que somente se socorrerá aos dispositivos da Lei nº 14.133 *no que couber*.

Compreende-se "no que couber" como aquilo que não venha a descaracterizar o escopo e o sistema esquematizado de normas existentes no âmbito privado para viabilizar os negócios de *startups*.

O objeto a ser licitado poderá ser uma solução especificamente delineada no edital ou restringir-se à indicação do problema a ser resolvido e dos resultados esperados pela Administração Pública, incluídos os desafios tecnológicos a serem superados. Neste último caso, é dispensada a descrição de eventual solução técnica previamente detalhada e suas especificações técnicas no edital, incumbindo aos licitantes a proposição de soluções que entendam pertinentes para a satisfatoriedade do problema.

Doutro lado, a Administração Pública deverá sopesar as vantagens e desvantagens de cada solução apresentada para que possa decidir seu julgamento, o qual será devidamente consubstanciado em parecer com caráter técnico e econômico.

Via de regra, a escolha recairá sobre um licitante. Contudo, em situações excepcionais, não há óbice para que a escolha da Administração Pública seja de duas ou até mais soluções, desde que por óbvio assim estabelecido no ato convocatório. Portanto, seria algo similar ao ponto de vista exarado sobre o diálogo competitivo.

A comissão de contratação responsável é denominada na lei de Comissão Especial. É um colegiado integrado por, no mínimo, três pessoas de reputação ilibada e reconhecido conhecimento no assunto, sendo que no mínimo uma deverá ser servidora pública integrante do órgão para o qual o serviço está sendo contratado e no mínimo uma ser professora de instituição pública de educação superior na área relacionada ao tema da contratação.

Quando se discorre "no mínimo", representa dizer que nada obsta que sejam dois servidores do órgão ou entidade licitadora e um professor de instituição pública de ensino superior. Pode ser também um servidor, um professor de instituição pública de ensino superior e um professor de instituição privada de ensino superior ou algum *expert* do tema licitado ou do procedimento em si.

---

[829] Nos termos do Decreto Federal nº 9.283, entende-se risco tecnológico como a "possibilidade de insucesso no desenvolvimento de solução, decorrente de processo em que o resultado é incerto em função do conhecimento técnico-científico insuficiente à época em que se decide pela realização da ação".

Em situações de problemas mais complexos, é recomendável que a comissão possa ser até maior. Sempre se recomenda em número ímpar por questões de julgamento e para evitar empates ou uso de possível voto de minerva (voto com peso diferenciado para o presidente da comissão, por exemplo). Admoesta-se a questão do voto de minerva porque a responsabilidade dos integrantes da comissão é solidária, salvo se houver divergência devidamente fundamentada e exposta no processo de contratação; logo, não faz sentido um voto valer mais do que outro.

O ato convocatório será devidamente publicado em sítio eletrônico oficial centralizado de divulgação de licitações ou mantido pelo ente público licitante e também em diário oficial do ente federativo. É recomendável inclusive que haja divulgação no Portal Nacional de Contratações Públicas (PNCP), o qual está se tornou uma excelente ferramenta de divulgação das oportunidades de negócios do poder público e alija uma barreira de não conhecimento por potenciais fornecedores.

A mais, nada obsta que haja a publicação em outros meios de divulgação, inclusive de índole internacional, se porventura haja restrição de potencial solução nacional. Nos casos de licitação internacional, recomenda-se que haja imprescindivelmente a exigência de parcela do desenvolvimento da *startup* em território brasileiro, notadamente para repasse de *know-how* da inovação.

O prazo entre a última publicação e a data da sessão para recebimento dos documentos dos licitantes será de, no mínimo, trinta dias corridos. A depender do objeto, é boa prática aumentar o prazo de publicidade para majorar a possibilidade de participação e competitividade.

Quanto ao critério de julgamento do certame, a lei propalou uma espécie similar à "melhor técnica". Na parte técnica, exigiu que necessariamente sejam sopesados os seguintes requisitos: a) o potencial de resolução do problema pela solução proposta e, se for o caso, da provável economia para a Administração Pública; b) o grau de desenvolvimento da solução proposta; c) a viabilidade e a maturidade do modelo de negócio da solução; d) a viabilidade econômica da proposta, considerados os recursos financeiros disponíveis para a celebração dos contratos; e e) a demonstração comparativa de custo e benefício da proposta em relação às opções funcionalmente equivalentes.

O preço não deve ser um critério de valoração na competição e seleção das propostas, tal como ocorre numa técnica e preço, em que possui um peso no encontro do resultado de uma equação financeira, mas, sim, um balizador da Administração Pública para considerá-lo na parte técnica. Em especial, deve aproveitar as informações acerca da viabilidade econômica da proposta e da demonstração de custo *versus* benefício ante outras opções para sopesar se a técnica apresentada é justificável ante o dispêndio financeiro maior ou menor.

Os recursos financeiros disponíveis para a celebração dos contratos são uma informação indispensável no ato convocatório, sendo que a proposta ofertada superior ao limite deve ser desclassificada por desobediência de uma regra do edital, e não propriamente por um critério de julgamento entre as propostas. São coisas diferentes.

É deveras criticável também que o legislador tenha colocado no §4º que outros diversos critérios poderão ser usados no edital, pois isso pode dar margem para gestores públicos colocarem critérios essencialmente de preço para mensurar as propostas dos licitantes, o que pode desvirtuar completamente a ideia de escolher a proposta mais vantajosa por um critério quase que exclusivamente que técnico, ou seja, de qualidade.

Enquanto se busca aumentar a preocupação da Administração Pública de encontrar propostas vantajosas e com qualidade, toda e qualquer aproximação com critérios de preço em essência deve ser alijada. Desse modo, percebe-se que a intenção é um julgamento centrado no custo *versus* benefício da qualidade da proposta do licitante.

Seria inadequado e inadmissível imaginar uma espécie de pregão para selecionar a melhor solução inovadora, salvo em raríssimas hipóteses, quando esta estivesse completamente definida no edital e suas especificações técnicas para seu atendimento na execução contratual fossem completamente independentes de quem o presta ou de que tipo de metodologia ou tecnologia é adotado.

Para operacionalizar na prática a apreciação de custo *versus* benefício com outras opções, primeiramente a Comissão Especial deverá conhecer a realidade mercadológica para comparar as propostas com o que é possível de ser desenvolvido no mercado, ainda que outras soluções diversas não tenham sido colocadas por nenhum licitante.

Com a cognição da realidade mercadológica, deverá considerar cada proposta a ser julgada por meio de uma matriz, por exemplo. Referida matriz poderá ser uma boa prática na execução das atividades da Comissão Especial ou ainda poderá estar externada até no edital, como, por exemplo, uma tabela paramétrica de uso cogente pelos agentes no julgamento.

Sob o rito procedimental da análise documental, o legislador entendeu que deverão ser avaliadas inicialmente as propostas para posteriormente examinar os documentos de habilitação tão somente daqueles que tiveram suas propostas classificadas pelos critérios técnicos e de obediência às demais regras editalícias.

No julgamento das propostas, é possível que a Comissão Especial negocie com os licitantes com propostas aprovadas para que estas melhorem as condições econômicas e os critérios de remuneração formulados. Trata-se de oportunidade de melhoramento das condições financeiras das propostas para maior economia ao poder público. Jamais poderá haver a imposição de diminuição aos ofertantes.

Segundo a lei, caso as propostas estejam acima do valor máximo estimado pela Administração Pública, conforme regra preceituada no edital, e depois de intentada a negociação, é possível justificadamente, com base na demonstração comparativa entre o custo e o benefício da proposta, aceitar o preço ofertado, desde que seja superior em termos de inovações, de redução do prazo de execução ou de facilidade de manutenção ou operação, limitado ao valor máximo que se propõe a pagar.

A parte final do artigo 13, §10º, quando aduz "limitado ao valor máximo que a Administração Pública se propõe a pagar", infelizmente demonstra uma redação sofrível. Enquanto na parte inicial menciona uma ideia de valor estimado da licitação, já no final alude ao valor máximo. O ato convocatório deverá optar entre o valor máximo ou o valor estimado da licitação, já que são excludentes. Uma coisa ou outra.

Para buscar a extração de uma norma apropriada desse trecho do texto legal, pode-se entender que o edital de licitação deverá optar por preço estimado (máximo), porém com um percentual ou um valor a mais, que seria o teto a ser suportado pela Administração Pública de acordo com a realidade de mercado e seu orçamento. Para permitir que se anua com uma proposta acima do preço máximo, é fundamental que a oferta seja superior em termos de inovações, redução de prazo de execução ou facilidade de manutenção ou operação e desde que tais vetores estejam objetivados no edital. É um pouco paradoxal, não obstante parecer ser o melhor passível de ser extraído. Caso não haja nenhuma explicitação nas regras editalícias, com certeza uma atuação administrativa permissiva à superação do valor máximo gerará insegurança jurídica e possível admoestação de órgãos de controle.

Ressalta-se que o valor do contrato a ser pago é de, no máximo, R$1.600.000,00 (um milhão e seiscentos mil reais); portanto, o uso dessa modalidade está restrito a projetos que sejam até a referida cifra pecuniária.

Caso sejam selecionadas várias propostas como vencedoras e aptas a serem contratadas, logo o teto é para cada ajuste, e não para a soma de todos os decorrentes de um único certame. Sabiamente, o legislador já deixou consignado que esse valor poderá ser anualmente atualizado pelo Poder Executivo federal, de acordo com o Índice Nacional de Preços ao Consumidor Amplo (IPCA) ou outro que venha a substituí-lo. Basta um ato normativo infralegal para a sua atualização, tal como é o caso de um decreto que anualmente é expedido para corrigir monetariamente os valores da Lei nº 14.133/21.

Ainda, outro ponto que parece bastante falho é a parte de documentos de habilitação. Prescreveu-se que a Administração Pública poderá, mediante justificativa expressa, dispensar, no todo ou em parte: (i) a documentação de habilitação de que tratam os incisos I, II e III, bem como a regularidade fiscal prevista no inciso IV do *caput* do art. 27 da Lei nº 8.666, de 21 de junho de 1993; e (ii) a prestação de garantia para a contratação.

De antemão, confundiu prestação de garantia para a contratação e a garantia para a habilitação, ou seja, garantia de contrato com garantia de proposta. A literalidade do dispositivo versa sobre garantia contratual, portanto totalmente deslocado do assunto tratado no parágrafo, contrariando a boa redação nos termos da Lei Complementar nº 95 e do Decreto Federal nº 12.002/2024.

No que pertine aos documentos de habilitação, a Lei Complementar nº 182 é de 1º de junho de 2021, portanto posterior à Lei nº 14.133, de 1º de abril de 2021. Ao fazer remissão à Lei nº 8.666, é notório que há confusão quando a Lei nº 8.666 foi completamente revogada no dia 30 de dezembro de 2023. Totalmente desnecessário. Poderia ter remetido à novel legislação de licitações ou reproduzido todos os documentos habilitatórios. De todo modo, aplica-se a regra do artigo 189 da Lei nº 14.133/2021, que prescreveu a sua aplicação sempre às hipóteses previstas na legislação que façam referência expressa à Lei nº 8.666, de 21 de junho de 1993, à Lei nº 10.520, de 17 de julho de 2002, e aos arts. 1º a 47-A da Lei nº 12.462, de 4 de agosto de 2011.

A mais, o comando ali contido é autorizativo à Administração Pública na redação do ato convocatório dispensar total ou parcialmente, com exceção da regularidade com a Seguridade Social, que é uma regra constitucional, os documentos de habilitação jurídica, qualificação técnica, qualificação econômico-financeira e regularidade fiscal e trabalhista.

Como sempre defendo, o rol de documentos de habilitação é exaustivo e representa um teto para o redator do edital. Deverá usar com inteligência e responsabilidade a escolha de quais documentos solicitará em cada caso. Enquanto alguns documentos podem ser desprezíveis em certas situações, como é o caso de uma visita técnica ou um índice de liquidez, doutro lado existem aqueles que são imprescindíveis para um mínimo de segurança, como é o caso do ato constitutivo do licitante, assim como a demonstração de sua *expertise* técnica.

O ramo de *startups* e soluções inovadoras em geral possui uma fluidez que, por vezes, precisa ser bem avaliada na fase interna (preparatória) da licitação. Apesar disso, também não se pode confundir *startups* com desorganização empresarial ou informalismo/insegurança. Algumas pessoas associam *startups* com um grupo de jovens reunidos para arquitetar alguma solução inovadora; contudo, no referido ecossistema, existem diversos graus de *startups*, o que depende muito do setor, da maturidade do ecossistema e dos valores envolvidos. Enquanto alguns setores têm *startups* com vida média de dois anos, já em outros são consideradas *startups* aquelas empresas com menos de vinte anos ante os demais *players* de mercado que são centenários.

Portanto, na fase interna, quando do planejamento da licitação, é indispensável que a Administração Pública, por meio de seus agentes públicos competentes, afira quais documentos são suficientes para o caso concreto, a fim de conciliar segurança jurídica com a competitividade a partir de exigências racionais e razoáveis.

Em face do julgamento das propostas e dos documentos de habilitação, devem ser abertas oportunidades para recurso administrativo. Leia-se duas oportunidades recursais: uma depois do julgamento das propostas, e outra, da análise dos documentos habilitatórios. Apesar que, como isso não está disposto na legislação, é possível de se usar a Lei nº 14.133/2021 em uma interpretação subsidiária e estabelecer que a apreciação será em momento único, ou ainda a regulamentação do órgão ou o próprio edital (ato normativo) preceituar como será a etapa recursal. Só não é permitido vedar a oportunidade e a fase recursal, pois encontraria óbice nos princípios do contraditório e da ampla defesa.

No que se refere ao contrato decorrente da licitação, também possui regras específicas e diversas daquelas preconizadas na legislação geral de licitações – Lei nº 8.666 ou a, nova, Lei nº 14.133.

Denominou-se Contrato Público para Solução Inovadora (CPSI). Terá vigência inicial limitada a 12 (doze) meses com a possibilidade de prorrogação por mais um período de até 12 (doze) meses.

Além de outras cláusulas contratuais, deverão constar no instrumento contratual:

(i) as metas a serem atingidas para que seja possível a validação do êxito da solução inovadora e a metodologia para a sua aferição;
(ii) a forma e a periodicidade da entrega à Administração Pública de relatórios de andamento da execução contratual, que servirão de instrumento de monitoramento, e do relatório final a ser entregue pela contratada após a conclusão da última etapa ou meta do projeto;
(iii) a matriz de riscos entre as partes, incluídos os riscos referentes a caso fortuito, força maior, risco tecnológico, fato do príncipe e álea econômica extraordinária;
(iv) a definição da titularidade dos direitos de propriedade intelectual das criações resultantes do CPSI; e

(v) a participação nos resultados de sua exploração, assegurados às partes os direitos de exploração comercial, de licenciamento e de transferência da tecnologia de que são titulares.

No tocante às cláusulas financeiras, a depender do tipo de projeto e de solução inovadora a ser desenvolvida, a remuneração do contratado poderá ser implementada em conformidade com um dos seguintes critérios: a) preço fixo; b) preço fixo mais remuneração variável de incentivo; c) reembolso de custos sem remuneração adicional; d) reembolso de custos mais remuneração variável de incentivo; ou e) reembolso de custos mais remuneração fixa de incentivo.

Ficou expresso na legislação que, nos casos em que houver risco tecnológico[830] envolvido no contrato, os pagamentos devem ser concretizados proporcionalmente aos trabalhos executados, de acordo com o cronograma físico-financeiro aprovado, observado o critério de remuneração previsto contratualmente. A relevância de o cronograma físico-financeiro estar bem planejado no edital para que possa atrair potenciais fornecedores é ululante, tanto que um descompasso tracejado no cronograma poderá afastar bons desenvolvedores de soluções inovadoras.

No caso de uso de remuneração variável de incentivo vinculada ao cumprimento das metas contratuais, a Administração Pública deverá respeitar, indispensavelmente, o momento do pagamento de acordo com o critério adotado no ato convocatório e/ou no contrato, mesmo que os resultados almejados não sejam atingidos em decorrência do risco tecnológico.

Essa situação deve ser devidamente justificada durante a execução do contrato, e sempre o fator exógeno do risco tecnológico deve ser a causa para o não cumprimento das metas, pois eventual falha do contratado para o não alcance das metas caracterizará incumprimento contratual, passível de rescisão e aplicação de sanções administrativas.

Se o risco tecnológico peremptoriamente não permitir que os resultados sejam alcançados a partir de alguma inviabilidade técnica ou econômica da solução, a Administração Pública deverá avaliar a pertinência da rescisão antecipada do ajuste, o que, por sua vez, deve ficar indicado na cláusula de matriz de risco como uma situação a ser rateada entre contratante e contratado.

Ainda, o legislador preocupou-se em determinar a viabilidade plena de pagar parcelado em conformidade com as etapas, consoante cronograma físico-financeiro estipulado e de acordo com o montante envolvido em cada momento de execução contratual, inclusive com a viabilidade de critérios distintos de remuneração por etapa.

Adequadamente ficou indicada a plena viabilidade de pagamento antecipado para a contratada, o que deve acontecer naqueles casos em que o desenvolvimento das atividades de execução contratual por parte da contratada gerará um dispêndio prévio significativo de recursos financeiros, ou seja, condição natural do mercado setorial,

[830] Risco tecnológico na legislação brasileira é a possibilidade de insucesso no desenvolvimento de solução, decorrente de processo em que o resultado é incerto em função do conhecimento técnico-científico insuficiente à época em que se decide pela realização da ação, conforme previsão do inciso III do artigo 2º do Decreto Federal nº 9.283/2018.

fato que deverá ser sopesado nos estudos a serem realizados na fase preparatória da licitação e retratados no edital.[831]

Para liberar o pagamento antecipado, deverá haver a constatação do início da execução contratual pelo contratado, sob pena de não liberação do valor, em que pese a lei colocar como consequência a devolução do valor antecipado ou glosas nos pagamentos subsequentes.

Ademais, pode acontecer que o pagamento antecipado seja tão somente em alguma etapa mais dispendiosa ao contratado, e não necessariamente na primeira etapa contratual.

Por óbvio, nessas situações, a Administração Pública deverá utilizar mecanismos de ação e de contingência para mitigar o risco de o contratado não cumprir com as suas obrigações contratuais, como, por exemplo, exigência de uma garantia contratual e avaliações mais pormenorizadas pelo fiscal durante a execução contratual.

Após a finalização do contrato público para a solução inovadora e existindo necessidade pública para a continuidade do objeto contratual, poderá a Administração Pública realizar (novo) contrato de fornecimento, nos termos do artigo 15.

Não haverá necessidade de novo processo licitatório. A lei criou uma hipótese de dispensa de licitação em que se permite ao administrador público afastar o dever de licitar, mesmo existindo potencial competição no mercado.

A opção foi prestigiar o contratado que apresentou um projeto vantajoso, foi declarado vencedor e executou anteriormente. Logo, se já constatou que houve uma execução em conformidade com os critérios técnicos ajustados e atendeu aos reclamos da necessidade pública, poderá a Administração Pública fruir por mais 24 meses, com possibilidade de mais 24 meses.

Como se nota, o fornecedor que participou da licitação e foi vencedor poderá, caso sejam utilizados os prazos máximos e ainda essa dispensa de licitação, gozar de 72 meses de execução contratual com o poder público. Esse fato deverá ser levado em consideração na hora de mensurar os custos e os retornos financeiros do projeto de solução inovadora apresentado em sua proposta comercial na licitação.

Essa situação de dispensa de licitação poderá ser para mero fornecimento do produto, do processo ou da solução resultante do CPSI ou até, se for o caso, para integração da solução à infraestrutura tecnológica ou ao processo de trabalho da Administração Pública.

A dúvida reside se haveria a possibilidade de uso dessa dispensa de licitação por um órgão ou entidade que não participou da licitação que resultou no contrato público de solução inovadora.

Analisando sistematicamente a regra do dever de licitar, os princípios da isonomia, da competitividade, da transparência, da economicidade e da segurança jurídica, assim como a interpretação restritiva quando se examina uma situação de dispensa de licitação, entende-se que tão somente poderá desfrutar da potestade de uso da dispensa aquele órgão ou entidade que promoveu ou participou do certame.

---

[831] Sobre o tema de pagamento antecipado em contratações públicas, vide REIS, Luciano Elias. O pagamento antecipado e o repensar do comportamento do Estado comprador. *Revista Colunistas do Direito do Estado*, v. 458, p. 1-3, 2020.

Separa-se promotor da licitação daquele que é participante, já que poderia ser uma licitação compartilhada ou ainda uma licitação em que constasse desde o início, inclusive assim descrito no ato convocatório, que determinado órgão ou entidade X poderia também utilizar o produto, o processo ou a solução resultante do CPSI para a sua infraestrutura tecnológica ou algum processo de trabalho de sua estrutura institucional.

Se a necessidade da dispensa for a partir de uma licitação em que se permitiu a declaração de dois ou mais licitantes como vencedores e aptos a desenvolver a solução inovadora, logo a Administração Pública poderá agora, na contratação direta, negociar com eles para a escolha de qual seria o fornecedor mais vantajoso técnica e economicamente.

Para tanto, a avaliação e respectivamente a sua justificação deverão embasar-se nos porquês de aquele selecionado atender melhor às demandas públicas em termos de relação de custo e benefício com dimensões de qualidade e preço em comparação com os demais.

E, por fim, vale sublinhar que o legislador criou um teto de valor a ser despendido com essa hipótese de contrato decorrente de dispensa de licitação, qual seja, no máximo cinco vezes R$1.600.000,00 (um milhão e seiscentos mil reais), o que representa dizer, no máximo, R$8.000.000 (oito milhões de reais). Recorda-se que esse parâmetro de valor de R$1.600.000,00 (um milhão e seiscentos mil reais) poderá ser atualizado e, consequentemente, o resultado da sua multiplicação por cinco.

Considerando que existe um dispositivo legal determinando a atualização dos valores por um ato normativo federal (artigo 12, § 3º, da Lei Complementar nº 182/2021), caso o Poder Executivo federal fique inerte e não faça a respectiva correção de valores, me parece que é possível de os órgãos aplicarem o índice determinado por lei para evitar a defasagem. O comando normativo já trouxe a regra temporal e o índice a ser aplicado, o qual é de conhecimento geral; logo, não é viável que a inação para a emissão de um decreto ou outro ato normativo para a expedição dos novos valores venha a prejudicar os demais entes e órgãos da Administração Pública brasileira.

Além disso, outra contenção, para evitar abusos, inserida pela lei foi que o teto é computado para o período integral do contrato celebrado por dispensa de licitação, inclusas todas as suas prorrogações, que poderão fazer com que chegue a um período de vigência de até 48 meses em situação normal e ordinária. Eventuais alterações de prazos de execução ou de valores decorrentes de revisão de preços, reajuste ou alterações contratuais não estarão dentro dessa limitação.

4.2.5 Contrato de encomenda tecnológica

O contrato público de encomenda tecnológica não tem previsão na Lei de Licitações e nem na Lei das *Startups*, mas, sim, na Lei nº 10.973/2004 (Lei da Inovação).

O artigo 20 institui o referido contrato nos seguintes termos: "Os órgãos e entidades da administração pública, em matéria de interesse público, poderão contratar diretamente ICT, entidades de direito privado sem fins lucrativos ou empresas, isoladamente ou em consórcios, voltadas para atividades de pesquisa e de reconhecida capacitação tecnológica no setor, visando à realização de atividades de pesquisa, desenvolvimento e inovação que envolvam risco tecnológico, para solução de problema técnico específico ou obtenção de produto, serviço ou processo inovador".

Em suma, o poder público contrata um terceiro para pesquisa e desenvolvimento de uma criação e aplicação efetiva de solução tecnológica inovadora inexistente no mercado, a ser usada ou apropriada pelo Estado, sempre existindo risco tecnológico. Em geral, o contrato tem duas fases: a primeira, de pesquisa e desenvolvimento; e a segunda, de fornecimento da solução criada.

Risco tecnológico é compreendido e positivado, nos termos do inciso III do artigo 2º do Decreto Federal nº 9.283/2018, como a possibilidade de insucesso no desenvolvimento de solução decorrente de processo em que o resultado é incerto em função do conhecimento técnico-científico insuficiente à época em que se decide pela realização da ação.

Além de parcas disposições sobre o contrato na referida Lei da Inovação, ele é regulamentado nos artigos 27 a 33 do Decreto Federal nº 9.283/2018, assim como em regulamentos no âmbito do Ministério da Saúde. Apesar de tais disposições normativas, insta salientar que elas não são suficientes para disciplinar a contratação. Por isso, é preciso recorrer à Lei nº 14.133/2021 para auxiliar na fase preparatória, na fase de seleção de fornecedores e na fase contratual no que couber. Ou seja, é preciso uma leitura e interpretação integrativa e sistemática.

A encomenda tecnológica é um excepcional instrumento jurídico para perfectibilizar uma compra pública inovadora e muito usada, em especial, nas instituições de ciência e tecnologia no Brasil.

4.2.6 Casos práticos de compras públicas inovadoras no Brasil

Ainda que de maneira incipiente, o Brasil já começou a fazer algumas licitações e contratações inovadoras. É preciso dar os primeiros passos para posteriormente correr. Neste ponto, tenho participado nos últimos anos, desde a primeira edição desta obra, de inúmeras palestras no âmbito municipal, estadual e federal para retratar e discutir as compras públicas inovadoras, sendo que, em diversas oportunidades, o SEBRAE tem fomentado e financiado essa difusão de conhecimento.

Em primeiro lugar, é preciso que se entenda que uma compra pública inovadora é diferente de uma contratação normal. É inviável que se utilizem todos os artefatos de planejamento da Lei nº 14.133/2021. Como sempre advogo, deverão se adaptar os documentos para uma compra inovadora, o que chamo de um estudo técnico preliminar mitigado, termo de referência mitigado, pesquisa de preço mitigada etc.

Fazer diferente gera medo. Se o agente público tem receio de fazer a contratação do café ou da resma de papel, quiçá de um objeto inovador. Por isso, é imprescindível que práticas sejam compartilhadas e os órgãos de controle auxiliem os seus jurisdicionados. Segundo pesquisa do Tribunal de Contas da União, de 2.560 agentes públicos ouvidos, 96,1% concordavam que a Administração Pública precisa buscar soluções inovadoras,

65,7% não sentiam segurança para fazer tal tipo de contrato e 48,4% entendiam que tal gerava um maior risco de insucesso.[832]

Recordam-se das palavras do ministro Augusto Nardes, de que a inovação enseja experimentação e chance de sucesso ou insucesso. Se nada for feito, jamais se saberá que uma mudança seria boa, frustrante ou fantástica. O ministro assim se descreveu em seu voto no Acórdão nº 1.716/2022, em que se analisava uma contratação de tecnologia de informação com algumas especificações técnicas diversas do habitual:

> Conforme afirmei anteriormente, este processo trata de uma inovação para as contratações de prestação de serviços de desenvolvimento e sustentação de soluções de TI na administração pública federal e, no meu entendimento, este Tribunal deve ser um indutor dos processos inovadores na esfera federal, de maneira a torná-la mais eficiente, eficaz e efetiva, possibilitando, assim, a entrega de melhores produtos e serviços para os cidadãos.
> Como todo projeto inovador, há o risco de insucesso ou retrocesso no futuro. Em que pese esse risco, a nova modelagem de contratação e execução pode vir a constituir boa prática a ser disseminada perante a Administração Pública ou, no mínimo, um novo caminho a ser trilhado rumo ao aperfeiçoamento das contratações. Esta Corte já atuou dessa maneira, no âmbito do TC-015.601/2018- 8, o qual avaliou nova métrica para contratação de serviços de TI para desenvolvimento e suporte à infraestrutura (Acórdão 2.502/2019-TCU-Plenário, de relatoria da Ministra Ana Arraes). (Voto do Ministro Augusto Nardes, ACÓRDÃO Nº 1716/2022 - TCU – Plenário, julg. 27/07/22)

O foco inicial na fase preparatória é compreender e descrever adequadamente o desafio ou os desafios identificados pela Administração Pública. Ou seja, o primeiro passo é mapear e analisar os problemas para depois escolher os desafios e então descrevê-los.

Na etapa preparatória, os agentes precisam avaliar a atuação do demandante e os riscos tecnológicos, que podem ser retratados pela escala TRL/MRL (*Technology Readiness Levels/Manufacturing Readiness Levels*), que "é utilizada para a avaliação de uma tecnologia de acordo com seu grau de desenvolvimento e seu enquadramento em Níveis de Maturidade Tecnológica. TRLs referem-se aos níveis de maturidade de um produto (ativo tangível), enquanto MRLs são adotados para designar os níveis de maturidade de um processo de produção (ativo intangível). Assim, as TRLs e MRLs indicam o quão pronto se encontra um produto ou um processo, respectivamente, em sua escala de desenvolvimento".[833]

Conforme exposto na jornada do contrato para solução inovadora do TCU, a partir da análise dos problemas identificados, deve-se priorizar o desafio que será enfrentado considerando critérios previamente definidos. O material didático do TCU expressa "alguns exemplos: impacto social ou especificamente para o usuário final; urgência; complexidade x facilidade de implementação; apoio da alta administração responsável; possibilidade de mobilizar *stakeholders*; disponibilidade de recursos (orçamentários, pessoal, prazo etc.); possibilidade de ser estruturante para outros desafios prioritários.

---

832 Disponível em: https://portal.tcu.gov.br/data/files/5A/23/35/CD/DCE19710FC66CE87E18818A8/ETEC%20-%20Registro%20de%20experiencia.pdf. Acesso em: 21 fev. 2025.

833 Disponível em: https://www.embrapa.br/escala-dos-niveis-de-maturidade-tecnologica-trl-mrl. Acesso em: 21 fev. 2025.

A priorização é fundamental para otimizar a alocação de recursos, privilegiando as iniciativas que tenham maior potencial de contribuição com a estratégia da organização ou de impacto social".[834]

A figura abaixo retratada demonstra a estrutura em geral do processo em si:[835]

Fonte: Projeto INOVAMOS (2021)

Diversos materiais atualmente são encontrados no ambiente virtual e podem auxiliar as atividades dos agentes públicos que desejam fazer uma boa compra pública inovadora. Alguns deles merecem amplo destaque, quais sejam, o projeto CPIN – Compras Públicas para Inovação (https://inovacpin.org/), que, segundo o próprio *site*, visa "promover o desenvolvimento tecnológico e a inovação no país, [sendo] esta plataforma uma iniciativa de seis diferentes instituições que têm por objetivo combater o apagão das canetas", e o Toolkit do Marco Legal de CT&I (https://www.toolkitcti.org/), que é "um conjunto de minutas de contratos, acordos e outros instrumentos jurídicos para a implementação do Marco Legal de Ciência, Tecnologia e Inovação no Brasil".

Com o intuito de afastar tabus e mostrar que existem agentes públicos antenados em uma necessidade *versus* realidade de alinhar a ciência, tecnologia e inovação para

---

834 Disponível em: https://portal.tcu.gov.br/data/files/CF/47/FE/D5/BC3348102DFE0FF7F18818A8/Jornada%20de%20Compras%20Publicas%20de%20Inovacao.pdf. Acesso em: 21 fev. 2025.

835 Disponível em: https://portal.tcu.gov.br/data/files/CF/47/FE/D5/BC3348102DFE0FF7F18818A8/Jornada%20de%20Compras%20Publicas%20de%20Inovacao.pdf. Acesso em: 21 fev. 2025.

concretizar compras públicas inovadoras, serão expostas algumas iniciativas que podem destravar outros órgãos e entidades da Administração Pública.[836]

(i) Prefeitura de Araguaína

Em 2021, com esteio no regime especial da Lei Complementar nº 182/2021, o município de Araguaína, por meio da sua prefeitura, descreveu como desafio uma solução inovadora para otimização de receitas e despesas, aliada a desafios tecnológicos que proporcionem ao gestor público a análise dos dados já produzidos e que permitam a comparação com outros entes federados, proporcionando um melhor acompanhamento e identificação de possíveis distorções, promovendo a justiça fiscal e eficiência na prestação do serviço público com excelência.

Tinha como resultados esperados: (i) possibilitar integração de dados dos diferentes sistemas de gestão estratégica (financeiro, contábil e tributário) já contratados pelo município via *webservice*; (ii) realizar análise dos dados para identificação de oportunidades e melhorias em eficiência fiscal e incrementar a disponibilidade de recursos financeiros municipais; (iii) promover a aplicação de modelos de análise de dados próprios aos seguintes itens: receita própria, despesas, convênios e transferências de outras esferas de governos.

O procedimento de contratação foi dividido em seis etapas: (i) inscrições de potenciais fornecedores *startups*; (ii) avaliação e julgamento das soluções inovadoras por meio dos seguintes critérios: a) potencial de resolução do problema pela solução proposta e, se for o caso, da provável economia aos cofres públicos; b) grau de desenvolvimento da solução proposta; e c) viabilidade e maturidade do modelo de negócio da solução; (iii) avaliação dos preços apresentados sob o viés da viabilidade econômica e demonstração comparativa de custos *versus* benefícios; (iv) teste da solução inovadora a ser desenvolvido pela *startup* selecionada em um prazo de três meses, com avaliação e julgamento final da solução inovadora através dos critérios de: usabilidade e funcionalidade do protótipo; e evolução em relação ao projeto apresentado na etapa anterior; (v) análise da documentação aos requisitos de habilitação; e (vi) celebração do contrato público de solução inovadora.

No dia 4 de janeiro de 2022, foi celebrado o contrato público de solução inovadora para a fase de testes com vigência de três meses. Posteriormente, ao que se pode constatar do portal de transparência da municipalidade, celebraram o Contrato nº 031/2022 pelo período de doze meses com prorrogação de doze meses. Em 2024, celebraram o Contrato de Fornecimento nº 005/2024 pelo prazo de vinte e quatro meses.

(ii) Prefeitura de Pato Branco

O município de Pato Branco, por meio de sua prefeitura, instaurou um processo de seleção com base na Lei Complementar nº 182/2021 visando à seleção de *startup* para o teste de solução(ões) inovadora(s) destinada(s) a incrementar a infraestrutura de conectividade para a quinta geração de rede de internet móvel ("5G") no município de Pato Branco/PR, por meio da rede municipal de iluminação pública.

---

836 Este autor não desconhece a existência de outras experiências em outros órgãos e entidades do Brasil, porém indicou aqui alguns casos que demonstram tanto estruturas pequenas quanto grandes fazendo as respectivas compras públicas inovadoras para mostrar que independe de tamanho e riqueza.

Segundo o termo de referência, "ao propulsionar a absorção da Internet das Coisas – IoT em nossos ecossistemas, o 5G proporcione grandes avanços, também, no movimento das *Smart Cities* (Cidades Inteligentes), habilitando de forma massiva aplicações como mobilidade autônoma, telemedicina, entre muitas outras".

O problema público descrito foi a necessidade de massificação na cidade do 5G como meio de acesso e interação das pessoas à internet, sendo que a instalação de antenas poderá se concretizar no uso dos mobiliários instalados nos logradouros públicos, em especial os ativos de iluminação pública.

Desse modo, entendeu-se que o uso do regime especial para contratação de *startup* seria uma excelente ferramenta para a experimentação em curta escala e, caso seja bem-sucedido, posteriormente alargar a escala para alcançar todo o território do município.

Foram fixadas metas alinhadas a marcos temporais do período de contratação da experimentação, mais precisamente para: (i) Meta 01, fornecimento e instalação completa dos ativos experimentais de iluminação "5G" na área de experimentação identificada no edital; (ii) Meta 02, operacionalização dos serviços experimentais de iluminação pública com telegestão integral e provimento de conectividade pública aos transeuntes (e eventuais outros serviços experimentais conexos aos ativos), incluindo a operacionalização e disponibilização de *software* de controle dos serviços experimentais para a Administração Pública; (iii) Meta 03, cessão dos direitos de uso dos ativos experimentais de iluminação "5G"; e (iv) Meta 04, experimentação contínua do serviço de conectividade "5G" a partir de ativos experimentais de iluminação "5G" e dos demais serviços experimentais conexos com registro de resultados e pesquisa de satisfação do usuário.

Após o devido processo de licitação, houve a celebração do Contrato Público para Solução Inovadora nº 001/2022 pelo prazo de dez meses, em que ficaram bem assentados os riscos, a propriedade intelectual e a reversibilidade dos bens.

Agora, mais recentemente, a prefeitura abriu novo processo visando à contratação de solução inovadora de videomonitoramento inteligente para a segurança pública, conforme Processo nº 001/2024, e que está em trâmite.

(iii) Prefeitura de Guaramiranga

O município de Guaramiranga, por meio da sua prefeitura, instaurou o Edital nº 003/2021, com base no regime especial da Lei Complementar nº 182/2021, objetivando a resolução de demandas públicas que exigem solução inovadora com emprego de tecnologia e a promoção da inovação no setor produtivo por meio do uso do poder de compra do Estado, no âmbito do Programa ImpulsiONar, para prevenção e redução de defasagens em Língua Portuguesa e Matemática de estudantes do 6º ao 9º ano de escolas públicas.

Segundo descrito no edital, o desafio era oferecer um recurso educacional digital para que os estudantes consolidem seus aprendizados e desenvolvam habilidades de matemática. A solução esperada era a construção de uma plataforma ou aplicativo que forneça atividades gamificadas de matemática identificadas por descritores, que funcione *online* e *offline*, seja direcionada aos estudantes do 6º ao 9º ano, disponibilize acompanhamento de relatórios de desempenho, permita autoavaliação e visibilidade para os estudantes das habilidades desenvolvidas, que esteja alinhada com os conceitos de letramento matemático e etnomático e que apoie os professores na inovação de suas práticas pedagógicas.

Ficou estabelecido no edital a existência de um "*pitch day* impulsionar" com o fito de ser uma sessão, de caráter obrigatório, com a possibilidade de os finalistas apresentarem em cinco minutos a sua solução e responderem em até oito minutos perguntas feitas pelo Comitê de Seleção de Soluções Inovadoras e convidados.

No portal da transparência, pode-se visualizar a ata de julgamento das finalistas, das classificadas e das desclassificadas, ficando visível que houve uma ampla participação, com mais de vinte *startups*.

(iv) Governo do Estado de Minas Gerais

O estado de Minas Gerais, por meio do seu governo, via Companhia de Tecnologia de Informação (PRODEMGE), lançou em 2022 o edital de licitação especial para contrato público de solução inovadora visando à seleção de soluções inovadoras para dois desafios. Foram dois desafios e dois objetos licitados, processando tal como uma licitação por lotes.

O primeiro desafio foi como ser mais eficiente em compras públicas. Segundo consta no edital, o objetivo era implementar um processo automatizado de coleta de preços de serviços ou produtos com base em histórico de compras públicas, propostas de fornecedores e *sites* especializados, possibilitando o desenvolvimento de mecanismos que confiram maior efetividade à realização de pesquisa de preços. O resultado esperado era a solução de identificar serviços e produtos semelhantes, coletando os preços e gerando um preço médio entre os valores captados. Visualmente, o desafio foi retratado no próprio edital da seguinte maneira:

Fonte: Imagem extraída do edital da PRODEMGE. Disponível em: https://trem.prodemge.gov.br/#notice. Acesso em: 17 fev. 2025.

O segundo desafio foi como fornecer serviços de forma dinâmica, eficiente e segura, evitando deslocamentos e geração/armazenamento de documentos físicos, em especial para tornar o processo de matrículas dos alunos da rede de ensino estadual mais célere. Por isso, consignou-se como objetivo a diminuição da necessidade de visitas presenciais às escolas e secretarias, certificando a autenticidade dos documentos, melhorando o nível de digitalização do processo para atender as necessidades do cidadão. O resultado esperado era a digitalização completa, de maneira segura e confiável, do serviço de matrícula fornecido ao cidadão. Visualmente, o desafio foi retratado no próprio edital da seguinte maneira:

Fonte: Imagem extraída do edital da PRODEMGE. Disponível em: https://trem.prodemge.gov.br/#notice. Acesso em: 17 fev. 2025.

Determinou-se que o processo seria desenvolvido em três fases: (i) inscrição; (ii) proposta de solução; e (iii) desenvolvimento e experimentação.

Adequadamente, por questões de linguagem de inovação, ficou expressamente consignado que o contrato público de solução inovadora seria materializado na terceira fase para o desenvolvimento do produto minimamente viável (MVP, que é a sigla de *Minimum Viable Product*).

Durante o processo, houve o "*pitch day*" digital (via programa de reunião virtual), para a apresentação das propostas de soluções dos licitantes, e o "*demoday trem*", para a exposição dos projetos desenvolvidos pelas *startups* escolhidas, até chegar em abril de 2023, com o julgamento e a classificação final das licitantes, ressaltando o cronograma estabelecido desde o início pelo colegiado responsável pela condução do certame.

(v) Ministério Público do Estado do Rio de Janeiro

O Ministério Público do Estado do Rio de Janeiro instaurou, em 2023, um edital de licitação, sob o regime especial da Lei Complementar nº 182/2021, para a contratação de pessoa física ou jurídica para desenvolvimento de soluções inovadoras, voltadas à superação do desafio institucional de identificar transações patrimoniais irregulares e operações financeiras suspeitas para instruir suas investigações de maneira mais rápida.

Os resultados esperados foram: (i) classificar e correlacionar dados relacionados a transações patrimoniais realizadas; (ii) analisar dados oriundos da quebra de sigilo financeiro e fiscal, de pessoas físicas ou jurídicas; e (iii) acessar de forma segura e identificada.

O processo foi dividido nas seguintes etapas: apresentação de propostas; julgamento de propostas; habilitação, negociação e celebração do contrato público de solução inovadora; e celebração de contrato de fornecimento.

Esse projeto gerou a contratação de uma *startup* e fez parte de um plano de inovação no órgão ministerial fluminense denominado de "Inova MPRJ".

Salienta-se que o programa Inova MPRJ já realizou outros três projetos de contratação inovadora de CPSI, os quais tiveram como desafios sistema de precedentes, gestão de projetos e integração de dados para investigações. Além disso, segundo o *site* do próprio órgão, possui o IMPACTA, que tem como objetivo encontrar e fomentar a criação de soluções inovadoras para desafios do Ministério Público do Estado do Rio de Janeiro e, com isso, aperfeiçoar a lógica de compras públicas tradicionais, investindo na definição dos desafios a serem resolvidos, em vez de nas soluções; conectar o conhecimento institucional com a criatividade do setor privado; e incentivar o uso de novos instrumentos jurídicos de contratação e parcerias. Desse projeto, já saíram diversos projetos de soluções digitais, sendo que em fevereiro de 2025, já constavam 18 protótipos de soluções digitais gerados e o primeiro contrato público brasileiro nos moldes da *Open Government Partnership*.

(vi) Tribunal de Contas da União

O Tribunal de Contas da União editou uma licitação para encomenda tecnológica que teve por escopo o desenvolvimento de um módulo que agregue funcionalidades baseadas em inteligência artificial à solução de instrução assistida de processos do TCU. As funcionalidades esperadas eram: extração de significado das peças processuais; jurimetria (classificação de elementos processuais, como a admissibilidade e os pedidos); e assistência na redação de instruções (sumarização da causa e probabilidade das respostas cabíveis).[837]

Está em trâmite o contrato decorrente da licitação de encomenda tecnológica, e todos os atos podem ser acompanhados em *hotsite* específico: https://portal.tcu.gov.br/transparencia-e-prestacao-de-contas/etec.

Posteriormente, em 2024, lançou a licitação com base na Lei Complementar nº 182/2021 para selecionar *startups* para realizar a fiscalização de obras de calçamento e

[837] O próprio projeto de contratação de inovação para a Administração Pública explanando sobre a experiência do Tribunal de Contas da União foi difundido em um *e-book*, que pode ser acessado no endereço: https://portal.tcu.gov.br/data/files/5A/23/35/CD/DCE19710FC66CE87E18818A8/ETEC%20-%20Registro%20de%20experiencia.pdf.

pavimentação urbana ou em estradas vicinais (que não possuem revestimento asfáltico), ligando áreas urbanas próximas em diversos municípios do Brasil. O grande desafio é buscar uma solução que compare remotamente a execução de obras com o que foi projetado, usando e coletando evidências a partir de imagens orbitais de alta resolução, gêmeos digitais gerados pelo voo de drones e registros locais de cidadãos utilizando *app* de *crowdsourcing*.[838]

Foi constituída uma comissão especial de avaliação composta por auditores de controle externo, integrantes do quadro de servidores do próprio tribunal. O contrato público de solução inovadora foi celebrado com três *startups*, que apresentaram as três melhores propostas.

(vii) Município de Toledo

O município de Toledo, por meio de sua prefeitura, fez uma licitação para a celebração de contrato público de solução inovadora visando ao desenvolvimento de uma solução inovadora para informatizar os processos de recebimento, conferência e gestão de atestados de saúde de servidores públicos, gerando relatórios de inteligência para gestão de saúde dos servidores, respeitando a regulamentação do Estatuto dos Servidores Públicos Municipais.

O problema retratado pela municipalidade era o recebimento e análise dos atestados de saúde protocolizados pelos servidores públicos e gerenciados até então de maneira manual, sendo que tem conferência do prazo de entrega, avaliação do teor do atestado e outros quesitos para certificar se está de acordo com o Estatuto ou não.

Os resultados esperados eram a informatização completa do ciclo de entrega dos atestados, inclusive com conferência e gestão dos atestados, permitindo a realização de relatórios e interoperabilidade com outros sistemas e bancos de dados usados na prefeitura.

Do processo resultou o contrato público de solução inovadora para a experimentação e desenvolvimento da solução desejada inicialmente.

(viii) Conselho Nacional de Justiça

O Conselho Nacional de Justiça lançou consulta pública para debater futura minuta de desafio a ser lançado em edital de regime especial para a contratação de *startup* para contrato público de solução inovadora. O desafio proposto era: "Como o CNJ pode realizar uma gestão inovadora de Atendimento a Usuários (Precisa de Ajuda?) no âmbito do Portal de Serviços do Poder Judiciário (jus.br)?"

(ix) Petrobras

A Petrobras é a entidade que mais efetuou compras inovadoras. Criou uma plataforma específica e própria para viabilizar tais espécies de contratações. Denomina de Programa Conexões para Inovação, no qual promove uma série de "iniciativas para intensificar nossa integração com o ecossistema de inovação, em especial instituições de ciência e tecnologia, universidades, *startups*, empresas de diferentes setores e pesquisadores empreendedores".

---

[838] A contratação tem um *hotsite* específico: https://sites.tcu.gov.br/cpsi/.

Dentro do referido programa, há vários módulos:

a) *Open Lab*, que visa ao desenvolvimento de *software* em código aberto;
b) *Startups* para a busca de soluções inovadoras junto a *startups* de diferentes áreas;
c) aquisição de soluções que almejem a busca de *startups* e outras empresas inovadoras que apresentem soluções validadas ou em fase de validação no mercado;
d) encomendas tecnológicas para o desenvolvimento conjunto, com contratação de fornecimento já preestabelecida;
e) parcerias tecnológicas por meio de parcerias com universidades, empresas e instituições de ciência e tecnologia do Brasil e do exterior;
f) transferências de tecnologias para licenciamento de tecnologias para uso de terceiros em seus negócios;
g) residentes para atrair profissionais e acelerar a curva de aprendizado.

Como se verifica, a empresa estatal tem um ambiente extremamente rico de contratações inovadoras, o que, *per si*, tem gerado o seu reconhecimento perante o ecossistema.

4.2.7 Breves conclusões críticas sobre o ambiente normativo brasileiro

De todo esse retrospecto normativo existente para a contratação administrativa de objetos que impactem no desenvolvimento de ciência, tecnologia e inovação, têm-se algumas conclusões e críticas.

Um, é inconteste que existem normas jurídicas no ordenamento brasileiro relacionando a ciência, a tecnologia e a inovação a partir e de acordo com o contrato administrativo; porém, a legislação é bastante esparsa e está fundamentada em diversos atos legais e infralegais.

Dois, o fato de estar separado em vários textos normativos emanados por inúmeras autoridades gera uma confusão normativa que indubitavelmente torna o sistema brasileiro ainda mais complexo.[839] Com efeito, a complexidade afeta a segurança jurídica e, consequentemente, impacta no custo da contratação pública brasileira, visto que o investidor, nacional ou estrangeiro, deve mensurar tais dificuldades para realizar qualquer investimento. Não bastassem o tamanho geográfico e a falta de infraestrutura física, existem a ineficiência, a falta de infraestrutura normativa e a possibilidade de incoerência na fixação de normas especiais e gerais.

Três, como inúmeras normas que regulam a área de ciência, tecnologia e inovações – nas e sobre as licitações e os contratos públicos – são de estatura infralegal, e não legal, logo, potencializam a fragilidade e a incerteza, até porque não se tem um rigor tão elevado para a sua formulação. Torna-se, então, fácil serem revogadas ou substituídas e, não raras vezes, há uma dúvida jurídica sobre a permanência de sua validade quando da extinção do ato pelo seu órgão público prolatador.

[839] Como bem lembrado por José María Gimeno Feliú, "*no hay nada más contrario a la efetividad del principio de transparencia que la dispersión normativa y el <caos> regulatorio de los distintos procedimientos de licitación*" (GIMENO FELIÚ, José María. Hacia una nueva ley de contratos del sector público. ¿*Una* nueva oportunidad perdida? *Revista Española de Derecho Administrativo*, Madrid, n. 182, p. 181-221, p. 197, jan./mar. 2017).

Quatro, na parte de desenvolvimento científico, tecnológico e científico, não é corretamente observada a questão da competência legislativa, vide que o Decreto Federal nº 11.890/2024 prescreveu a possibilidade de as normas atinentes às margens de preferência normal e adicional dos produtos manufaturados e serviços nacionais serem adotadas pelas demais entidades integrantes da Administração Pública federal indireta, outros Poderes e também pelos estados, municípios e Distrito Federal. Tais margens e a compensação industrial, comercial e tecnológica possuem como substrato material, direto ou indireto, a tecnologia, a ciência e a inovação e então se utilizam de forma transcendental das compras públicas para a sua implementação.

Dessa maneira, como já dito alhures, a competência legislativa de editar normas gerais sobre tais temários é da União e, considerando a sua importância para o desenvolvimento nacional sustentável do país – e que, nesse caso, foi fixado por decreto –, infere-se que o uso de um texto normativo infralegal é inadequado ao pensar que toda a Administração Pública brasileira deveria utilizá-lo.

Assim sendo, como nem todos os entes e órgãos de outros poderes possuem o ânimo, a consciência ou o empreendedorismo para despertar esse intervencionismo legítimo, por conseguinte, acaba que ninguém edita qualquer norma similar ou uma simples norma adotando os decretos federais desses focos.

Quinto, a falta de uma modalidade ou de um procedimento legal estratégico fixado em lei nacional para prever o arranjo normativo que albergue a viabilidade de permitir que terceiros venham a apresentar propostas para serem contratados pelo poder público, a fim de executarem produtos e serviços científicos, tecnológicos e inovativos para atender reclames do interesse público, era extremamente prejudicial. Agora, com a Lei nº 14.133/2021 e com a Lei Complementar nº 182/2021 em conjunto com a Lei nº 10.973/2004, essa carência será afastada, bastando que os operadores da gestão pública saibam aplicar adequadamente os instrumentos legalmente previstos em paralelo com a imperiosidade de regulamentação pelos entes competentes.

4.2.8 As compras públicas inovadoras na União Europeia

Com o advento da União Europeia como bloco econômico e social, o próprio Tratado de Maastricht ou denominado como Tratado da União Europeia, assinado em 7 de fevereiro de 1992, ao criar a reunião dos Estados-Membros para a união de esforços para a melhoria da qualidade de vida das sociedades integrantes da União Europeia, prenunciou uma nova etapa pela criação da união mais estreita entre os povos europeus, por meio de políticas de cooperação que visam organizar de modo coerente e solidário as ações entre os Estados-Membros e entre os respectivos povos.

Na mesma senda, registrou-se como objetivo a formação de uma identidade desse núcleo europeu perante o cenário internacional, evitando-se disputas entre os Estados-Membros e, com isso, conduzindo-se para uma política de defesa comum.[840]

---

[840] Artigos A e B do Tratado de Maastricht. Disponíveis em: https://eur-lex.europa.eu/legal-content/PT/TXT/PDF/?uri=CELEX:11992M/TXT&from=PT. Acesso em: 9 fev. 2019.

A criação de um direito público europeu propaga-se para que sirva de molde aos direitos nacionais dos países-membros, já que estes não estarão mais isolados, e deverá ser compreendido à luz do direito comunitário.[841]

Deve preponderar a ideia de solidariedade no bloco para alinhar a questão econômica e a social e, por isso, a Comissão e o Tribunal de Justiça da Comunidade Europeia sustentam que o sistema econômico do bloco não se inspira num sistema de concorrência perfeita, mas, sim, numa noção de concorrência praticável, possível e efetiva.[842]

Nesse raciocínio, as compras públicas dos Estados-Membros demandam um tratamento básico comum até para que se evite a continuidade de disputas nacionais entre vários deles com normas protecionistas, falta de divulgação das oportunidades fora dos seus respectivos países, pedidos de documentos nacionais para fins de embaraço aos demais etc.

Pode ser estudado como um produto de uniformização dos ordenamentos jurídico-públicos que encontra arrimo na efetiva função de comunitarização e estandardização de normas e na função de ordenação para reprimir possíveis distorções proporcionadas pelo fator jurídico nacional ou estatal, o que, *per se*, deduz o papel de estruturação uniforme das normas dos Estados-Membros, a partir de um tronco comum, e que é diferente de uma simples harmonização.[843]

Maria João Estorninho pondera que a evolução do direito da contratação pública do bloco europeu é enquadrada em três fases diferentes e sequenciais: (i) num primeiro momento, houve a enorme preocupação com os procedimentos; (ii) depois, um cuidado com as garantias de terceiros, dos licitantes e dos licitadores; e (iii) então, concebeu-se uma influência comunitária sobre o regime substancial dos contratos públicos.[844]

José María Baño León explica que a unificação tem como encalço a compreensão do mercado público, até porque as diretivas da União Europeia criam um novo conceito de contrato público calcado numa visão subjetiva com a noção funcional do poder do órgão ou entidade julgadora e numa visão objetiva com a noção do mercado público

---

[841] VERA, José Bermejo. *Derecho administrativo* (parte especial). 6. ed. Navarra: Editorial Aranzadi (Thomson Civitas), 2005. p. 797-798. Sobre o tema, vide também QUADROS, Fausto de. *A nova dimensão do Direito Administrativo.* Coimbra: Almedina, 2001. p. 21-49.

[842] "(...) *como se puede comprobar en la conocida sentencia Metro/Saba, de 25 de octubre de 1977 (Asunto 26/1976): 'La concurrencia no falseada de los artículos 3 y 85 del TCEE implica la existencia sobre el mercado de una competencia eficaz (workable competition), eso es, una actividad concurrencial suficiente a fin de conseguir que sean respetadas las exigencias fundamentales y conseguir la finalidad del tratado y, en particular, la creación de un mercado único que ofrezca condiciones análogas a las de un mercado único*'" (VERA, José Bermejo. *Derecho administrativo (parte especial).* 6. ed. Navarra: Editorial Aranzadi (Thomson Civitas), 2005. p. 802).

[843] GIMENO FELIÚ, José María. *El control de la contratación pública (las normas comunitarias y su adaptación en España).* Madrid: Editorial Civitas, 1995. p. 31. Como dito por Cláudia Viana: "Na verdade, parte-se de uma norma internacional, que, depois de incorporada no ordenamento jurídico comunitário, passa a norma nacional e é aplicada pelas entidades adjudicantes em concretos procedimentos pré-contratuais, susceptíveis de apreciação por um órgão jurisdicional nacional. Uma complexa e completa engrenagem jurídica, em que as diversas normas – internacionais, comunitárias e nacionais – e actos se combinam e encaixam harmoniosamente, como peças de um 'puzzle'" (VIANA, Cláudia. A globalização da contratação pública e o quadro jurídico internacional. *In: Estudos de Contratação Pública da Faculdade de Direito de Coimbra.* Coimbra: Coimbra Editora, 2008. p. 23-49 e 43)

[844] ESTORNINHO, Maria João. Contrato público: conceito e limites. *In*: Congreso Luso-Hispano de profesores de Derecho Administrativo (5º Barcelona, 2002). *La contratación pública en el horizonte de la integración europea.* Madrid: Instituto de Administración Pública, 2004. p. 31-40, p. 33.

em que se deve transformar os ordenamentos jurídicos internos para se assimilar o contrato no contexto do bloco.[845]

A existência de um direito contratual comunitário se faz necessária.[846] Não se pretende e nunca se objetivou a aniquilação das normas nacionais de licitações e compras públicas. Almeja-se a fixação de normas basilares e comuns para gerar uma uniformidade e identidade do bloco dos Estados-Membros, evitando que a competição entre os fornecedores públicos seja permeada de obstáculos criados por normas nacionais, já que isso desencadeia uma restrição ao universo de competidores e diminui a probabilidade de se encontrar a proposta economicamente mais vantajosa.[847]

A repercussão ultrapassa somente a questão de legislação, já que a doutrina de contratos públicos no bloco da União Europeia também precisou revisitar os seus conceitos e as congregações entre universidades e professores dos diversos países, envolvendo assim um espaço geográfico transfronteiriço e de interface comum com os capitais e meios humanos dos diversos países.[848]

---

[845] LEÓN, José María Baño. La figura del contrato en el derecho público: nuevas perspectivas y límites. *In*: Congreso Luso-Hispano de profesores de Derecho Administrativo (5º Barcelona, 2002). *La contratación pública en el horizonte de la integración europea*. Madrid: Instituto de Administración Pública, 2004. p. 11-29, p. 28-29. Para Santiago González-Varas Ibáñez, deve-se repensar a concepção clássica a partir da normatização comunitária, como é o caso da União Europeia: "*La nueva legislación sobre contratación pública está en la legalidad en la fase de adjudicación del contrato. Ésta es una idea inherente al contrato administrativo que aporta una nueva dimensión a esta figura jurídica. Estos hechos conllevan la posibilidad u oportunidad de una nueva lectura de las fuentes históricas, ya que parecen haberse desconsiderado ciertos elementos relevantes. Cuando menos, dichas fuentes no se fijan exclusivamente en los datos de las prerrogativas y de la atribución competencial (de la materia contractual pública) a la jurisdicción administrativa*" (IBÁÑEZ, Santiago González-Varas. *Tratado de Derecho Administrativo*. Tomo IV: Contratación Pública. 2. ed. Cizur Menor: Aranzadi, 2012. p. 525).

[846] Sobre o início da caracterização dos contratos administrativos, públicos, pelas normas europeias – diretrizes –, vide LEÓN, José Maria Baño. La figura del contrato en el derecho público: nuevas perspectivas y límites. *In*: Congreso Luso-Hispano de Profesores de Derecho Administrativo (5º Barcelona, 2002). *La contratación pública en el horizonte de la integración europea*. Madrid: Instituto de Administración Pública, 2004. p. 11-29, p. 14-27; SANTIAGO, Jaime Pintos. El derecho de la contratación pública de la unión europea. *In*: ACUÑA, Concepción Campos. *La nueva contratación pública en el ámbito local*. Madrid: Wolters Kluwer, 2018. p. 43-81, p. 69-72.

[847] A União Europeia foi desenvolvendo-se aos poucos para a criação de um arranjo jurídico comunitário, como se pode observar do histórico dos seus atos, decisões e textos normativos. "*En primer lugar, la unión aduanera, esto es, la eliminación de gravámenes a los intercambios comerciales entre países miembros, y, en segundo lugar, una serie de políticas económicas sectoriales, adoptadas desde la Comunidad, las denominadas políticas comunitarias, alguna de ellas (política de competencia, política monetaria) como complemento imprescindible de la unión aduanera; asi como compensación a los efectos que ésta produce (política social y política regional), otras de carácter estratégico, de apoyo a sectores concretos muy importantes (política agrícola común) y, finalmente, algunas de carácter más general (política común de transportes, política industrial, de medio ambiente, de defensa de los consumidores, etc.). El núcleo esencial de las concretas políticas comunitarias y de los objetivos que pretende alcanzar la comunidad son las llamadas libertades comunitarias. (...) Dicho mercado único se configura como un plus, sobre la unión aduanera y las políticas comunitarias, en cuanto que supone también la eliminación de las barreras no arancelarias que dificultan la efectividad de la libre circulación, como son las reglamentaciones técnicas diversas en cada país, los requisitos de carácter administrativo en el cruce de fronteras y las restricciones en el acceso a los mercados públicos (contratación pública) y a determinados mercados de servicios como los financieros, etc.*" (VERA, José Bermejo. *Derecho administrativo (parte especial)*. 6. ed. Navarra: Editorial Aranzadi (Thomson Civitas), 2005. p. 799). Ainda sobre o tema, vide GIMENO FELIÚ, José María. Las fuentes normativas en materia de contratación local. *Revista Fundación Democracia y Gobierno Local*, Madrid, n. 14, p. 24-56, jun. 2007, p. 27-30.

[848] "Para isso, parece-me importante: conhecer a legislação comunitária em matéria de contratação administrativa; ficar com uma noção dos modelos tradicionais da contratação pública nos diversos países comunitários ter acesso à legislação actual vigente nesses países; conhecer a doutrina mais significativa que, pelo menos em alguns desses países, se ocupa destas questões. Interessante seria, obviamente, convidar especialistas de outros países comunitários a proferir palestras e trocar impressões com os alunos sobre a experiência em matéria de contratos da Administração Pública nos respectivos países" (ESTORNINHO, Maria João. *Contratos da administração pública (esboço de autonomização curricular)*. Coimbra: Almedina, 1999. p. 64-65).

Segundo o Tribunal de Luxemburgo (STJCE de 5.12.1989, C-3/88), devem ser afastadas cláusulas discriminatórias ostensivas, como aquelas que se fixam a partir da racionalidade ou de qualquer outro critério distinto que gere o mesmo resultado.[849]

Em geral, no âmbito de regulação supraestatal, quando ultrapassa as fronteiras de um país, seja por meio de um ato bilateral ou multilateral, como, por exemplo, em casos do Fundo Monetário Internacional, Organização Mundial do Comércio ou União Europeia, Juan-Cruz Alli Aranguren defende que a transformação e universalização dos mercados reclamam a livre concorrência e a liberdade de circulação como necessidades até mesmo para melhorar a competitividade das indústrias e dos próprios países num mercado global em que a cada dia se discute para diminuir as exigências e os controles.

Esse prisma encontra reflexo também nas contratações públicas, já que tais convenções bilaterais ou multilaterais decretam essas quebras de barreiras como condição para investimento ou para a permanência dos atos convencionados.[850]

Cumpre gizar que, na União Europeia, ainda que seja marcada pela existência de diferenças socioeconômicas entre os seus integrantes (*v.g.* Alemanha e Portugal ou outros), tem-se um patamar mínimo entre eles, que já é bastante à frente das condições de desenvolvimento dos países sul-americanos ou africanos. O ponto de partida entre eles é significativamente avançado, porque todos são desenvolvidos e possuem condições socialmente razoáveis, quando em comparação com o Brasil, por exemplo.

Em 2004, José Antônio Moreno Molina explica que houve uma distinta evolução do direito comunitário da contratação pública na Europa, a partir dos julgamentos do Tribunal de Justiça das Comunidades Europeias, inclusive para demonstrar a relevância da interpretação das diretivas de contratações públicas em conformidade com os princípios do Tratado.

Como se verifica, não é uma exclusividade do Brasil o avanço do direito da contratação pública a partir de julgamentos por órgãos competentes, desde que seja respeitada a autonomia e competência institucional de cada órgão a partir dos temas enfrentados.[851]

Para a existência de um bloco socioeconômico efetivo de países, como a União Europeia, José María Gimeno Feliú elenca os princípios básicos para garantir a objetividade e o respeito à livre competência, quais sejam: (i) respeito às liberdades comunitárias e consecução do objetivo de um mercado interior único; (ii) aplicação de critérios objetivos de participação e de adjudicação que assegurem a concorrência; (iii) garantia de transparência nos procedimentos de adjudicação; e (iv) respeito aos princípios gêneros da proporcionalidade, reconhecimento mútuo e motivação nas decisões.

---

[849] MOLINA, José Antonio Moreno. Reciente evolución del derecho comunitario de la contratación pública. El asunto C-214/2000. Comisión contra España. *In*: FELIÚ, José María Gimeno (coord.). *Contratación de las Administraciones Públicas*: análisis práctico de la nueva normativa sobre contratación pública. Barcelona: Atelier, 2004. p. 17-36, p. 18.

[850] ARANGUREN, Juan-Cruz Alli. *Derecho administrativo y globalización*. Madrid: Civitas, 2004. p. 385-386. A título complementar, sobre o impacto dos contratos no contexto internacional de convenções bilaterais ou multilaterais, vide IBÁÑEZ, Santiago González-Varas. *Tratado de Derecho Administrativo*. Tomo IV: Contratación Pública. 2. ed. Cizur Menor: Aranzadi, 2012. p. 557-586.

[851] MOLINA, José Antonio Moreno. Reciente evolución del derecho comunitario de la contratación pública. El asunto C-214/2000. Comisión contra España. *In*: FELIÚ, José María Gimeno (coord.). *Contratación de las Administraciones Públicas*: análisis práctico de la nueva normativa sobre contratación pública. Barcelona: Atelier, 2004. p. 17-36, p. 17 e 19.

Segundo o autor, o respeito às liberdades comunitárias e consecução do objetivo de um mercado interior único gera o dever de obediência estrita à liberdade de concorrência aos operadores econômicos, isso porque, sem a liberdade de circulação, de estabelecimentos e de prestação de serviços, não existirá um autêntico espaço econômico único para condicionar a política econômica da comunidade e dos Estados-Membros.

Ainda a referida integração econômica repercute de maneira direta sobre o contexto socioeconômico, até porque os próprios artigos 2º e 3º do Tratado preveem que as políticas concretas e regulatórias devem visar tanto a eficiência econômica como o máximo proveito social para proporcionar um aumento do bem-estar da população comunitária.

Por tais razões, enfatiza a política de concorrência, a qual tem sido tratada concomitantemente com a política de defesa do emprego, da produtividade, dos interesses dos consumidores e usuários e de respeito ao meio ambiente, ou seja, não existe segmentação da política econômica da política social.[852]

A aplicação de critérios objetivos de participação e de adjudicação que assegurem a concorrência será proporcionada pela proibição de qualquer critério discriminatório em razão da produção nacional ou não numa compra pública de um Estado-Membro, sob pena de não se concretizar uma satisfação plena dos interesses comunitários como parâmetro de atuação de todos os países.

Logo, deve-se dar condições para que qualquer operador econômico, independentemente de sua nacionalidade, possa ter pleno acesso ao mercado de outro Estado-Membro, sendo vedada a imposição de restrições, encargos ou dificuldades que venham a obstaculizar tal direito, seja por meio de regras de exclusão, regras de seleção ou regras de julgamento (chamadas de adjudicação).

A garantia de transparência nos procedimentos de adjudicação, o que se chama no Brasil de etapa ou fase de julgamento das propostas, tem por finalidade afastar qualquer secretismo na contratação para direcionar benesses a empresas de uma nação *versus* de outro Estado-Membro.

A transparência permitirá um amplo acesso e, com isso, atingirá outros dois propósitos: (i) como meio de fiscalização da administração, a publicidade contribui significativamente para o jogo limpo na vida administrativa e uma oportunidade de controle à disposição dos administradores e dos candidatos contratuais e (ii) como meio de promoção da concorrência entre os agentes econômicos implicados.

O respeito aos princípios gêneros da proporcionalidade, reconhecimento mútuo e motivação das decisões demanda que: (a) os Estados-Membros adotem as medidas menos ofensivas ou perturbadoras ao exercício de uma atividade econômica; (b) todos os Estados-Membros recepcionem os produtos e os serviços executados por operadores de outros Estados da comunidade, desde que tais sejam pertinentes à necessidade exposta no procedimento de seleção; e (c) o ato convocatório para a escolha seja pautado por critérios objetivos de valoração e que averigue a atividade empresarial já desempenhada,

---

852 Sobre a configuração do sistema econômico, de um lado o princípio da livre concorrência para as empresas e, de outro, a imperiosidade de ordenação e correição social de seus efeitos e da atividade econômica dos próprios poderes públicos, vide também VERA, José Bermejo. *Derecho administrativo (parte especial)*. 6. ed. Navarra: Editorial Aranzadi (Thomson Civitas), 2005. p. 810.

a solvência profissional, os maquinários e experiência, a proteção do meio ambiente, a responsabilidade social, o investimento em políticas de desenvolvimento de tecnologia e inovação, entre outros.[853]

Nesse viés das compras públicas e de sua importância para o contexto macroeconômico nacional, a própria Comissão Europeia planejou a Estratégia 2020, documento que visou estabelecer uma série de metas e características para serem cumpridas e impactarem no desenvolvimento dos países e de suas sociedades.

As metas têm cinco pilares: emprego (almeja garantir uma taxa de emprego de 75% na faixa etária entre 20 e 64 anos); investigação e desenvolvimento (proposta de investir 3% do PIB da UE em I&D); alterações climáticas e energia (com a redução de 20% das emissões de gases de efeito estufa em relação aos níveis de 1990, aumento para 20% da parte da energia proveniente de fontes renováveis e aumento de 20% da eficiência energética); educação (minorando para menos de 10% a taxa de abandono escolar, majorando para, pelo menos, 40% a porcentagem de pessoas entre 30 e 34 anos que concluíram estudos superiores); e pobreza e exclusão social por meio do objetivo de diminuir, no mínimo, em 20 milhões o número de pessoas em situação de risco de pobreza e exclusão social.

Trata-se de um quadro de referência para que os Estados-Membros desempenhem as suas atividades e busquem priorizar os seus programas, políticas e ações em geral para tais escopos. Especificamente na parte de investigação e desenvolvimento, as compras públicas desempenham uma função primordial para que a referência convencionada possa ser atingida.

Salienta-se que a estratégia se consubstancia nos próprios objetivos da União Europeia, conforme se denota do Tratado de Lisboa e do Tratado sobre o Funcionamento da União Europeia, bem como da Carta dos Direitos Fundamentais da União Europeia.

O artigo 3º do Tratado de Lisboa preconiza: (i) a promoção da paz, dos seus valores e do bem-estar dos seus cidadãos; (ii) a garantia da liberdade, da segurança e da justiça, sem fronteiras internas; (iii) o favorecimento do desenvolvimento sustentável, assente num crescimento econômico equilibrado e na estabilidade dos preços, uma economia de mercado altamente competitiva, com pleno emprego e progresso social, e a proteção do ambiente; (iv) a luta contra a exclusão social e a discriminação; (v) a promoção do progresso científico e tecnológico; (vi) o reforço da coesão econômica, social e territorial e a solidariedade entre os países da EU; (vii) o respeito da grande diversidade cultural e linguística da EU; e (viii) o estabelecimento de uma união econômica e monetária cuja moeda é o euro.

Já a Carta dos Direitos Fundamentais alicerça-se na dignidade, na liberdade, na igualdade, na solidariedade, na cidadania e na justiça, sendo que os direitos ali reconhecidos deverão ser regidos em conformidade com as condições e limites por ela definidos.

---

[853] FELIÚ, José María Gimeno. Los procedimientos y criterios de adjudicación y la posibilidad de valorar aspectos sociales y medioambientales. *In*: GIMENO FELIÚ, José María (coord.). *Contratación de las Administraciones Públicas*: análisis práctico de la nueva normativa sobre contratación pública. Barcelona: Atelier, 2004. p. 61-94; e GIMENO FELIÚ, José María. *El control de la contratación pública (las normas comunitarias y su adaptación en España)*. Madrid: Editorial Civitas, 1995. p. 48-53.

Nesse mesmo prumo, em 1º de março de 2017, foi apresentado o Livro Branco pela Comissão Europeia para a definição das vias possíveis para o futuro da Europa, sendo que foram estabelecidos cinco cenários para a Europa 2025.[854] Novamente, a questão das novas tecnologias aparece como uma grande preocupação frente ao impacto por elas criado no cenário de mercado de trabalho e na indústria em geral.[855]

A título informativo, na Espanha, o Acordo do Conselho de Ministro de 2 de julho de 2010 aprovou a Estratégia Nacional de Inovação (e21), na qual projetou um horizonte próspero para 2020. Seu objetivo é a impulsão do desenvolvimento tecnológico e da inovação como molas propulsoras da mudança de modelo produtivo espanhol, incluindo o uso das compras públicas para tal mister, o que configura uma atuação voltada para cinco eixos: "*Generación de un entorno proclive a la innovación; fomento de la innovación desde la demanda pública; proyección internacional; fortalecimiento de la cooperación territorial y capital humano*".[856]

Consoante Guia Específico para as Compras Públicas Espanholas Inovadoras, para o sucesso das compras públicas inovadoras existe a necessidade de uma melhor qualidade na preparação e planejamento da licitação, mormente com a definição clara das especificações técnicas dentro de um enfoque orientado a resultados bem definidos.

Também se deve afastar qualquer obstáculo, como a possível ausência de experiência das unidades administrativas, a organização da divisão de riscos, a definição adequada dos direitos de propriedade intelectual e industrial e a possibilidade de financiamento da atividade inovadora.

Tudo isso deve focar numa atuação administrativa de fomento da inovação pautada a potencializar o desenvolvimento de novos mercados inovadores, desde o lado da demanda, e tem como objetivos: (i) a melhora dos serviços públicos a partir da incorporação de bens e serviços; (ii) o fomento da inovação empresarial; e (iii) o impulso da internacionalização da inovação usando o mercado público local como cliente de lançamento ou referência.[857]

---

[854] Tais cenários foram descritos como: (i) continuidade do que já está sendo feito; (ii) apenas o mercado único; (iii) quem quer fazer mais; (iv) fazer menos de maneira eficiente; e (v) fazendo muito mais todos juntos. Disponível em: https://ec.europa.eu/commission/sites/beta-political/files/white_paper_on_the_future_of_europe_en.pdf. Acesso em: 5 mar. 2019.

[855] Ao lado das novas tecnologias, os demais assuntos aduzidos foram: alterações climáticas, migração, ameaças à segurança nas fronteiras externas e no interior da UE, mudança da posição da Europa num mundo em evolução, sequelas da crise econômica, envelhecimento da população e a ascensão do populismo e da retórica nacionalista.

[856] LÓPEZ MIÑO, Antonio. La compra pública innovadora en los sistemas europeo y español de contratación pública. *In*: GARCÍA, J. José Pernas (dir.). *Contratación pública estratégica*. Pamplona: Editorial Aranzadi, 2013. p. 213-248, p. 214. A visão ampla sobre as benesses do fomento à inovação não podem ser olvidadas, já que "*el fomento de la innovación genera beneficios a todos los actores del proceso y lo más importante, directa e indirectamente a la sociedad en su conjunto. Mejoran los servicios públicos, se crean puestos de trabajo, se fomenta el desarrollo de cuestiones sociales y ambientales y se gestiona mejor el presupuesto público*" (MAZA, José Ignacio Herce. La innovación en la Ley 9/2017, de 8 de noviembre, de contratos del sector público: el papel de la asociación para la innovación. *Revista del Gabinete Jurídico de Castilla-La Mancha*, p. 335-360, mar. 2019, p. 338).

[857] GOBIERNO DE ESPAÑA. *Guía sobre Compra Pública Innovadora*. Disponível em: http://www.ciencia.gob.es/stfls/MICINN/Innovacion/FICHEROS/Politicas_Fomento_Innv./Guia.CPI.pdf. Acesso em: 2 mar. 2019. Três fatores são colocados como os principais para que muitos órgãos e entidades se afastem da compra pública de inovação, segundo Carmen de Guerrero Manso: (i) o risco da contratação não ser bem-sucedida; (ii) a necessidade de investir tempo e dinheiro para desenhar, preparar, selecionar, adjudicar e executar o contrato que envolva inovação, até porque neste tipo de contratação o critério de preço não é o único e às vezes sequer possui elevado peso no julgamento das ofertas; e (iii) o medo que aflora pelos agentes públicos responsáveis pela contratação de fazerem algo diferente do que estão habituados, fugindo da normalidade (MANSO, Carmen de Guerrero.

Em especial acerca do tratamento concedido pela União Europeia sobre os contratos públicos, salienta-se que atualmente vige a Diretiva 2014/24/EU, a qual substituiu a Diretiva 2004/18/EU e conferiu uma modernização no marco normativo das contratações públicas, a partir de um prisma mais sistêmico sobre o seu uso estratégico para tracejar políticas dentro de um contexto de globalização econômica.[858] Assim, será exposto o que atualmente está expresso sobre as compras públicas na área de tecnologia, inovação e ciência como paradigma para os Estados-Membros.

Antes de expor acerca dos procedimentos previstos, insta salientar que, nos considerandos da atual diretiva, a investigação científica, de tecnologia e de inovação é direta e indiretamente explanada.

Defende-se direta e indiretamente, pois a inovação é mencionada de maneira explícita; porém, para alcançá-la, é inexorável o avanço científico e, nos procedimentos a serem posteriormente estudados, o clamo pela tecnologia ficará evidenciado.

Como expõe José Gimeno Feliú, a atual Diretiva contribuiu para que os Estados-Membros ficassem atentos para implementarem políticas mediante: a) a propagação da investigação e da inovação como imprescindíveis para alcançar um crescimento futuro inteligente, sustentável e integrador; b) o uso do fomento de associações europeias de inovação por meio de interação entre os agentes dos setores públicos e privados para acelerar a inovação e despertar um atrativo comercial; c) a maior facilitação do acesso das pequenas e médias empresas (PYMES) ao mercado da contratação pública; e d) a redação de especificações técnicas mais amplas, a fim de permitir que o mercado possa apresentar diversas soluções técnicas para satisfazer as necessidades públicas.[859]

Assim, fica expresso que a "investigação e a inovação, nomeadamente a ecoinovação e a inovação social, são impulsionadores fundamentais do crescimento futuro e foram colocadas no centro da Estratégia Europa 2020 para um crescimento inteligente, sustentável e inclusivo", sendo de competência das autoridades públicas tomar as devidas providências para fomentar a inovação. Até porque enuncia que "a aquisição de produtos, obras e serviços inovadores desempenha um papel fundamental na melhoria da eficiência e da qualidade dos serviços públicos dando simultaneamente resposta aos grandes desafios sociais" e ainda contribui para a utilização mais rentável e racional dos gastos públicos, bem como a inovação aumenta os benefícios econômicos, ambientais e sociais e o crescimento econômico sustentável.

Los tres procedimientos de asociación para la innovación licitados en España: valoración de sus aspectos clave y pros y contras de cada una de ellos. *In*: FELIÚ, José María Gimeno (dir.). *Observatorio de los contratos públicos 2018*. Navarra: Aranzadi, 2019. p. 281-327, p. 283-284). Por isso, Marina Rodríguez Beas adverte: "*Será necesario que la Administración abandone su posición conservadora que la lleva a opta por tecnología contrastada y que la compra pública innovadora se interiorice tanto en la Administración pública como en las empresas privadas*" (BEAS, Marina Rodríguez. La contratación pública en la gestión de la ciudad inteligente y del Smart Heritag. *In*: GASÓ, Josep Ramón Fuentes i; RIVERA, María Teresa Carballeira; LOPO, Domingo Luís González (dir.). *Camino de Santiago y patrimonio cultural*. Una visión jurídica integradora. p. 371-394, p. 391).

858 GIMENO FELIÚ, José. La contratación pública como estrategia: el fomento de la innovación. *Revista Ius Publicum Network Review*, España, p. 1-27, 2018, p. 2. A respeito da correição política de uso instrumental dos contratos públicos já defendida antes mesmo da Diretiva 2004/18/UE e da atual, vide DELGADO, Juan Francisco Mestre. *Contratos públicos y políticas de protección social y medioambiental*. Real 2003, n. 291, p. 705-730.

859 FELIÚ, José Gimeno. La contratación pública como estrategia: el fomento de la innovación. *Revista Ius Publicum Network Review*, España, 2018, p. 1-27, p. 13.

Pondera que, ante a importância do tema da inovação, as autoridades públicas deverão ser incentivadas a perquirir e buscá-la, salientando que, quando as soluções disponíveis no mercado não ensejarem o desenvolvimento necessário de um produto, serviço ou obra inovadores nem os seus resultados para se recorrer ao contrato pré-comercial, então a Administração Pública deverá buscar a feitura de uma parceria para inovação, a qual será de longo prazo, de modo a permitir que o fornecedor selecionado venha a desenvolver um serviço, produto ou obra nova e inovadora, a partir de uma seleção de relação qualidade/preço.[860]

Como se verifica, a legislação aplicável à União Europeia desenha duas formas de contratar objetos que se relacionem ou transcendem para a relação da inovação, ciência e tecnologia, recordando que se aplica a Diretiva para os contratos públicos de serviços de investigação e desenvolvimento desde que os resultados se destinem, exclusivamente, à autoridade adjudicante e que o serviço prestado seja totalmente remunerado pela autoridade adjudicante.

No âmbito da União Europeia, existe o procedimento para a celebração de contrato pré-comercial que não foi tratado na Diretiva 2014/24/UE, apesar de explicitamente ressalvado o seu teor e tratamento na Comunicação da Comissão, de 14 de dezembro de 2007, e na Resolução do Parlamento Europeu, de 3 de fevereiro de 2009.

Além desses atos, Marina Beas aduz como fonte das compras públicas inovadoras em geral na Europa também a Resolução do Parlamento Europeu, de junho de 2007, sobre a transposição da legislação sobre contratação pública e a Comunicação, de 6 de outubro de 2010, da Comissão ao Parlamento Europeu, ao Conselho, ao Comitê Econômico e Social Europeu e ao Comitê das Regiões (Iniciativa da Europa 2020).[861]

O contrato em fase pré-comercial é um exemplo de ajuste em que o comprador público reparte os riscos e os benefícios a serem suportados pelo objeto contratual, uma vez que há a contratação de serviços de investigação, desenvolvimento e inovação remunerado pelo público para que o particular venha a desenvolver uma solução inovadora, não ainda existente no mercado. Para tanto, a transferência de conhecimento entre universidades tecnologicamente inovadoras, centros de investigação e autoridades públicas constitui insumos apropriados para a execução desse tipo de contrato.

Ademais, tais contratos representam uma forma de impulsionar a inovação e possibilitar o enfrentamento de problemas e necessidades públicas a partir da criação

---

[860] Pedro Cerqueira Gomes alerta quanto à disponibilidade no mercado: "Tudo dependerá da interpretação quanto ao preenchimento da expressão <... que não possam ser obtidos mediante a aquisição de produtos, serviços ou obras já disponíveis no mercado...>, porque não podemos ignorar que o que devemos procurar com promoção da inovação não serão propriamente bens ou serviços novos, mas, sim, ganhos de eficiência, melhorias nos serviços, reduções de custos etc. alocados à definição de um certo fim/objetivo. Estes são, portanto, os verdadeiros fins a atingir com o elevar da inovação a política horizontal da contratação pública. Acresce que a falta de coincidência entre o que se entende por inovação no âmbito deste procedimento e a definição de inovação dada pelo artigo 2º/22 da nova directiva criará, na nossa opinião, inúmeros problemas de compatibilização" (GOMES, Pedro Cerqueira. Contratação pública e inovação – o diálogo entre Portugal e a União Europeia. *In*: ACEVEDO, Rafael Fernández; FERNÁNDEZ, Patricia Valcárcel (dir.). *La contratación pública a debate*: presente y futuro. Navarra: Civitas, 2014. p. 525-555, p. 540).

[861] BEAS, Marina Rodríguez. La innovación en la nueva Directiva de contratación pública: la asociación para la innovación. *Revista Quadernos de Derecho Local*, Fundación Democracia y Gobierno Local, oct. 2015, p. 141-161, p. 145.

de novos objetos, o que, *per se*, representa um avanço potencial para a melhoria da satisfação daqueles.

Como explanado na Resolução, os Estados Unidos e o Japão se utilizam dessa ferramenta para inclusive incentivar inúmeras empresas a participarem dos processos de contratação pública, já que há uma mitigação dos riscos e lucros no desenvolvimento de novos objetos. Ao tempo em que já existe alguém para contratar a solução inovadora, caso realmente seja frutífera, os operadores econômicos sentem-se mais confiados para assim desempenharem o espírito inovador. O problema é que, como se repartem os riscos e os benefícios, logo existe um partilhamento nos direitos autorais também, motivo ocasionador de um desestímulo ao privado.[862]

Outro clássico procedimento para propiciar a inovação e a tecnologia, inclusive a partir do conhecimento científico, são as chamadas parcerias para a inovação, com esteio no artigo 31 da Diretiva 2014/24/UE.

Esse tipo de ajuste, ainda que o nome possa induzir a uma espécie de convênio administrativo, é um contrato público em que qualquer operador público poderá apresentar um requerimento de participação em resposta a um anúncio público de concurso, no qual são informadas as condições para a seleção da melhor proposta.

A Administração indica uma necessidade (produto, serviço ou obra), sendo que inexiste algo no mercado apto a satisfazê-la, e, então, os particulares poderão candidatar-se para desenvolver uma solução. A autoridade licitadora poderá decidir pela contratação de um único parceiro ou de vários, a depender da sua necessidade, do investimento e do objeto externado.

Existe uma fase preliminar para avaliar as informações prestadas pelos candidatos e convidados;[863] posteriormente, é avaliado qual ou quais são os melhores, cujo critério é a proposta com melhor relação qualidade/preço. Uma vez financiado e depois desenvolvido o objeto (produto, serviço ou obra), condicionado ao pleno atendimento dos níveis de desempenho e custos ajustados entre as partes, haverá a sua aquisição pela Administração Pública.

Há todo um cuidado para a realização das fases, a negociação na escolha da melhor proposta, como será feito o pagamento sobre o investimento realizado pelo terceiro, as condições sobre o direito de propriedade etc.

Como dito no item 7 do artigo 31, a autoridade responsável deve assegurar condições mínimas para a parceria, em especial que a "duração e o valor das diferentes fases reflitam o grau de inovação da solução proposta e a sequência das atividades de investigação e

---

[862] Marina Rodríguez Beas esclarece a diferença entre o contrato pré-comercial e a associação para a inovação: "*La compra pública precomercial es la contratación de servicios de investigación, desarrollo e innovación para la creación y desarrollo de soluciones innovadoras que superen a las disponibles en el mercado. En este tipo, el comprador público comparte con la empresa adjudicataria los riesgos y beneficios derivados del proceso de creación, desarrollo y ejecución de soluciones inexistentes hasta el momento en el mercado. Pero este tipo queda expresamente excluido de la Directiva 2014/24/UE y de la LCSP (art. 8). Por su parte, la compra pública de tecnología innovadora tiene lugar cuando una entidad pública necesita un producto o servicio no disponible en el mercado, pero que se puede desarrollar probablemente en un período de tiempo razonable. El objeto de este tipo es la adquisición de tecnología nueva o mejorada que ya ha pasado algún proceso previo de I+D+i. Pero a diferencia de la compra pública precomercial, esta modalidad sí queda incluida en el ámbito de aplicación de la Directiva 2014/24/UE y de la LCSP*" (BEAS, Marina Rodríguez. El procedimiento de asociación para la innovación en la Ley 9/2017, de 8 de noviembre, de contratos del sector público: oportunidades e incertidumbres. *Revista General de Derecho Administrativo*, n. 52, Justel, Madrid, oct. 2019).

[863] É possível ser limitado o número de convidados, conforme prevê o artigo 65 da Diretiva 2014/24/UE.

inovação necessárias para o desenvolvimento de uma solução inovadora que ainda não se encontre disponível no mercado", sendo que o valor estimado "dos fornecimentos, serviços ou obras não pode ser desproporcional em relação ao investimento exigido para o respetivo desenvolvimento".[864]

Como se verifica, existem diferenças entre os dois procedimentos de compras públicas relacionadas à inovação ou que podem ser denominadas neste livro como compras públicas inovadoras.

O contrato em fase pré-comercial ou chamado de contratação pré-comercial não foi originado na Europa, e sim copiado de experiências exitosas feitas pelos Estados Unidos e Japão para o incentivo de inovações. Salienta-se que Antonio López Miño exemplifica como frutos de tal formatação as soluções inovadoras do protocolo da internet, o sistema de posicionamento global, a computação de alto rendimento e as invenções-chave na tecnologia de semicondutores.[865]

O governo espanhol alerta e enumera em seu sítio eletrônico cinco diferenças entre a associação para a inovação e o contrato pré-comercial: (i) a primeira, a associação para a inovação está inclusa no catálogo de procedimentos típicos; (ii) a associação contém um procedimento dividido em fases principais; (iii) na associação para a inovação, o sócio da melhor oferta tecnológica será o adjudicatário, salvo se os licitadores sejam adjudicatários da fase pré-comercial, já a contratação pré-comercial admite a licitação dos produtos finais ofertados de outros candidatos, além dos que passaram a fase pré-comercial; (iv) o contrato pré-comercial é praticamente um contrato de serviços de investigação e desenvolvimento, por meio da prestação de um serviço pela empresa que gera um insumo tecnológico para satisfazer a necessidade pública, já a associação é assemelhada na primeira fase com aquele tipo de contratação, porém, na segunda etapa do seu procedimento, a administração adquirirá o objeto; e (v) reside na divisão de riscos quanto à criação da nova tecnologia.[866]

Cotejando com as parcerias para inovação, denominadas na legislação espanhola como "*procedimiento de asociación para la innovación*", a pré-comercial possui um estímulo menor, já que um operador econômico mais bem preparado não se socorrerá dela em razão da imperiosidade de dividir os direitos sobre a propriedade intelectual encontrada e também a não exploração individualizada do conhecimento obtido (*know-how*, ideias operativas, ações secundárias, métodos etc.).[867]

---

[864] Pedro Cerqueira Gomes adverte a necessidade de que "sem monotorização e *accountability* também as parcerias para a inovação se poderão transformar numa ferramenta ruinosa e muito pouco transparente" (GOMES, Pedro Cerqueira. Contratação pública e inovação – o diálogo entre Portugal e a União Europeia. *In*: FERNÁNDEZ ACEVEDO, Rafael; VALCÁRCEL FERNÁNDEZ, Patricia (dir.). *La contratación pública a debate*: presente y futuro. Navarra: Civitas, 2014. p. 525-555, p. 552-553).

[865] MIÑO, Antonio López. La compra pública innovadora en los sistemas europeo y español de contratación pública. *In*: GARCÍA, J. José Pernas (dir.). *Contratación pública estratégica*. Pamplona: Editorial Aranzadi, 2013. p. 213-248, p. 217.

[866] GOBIERNO DE ESPAÑA. Subdirección General de Fomento de la Innovación Empresarial del Ministerio de Economía y Competitividad. *Guía 2.0 para la compra pública de innovación*. 2015, p. 41-42. Disponível em: http://www.ciencia.gob.es/stfls/MICINN/Innovacion/FICHEROS/Guia_2_0_CPI_V5_Borrador_web.pdf. Acesso em: 3 fev. 2019.

[867] "*La compra pública precomercial es la contratación de servicios de investigación, desarrollo e innovación para la creación y desarrollo de soluciones innovadoras que superen a las disponibles en el mercado. Sin embargo, la compra pública de tecnología innovadora tiene lugar cuando una entidad pública necesita un producto o servicio no disponible en el mercado, pero que se puede desarrollar probablemente en un período de tiempo razonable*" (BEAS, Marina Rodríguez. La innovación

Nessa linha, a associação para a inovação é mais propícia e estimulante ao mercado, visto que um operador privado possuirá um financiamento de sua inovação pelo poder público e, posteriormente, poderá fruí-la com exclusividade, ainda que tenha que comercializar o objeto à Administração Pública licitadora da parceria, o que deveras é mais um ponto positivo em virtude do faturamento a ser obtido.[868]

Já a parceria para a inovação pode ser dividida em fases, assim como está preconizada no artigo 31 da Diretiva 2014/24/UE. Há a primeira fase, que é da seleção para o financiamento, ou seja, descobrir e selecionar quem desenvolverá ou quais desenvolverão um objeto inovador. Já a segunda é a sua efetiva aquisição pelo poder público.

Pode-se dizer que a Administração Pública financiará um agente econômico para que este desenvolva um objeto e lhe venda, considerando a estrutura procedimental da aquisição.

Nessa linha, Pedro Cerqueira Gomes pondera que haveria um financiamento público direcionado para uma pessoa (a selecionada na fase correspondente) em detrimento dos demais agentes no mercado. Contudo, a admoestação não faz sentido, isso porque o procedimento foi transparente e aberto para que qualquer um pudesse participar, desde que preenchesse as condições.

Ademais, é uma consequência lógica que, quando alguém recebe uma vantagem econômica para desenvolver um novo objeto, terá reflexos sobre os demais *players*. Incumbiria aos demais terem se candidatado para que pudessem ter recebido o mesmo ou similar financiamento e consectariamente obterem um diferencial.

É inconteste que, em qualquer país, a parceria para a inovação proporcionada pelo Estado será uma excelente ferramenta para a economia local e, a depender da quantidade do objeto e da intensidade de parcerias, para a macroeconomia.[869]

---

en la nueva Directiva de contratación pública: la asociación para la innovación. *Revista Quadernos de Derecho Local*, Fundación Democracia y Gobierno Local, oct. 2015, p. 141-161, p. 146). José Gimeno Feliú também explica sobre as benesses e não da "*contratación precomercial*" ao discorrer que "*entendida ésta como perteneciente a la fase de investigación y desarrollo (I+D) previa a la comercialización y que cubre actividades como la exploración de soluciones que son propias de las fases de diseño, creación de prototipo, productos de prueba y preproducción, deteniéndose antes de la producción comercial y venta. (...) Una característica propia de la contratación precomercial (configurada como negocio excluido de la contratación pública al vincularse a el fomento de I+D) es el reparto de riesgos y beneficios según las condiciones de mercado, ya que el comprador público no se reserva los resultados de la I+D para su uso en exclusiva, sino que comparte con las empresas los riesgos y los beneficios de la I+D necesaria para desarrollar soluciones innovadoras que superen las que hay disponibles en el mercado. En este caso, es decir, cuando la entidad del sector público efectúa el reparto de riesgos y beneficios a precios de mercado, los servicios de I+D pueden prestarse sin someterse a la normativa contractual en virtud de una de las exclusiones recogidas en las Directivas de la UE sobre contratación pública*" (GIMENO FELIÚ, José. La contratación pública como estrategia: el fomento de la innovación. *Revista Ius Publicum Network Review*, España, p. 1-27, 2018, p. 14-16).

868 MIÑO, Antonio López. La compra pública innovadora en los sistemas europeo y español de contratación pública. *In*: GARCÍA, J. José Pernas (dir.). *Contratación pública estratégica*. Pamplona: Editorial Aranzadi, 2013. p. 213-248, p. 223.

869 "Não podemos garantir que o financiamento conferido pelas entidades adjudicantes aos operadores económicos, ao abrigo da nova Parceria para a Inovação, não venha a criar vantagens económicas em relação a outros operadores económicos criando, desta forma, distorções no mercado, pois quando os direitos de propriedade intelectual não são adquiridos na íntegra pela entidade adjudicante, poderá o operador económico beneficiar de vantagens ilegítimas nesse mercado, dado ter beneficiado de financiamento público para o desenvolvimento daquela inovação. Tudo dependerá como as entidades adjudicantes irão estabelecer as condições a aplicar aos direitos de propriedade intelectual que irão emergir da Parceria – artículo 31º/6 da nova Directiva 2014/24/EU. Falando concretamente do caso português, pensamos que não há dúvidas que as parcerias para a inovação serão um grande passo para uma melhoria da situação económica financeira do país, com vista, designadamente, ao regresso de Portugal aos mercados. No contexto português, onde se poderá considerar que existe uma <perturbação grava da economia>, as parcerias para a inovação poderão vir, inclusive, a obter determinados

Pedro Almeida e António Cúrdia explicam que, na apresentação de projetos de investigação e desenvolvimento e celebração da parceria, poderá a Administração Pública, ainda que inexistam lotes no procedimento, estabelecer uma ou várias parcerias numa lógica de competição entre os fornecedores.

A mais, "devem ser estabelecidas metas, com pagamentos de remunerações em frações adequadas, mas a entidade adjudicante é livre, no final de cada fase de desenvolvimento, para pôr fim à parceria ou reduzir o número de parceiros, desde que o tenha previsto nas peças de procedimento".[870]

Nesse ponto, convém tecer que as parcerias para a inovação, ou "*asociación para innovación*", demandam uma regulamentação bastante precisa pelos Estados-Membros, a partir das diretrizes traçadas pela União Europeia, com intuito de disciplinar sobre as etapas de sua consecução, diminuindo qualquer obscuridade ou incerteza que poderá gerar enormes prejuízos por meio do afastamento de possíveis interessados com medo do cometimento de arbitrariedades durante o procedimento.

A União Europeia ensina dez passos de boas práticas para a obtenção do sucesso na compra pública inovadora:

1) identificação e planejamento das necessidades de compras, a partir da publicização ao mercado dos planos de compra a longo prazo e disposição de um pessoal comprometido e capacitado para fazer o procedimento de contratação;
2) consulta do mercado antes de iniciar o procedimento licitatório (ainda na fase interna) para identificar as soluções inovadoras disponíveis no mercado e consultando os potenciais provedores, sempre com uma postura transparente e respeitosa à concorrência;
3) envolvimento de todos os atores interessados no curso do procedimento, sendo que, para tanto, deve-se identificar os usuários do serviço, os *experts*, os assessores jurídicos e os demais agentes envolvidos para que tais participem durante o procedimento no momento adequado, a fim de evitar erros ou desconformidades;
4) permitir que o mercado proponha soluções criativas e inovadoras, não sendo permitidas restrições às propostas e alternativas, inclusive rogando que soluções diferentes sejam propostas; por isso, a necessidade precisa estar bem exposta, os rendimentos e as exigências funcionais, até porque, dependendo das especificações técnicas redigidas, poderá haver variação do julgamento em razão da qualidade das ofertas;
5) busca pela melhor relação qualidade-preço, e não o preço mais baixo (menor preço), o que significa conjugar os custos totais de toda a vida do contrato e

auxílios de Estado que, mesmo algo discriminatórios, sejam considerados compatíveis com o mercado interno atento o disposto no articulo 107º, nomeadamente, na alínea b) do seu número 3 <... podem ser considerados compatíveis com o mercado interno: ... Os auxílios destinados a fomentar a realização de um projecto importante de interesse europeu comum, ou a sanar uma perturbação grave da economia de um Estado-Membro" (GOMES, Pedro Cerqueira. Contratação pública e inovação – o diálogo entre Portugal e a União Europeia. *In*: FERNÁNDEZ ACEVEDO, Rafael; VALCÁRCEL FERNÁNDEZ, Patricia (dir.). *La contratación pública a debate*: presente y futuro. Navarra: Civitas, 2014. p. 525-555, p. 544).

[870] ALMIEDA, Pedro; CÚRDIA, António. *Aprovisionamento e contratação pública*. Coimbra: Edições Almedina, 2018. p. 152.

outros aspectos relevantes, como a qualidade e os méritos técnicos da oferta, sendo que tal mister poderá ser obtido de acordo com os critérios que venham a refletir tais aspectos, em especial os critérios de valoração a serem avaliados por uma comissão de *experts*;

6) aproveitamento das vantagens dos meios eletrônicos, o que gera a utilização dos sistemas eletrônicos para informar e ser informado, bem como assegurando que os meios eletrônicos utilizados se adaptem às necessidades públicas pretendidas pelo comprador público;
7) decisão acerca da gestão e a repartição de riscos por meio da adequada identificação e planificação dos riscos, bem como expressando a sua repartição;
8) inclusão de cláusulas promotoras de inovação no contrato para as situações de soluções inovadoras adicionais e também dispondo como será a distribuição de propriedade intelectual e industrial caso desenvolvido algum produto inovador;
9) desenvolver e aplicar um plano de seguimento e avaliação do contrato, dispondo de um regime de gestão do contrato planejado no ato convocatório por intermédio de regras claras e objetivas, bem como prescrever como será o seguimento e sua gestão; e
10) aprender a experiência e compartilhar com outros órgãos e entidades da Administração Pública para que possa fazer igual, bem como estipular procedimentos de avaliação para melhorar os conhecimentos de inovação nos procedimentos de compra pública.[871]

De qualquer maneira, independentemente do procedimento adotado, a contratação pública inovadora requer dos compradores, como aponta José Gimeno Feliú, uma visão estratégica e de planejamento para identificar as suas necessidades e se há ou não soluções existentes no mercado aptas a satisfazê-los ou se é mais viável vergar para o caminho da inovação.

Toda esta análise clama também por conhecer a realidade mercadológica vivenciada e as políticas gerais e setoriais regradas pelo Estado para impulsionar as inovações de maneira inteligente e integrativa com as demandas públicas atuais de caráter socioeconômico.[872] É mais um motivo de raciocinar a favor da análise econômica sobre as licitações, e não uma mera análise financeira ou de satisfação imediata pelo objeto contratado.

4.2.8.1 O uso das compras públicas inovadoras para superar a crise pós-COVID

A Comissão Europeia emitiu no dia 18 de junho de 2021 um comunicado orientando sobre as contratações públicas em matéria de inovação. Não é um documento

[871] UNIÓN EUROPEA. *Guide on Dealing with Inovatio Solutions in Public Procurement.* 10 Elements of Good Practice. Commission Staff working document SEC. (Bruxelas): UE, 2007. p. 24-25.

[872] FELIÚ, José Gimeno. La contratación pública como estrategia: el fomento de la innovación. *Revista Ius Publicum Network Review*, España, p. 1-27, 2018, p. 16.

juridicamente vinculante. É uma interpretação acerca da legislação europeia na parte específica de compras públicas inovadoras.[873]

Como reiterado por diversas vezes no documento, a contratação pública inovadora contribuirá significativamente para a recuperação econômica do bloco europeu após a crise da COVID-19, notadamente se constituindo em importante forma de investimento público e de instrumento promotor de transição para uma economia ecológica e digital.

Adverte que as normas atualmente existentes ainda não são bem utilizadas pelas empresas para desenvolver soluções inovadoras. Tais normas regulam como comprar com qualidade e responsabilidade para respeitar o dinheiro dos contribuintes. Ademais, abrem as portas para soluções mais eficientes e de maior qualidade, que ponderam benefícios sociais e ambientais, primando pela maior rentabilidade e novas oportunidades comerciais às empresas.

A orientação é dividida em cinco capítulos, além de alguns anexos: o primeiro capítulo aclara o conceito de contratação de inovação e sua dimensão; o segundo descreve o marco normativo para fazer uso desse tipo de contrato estratégico; o terceiro ilustra como abrir a porta das compras públicas aos inovadores; o quarto explica como aplicar efetivamente os procedimentos de contratação pública inovadora; e o quinto faz referência a uma série de critérios a serem cumpridos nesses tipos de contratações.

A expressão inovação é interpretada na orientação como:

a) a compra do processo de inovação, quando o comprador público descreve sua necessidade e os fornecedores desenvolvem produtos, serviços ou processos inovadores que ainda não existam no mercado para lhe satisfazer; ou
b) a compra dos resultados do processo de inovação, quando o comprador público atua como usuário pioneiro e compra um produto, serviço ou processo que é novo no mercado e que inclui características substancialmente novas.

Usando o conceito amplo de inovação já explicado neste livro, o comunicado oficial enuncia:

> *Dicha innovación, que aporta una mejora del rendimiento y del valor añadido para diversas partes interesadas, a veces se ajusta al marco tradicional (innovación incremental), pero a menudo altera el antiguo sistema mediante la creación de agentes, flujos y valores distintos (innovación disruptiva o radical), o incluso requiere una transformación más completa, al abordar necesidades no satisfechas y exigir reformas estructurales u organizativas (innovación transformadora). Las presentes orientaciones llaman la atención sobre los beneficios de varias formas de innovación y explican cómo abordarlas en el proceso de contratación pública.*[874]

Vale ainda ressaltar a relevância da contratação pública inovadora para impulsionar a recuperação econômica, a transição ecológica e digital e a resiliência da União Europeia, tanto que é enfatizada a premência de seu uso para contribuir significativamente com a

---

[873] O documento está disponível em: https://ec.europa.eu/docsroom/documents/45975/attachments/1/translations/es/renditions/native. Acesso em: 6 set. 2021.

[874] COMISIÓN EUROPEA. *Comunicación de la Comisión*: orientaciones sobre la contratación pública en materia de innovación. Bruxelas: 2021. p. 5.

recuperação socioeconômica do bloco após a crise provocada pela COVID-19. Explica que, até então, a Europa somente está aproveitando a metade da capacidade potencial da contratação pública de inovação para favorecer a recuperação econômica e que ainda há uma grande falta no investimento de ajustes de soluções digitais e de pesquisa e desenvolvimento, o que se mostra imprescindível para o fortalecimento da autonomia estratégica e de competitividade da União Europeia.

Também se apôs que outros fitos podem ser proporcionados pela majoração do uso das contratações inovadoras, como: (i) prestar um serviço público de maior qualidade a um orçamento ótimo; (ii) abordar uma necessidade iminente que está surgindo; (iii) modernizar os serviços públicos; (iv) ajudar a concretizar o crescimento de empresas emergentes e pequenas empresas (PYMES) inovadoras; e (v) contribuir com o avanço dos mercados em direção a inovações.

É interessante que todos os objetivos são exemplificados com experiências passíveis de serem concretizadas operacionalmente pelos Estados integrantes da União Europeia, assim como o restante da cartilha elucida como transformar a teoria em prática. Com isso, facilita o convencimento dos gestores públicos da imperiosidade de uso das compras públicas inovadoras e que o protagonismo estatal não pode ser refutado.

4.2.8.2 Crítica do Tribunal de Contas Europeu sobre a Diretiva 24/2014

Em 2023, o Tribunal de Contas Europeu emitiu um percuciente trabalho analisando o resultado da Diretiva 24/2014 sobre o viés de seu impacto às nações integrantes e chegou à conclusão de que é necessário refletir criticamente para:

- clarificar e hierarquizar os objetivos em matéria de contratação pública;
- colmatar as lacunas nos dados recolhidos sobre a contratação pública;
- melhorar seus instrumentos de acompanhamento para permitir uma melhor análise;
- ir mais longe na análise das causas profundas e apresentar medidas para ultrapassar os principais obstáculos à concorrência na contratação pública.

Sobre o viés das compras públicas inovadoras, também enunciou que inexistem maiores estudos e dados para saber se de fato estão gerando resultados positivos aos Estados e qual o seu impacto sobre a competitividade.

Como se pode notar da leitura do trabalho realizado pelo Tribunal, existe uma preocupação com as consequências da legislação de compras públicas com a concorrência e se seus objetivos de fato estão sendo alcançados.[875]

4.2.9 As compras públicas inovadoras na Espanha

Além de possuírem reflexos pela Diretiva da União Europeia, as compras públicas inovadoras na Espanha têm um contexto todo especial. Antes de explicar sobre as nuances espanholas, insta pontuar que, como já observado, os Estados-Membros deverão

---

[875] Disponível em: https://www.eca.europa.eu/pt/publications/SR-2023-28. Acesso em: 21 fev. 2025.

conformar a sua legislação de acordo com as normas da União Europeia, inclusive as Diretivas aplicáveis à contratação pública.[876]

A repercussão e a reconfiguração do ordenamento nacional ante as normas do bloco europeu são indispensáveis, mormente na questão da intervenção pública sobre e na economia; por isso, fala-se em "*unificación (o al menos armonización) supranacional de los escenarios y técnicas de intervención administrativa*".[877]

Como explica José Bermejo Vera, não é somente harmonizar as legislações, mas, sim, proceder à uniformização dos ordenamentos jurídicos.[878] Com o digno respeito, parece que a expressão mais adequada seria a conformação das leis nacionais ao sistema jurídico determinado pela União Europeia a partir da convencionalidade entre os países integrantes. A conformação está diretamente relacionada com a ideia de que a validade da norma nacional deve estar amparada nas normas do bloco, sob pena de sua invalidade e ineficácia, pelo menos enquanto permanecer no acordo multilateral.

A legislação europeia não se adaptou com tamanha rapidez às Diretivas de contratações públicas, seja quando adveio a Diretiva 2004/18/UE ou pela atual Diretiva 2014/24/UE, ainda que exista um caráter incidental direto ou, como descreve José María Feliú, um efeito direto vertical das normas europeias sobre a legislação nacional (princípio da aplicabilidade direta), inclusive, podendo-se recorrer à época da não adaptação ao Tribunal de Justiça da União Europeia.[879]

O importante é que os atos necessários para a adaptação e incorporação à legislação nacional foram realizados, tanto que gerou a atual legislação espanhola, Ley 09/2017, que dispõe sobre "*contratos del sector público*".

Em 2017, a Comissão Europeia emitiu um Informe Espanha 2017, no qual advertia que o país não possuía uma política de contratação pública a nível nacional que garantisse a concorrência e a transparência. Criticou, inclusive, a ausência até então de

---

876 "*(...) la compra pública innovadora se incorporó a nuestro ordenamiento jurídico interno como un nuevo instrumento de las Administraciones Públicas y demás entidades del sector público, para permitirles procurarse de bienes y servicios innovadores que aporten una mayor eficiencia y calidad a los servicios públicos para conseguir un desarrollo económico sostenible, pero también, para incentivar la actividad de fomento de la iniciativa privada en la investigación de soluciones novedosas*" (BEAS, Marina Rodríguez. El procedimiento de asociación para la innovación en la Ley 9/2017, de 8 de noviembre, de contratos del sector público: oportunidades e incertidumbres. *Revista General de Derecho Administrativo*, n. 52, Justel, Madrid, oct. 2019).

877 Novamente reitera-se que a União Europeia não visa somente à eficiência econômica a partir da conjunção de esforços por meio do arranjo institucional ao ser criada, até porque o Tratado de Funcionamento da União Europeia é bastante explícito em prescrever que não se pode despir dos fins sociais a serem examinados em conjunto quando da intervenção na área econômica.

878 VERA, José Bermejo. *Derecho administrativo (parte especial)*. 6. ed. Navarra: Editorial Aranzadi (Thomson Civitas), 2005. p. 794 e 796. O autor inclusive pondera que: "*No es de extrañar, por tanto, que la unión europea pueda y deba intervenir normativamente en la ordenación de determinados sectores o actividades económicas a fin de garantizar el funcionamiento correcto del sistema de mercado, ya que las desigualdades de trato de los ciudadanos de mercado obstaculiza la construcción de un auténtico mercado interior europeo por cuanto el tratamiento diverso de idénticos supuestos de hecho impide la igualdad de condiciones equitativas en el interior del mercado. Y ello debe ser corregido por la intervención decidida de la unión europea a través de la construcción de un sistema normativa capaz de garantizar los objetivos de integración económica como meta para la consecución de un mercado interior único, lo que debe suponer, como sostiene Fernández Farreres <la transferencia progresiva de los estados a los órganos comunitarios, desplazando así al ámbito de responsabilidad de éstos el diseño y ejecución de la política general y de las acciones comunes a desarrollar en el marco económico y social del mercado comunitario europeo>*" (VERA, José Bermejo. *Derecho administrativo (parte especial)*. 6. ed. Navarra: Editorial Aranzadi (Thomson Civitas), 2005. p. 796).

879 FELIÚ, José María Gimeno. O efecto directo das novas directivas comunitarias sobre a contratación pública. Consecuencias prácticas da falta de transposición das directivas en España. *Revista Galega de Administración Pública (REGAP)*, n. 52, p. 9-60, jul./dec. 2016, p. 36 e 39.

um organismo nacional para controlar a eficiência e o cumprimento da legalidade de modo uniforme e padronizado, tanto que ensejou a criação de um organismo adequado para tanto (*Oficina Independiente de Regulación y Supervisión de la Contratación*, conforme artigo 332 da Ley 09/2017).[880]

A título complementar, giza-se que existe uma lei espanhola disciplinadora sobre a economia sustentável que foi idealizada para contribuir no combate da crise econômica mundial.[881]

Para tanto, a Ley 2/2011 estatuiu uma série de medidas para incrementar a economia sustentável, a partir do crescimento e do direcionamento da atuação estatal para a busca de uma sustentabilidade em três sentidos: econômico, o qual deve ser mais sólido para assentar na melhora da competitividade, na inovação e na formação; ambiental, para uma gestão imprescindivelmente racional dos meios naturais e ainda não impulsão de novas atividades e novas empregos; e sustentável, como promotor e garantidor de igualdade de oportunidades e da coesão social.

Convém destacar que, dentre os vários princípios norteadores da legislação em voga, foram estipulados três que ressoam sobre o papel da Administração Pública para a direção e incentivo da inovação, tecnologia e ciência:

1) a melhora da competitividade – dever de impulsionar o incremento da competitividade das empresas por intermédio de marcos regulatórios que prestigiem a concorrência e a eficiência nos mercados de bens e serviços, facilitem a assimilação dos recursos e da melhoria da produtividade em especial via formação, investigação, inovação e o uso de novas tecnologias, além de permitir o aumento de capacidade para competir nos mercados internacionais;
2) fomento da capacidade inovadora das empresas – a Administração Pública deverá desenvolver uma política de apoio à investigação e inovação que favoreça empresas e indústrias inovadoras, renovando os setores tradicionais, para majorar a competitividade; e
3) extensão e melhoria da qualidade da educação e impulso à formação continuada – utilizando-os como instrumentos de melhorias de coesão social e desenvolvimento pessoal.

Ademais, o suscitado texto normativo explana sobre o desenvolvimento científico, inovativo e tecnológico, a partir das parcerias existentes entre a sociedade, o mercado e as instituições de ensino, bem como sobre a repercussão do impacto ambiental na

---

[880] MOLINA, José Antonio Moreno. Gobernanza y nueva organización administrativa en la reciente legislación española y de la Unión Europea sobre contratación pública. *Revista de Administración Pública*, Madrid, n. 204, p. 343-373, sep./dic. 2017, p. 348. Sobre a importância da Oficina Independiente de Regulación y Supervisión de la Contratación, vide também artigo veiculado no dia 6 de março de 2019: MOLINA, José Antonio Moreno; FELIÚ, José María. *La Oficina Independiente de Regulación y Supervisión de la Contratación (OReISCon) como bóveda de la arquitectura de regulación y supervisión de la contratación pública*. Disponível em: http://www.obcp.es/index.php/mod.opiniones/mem.detalle/id.489/chk.1a330c71b51664cf860f47dd98b87406. Acesso em: 14 maio 2019.

[881] O artigo 2º conceitua economia sustentável como "*un patrón de crecimiento que concilie el desarrollo económico, social y ambiental en una economía productiva y competitiva, que favorezca el empleo de calidad, la igualdad de oportunidades y la cohesión social, y que garantice el respeto ambiental y el uso racional de los recursos naturales, de forma que permita satisfacer las necesidades de las generaciones presentes sin comprometer las posibilidades de las generaciones futuras para atender sus propias necesidades*".

indústria e comércio, inclusive ainda enunciando em seu Anexo I os cálculos dos custos de utilização dos veículos de transporte nas estradas durante sua vida útil (conteúdo energético, custo das emissões e quilometragem média dos veículos na estrada durante a sua vida útil).

Especificamente sobre as compras públicas espanholas, em 2010, foi aprovada a Estratégia Estatal de Inovação (e21) pelo Acordo do Conselho de Ministro, a qual possuía como pilar fundamental a contratação pública inovadora e que a Espanha pudesse galgar em 2015 o novo lugar no *ranking* mundial de inovação.

Infelizmente, a perspectiva idealizada não coadunou com a realidade e a prática, a ponto de ser considerada pela União Europeia como um país de inovação moderada ante os demais Estados-Membros.[882]

Impende entretecer que a preocupação com tal área é totalmente compatível com o cenário econômico mundial no mínimo nos últimos cem anos. Enquanto, na segunda metade do século XX, a Espanha e outros países do sul da Europa foram beneficiados pela onda de instalação de empresas transnacionais em virtude dos custos laborais e do apoio estatal para os investimentos estrangeiros, posteriormente os custos laborais e de importação/exportação geraram um esvaziamento e um sacrifício, pois não se conseguia enfrentar com os abonos, na maioria das vezes até desumanos, da China e de outros países, em especial dos Tigres Asiáticos, que, com uma mão de obra barata, facilidade de investimentos estrangeiros e despreocupação social incutem uma competição abissal.[883]

Marina Rodríguez Beas alerta que a Ley nº 30/2017, de 30 de outubro, antiga legislação de contratos do setor público, havia incorporado soluções inovadoras na fabricação de bens e prestação de serviços à Administração Pública com nova tecnologia ao impor que o empresário fabricasse bens de acordo com as características impostas pela contratante ou a possibilidade de fixar no edital variações das especificações exigidas sobre o objeto pelas propostas ofertadas.

Outra situação viável era que, no caso de contratação de colaboração público-privada, qualificava-se a aquisição de tecnologia inovadora como via preferencial, o que poderia servir de arrimo para asseverar que tal espécie de ajuste era, anteriormente, a mais adequada para refletir uma compra pública inovadora com o diálogo entre investigação, desenvolvimento, inovação e empresas em conjunto com o setor público. Conquanto houvesse essas possibilidades, salienta-se que a compra pública de tecnologia inovadora não constava de um regime jurídico específico, pelo menos na lei geral, já que nada impediria de um ato convocatório prever justificadamente algo nesse sentido.[884]

---

882 JIMÉNEZ, Antonio García. *Las conexiones entre contratación administrativa e innovación*. Madrid: Tecnos, 2018. p. 109.

883 MIÑO, Antonio López. La compra pública innovadora en los sistemas europeo y español de contratación pública. *In*: GARCÍA, J. José Pernas (dir.). *Contratación pública estratégica*. Pamplona: Editorial Aranzadi, 2013. p. 213-248, p. 213. Ainda, sobre a falta de investimento em ciência, tecnologia e inovação na Espanha frente a outros países da União Europeia e seu impacto no desenvolvimento, vide crítica de: PANIAGUA, Enrique Linde. Gobernanza del sistema español de ciencia, tecnología e innovación. *In*: VELÁZQUEZ, Antonio Calonge (dir.). *Ciencia, Tecnología e Innovación*: nuevo régimen jurídico. Granada: Editorial Comares, 2013. p. 21-39.

884 BEAS, Marina Rodríguez. La innovación en la nueva Directiva de contratación pública: la asociación para la innovación. *Revista Quadernos de Derecho Local*, Fundación Democracia y Gobierno Local, p. 141-161, oct. 2015, p. 143, 147 e 149.

Assim, é necessária a coordenação de esforços entre os setores privado e público para modificar a realidade das compras públicas inovadoras, inclusive para modificar o pensamento. Mudar e avançar, tudo primando pela melhoria. Como entoa José Gimeno Feliú, deve-se romper com a ideia "*de 'siempre se ha hecho así' y evitar la tendencia a la autocomplacencia y la estricta visión 'administrativa' de la contratación pública*".[885]

É preciso que seja concretizado um enlace entre o mundo empresarial e a Administração Pública, pois, como lembra Antonio García Jiménez, o parecer de Inovação Estratégica da OCDE pondera que "*en el sistema de investigación público juegan un papel importante en los sistemas de innovación, a través de la educación, la formación, el desarrollo de habilidades, la resolución de problemas, la creación y difusión del conocimiento, el desarrollo de nuevos instrumentos, y el almacenamiento y transmisión del conocimiento*". Ainda complementa que:

> *La tónica general es que recurran a la compra pública innovadora aquellos* órganos *de contratación que dispone del suficiente empuje, perspectiva y motivación como para apreciar las oportunidades que pueden derivarse de realizar una compra diferente. Se trata de un proceso que requiere tiempo y que, por lo tanto, se proyecta sobre el medio y largo plazo, algo muy distinto a los intereses que normalmente persiguen los poderes políticos. Este hecho pude apreciarse a modo de ejemplo con el Plan Español para el Estímulo de la Economía y del Empleo, más conocido como Plan E y que sería prolongado posteriormente por el Plan de Economía Sostenible.* (...) *Constituye un claro ejemplo que la innovación ha de ser una política arraigada a la cultura de un país, mediante una disciplina y un esfuerzo inversos constantes en el tiempo, ya que las políticas cortoplacistas no son efectivas y pueden llevan a despilfarrar los fondos invertidos.*[886]

Atualmente, a lei que regula os contratos públicos na Espanha é a Ley 09/2017. Adaptou o ordenamento jurídico espanhol à Diretiva 2014/24/UE em geral, inclusive no que toca às compras públicas inovadoras.[887]

É criticada pela sua extensão e complexidade. Esta é proporcionada não só pelo tamanho da lei, mas também pela forma como foram dispostos vários temas. Como não poderia ser diferente ante o teor da diretiva atual da União Europeia, os considerandos expõem claramente a função estratégica do contrato para a implementação de políticas, tanto europeias como nacionais, em matéria social, ambiental, de inovação, de desenvolvimento, de incentivo às pequenas e médias empresas e de defesa da concorrência.[888]

---

885 GIMENO FELIÚ, José. La contratación pública como estrategia: el fomento de la innovación. *Revista Ius Publicum Network Review*, España, p. 1-27, 2018, p. 25.

886 JIMÉNEZ, Antonio García. *Las conexiones entre contratación administrativa e innovación*. Madrid: Tecnos, 2018. p. 40-41 e 111-112.

887 "*No ámbito da innovación e o desenvolvemento, coa idea de favorecer as empresas máis innovadoras, destaca especialmente a introdución do novo procedemento de asociación para a innovación. Axústase o diálogo competitivo ás novidades da directiva (reforma técnica)*" (FELIÚ, José María Gimeno. O efecto directo das novas directivas comunitarias sobre a contratación pública. Consecuencias prácticas da falta de transposición das directivas en España. *Revista Galega de Administración Pública (REGAP)*, n. 52, p. 9-60, jul./dec. 2016, p. 26).

888 "*El sistema legal de contratación pública que se establece en la presente Ley persigue aclarar las normas vigentes, en aras de una mayor seguridad jurídica y trata de conseguir que se utilice la contratación pública como instrumento para implementar las políticas tanto europeas como nacionales en materia social, medioambiental, de innovación y desarrollo, de promoción de las PYMES, y de defensa de la competencia. Todas estas cuestiones se constituyen como verdaderos objetivos de la Ley, persiguiéndose en todo momento la eficiencia en el gasto público y el respeto a los principios de igualdad de trato, no discriminación, transparencia, proporcionalidad e integridad.* (...) *El sistema legal de contratación pública que se establece*

Prescreve em seu teor os seguintes preceitos sobre a relação da compra pública e o desenvolvimento científico, inovativo e tecnológico:

(i) o artigo 8º exclui alguns tipos de contratos de investigação, desenvolvimento e inovação, desde que tais não tenham as condições de os benefícios pertencerem exclusivamente à Administração contratante para seu uso em suas atividades e que o serviço prestado seja remunerado integralmente pelo contratante;
(ii) o artigo 28.2 preceitua que as entidades deverão velar por eficiência e agilidade dos trâmites e valorarão as questões sociais, ambientais e de inovação como aspectos positivos nos procedimentos de contratação, além de promover a participação da pequena e média empresa e acesso sem custo prévio;
(iii) o artigo 35.c permite que seja considerada na fixação do objeto a questão da inovação, assim como o artigo 99 prevê que poderão ser incorporadas as inovações tecnológicas, sociais ou ambientais ensejadoras de melhorias na eficiência e sustentabilidade dos bens, obras e serviços a serem contratados;
(iv) o artigo 127 estatui que será possível exigir etiqueta dos objetos para confirmar que a sua produção cumpre determinados requisitos, porém não se pode solicitar uma etiqueta que a sua referência adstrinja à inovação;[889]
(v) o artigo 145 permite que, no julgamento das propostas, seja adotada a melhor relação qualidade-preço, sendo que, dentre outros critérios econômicos e qualitativos a serem sopesados, está a qualidade, entendida como as características estéticas e funcionais, a acessibilidade, o desenho universal, o desenho para todos os usuários, as características sociais, ambientais e inovadoras e a comercialização e suas condições. Esse dispositivo alude à tecnologia para determinar que, em casos de emprego de uma tecnologia especialmente avançada ou cujo uso durante a execução do objeto seja complexo, poder-se-á adotar mais de um critério de julgamento;
(vi) o artigo 167 estabelece a possibilidade de usar a licitação com negociação quando a prestação do objeto contratual incluir um projeto ou uma solução inovadora; e
(vii) o artigo 334 alça para a Estratégia Nacional de Contratação que tome medidas para que as políticas ambientais, sociais e de inovação sejam adotadas pelos órgãos e entidades públicas.

---

en la presente Ley persigue aclarar las normas vigentes, en aras de una mayor seguridad jurídica y trata de conseguir que se utilice la contratación pública como instrumento para implementar las políticas tanto europeas como nacionales en materia social, medioambiental, de innovación y desarrollo, de promoción de las PYMES, y de defensa de la competencia. Todas estas cuestiones se constituyen como verdaderos objetivos de la Ley, persiguiéndose en todo momento la eficiencia en el gasto público y el respeto a los principios de igualdad de trato, no discriminación, transparencia, proporcionalidad e integridad."

889 *"Artículo 127. (...) 1. A los efectos de esta Ley, se entenderá por «etiqueta»: cualquier documento, certificado o acreditación que confirme que las obras, productos, servicios, procesos o procedimientos de que se trate cumplen determinados requisitos. 2. Cuando los órganos de contratación tengan la intención de adquirir obras, suministros o servicios con características específicas de tipo medioambiental, social u otro, podrán exigir, en las prescripciones técnicas, en los criterios de adjudicación o en las condiciones de ejecución del contrato, una etiqueta específica como medio de prueba de que las obras, los servicios o los suministros cumplen las características exigidas, etiquetas de tipo social o medioambiental, como aquellas relacionadas con la agricultura o la ganadería ecológicas, el comercio justo, la igualdad de género o las que garantizan el cumplimiento de las Convenciones fundamentales de la Organización Internacional del Trabajo, siempre que se cumplan todas las condiciones siguientes."*

Como se verifica, o artigo 28.2 dá margem para que a inovação seja valorada positivamente em todas as compras públicas; *a priori*, poder-se-iam estipular no ato convocatório critérios para favorecer empresas que investissem em inovações, ainda que nada discorra sobre possível benesse para a inovação nacional, até porque poderia ser considerado afrontoso à Lei de Funcionamento da União Europeia e às cláusulas de não discriminação.

Além desses dispositivos relacionados com os temários em estudo, insta ponderar que a lei espanhola dispõe sobre dois procedimentos específicos que poderão versar acerca do *modus operandi* das compras públicas inovadoras, quais sejam, diálogo competitivo e associação para a inovação.[890]

O diálogo competitivo é o procedimento administrativo aberto[891] em que existe uma conversa aberta entre a Administração Pública e os candidatos selecionados, a fim de desenvolver uma ou várias soluções suscetíveis de satisfazerem as necessidades públicas e as quais servirão de base para os referidos candidatos elaborarem a sua oferta.

Nos termos do artigo 172, em conjunto com o artigo 167, poderá ser adotado quando: a) a necessidade pública possa ser satisfeita pela prestação de um objeto disponível no mercado, porém que precisará ser adaptado ou redesenhado pelo ofertante; b) a prestação objeto do contrato incluir um projeto ou solução inovadora; c) a oferta não puder ser julgada sem negociações prévias devido a circunstâncias específicas vinculadas à natureza, complexidade ou configuração jurídica ou financeira da prestação que constitua seu objeto ou por riscos inerentes a esta; d) o órgão de contratação não puder estabelecer com suficiente precisão as especificações técnicas por referência a uma norma, avaliação técnica europeia, especificação técnica nos termos estabelecidos pela lei; e) os procedimentos normais (abertos ou restringidos) não puderem ser aptos em razão de possíveis ofertas irregulares ou inaceitáveis; e f) for para contratar serviços sociais personalíssimos que tenham como uma de suas características determinantes a consideração da pessoa em torno da atenção social, sempre que o objeto seja permitir a continuidade da atenção das pessoas que já eram beneficiárias do serviço social.

A ideia de interação entre ofertantes e a Administração Pública está presente, porque, durante o procedimento, o órgão ou entidade licitadora dialogará com os candidatos selecionados sobre todos os aspectos do contrato, com o intuito de chancelar e indicar quais serão as melhores maneiras para satisfazer o interesse público em jogo.

Assim, com base em tais informações, os candidatos poderão aprimorar suas propostas até que a Administração, quando encerrado o diálogo, decida por qual ou quais soluções apresentadas permitirá que seja enviada uma proposta final (oferta definitiva).

---

[890] Pode-se até aventar a licitação com negociação (*licitación con negociación*) como possível procedimento para a aquisição de tecnologia inovadora, a qual é prevista na legislação espanhola, nos artigos 166 e seguintes. Nessas situações, o edital preverá os aspectos econômicos e técnicos que serão objeto de negociação com as empresas, a descrição das necessidades dos órgãos e as características necessárias sobre o fornecimento, as obras e os serviços para gerar a confiança ao universo de competidores. Sandra Sinde Cantorna explica que sua aplicabilidade é viável quando a fase prévia de consultas ao mercado arregimenta informações suficientes e adequadas para colocá-las no ato convocatório sem gerar qualquer desconfiança. De todo modo, não se compreende como um procedimento específico para compra pública inovadora, razão pela qual não se dissertará neste tópico (CANTORNA, Sandra Sinde. Cómo comprar innovación en el ámbito local empleando el diálogo competitivo. *In*: ACUÑA, Concepción Campos. *La nueva contratación pública en el* ámbito *local*. Madrid: Wolters Kluwer, 2018. p. 657-678, p. 668).

[891] Qualquer pessoa poderá participar nos termos do artigo 172.2 da lei.

É um procedimento extremamente vantajoso para as situações em que a Administração Pública desconhece todas as possíveis soluções de mercado ou diante de objetos que poderão ser desenvolvidos especificamente para atender aos interesses da licitadora.

Já a associação para a inovação está prevista nos artigos 177 e seguintes, e é definida como um procedimento aberto, cujo escopo é o desenvolvimento de produtos, serviços ou obras inovadoras, adquirindo-os a níveis correspondentes de rendimentos e custos máximos ajustados entre os órgãos da contratação e os participantes.

É para as situações em que as opções já existentes não são aptas para atender à demanda da Administração Pública. Não é necessário que haja a seleção de somente uma proposta, podendo ser selecionada mais de uma solução a ser criada.

Os contratos serão apreciados durante a sua execução: (i) na fase de investigação e desenvolvimento, de acordo com as normas que estipulem normas regulamentares no edital e no contrato; e (ii) na fase de execução das obras, conforme convencionado no contrato.[892]

Ainda que seja aberto a qualquer ofertante, somente apresentarão o projeto os empresários que demonstrarem objetivamente aptidão de solvência e capacidade para a feitura de uma investigação e desenvolvimento, bem como para a elaboração e aplicação de soluções inovadoras, momento em que os candidatos aprovados passarão a ser licitantes.

Apresentados os projetos, estes serão avaliados de acordo com a relação qualidade-preço, e tais propostas serão negociadas visando ao seu aprimoramento, salvo a proposta definitiva. De forma similar ao diálogo, aqui reside a possibilidade de as propostas serem renovadas de acordo com as informações repassadas de forma isonômica pela Administração Pública, com o objetivo de serem lapidadas para o melhor atendimento do interesse público.

Posteriormente, será implementada a associação da Administração Pública com o(s) sócio(s) para que concretize(m) suas investigações e desenvolva(m) seus objetivos em fases previamente estipuladas. Ao final de cada fase (etapa), decidir-se-á pela continuidade ou não da parceria, até que se chegue à última etapa com a entrega final do objeto desenvolvido, quando a Administração avaliará os resultados de acordo com os níveis de rendimento estabelecidos e conforme os custos ajustados. Via de consequência, feita a escolha, será contratado o objeto pela Administração Pública resultante da investigação e desenvolvimento anterior.

Em síntese, pode-se dizer que se desenvolve tal procedimento em quatro fases na legislação espanhola: seleção dos candidatos, negociação com os licitantes, associação com os sócios e aquisição do objeto resultante.[893]

---

892 Para verificar o estudo que analisou os três casos de procedimentos de associação para inovação já feitos na Espanha, vide artigo MANSO, Carmen de Guerrero. Los tres procedimientos de asociación para la innovación licitados en España: valoración de sus aspectos clave y pros y contras de cada una de ellos. *In*: FELIÚ, José María Gimeno (dir.). *Observatorio de los contratos públicos 2018*. Navarra: Aranzadi, 2019. p. 281-327.

893 Defendem-se quatro fases, conforme a própria lei espanhola descreve em seus considerandos. Apesar dessa previsão normativa, sublinha-se que existem vários pontos de incerteza para a aplicabilidade da associação para a inovação, gerando a necessidade de adaptações legislativas para ensejar maior segurança e usualidade, conforme aponta Marina Rodríguez Beas: "(...) *revisar la configuración actual de la asociación de la innovación para incorporar todos aquellos aspectos que puedan facilitar la preparación y tramitación del procedimiento y de los contratos que*

Antonio García Jiménez, com razão, defende que, anteriormente ao procedimento de associação para a inovação, se deve exercer consultas preliminares ao mercado, consoante regra do artigo 40 da Diretiva 2014/24/EU, até para que sirvam de ratificação ou não do planejamento inicial por tal procedimento ou para que surjam novas ideias.[894]

Marina Rodríguez Beas expõe a proximidade entre o diálogo competitivo e a associação para a inovação, já que a estrutura procedimental se dá em diversas fases a partir de uma sequência de investigação e inovação, que pode incluir a fabricação do produto, a prestação do objeto ou a realização da obra. Nessa, diferente daquele, é possível fixar objetivos intermediários e sua respectiva retribuição pecuniária. Ainda, a autora pondera que, em tais casos de associação para a inovação, não existe propriamente um contrato administrativo, e sim um *"procedimiento de adjudicación"*.[895]

Concordando em parte com esse raciocínio da natureza jurídica da associação para a inovação, Antonio García Jiménez pondera que, a partir do momento em que um terceiro colabora com o poder público para a satisfação de uma necessidade pública, mesmo que se celebre um contrato público, deve ser considerado um colaborador voluntário.[896]

O raciocínio de colaboração não é estranho por alguns estudiosos do Brasil e de Portugal. Também merece destaque a sua crítica para que a flexibilidade pretendida pela legislação espanhola quando da descrição do procedimento em si possua repercussão também nos órgãos de controle, como deve acontecer pelo Tribunal de Justiça da União Europeia. A interpretação adotada no controle das licitações e dos contratos públicos

se puedan derivar. Sin duda, el aspecto que entendemos más prioritario, a efectos de abordar una modificación legislativa, es la indefinición de las fases de adjudicación y formalización del contrato pues afectan de manera directa a elementos tales como el régimen de impugnación, la verificación de los requisitos de capacidad y de solvencia del empresario, las obligaciones que derivan por las partes en cada momento y las opciones que pueden contemplarse por el ente contratante cuando no se alcanzan los niveles de rendimiento pretendidos. Asimismo, entendemos que deberían aclararse los aspectos relativos a la propiedad de la solución innovadora, pues con ello se podría garantizar que la inversión económica y de esfuerzos por parte de los empresarios se puede ver recompensados y posibiliten una aplicación del conocimiento adquirido a tecnologías que aporten bienestar social a la ciudadanía" (BEAS, Marina Rodríguez. El procedimiento de asociación para la innovación en la Ley 9/2017, de 8 de noviembre, de contratos del sector público: oportunidades e incertidumbres. *Revista General de Derecho Administrativo*, n. 52, Justel, Madrid, oct. 2019).

[894] JIMÉNEZ, Antonio García. *Las conexiones entre contratación administrativa e innovación*. Madrid: Tecnos, 2018. p. 114.

[895] BEAS, Marina Rodríguez. La innovación en la nueva Directiva de contratación pública: la asociación para la innovación. *Revista Quadernos de Derecho Local*, Fundación Democracia y Gobierno Local, oct. 2015, p. 141-161, p. 152, 155 e 157. Sobre a proximidade da parceria para a inovação e o diálogo competitivo, vide também interessante explicação: *"Este procedimiento, establecido en el artículo 31 se asemeja al de dialogo competitivo con la particularidad de la existencia de una asociación previa entre poderes adjudicadores y empresarios que tiene como finalidad adquirir productos y servicios <innovadores> y de que, en este caso en concreto, el procedimiento es único. De hecho, el licitador que presente la mejor oferta, en términos de tecnología de innovación, resultará ser el adjudicatario de la obra, servicio o suministro que, posteriormente, se contrate"* (FUENTES I GASÓ, Josep Ramón; VIDAL, Carme Juncosa. Principales novedades, régimen transitorio y cuestiones adicionales. *In*: ACUÑA, Concepción Campos. *La nueva contratación pública en el ámbito local*. Madrid: Wolters Kluwer, 2018. p. 87-131, p. 114).

[896] *"Afortunadamente, la visión que inicialmente hacía contemplar al contratista como un sujeto con intereses antagónicos a los perseguidos por los órganos públicos, parece haber sido aparcada, para comenzar a considerarlo como un sujeto cuyos objetivos no tienen por qué ser necesariamente contrapuestos a los perseguido por los poderes públicos, sino que este ha de ser considerado como un <colaborador voluntario> de la administración, el cual mediante la pretensión de conseguir un lucro con su actividad, puede contribuir a satisfacer la realización de determinados fines públicos. Por este motivo, el principio de riesgo y ventura ha ido siendo atenuado sucesivamente, tanto jurisprudencial como legislativamente, de forma que el riesgo al que se ve sometido un adjudicatario se ha relativizado de forma importante"* (JIMÉNEZ, Antonio García. *Las conexiones entre contratación administrativa e innovación*. Madrid: Tecnos, 2018. p. 101).

atualmente não pode ser a mesma a partir de procedimentos mais flexíveis e que buscam atender interesses transcendentais que antes não eram avaliados.[897]

Outrossim, imperioso aduzir que, em 2022, houve a edição da Ley 28/2022, que busca fomentar as empresas inovadoras com incentivos de âmbito fiscal, vantagens administrativas e outras medidas para apoiar o ecossistema empreendedor. As medidas previstas assemelham-se ao previsto na Lei Complementar nº 182/2021 do Brasil ao preceituar um prazo de existência da empresa, teto de faturamento anual, ter a sua sede social ou estabelecimento permanente na Espanha, respeitar um percentual mínimo de funcionários com contrato celebrado no país, entre outros requisitos.

Como dito na justificativa da Ley 28/2022, no âmbito da contratação pública, a lei *"facilita las convocatorias para el diseño de soluciones innovadoras que resuelvan problemas o necesidades de la Administración en el desempeño de sus funciones (compra pública innovadora), con una atención especial a las startups en entornos rurales o fuera de los polos urbanos de innovación ya consolidados"*.

Desse modo, existe aqui uma grande proximidade entre Espanha e Brasil sobre o tratamento favorecido às *startups*, sendo assunto da esfera pública e que não pode passar desapercebido.

[897] GARCÍA JIMÉNEZ, Antonio. *Las conexiones entre contratación administrativa e innovación*. Madrid: Tecnos, 2018. p. 99-100.

A VISÃO CRÍTICA SOBRE AS BARREIRAS PARA O FOMENTO E A DIREÇÃO DA CIÊNCIA, TECNOLOGIA E INOVAÇÃO POR MEIO DAS LICITAÇÕES PÚBLICAS E DOS CONTRATOS ADMINISTRATIVOS

5.1 Os acordos internacionais como (supostos) obstáculos para qualquer tratamento discriminatório e afrontoso à concorrência

A existência de acordos internacionais celebrados pelo Brasil é ponto fulcral dos possíveis obstáculos que possam surgir em relação ao tratamento diferenciado para operadores econômicos que invistam em tecnologia, inovação e ciência nacional.

5.1.1 A celebração de acordos bilaterais ou multilaterais e o princípio da não discriminação

Quando são firmados compromissos internacionais, seja por meio de acordos bilaterais ou multilaterais, como é o caso da União Europeia, uma das grandes preocupações é a diminuição ou o completo afastamento das barreiras alfandegárias existentes entre os países.

No contexto do comércio internacional, o papel do Estado em tais convenções entre países e sua relação com as compras públicas consiste em duas finalidades, quais sejam: a) reduzir as suas despesas públicas, a partir da concorrência internacional propiciada pela abertura da contratação pública internacional; e b) incrementar as exportações em face das conquistas de suas empresas em mercados abertos, por meio da reciprocidade.[898]

O ambiente favorável de abertura de mercado reclama, entre outros vários pontos, o respeito aos princípios da não discriminação e da transparência. Já o princípio da não discriminação divide-se no plano do direito internacional em dois subprincípios: o princípio do tratamento nacional e a cláusula da nação mais favorecida.[899]

---

[898] RODRIGUES, Nuno Cunha. *A contratação pública como instrumento de política econômica*. Coimbra: Almedina, 2015. p. 30.

[899] RODRIGUES, Nuno Cunha. *A contratação pública como instrumento de política econômica*. Coimbra: Almedina, 2015. p. 132.

Um dos motivos mais comuns para a adoção de políticas discriminatórias é a promoção da indústria nacional, o que é concretizado de maneira direta, muitas vezes por meio de margens de preferências[900] ou pela obrigatoriedade de contrapartida ou de aquisição de bens e serviços nacionais.[901] Todavia, pode ainda acontecer essa proteção por meios indiretos (também chamados de mecanismos informais) e que podem até ser considerados desleais por utilizarem um subterfúgio para atingir um objetivo, como, por exemplo: exigência de prazos curtos para inviabilizar a formulação de propostas de empresas de fora, previsão editalícia de produtos ou insumos que só possam ser encontrados no mercado local, exigências editalícias de visita técnica ou de alguma declaração formal em que a presença física é indispensável, cláusulas restritivas de ordem técnica, entre outros.

Sobre tais restrições, destacam-se a Lei do Canadá, a qual estipula um prêmio de 10% favorável às empresas nacionais; a Lei de Israel, que admite também a bonificação de 15% dos produtos nacionais; a Lei dos Estados Unidos, que preceitua a contratação de produtos nacionais etc.[902]

No âmbito da União Europeia, o Tratado de Funcionamento da União Europeia dispõe que:

(i) o artigo 18 veda qualquer discriminação em razão da nacionalidade;
(ii) o artigo 26 define o mercado interno como um "espaço sem fronteiras internas no qual a livre circulação das mercadorias, das pessoas, dos serviços e dos capitais é assegurada de acordo com as disposições dos Tratados";
(iii) o artigo 28 determina a livre circulação de mercadorias e o dever de compreensão de união aduaneira, a qual abarca a totalidade do comércio de mercadorias e veda direitos aduaneiros de importação e de exportação e de quaisquer encargos entre os Estados-Membros;
(iv) o artigo 34 proíbe que, entre os Estados-Membros, haja restrições quantitativas à importação, bem como todas as medidas de efeito equivalente;[903]
(v) o artigo 49 proíbe as restrições à liberdade de estabelecimento dos nacionais de um Estado-Membro no território de outro Estado-Membro;

---

900 Esta é operada pela existência de uma diferenciação entre o preço ofertado pela empresa doméstica e aquele ofertado por estrangeiro.

901 "Neste domínio, a maior parte dos tratados prevê dois tipos de excepções ao princípio da não-discriminação: a) as excepções que consideram o interesse público em áreas como a segurança nacional, a ordem e a saúde pública (cfs. Art. XX do GATT e art. XIV do GATS); b) as excepções no âmbito do comércio regional e dos acordos de integração económica (cfr. art. XXIV do GATT e V e Vbis do GATS)" (RODRIGUES, Nuno Cunha. *A contratação pública como instrumento de política econômica.* Coimbra: Almedina, 2015. p. 133-134).

902 RODRIGUES, Nuno Cunha. *A contratação pública como instrumento de política econômica.* Coimbra: Almedina, 2015. p. 130-131.

903 "Há três categorias de medidas adoptadas no âmbito dos contratos públicos que determinam a aplicação do artigo 34º do TFUE: i) as que discriminam explicitamente bens ou serviços nacionais face aos que são importados e que constituem um obstáculo ao comércio 'intra-comunitário', pois estão abrangidas pelo artigo 34º do TFUE (e pela eventual justificação à luz do artigo 36º do TFUE); ii) os que discriminam, de forma implícita ou indirectamente, bens ou serviços importados que são, em regra, consideradas como um obstáculo ao comércio; iii) as que não discriminam bens ou serviços nacionais de bens ou serviços importados mas que podem afectar o comércio intra-comunitário" (RODRIGUES, Nuno Cunha. *A contratação pública como instrumento de política econômica.* Coimbra: Almedina, 2015. p. 305-306).

(vi) o artigo 55 determina que os Estados-Membros devem conceder aos nacionais dos outros Estados-Membros o mesmo tratamento que aos seus próprios nacionais;

(vii) o artigo 56 ecoa a disposição do artigo 55, porém no que se refere aos serviços prestados ao enunciar a livre prestação de serviços na União e a vedação de qualquer discriminação ou vedação entre as empresas dos Estados-Membros;

(viii) o artigo 101 prescreve que são incompatíveis com o mercado interno e terminantemente proibidos quaisquer acordos entre empresas, todas as decisões de associações de empresas e todas as condutas concertadas que venham a afetar o comércio entre os Estados-Membros e que gerem ou intentem o impedimento, a restrição ou o falseamento de concorrência no mercado interno;

(ix) o artigo 107, o qual explicitamente determina "que são incompatíveis com o mercado interno, na medida em que afetem as trocas comerciais entre os Estados-Membros, os auxílios concedidos pelos Estados ou provenientes de recursos estatais, independentemente da forma que assumam, que falseiem ou ameacem falsear a concorrência, favorecendo certas empresas ou certas produções", apesar de ser considerado pelo dispositivo que não existe problema quando, entre outros, (a) houver a concessão de benefício visando ao desenvolvimento econômico de regiões em que o nível de vida seja muito baixo ou que haja grave situação de subemprego ou almejando o desenvolvimento do subemprego, bem como o desenvolvimento das regiões referidas no artigo "349º" e (b) for para facilitar o desenvolvimento de certas atividades ou regiões econômicas, desde que não alterem as condições de trocas comerciais e contrariem o interesse comum, considerando a situação estrutural, econômica e social; e

(x) o artigo 110 proíbe a concessão direta ou indireta de quaisquer imposições fiscais internas, qualquer que seja a sua natureza, superiores àquelas incidentes sobre produtos nacionais similares.[904]

Na Espanha, a Ley nº 20/2013, de 9 de dezembro, disciplina sobre a garantia de unidade do mercado e pondera que haverá o devido respeito ao princípio da não discriminação internamente no território espanhol, conforme se observa do artigo 3º.[905]

---

904 Vários casos já julgados pelo Tribunal de Justiça da União Europeia podem servir como exemplos para ratificar a impossibilidade de discriminação no âmbito de tal bloco de países. Vide, por exemplo, dois casos: (i) Acórdão Dundalk, em que se vetou a certificação irlandesa para determinados canos a serem usados em obras públicas, até porque o edital não permitia similares ou equivalentes; e (ii) Acórdão Bernard Keck e Daniel Mithouard, em que se determinou "a aplicação de disposições nacionais que limitam ou proíbem determinadas modalidades de venda a produtos provenientes de outros Estados-membros não é susceptível de entravar o comércio entre os Estados-membros, na acepção da referida definição, desde que se apliquem a todos os operadores interessados que exerçam a sua atividade no território nacional e desde que afetem da mesma forma, tanto jurídica como factualmente, a comercialização dos produtos nacionais e dos provenientes de outros Estados-membros. Com efeito, desde que essas condições se encontrem satisfeitas, a aplicação de regulamentações desse tipo à venda de produtos provenientes de outros Estados-membros que obedeçam às regras aprovadas por esse Estado não é susceptível de impedir o seu acesso ao mercado ou de o dificultar mais do que dificulta o dos produtos nacionais. Essas regulamentações escapam, portanto, ao âmbito de aplicação do artigo 30 do Tratado".

905 *Artículo 3. Principio de no discriminación. 1. Todos los operadores económicos tendrán los mismos derechos en todo el territorio nacional y con respecto a todas las autoridades competentes, sin discriminación alguna por razón del lugar de*

O artigo 9º estipula a garantia à liberdade dos operadores econômicos e que não poderá haver restrição imposta por intervenção estatal que venha a afrontar os princípios da não discriminação, da cooperação e da confiança legítima, da necessidade e proporcionalidade de suas atuações, simplificação de cargas e transparência, inclusive no que for previsto em atos convocatórios e cláusulas contratuais.[906]

Será ainda admoestada a atuação limitadora da liberdade de estabelecimento e liberdade de circulação, tanto que os requisitos discriminatórios para o acesso de uma atividade econômica ou seu exercício para a obtenção de vantagens econômicas ou para a adjudicação de contratos públicos embasados direta ou indiretamente no lugar de residência ou do local do estabelecimento são ilegais.[907]

Como se verifica, são vários dispositivos da Lei de Funcionamento da União Europeia que disciplinam sobre o dever de ser respeitado o princípio da não discriminação, impedindo os Estados-Membros de obstaculizarem qualquer produto, empresa ou serviço de outro integrante do bloco, até porque a valorização, o desenvolvimento e a busca do bem-estar são vistos pela integralidade.

As fronteiras nacionais não podem servir de fundamento para tratamentos nacionais, pois a integração deve ser plena, o que, *per se*, gera a compreensão de uma unicidade entre os Estados-Membros. O pensamento comum deverá ser estruturado como um todo, levando em consideração o aspecto social, econômico, industrial, cultural, entre outros.

5.1.2 A regulação dos investimentos estrangeiros

Para tanto, há necessidade de dispor sobre o investimento estrangeiro e como deve ser o seu tratamento jurídico. Não se pode olvidar da importância dos investimentos para qualquer país, até porque, no atual mundo globalizado, não existe, *a priori*, uma nação que despreze a possibilidade de recebimento de capitais ou empreendimentos para reverterem em benefícios socioeconômicos.[908]

---

residencia o establecimiento. 2. Ninguna disposición de carácter general, actuación administrativa o norma de calidad que se refiera al acceso o al ejercicio de actividades económicas podrá contener condiciones ni requisitos que tengan como efecto directo o indirecto la discriminación por razón de establecimiento o residencia del operador económico.

906 *Artículo 9. Garantía de las libertades de los operadores económicos. 1. Todas las autoridades competentes velarán, en las actuaciones administrativas, disposiciones y medios de intervención adoptados en su ámbito de actuación, por la observancia de los principios de no discriminación, cooperación y confianza mutua, necesidad y proporcionalidad de sus actuaciones, eficacia en todo el territorio nacional de las mismas, simplificación de cargas y transparencia. 2. En particular, garantizarán que las siguientes disposiciones y actos cumplen los principios citados en el apartado anterior: (...) c) La documentación relativa a los contratos públicos, incluidos los pliegos y cláusulas de los contratos públicos.*

907 *Artículo 18. Actuaciones que limitan la libertad de establecimiento y la libertad de circulación. 2. Serán consideradas actuaciones que limitan el libre establecimiento y la libre circulación por no cumplir los principios recogidos en el Capítulo II de esta Ley los actos, disposiciones y medios de intervención de las autoridades competentes que contengan o apliquen: a) Requisitos discriminatorios para el acceso a una actividad económica o su ejercicio, para la obtención de ventajas económicas o para la adjudicación de contratos públicos, basados directa o indirectamente en el lugar de residencia o establecimiento del operador. Entre estos requisitos se incluyen, en particular: 1.º que el establecimiento o el domicilio social se encuentre en el territorio de la autoridad competente, o que disponga de un establecimiento físico dentro de su territorio. 2.º que el operador haya residido u operado durante un determinado periodo de tiempo en dicho territorio. 3.º que el operador haya estado inscrito en registros de dicho territorio. 4.º que su personal, los que ostenten la propiedad o los miembros de los órganos de administración, control o gobierno residan en dicho territorio o reúnan condiciones que directa o indirectamente discriminen a las personas procedentes de otros lugares del territorio. 5.º que el operador deba realizar un curso de formación dentro del territorio de la autoridad competente.*

908 Rafael Véras admoesta o uso de margens de preferências em licitações e contratos públicos, já que o beneficiamento aos nacionais desencadeará o afastamento de investimentos estrangeiros, os quais se mostram essenciais, em especial para países em desenvolvimento ou subdesenvolvidos: "É que a fixação de margens de preferência,

O investimento, segundo Karla Closs Fonseca, é um conceito econômico que pode ser definido como "a aplicação de recursos (dinheiro ou títulos) em empreendimentos que renderão juros ou lucros, em geral a longo prazo, bem como a compra de máquinas, equipamentos e imóveis para a instalação de unidades produtivas e a compra de títulos financeiros".[909]

De modo um pouco diverso, diferenciando investimento segundo a concepção econômica e a jurídica, Bernadete de Figueiredo Dias compreende que a primeira é a operação que amplia o mercado e os lucros, independentemente se dentro ou fora das fronteiras do Estado onde está sediada; já a segunda depende do direito posto, mais precisamente da previsão normativa no direito interno e nos tratados internacionais, e poderá referir-se aos tipos de ativos qualificados como investimentos ou às transações envolvedoras dos investimentos.[910]

Já o investimento estrangeiro acontece quando há a compra de sociedades, equipamentos, instalações, estoques ou títulos financeiros situados em determinado país por sociedades, governos ou indivíduos de outros países.[911] Classifica-se como investimento estrangeiro direto e investimento estrangeiro portfólio.

O direto é quando uma entidade residente em um país resolve investir em um empreendimento sediado em outro país, com a finalidade de determinar a sua atividade por meio da compra de ações ou da detenção de ativo da sociedade, da construção de uma nova fábrica ou empreendimento desde o início. Já o de portfólio é quando se adquire uma pequena parcela de ações ou debêntures sem a aquisição do controle da sociedade estrangeira.[912]

No investimento estrangeiro direto, o diferencial é que se busca um interesse de larga duração, já que *"la mayoría de las sociedades que entran en un mercado extranjero mediante la inversión directa esperan influir de manera sustancial en la gestión de la empresa, o controlarla, en el largo plazo"*.[913]

A título ilustrativo, existe classificação em investimento estrangeiro direto e indireto, os quais são diferenciados em razão da durabilidade e da finalidade. O direto

---

por parte de Estados, pode fomentar o surgimento de políticas *beggar-thy-neighbour*, por meio das quais o Brasil pode sofrer retaliações de outros países, com base em previsões supranacionais, consagradas pela Organização Mundial do Comércio (OMC) e no Acordo sobre Mercados Públicos (AMP). E a consequência é inevitável: as retaliações de outros países afastam investidores. Sem investimentos, não há infraestrutura. Daí a razão pela qual tais restrições, embora possam servir a tutelar valores relevantes, alheios às contratações públicas, não prescindem da devida motivação e de uma análise dos seus impactos, seja ao interno da contratação pública, seja para além das nossas fronteiras. Do contrário, essa regulação, ao invés de corrigir uma falha de mercado, criará uma falha de governo (ou Falha Regulatória). Valendo-me de uma expressão de Cass Sunstein, um badalado autor de regulação da atualidade, um 'paradoxo da função regulatória das licitações'" (VERAS, Rafael. A função regulatória das licitações em projetos de infraestrutura: quanto custa? *Revista Colunistas do Direito do Estado*, ano 2018, n. 386).

909 FONSECA, Karla Closs. *Investimentos estrangeiros*: regulamentação internacional e acordos bilaterais. Curitiba: Juruá, 2008. p. 34.

910 DIAS, Bernadete de Figueiredo. *Investimentos estrangeiros no Brasil e o Direito Internacional*. Curitiba: Juruá, 2010. p. 25-28.

911 FONSECA, Karla Closs. *Investimentos estrangeiros*: regulamentação internacional e acordos bilaterais. Curitiba: Juruá, 2008. p. 34.

912 FONSECA, Karla Closs. *Investimentos estrangeiros*: regulamentação internacional e acordos bilaterais. Curitiba: Juruá, 2008. p. 35-36.

913 GALEZA, Tadeus; CHAN, James. Qué es la inversión directa? *Revista Finanzas & Desarrollo*, sep. 2015, p. 34-35, p. 34. Disponível em: http://www.imf.org/external/pubs/ft/fandd/spa/2015/09/pdf/basics.pdf. Acesso em: 11 jul. 2017.

tem o propósito de estatuir uma relação econômica durável com a empresa a partir do controle do investidor; já o indireto, ou denominado também de especulativo, tem o escopo, tão somente, de auferir lucros decorrentes de possível valorização da empresa no mercado, sem ater-se a um projeto de longo prazo.[914]

Para a OECD *Benchmark of Foreign Direct Investment*, a propriedade de pelo menos 10% (dez por cento) do poder de voto da empresa constitui uma demonstração suficiente do investimento direto duradouro, descrevendo ainda percentual diferente em caso de sociedade subsidiária e associadas:

> *Las empresas de inversión directa son sociedades que pueden ser subsidiarias, cuando se tiene más del 50% del poder de voto, o asociadas, cuando se tiene entre el 10% y el 50% del poder de voto. También pueden ser cuasi sociedades, como es el caso de las sucursales, que son propiedad al 100% de sus respectivas matrices. Las relaciones entre el inversor directo y sus empresas de inversión directa pueden ser complejas y tener poca o ninguna relación con las correspondientes estructuras administrativas. Las relaciones de inversión directa se identifican de acuerdo con los criterios que se recogen en el Marco de Relaciones de Inversión Directa (MRID) que incluye relaciones de inversión directa tanto directas como indirectas.*[915]

Ao avaliar o que prescreve o direito interno brasileiro, a Lei nº 14.286/2021 considera capitais estrangeiros no país os valores, os bens, os direitos e os ativos de qualquer natureza detidos no território nacional por não residentes.

A mesma lei preceitua que ao capital estrangeiro investido no Brasil será dispensado tratamento jurídico idêntico ao concedido ao capital nacional em igualdade de condições, sendo vedadas quaisquer discriminações não previstas na presente lei.

Indubitavelmente, os investimentos estrangeiros diretos repercutem de forma frontal na economia nacional e mundial, razão pela qual é do interesse de todos os países a sua regulamentação ou, ao menos, uma previsão jurídica mínima para fins de certeza e estabilidade das relações jurídicas.

A verdade é que a produção dos impactos significativos está na produção de empregos, renda e tributos, mas também afeta "as decisões políticas e a cultura local, o modo de trabalhar, ser, pensar e agir das pessoas com quem interagem – consumidores, trabalhadores e a própria consumidora onde se instalam".[916] Ademais, o processo de globalização resulta na interpenetração das economias nacionais, o que já demonstra que "os interesses econômicos das nações passaram a se interpenetrar, de modo a tornar sem significado a tradicional distinção entre instrumentos de política econômica doméstica e instrumentos de política econômica internacional".[917]

---

[914] DIAS, Bernadete de Figueiredo. *Investimentos estrangeiros no Brasil e o Direito Internacional*. Curitiba: Juruá, 2010, p. 40.

[915] OCDE – ORGANIZAÇÃO DE COOPERAÇÃO E DE DESENVOLVIMENTO ECONÔMICO. *OCDE Definición Marco de Inversión Extranjera Directa*. 4. ed. Paris: OCDE, 2008. p. 12.

[916] HASTREITER, Michele Alessandra. *Os acordos internacionais de investimento*: uma mudança de perspectiva necessária na busca pelo desenvolvimento. Orientador Prof. Dr. Luis Alexandre Carta Winter. Curitiba, 2015, Dissertação (Mestrado em Direito), Pontifícia Universidade Católica do Paraná, p. 13.

[917] THORSTENSEN, Vera. A OMC – Organização Mundial do Comércio e as negociações sobre investimentos estrangeiros. *Revista Brasileira de Política Internacional*, Brasília, v. 41, jan./jun. 1998, p. 57-89, p. 60. Chega-se a mencionar inclusive a existência de um direito administrativo global, que consistiria em "*aquél que incluye los mecanismos, principios, prácticas y los acuerdos sociales que los respaldan y que promueven o que de otra forma afectan la*

Por todo esse reflexo direto e indireto, a confecção de acordo visando à regulamentação de investimentos estrangeiros gera grande receio até pelas dificuldades de consenso, impedindo dessa maneira a celebração de grandes acordos multilaterais sobre o temário.

Em função de tais obstáculos, atualmente é mais comum acontecerem os acordos bilaterais (Acordos de Proteção Recíproca de Investimentos – APRIs), os quais são "instrumentos de proteção que visam assegurar direitos aos investidores no local em que aplicam o seu capital" e normalmente aceitos "por países em desenvolvimento imbuídos da crença de que, ao fornecerem guarida ao capital internacional, gerariam incentivos para que o investimento ingressasse em sua economia, produzindo efeitos benéficos automáticos".[918]

5.1.3 A criação da Organização Mundial do Comércio e sua relação com os investimentos estrangeiros

Historicamente, a própria criação da Organização Mundial do Comércio está relacionada à proteção de investimentos estrangeiros. Em dezembro de 1945, os Estados Unidos convidaram seus aliados de guerra para o início de negociações, almejando a geração de um acordo multilateral para a redução recíproca das tarifas de comércio de bens. Tentou-se criar, porém sem êxito, a Organização Internacional do Comércio.

Diante dessa frustração, no dia 30 de outubro de 1947, 23 países assinaram o Protocolo de Provisão de Aplicação do Acordo Geral de Tarifas e Comércio, visando alijar a onda protecionista vivenciada, sendo que tal foi o único instrumento multilateral sobre comércio internacional de 1948 até o estabelecimento da Organização Mundial do Comércio, em 1995.[919]

Leonardo Vizeu Figueiredo explica que a criação da OIC ficou prejudicada, mais precisamente, em 1950, quando os Estados Unidos da América, em pronunciamento oficial, desistiram de enviar o projeto para a instituição. Consequentemente, sem a participação e apoio econômico dos EUA, a Organização Internacional do Comércio,

---

accountability de los órganos globales administrativos, en particular asegurándose de que cumplan con los estándares adecuados de transparencia, participación, tomada de decisiones razonada, y legalidad, e promoviendo la efectiva evaluación de las normas y decisiones que aprueban. Los órganos globales administrativos incluyen órganos regulatorios intergubernamentales formales, redes regulatorias informales regulatorias informales intergubernamentales informales y arreglos de coordinación, órganos regulatorios nacionales que operan en relación con un régimen internacional intergubernamental, órganos regulatorios híbridos público-privados, y algunos órganos regulatorios privados que ejercen funciones de gobernanza transnacional de importancia pública específica" (KINGSBURY, B.; KRISCH, N.; STEWART, R. El surgimiento del Derecho Administrativo Global. *In*: KINGSBURY, Benedict; STEWART, Richard B. *El nuevo derecho administrativo global en américa latina*. Buenos Aires RAP, 2009. p. 21-82, p. 24).

918 HASTREITER, Michele Alessandra. *Os acordos internacionais de investimento: uma mudança de perspectiva necessária na busca pelo desenvolvimento*. Orientador Prof. Dr. Luis Alexandre Carta Winter. Curitiba, 2015, Dissertação (Mestrado em Direito), Pontifícia Universidade Católica do Paraná, p. 15. Sobre a importância do tratamento de investimentos estrangeiros e acordos bilaterais, vide CELLI JÚNIOR, Umberto. Os países emergentes e as medidas de investimento relacionadas ao comércio: o Acordo TRIMS da OMC. *Revista da Faculdade de Direito da Universidade de São Paulo*, São Paulo, v. 99, 2004, p. 505-521, p. 505-508; THORSTENSEN, Vera. A OMC – Organização Mundial do Comércio e as negociações sobre investimentos estrangeiros. *Revista Brasileira de Política Internacional*, Brasília, v. 41, jan./jun. 1998, p. 57-89, p. 62 e seguintes.

919 GUERRA, Sidney. *Curso de Direito Internacional Público*. 10. ed. São Paulo: Saraiva, 2016. p. 335.

como organismo permanente de normatização e regulação do comércio exterior, ficou prejudicada.[920]

Sobre o tema, Luís Alexandre Carta Winter e Michele Hastreiter explicam o contexto histórico e político da retirada do apoio americano, uma vez que, com a ascensão do Partido Republicano em 1950 e a bipolarização gerada pela Guerra Fria, ensejaram discórdias nas negociações. Por outro lado, o Acordo Geral sobre Tarifas e Comércio (GATT), o Banco Mundial e o Fundo Monetário Internacional passaram a integrar a tríade do sistema econômico internacional.[921]

De qualquer maneira, a preocupação com a segurança por meio de normatização dos investimentos estrangeiros e a evolução tecnológica continuam como pautas, ainda mais após a Segunda Guerra Mundial, quando aconteceu um período de prosperidade econômica para os países europeus e para os Estados Unidos.

Michele Hastreiter usa o parâmetro de Eric Hobsbawm para justificar a diferença de pesquisa e de apoio por ela recebida ao descrever que, em 1970, um país desenvolvido tinha mais de mil cientistas e engenheiros para cada meio milhão de habitantes, ao passo que, no Brasil, esse número era de 250; na Índia, 130; no Paquistão, 60; no Quênia e na Nigéria, apenas 30.[922]

Mesmo com a necessidade, um acordo multilateral sobre medidas de investimentos estrangeiros somente foi concretizado quando da criação da Organização Mundial do Comércio, mais precisamente ao final da Rodada Uruguai, encerrada em 1994, momento em que as Partes Contratantes do GATT subscreveram a Ata Final da Rodada Uruguai de Negociações Comerciais Multilaterais do GATT e o Tratado Constitucional da OMC (Tratado de Marrakech), sendo que, dentre os anexos, consta o acordo multilateral sobre medidas de investimentos na comercialização de bens (TRIMS).[923]

Francisco Rezek recorda que o desiderato da OMC foi "ser o 'quadro institucional comum' das relações comerciais entre seus membros".[924] Seus princípios orientadores são o da não discriminação e o do desarmamento alfandegário. O primeiro representa e aduz que "cada Estado assegure aos demais o melhor tratamento comercial que já lhe tenha sido possível dar, em iguais circunstâncias, a um determinado Estado com que comercie", bem como dele se deduz a reciprocidade (ideia das concessões mediante contrapartida) e o tratamento nacional (preventor de uma política comercial desfavorável ao produto importado).[925]

Em sentido similar, Leonardo Vizeu Figueiredo explica que "o ponto busílis das negociações de comércio em caráter multilateral" transferiu da ordem de mera redução das barreiras ao comércio de mercadorias para a negociação de regras e para a

---

920 FIGUEIREDO, Leonardo Vizeu. *Direito Econômico Internacional*. Rio de Janeiro: Forense, 2011. p. 104.

921 WINTER, Luís Alexandre Carta; HASTREITER, Michele Alessandra. O Acordo Trims e o Programa "Inovar Auto": medidas de investimentos no setor automotivo proibidas pela OMC. *Revista Jurídica UNICURITIBA*, v. 4, n. 37, 2014, p. 443-479, p. 453.

922 HASTREITER, Michele Alessandra. *Os acordos internacionais de investimento*: uma mudança de perspectiva necessária na busca pelo desenvolvimento. Orientador Prof. Dr. Luis Alexandre Carta Winter. Curitiba, 2015, Dissertação (Mestrado em Direito), Pontifícia Universidade Católica do Paraná, p. 59.

923 GUERRA, Sidney. *Curso de Direito Internacional Público*. 10. ed. São Paulo: Saraiva, 2016. p. 336.

924 REZEK, Francisco. *Direito Internacional Público*: curso elementar. 15. ed. São Paulo: Saraiva, 2014. p. 318.

925 REZEK, Francisco. *Direito Internacional Público*: curso elementar. 15. ed. São Paulo: Saraiva, 2014. p. 318.

normatização de matérias diversas, desde a propriedade intelectual, comércio de bens e serviços, investimentos internacionais e políticas industriais nacionais.

Por isso, os Estados signatários e atuantes no comércio internacional concluíram que os mecanismos do GATT "tornaram-se obsoletos, mormente por contar, tão somente, com mera estruturação provisória, fazendo-se mister a constituição de um ente permanente e com estrutura organizacional própria para realização de tarefa de tamanha magnitude".[926]

Pode-se, assim, enunciar que a Organização Mundial do Comércio teve como "organismo fundante" o Acordo Geral de Tarifas e Comércio (GATT) e apresentou-se, desde sempre, como um foro multilateral que tinha como sua responsabilidade a regulamentação do comércio internacional para permitir a negociação de regras para tal comércio de bens, serviços, propriedade intelectual e outras matérias, para zelar para que os compromissos assumidos fossem respeitados, para amparar a negociação de novas disciplinas e para dirimir controvérsias entre os integrantes.[927]

O cunho liberal da OMC estampava como argumento que a expansão do comércio "aumentaria o nível de desenvolvimento dos Estados, assim como a interdependência econômica global, diminuindo as possibilidades de guerra e melhorando a qualidade de vida das pessoas em todo o planeta".[928]

Segundo Fabiano Távora, "enquanto o GATT tinha por objetivo o comércio de mercadorias, a OMC tem uma 'proposta mais ambiciosa, englobando além do comércio de mercadorias, a regulação dos serviços e da propriedade intelectual', ou seja, a OMC 'nasceu muito forte'", almejando a regulamentação desde a "compra e venda internacional de computadores e telefones até a comercialização de remédios ou pacotes turísticos", bem como "desde a exportação de grandes máquinas para o setor do agronegócio até os serviços bancários, passando pela padronização das normas relacionadas às invenções, modelos industriais e desenhos que são objetos de comercialização".[929]

5.1.4 A criação do Acordo sobre Medidas de Investimentos Relacionadas ao Comércio – TRIMS

No referido cenário temporal, criou-se o Acordo sobre Medidas de Investimento Relacionadas ao Comércio (*Agreement on Trade-Related Investment Measures – TRIMS*), que trata exclusivamente sobre investimentos relacionados ao comércio de bens, ainda que, em nenhum momento, conceitue investimento.[930]

As justificativas expressas no preâmbulo do Acordo para a feitura do TRIMS foram:

(i) a necessidade de estabelecimento de novas medidas de investimento para evitar efeitos adversos ao comércio;

---

[926] FIGUEIREDO, Leonardo Vizeu. *Direito Econômico Internacional*. Rio de Janeiro: Forense, 2011. p. 105.

[927] GUERRA, Sidney. *Curso de Direito Internacional Público*. 10. ed. São Paulo: Saraiva, 2016. p. 337.

[928] VARELLA, Marcelo D. *Direito Internacional Público*. 6. ed. São Paulo: Saraiva, 2016. p. 326-327.

[929] TÁVORA, Fabiano. *Direito Internacional Público*. São Paulo: Saraiva, 2016. p. 181.

[930] CRETELLA NETTO, José. *Curso de Direito Internacional Econômico*. São Paulo: Saraiva, 2012. p. 159.

(ii) a promoção da expansão e a liberalização progressiva do comércio mundial e facilitação do investimento por meio das fronteiras internacionais para permitir o crescimento econômico, em particular dos países em desenvolvimento;
(iii) a necessidade comercial de desenvolvimento e financeira dos membros em desenvolvimento, em especial daqueles de menor desenvolvimento relativo; e
(iv) o reconhecimento de que certas medidas de investimento podem causar efeitos restritivos e distorcidos ao comércio.

O texto normativo do TRIMS, em síntese, pautou-se essencialmente nos princípios do tratamento nacional e da eliminação das restrições quantitativas, conforme se verifica do item 1 do seu artigo 2º, que é considerado o mais importante do acordo: "Sem prejuízo de outros direitos e obrigações sob o GATT 1994, nenhum Membro aplicará qualquer TRIM incompatível com as disposições do artigo III ou do artigo XI do GATT 1994".

Já o item 2 prevê a existência de uma lista ilustrativa (exemplificativa) para demonstrar quais condutas não serão toleradas pela dita convenção. Portanto, verifica-se que há uma ênfase aos princípios entabulados nos artigos III e XI do Acordo Geral sobre Tarifas Aduaneiras e Comércio (GATT). A norma extraída prescreve que os membros possuem a obrigação de não fazer ou estabelecer qualquer medida de investimento que contrarie esses princípios, sob a reserva das derrogações e exceções preceituadas nos artigos 3º e 4º do próprio Acordo.[931]

Quanto ao verdadeiro interesse dos países signatários no TRIMS, Carta Winter e Michele Hastreiter advertem, criticamente, que o pensamento econômico orientativo à aprovação do Acordo cingiu-se na suposta ideia de que a liberalização completa do comércio ensejaria um benefício geral, já que as pessoas, na condição de consumidoras, poderiam fruir de melhores oportunidades de compra, inclusive com preços mais baratos em razão da maior eficiência produtiva.

Entretanto, essa lógica não vale para qualquer país e sociedade, isso porque, em um Estado em desenvolvimento ou subdesenvolvido com industrialização parca ou incipiente, a depender do tamanho da abertura, como no caso do TRIMS, poderá ser motivo gerador de prejuízos incomensuráveis, que serão expostos com o desemprego, alargamento da pobreza e déficits de liberdades.[932]

José Carlos de Magalhães manifesta o interesse dos países desenvolvidos em geral para promover a liberação do movimento de capitais, bens, pessoas e tecnologia, não só para conseguir mercado maior para suas empresas, como também para ampliar o intercâmbio internacional, até porque são dotados de tecnologia avançada e capital.

Admoesta que "os Estados Unidos e os países da União Europeia veem no investimento internacional a suplementação do capital e tecnologia de que necessitam, além da injeção de competição em seu mercado interno que tende a beneficiar a

---

[931] BARRAL, Welber (org.). *Releitura dos Acordos da OMC como interpretados pelo* órgão *de apelação.* São Paulo, (2004). p. 12. Disponível em: http://ccgi.fgv.br/sites/ccgi.fgv.br/files/file/Publicacoes/06%20Acordo%20sobre%20Medidas%20de%20Investimento%20Relacionadas%20ao%20Com%C3%A9rcio%20%28TRIMS%29.pdf. Acesso em: 2 jul. 2017.

[932] WINTER, Luís Alexandre Carta; HASTREITER, Michele Alessandra. O Acordo TRIMS e o Programa "Inovar Auto": medidas de investimentos no setor automotivo proibidas pela OMC. *Revista Jurídica UNICURITIBA*, v. 4, n. 37, 2014, p. 443-479, p. 471.

economia desenvolvida", motivos ensejadores para requerer o livre jogo do mercado e da concorrência como base nodal de todo o sistema econômico capitalista que esses países defendem como meio de melhor explorar suas riquezas.[933] Outro problema que poderá acontecer com a expansão do comércio internacional, quando não for permitida a imposição de barreiras nacionais, é a cartelização internacional.[934]

Portanto, pode-se asseverar que os países desenvolvidos aproveitaram o TRIMS como serviente para uma frenagem às políticas estatais que limitavam o investimento estrangeiro ao adotarem restrições ao mercado estrangeiro e proteção do mercado nacional.[935] Ao mesmo tempo, o TRIMS conferiu amplitude ao investimento por meio das superações de fronteiras territoriais.[936]

5.1.5 O Acordo de Compras Governamentais da Organização Mundial do Comércio

Depois dos TRIMS, houve algumas novas tentativas de elaboração de tratados multilaterais sobre investimentos.

Exemplifica-se com o caso da OCDE, em 1998, quando a "Suprema Corte do Canadá, na decisão proferida no caso United States Parcel Services vs. Canada, afirmou que '*the failure of efforts to establish a multilateral agreement on investment provides further evidence of the lack of a sense of obligation*'".[937]

Ressalta-se que o ponto fulcral de tratados desse assunto deveria ser a responsabilidade sobre possíveis perdas sucedidas por investimentos estrangeiros; todavia, como a minuta habitualmente é elaborada por países industrializados, os países receptores não são prestigiados com normas de proteção e de compensação.[938]

---

[933] MAGALHÃES, José Carlos de. *Direito Econômico Internacional*: tendências e perspectivas. 2. ed. Curitiba: Juruá, 2017. p. 309-311.

[934] Maíra Goés de Moraes Gavioli e Rachel Avellar Sotomaior Karam alertam que a "integração pode ser benéfica para a concorrência, trazendo novas empresas aos mercados e impulsionando a indústria local, podendo, também, por outro lado, gerar efeitos adversos como o impedimento do acesso de empresas estrangeiras a mercados domésticos (protecionismo), ou, ainda, a geração de cartéis internacionais em prejuízo da economia e dos consumidores de vários países" (GAVIOLI, Maíra Goés de Moraes; KARAM, Rachel Avellar Sotomaior. Políticas concorrenciais no comércio internacional. *In*: MOREIRA, Egon Bockmann; MATTOS, Paulo Todescan Lessa (coord.). *Direito concorrencial e regulação econômica*. Belo Horizonte: Fórum, 2010. p. 41-62, p. 62).

[935] CELLI JÚNIOR, Umberto. Os países emergentes e as medidas de investimento relacionadas ao comércio: o Acordo TRIMS da OMC. *Revista da Faculdade de Direito da Universidade de São Paulo*, vol. 99, 2004, p. 505-521, p. 513.

[936] No seu ato constitutivo, constam como motivos a promoção, expansão e liberalização progressiva do comércio mundial e facilitação do investimento estrangeiro, o cuidado com a necessidade comercial de desenvolvimento e financeira dos países em desenvolvimento e o reconhecimento de as medidas de investimentos poderem gerar efeitos restritivos e distorcivos ao comércio; todavia, o que se visualiza na prática é que tal acordo foi um texto normativo para privilegiar os países desenvolvidos para terem segurança jurídica em possíveis aplicações de capital e vedar as políticas públicas protecionistas do mercado nacional. Percebe-se que o interesse sectário quando da subscrição do acordo foi sendo descortinado com o decorrer do tempo e fica bastante evidente no atual cenário globalizado, em que o domínio da ciência, tecnologia e inovação representa importante moeda para os Estados. Nesse amparo e para evitar o aniquilamento do mercado nacional, em especial na área de ciência, tecnologia e inovação, recomenda-se que o Brasil adote políticas públicas regulatórias via licitações públicas e contratos administrativos para a proteção do mercado nacional e, inclusive, visando à autonomia tecnológica nacional nos termos do artigo 219 da Constituição.

[937] "O fracasso dos esforços para estabelecer um acordo multilateral de investimento fornece evidências adicionais da falta de um senso de obrigação."

[938] CRETELLA NETTO, José. *Curso de Direito Internacional Econômico*. São Paulo: Saraiva, 2012. p. 160.

Alinhado ao TRIMS para a presente pesquisa, convém destacar o *Government Procurement Agreement* (GPA), denominado em português como Acordo Geral de Compras Governamentais, da Organização Mundial do Comércio, criado em 1994.[939] Trata-se de um acordo plurilateral em que os países signatários estabelecem uma série de compromissos de transparência e acesso a mercados nacionais de compras públicas.[940]

A primeira versão de 1994 era considerada um acordo meio obscuro e que não contemplava o uso dos contratos públicos para atender objetivos políticos horizontais (políticas públicas horizontais), motivo pelo qual se pode dizer que não obteve o êxito colimado.[941]

Em 2012, o texto foi revisado a fim de: (i) atualizar-se ante a evolução das compras governamentais, inclusive com o uso das ferramentas eletrônicas; (ii) introduzir disposições mais claras sobre o tratamento especial e diferenciado para os membros em desenvolvimento que aderirem; (iii) incluir a previsão de combate à corrupção nas contratações, por meio de uma governança pública.[942]

O referido acordo visa claramente à diminuição substancial dos direitos aduaneiros e entraves ao comércio, bem como à eliminação de discriminação nas relações comerciais, independentemente da nacionalidade.

Como apontado anteriormente, seja na versão original ou na revisada, existe previsão explícita sobre a imputação de regras diferentes para os países em desenvolvimento. Isso faz com que se permita a negociação quando da sua entrada para estatuir condições especiais, afastando algumas regras ou elidindo temporariamente as mesmas, como,

---

939 Anteriormente, pode-se aventar também a assinatura do Primeiro Acordo sobre Compras Governamentais na Rodada de Tóquio em 1979; porém, este foi bastante incipiente, tanto que foi renegociado em 1994.

940 "*Con todo, esta aplicación uniforme del régimen de la contratación pública no sólo afecta a los países comunitarios dado que tras el Acuerdo del GATT, se ha extendido, mediante el Acuerdo de Marraquech de 13 de abril de 1994, la aplicación de los principios de una contratación pública basada en la libre competencia sin discriminación por nacionalidad. El objetivo de este Acuerdo es el establecer un marco multilateral con respecto a los derechos y obligaciones en materia de contratación pública con el fin de conseguir una liberalización e internacionalización de este mercado. La principal consecuencia del mencionado Acuerdo es, por supuesto, la obligación de la Unión Europea de abrir a la concurrencia internacional la adjudicación de sus contratos públicos y, para ello, la de introducir las necesarias modificaciones en las normas legales comunitarias que regulan la materia, puesto que el Acuerdo extiende su ámbito de aplicación no sólo a los contratos celebrados por las distintas Administraciones Públicas, sino igualmente a los celebrados por las entidades públicas y las empresas públicas y privadas que operan en los sectores del agua, la energía, los transportes y las telecomunicaciones. Se ha producido así una ampliación de las reglas de la contratación pública que han alcanzado una dimensión mundial (si bien no hay en ciertas ocasiones una lealdad reciprocidad). Situación que, en opinión de L. BRITTAN, es ciertamente positiva al favorecer la objetividad, transparencia y competencia en los contratos que celebren los distintos poderes públicos*" (GIMENO FELIÚ, José María. *El control de la contratación pública (las normas comunitarias y su adaptación en España)*. Madrid: Editorial Civitas, 1995. p. 34-35).

941 STEINER, Marc. O Acordo de Compras Governamentais da OMC: avaliando o escopo para compras verdes. *Revista Pontes*, vol. 11, n. 10, dez. 2015, Disponível em: https://www.ictsd.org/bridges-news/pontes/news/o-acordo-de-compras-governamentais-da-omc-avaliando-o-escopo-para-compras. Acesso em: 8 maio 2019.

942 Disponível no *site* da OMC: https://www.wto.org/english/tratop_e/gproc_e/gpa_1994_e.htm. Acesso em: 4 abr. 2019. Assevera-se que a contratação pública usada para o alcance de objetivos horizontais é uma espécie de obstáculo não pautal que seria impedida pelo direito internacional. Por isso, Nuno Cunha Rodrigues explana dois aspectos impactantes das políticas domésticas discriminatórias nos contratos públicos: 1) a primeira estritamente econômica, independente de outros quaisquer pontos; 2) a segunda normativa ou jurídica a partir da interpretação do princípio da não discriminação previsto (ACP, diretivas de contratos públicos e legislação nacional), já que a "liberdade de utilização, pelos Estados, dos contratos públicos enquanto instrumento de política económica e, em particular, a função instrumental destes à luz do Direito Internacional Económico e do Direito da União Europeia para, a partir daí, se extraírem corolários para a concretização destas medidas a nível nacional" (RODRIGUES, Nuno Cunha. *A contratação pública como instrumento de política econômica*. Coimbra: Almedina, 2015. p. 34-35).

por exemplo, alguma entidade a ser excepcionada, algum produto ou serviço, assim como alguma normativa específica sobre assistência técnica, centros de informação e outorga de benefícios.[943]

A não discriminação está calcada no artigo IV do Acordo e não permite que haja qualquer tratamento diferenciado ante a localidade do fornecedor, seja com base no grau de afiliação ou propriedade estrangeira ou com base na origem do objeto proposto na licitação.[944]

Na mesma linha expressa que "uma Parte não aplicará regras de origem a bens ou serviços importados ou fornecidos por outra Parte que sejam diferentes das regras de origem que a Parte aplicar ao mesmo tempo no curso normal de comércio para importações ou fornecimentos dos mesmos bens ou serviços da mesma Parte".

Quanto à possiblidade de serem fixadas regras diferenciadas para países em desenvolvimento, o Acordo revisado foi mais enfático ao deixar preceituado que:

(a) a adesão e a firmatura do presente poderão ser ajustadas caso a caso, de acordo com as necessidades e circunstâncias de desenvolvimento, financeiras e comerciais dos países em desenvolvimento e dos países menos desenvolvidos;
(b) poderão ser adotadas ou mantidas uma ou mais medidas transitórias em período de transição para que haja programa de preferência de preços, compensação ou acrescimento gradual de entidades ou de setores específicos ou ainda um limite maior que o habitual;
(c) nas negociações para a adesão, é possível que algum prazo seja elastecido ou alguma obrigação específica;
(d) depois que o prazo iniciar para a plenitude do acordo, poderá ser decidido pela prorrogação do período de transição para alguma medida ou para uma nova imposição diante de circunstâncias especiais supervenientes;
(e) haverá possibilidade de cooperação técnica e capacitação em relação à adesão; e
(f) o Comitê poderá avaliar, a cada cinco anos, as possibilidades previstas atualmente pelo Acordo aos países em desenvolvimento.[945]

---

[943] VIANA, Cláudia. A globalização da contratação pública e o quadro jurídico internacional. *In*: *Estudos de Contratação Pública da Faculdade de Direito de Coimbra*. Coimbra: Coimbra Editora, 2008. p. 23-49, p. 30-33.

[944] "1. Com respeito a qualquer medida relativa a aquisições cobertas, cada Parte, incluindo suas entidades compradoras, deverá concordar imediata e incondicionalmente com os bens e serviços de qualquer outra Parte e com os fornecedores de qualquer outra Parte que ofereça os bens ou serviços de qualquer Parte, tratamento não. menos favorável do que o tratamento que a Parte, incluindo suas entidades compradoras, concede a: a. bens domésticos, serviços e fornecedores; e b. bens, serviços e fornecedores de qualquer outra Parte. 2. Com relação a qualquer medida relativa a aquisições cobertas, uma Parte, incluindo suas entidades compradoras, não deverá a. tratar um fornecedor estabelecido localmente de forma menos favorável do que outro fornecedor estabelecido localmente, com base no grau de afiliação ou propriedade estrangeira; ou b. discriminar um fornecedor estabelecido localmente com base no fato de que os bens ou serviços oferecidos por esse fornecedor para um determinado contrato são bens ou serviços de qualquer outra Parte."

[945] Os Estados-Parte têm uma série de obrigações junto do Comitê de Contratação Pública – órgão competente para avaliar a efetividade do Acordo –, inclusive quanto à apreciação de relatórios e estatísticas (VIANA, Cláudia. A globalização da contratação pública e o quadro jurídico internacional. *In*: *Estudos de Contratação Pública da Faculdade de Direito de Coimbra*. Coimbra: Coimbra Editora, 2008. p. 23-49, p. 39-40).

Desse modo, é possível que o princípio da não discriminação seja afastado total ou parcialmente, como aponta Nuno Cunha Rodrigues, ainda que comentando a versão inicial do Acordo; porém, seu raciocínio, ao que parece, se aplica também à atual redação. Segundo o autor, o afastamento pode suceder quando houver:

(i) negociação no momento da adesão com derrogação quanto ao âmbito subjetivo;
(ii) concessão de tratamento recíproco no acesso ao mercado para que os serviços não alcançados pelo Acordo sejam também albergados;
(iii) despesa que possa ser fracionada para evitar o enquadramento no acordo;
(iv) especificações técnicas passíveis de manipulação pelos Estados, a fim de afastar possíveis competidores ou objetos estrangeiros;
(v) fixação de prazos curtos para a execução contratual;
(vi) uso desmensurado de procedimentos limitados ou de contratações diretas, como as que acontecem no Brasil;
(vii) invocação de cláusula de interesse público ou defesa nacional para a não celebração do contrato;
(viii) decisões arbitrárias e imotivadas que impeçam a celebração do contrato ou a sua execução plena.

Além disso, podem os Estados anteparar o pleno acesso ao mercado nacional por meio de obstáculos não pautais a partir de legislações ou regulamentações que concretamente impactem nos direitos aduaneiros, encargos decretados na importação ou com ela se relacionado, restrição de trabalhadores, restrições à liberdade de estabelecimento, ausência de uniformização dos padrões técnicos internacionais e até o fenômeno da corrupção.[946]

Pode-se ainda mencionar que as exceções atualmente preconizadas no artigo III do Acordo também são revestidas de conceitos jurídicos indeterminados, o que poderá servir de "pano de legitimidade" para que Estados não tão bem-intencionados venham a travestir o protecionismo nacional.[947]

---

[946] RODRIGUES, Nuno Cunha. *A contratação pública como instrumento de política econômica*. Coimbra: Almedina, 2015. p. 138-140. José María Gimeno Feliú também explicita algumas artimanhas por vários Estados da União Europeia antes de suas adaptações à legislação comunitária para propiciar o favorecimento nacional como: a) utilização de determinados critérios de seleção de contratadas que favoreciam previamente certos licitantes; b) a descentralização da contratação pública com a dificuldade de um controle eficaz; c) a utilização de diversas exceções nos textos legais nacionais e nos procedimentos ordinários de contratação; d) diversos erros nas transposições e interpretações das Diretivas da EU; e) aplicação de normativas técnicas nacionais restritivas frente a empresas não nacionais (GIMENO FELIÚ, José María. *El control de la contratación pública (las normas comunitarias y su adaptación en España)*. Madrid: Editorial Civitas, 1995. p. 40-41).

[947] "Artigo III - Segurança e exceções gerais. 1. Nada neste Acordo deverá ser interpretado de forma a impedir qualquer Parte de tomar qualquer ação ou não divulgar qualquer informação que considere necessária para a proteção de seus interesses essenciais de segurança relativos à aquisição de armas, munições ou materiais de guerra, ou a aquisições indispensáveis para a legislação nacional. segurança ou para fins de defesa nacional. 2. Sujeito à exigência de que tais medidas não sejam aplicadas de maneira que constitua um meio de discriminação arbitrária ou injustificável entre as Partes onde prevalecem as mesmas condições ou uma restrição disfarçada ao comércio internacional, nada neste Acordo deverá ser interpretado de forma a impedir que qualquer Parte. imposição ou aplicação de medidas: a- necessário para proteger a moral pública, ordem ou segurança; b- necessário para proteger a vida ou a saúde humana, animal ou vegetal; c- necessário proteger a propriedade intelectual; ou d- relativos a bens ou serviços de pessoas com deficiência, instituições filantrópicas ou trabalho prisional."

De qualquer forma, a nova versão do Acordo permite que as políticas horizontais sejam concretizadas por meio das licitações, apesar de que o texto somente enfatizou a parte das especificações e da preocupação ambiental, nada dispondo sobre possíveis inserções de cláusulas sociais ou de promoção ao desenvolvimento tecnológico, industrial, científico ou inovativo.[948]

O Brasil está na condição de observador do Acordo de Compras Governamentais desde 18 de outubro de 2017, em que pese o seu pedido de adesão formulado em maio de 2020, o que não lhe gera qualquer dever de obediência a tais normas, não obstante possa participar das deliberações, salvo aquelas relacionadas aos assuntos confidenciais, e não poderá, por óbvio, votar nas decisões, conforme determina o Anexo I do Acordo.[949]

5.1.6 Convenção das Nações Unidas sobre Contratos de Compra e Venda Internacional de Mercadoria e seu impacto nas compras públicas

O Brasil é signatário da Convenção das Nações Unidas sobre Contratos de Compra e Venda Internacional de Mercadorias (CISG), a qual foi devidamente assinada, promulgada e aprovada pelo Congresso Nacional (Decreto Legislativo nº 538/2012).

Está formalmente externada no Decreto Federal nº 8.327/2014 e é aplicável para os contratos internacionais de compra e venda de mercadoria, alcançando inclusive os realizados pela Administração Pública, até porque o Brasil não efetuou qualquer ressalva nesse ponto, consoante lhe seria permitido nos termos dos artigos 6º e 12, bem como não apontou qualquer suposta contradição do tratado ante a sua Constituição.[950]

A convenção foi deliberada na Assembleia Geral das Nações Unidas em sua sexta sessão extraordinária, em 1974. Seus objetivos foram amparar uma nova ordem econômica internacional e promover o desenvolvimento do comércio internacional com base na igualdade e em vantagens mútuas.

Como ensejará maiores negócios, visará ao estreitamento dos laços entre os Estados a partir do uso de regras uniformes em contratos de compras e venda internacional de mercadoria e da eliminação de obstáculos jurídicos às trocas internacionais.

---

[948] "Artigo X - Especificações Técnicas e Documentação de Licitação (...) 6. Para maior certeza, uma Parte, incluindo suas entidades compradoras, poderá, de acordo com este Artigo, preparar, adotar ou aplicar especificações técnicas para promover a conservação de recursos naturais ou proteger o meio ambiente." Numa visão positiva, Marc Steiner prediz: "A regulação das compras públicas está prestes a ser reinventada à medida que a lógica padrão do comércio se abre, até certo ponto, em direção a um ordenamento legal mais coerente, que considere objetivos horizontais de políticas públicas, como o meio ambiente. Isso também pôde ser visto quando os temas de governança (como o combate à corrupção e a prevenção de conflitos de interesse) foram integrados ao conceito de regulação durante a renegociação do GPA" (STEINER, Marc. O Acordo de Compras Governamentais da OMC: avaliando o escopo para compras verdes. *Revista Pontes*, vol. 11, n. 10, dez. 2015. Disponível em: https://www.ictsd.org/bridges-news/pontes/news/o-acordo-de-compras-governamentais-da-omc-avaliando-o-escopo-para-compras. Acesso em: 8 maio 2019).

[949] Lista dos atuais signatários como participantes e dos observadores, conforme datas de entrada, pode ser acessada pelo endereço eletrônico: https://www.wto.org/english/tratop_e/gproc_e/memobs_e.htm. Acesso em: 8 maio 2019. Caso o Brasil venha a aderir, terá que ajustar a sua legislação nacional, como aponta COELHO, Rafael Isaac de Almeida. *Compras públicas sustentáveis no* âmbito *da Organização Mundial do Comércio*. Belo Horizonte: 2016, Escola Superior Dom Helder Câmara, f. 184. Orientador Prof. Dr. André de Paiva Toledo. p. 155.

[950] Sobre o tema, vale indicar: SCHWENZER, Ingeborg; PEREIRA, César A. Guimarães; TRIPODI, Leandro. *A CISG e o Brasil:* Convenção das Nações Unidas para os contratos de compra e venda internacional de mercadorias. São Paulo: Marcial Pons; Curitiba: Federação das Indústrias do Estado do Paraná, 2015.

Com isso, pretenderam-se a reforma estrutural do direito econômico internacional e a ressignificação dos conceitos de soberania e igualdade.[951] Sua aplicação para a Administração Pública se dará nos contratos internacionais de compra e venda de mercadorias que decorram de licitações internacionais.[952]

Para tanto, é preciso compreender que licitação internacional é aquele certame realizado com recursos nacionais ou estrangeiros, com amplitude de participação a qualquer pessoa, sendo que poderão participar inclusive pessoas despidas de autorização de funcionamento no Brasil e poderão receber em moeda estrangeira.[953]

Por conseguinte, não é aplicável para toda e qualquer licitação ou contrato administrativo no Brasil, seja pela imperiosidade de ter que ser um certame internacional e especificamente para compra e venda de mercadorias, não se aplicando as disposições convencionadas para obras e serviços.

A intenção do tratado é vedar qualquer discriminação, inclusive de nacionalidade das partes, seja pelo caráter civil ou comercial das partes ou do contrato (artigo 1º).

Segundo apregoa, "nenhuma entidade governamental em um Estado contratante da CISG pode ignorar a lei uniforme", motivo pelo qual "os licitantes governamentais e internacionais devem estar atentos a esta legislação e seu impacto em suas transações internacionais".[954] Poderão existir, a depender do caso concreto, derrogações, desde que devidamente justificadas.[955]

A CISG não significa que todos os licitantes deverão ter o mesmo tratamento, inclusive no que se refere a custos. Se pensar em dois fornecedores de Estados distintos, é normal que possuam custos diferentes para apresentar em suas respectivas propostas, até

---

951 FAERMANN, Flávia. *Estudo sobre a CISG e seus reflexos na Ordem Interna*. Orientadora Prof. Dra. Vera María Jacob de Fradera, 2018, 136f., Dissertação (Mestrado em Direito), Universidade Federal do Rio Grande do Sul, p. 32.

952 "Em termos jurídicos, a principal consequência de os contratos administrativos estarem no Campo de Aplicação do CISG é a incidência plena de suas normas de estrutura ou competência, como os arts. 6 (exclusão ou derrogação), 7 (interpretação), 8 (prova e qualificação das condutas das partes) e 9 (usos e práticas). Mesmo quando a Administração optar por excluir ou derrogar parcialmente a CISG, este ato será reconhecido, interpretado e qualificado segundo tais regras da CISG" (GUIMARÃES, Cesar A. Guimarães. *Aplicação da CISG* às *compras governamentais*. Disponível em: http://www.justen.com.br/pdfs/IE85/CISG-Cesar-texto.pdf. Acesso em: 28 maio 2019).

953 Rafael Wallbach Schwind expressa que licitação internacional é aquela realizada "com recursos nacionais ou estrangeiros, expressamente abertas a licitantes estrangeiros, em regra sem a necessidade de autorização para funcionamento no Brasil, com a possibilidade de pagamento (ao estrangeiro) em moeda estrangeira" (SCHWIND, Rafael Wallbach. *Licitações internacionais*. 2. ed. Belo Horizonte: Fórum, 2017. p. 38). Jonas Lima define de maneira similar: "Procedimento de contratação obrigatório quando, em razão de limitações ou condições do mercado nacional, o Estado precisa necessariamente, convocar de forma expressa e em meios nacionais e internacionais de divulgação, licitantes estrangeiros a participarem da disputa e cujo edital convocatório é especialmente preparado para isso" (LIMA, Jonas. *Licitação Pública Internacional no Brasil*. Curitiba: Editora Negócios Públicos, 2010. p. 26).

954 FAERMANN, Flávia. *Estudo sobre a CISG e seus reflexos na Ordem Interna*. Orientadora Prof. Dra. Vera Maria Jacob de Fradera. Porto Alegre, 2018, 136f., Dissertação (Mestrado em Direito). Universidade Federal do Rio Grande do Sul, p. 102.

955 "12) A decorrência disso é que as premissas da CISG sobre a interpretação da exclusão ou derrogação se aplicam: por exemplo, (i) a necessidade de clareza, com o não-afastamento da CISG nas áreas em que não tiver havido a exclusão ou derrogação claras (e a aplicação da jurisprudência internacional sobre a caracterização da exclusão) e (ii) os métodos de interpretação da conduta e das práticas das partes (arts. 8 e 9). (...) 14) Isso exige da Administração Pública a definição clara, em seus contratos, acerca dos pontos em que as regras dispositivas da CISG serão substituídas pelas normas de direito interno ou por disposições contratuais. A falta de clareza será resolvida em favor das normas da CISG, inclusive quanto ao conteúdo das obrigações" (GUIMARÃES, Cesar A. Guimarães. *Aplicação da CISG* às *compras governamentais*. Disponível em: http://www.justen.com.br/pdfs/IE85/CISG-Cesar-texto.pdf. Acesso em: 28 maio 2019).

porque estão submetidos e localizados em regimes jurídicos díspares. A própria isonomia determina que o tratamento desigual conferido àqueles que possuam desigualdades também é motivo de obediência ao dito princípio.[956]

5.1.7 O Acordo de Contratações Públicas do MERCOSUL

Em 21 de dezembro de 2017, o Brasil participou do Protocolo de Contratações Públicas do MERCOSUL, conforme o Tratado 144 do MERCOSUL, em que, juntamente com Argentina, Paraguai e Uruguai, dispôs que não haverá tratamento de nação menos favorecida e qualquer tratamento nacional e discriminatório entre tais Estados (cláusulas quinta e sexta).

A convenção multilateral será aplicável aos contratos referidos nos anexos do Tratado e desde que se ultrapassem os patamares de valores do Anexo V (bens, 95.000; serviços, 95.000; e obras, 4.000.000).

Recentemente, em dezembro de 2024, o Brasil aprovou esse acordo por meio do Decreto Federal nº 12.299/2024. Agora está valendo para o Brasil e Uruguai, que já ratificaram. Recorda-se que, segundo procedimento determinado em sua Constituição da República, é necessária a aprovação pelo Congresso Nacional nos termos do artigo 49, I. Como está muito recente, não se sabe como fará a compatibilização com o Direito Nacional de tais normas, uma vez que algumas delas precisarão ser adaptadas.[957]

O Protocolo é aplicável às contratações públicas realizadas pela Administração Pública direta federal, Ministério Público da União, órgãos do Poder Judiciário federal, Poder Legislativo federal e Tribunal de Contas da União, tendo algumas ressalvas no Anexo I para os serviços de tecnologia da informação, algumas aquisições do Ministério da Saúde, assim como no Ministério da Defesa e no Ministério da Educação. *A priori*, o Brasil não excepcionou os bens e serviços, salvo os ditos anteriormente, logo se aplicando a todas as contratações de fornecimento e de prestação de serviços.

Inclusive, aplica-se aos contratos de concessão de obra de infraestrutura, entendidos como qualquer acordo contratual cujo principal objetivo seja realizar a construção ou reabilitação de infraestruturas físicas, plantas, edifícios, instalações e outras obras públicas, e segundo o qual, tendo em conta a execução de um contrato por um fornecedor, uma entidade concede ao fornecedor, por um período determinado, a propriedade temporária ou o direito de controlar, operar e exigir o pagamento pelo uso de tais obras durante a vigência do contrato (Anexo IV do Protocolo).

De todo modo, salienta-se que, no campo das licitações de ciência, tecnologia e inovação, os Estados-Partes Brasil, Argentina e Paraguai excepcionaram para tais certames, o que, *per se*, gera a legitimidade de favorecimentos nacionais.[958]

---

956 PEREIRA, César. A CISG (Convenção de Viena de 1980) e as licitações para compras internacionais. *Revista de Interesse Público*, ano 16, n. 86, p. 111-122, jul./ago. 2014, p. 120; FAERMANN, Flávia. *Estudo sobre a CISG e seus reflexos na Ordem Interna*. Orientadora Prof. Dra. Vera Maria Jacob de Fradera. Porto Alegre, 2018, 136f., Dissertação (Mestrado em Direito), Universidade Federal do Rio Grande do Sul, p. 107.

957 Sobre tal crítica, vide PEREIRA JÚNIOR, Jessé Torres; DOTTI, Marinês Restelatto. Licitações e contratações entre empresas dos Estados do Mercosul. *Revista Consultor Jurídico*, 21 jan. 2018.

958 O Brasil também celebrou, em abril de 2016, um Acordo de Ampliação Econômico-Comercial Brasil-Peru, no qual se permite a integração comercial, inclusive nas compras públicas. O acordo ainda não foi apreciado e ratificado pelo Congresso Nacional nos termos do artigo 49, I, da Constituição. Também possui um Acordo de

5.1.8 Acordo de compras públicas entre o MERCOSUL e a União Europeia

Em junho de 2019, o MERCOSUL e a União Europeia anunciaram um acordo de livre comércio entre os países de tais blocos, o qual está baseado em três pilares: diálogo político, cooperação e livre comércio.

Segundo informações repassadas pela assessoria do governo brasileiro, o acordo será integrado dos seguintes temas: 1) acesso tarifário ao mercado de bens (compromissos de desgravação tarifária); 2) regras de origem; 3) medidas sanitárias e fitossanitárias; 4) barreiras técnicas ao comércio (anexo automotivo); 5) defesa comercial; 6) salvaguardas bilaterais; 7) defesa da concorrência; 8) facilitação de comércio e cooperação aduaneira (protocolo de assistência mútua e cláusula antifraude); 9) serviços e estabelecimento (compromissos em matéria de acesso); 10) compras governamentais (compromissos em matéria de acesso); 11) propriedade intelectual (indicações geográficas); 12) integração regional; 13) diálogos; 14) empresas estatais; 15) subsídios; 16) pequenas e médias empresas; 17) comércio e desenvolvimento sustentável; 18) anexo de vinhos e destilados; 19) transparência; 20) temas institucionais, legais e horizontais; e 21) solução de controvérsias.[959]

Como se verifica, as compras governamentais também representam objeto do acordo de livre comércio entre os dois blocos econômicos, motivo que deve ensejar enorme preocupação aos brasileiros.

Em dezembro de 2024, os líderes do MERCOSUL e da União Europeia anunciaram a conclusão das negociações do Acordo de Parceria entre os dois blocos. Com isso, agora os envolvidos poderão iniciar a preparação dos textos do Acordo para posterior assinatura e ratificação.

Segundo fonte oficial, os próximos passos serão os seguintes:[960]

> (i) Revisão legal: O processo de revisão legal do Acordo, voltado a assegurar a consistência, harmonia e correção linguística e estrutural aos textos do Acordo, está avançado.
>
> (ii) Tradução: Concluída a revisão legal, o Acordo passará por tradução da língua inglesa para as 23 línguas oficiais da União Europeia e as 2 línguas oficiais do MERCOSUL, entre as quais a língua portuguesa.
>
> (iii) Assinatura: A assinatura, em que as partes manifestam formalmente sua aceitação do Acordo, será realizada após concluídas a revisão legal e as traduções do Acordo.
>
> (iv) Internalização: Seguida da assinatura, as partes encaminharão o Acordo para os respectivos processos internos de aprovação. No Brasil, tal processo envolve os Poderes Executivo e Legislativo, por meio da aprovação do Congresso Nacional.
>
> (v) Ratificação: As partes notificam sobre a conclusão dos respectivos trâmites internos e confirmam, por meio da ratificação, seu compromisso em cumprir o Acordo.
>
> (vi) Entrada em vigor: O Acordo entrará em vigor e, portanto, produzirá efeitos jurídicos no primeiro dia do mês seguinte à notificação da conclusão dos trâmites internos. Como

---

Cooperação Brasil-Chile que está valendo, cem por cento, inclusive nas contratações públicas, e um Acordo de Livre Comércio Singapura e MERCOSUL, que não está valendo, pois não foi aprovado e ratificado.

959 BRASIL. Acordo de Associação MERCOSUL-UNIÃO EUROPEIA (Resumo informativo elaborado pelo Governo Brasileiro). 4 jul. 2019. Disponível em: http://www.itamaraty.gov.br/images/2019/2019_07_03_-_Resumo_Acordo_Mercosul_UE.pdf. Acesso em: 15 jul. 2019.

960 Disponível em: https://www.gov.br/mdic/pt-br/assuntos/noticias/2024/dezembro/acordo-de-parceria-mercosul-uniao-europeia. Acesso em: 21 fev. 2025.

o Acordo de Parceria entre o MERCOSUL e a União Europeia estabelece a possibilidade de vigência bilateral, bastaria que a União Europeia e o Brasil – ou qualquer outro país do MERCOSUL – tenham concluído o processo de ratificação para a sua entrada em vigor bilateralmente entre tais partes.

Ainda, noticiaram que as negociações retomadas em 2023, ante o que havia sido debatido em 2019, se limitaram a:

- elaborar novos textos para temas que os dois lados aceitaram incorporar ao Acordo, especialmente nas áreas de comércio e desenvolvimento sustentável, mecanismo de reequilíbrio de concessões, cooperação e revisão do Acordo;
- adaptar termos que haviam sido pactuados anteriormente, a fim de tornar o Acordo mais adequado ao quadro político e econômico atual, especificamente nas áreas de compras governamentais, comércio de veículos, exportação de minerais críticos e direitos autorais
- concluir a negociação de temas que permaneciam em aberto desde 2019, especificamente nas áreas de indicações geográficas e regras sobre a implementação do Acordo.

Com o digno respeito ao acordo, enquanto se anuncia que as compras públicas europeias importam um mercado de 1,6 trilhão de euros, as brasileiras, por sua vez, 0,6 trilhão de reais.

A grande questão residirá em quais operadores serão beneficiados na parte das compras públicas: os europeus, os brasileiros ou os integrantes dos países do MERCOSUL? Parece bastante claro que, permitidas situações excepcionalíssimas, os operadores de mercados de países desenvolvidos e com condições mais avantajadas do ponto de vista tecnológico e comercial serão beneficiados.

Em síntese, o acordo da União Europeia e do MERCOSUL significará a perpetuidade da relação explorador-explorado, país-matriz e colônia. Em outras palavras, seria o expressado por Mário André Machado Cabral como países de centro *versus* países de periferia, que geram comércio internacional (troca de mercadorias), respectivamente, de produtos manufaturados *versus* matéria-prima.[961]

---

[961] CABRAL, Mário André Machado. *Subdesenvolvimento e estado de exceção*. Rio de Janeiro: Lumen Juris, 2018. p. 9. E o autor ainda adverte sobre os países de centro (desenvolvidos) e os de periferia (subdesenvolvidos) à. fl. 11 da seguinte maneira: "Assim, as economias periféricas podem ser caracterizadas, no âmbito de sua estrutura produtiva, mesmo com o processo de industrialização, pela especialização (pouca variedade de bens produzidos e escassa diversificação, concentrando-se a maioria dos recursos produtivos na ampliação do setor ligado aos produtos primários para exportação) e pela heterogeneidade (existência de setores econômicos modernos e com assimilação da técnica mais avançada que convivem, em uma mesma economia periférica, com áreas atrasadas). Da especialização e da heterogeneidade estruturais periféricas, extrai-se que o progresso técnico avança em velocidades diferentes entre centro e periferia, o que afeta a produtividade e, por conseguinte, os níveis de renda média dos países. É dizer, a incorporação das inovações tecnológicas ao processo produtivo e o consequente aumento da produtividade do trabalho são mais intensos no setor industrial do centro do que na estrutura heterogênea com prevalência do setor primário-exportador da periferia. Esses elementos se articulam para dar concretude ao fenômeno da 'deterioração dos temos de intercâmbio': tendência a longo prazo de redução do poder de compra dos bens primários para adquirir bens industrializados. Isso traduz a desigualdade nos planos de renda e de progresso técnico entre centro e periferia".

5.1.9 A possibilidade ou não de tratamento discriminatório para empresas e objetos nacionais *versus* o princípio da não discriminação: análise crítica

De qualquer forma, em todos os casos, a dúvida que reside é a viabilidade econômica de afastar o tratamento para empresas e objetos nacionais, ou seja, alijar o princípio da não discriminação. Abre-se parêntese para destacar que não se visualiza qualquer reparo no dever de transparência de todas as licitações.

A transparência reduz a probabilidade de arbitrariedade, de confusão entre público e privado, de práticas ímprobas e corruptivas, aumenta a confiança dos cidadãos nos governos, a possibilidade de disputa e amplia o espectro de possíveis ofertantes. A mais, a sensação de vigilância permanente faz bem, inclusive para evitar o despertar da postura ilegal de algum agente, a partir da supressão da oportunidade para o cometimento de qualquer infração.

Segundo aponta Nuno Cunha Rodrigues, na década de 1980, houve a emissão do Relatório Atkins, o qual apontou o protecionismo nos contratos públicos como um fator considerável e que a abertura dos mercados nacionais geraria ganhos de bem-estar.

Posteriormente, o Relatório Cecchini apresentou um estudo completo para explicar sobre os ganhos obtidos na abertura dos contratos públicos na União Europeia e defende a liberalização, já que a proteção geraria uma ineficiência de oferta pela falta de integração com o mercado. Para tal estudo, a abertura geraria a produção de três bons efeitos à economia da União Europeia: (i) efeito de comércio; (ii) efeito de concorrência; e (iii) efeito de reestruturação. Ademais, oportuniza melhores oportunidades comerciais e, com isso, permitirá que a Administração Pública obtenha propostas mais baixas financeiramente.[962]

Não se contesta a existência de tais efeitos, visto que são realidade a partir do momento em que há uma majoração da pluralidade de possíveis ofertantes. É uma relação de fato e efeito.

O efeito de comércio e de concorrência resultará em propostas mais baixas para serem contratadas pelo poder público em razão do acirramento da disputa. Com isso, empresas acostumadas a serem as vencedoras num determinado mercado local e tempo deverão se reestruturar, caso seja possível e viável, para competirem com as novas concorrentes, que passarão a beliscar parcela daquele mercado.

Do que se discorda frontalmente é o fim coligido, qual seja, interesse meramente financeiro de busca da proposta mais baixa e economia do erário para aumentar o leque de outros ajustes. Explica-se: o uso mais adequado dos recursos públicos não se dá tão somente com o gasto menor para determinado objetivo. Tão bom quanto gastar o recurso público é "gastar economicamente de forma adequada". Volta-se à ideia anteriormente trabalhada, de que é diferente a análise econômica da proposta mais vantajosa e a sua análise financeira.[963]

---

962 RODRIGUES, Nuno Cunha. *A contratação pública como instrumento de política econômica*. Coimbra: Almedina, 2015. p. 194-195.

963 Fernando Vernalha Guimarães e Egon Bockmann Moreira pontuam que a própria legislação brasileira pode ser fundamento para repudiar a ideia do preço mais barato, pois: "A LGL fala em proposta mais vantajosa, não em preço mais vantajoso. Como o conceito de 'proposta' é mais amplo que o de 'preço' (relação de continente

Se o Estado fincar a sua preocupação somente com a obtenção do preço mais baixo, independentemente dos reflexos para a sociedade, seria permitir que o Estado fosse o lobo do próprio Estado – fazendo alusão a uma das clássicas frases de Thomas Hobbes.[964]

Em outras palavras, teríamos o Estado permitindo e sendo o autor da deploração da sociedade à qual está vinculado. Até porque, com o arrefecimento de compras públicas de fornecedores e objetos locais, o reflexo será sentido a partir da arrecadação tributária direta e indireta sobre os empregados, da empregabilidade do seu povo, da asserção de *expertise* técnica, da incorporação de desenvolvimento científico, tecnológico e inovativo nacional, das oportunidades sociais e educacionais, o que desencadeará, *per se*, uma crise socioeconômica.

A doutrina econômica alerta que a própria concorrência geraria uma modificação do mercado interno de cada Estado e de seus empresários, a partir do momento em que começassem a perder espaço e oportunidades comerciais. Ou seja, a perda atual clamaria por uma reestruturação empresarial nacional e de seus produtos, o que poderia gerar a médio prazo a recuperação das condições para enfrentamento com os estrangeiros.

Todavia, esse raciocínio é completamente perfeito para nações onde exista uma infraestrutura mínima para readaptação do mercado e condições para que as empresas nacionais consigam se restabelecer, até porque, se não houver condições para tanto, haverá, sim, a bancarrota geral dos empresários nacionais.

Diferentemente ocorre se os operadores econômicos forem beneficiados e investirem em ciência, tecnologia e inovação, pois daí estarão preparados para enfrentar futuramente o comércio internacional com *players* mais estruturados.

Eduardo Rolim de Pontes Vieira aponta que o impacto negativo sobre a indústria local de países em desenvolvimento não aconteceria, por exemplo, no Acordo de Compras Governamentais da OMC, uma vez que há probabilidade de fornecedores estrangeiros subcontratarem firmas e trabalhadores, além de que tais firmas imputariam uma transferência de tecnologia e aumento do investimento estrangeiro direto.[965]

Apesar de ser uma tendência à subcontratação, não se pode aquiescer com a empregabilidade informal ou secundária, até porque as funções a serem desempenhadas por empregados domésticos seriam as mais simplórias. Seria o mesmo que compreender que a economia de matéria-prima é tão benéfica quanto a economia da industrialização e da tecnologia.

---

e conteúdo parcial), é de se afastar peremptoriamente a compreensão de que a proposta mais vantajosa para a Administração seria aquela que só ostentasse o menor preço. Se fosse esse o caso, a lei teria consignado que o fim da licitação seria, sempre e tão somente, o de se obter a proposta mais barata" (GUIMARÃES, Fernando Vernalha; MOREIRA, Egon Bockmann. *Lei Geral de Licitação e o Regime Diferenciado de Contratação*. São Paulo: Malheiros, 2012. p. 81). Por isso, Julieta Vareschini expõe: "O conceito de proposta mais vantajosa deve ser estabelecido em face de cada caso, com a definição de forma clara, adequada e justificada do objeto pretendido, com as especificações e características necessárias ao atendimento da finalidade desejada" (VARESCHINI, Julieta Mendes Lopes. *Licitações Públicas*. Curitiba: JML, 2014. p. 38).

964 HOBBES, Thomas. *Leviatã*: ou matéria, forma e poder de um Estado Eclesiástico e Civil. Tradução: Rosina D'Angina. São Paulo: Martin Claret, 2009.

965 VIEIRA, Eduardo Rolim de Pontes. *A versão revisada do Acordo de Compras Públicas da OMC*: uma oportunidade? Disponível em: https://economiadeservicos.com/2017/06/01/a-versao-revisada-do-acordo-de-compras-publicas-da-omc-uma-oportunidade/. Acesso em: maio 2019.

Na mesma senda, seria a mesma ideia se a centralização das compras públicas não fosse refletida de acordo com o fomento para as pequenas empresas, já que daí aquele propósito anularia este.[966]

A título de exemplo, para corroborar com o dever de percutir a política horizontal em comento, é visível pela estratégica política dos Estados Unidos em suas compras públicas.

Álvaro Antônio Zini Júnior explica que três vetores a sustentam: (a) assegurar mercado para os produtores locais; (b) beneficiar determinados setores comerciais considerados estratégicos para o Estado; e (c) estimular atividades de pesquisa e desenvolvimento tecnológico. Explana, ainda, que o uso de compras públicas direcionadas para o mercado nacional foi responsável por 50% das inovações pelo Ocidente, enquanto os subsídios públicos diretos, 10%.

Apesar de tudo isso, o autor dessume que, no geral, tais direcionamentos causam mais danos do que benefícios ao bem-estar social e, inclusive, defende que no mínimo os empresários nacionais "aprenderão fazendo" com os estrangeiros ao perderem contratos públicos em concorrências, mas ressalta que há imperiosidade de a abertura ser gradual e muito bem estudada quanto às condições especiais de país em desenvolvimento.[967]

Coaduna-se com a ideia de afastamento paulatino do tratamento não discriminatório entre países como benéfica para a concorrência no mercado brasileiro, porém desde que elaborados estudos e que haja a devida compensação por um período de tempo a ser determinado.[968]

Para que haja segurança e previsibilidade aos setores do mercado, desde já se pontua que deverá ser feito por meio de uma política pública democrática e devidamente estruturada. Qualquer aderência repentina e imediata, bem como sem os devidos ajustes

---

[966] *"El propósito global consiste en que el erario público pueda obtener importantes ahorros sin perjudicar, mediante la centralización de la demanda, a las PYMES, auténtica columna vertebral del tejido económico de la Unión Europea, ni destruir progresivamente la concurrencia existente propiciando con ello la colusión"* (GARCÍA JIMÉNEZ, Antonio. *Las conexiones entre contratación administrativa e innovación*. Madrid: Tecnos, 2018. p. 30). Aliás, outro ponto discutível é se a prossecução do *Value for Money* (custo *versus* benefício) deve ser realizada independentemente ou de maneira prévia a qualquer política horizontal ou não. Corrobora-se com o raciocínio de Nuno Cunha Rodrigues, de que a política horizontal deverá ser avaliada e aplicada como um axioma e sobre ela e as demais condições se fará qualquer análise de *Value for Money* (RODRIGUES, Nuno Cunha. *A contratação pública como instrumento de política econômica*. Coimbra: Almedina, 2015. p. 197-199).

[967] ZINI JÚNIOR, Álvaro Antônio. O Acordo sobre Compras Governamentais da Organização Mundial do Comércio e a Economia Brasileira. *Revista Estado Economia*, São Paulo, v. 28, n. 2, p. 181-198, abr./jun. 1998.

[968] No âmbito do comércio internacional a partir de convenções bilaterais ou multilaterais, os acordos de compensação estritos, também denominados de *offsets*, "são concebidos como todo e qualquer acordo permissivo de prática compensatória de saldos, negociado entre as partes contratantes como condição para a importação de bens ou serviços e cujo intuito é beneficiar comercial, industrial ou tecnologicamente o importador. Em alguns casos, os países importadores expõem a exigência de offset como condição *sine qua non* para a realização da contratação especial. (...) Observa-se que a matriz estratégica que acompanha os acordos de compensação é composta, em última análise, por quatro dimensões. A primeira, de natureza defensiva, tenta limitar a aplicação das práticas compensatórias a obrigações de suporte em ações de marketing e prospecção de mercados para fomentar exportações do país contratante. A dimensão estratégica passiva trata as operações compensatórias com mínimo interesse, uma vez que as visualizam como fato inerente ao comércio internacional e que agregam pouco ou nada à atividade mercantil no seu conjunto. Não obstante, a terceira estratégia é a mais usualmente aplicada, particularmente por empresas norte-americanas: dimensão reativa, na qual o mandamento é empregar os contratos de contrapartida estritamente como ferramenta competitiva na conquista e na manutenção de mercados, sem que isso implique, efetivamente, transferências de tecnologias ou outras práticas afins. Dessa maneira, evita-se que setores da economia norte-americana envolvidos nas trocas de mercado sejam expostos ao risco" (VIEIRA, André Luís; ÁLVARES, João Gabriel. *Acordos de compensação tecnológica (offset)*: teoria e prática na experiência brasileira. Rio de Janeiro: Lumen Juris, 2017. p. 37-40).

e medidas de adaptação, somente fornecerá aos países desenvolvidos novos mercados à disposição para serem explorados, e os Estados aderentes passarão a retornar ao momento de colônia abusada. Portanto, a resistência em face da franca abertura se dá pela aversão à possibilidade de exploração dos países subdesenvolvidos e em desenvolvimento pelas potências desenvolvidas.

Segundo Fred Block e Peter Evans, a sociologia econômica expõe que existem três arenas substantivas: sociedades em desenvolvimento e em transição, Estados de bem-estar industrial avançados e governança econômica supranacional.

Para tanto, deve-se compreender que: (i) Estado e mercado não são reinos analiticamente autônomos, porém mutuamente constituintes; (ii) os Estados e os mercados estão incrustados em sociedades que têm estruturas institucionais específicas, que repercutem criticamente os resultados políticos e econômicos; (iii) as incorporações entre Estados e mercado são dinâmicas e remodeladas pelas inovações institucionais ocorridas.

Assim sendo, os Estados dependem do mercado para os fluxos de receita a fim de financiar as suas próprias atividades e devem agir com racionalidade para não serem predatórios ou gananciosos, já que se revolverá contra os seus próprios interesses e da sociedade.

Especificamente no ramo de ciência, tecnologia e inovação, emerge que as descobertas e o valor gasto nessas temáticas não são um custo imposto à economia, e sim um insumo-chave para os processos econômicos centrais. Tanto é assim que os autores explicam a experiência da Alemanha e da Suécia, que focaram suas economias de manufatura para a produção de qualidade diversificada, a qual demanda produtos requintados e de alto nível de habilidade.[969]

No mesmo prumo, Giovanni Dosi, Luigi Orsenigo e Mauro Sylos Labini discorrem sobre o significativo vínculo existente entre as atividades inovadoras, mais precisamente aquelas de pesquisa e desenvolvimento, e o PIB *per capita*, apoiando tal conjectura a partir dos dados dos países da OCDE depois da Segunda Guerra Mundial.[970]

Ha-Joon Chang, em sua obra, corrobora com o pensamento aqui retratado e fundamenta que as políticas "boas" intentadas pelos países atualmente desenvolvidos e seus ávidos anseios de arraigá-las nos países em desenvolvimento são para o seu próprio desenvolvimento econômico, mais precisamente para os manterem sob sua "custódia" e dependência. Reflexiona se o *establishment* internacional de política de desenvolvimento obterá resultados e benesses, bem como pontua sobre os acordos da Organização Mundial do Comércio ao indagar:

> Será justo afirmar que o acordo da OMC, que restringe a capacidade dos países em desenvolvimento de pôr em prática políticas ICT ativistas, não passa de uma versão moderna, multilateral, dos "tratados desiguais" que a Inglaterra e outros PADs (países atualmente desenvolvidos) costumavam impor aos países semi-independentes? Em outras palavras, acaso os países desenvolvidos estão "chutando a escada", pela qual subiram ao topo, para

[969] BLOCK, Fred; EVANS, Peter. The State and the Economy. *In*: SMELSER, Neil J.; SWEDBERG, Richard. *The handbook of economic sociology*. 2. ed. New Jersey: British Library. p. 505-526, p. 505 e 513.

[970] DOSI, Giovanni; ORSENIGO, Luigi; LABINI, Mauro Sylos. Technology and the Economy. *In*: SMELSER, Neil J.; SWEDBERG, Richard. *The handbook of economic sociology*. 2. ed. New Jersey: British Library. p. 678-702, p. 680-681.

longe do alcance dos países em desenvolvimento? Infelizmente, a resposta a todas essas perguntas é sim.[971]

5.1.10 A regulação pelas licitações e contratos administrativos favorável à ciência, tecnologia e inovação nacional é legal ou ilegal?

A pergunta que poderá ser aventada é se a regulação pelas licitações e pelos contratos administrativos se caracteriza como legal e constitucional e em que medida ante o Acordo sobre Medidas de Investimentos Relacionadas ao Comércio – TRIMS, a Convenção das Nações Unidas para os Contratos de Compra e Venda Internacional de Mercadorias ou qualquer outro acordo bilateral ou multilateral a ser convencionado.

Como já dito, o Estado pode intervir na atividade econômica como agente normativo e regulador nos termos do artigo 174 da Constituição, sendo que, para tal missão, poderá atuar nas funções de fiscalização, incentivo e planejamento.

Da mesma forma, já se viu que a promoção do desenvolvimento nacional por meio da ciência, tecnologia e inovação é um dever estatal, tanto que a Lei Maior alçou como meta a autonomia tecnológica.[972]

Doutro lado, quanto à relação do Brasil em suas relações internacionais, destaca-se que, dentre os princípios previstos no artigo 4º, consta a independência nacional, não intervenção, igualdade entre os Estados e a cooperação entre os povos para o progresso da humanidade.

Diante desse cenário das normas constitucionais aplicáveis e qual é a escorreita solução, anuvia-se, desde sempre, que toda e qualquer interpretação constitucional no Brasil deve prezar pelos fundamentos e pelos objetivos fundamentais prescritos na Lei Maior.

Sob esse fluxo, a Constituição estabelece em seu artigo 1º que a cidadania, a dignidade da pessoa humana e os valores sociais do trabalho e da livre-iniciativa constituem-se como fundamentos da República Federativa do Brasil. Já o artigo 3º galga como objetivos fundamentais, entre outros, a garantia do desenvolvimento nacional, a promoção do bem de todos sem qualquer preconceito, a erradicação da pobreza e da marginalização, bem como a redução das desigualdades sociais e regionais.[973]

---

[971] CHANG, Ho-Joon. *Chutando a escada*. Tradução: Luiz Antônio Oliveira de Araújo. São Paulo: Unesp, 2004. p. 211.

[972] Mesmo antes da promulgação da Constituição, Crodowaldo Pavan e João Alexandre Viégas já pontuavam que a "Constituinte deve, sobretudo, reconhecer o papel vital da pesquisa para o desenvolvimento econômico e social e soberania do país, dotando-o de instrumentos que assegurem sua capacitação científica e tecnológica e oferecendo à Nação razões de otimismo quanto ao seu futuro" (PAVAN, Crodowaldo; VIÉGAS, João Alexandre. *Constituinte, Ciência e Tecnologia*. São Paulo: Editora Hamburg, 1986. p. 68). O direito ao desenvolvimento nacional "tem por consequência o dever do Estado em intervir na esfera privada, por meio de incentivo, fomento e condução do desenvolvimento, principalmente nas etapas de formulação e implementação de políticas públicas que tenham por finalidade a efetivação dos direitos sociais, econômicos, culturais e ambientais" (NASCIMENTO, André Jansen do. Contratações públicas no âmbito da OMC: a política legislativa brasileira à luz do direito ao desenvolvimento. *Revista de Direito Internacional*, Brasília, v. 12, n. 2, p. 191-209, p. 198).

[973] Gilberto Bercovici afirma que "todas as atividades e atores da política científica e de inovação tecnológica ('a pesquisa científica básica', a 'pesquisa tecnológica', o 'apoio do Estado', as 'empresas' integrantes do sistema) estão subordinados ao objetivo constitucional de superação do subdesenvolvimento. A atividade de inovação é uma parcela da política nacional de desenvolvimento" (BERCOVICI, Gilberto. Ciência e inovação sob a Constituição de 1988. *Revista dos Tribunais*, São Paulo, v. 916, ano 101, p. 267-295, fev. 2012, p. 295). Marcia Carla Pereira Ribeiro e Marcelle Franco Espíndola Barros concluem de maneira peremptória que a promoção do bem-estar social exige o desenvolvimento econômico, e um dos pilares desse desenvolvimento é a tecnologia (RIBEIRO,

Nessa toada, chama-se a atenção para a busca do desenvolvimento nacional, a diminuição das desigualdades sociais e a dignidade da pessoa humana.[974] Não é possível que um tratado internacional ou uma lei nacional venha a afrontar tais valores constitucionalmente assegurados.

Por isso, preza-se para que qualquer interpretação esteja em conformidade com a Constituição, o que gerará a necessidade de os acordos bilaterais ou multilaterais adaptarem-se às normas constitucionais do Brasil ou, então, o Brasil deverá denunciar tal acordo.

Segundo o Supremo Tribunal Federal, o Brasil adota a linha doutrinária de dualismo moderado nos termos do clássico julgamento da Carta Rogatória nº 8.279, a partir do voto do ministro Celso de Mello.[975] O dualismo e o monismo diferenciam-se nas relações internacionais, já que a corrente monista afirma, segundo lição de Jorge Miranda, "a unidade sistemática das normas de Direito Internacional e das normas de Direito Interno", sendo que esses "ordenamentos são comunicáveis e inter-relacionáveis, um não pode ignorar e tem de haver meios de relevância recíproca das respectivas fontes".

O autor ainda explica, conquanto use a expressão de monismo moderado ao invés de dualismo moderado, como normalmente usado, que "a Constituição do Estado não tem que ser conforme toda e qualquer norma de Direito Internacional e, ao invés, é ela que regula o modo como as normas internacionais adquirem relevância ou são recebidas na ordem interna".[976]

Especificamente quanto ao TRIMS, entende-se que é incompatível, em parte, com a possibilidade de proteção de mercado nacional e busca de autonomia tecnológica nos termos do artigo 219 da Constituição, razão pela qual se compreende pela sua ineficácia. Todavia, sabe-se que, *a priori*, os demais países signatários confiaram e agiram com boa-fé diante do Brasil quando da assinatura do Acordo TRIMS, motivo que enseja a denúncia o quanto antes ou novo pedido de flexibilização e sua implementação pelos demais países, sob pena de o Estado brasileiro ficar à mercê de possíveis sanções pela OMC.

Salienta-se que não se pode assentir que o Acordo TRIMS seja mais um fator para o não alcance dos fundamentos e objetivos fundamentais da República do Brasil, inclusive como sendo mais um fator para corroborar com o não desenvolvimento e diminuição

---

Marcia Carla Pereira; BARROS, Marcelle Franco Espíndola. Contratos de transferência de tecnologia: custos de transação versus desenvolvimento. *Revista de Informação Legislativa*, Brasília, v. 51, n. 204, p. 43-66 out./dez. 2014).

974 Relevante crítica sobre desigualdade social como fruto de discriminação e seus reflexos atuais na (des)ocupação das pessoas, vide FERREIRA, Daniel. *Perspectivas de minimização das desigualdades sociais e emancipação das minorias pelo acesso ao emprego decente mediante reserva de cotas junto aos parceiros contratuais da administração pública portuguesa e brasileira*. 2016. 146 f. Relatório final (Pós-Doutoramento) – Faculdade de Direito, Universidade de Coimbra, Coimbra, 2016, p. 52-70.

975 "Mercosul - Carta rogatória passiva - Denegação de *exequatur* - Protocolo de medidas cautelares (Ouro Preto/MG) - Inaplicabilidade, por razões de ordem circunstancial - Ato internacional cujo ciclo de incorporação, ao direito interno do Brasil, ainda não se achava concluído à data da decisão denegatória do *exequatur*, proferida pelo Presidente do Supremo Tribunal Federal - relações entre o direito internacional, o direito comunitário e o direito nacional do Brasil - Princípios do efeito direto e da aplicabilidade imediata - Ausência de sua previsão no sistema constitucional brasileiro - Inexistência de cláusula geral de recepção plena e automática de atos internacionais, mesmo daqueles fundados em tratados de integração - Recurso de agravo improvido. A recepção dos tratados ou convenções internacionais em geral e dos acordos celebrados no âmbito do Mercosul está sujeita à disciplina fixada na Constituição da República" (SUPREMO TRIBUNAL FEDERAL, CR 8279 AgR/AT-Argentina, Relator(a): Min. Celso de Mello. Julgamento: 17.06.1998, Publicação: DJ Data 10.08.00).

976 MIRANDA, Jorge. *Curso de direito internacional público*: uma visão sistemática do direito internacional dos nossos dias. Rio de Janeiro: Forense, 2009. p. 126-127.

das desigualdades sociais. Por isso, é impreterível que existam normas de proteção ao mercado nacional e incentivo à ciência, tecnologia e inovação nacional, desde que tais sejam bem claras e razoáveis para evitar maiores confusões e incertezas.

Lembra-se que a falta de conhecimento ou de possível conhecimento sobre o comportamento estatal em atuações futuras pode enquadrar-se como um risco a investimentos estrangeiros; por isso, suplica-se por uma medida institucional o quanto antes.[977]

Acerca da assimetria de informação e da imperiosidade de convergência de fatores para o investimento direto em solo pátrio, Karan Girotra e Serguei Netessine advertem que toda decisão de negócio envolve o risco em razão da falta de informação ou do desalinhamento dos incentivos entre as partes que devem colaborar para o mesmo objetivo.[978] Risco pode gerar insegurança, logo, afasta investimento, mormente num período em que se clama por injeção de capital estrangeiro no país.[979]

No Brasil, "já bastam os fatores atuais de desincentivo" ao investimento estrangeiro, como a alta carga tributária, enorme burocracia, crédito caro, má distribuição de renda, baixo nível da poupança e da insegurança no ambiente regulatório, entre outros, não podendo o Estado agir de modo temerário quando da fixação das normas para a proteção do mercado nacional.[980]

Por isso, o Acordo TRIMS prejudica ainda mais o desenvolvimento do Estado e a construção de uma sociedade livre, justa e solidária, razão pela qual é necessária a permissividade de políticas industriais e regulatórias favoráveis ao estímulo da ciência, tecnologia e inovação no território brasileiro. Para evitar maiores problemas futuros com possíveis consultas e questionamentos de descumprimentos do Acordo TRIMS, perfaz necessário que tal acordo seja denunciado ou, no mínimo, flexibilizado.

Quanto à relevância do tema em voga, enfatiza-se a patente necessidade de investimentos estrangeiros ao lado da impossibilidade de o Brasil continuar dependente de tecnologia estrangeira.[981] A mais, o assunto de possível divergência do Acordo TRIMS para a realidade brasileira não é algo novo, já que o Brasil intentou a flexibilização de tais normas para evitar qualquer descumprimento e ainda para acautelar-se de possíveis futuras sanções em razão de medidas normativas aplicáveis que possam estar em conflito com tal convenção.

---

977 Na lista do *Doing Business* do Banco Mundial, existem fatores que são levados em consideração para a efetivação do *ranking* e classificação.

978 GIROTRA, Karan; NETESSINE, Serguei. *Gestão de riscos nos modelos de negócio*. Tradução: Edson Furmankiewicz. Rio de Janeiro: Elsevier, 2015. p. 104. A assimetria informacional pode ser ocasionada também pelo excesso. Ao tempo que a falta prejudica, se tem constatado que a abundância de informação também tem atrapalhado decisões, até porque nem sempre todas são confiáveis e corretas. É difícil para o intérprete encontrar quais são as adequadas e como interpretá-las. A triagem das informações para o seu bom uso é um dos mecanismos possíveis de serem utilizados (DAMODARAN, Aswath. *Gestão estratégica do risco*: uma referência para a tomada de riscos empresariais. Tradução: Félix Nonnenmacher. Porto Alegre: Bookman, 2009. p. 345).

979 Vide, por exemplo, o Programa de Parcerias de Investimentos (PPI), criado pela Lei nº 13.334/2016.

980 CELLI JÚNIOR, Umberto. Os países emergentes e as medidas de investimento relacionadas ao comércio: o Acordo TRIMS da OMC. *Revista da Faculdade de Direito da Universidade de São Paulo*, volume 99, 2004, p. 505-521, p. 520.

981 MAGALHÃES, José Carlos de. *Direito Econômico Internacional*: tendências e perspectivas. 2. ed. Curitiba: Juruá, 2017. p. 264.

Em 2002, o Brasil, juntamente com a Índia, apresentou uma proposta de flexibilização das regras do Acordo TRIMS, contando com o apoio da Argentina, Colômbia, Paquistão, entre outros países, justificando que a grande disparidade tecnológica, social, regional e ambiental entre os países signatários gera um natural desequilíbrio entre eles.

Para tanto, rogou a alteração do Acordo para "(i) promover a indústria doméstica com alto valor agregado; (ii) estimular transferência de tecnologia; (iii) aumentar a capacidade de exportação; e (iv) promover pequenas e médias empresas e gerarem empregos".[982]

No mínimo, o petitório consubstanciava-se no efetivo cumprimento ao que está preceituado no preâmbulo e nos artigos 4º e 5º do Acordo, a fim de conceder um tratamento diferenciado aos países em desenvolvimento com a criação de lista de exceções; porém, *a priori*, tal pleito é um objetivo estranho aos interesses dos desenvolvidos.[983]

Para se ter uma ideia dos problemas ocasionados pelo TRIMS, lembra-se da apreciação do caso da Indonésia, em que suas normas internas visando à proteção do mercado local à indústria automotiva foram repudiadas, já que o "entendimento do Painel foi de que essas medidas de conteúdo local, vinculadas a benefícios fiscais, eram inconsistentes com o Artigo II do TRIMS (tratamento nacional e restrições quantitativas) e III.4 do GATT 1994 (tratamento nacional). Como resultado, o governo da Indonésia teve de modificar sua política de forma a adequá-la às disposições do TRIMS e do GATT 94".[984]

Sobre essa situação, convém colacionar um trecho da decisão que, inclusive, não permitiu o uso do item 5.4 do Acordo à Indonésia:

> A Indonésia também não pode desfrutar do benefício do período de transição de cinco anos para os países em desenvolvimento estipulados no Artigo 5.2, do Acordo TRIMS, à luz do descumprimento por parte da Indonésia de suas obrigações de notificação e de suspensão. O Acordo TRIMS, o Artigo 5.2 requer a notificação para os Membros se beneficiarem do período de transição, e o Artigo 5.4 impõe uma obrigação suspensiva durante o período. A Indonésia não cumpriu nenhuma das disposições. Primeiro, não há notificação. A Indonésia apresentou uma notificação em 23 de maio de 1995, que especifica certas medidas relacionadas ao setor automotivo, mas a notificação foi retirada em outubro de 1996. Segundo, mesmo se a notificação não tivesse sido retirada, seu conteúdo é irrelevante para o National Car Program. Embora as medidas apresentadas na notificação possam estar tangencialmente relacionadas com o Programa Nacional de Carros, o próprio Programa não foi especificado na notificação. Além disso, o Programa Nacional para Veículos Automotores, introduzido em 1996, nunca poderia ter sido objeto da notificação, a qual deveria ocorrer dentro de 90 dias após a data de entrada em vigor do Acordo Constitutivo da OMC (ou seja, 1º de janeiro

---

982 CELLI JÚNIOR, Umberto. Os países emergentes e as medidas de investimento relacionadas ao comércio: o Acordo TRIMS da OMC. *Revista da Faculdade de Direito da Universidade de São Paulo*, São Paulo, v. 99, 2004, p. 505-521, p. 518. Sobre o assunto, vide também WINTER, Luís Alexandre Carta; HASTREITER, Michele Alessandra. O Acordo Trims e o Programa "Inovar Auto": medidas de investimentos no setor automotivo proibidas pela OMC. *Revista Jurídica UNICURITIBA*, v. 4, n. 37, 2014, p. 443-479, p. 470-473.

983 ARAÚJO, Leandro Rocha de. O Brasil e a regulamentação dos investimentos estrangeiros na organização mundial do comércio. *Revista da Faculdade de Direito da Universidade de São Paulo*, São Paulo, v. 99, 2004, p. 829-846, p. 838.

984 CELLI JÚNIOR, Umberto. Os acordos de serviços (GATs) e de investimentos (TRIMS) na OMC: espaço para políticas de desenvolvimento. *Revista do Centro Brasileiro de Relações Internacionais*, São Paulo, vol. 1, ano II, jan./mar. 2007, p. 7-19, p. 18.

de 1995) pela Indonésia em maio de 1995. Por conseguinte, a Indonésia não pode beneficiar do período transitório previsto no nº 5 do artigo 5º. do Acordo TRIMS.[985]

Especificamente sobre a postura do Brasil também na indústria automobilística, Carta Winter e Michele Hastreiter explicam que existe questionamento:

> Preocupada com a conformidade de tais exigências com as regras do Sistema Multilateral de Comércio, a União Europeia ingressou, em 08 de janeiro de 2014, com a etapa de consultas do procedimento de Solução de Controvérsias na OMC. Em 17/01/2014, o Japão aderiu ao pleito europeu e, em 20/01/2014 e 21/01/2014, respectivamente, aderiram Argentina e Estados Unidos, em razão do substancial interesse comercial destes três países nesta consulta. Em suma, os países consultantes alegam que as medidas adotadas pelo governo brasileiro seriam inconsistentes com os seguintes instrumentos regulatórios internacionais:
>
> - Artigo 1º do GATT – Tratamento da Nação mais favorecida – em razão da concessão de benefícios inclusive para países de fora do Mercosul (os quais teriam respaldo pela exceção dos acordos regionais) sem estendê-los aos demais membros da OMC.
> - Artigo 3º do GATT – Tratamento Nacional – em razão da adoção de medidas que discriminam os importadores com relação aos produtores locais, os quais recebem tratamento mais benéfico. Neste sentido, Juliana Martelli Fais Feriato já havia sustentado que embora aparentemente o Programa seja também acessível às empresas importadoras, o que afastaria a alegação de discriminação indevida, as exigências feitas para concessão do benefício (tais como dispêndios com fornecedores locais ou produção local) seriam incompatíveis com o objeto social de uma empresa que se destina apenas a importar.
> - Artigo 3.1 do Acordo sobre Subsídios e Medidas Compensatórias – Juliana Martelli Fais Feriato, em interessante estudo realizado inclusive anteriormente à reclamação europeia na OMC, já havia concluído pela contrariedade do Programa Inovar-Auto ao Acordo sobre Subsídios e Medidas Compensatórias, uma vez que a redução do IPI traria vantagens

---

[985] *"Nor can Indonesia enjoy the benefit of the five year transitional period for developing countries stipulated in TRIMS Agreement, Article 5.2, in light of Indonesia's failure to comply with its notification and standstill obligations. The TRIMS Agreement, Article 5.2 requires notification for Members to benefit from the transitional period, and Article 5.4 imposes a standstill obligation during the period. Indonesia has complied with neither provision. First, there is no notification. Indonesia submitted a notification on 23 May 1995, which specifies certain automotive related measures, but the notification was withdrawn in October 1996. Second, even if the notification had not been withdrawn, its content is irrelevant to the National Car Programme. While the measures appeared in the notification may be tangentially related to the National Car Programme, the Programme itself was not specified in the notification. Moreover, the National Car Programme, which was introduced in 1996, could have never been notified in the notification, which was due within 90 days after the date of entry into force of the WTO Agreement (i.e., 1 January 1995) and was actually made by Indonesia in May 1995. Therefore, Indonesia cannot enjoy the benefit of the transitional period under Article 5.2. of the TRIMS Agreement"* (BARRAL, Welber (org.). *Releitura dos Acordos da OMC como interpretados pelo órgão de apelação.* São Paulo, (2004). p. 18. Disponível em: http://ccgi.fgv.br/sites/ccgi.fgv.br/files/file/Publicacoes/06%20Acordo%20sobre%20Medidas%20de%20Investimento%20Relacionadas%20ao%20Com%C3%A9rcio%20%28TRIMS%29.pdf. Acesso em: 2 jun. 2017). Ademais, como dito pelos escritores desta obra, alcançando tanto o caso do setor automobilístico indonésio, canadense e indiano: "O entendimento do DSB de que as políticas industriais implementadas para fomentar o setor automobilístico indonésio (DS 54-55-59-64), canadense (DS 139-142) e indiano (DS 146-175) são incompatíveis com o sistema multilateral de comércio convencional. Representam uma vitória do capital internacional, concentrado nas mãos de poucos, face o direito ao desenvolvimento nacional. Nos três casos, buscou-se impedir o uso de importações para abastecer o mercado interno e/ou a linha de montagem, por meio da aplicação de tarifas ad valorem, conforme o volume de carros importados/exportados (DS139; a qualificação – popular ou de luxo (DS 54-55-59-64); e o não licenciamento de peças da linha de montagem, com o intuito de atingir níveis de conteúdo local (DS 146-175). Tais compras locais impediam o livre volume das importações. Ao obrigar o abastecimento de suas plantas industriais com produtores locais, eram, portanto, aplicadas restrições quantitativas, conforme o Artigo XI do GATT 1947. A consequência para a matriz da empresa automobilística e seus fornecedores foi *tariff jump*, por meio de investimentos internacionais no país hospedeiro para poder abastecer localmente".

> diretamente ligadas à exportação, beneficiando o exportador ou o produtor pelo incentivo ao uso de produtos nacionais em detrimento dos estrangeiros, sendo, portanto, um subsídio proibido.
>
> • Artigo 2.1 e 2.2 do TRIMS e sua lista ilustrativa anexa – objeto central deste estudo.
>
> (...)
>
> Além disto, as exigências para empresas que comercializam os produtos no Brasil compreendem a utilização de dispêndios mínimos dentro do país, o que implicaria na exigência de aquisição de componentes locais, também vedada pelo Acordo TRIMS.[986]

É importante ponderar que o Brasil poderá se aproveitar da brecha existente no caso *Canada – Renewable Energy*, no qual ficou entendida a aplicabilidade da exceção erigida no Artigo III.8.'a', aplicável para as compras governamentais, que também vale para o TRIMS, já que o Painel compreendeu que o Acordo TRIMS, ao aludir ao artigo III do GATT, também incluiu o artigo III.8.[987]

Na mesma direção, o Órgão de Apelação reconheceu a extensão das exceções do GATT ao TRIMS.[988] Sobre esse caso, Natália expõe que, se entender pela inexistência de suplantação das obrigações do GATT pelo TRIMS, "mas sim de salvaguardar os direitos reconhecidos no âmbito deste Acordo, o OA confirmou uma brecha relevante para aplicação das exceções ao GATT para justificar medidas discriminatórias que violem o artigo III do GATT e, consequentemente, o TRIMS".[989]

Desse modo, além das exceções ao GATT preconizadas nos artigos XII, XVIII, XVIII-B, XIX, XX e XXI, também é possível afastar o TRIMS se houver a adoção de políticas de conteúdo local no âmbito de áreas de livre comércio, uniões aduaneiras e comércio transfronteiriço, o que pode ser alcançado pelo Brasil em virtude do MERCOSUL e pela efetivação de um plano de desenvolvimento e de integração regionais.[990]

Por conta disso, é inconteste que as normas do TRIMS limitam a flexibilidade dos membros quanto à escolha de suas políticas públicas.[991] Também é deduzível que

---

986 WINTER, Luís Alexandre Carta; HASTREITER, Michele Alessandra. O Acordo TRIMS e o Programa "Inovar Auto": medidas de investimentos no setor automotivo proibidas pela OMC. *Revista Jurídica UNICURITIBA*, v. 4, n. 37, 2014, p. 443-479, p. 464-465.

987 WORLD TRADE ORGANIZATION. *Relatório do Painel, Certain Measures Affecting the Renewable Energy Generation Sector and Canada*: Measures Relating to the Feed-in Tariff Program, WT/DS412/R and WT/DS426/R. Geneva: WTO, 2012.

988 WORLD TRADE ORGANIZATION. Relatórios do Órgão de Apelação. *Certain Measures Affecting the Renewable Energy Generation Sector and Canada*: Measures Relating to the Feed-in Tariff Program, WT/DS412/AB/R and WT/DS426/AB/R. Geneva: WTO, 2013.

989 FIGUEIREDO, Natália. Acordo TRIMS: flexibilização ou não? Política de conteúdo local, processo produtivo básico (PPB) e os desafios para a indústria brasileira e a integração latino-americana. *Revista de Direito Internacional*, Brasília, v. 13, n. 1, 2016 p. 100-121, p. 113 e 118-119.

990 Acerca do tema, Natália Figueiredo ainda adscreve que qualquer integração regional necessita "que seja garantida uma estrutura de acesso que propicie a consolidação de cadeias produtivas regionais e do comércio intra-indústria. Trata-se de institucionalizar uma verdadeira estratégia regional de investimento ao contrário de uma estratégia focada apenas em preferências tarifárias. Isso implica projetos de integração física, por meio de infraestrutura de transportes, desenvolvimento e ampliação de mecanismos de financiamento, aumento dos mecanismos de facilitação do comércio, cooperação técnica nas áreas de capacitação empresarial e tecnológica, dentre outras" (FIGUEIREDO, Natália. Acordo TRIMS: flexibilização ou não? Política de conteúdo local, processo produtivo básico (PPB) e os desafios para a indústria brasileira e a integração latino-americana. *Revista de Direito Internacional*, Brasília, v. 13, n. 1, 2016 p. 100-121, p. 116).

991 CELLI JÚNIOR, Umberto. Os acordos de serviços (GATs) e de investimentos (TRIMS) na OMC: Espaço para políticas de desenvolvimento. *Revista do Centro Brasileiro de Relações Internacionais*, São Paulo, vol. 1, ano II, jan./mar. 2007, p. 7-19, p. 8.

a "posição de que a renúncia pelos países em desenvolvimento a instrumentos como TRIMS é mais benéfica a seus interesses do que a manutenção da sua liberdade de aplicar seletivamente tais medidas, de acordo com seu interesse e de forma a não anular os benefícios econômicos buscados pelos investidores".[992]

Consequentemente, ecoando as palavras de Leandro Rocha de Araújo, "não basta promover uma visão restrita e míope da realidade internacional, mas utilizar o seu potencial para trazer maiores vantagens para todos os seus membros".[993] Da mesma forma, deve-se sublinhar a atuação do Estado, como fez Joseph Stiglitz, ao defender que é necessário um maior equilíbrio entre o papel do Estado e o papel do mercado.[994]

Para corroborar, deve-se atrelar a desigualdade econômica com o desenvolvimento, como descrito no próprio Acordo, e, dessa maneira, gerar o tratamento desigual. Como bem explica José Carlos de Magalhães: "A consciência da desigualdade econômica, que se traduz na desigualdade de desenvolvimento, faz nascer a pretensão de tratamento desigual. (...). Os que o possuem em menor grau reclamam certas prerrogativas e direitos não extensíveis aos já desenvolvidos".[995]

Carta Winter e Michele Hastreiter entoam que "o desenvolvimento requer medidas governamentais ativas capazes de considerar as idiossincrasias locais", o que tem "evidenciado que o Acordo representa um ônus excessivo aos países em desenvolvimento" e dilucida a imperiosidade de revisão do Acordo TRIMS para aproximar os indicadores econômicos e sociais dos países em desenvolvimento aos dos países desenvolvidos, o que poderia, inclusive, ser um grande momento para afirmar que se está construindo uma Nova Ordem Institucional, preocupada com o desenvolvimento dos países.[996]

O mesmo raciocínio preposto para o Acordo TRIMS deverá ser obtemperado para o Acordo de Compras Governamentais, caso o Brasil um dia venha a aderir, ou para qualquer outro acordo (do MERCOSUL, do Peru, da OMC etc.), inclusive o Acordo de 2019 entre MERCOSUL e União Europeia.

Por isso, no momento das rodadas de negociação, deverá haver a devida conscientização tanto dos interesses econômicos quanto sociais, tanto da celebração de normas internacionais quanto do respeito às normas constitucionais, a fim de acautelar-se de possível nó jurídico futuro, como ora se tem para o TRIMS.

Deve-se sempre primar pelo foco na sociedade e nas melhores condições de bem-estar dos cidadãos brasileiros. Não se pode agir pensando somente em possível renda ou receita. Deve-se esmerar pelas condições adequadas de vida digna e desenvolvimento

---

[992] NASSER, Rabih Ali. *A OMC e os países em desenvolvimento*. São Paulo: Aduaneiras, 2003. p. 194.

[993] ARAÚJO, Leandro Rocha de. O Brasil e a regulamentação dos investimentos estrangeiros na organização mundial do comércio. *Revista da Faculdade de Direito da Universidade de São Paulo*, São Paulo, v. 99, 2004, p. 829-846, p. 844.

[994] STIGLITZ, Joseph. *O mundo em queda livre*: os Estados Unidos, o mercado livre e o naufrágio da economia mundial. São Paulo: Companhia das Letras, 2010. p. 188. Como dito por Luís Alexandre Carta Winter, "a real necessidade Estado pauta-se em sua importante função social", o que gera a premência de enfrentar os desafios do capitalismo (WINTER, Luís Alexandre Carta; WACHOWICZ, Marcos. Estado: Construção de uma identidade. *In*: *XVI Congresso Nacional do Conpedi*, 2007, Belo Horizonte. Anais do XVI Congresso Nacional do Conpedi. Florianópolis: Boiteux, 2007. p. 873-897, p. 896).

[995] MAGALHÃES, José Carlos de. *Direito Econômico Internacional*: tendências e perspectivas. 2. ed. Curitiba: Juruá, 2017. p. 314.

[996] WINTER, Luís Alexandre Carta; HASTREITER, Michele Alessandra. O Acordo Trims e o Programa "Inovar Auto": medidas de investimentos no setor automotivo proibidas pela OMC. *Revista Jurídica UNICURITIBA*, v. 4, n. 37, 2014, p. 443-479, p. 474-475.

nacional sustentável, com a diminuição das desigualdades regionais e locais, o que, *per se*, engloba, ainda, o cuidado com a ciência, tecnologia e inovação.

É claro que não basta uma prescrição normativa impondo uma direção ou um fomento para propiciar o impacto positivo nessas áreas, mas é, sim, iniludível que exista pelo Estado uma política pública que examine e decida pela melhor forma de proporcionar o arranjo produtivo mais proporcional de acordo com a operação de cadeia de valor, bem como propicie condições saudáveis, sob o prisma comercial, de infraestrutura geral, segurança regulatória e de desenvolvimento científico, tecnológico e inovativo.

Por sua vez, o Decreto Federal nº 5.208, de 17 de setembro de 2004, promulgou o Acordo-Quadro sobre Meio Ambiente do MERCOSUL, após ratificação do Congresso Nacional via Decreto Legislativo nº 333, de 24 de julho de 2003.[997]

Nos objetivos das ações a serem executadas pelos Estados-Partes, ficou instituído o dever de: (a) promover a proteção do meio ambiente e aproveitar de forma mais eficaz o uso dos recursos disponíveis por meio de políticas setoriais com base nos princípios de gradualidade, flexibilidade e equilíbrio; (b) incorporar o componente ambiental nas políticas setoriais e de inclusão das considerações ambientais nas tomadas de decisão; (c) promover o desenvolvimento sustentável pela reciprocidade dos setores ambientais e econômicos, a fim de permitir uma conciliação harmônica entre esses objetivos e evitar a adoção de medidas que venham a restringir ou distorcer de forma arbitrária a livre circulação de bens e serviços; (d) conferir tratamento prioritário e integral às causas e fontes dos problemas ambientais; (e) promover a efetiva participação da sociedade civil no tratamento das questões ambientais; e (f) fomentar a internalização dos custos ambientais a partir do uso de instrumentos econômicos e regulatórios de gestão.

A mais, os Estados também devem contribuir para promover "condições de trabalho ambientalmente saudáveis e seguras para, no marco de um desenvolvimento sustentável, possibilitar a melhoria da qualidade de vida, o bem-estar social e a geração de emprego", "incentivar a pesquisa científica e o desenvolvimento de tecnologias limpas" e "promover o uso de instrumentos econômicos de apoio à execução das políticas para a promoção do desenvolvimento sustentável e a proteção do meio ambiente".

Como se verifica, o Acordo-Quadro externou a preocupação da conjugação do cenário ambiental com o econômico, da formulação de ações que sejam ambientalmente adequadas sob o viés do bem-estar social com a melhoria de qualidade e geração de emprego e, ainda, da importância do desenvolvimento de tecnologia e inovação estatal.

Caso não compreendido que o TRIMS é inaplicável pelo fato de o Brasil integrar o MERCOSUL, consoante precedente do caso *Canada – Renewable Energy*, pode-se aventar possível incompatibilidade das normas do TRIMS com tais políticas regulatórias, porém não se pode esquecer que o Brasil adota, conforme orientação do Supremo Tribunal

---

[997] Esse acordo foi celebrado sob os motivos de: (i) necessidade de participação da sociedade civil na proteção do meio ambiente e na utilização sustentável dos recursos naturais; (ii) indispensabilidade de cooperação para a proteção do meio ambiente e para a utilização sustentável dos recursos naturais em busca da melhoria da qualidade de vida e o desenvolvimento econômico, social e ambiental sustentável; (iii) existência de cooperação para promover e apoiar a implementação em matéria ambiental; (iv) reafirmação dos preceitos do desenvolvimento nacional sustentável preconizados na Agenda 21; e (v) imperiosidade de políticas comerciais e ambientais para que o MERCOSUL assegure o efetivo desenvolvimento nacional sustentável.

Federal, a teoria dualista moderada, o que impõe a leitura do acordo em conformidade com a Constituição.

Por conseguinte, examinando as normas constitucionais aplicáveis à espécie, o Acordo TRIMS e o dever-poder de aplicar políticas regulatórias na área da ciência, tecnologia e inovação, dessume-se que é dever do Brasil denunciar o TRIMS ou, no mínimo, requerer novamente a sua reforma imediata. A falta de proteção do mercado nacional em tais segmentos majorará as desigualdades sociais e arrefecerá o desenvolvimento nacional, repercutindo diretamente em prejuízos a todos os cidadãos com a diminuição das condições mínimas de sobrevivência, o que é completamente pernicioso à dignidade da pessoa humana.

Sob a mesma *ratio decidendi*, somado ao fato de haver expressa previsão de possíveis derrogações, pode-se advogar que a função regulatória em sede de contratos públicos para a promoção do desenvolvimento científico, tecnológico e científico determinará cláusulas e condições especiais a seu favor, mesmo nas licitações internacionais que estejam amparadas pela Convenção das Nações Unidas para os Contratos de Compra e Venda Internacional de Mercadorias, inclusive sob o amparo do Compromisso Internacional acerca da Agenda 2030 para o alcance dos dezessete objetivos de desenvolvimento sustentável.

Imperioso destacar que sequer a recente Lei da Liberdade Econômica, Lei nº 13.874, de 20 de setembro de 2019, poderá servir de empecilho para o raciocínio alinhavado. A legislação em comento elencou como princípios (i) a liberdade como uma garantia no exercício de atividades econômicas; (ii) a boa-fé do particular perante o poder público; (iii) a intervenção subsidiária e excepcional do Estado sobre o exercício de atividades econômicas; e (iv) o reconhecimento da vulnerabilidade do particular perante o Estado.

Ainda, prescreveu que é dever da Administração Pública e das demais entidades que se vinculam à dita lei, no exercício de regulamentação de norma pública pertencente à legislação sobre a qual essa lei versa, exceto se em estrito cumprimento à previsão explícita em lei, evitar o abuso do poder regulatório de maneira a, indevidamente, entre outros, (i) criar reserva de mercado ao favorecer, na regulação, grupo econômico ou profissional, em prejuízo dos demais concorrentes; (ii) redigir enunciados que impeçam a entrada de novos competidores nacionais ou estrangeiros no mercado; e (iii) aumentar os custos de transação sem demonstração de benefícios.

Apesar dessas previsões, não se pode interpretar uma nova lei nem seus trechos isoladamente, bem como sem o seu controle de validade e conformação junto à Constituição da República Federativa. Por tais motivos e no exercício da hermenêutica constitucional, dessume-se que: a regulação estatal é imprescindível para garantir o mercado nacional na seara de ciência, tecnologia e inovação consoante apregoa a Constituição; a atuação estatal clara e justificada para direcionar e incentivar tais vetores por meio das compras públicas diminuirá custos de transação, e não aumentará; e, como asseverado alhures, a previsão normativa desencadeará uma reserva legítima (interesse público primário) sob os olhos dos fundamentos e dos objetivos fundamentais do Estado.

Finalmente, não se desconhece que o Brasil, enquanto signatário do TRIMS ou do CISG ou de qualquer outro tratado, poderá receber represálias e condenações; todavia, ao mesmo tempo, não se pode esquecer de que a missão constitucional prescreve sempre como fundamento e objetivo primordial a construção da sociedade livre, justa e solidária, bem como a busca do desenvolvimento nacional e a diminuição das desigualdades sociais, as quais devem ser preponderantes em comparação com qualquer critério econômico para o alcance das melhorias das condições dos brasileiros.

5.2 A relação custo-benefício para a regulação estatal nas compras públicas inovadoras conforme ferramentas da Análise Econômica do Direito

A atuação estatal que venha a direcionar e fomentar as compras públicas inovadoras deve ser obtemperada levando-se em consideração o custo *versus* benefício, sob o viés da Análise Econômica do Direito, para averiguar a sua legitimidade, ou não, de propósitos. Legitimidade não quer dizer unanimidade, pois, como já se observou e adiante se apreenderá, existem críticas favoráveis e contrárias. O intuito deste momento é entender o contexto socioeconômico mundial de intervenção estatal via contratos públicos para, então, avaliar a sua pertinência, inclusive contrastando com as teses contrárias.

5.2.1 O Estado como protagonista para o sucesso da economia nacional

As riquezas ainda são mensuradas pelo cômputo de quantidade de moedas ou de bens potencialmente dimensíveis; com isso, pode-se dizer que tal país tem mais ou menos riquezas frente a outro. Essa perspectiva está ultrapassada porque, em primeiro lugar, existem vários bens que não são aritmeticamente calculáveis, como a natureza ou a própria tecnologia, e, em segundo, a informação e seu uso no hodierno mundo também não se convertem imediatamente em alguma cifra pecuniária.

Apesar de todos os esforços para a quantificação, não se visualiza factível orçar com precisão o montante de tais bens ou objetos. Abre-se parêntese para ponderar que o homem tem intentado sempre avaliar o impacto da depreciação ou da perda de um recurso natural; porém, esse trabalho tem sido mais apropriado em situações de perda ao revés de casos de convivência.

Uma coisa é perder uma árvore por ter sido destruída ou pela emissão de poluentes em um veículo; outro ponto, que geraria uma completude apesar da complexa tarefa, seria a apuração de quanto significaria de perda para o Estado e para a sociedade a morte de uma árvore medindo para o meio ambiente em geral (quanto representaria para o bosque, para os pássaros ao seu redor, prejuízo para a fauna e para o auxílio no ciclo do ar e do clima, se a sua falta poderia desencadear o aparecimento ou desaparecimento de um predador e, com isso, a transcendência de uma doença a ser transmitida para o ser humano pela mudança do *habitat* natural de algum outro ser animal etc.).

O mesmo se dá com a informação e o conhecimento em si, seja científico, tecnológico e inovativo, pois não se sabe se a informação será explorada adequadamente de acordo com o seu potencial e qual será o seu impacto no universo, local ou global, de fornecedores, a depender de como será concretizada e comercializada.

O dito conhecimento pode ser tanto de habilidades tácitas e automáticas, como operar uma máquina, mas também poderá ser aquele envolvido com uma descoberta científica, de inovação ou tecnológica, como provar um novo teorema, projetar um novo combustível, diminuir a perda de dissipação de energia ou qualquer outro exemplo.[998]

Países com elevado crescimento e desenvolvimento nas últimas três décadas têm trabalhado a partir de "projetos desenvolvimentistas" que merecem observações em face da virtuosa relação entre Estado, economia e sociedade.

A primeira é de que Japão, Coreia, Taiwan e Cingapura tiveram taxas elevadas de crescimento econômico, e os investimentos públicos impulsionaram majorações rápidas nos níveis de educação e melhorias na saúde pública. Contudo, tais ascensões mereceram uma dita "segunda onda", a qual apregoou uma inovação institucional com investimento em infraestrutura moderna, aliada a subsídios e proteção contra a concorrência externa.

O auxílio estatal à sociedade local propicia uma capacidade industrial internacionalmente competitiva, respeitada a "presença de burocracias estatais capazes e coerentes, construídas em carreiras meritocráticas de recrutamento e serviço público, oferecendo recompensas de longo prazo proporcionais àquelas disponíveis no setor privado". Tais características desembocaram num crescimento mais rápido, como se observa no Leste da Ásia e em outros países em desenvolvimento. O segredo estaria no revisitar (reinventar) sempre a triangulação entre Estado, economia e sociedade, já que a dinamicidade do tempo e das necessidades tem variado em período curto, sempre respeitando a importância do papel do Estado na economia de mercado, de modo a evitar qualquer distorção ou postura predatória entre os operadores econômicos.[999]

É claro que os sistemas de vida econômica e os de vida política estão relacionados, porém não se quer dizer que uma dada linha econômica somente sobrevive a partir de um modelo político.[1000] É só visualizar que o capitalismo, como uma forma de vida econômica, já sobreviveu em ditaduras de direita (Chile, com Pinochet), ditaduras de esquerda (China atual), monarquias social-democráticas (Suécia) e repúblicas plutocráticas (Estados Unidos).[1001]

De qualquer forma, independentemente do modelo político, a assunção pelo Estado de qual é o seu papel é condição *sine qua non* para o sucesso da economia no mercado nacional. Desde a regulamentação da moeda, controle de *commodities*, ajustes normativos sobre a mão de obra, políticas de educação, de tecnologia, de inovação, de ciência, entre outros, representam ações provenientes de políticas visando ao bem-estar social, sendo

---

[998] DOSI, Giovanni; ORSENIGO, Luigi; LABINI, Mauro Sylos. Technology and the Economy. *In*: SMELSER, Neil J.; SWEDBERG, Richard. *The handbook of economic sociology*. 2. ed. New Jersey: British Library. p. 678-702, p. 685.

[999] BLOCK, Fred; EVANS, Peter. The State and the Economy. *In*: SMELSER, Neil J.; SWEDBERG, Richard. *The handbook of economic sociology*. 2. ed. New Jersey: British Library. p. 505-526, p. 509-510. Tais autores ainda descrevem à fl. 511 que: "A comparação entre os dois maiores países do mundo – a China e a Índia – sublinha em que medida os países em desenvolvimento e em transição produzem lições comuns. Em ambos os casos, o tamanho e os aparelhos de Estado relativamente robustos (se não ágeis) permitiram uma adaptação parcial ao liberalismo do mercado global e melhoraram seu desempenho econômico como resultado" (tradução livre).

[1000] De forma um pouco diferente, vide: "*La realidad económica es, en su esencia, un problema de poder. Aparentemente, el mundo político no tiene relación con este complejo mundo económico. Nada menos cierto. Todo sistema económico ha de estar basado en un determinado conjunto de directrices y principios que sean unánimemente aceptados por los agentes económicos. Lo contrario supondría el caos. Estas reglas, estas directrices, conforman lo que podríamos llamar constitución económica en sentido material*" (VERA, José Bermejo. *Derecho administrativo (parte especial)*. 6. ed. Navarra: Editorial Aranzadi (Thomson Civitas), 2005. p. 823).

[1001] MARCO, Manuel Sanchis i. Reseña de J. A. Schumpeter, Capitalismo, socialismo y democracia. La torre del Virrey. *Revista de Estudios Culturales*, n. 18, 2015/2, p. 1-8, p. 8.

que a relação entre Estado, mercado e sociedade deve estar bastante transparente e estável, alvitrando que os integrantes desta devem assumir os seus postos de atores econômicos e atores políticos – não sendo admissível para o êxito dessa relação uma inércia ou inação.[1002]

5.2.2 A concessão de benefícios e preferências para objetos nacionais ou para aqueles que investem no mercado nacional

Conceder benefícios e preferências para objetos nacionais ou para aqueles que investem no mercado nacional é indubitavelmente um tema que remonta sobre os efeitos de uma restrição de mercado, o que poderia gerar um monopólio, oligopólio ou algum movimento de colusão. Discorrer que o monopólio ou oligopólio pode gerar um preço maior para o consumidor dependerá da possibilidade ou não de competição, bem como de possível interferência estatal no controle de preços.[1003]

Prefacialmente, imperioso realçar que não se tolera e nem se aquiesce que o Estado venha a operar com preços tabelados de produtos, serviços ou obras como de cumprimento obrigatório, salvo em situações excepcionalíssimas, como é o caso de monopólio natural ou monopólio normativo, porém nada impede que haja regulação de parâmetro de preços para o consumidor.[1004]

Contudo, o monopólio ou oligopólio poderá ser originado a partir da criação e inovação de algum objeto ou método por uma dada empresa, o que não vislumbra qualquer motivo para o Estado interferir. Não há dúvidas de que o agente inovador se aproveitará da sua inovação para obter vantagens ante os seus concorrentes, algo que é natural e merecido, do ponto de vista meritocrático, de ter obtido sucesso na inovação.[1005] Logo, qualquer medida estatal intervindo serviria de um grande desincentivo à inovação.[1006]

[1002] BLOCK, Fred; EVANS, Peter. The State and the Economy. *In*: SMELSER, Neil J; SWEDBERG, Richard. *The handbook of economic sociology*. 2. ed. New Jersey: British Library. p. 505-526, p. 506.

[1003] Em excepcional livro, Luciana Yeung e Bradson Camelo explicam que, "em comparação ao equilíbrio de mercado competitivo, o 'equilíbrio' de uma empresa com poder de mercado (monopolista, oligopolista ou de concorrência monopolística) cobra preços mais altos e vende/produz quantidades menores" (YEUNG, Luciana; CAMELO, Bradson. *Introdução à Análise Econômica do Direito*. 2. Ed. São Paulo: Juspodivm, 2004. p. 71).

[1004] Assim como é em comum feito pelas agências reguladoras no Brasil. Vide, *verbi gratia*, a Agência Nacional de Petróleo.

[1005] "A inovação é, por inúmeras razões, custosa. É preciso desenvolver aperfeiçoamentos técnicos e fazer testes para assegurar a viabilidade do novo produto. É preciso atrair a atenção dos consumidores para esse novo produto. O inovador pode se enganar a respeito da atração que seu produto terá sobre os consumidores e, além disso, incorre em custos. O empreendedor que, com sucesso, enfrenta todas essas dificuldades imagina ter o direito de obter remuneração superior à normal. Como serão financiados (ou compensados) seus custos? (...) Ocupa um 'nicho' de mercado em que pode se comportar como monopolista e, dessa forma, obter lucros excepcionais. Sua posição privilegiada é, entretanto, precária. O só fato de auferir lucros excepcionais atrai concorrentes para seu nicho, o que faz deslanchar uma tendência à redução dos lucros como descrito acima. O monopólio temporário tem a peculiaridade de ser, a todo momento, contestável pela entrada de concorrentes" (MACKAAY, Ejan; ROUSSEAU, Stéphane. *Análise econômica do direito*. Tradução: Rachel Sztajn. 2. ed. São Paulo: Atlas, 2015. p. 112-113).

[1006] Até porque, a depender do tipo de inovação, o sistema jurídico habitualmente já conservará ao seu autor garantias para explorar por determinado período com exclusividade ou vantagem em razão dos direitos de propriedade intelectual, além daquelas situações em que não haverá qualquer óbice para uma inovação similar, porém o arranjo criativo para a confecção de algo no mesmo sentido demandará tempo, o que será uma vantagem justa ao inovador. Por isso, "(...) *para crecer no sea suficiente con innovar, necesitamos también recompensas apropiadas al esfuerzo en invención e innovación mediante un sistema jurídico que permita a los innovadores e investigadores el control efectivo de sus innovaciones, y que restrinja parcialmente su uso mediante derechos de propiedad intelectual (copyright,*

Os efeitos do preço em uma situação de competitividade baixa são causados pela baixa disponibilidade do objeto ao mercado ou por questões de excesso de procura e oferta limitada.

Como salienta Joseph Schumpeter, a partir do momento em que o empreendedor possui métodos superiores aos concorrentes ou estes não possuem forma de usar métodos similares por impossibilidade fática ou jurídica (*v.g.*, inviabilidade de produzir a curto prazo uma máquina para novos produtos), há um afastamento de posição que antepara possível competição por "alargar a esfera de influência dos cérebros privilegiados e diminuir a dos inferiores, ou porque o monopólio possui uma situação financeira desproporcionalmente mais alta".

Isso, por sua vez, desencanta numa vantagem da firma favorecida que "não consiste tanto na oportunidade de agir temporariamente de acordo com o esquema monopolista, mas na proteção que consegue contra a desorganização temporária do mercado e o espaço de tempo que garante para um planejamento a longo prazo".[1007] Justamente por esse raciocínio, a partir do momento em que o Estado intervém e permite uma condição diferenciada para produtos ou fornecedores locais que preencham alguns requisitos, não poderá assentar a viabilidade de tais benesses serem concedidas de maneira perpétua.[1008]

Para evitar frustração à competição e se atingir a finalidade de privilegiar aqueles que estão investindo no mercado nacional, é preciso que a concessão de prerrogativas e benefícios seja outorgada por determinado lapso temporal.

Deve servir como um empurrão estatal (ou *nudge*, como é denominada atualmente essa forma de impulso ao comportamento)[1009] para que os fornecedores se adaptem. As pessoas em geral reagem a incentivos. Como dito por Luciana Yeung e Bradson Camelo,

---

patentes, etc.) que les confiera rentas de monopolio con carácter temporal" (MARCO, Manuel Sanchis i. Reseña de J. A. Schumpeter, Capitalismo, socialismo y democracia. La torre del Virrey. *Revista de Estudios Culturales*, n. 18, 2015/2, p. 1-8, p. 6).

[1007] SCHUMPETER, Joseph A. *Capitalismo, Socialismo e Democracia*. Tradução: Ruy Jungman. Rio de Janeiro: Editora Fundo de Cultura, 1961. p. 130-132.

[1008] Sob este raciocínio de evitar o uso de uma política pública em caráter perpétuo ou até de forma impensada ou sem avaliação periódica para saber se deva continuar ou não, vide as críticas existentes sobre as vantagens concedidas ao setor de refrigerantes na Zona Franca de Manaus: GONÇALVES, Oksandro. Os incentivos tributários na Zona Franca de Manaus e o desequilíbrio concorrencial no setor de refrigerantes. *Economic Analysis of Law Review*, v. 3, p. 72-94, 2012; RIKER, Jamarian Cota; JORDÃO, Jorge Luiz; FONSECA, Norma Cristina da Silva; RIBEIRO, Rizelda de Souza; SOUZA, Arnaldo Donisete de. Zona Franca de Manaus: Avaliação dos fatores e atratividade de investimentos do subpolo de duas rodas em Manaus. *Revista Eletrônica Mutações*, jan./jun. 2006, p. 67-88; RIBEIRO, Marcelo Miranda; GONÇALVES, Oksandro. Tributação e desenvolvimento regional: uma análise econômica dos benefícios fiscais concedidos para empresas instaladas na Zona Franca de Manaus e a guerra fiscal entre estados. *Revista Pensar (UNIFOR)*, v. 20, p. 376-429, 2015; GONÇALVES, Oksandro; BITTENCOURT, Mauricio; NETO, João; JUNIOR, Weimar; JUNIOR, Carlos; JAMES, Carlos Pereira Dutra; DEUD, Maria; KOBUS, Renata; VIEIRA, João. Zona Franca de Manaus: desequilíbrio concorrencial no setor de bebidas. *In*: RIBEIRO, Marcia Carla Pereira; ROCHAR JR., Weimar Freire (org.). *Concorrência e tributação no setor de bebidas frias*. Belo Horizonte: Fórum, 2011. p. 101-131; STARKE, Felipe; RIBEIRO, Marcia Carla Pereira. Eficiência e concentração empresarial: o caso do setor de bebidas frias. *In*: CLARK, Giovani; OPUSZKA, Paulo Ricardo; SILVA, Maria Stela Campos da (org.). *Direito e Economia*. 1. ed. v. I. Florianópolis: CONPEDI, 2014. p. 225-251. Tal assunto da Zona Franca de Manaus e possibilidade ou não dos suscitados benefícios foram objeto de julgamento pelo Supremo Tribunal Federal no Recurso Extraordinário nº 596.614.

[1009] Vide THALER, Richard H.; SUNSTEIN, Cass R. *Nudge*. Tradução: Ângelo Lessa. São Paulo: Objetiva, 2018. "Esse *nudge*, na nossa concepção, é um estímulo, um empurrãozinho, um cutucão; é qualquer aspecto capaz de mudar o comportamento das pessoas de forma previsível sem vetar qualquer opção e sem nenhuma mudança significativa em seus incentivos econômicos. Para ser considerada *nudge*, a intervenção deve ser barata e fácil de evitar. Colocar as frutas em posição bem visível é um exemplo de *nudge*. Simplesmente proibir a *junk food*, não."

"quando o Estado decide implementar uma nova lei, ou o judiciário decide julgar de uma ou de outra maneira, essas novas regras normativas tornam-se incentivos para os agentes racionais, que decidirão como irão se comportar perante essa nova norma. Essa lógica explica integralmente a relação entre o mundo jurídico e o comportamento de um agente racional".[1010]

De duas uma: ou as empresas e os empreendedores se ajustam para aproveitar a vantagem de trabalhar com esse robusto fornecedor que é o Estado, ou ficam marginalizados por um período dessa oportunidade. De toda forma, a necessidade e a procura são coisas diferentes e, por isso, devem receber um tratamento respectivo para tanto.[1011]

Não quer dizer que porque existe necessidade do consumo que haverá a procura pelos consumidores. Basta avaliar que, num país pobre, a necessidade existe, porém a procura não se equivale justamente pelo fato de o poder de compra ser menor. Assim sendo, torna-se imperiosa a preocupação do Estado quanto ao modo de como os seus fornecedores agem para escopos que lhe importam como desenvolvimento científico, inovativo, tecnológico ou ambiental. Consectariamente à sua postura em compras públicas a partir de um incentivo ou de uma direção, os demais consumidores também serão impactados. A dita destruição criativa de Schumpeter ajudará a visão dinâmica da economia, diferenciando-se do marginalismo ou de qualquer ideia de economia estática.[1012]

5.2.3 A contratação pública e o impacto na concorrência

Por toda essa relação, não se pode estudar a contratação pública sem avaliar o seu impacto na concorrência. A própria inovação está atrelada à concepção dinâmica da concorrência, que, por sua vez, "tem consequências importantes para o papel do Estado na sua manutenção, quer dizer, para o direito da concorrência".[1013]

Seja pela interferência direta ou por intermédio dos auxílios, faz-se necessário que sejam comensurados tais atos estatais diretos ou por ele suportados. Desde a insuficiente apreciação em geral das normas relativas ao controle de ajuda do Estado até a própria permissividade de contratação de operadores econômicos com preços excessivos ou demasiadamente baixos, perpassando pela mais recente abordagem sobre o controle

1010 YEUNG, Luciana; CAMELO, Bradson. *Introdução à Análise Econômica do Direito*. 2. ed. São Paulo: Juspodivm, 2004. p. 41.

1011 SCHUMPETER, Joseph A. *Capitalismo, Socialismo e Democracia*. Tradução: Ruy Jungman. Rio de Janeiro: Editora Fundo de Cultura, 1961. p. 144.

1012 MARCO, Manuel Sanchis i. Reseña de J. A. Schumpeter, Capitalismo, socialismo y democracia. La torre del Virrey. *Revista de Estudios Culturales*, n. 18, 2015/2, p. 1-8, p. 5. Acerca do papel da regulação nas compras públicas inovadoras, María del Carmen Sánchez Carreira e María Concepción Peñate Valentín elencam três dimensões-chave: (i) existência de flexibilidade para que a empresa possa ter opções para cumprir e se beneficiar da regulação ou não; (ii) o grau de exigência requerida pelo poder público para orientar os operadores econômicos; e (iii) ótima qualidade de informação entre o Estado e os agentes para arrefecer as assimetrias (SÁNCHEZ CARREIRA, María del Carmen; PEÑATE VALENTÍN, María Concepción. El papel de la regulación en la compra pública innovadora: relevancia y limitaciones. *Cuaderno de Electrónico de Estudios Jurídicos*, n. 5, 2015-2016, p. 35-68, p. 43 e seguintes).

1013 MACKAAY, Ejan; ROUSSEAU, Stéphane. *Análise econômica do direito*. Tradução: Rachel Sztajn. 2. ed. São Paulo: Atlas, 2015. p. 114.

nas empresas estatais e pela possibilidade de empresas público-privadas, vislumbra-se uma baixa preocupação estatal.[1014]

A livre concorrência revela-se como um fator de elevada preocupação, ainda mais em países desenvolvidos, já que suas empresas competem no mercado interno e externo, fazendo com que o Estado se preocupe com o ambiente nacional propício e uma pauta de relações internacionais em que a não discriminação prevaleça.[1015] Por isso, a livre concorrência é tão difundida em tais países a partir da garantia das seguintes liberdades: a) acesso ao mercado pelos agentes econômicos; b) exercício ou permanência no mercado; e c) permissão para cessação ou saída de mercado.[1016]

Especificamente nas licitações, além dos preços, comportamentos "anormais" e ilegais de fornecedores podem comprometer a concorrência efetiva no mercado, como nos casos de abuso do comprador público com a agrupação do poder de compra, critérios restritivos de competitividade, compras com volumes significativos, entre outros comportamentos colusórios.[1017]

Mas será que existe diferença entre o operador público e o privado?

No âmbito da União Europeia, o caso FENIN (*Federación Nacional de Empresas de Instrumentación Científica, Médica, Técnica y Dental*) e o caso Van Eycke expõem, respectivamente, que não haveria violação aos artigos 101 e 102 do Tratado de Funcionamento da União Europeia e que: (i) poderia acontecer uma exceção a respeito das regras de concorrência quando uma compra pública for fundamentada na ideia de exercício de

[1014] SÁNCHEZ GRAELLS, Albert. Reflexiones críticas em torno a la disciplina del comportamiento de mercado del comprador público. *In*: FERNÁNDEZ ACEVEDO, Rafael; VALCÁRCEL FERNÁNDEZ, Patricia (dir.). *La contratación pública a debate*: presente y futuro. Navarra: Civitas, 2014. p. 275-298, p. 279-281.

[1015] "Concorrência é processo contínuo no qual os empresários, mediante recurso a uma gama infinita de estratégias, entre as quais preços, serviços, inovações em matéria de produção, de gestão e de oferta ao mercado, procuram e tentam, em seu benefício, realizar combinações de clientes e produtos que lhes deem vantagens sobre outros empresários que os clientes percebem como concorrentes. O processo de concorrência faz emergirem possibilidades até então ignoradas. A introdução de inovações, e sua aceitação pelos consumidores, permitem descobrir o que estes, os últimos, procuram e o que os fornecedores podem lhes oferecer ao preço que sejam capazes de pagar. Não se trata de simples declarações de intenção, mas de possibilidades realistas" (MACKAAY, Ejan; ROUSSEAU, Stéphane. *Análise econômica do direito*. Tradução: Rachel Sztajn. 2. ed. São Paulo: Atlas, 2015. p. 114).

[1016] Pode-se falar em duas vertentes para o direito à empresa: "*Vertiente institucional, se garantiza objetivamente la libertad empresarial como regla para el mantenimiento del sistema de economía social de mercado. (....) en su vertiente individual, se reconoce como un derecho subjetivo que (...) se configura como aquel que asiste a todo ciudadano a participar libremente, mediante la utilización de recursos privados, en la creación, dirección y administración de organizaciones individuales o societarias encaminadas a la protección de bienes y servicios y a un intercambio en el mercado*" (BERMEJO VERA, José. *Derecho administrativo (parte especial)*. 6. ed. Navarra: Editorial Aranzadi (Thomson Civitas), 2005. p. 811-812 e 814-822).

[1017] SÁNCHEZ GRAELLS, Albert. Reflexiones críticas en torno a la disciplina del comportamiento de mercado del comprador público. *In*: FERNÁNDEZ ACEVEDO, Rafael; VALCÁRCEL FERNÁNDEZ, Patricia (dir.). *La contratación pública a debate*: presente y futuro. Navarra: Civitas, 2014. p. 275-298, 281-283.

uma atividade puramente social;[1018] e (ii) poderia afastar as regras de antitruste nos casos em que o Estado estiver na condição ou tiver delegado alguma potestade pública.[1019]

Com efeito, as compras públicas acabam originando repercussão no âmbito concorrencial, ainda que tais decisões antigas tenham afastado parcialmente o regime da liberdade concorrencial e seus privilégios, como anteriormente apontado. Ademais, é mister ponderar que as ajudas em geral do Estado também deverão ser valoradas sobre a sua viabilidade ou não ante as regras de competição empresarial.[1020]

Para o Tribunal de Justiça da União Europeia e em conformidade com a Lei de Funcionamento da União Europeia, bem como com a legislação brasileira, faz-se inexorável que haja uma avaliação crítica para averiguar se a medida analisada falseará a concorrência ou não.[1021] Por isso, qualquer atuação estatal de direcionamento ou de fomento deverá ser devidamente justificada e não poderá representar uma duplicidade desnecessária e desproporcional para um certo setor ou área de operadores econômicos.

5.2.3.1 A apreciação pelo direito econômico e o uso do instrumental da Análise Econômica do Direito

A ponderação das compras públicas sob o enfoque concorrencial pode ser examinada pelo direito econômico e, inclusive, utilizando o instrumental da Análise Econômica do

---

[1018] "Por conseguinte, sempre que uma entidade compra um produto, mesmo quando o faz em grande quantidade, não para oferecer bens ou serviços no âmbito de uma actividade económica, mas para o usar no âmbito de outra actividade, por exemplo, uma actividade de natureza puramente social, essa entidade não actua como uma empresa pela sua simples qualidade de comprador num mercado. Embora, de facto, tal entidade possa exercer um poder económico muito importante, que poderia eventualmente dar lugar a uma situação de monopsónio, não deixa de ser verdade que, na medida em que a actividade para cujo exercício ela compra tais produtos não possui natureza económica, essa entidade não actua como uma empresa na acepção das regras comunitárias em matéria de concorrência, não estando, por isso, abrangida pelas proibições previstas nos artigos 81.º, n. 1, CE e 82.º CE" (Tribunal de Justiça da União Europeia, Processo T-319/99, Acórdão 4 de março de 2003, Disponível em: https://eur-lex.europa.eu/legal-content/PT/TXT/PDF/?uri=CELEX:61999TJ0319&from=DE. Acesso em: 17 mar. 2019).

[1019] *"Por tanto en la medida en que el comprador público no imponga un comportamiento anticompetitivo a los licitadores (o refuerce los efectos de la colusión entre licitadores), ni delegue ningún tipo de potesta decisoria o reguladora a operadores privados, la doctrina de la acción pública resulta igualmente inoperativa en la inmensa mayoría de los casos de contratación pública. Pero, incluso en casos en que la conducta del comprador público ha facilitado o reforzado la colusión entre licitadores, las autoridades de competencia se muestran especialmente reacias a investigar y sanciones este comportamiento"* (SÁNCHEZ GRAELLS, Albert. Reflexiones críticas en torno a la disciplina del comportamiento de mercado del comprador público. *In*: FERNÁNDEZ ACEVEDO, Rafael; VALCÁRCEL FERNÁNDEZ, Patricia (dir.). *La contratación pública a debate*: presente y futuro. Navarra: Civitas, 2014. p. 275-298, p. 283-284).

[1020] Considera-se ajuda quando, de algum modo, venha a diminuir as obrigações que um empresário tem que suportar de maneira geral e também aquelas que originem o mesmo escopo, sendo que poderão se dar por meio de isenções de impostos e taxas, isenções e taxas parafiscais, bonificações de juros, fornecimentos de bens ou qualquer outra medida similar, entre outros. Nesta diretriz, José Bermejo Vera explica que: *"En cualquier caso, estas medidas, para resultar contrarias al Tratado de la Unión, deben originar un efectivo falseamiento de la competencia, de tal manera que, si se dan las condiciones previstas por el Tratado, estas medidas de fomento del desarrollo económico pueden resultar compatibles en un mercado único"* (BERMEJO VERA, José. *Derecho administrativo (parte especial)*. 6. ed. Navarra: Editorial Aranzadi (Thomson Civitas), 2005. p. 939).

[1021] "Na União Europeia, a concorrência é geralmente entendida como um meio de concretizar a construção do mercado interno. (...) A integração económica é, nesta perspectiva, alcançada pela defesa da concorrência e, igualmente, por intermédio das liberdades de circulação. É justamente aqui que se verificar que o direito da concorrência, tendo um âmbito de aplicação transversal, cruza-se com o direito da contratação pública. O direito da concorrência e o direito da contratação pública derivam de uma lógica idêntica, a qual considera que contratos públicos celebrados de harmonia com o princípio da concorrência e respeitando o direito da concorrência produzem benefícios para a economia e para a sociedade (aqui entendidos, a final, como consumidores e contribuintes)" (RODRIGUES, Nuno Cunha. *A contratação pública como instrumento de política econômica*. Coimbra: Almedina, 2015. p. 326).

Direito. A nomenclatura de direito econômico, direito público da economia ou direito da economia já gera um debate.[1022]

Pode-se defini-lo, segundo José Pedro Fernandes, como um ramo do direito que disciplina a organização e a atividade econômica ou as situações, instituições e fatos jurídicos que instruem "a vida e a experiência juseconômica" ou a "disciplina da ciência do direito que estuda uma e outra destas realidades".[1023]

Luís S. Cabral de Moncada delimita o direito econômico como "o direito público que tem por objetivo o estudo das relações entre os entes públicos e os sujeitos privados, na perspectiva da intervenção do Estado na vida econômica", pautando, dessa maneira, o seu critério a partir da atuação estatal interventiva.[1024]

De forma um pouco diferente, Mário André Machado Cabral recomenda que o direito econômico em países como o Brasil tem primordial função de superar o subdesenvolvimento, além de regular os comportamentos dos agentes privados e do Estado, salientando que o subdesenvolvimento não é um estágio de um processo, mas fenômeno autônomo.[1025]

Como se verifica, independentemente da possível definição, trata-se de um ramo que busca a interdisciplinaridade entre direito e economia.[1026] Entre as suas características, pode-se transluzir a interação entre tais searas de conhecimento e que trata de conceitos concretos (conceito de fatos).

Mais um motivo para estudar a interface entre o direito da concorrência e o direito da contratação pública, já que três pontos enfocam maior atenção: (i) articulação

---

[1022] "Apesar dos diferentes *nomen juris* referidos pela doutrina a propósito deste ramo do Direito (Direito da Economia; Direito Económico e Direito Público da Economia), preferimos Direito da Economia a Direito Económico pela maior abrangência que a primeira expressão proporciona e pelo rigor que abraça ao descrever a intersecção das normas visadas pelo estudo deste ramo do direito com a economia" (RODRIGUES, Nuno Cunha. *A contratação pública como instrumento de política econômica.* Coimbra: Almedina, 2015. p. 26). Além disso, salienta que nem todos os autores concordam com a ideia de direito da economia e direito econômico serem conceitos equivalentes, como Luiz Carlos Barnabé de Almeida admoesta que, para o seu raciocínio, direito da economia "é quando se faz uma norma com objetivo de administrar um conflito causado pela escassez. É o direito aplicável a todas as matérias em que entram a noção de economia, ou seja, de escassez". Já direito econômico é o "ramo das ciências jurídicas que tem como objeto o processo de juridicização da política econômica" (ALMEIDA, Luiz Carlos Barnabé de. *Introdução ao direito econômico*: direito da economia, economia do direito, direito econômico, *law and economics*, análise econômica do direito, direito econômico internacional. 4. ed. São Paulo: Saraiva, 2012. p. 104-105).

[1023] Ainda posteriormente descreve direito da economia como "expressão da intervenção (no mais lato sentido) do Estado na atividade económica (ou restritamente da direção da economia pelo Estado); ou, de outra forma, contém um conjunto de regras limitativas da liberdade económica. A partir desta ideia, diversas concretizações surgem: o Direito da Economia como conjunto de normas que na prática excutam juridicamente a política económica; a limitação da direcção económica pelo Estado, ou a formalização dessa direção (em sentidos opostos); ou a expressão jurídica do equilíbrio entre intervenção (direcção) da economia pelo Estado e garantias das pessoas e dos grupos (particulares) perante essa intervenção" (FERNANDES, José Pedro. *Dicionário Jurídico da Administração Pública.* Lisboa: Narcisio Correia, 1991. p. 45-46).

[1024] MONCADA, Luís S. Cabral de. *Direito Económico.* 6. ed. Coimbra: Coimbra Editora, 2012. p. 15.

[1025] CABRAL, Mário André Machado. *Subdesenvolvimento e estado de exceção.* Rio de Janeiro: Lumen Juris, 2018. p. 3 e 14.

[1026] As características do direito econômico são: restrição do formalismo jurídico e constante interação funcional entre economia e direito; predomínio ou maior peso relativo de fato na previsão da norma de direito da economia (conceitos de fatos), mobilidade acentuada do corpo de normas jurídicas, caráter concreto (e até mesmo casuístico em alguns casos), declínio das fontes tradicionais do direito (aparecimento de novas fontes ou formas de produção jurídica, como, *v.g.*, lei-programa, acto-incentivo, consensualidade e contratualismo crescente, etc.), crise da imperatividade, crise da generalidade, grandes variações de regimes jurídicos estruturais de acordo com a época histórica e estrutura econômico-social do país, predomínio da metodologia indutiva e da interdisciplinaridade no estudo científico e uma certa especialidade em matéria principiológica (FERNANDES, José Pedro. *Dicionário Jurídico da Administração Pública.* Lisboa: Narcisio Correia, 1991. p. 54-55).

existente entre os seus objetos; (ii) necessidade de apuração de violação do direito da concorrência no contexto da contratação pública e como o Estado deverá repreender e prevenir tais infrações; e (iii) em que medida a prossecução de políticas horizontais poderá confrontar com o direito da concorrência.[1027]

Com efeito, tendo em vista mercados perfeitamente competitivos, os Estados procuram realizar a despesa pública ao menor custo possível e, se possível, com base na preferência doméstica e na aquisição, considerando o pretenso aumento de bem-estar nacional.

Um dos pontos que chama a atenção para saber como e em que medida deverá o Estado atuar é se está diante de uma economia perfeita ou uma economia imperfeita. A economia perfeita reúne as seguintes características: "A atomicidade da oferta e da procura, a inexistência de obstáculos à entrada e saída; a substituibilidade total dos produtos e a existência de informação perfeita, livre e gratuita entre todos os agentes".[1028] Já na concorrência imperfeita, que se encaixa na situação em geral do Brasil, a redução da despesa pública e a aquisição doméstica podem gerar a restrição do bem-estar social pela diminuição de renda interna gerada, o que determina uma análise caso a caso para saber se é viável e em qual medida uma atitude discriminatória em sede de compras públicas.[1029]

Pela ideia de concorrência imperfeita, a regulação deverá resolver e enfrentar cinco problemas, como descreve Santiago Muñoz Machado a partir das lições de S. Breyer e R. Stewart:

(i) necessidade de controle de monopólios, ainda mais nos casos dos naturais, em que é inevitável a organização de alguns mercados e, devido a razões de economia de escala ou de economia de alcance, é mais barato para uma empresa produzir do que para duas ou mais;
(ii) necessidade de controlar os benefícios de aumentos súbitos de alguns preços em virtude da possibilidade de estoque por parte de um operador e uso dessa reserva para obter um *plus* em desfavor dos seus concorrentes;
(iii) necessidade de correção do incremento dos custos, pois a regulação poderá desencadear externalidades;
(iv) necessidade de compensação da informação inadequada, visto que nem sempre existem informações disponíveis e de qualidade para todos os *players* com amplitude de acesso; e

---

1027 RODRIGUES, Nuno Cunha. *A contratação pública como instrumento de política econômica*. Coimbra: Almedina, 2015. p. 319-320. Em outro texto, o autor propõe que se diferencie o princípio da concorrência dos objetivos subjacentes à defesa da concorrência e da aplicação do direito da concorrência. Sobre essa linha de raciocínio: RODRIGUES, Nuno Cunha. O princípio da concorrência nas novas diretivas sobre contratação pública. *Revista da Concorrência e Regulação*, Lisboa, n. 19, jul./set. 2014, p. 213-224.

1028 RODRIGUES, Nuno Cunha. *A contratação pública como instrumento de política econômica*. Coimbra: Almedina, 2015. p. 33.

1029 RODRIGUES, Nuno Cunha. *A contratação pública como instrumento de política econômica*. Coimbra: Almedina, 2015. p. 31.

(v) necessidade de evitar o excesso de concorrência, porque a grande quantidade de competidores poderá fomentar o conluio, medidas desleais e de colusão para a obtenção de uma vantagem indevida sobre os concorrentes.[1030]

De qualquer maneira, sob esse enfoque, constatar-se-á a possibilidade de a atuação estatal interferir em prol do desenvolvimento científico, tecnológico e inovativo por meio das compras públicas e se poderá desencadear uma ofensa ao mercado e à concorrência pela permissividade de algumas empresas possuírem diferença de acesso a mercado e custo.[1031] Para tal tarefa, é imperioso explanar sobre um dos meios de tal preferência comumente utilizados, qual seja, a margem de preferência de valores.

5.2.3.1.1 Análise da margem de preferência

Para compreender sobre a margem de preferência, deve-se avaliar os custos marginais presentes na composição de custos e despesas de um objeto.

A imputação de uma diferença de valores durante uma disputa entre uma empresa beneficiada e outra não impregna peremptoriamente um favorecimento e nem *a priori* arrefece a concorrência efetiva.

Enquanto acobertada pelo manto da vantagem, a empresa nacional tenderá a aumentar a sua produção para atender a demanda do importante cliente que é a Administração Pública.[1032] Doutro lado, a empresa estrangeira, para perdurar na peleia comercial, responderá com a diminuição do seu lucro, acirrando assim a questão no valor.

De imediato, constata-se que a Administração Pública será beneficiada com a diminuição do preço a ser pago pelo objeto, porém a visão, assim como defendida desde o início deste trabalho, deverá ser planejada, o que induz um espectro a médio e longo prazo, inclusive sustentável para o desenvolvimento nacional.

Como alerta Nuno Cunha Rodrigues, uma das maiores dificuldades que deverá ser obtemperada aqui é como fixar uma margem de preferência proporcional e razoável se existe um notável "desconhecimento da origem dos custos de produção das empresas" e uma assimetria informacional entre os custos de produção entre as nacionais e as estrangeiras e quais seriam as vantagens para o bem-estar nacional.

Ainda, manifesta que a principal fraqueza dessa posição imediata de protecionismo, sob o raciocínio ora esposado, é que: (i) a análise é feita embasada num modelo de equilíbrio parcial; (ii) poderá haver a captura por grupos domésticos de interesses favoráveis às margens de preferência e, com isso, anulará qualquer incidência de redistribuição por essa medida de política econômica; e (iii) a nível internacional a sua

[1030] MACHADO, Santiago Muñoz. *Tratado de Derecho Administrativo y Derecho Público General*: Libro XIV – La actividad regulatoria de la Administración. Madrid: Agencia Estatal Boletín Oficial del Estado, 2015. p. 32-33.

[1031] A interferência estatal revela-se condicionante para o sucesso: "*La intervención pública es, por tanto, la mejor manera de asegurar el suministro suficiente de bienes públicos. Lo que la política económica tendrá que decidir es cuál es la cuantía óptima de esta clase de bienes y cómo se repercuten los costes*". MACHADO, Santiago Muñoz. *Tratado de Derecho Administrativo y Derecho Público General*: Libro XIV – La actividad regulatoria de la Administración. Madrid: Agencia Estatal Boletín Oficial del Estado, 2015. p. 29.

[1032] Utilizar-se-á, neste tópico, a expressão empresa nacional para indicar a beneficiada por uma margem de preferência ou qualquer outro instrumento de política discriminatória horizontal e empresa estrangeira como aquela não alcançada, sendo que, na proposição deste trabalho, a vantagem a ser concedida é para a empresa nacional ou estrangeira que invista em desenvolvimento científico, tecnológico e inovativo nacional.

fixação provocará retaliações por outros países e o afastamento de possíveis acordos bilaterais ou multilaterais.[1033]

Na mesma linha, Santiago Muñoz Machado aduz que o mercado possui falhas e é imperfeito, assim como o próprio governo, o qual incorre por falta de informação (e assimetria informacional com o mercado) ou por possibilidade de captura por grupos de interesse.[1034]

Somado a isso, a *public choice* seria mais uma causa para ser refratária à intervenção estatal, já que, na democracia representativa, quatro grupos de atores influenciam as iniciativas a serem adotadas nas funções ou missões estatais e poderão ser contaminados por interesses não públicos. Ao invés de agirem com propósitos coletivos e racionais, acabam ficando à mercê da manipulação. Os referidos grupos são: (i) os cidadãos e a possibilidade até da ignorância racional em suas manifestações; (ii) a classe política e a forma de ascensão e manutenção de poder, que geram interesses sectários; (iii) a burocracia, que poderá servir para manobrar arranjos não públicos; e (iv) os grupos de interesse e suas formas de captura para cooptar agentes políticos para as suas tomadas de decisão.[1035]

Qualquer estratégia restritiva ou reguladora incidental sobre os preços praticados no mercado, no raciocínio de Joseph Schumpeter, gera a necessidade de revisitar o desenvolvimento a médio e longo prazo da produção e a compreensão das circunstâncias e do grau que a indústria se controla em cada caso.

Sobre a rigidez do preço, "um preço é rígido se menos sensível às alterações da oferta e da procura do que seria numa situação de concorrência perfeita", sendo que o método de medição e o material utilizado poderão ensejar dúvidas quanto ao efetivo resultado. Vários motivos justificam a rigidez, como é o caso de uma mera política comercial. Vale ressaltar que o progresso tecnológico e a inovação contribuem para evitar qualquer tipo de excesso ou rigidez, isso porque a empresa poderá estar na condição de um monopólio ou de um cartel, porém o incentivo e a direção pelo Estado para que outros venham a conquistar condições similares, imitem ou criem novos produtos farão com que as empresas, numa concorrência imperfeita, não possam gozar a longo prazo, já que o próprio mercado se organizará para competir.

Por tais razões, o autor destaca que "a concorrência perfeita é não apenas um sistema impossível, mas inferior, e de nenhuma maneira se justifica que seja apresentada como modelo de eficiência ideal"; logo, não se visualiza qualquer empecilho para que

---

[1033] RODRIGUES, Nuno Cunha. *A contratação pública como instrumento de política econômica*. Coimbra: Almedina, 2015. p. 36-41. A regulação do Estado no mercado de compras públicas se faz necessária, ainda mais no cenário de concorrência imperfeita. "*Frente a la creencia de que el mercado puede por sí mismo ordenador los intereses de todos los operadores y los consumidores, establecer equilibrios perfectos entre la oferta y la demanda, la doctrina a que me refiero parte de la inexistencia de una competencia perfecta; por el contrario, lo normal son las imperfecciones y los fallos del mercado. Ara corregirlos se justifica la regulación*" (MACHADO, Santiago Muñoz. *Tratado de Derecho Administrativo y Derecho Público General*: Libro XIV – La actividad regulatoria de la Administración. Madrid: Agencia Estatal Boletín Oficial del Estado, 2015. p. 29).

[1034] MACHADO, Santiago Muñoz. *Tratado de Derecho Administrativo y Derecho Público General*: Libro XIV – La actividad regulatoria de la Administración. Madrid: Agencia Estatal Boletín Oficial del Estado, 2015. p. 31. Ejan Mackaay e Stéphane Rousseau complementam como causas da imperfeição as externalidades e a racionalidade limitada nas informações (MACKAAY, Ejan; ROUSSEAU, Stéphane. *Análise econômica do direito*. Tradução: Rachel Sztajn. 2. ed. São Paulo: Atlas, 2015, p. 122).

[1035] MACKAAY, Ejan; ROUSSEAU, Stéphane. *Análise econômica do direito*. Tradução: Rachel Sztajn. 2. ed. São Paulo: Atlas, 2015. p. 161-178.

o Estado regule o mercado, desde que entenda que deverá contribuir e não sacrificar interesses do bem-estar social ao colaborar com interesses sectários daqueles que estão em condição privilegiada num monopólio ou num cartel.[1036]

Via de consequência, a política pública para o desenvolvimento de compras públicas inovadoras deverá ser muito bem estruturada e fiel ao seu ciclo, acautelando-se de possíveis vícios que poderão gerar muito mais prejuízo do que benefício ao interesse público. Não se deve simplesmente rejeitar as funções estatais e a ampla participação democrática nas escolhas políticas pelo fato de serem passíveis de serem contaminadas, mas que haja a máxima transparência e cuidados elevados para evitar qualquer disrupção na busca do interesse público.[1037]

Atinente a esse ponto, insta apresentar algumas observações críticas que deverão ser depreendidas:

(i) a margem de preferência nunca poderá ser adotada de maneira uniforme em todos os setores e objetos, sob pena de se configurar um protecionismo sem finalidade;
(ii) a feitura de um estudo técnico é indispensável de ser executada pelo poder público para explicar a estrutura atual do mercado para aquele objeto e qual arranjo jurídico (margem de preferência e/ou outras medidas) deverá ser proporcionado para o atingimento da finalidade da política horizontal proposta;
(iii) abertura para que qualquer pessoa possa questionar, criticar ou apresentar soluções alternativas contra o estudo técnico;[1038] e
(iv) sempre a margem de preferência deverá ter duração limitada, a qual dependerá para a sua continuidade das avaliações da política pública, da reanálise das condições mercadológicas e da manifestação a ser disponibilizada para que qualquer pessoa possa se manifestar.

5.2.3.1.2 Margem de preferência é diferente de restrição à empresa estrangeira

Convém ponderar que jamais se entende como possível a restrição de empresas estrangeiras no mercado das compras públicas nacionais, salvo em situações excepcionalíssimas, em que haja risco para algum dos elementos mínimos do Estado, sob pena de ser um atentado à concorrência, além de inserir a Administração Pública como uma

---

[1036] SCHUMPETER, Joseph A. *Capitalismo, Socialismo e Democracia*. Tradução: Ruy Jungman. Rio de Janeiro: Editora Fundo de Cultura, 1961. p. 116-136.

[1037] De forma contrária e incrédula, Ejan Mackaay e Stéphane Rousseau aduzem: "A *public choice* propõe leitura mais pessimista dos processos democráticos. Sua análise leva em conta, de forma convincente, grande número de fenômenos e comportamentos que caracterizam a ordem política nas democracias representativas. Globalmente, inspira desconfiança a respeito do discurso do interesse geral, considerando as dificuldades das autoridades públicas de adotarem políticas que, honestamente, possam ser qualificadas como tal, e que não sejam mais do que a correção das imperfeições do mercado" (MACKAAY, Ejan; ROUSSEAU, Stéphane. *Análise econômica do direito*. Tradução: Rachel Sztajn. 2. ed. São Paulo: Atlas, 2015. p. 179).

[1038] Por óbvio, tais manifestações em geral deverão ser respondidas sobre o porquê do acatamento ou não, não havendo qualquer possibilidade de a Administração Pública silenciar sobre toda e qualquer ilação apresentada. Os princípios da boa-fé, da confiança legítima, da motivação, da indisponibilidade do interesse público e da transparência determinam a oitiva, a análise e a resposta justificada do poder público.

potencial destinatária da captura do mercado, o qual poderá aleatoriamente alterar as condições de compra e venda de acordo com os seus interesses egoísticos.[1039]

Isso, além de gerar um enorme prejuízo financeiro à Administração Pública como consumidora, será deveras pernicioso aos demais consumidores, o que fará com que a Administração Pública induza e concorra com a perda de poder de compra das pessoas em geral com a possibilidade de aumento dos preços, majore a probabilidade de corrupção quando da captura de interesses, diminua o acesso das pessoas à satisfação das suas necessidades (mínimas, de subsistência, de comodidade ou até as voluptuárias) e frustre a felicidade, além de impactar no valor da moeda (a depender do tamanho do setor protegido).[1040]

5.2.3.1.3 É possível atingir o ponto ótimo das políticas discriminatórias na margem de preferência?

Atingir o desenho ótimo das políticas discriminatórias é extremamente difícil.

Nesse sentido, a aplicação do segundo ótimo, que gerou a teoria das distorções endógenas, cujo pioneiro foi Jagdish Bhagwati, pode ser utilizada para a explicação. Uma tarifa alfandegária não é encarada como uma política de primeiro ótimo se as distorções de mercado forem originárias nas condições econômicas do próprio Estado analisado. Caso o motivo da distorção seja a relação com os outros Estados, a aplicação de tarifas é considerada como uma política de primeiro ótimo. Todavia, se a causa for interna ao próprio Estado, em seu território, logo a adoção de políticas discriminatórias em nível internacional é qualificada como política de segundo ótimo.

Nuno Cunha Rodrigues conclui que "o desenho óptimo das políticas discriminatórias nos contratos públicos é muito difícil de materializar", porém entender que é difícil não significa, de maneira alguma, que é impossível. Os custos marginais precisam ser mensurados e decifrados para que os ganhos fiquem mais claros e viáveis de serem explicados na adoção de políticas horizontais.[1041]

5.2.3.1.4 A teoria da agência nas escolhas administrativas

Nesse último ponto, pode-se aventar a teoria da agência para direcionar as escolhas da Administração Pública num ato convocatório ou num contrato público, mais precisamente para alinhar as suas preferências, a utilidade e os custos para se obter o resultado pretendido.

[1039] Ainda que bastante antigos e dentro de uma realidade díspar da atual, J. Nascimento Franco e Nisske Gondo explanam que a exigência de nacionalidade brasileira não ofenderia qualquer dispositivo legal e entenderia como cláusula razoável e inofensiva à isonomia, desde que justificado no edital (NASCIMENTO, J.; GONDO, Nisske. *Concorrência Pública*. São Paulo: Revista dos Tribunais, 1969. p. 48-49).

[1040] Em geral, a captura de interesses sempre é preocupante para a livre concorrência, tanto que Agustí Cerrillo i Martínez, em sua palestra no *Congreso Español de Profesores de Derecho Administrativo*, alertou sobre essa possibilidade diante das compras públicas inovadoras a partir de determinada tecnologia ou produto (CERRILLO MARTÍNEZ, Agustí i. *Los servicios de la ciudad inteligente*. XV Congreso Anual de la Asociación de Profesores de Derecho Administrativo, 7 e 8 de febrero de 2020. Disponível em: http://www.aepda.es/AEPDAEntrada-2518-XV-CONGRESO-DE-LA-AEPDA.aspx. Acesso em: 9 fev. 2020).

[1041] RODRIGUES, Nuno Cunha. *A contratação pública como instrumento de política econômica*. Coimbra: Almedina, 2015. p. 44.

Como dito por Francisco Renato Codevila Pinheiro Filho, no âmbito dessa teoria, a "assimetria de informações significa que o principal não consegue saber se o nível de comprometimento do agente é compatível com o grau de maximização de utilidade desejada", o que pode ser refletidoU na formulação da política pública horizontal para incentivo e direção para dado escopo.[1042]

Assim, como os bens não são homogêneos ou têm algum custo de informação relevante e outros custos associados, o Estado pode preferir um fornecedor ou objeto doméstico a estrangeiro, o que também de fato contribuirá para diminuir "as assimetrias de informação, os custos de monitorização ou a probabilidade de uma falha pós-contratual que o obrigue a renegociar, o que justifica uma política discriminatória a favor dos produtores locais".[1043]

Como se constata, pode-se concluir que, quando a procura pública for inferior ou igual à oferta total nacional, os efeitos de uma política discriminatória por meio de margens de preferência serão iguais aos da proibição de importação; já se a procura pública é superior à oferta nacional, depende de como será a quantificação da margem de preferência: (i) se a margem for estabelecida de forma superior à diferença entre os preços nacional e estrangeiro, logo os contratos públicos serão ganhos apenas por empresas nacionais, o que gerará a consequência igual à proibição de importações; (ii) se a margem estatuída for inferior à diferença de preços, os preços e a margem de ganho das empresas nacionais, de acordo com a proporção estipulada (lucro) a longo prazo, serão afastados, pois o mercado ficará aberto e haverá acirrada competição, inclusive com a diminuição de lucros excessivos, o que engendrará um equilíbrio e o futuro aumento da produção nacional, aumento da oferta nacional e diminuição de importações.[1044]

Em exemplo didático, Rodrigues explica como a imposição de uma margem de preferência favorável para o objeto nacional poderá representar efeitos positivos sobre a produção nacional:

> Consideremos agora que a produção doméstica total equivale a 55 euros, e que esta é destinada a 50 euros da procura pública doméstica; 200 euros da procura privada doméstica; 50 euros do governo estrangeiro e 200 euros da procura privada estrangeira. Neste cenário, o governo determina uma política discriminatória em que se privilegia a aquisição doméstica (acrescendo mais 50 euros à procura pública inicial e 50 euros). Aqui os produtores nacionais

1042 PINHEIRO FILHO, Francisco Renato Codevila. Teoria da agência: problema agente-principal. *In*: RIBEIRO, Marcia Carla Pereira; KLEIN, Vinicius (coord.). *O que é análise econômica do direito*: uma introdução. Belo Horizonte: Fórum, 2011. p. 97-109, p. 103-105.

1043 RODRIGUES, Nuno Cunha. *A contratação pública como instrumento de política econômica*. Coimbra: Almedina, 2015. p. 58.

1044 RODRIGUES, Nuno Cunha. *A contratação pública como instrumento de política econômica*. Coimbra: Almedina, 2015. p. 52. Para complementar, recorda-se da explicação de Fernando Araújo: "As divergências fundamentais emergem de um entendimento distinto quanto às razões últimas para a existência de contratos: para a teoria da agência, as motivações básicas da contratação são a transferência de riscos e o alinhamento de incentivos, combinando-se num trade-off entre incentivos e seguro, em especial em relação em que o resultado envolva a dependência dos interesses de um parte (o principal) da conduta da contraparte (o agente), enquanto que para a Economia dos Custos de Transação o que avulta num contrato é, como vimos, uma combinação de soluções institucionais, como: – a estruturação de ajustamentos *ex post*, especialmente os modos de desincentivo à pressão oportunista que surge no <*lock-in*> contratual (seja a que termina num impasse de <*hold-up*>, seja a que chega à solução de renegociação); – a minimização de ineficiências *ex ante*, como <custos de busca> ou <dissipações de renda> que não tivessem senão efeitos redistributivos, sem incrementos do bem-estar total" (ARAÚJO, Fernando. *Teoria Económica do Contrato*. Coimbra: Almedina, 2007. p. 216-217).

irão enfrentar uma procura total de 550 euros (mais 50 euros comparativamente com a procura anterior). A procura privada doméstica e a procura do país estrangeiro permanecem idênticas mas a procura pública doméstica passa de 50 euros para 100 euros.[1045]

5.2.4 A nova teoria do comércio internacional e a economia geográfica

Uma teoria que também tem sido utilizada para compreender o impacto de eventual preferência para os objetos nacionais em contratações públicas e as consequências em termos de aglomeração é a nova teoria do comércio internacional e a economia geográfica.[1046]

As três forças de aglomeração destacadas são: as externalidades tecnológicas, a especialização dos trabalhadores e economias de escala e os custos de comércio com o transporte.

A regulação que impõe uma política de discriminação em contratos públicos é uma externalidade positiva para as empresas periféricas, visto que poderão obter maiores vantagens econômicas a partir de menores custos para instalação e operação.

No entanto, nesse ponto, ainda mais num Estado tão extenso territorialmente como o Brasil, chama a atenção a questão da necessidade de infraestrutura para a distribuição dos objetos (seja para fornecer ou prestar), o que, *per se*, acaba sendo um óbice na realidade brasileira em virtude dos entraves logísticos e das péssimas e caras condições de transporte.

Doutro lado, se os custos fossem pequenos e se há especialização dos trabalhadores em várias regiões dentro do Estado, a aglomeração deve ser afastada, o que fará com que a política discriminatória, inclusive regional e local, seja vantajosa, pois "a ineficiência da despesa governamental pode ser compensada pelo ganho resultante da estabilização do equilíbrio simétrico em detrimento do equilíbrio de aglomeração", gerando, assim, um aumento do bem-estar geral, com o benefício a zonas economicamente mais ressentidas.[1047]

Posto isso, figura como valiosa a conclusão de Nuno Cunha Rodrigues:

> Quando aplicadas num país em vias de desenvolvimento, numa óptica de concorrência perfeita e economias de escala constantes e num sector que produz menos do que a procura pública verifica, a discriminação reduz as importações, aumentando a produção e a especialização doméstica. Em sectores com economias de escala constantes e concorrência monopolística, a discriminação gera uma perda de bem-estar social que é corrigível a longo prazo porque permite a entrada no sector de outras empresas (admitindo a inexistência de barreiras à entrada). Em sectores com economias de escala crescentes, a procura pública

---

[1045] RODRIGUES, Nuno Cunha. *A contratação pública como instrumento de política econômica*. Coimbra: Almedina, 2015. p. 60.

[1046] Como dito por Marius Brülhart e Frederico Trionfetti: "A teoria do comércio internacional é dominada por dois grandes paradigmas. Um paradigma pertence ao mundo neoclássico com bens homogêneos e mercados de produtos perfeitamente competitivos (PC). O segundo paradigma, freqüentemente chamado de 'Nova teoria do comércio', assenta na hipótese de produtos diferenciados e mercados competitivos monopolisticamente (MC)" (BRÜLHART, Marius; TRIONFETTI, Frederico. A test of trade theories when expenditure is home biased. *European Economic Review*, n. 53, 2009, p. 830-845, p. 830. Ainda sobre o assunto, vide: TRIONFETTI, Frederico. Public Expenditure and Economic Geography. *Annales d'Economie et de Statistique*, n. 47, 1997, p. 101-120.

[1047] RODRIGUES, Nuno Cunha. *A contratação pública como instrumento de política econômica*. Coimbra: Almedina, 2015. p. 62-67.

pode contrariar o efeito de aglomeração/dispersão do comércio livre, gerando um processo dinâmico que aumenta a produção local e o bem estar mundial.[1048]

5.2.5 Vantagens e desvantagens da proteção do mercado nacional por meio de compras públicas sob o viés econômico

Em artigo específico sobre a vantagem ou não da proteção por meio das compras públicas, Francis Ssenoga explica que o equilíbrio crítico entre a abertura de mercado e o alcance de seus objetivos socioeconômicos deve ser a pauta.

Para tanto, se, de um lado, a inexistência de proteção gera aumento de capacitação das autoridades públicas para efetuarem as suas aquisições, menores custos em razão da amplitude de competição e possibilidade de estímulo indireto para a indústria nacional para competir com a estrangeira e continuar vendendo ao Estado; doutro lado, as políticas nacionais, regionais ou locais de um Estado podem propiciar até um desestímulo da eficiência econômica e uma distorção limitativa na escolha, entretanto desencadeiam uma transferência de recursos ao setor doméstico, inclusive com valores maiores (aumento do custo de aquisição) e possibilidade de lucros maiores para as empresas domésticas, o que deverá ser corrigido por meio de regulação estatal.

Como existem vantagens e desvantagens para o encontro do dito equilíbrio, o autor sugere que a escolha perpasse por três critérios: (i) abordagem setorial e social, a fim de aferir qual solução importará em maior empregabilidade às pessoas no Estado; (ii) ambiente competitivo, para que se avalie qual será o melhor método para aprimorar e aumentar a competitividade das empresas nacionais num ambiente global; e (iii) exame por fases, que deverá sopesar as possíveis etapas que deverão ser vivenciadas pelo Estado para melhor crescimento, sendo que tal tarefa será executada gradualmente até atingir um ponto em que o Estado já consiga competir com os estrangeiros.[1049]

Rechaçando qualquer tipo de cota ou margem de preferência que vise à proteção nacional, Ejan Mackaay e Stéphane Rousseau explicam que a imposição regulatória nessa linha irrompe um abalo distorcido no mercado, isso porque os fornecedores "tutelados" tenderão a abusar dos preços, majorando-os a partir da proteção normativa, gerando um prejuízo aos fornecedores.[1050]

De qualquer maneira, como já esposado anteriormente, não se nega que num período curto haverá repercussão de aumento de custo de aquisição pelo poder público e de margem de lucro dos fornecedores amparados por esse cobertor normativo; contudo, a médio e longo prazo, a tendência é de que o mercado faça a devida readequação,

---

[1048] RODRIGUES, Nuno Cunha. *A contratação pública como instrumento de política econômica*. Coimbra: Almedina, 2015. p. 68-69. O mesmo autor enfatiza à fl. 67 sobre a postura num ambiente de concorrência perfeita e economia de escala constante: "A procura pública deve ultrapassar a oferta doméstica para que as políticas discriminatórias sejam eficientes, no sentido de garantirem um aumento de bem-estar nacional – ainda que se verifique uma perda de bem-estar nacional a curto prazo decorrente do aumento ineficiente do aumento da produção local – decorrente do aumento da produção nacional".

[1049] SSENNOGA, Francis. Examining Discriminatory Procurement Practices in Developing Countries. *Journal of Public Procurement*, volume 6, Issue 3, 2006, p. 218-249, p. 244-245. A respeito das tensões entre Estado e sociedade, bem como entre sociedade, mercado e Estado, é necessário que se evitem riscos ou se controlem tais tensões, vide MIGDAL, Joel S. *Estados débiles, estados fuertes*. México: Fondo de Cultura Económica, 2011. p. 164 e seguintes.

[1050] MACKAAY, Ejan; ROUSSEAU, Stéphane. *Análise econômica do direito*. Tradução: Rachel Sztajn. 2. ed. São Paulo: Atlas, 2015. p. 672.

diminuindo o lucro a partir da efetiva competição, inclusive com a criação de novas empresas e a nacionalização de empresas estrangeiras, e o escopo de desenvolvimento nacional sustentável merece esse sacrifício temporário.

Como se percebe, as compras públicas têm recebido uma atenção relativamente recente, até porque, antes, não eram tão bem tratadas para avaliar possível impacto positivo no ambiente socioeconômico de um país em uma factível intervenção estatal nessa diretriz.[1051]

O enfoque concorrencial e de melhorias sempre se lastreava pelo universo de consumidores privados, e não o consumidor público, que é a Administração Pública. Por isso, cada dia mais se faz necessário o aprofundamento de pesquisas e investigações sobre o tema, porquanto o conhecimento contribuirá até mesmo para os cidadãos avaliarem a política estratégica comercial pretendida pelos futuros governantes em pleito eleitoral, para os formuladores e avaliadores de políticas públicas e para os gestores adotarem as suas tomadas de decisão.[1052]

De qualquer forma, não se pode dissociar a dificuldade deste tópico pelo fato de cada país estar situado numa realidade socioeconômica e num patamar de desenvolvimento sustentável.[1053] Ao tempo em que é fácil defender a não discriminação para um ambiente da União Europeia, em que os custos de transação e as externalidades são cotizados dentro de uma vivência de países desenvolvidos e com índices bons de competitividade do ponto de vista tecnológico, inovativo e científico, em suportes fáticos de países subdesenvolvidos e países em desenvolvimento, a paisagem é diversa.[1054]

A mais das questões de desenvolvimento nacional sustentável, como se apregoa neste livro, não se pode olvidar que a dimensão da procura pública, da estrutura de custos, da especialização da mão de obra, das externalidades tecnológicas e do conhecimento condicionará a escolha pelo caminho protecionista ou não.[1055]

[1051] QIAO, Y.; THAI, K. V.; CUMMINGS, G. State and Local Procurement Preferences: A Survey. *Journal of Public Procurement*, n. 9, 2009, p. 371-410, p. 398.

[1052] ABUTABENJEH, Sawsan; GORDON, Stephen B.; MENGISTU, Berhanu. International Trade Protectionist Policies and In-State Preferences: A Link. *Journal of Public Procurement*, Volume 17, 2017, issue 1, p. 31-52, p. 47.

[1053] A título ilustrativo, Fukuyama explica ainda a diferença de concepção entre a busca do Estado mais forte para a Europa e para os Estados Unidos. O primeiro anseia pelo fortalecimento por critérios de justiça, e o segundo, por força. De qualquer maneira, o fato é que o Estado-Nação soberano, forte e eficaz por intermédio da arte de construção revela-se essencial (FUKUYAMA, Francis. *Construção de estados*: governo e organização mundial no século XXI. Tradução: Nivaldo Montingelli Jr. Rio de Janeiro: Rocco, 2005. p. 155-157).

[1054] "Os custos de transação são todos os encargos que impedem que uma troca (no sentido econômico) aparentemente desejável, seja feita. Incluem as despesas de organização, de pesquisa, de negociação, de fiscalização, incerteza, de precauções contra o potencial oportunismo da outra parte contratante, que aparece sob forma de desperdício, risco moral, baluarte" (MACKAAY, Ejan; ROUSSEAU, Stéphane. *Análise econômica do direito*. Tradução: Rachel Sztajn. 2. ed. São Paulo: Atlas, 2015. p. 672).

[1055] "De uma forma geral, nos países desenvolvidos, a procura pública é inferior à oferta local pelo que a adoção de política discriminatória é, na maior parte dos casos, desnecessária. Mas, nos países em vias de desenvolvimento – que produzem maioritariamente bens intermediários, matérias-primas e produtos agrícolas e em que a procura pública relativamente a estes produtos é praticamente nula –, é de esperar que a procura pública seja superior à oferta privada quanto aos bens principalmente procurados pelo Estado. Consequentemente, será nestes países que se verificará maioritariamente o uso de práticas discriminatórias" (RODRIGUES, Nuno Cunha. *A contratação pública como instrumento de política econômica*. Coimbra: Almedina, 2015. p. 50).

5.2.6 Escolha estatal equilibrada, clara e motivada para legitimar possíveis condições

Além da questão da preferência pelo viés econômico e de possível influência sobre o mercado internacional, pode-se também avaliar alguns institutos específicos que são habitualmente usados na análise econômica do direito, a qual pode ser definida como o "campo do conhecimento humano que tem por objetivo empregar os variados ferramentais teóricos e empíricos econômicos e das ciências afins para expandir a compreensão e o alcance do direito e aperfeiçoar o desenvolvimento, a aplicação e a avaliação de normas jurídicas", em especial, quanto às suas consequências.[1056]

Vários ferramentais podem ser usados incidentalmente para enfrentar o tema de proteção do mercado nacional, ainda mais na questão de desenvolvimento científico, tecnológico e inovativo, como, por exemplo, a incidência da teoria dos jogos na fixação de cláusulas especiais sobre compras públicas em convenções bilaterais ou multilaterais, a racionalidade limitada da escolha do governante e seu afastamento de questões ideológicas, a teoria dos leilões para a forma de precificação e orçamentação nas licitações, a própria definição de externalidades e custos de transação, a teoria da agência na definição do objeto, entre outros.[1057]

Apesar de ser viável e ancilar tais instrumentais, percebe-se que a dificuldade reside na mensuração de dados para apreciar a vantajosidade ou não da política pública horizontal em tela, visto que também dependerá da averiguação de Estado para Estado e em conformidade com o setor mercadológico apurado.

Dentro de um país, é plenamente possível que se tenha a concorrência perfeita ou a concorrência imperfeita, a variar do setor mercadológico. De todo modo, o que não se pode esquecer jamais é o enfrentamento dessa dificílima e hercúlea missão de acordo com os propósitos da atuação estatal de bem servir à sociedade, e não a interesses sectários, como também recordar que o fundamento do direito é a solidariedade social.[1058]

[1056] GICO JR, Ivo T. Introdução à análise econômica do direito. *In*: RIBEIRO, Marcia Carla Ribeiro; KLEIN, Vinicius (coord.). *O que é análise econômica do direito*: uma introdução. Belo Horizonte: Fórum, 2011. p. 17-26, p. 17-18. Em definição similar, "usando conceitos da ciência econômica, atualiza uma racionalidade subjacente das normas jurídicas e os principais efeitos previsíveis de suas mudanças. Propõe leitura das regras jurídicas que as avalie pelos seus efeitos de estímulo e pelas mudanças de comportamento das pessoas em resposta aos mesmos. Oferece elementos para julgamento iluminado das instituições jurídicas e das reformas propostas. É, por isso, ferramenta preciosa para o legislador, para o juiz e para a doutrina convidada a exercer a nobre missão de trazer à luz os fundamentos do direito e mostrar os caminhos para sua adaptação às novas realidades. Ao mesmo tempo oferece aos economistas uma ferramenta para compreender o direito" (MACKAAY, Ejan; ROUSSEAU, Stéphane. *Análise econômica do direito*. Tradução: Rachel Sztajn. 2. ed. São Paulo: Atlas, 2015. p. 665). Em sentido similar, vide PASCUAL, Gabriel Domínech. Por qué y cómo hacer análisis económico del derecho. *Revista de Administración Pública*, Madrid, n. 195, sep./dic. 2014, p. 99-133.

[1057] Irineu Galeski Júnior e Marcia Carla Pereira Ribeiro descrevem como premissas fundamentais para a aplicação da análise econômica do direito a compreensão da(s): escolha racional, eficiência, falhas do mercado, teoria dos custos de transação e teoria dos jogos (RIBEIRO, Marcia Carla Pereira; GALESKI JÚNIOR, Irineu. *Teoria Geral dos Contratos*. 2. ed. São Paulo: Revista dos Tribunais, 2015. p. 91-131).

[1058] Quando discorre sobre o revisitar do serviço público, Jacques Chevallier explica que a imperiosidade de uma visão diferente do Estado, mais precisamente de como deve atuar e ser compreendido pela sociedade, já que se antes era erigido a uma ideia de instancia superior, com poder incondicionado e irresistível, atualmente deve assujeitar-se ao direito e colocado à disposição e serviço dos cidadãos como um "comissário social". Chevallier complementa que "seu papel não é outro senão fornecer as prestações reivindicadas pelo desenvolvimento da solidariedade social", abandonando a ideia de mero árbitro para assumir a sua posição de protagonista ao lado da sociedade (CHEVALLIER, Jacques. *O serviço público*. Tradução: Augusto Neves Dal Pozo e Ricardo Marcondes Martins. Belo Horizonte: Fórum, 2017. p. 34-35). Na mesma linha de solidariedade social, Santiago Muñoz

Tudo isso remonta ao ideal proposto por Ronald Coase, de que se deve levar em consideração os custos envolvidos para operar os vários arranjos sociais e para a mudança do sistema, sendo que a escolha e a projeção a partir das opções devem ser executadas para o efeito total.[1059] É a busca de uma decisão estudada sempre equilibrada e sem excessos.[1060] O mesmo se espera quando o Estado regula via compras públicas para que se perscrute o desenvolvimento nacional sustentável.

5.3 Critérios para o estabelecimento de medidas eficientes para promover e direcionar a ciência, tecnologia e inovação nas compras públicas

Feitos os devidos esclarecimentos sobre o alcance, constitucionalidade e juridicidade da atuação estatal em prol do desenvolvimento nacional, por meio do direcionamento e incentivo da ciência, tecnologia e inovação brasileira, via licitações públicas e contratos administrativos, o presente tópico debaterá como executar essa atuação ante o atual ordenamento jurídico brasileiro e sem gerar abalos nos demais arranjos institucionais estatais ou privados.

Por tais razões, segmentar-se-ão os tópicos essenciais para a implementação dessa política econômica do Brasil, respeitado o ecossistema envolvendo tais setores.

5.3.1 Capacitação dos agentes públicos

Assim como não se muda a cultura e não se avança o desenvolvimento de um Estado sem o devido incremento na educação do povo, a atuação estatal também demanda a devida capacitação dos seus agentes para que possa ocorrer qualquer modificação de qualidade, padrão e resultado.

Em geral, o dever de capacitação dos agentes públicos é condição *sine qua non* para que possam exercer a função pública de modo satisfatório e eficiente. Quando se labora em áreas sensíveis e de complexidade elevada, como é o caso das compras públicas, exorta-se a imperiosidade de investimento para a instrução, qualificação e repasse de conhecimento.

A palavra capacitação tem por fito, para esse raciocínio, qualquer despesa efetuada para promover a instrução e o conhecimento, seja qualificação direta (com repasse de recursos públicos a empresas ou institutos de formação) ou indireta (por intermédio de gratificação por instrução, promoção ou qualquer outro instituto previsto em legislação

---

Machado a coloca como meta a ser alcançada pelos governantes públicos, tanto o seu desenvolvimento quanto a sua realização (MACHADO, Santiago Muñoz. *Tratado de Derecho Administrativo y Derecho Público General*: Libro XIV – La actividad regulatoria de la Administración. Madrid: Agencia Estatal Boletín Oficial del Estado, 2015. p. 21).

[1059] COASE, Ronald H. The problem of social cost. *The Journal of Law and Economics*, n. 3, p. 1-44, 1960. Traduzido para o português em: SALAMA, Bruno Meyerhof (org.). *Direito e Economia*: textos escolhidos. São Paulo: Saraiva, 2010.

[1060] Assim como propõe Emerson Baldotto Emery ao invocar a teoria de Posner para medir o custo de oportunidade na tomada de decisão em uma licitação sustentável, ainda que se deva tomar cuidado com a possibilidade de escolha do dano-eficiente ao operador econômico em detrimento da sociedade (EMERY, Emerson Baldotto. *Desenvolvimento sustentável*: princípio da eficiência em procedimentos licitatórios. Belo Horizonte: Fórum, 2016. p. 108-109).

apropriada do agente público) ou pela aquisição de meios e instrumentos (livros, revistas, plataformas de apoio técnico, etc.) que desencadeiem o aprimoramento ou lapidação do conhecimento.

É ilegítimo exigir determinado comportamento do agente caso o Estado não lhe oportunize os meios suficientes para o exercício de tal atividade. Deve ser franqueada a possibilidade de acesso a todo e qualquer meio para atingir a capacitação de acordo com a possibilidade orçamentária e financeira.

Contudo, para evitar arbitrariedade ou o uso desarrazoado do juízo de "oportunidade e conveniência" do gestor, deve ser alçada por lei uma garantia mínima de parcela do orçamento a ser despendido em capacitação dos agentes públicos. Da mesma forma, fontes alternativas para esse propósito também devem ser obtemperadas e buscadas, como, por exemplo, afetação de parcela dos créditos bancários disponibilizados aos agentes públicos para consignação em folha de pagamento.[1061]

Apesar desse cenário consignado, infelizmente, existe uma grande confusão ao abordar os numerários alocados em capacitação como meras despesas, e não como investimentos, que deve ser o escorreito. Assim como a Lei de Responsabilidade Fiscal e a Lei nº 4.320 estabelecem algumas restrições sobre as despesas efetuadas a partir de arrecadação de bens e patrimônio considerados como receitas de investimentos, também deve-se pensar que a legislação deveria ter o mesmo cuidado com os investimentos em capacitação.[1062]

O agente público mais bem instruído retornará melhores resultados para a sociedade. Desde atuações mais seguras, técnica e juridicamente, até a maior felicidade ao efetuar atos em geral mais qualificados inexoravelmente gerarão uma sensação de maior proveito e responsabilidade para com a sociedade.

Isso se relaciona inclusive com a consensualização e seu escopo de fortalecimento da legitimação estatal para as suas escolhas. Como o Estado é serviente aos reclamos da sociedade, logo é justíssimo qualquer intento de seu fortalecimento.

Na seara de licitações e contratos, os tribunais de contas têm alertado e reprimido gestores públicos que não tenham permitido a preparação dos agentes para o desempenho de funções pertinentes à área, como, já deliberado, em situações de pregoeiros não

---

[1061] Experiência já adotada com êxito em Cuiabá nos termos da Lei Municipal nº 4.369, de 16 de junho de 2003, que criou o Fundo de Desenvolvimento do Sistema de Pessoal do Município de Cuiabá. Depois foi alterada pela Lei Municipal nº 5.420/2011. Prescreve que o fundo será custeado pelo recolhimento mensal de 1% do total das consignações em folha de pagamento em favor das companhias de seguros, entidades de previdência privada, cooperativas, empresas ou instituições de administrações e gestão de sistemas de benefícios e instituições financeiras, sendo que, do total do montante arrecadado, 80% serão afetados para capacitação dos servidores públicos municipais e 20% para aquisição de equipamentos permanentes. Regulamentando tal prática, vide Decreto Municipal de Cuiabá nº 4.125/2003 e Decreto Municipal nº 5.922/2015.

[1062] "Art. 44. É vedada a aplicação da receita de capital derivada da alienação de bens e direitos que integram o patrimônio público para o financiamento de despesa corrente, salvo se destinada por lei aos regimes de previdência social, geral e próprio dos servidores públicos" (Lei Complementar nº 101/2000). "Art. 11 - A receita classificar-se-á nas seguintes categorias econômicas: Receitas Correntes e Receitas de Capital. §1º - São Receitas Correntes as receitas tributária, de contribuições, patrimonial, agropecuária, industrial, de serviços e outras e, ainda, as provenientes de recursos financeiros recebidos de outras pessoas de direito público ou privado, quando destinadas a atender despesas classificáveis em Despesas Correntes. §2º - São Receitas de Capital as provenientes da realização de recursos financeiros oriundos de constituição de dívidas; da conversão, em espécie, de bens e direitos; os recursos recebidos de outras pessoas de direito público ou privado, destinados a atender despesas classificáveis em Despesas de Capital e, ainda, o *superávit* do Orçamento Corrente" (Lei nº 4.320/64).

qualificados, fiscais e gestores de contratos despreparados ou agentes de controle interno pró-forma.

As situações concretas são as mais variadas, como se denota dos julgados ora retratados do Tribunal de Contas da União:

(i) Acórdão nº 1.227/12 – Plenário, no qual se constatou que o fiscal e o gestor não tomaram as providências necessárias para a lavratura do termo aditivo, sendo que houve a execução de parcelas não contratadas pela Administração, o que configurou aditivo verbal – vedado pela legislação brasileira;[1063]

(ii) Acórdão nº 1.315/14 – 2ª Câmara, em que se acumularam funções ao mesmo agente e sua participação em diversos atos da contratação pública (na licitação e no contrato), o que alija a efetivação de controles internos e, com isso, justifica a orientação das cortes de determinar a segregação de funções;[1064]

(iii) Acórdão nº 43/15 – Plenário, no qual o Tribunal compreendeu que o agente designado como fiscal do contrato tem o dever de conhecer os limites e as normas aplicáveis aos contratos administrativos, inclusive notificando a empresa contratada ou seus superiores hierárquicos, a depender do caso.[1065]

O Tribunal de Contas da União enquadra a capacitação como um dos pilares estruturais de execução para a governança pública na gestão de aquisições públicas.

No Acórdão nº 2.622/2015 – Plenário, conhecido como Riscos e Controles nas Aquisições (RCA), o voto condutor do ministro Augusto Nardes expôs:

(i) "quanto menor a capacidade de governança de uma organização pública, maior o risco de que não sejam bem aplicados os recursos públicos em benefício da sociedade";

(ii) os órgãos superiores devem ter frentes de atuação, quais sejam: a de gerar condições para as organizações aumentarem as suas capacidades de governança e gestão de aquisição; a de priorizar recursos públicos conforme a capacidade de transformar os recursos em benefícios, usando métricas de risco e os planos de melhorias de governança e gestão; e a de enfocar a liberação de recursos quando estiver em contingenciamento, de acordo com o grau de risco;

(iii) a escolha dos agentes envolvidos na área de compras deverá ser realizada criteriosamente e segundo os perfis de competências e os princípios da transparência, da motivação, da eficiência e do interesse público;

(iv) a necessidade de avaliar quantitativa e qualitativamente o pessoal do setor de compras públicas e delimitar as suas funções;

1063 Informativo de Jurisprudência sobre Licitações e Contratos nº 107, do Tribunal de Contas da União, Acórdão nº 1.227/12 – Plenário, TC nº 004.554/2012-4, Rel. Min. Valmir Campelo, 23.5.2012. Outra situação parecida que enseja sempre a responsabilização é o caso de aditivo em contrato extinto, ou seja, extrapolação do prazo contratual e aditivo realizado posteriormente de maneira intempestiva.

1064 Tribunal de Contas da União, item 1.6.2.2, TC-025.243/2013-6, Acórdão nº 1.315/14 – 2ª Câmara.

1065 Informativo de Jurisprudência sobre Licitações e Contratos nº 228, do Tribunal de Contas da União, Acórdão nº 43/15 – Plenário, TC nº 017.261/2011-2, Rel. Min. Raimundo Carreiro, 21.1.2015.

(v) o dever de definir os papéis e responsabilidades dos agentes envolvidos em cada etapa do procedimento de licitação e contratação, a fim de evitar sobreposição e sobrecarga; e
(vi) a capacitação dos agentes envolvidos, especialmente sobre gestão de riscos.

Pelo exposto, enquadra-se que o agente público, para exercer adequadamente o seu múnus, necessita de competência, capacidade técnica, capacidade operacional e capacidade física.

A competência, por sua vez, é a atribuição normativa repassada ao agente público para exercer determinada atividade. Não é possível imputar a responsabilidade a algum agente público caso não tenha sido repassada essa incumbência por meio do ato administrativo competente.

Exemplifica-se com a impossibilidade de imputar a responsabilidade de fiscalização de um contrato administrativo para quem não foi formalmente designado para esse mister, consoante já deliberado acertadamente no Acórdão nº 6.708/14 – 1ª Câmara do Tribunal de Contas da União.[1066]

Até porque, sem a designação formal, não se pode cobrar e rogar que as contas sobre as atividades desempenhadas sejam prestadas. Além da questão jurídica, que impõe a designação prévia para que alguém possa exercer dada competência, é imperativo para a Administração Pública que os gestores indiquem de maneira prévia quais agentes desempenharão dada atividade, bem como dialoguem ou, no mínimo, comuniquem para esses agentes que futuramente serão indicados.[1067]

A previsão das competências, de modo antecedente e explícito, contribuirá para a efetivação da matriz de responsabilidade. Nesse sentido, o julgamento do Tribunal de Contas da União no Acórdão nº 929/2019 – Plenário ponderou que não se pode atribuir culpa e responsabilizar um citado agente, pois a tarefa não desenvolvida era de competência de outro. O atendimento da competência ora propugnado deverá dar-se tanto sob o viés do cargo ocupado quanto pela necessidade de designação prévia e específica para a finalidade.

A capacidade técnica revela que não basta designar um agente, mas este deverá possuir conhecimento e condições técnicas para exercer a sua missão. Não é possível designar um analista administrativo para desempenhar a função de fiscal de contrato de obra pública, a qual demanda necessariamente que seja um engenheiro ou arquiteto habilitado e que possua competência ao estar no cargo público correspondente.

[1066] Tribunal de Contas da União, item 1.7.2.2, TC-029.319/2013-7, Acórdão nº 6.708/14 – 1ª Câmara. Em igual sentido, Tribunal de Contas da União, itens 9.3.2 a 9.3.3, TC-015.818/2009-9, Acórdão nº 2.091/14 – 2ª Câmara. Sobre o tema, ainda: "(...) determinação à (*omissis*) para que institua ato normativo regulamentando os procedimentos a serem adotados pelos representantes da Administração especialmente designados para acompanhar e fiscalizar a execução dos contratos firmados pelo órgão, nos termos do art. 67, §§1º e 2º, da Lei nº 8.666/1993, de forma a possibilitar que os respectivos fiscais de contratos tenham conhecimentos claros a respeito de suas atribuições e responsabilidades" (Tribunal de Contas da União, item 9.2, TC-028.783/2010-7, Acórdão nº 2.958/12 – Plenário).

[1067] Salienta-se que a designação formal posterior é claríssima situação de irregularidade, já que a falta de conhecimento e designação da competência prévia impediria a atuação legítima do agente. Sobre o tema, vide: "Deve-se, na execução de contratos, cumprir o preceituado no art. 67 da Lei nº 8.666/93, quanto à necessária nomeação de fiscais para os contratos celebrados, que deverá ser efetuada tempestivamente, evitando a emissão de portarias de nomeação após o início da vigência daqueles" (Tribunal de Contas da União, Acórdão nº 634/06 – Primeira Câmara). Igual sentido: Tribunal de Contas da União, itens 9.5.1 a 9.5.6, TC-005.380/2011-1, Acórdão nº 382/14 – 2ª Câmara.

A falta de condições técnicas inviabiliza a prática das atividades ordenadas pela autoridade superior. Para demonstrar tal exigência, ilustra-se que, no Acórdão nº 785/2014 – Plenário, o Tribunal de Contas da União posicionou-se no sentido de que os servidores designados para atuarem como fiscais de contrato devem possuir conhecimentos técnicos pertinentes ao objeto contratado.[1068]

A capacidade física requer do agente público designado para alguma função a viabilidade física para o cumprimento do proposto. Não é possível imputar a responsabilidade de um ato para um agente que está longe do ocorrido. Ou seja, por exemplo, inviável designar para ser membro de comissão de licitação um servidor médico que está operando no centro cirúrgico do hospital público durante todo o seu expediente. Como este poderá participar efetivamente da licitação?

Imagine designar um engenheiro para ser fiscal de contrato de obra, a fim de avaliar, entre outros pontos, o uso de uma alfa tecnologia durante a execução contratual, caso este esteja lá lotado e localizado fisicamente em Belém (Pará), enquanto a obra se encontra em Novo Progresso (distante mais de novecentos quilômetros em linha reta e mais de mil e seiscentos por estrada).

Se o fiscal não estiver acompanhando *in loco* e for ao local somente no momento da medição, não será um efetivo fiscal da execução contratual, e sim um fiscal de medição, que não terá o condão de assegurar que todas as medidas e procedimentos foram respeitados. Em situação similar, o Tribunal de Contas da União repudiou a responsabilização de fiscal de contrato em razão da distância física e de sua impossibilidade/inviabilidade para a aferição durante todo o período contratual – Acórdão nº 839/2011 – Plenário.[1069]

Por sua vez, a capacidade operacional está relacionada com a possibilidade de exercer a função pública em conformidade com os afazeres laborais, sem que haja qualquer tipo de sobrecarga ou de excesso de trabalho.

O Tribunal de Contas da União já alertou que se "evite sobrecarga de trabalho ao servidor e, consequentemente, ineficiência na execução da tarefa".[1070] Em dada situação, a mesma corte deliberou que é impossível imputar a responsabilidade a alguém sem que este possua condições apropriadas para tal função.

Ademais, deve-se associar a questão de dolo/culpa com as dificuldades e obstáculos reais vivenciados pelo agente, nos termos do artigo 23 da Lei de Introdução às Normas do Direito. Destaca-se que, nesse último caso, foi usado o artigo 64 da Lei de Organização e Processo do Tribunal de Contas de Portugal, que prescreve que, na avaliação da culpa, devem-se levar em consideração "os meios humanos e materiais existentes no serviço, organismo ou entidade sujeitos à sua jurisdição".[1071]

[1068] Tribunal de Contas da União, item 1.7.2.1, TC-015.204/2011-1, Acórdão nº 785/14 – Plenário.

[1069] Ademais, ainda para a unidade técnica, os elementos constantes do processo indicariam não serem exequíveis as funções de executor técnico da forma determinada, tendo em conta ser perceptível a impossibilidade de uma única pessoa cumprir todas as funções que lhe foram atribuídas. Em vista da situação, a unidade técnica, com a anuência do relator, propôs a elisão da responsabilidade da recorrente, sem prejuízo da aplicação de penalidades de outros responsáveis pela gestão do Planfor, no DF, ao tempo dos fatos. Nos termos do voto do relator, o Plenário manifestou seu consentimento (Acórdão nº 839/2011-Plenário, TC-003.118/2001-2, rel. Min. Raimundo Carreiro, 06.4.2011).

[1070] Tribunal de Contas da União, item 9.4.8, TC-009.934/2012-0, Acórdão nº 38/13 – Plenário.

[1071] Tribunal de Contas da União, Acórdão nº 2.973/2019 – 2ª Câmara.

A escolha da competência e das aludidas capacidades como critérios para o exercício de uma função pública decorre de uma visão sistêmica para que alguém possa atuar na área pública, bem como da dogmática acerca de possível teoria da infração e sanção administrativa.

Quando se disserta sobre a teoria da infração e da sanção administrativa, recorre-se a tal em decorrência das possíveis arguições a serem ventiladas em razão de alguma imputação. Nesse raciocínio, não é possível que seja enquadrado como infração administrativa passível de ser aplicada uma sanção o comportamento de um agente público descapacitado para a prática de um ato ou decisão administrativa.[1072]

Caso alguém seja designado para uma atividade e não tenha competência ou capacidade, deverá imediatamente comunicar à autoridade superior, sob pena de ser conivente e agir em concorrência com suposto ato irregular.

Nessa linha, faz-se necessária uma mudança na liderança interna na Administração Pública, de modo a refletir a gestão da contratação pública e a adoção de uma estratégia bem definida pelo Estado, já que são chaves nesse processo "*descargar (ser conscientes y superar viejos patrones de conducta, pensar y actuar), presenciar (percibir o estar en el momento presente, ser conscientes de las diferencias entre los viejos patrones de conductas y las exigencias el momento presente), ejecutar (ensanchar el círculo de atención para tener una mayor comprensión de lo que nos rodea) para poder transformar*".[1073]

A ênfase sobre a capacitação gerou no âmbito da União Europeia a expedição da Recomendação UE 2017/1805 da Comissão, de 3 de outubro de 2017, na qual enfatizou a imprescindibilidade de uma política de profissionalização da contratação pública. Compreendeu que três pilares são indispensáveis para esse intento: desenvolvimento de uma arquitetura apropriada, recursos humanos e sistemas.[1074]

[1072] O Tribunal de Contas da União já se manifestou pela possibilidade de aplicar a responsabilidade solidária daquele que designa um agente que não possua capacidade ou competência (Informativo de Jurisprudência sobre Licitações e Contratos nº 6, do Tribunal de Contas da União, Acórdão nº 319/10 – Plenário, TC-003.196/2001-9, Rel. Min. Walton Alencar Rodrigues, 3.3.2010). Ainda, valioso recordar: "A alta direção deve investir em comunicação e treinamento dos colaboradores e terceiros para que o programa de integridade em licitação funcione efetivamente. As principais políticas e procedimentos de integridade estabelecidos (política de compras, estoque, sustentabilidade, compras conjuntas, controles internos, código de ética e de conduta, etc.) devem estar acessíveis a todos os interessados e ser amplamente divulgados. A comunicação e o treinamento são essenciais para incentivar a promoção de uma cultura de ética e de integridade na entidade. (...) Assim, a alta direção deve promover a adequada capacitação, com o objetivo de reduzir o risco de as atividades críticas serem executadas por pessoas sem competência para tal. Além disso, é importante que existam instrumentos para aferir a retenção do conhecimento transmitido e a compreensão das informações que foram objeto das capacitações, a exemplo de formulários de avaliação de reação de treinamentos e entrevista com os colaboradores" (SANTOS, Franklin Brasil; SOUZA, Kleberson Roberto de. *Como combater a corrupção em licitações*. Belo Horizonte: Fórum, 2016. p. 147).

[1073] GIMENO FELIÚ, José María *et al*. *La gobernanza de los contratos públicos en la colaboración público-privada*. Barcelona: Cambra Oficial de Comerç de Barcelona, 2018. p. 16.

[1074] "*Por consiguiente, una política de profesionalización eficaz debe basarse en un planteamiento estratégico global en torno a tres objetivos complementarios: I. Desarrollar la arquitectura política adecuada para la profesionalización: para tener un impacto real, cualquier política de profesionalización debe contar con un elevado nivel de respaldo político. Esto significa definir claramente a nivel político central la atribución de responsabilidades y tareas de las instituciones; respaldar los esfuerzos a nivel local, regional y sectorial; garantizar la continuación a través de los ciclos políticos; utilizar, cuando sea apropiado, las estructuras institucionales que fomentan la especialización, la agregación y el intercambio de conocimientos. II. Recursos humanos: mejorar la formación y la gestión de la carrera de los profesionales en materia de contratación: los profesionales de la contratación pública, es decir, aquellas personas implicadas en la contratación de bienes, servicios y obras, así como los auditores y funcionarios responsables de la revisión de los casos relacionados con la contratación pública, deben disponer de las cualificaciones, formación, capacidades y experiencia adecuadas necesarias para su nivel de responsabilidad. Esto implica garantizar la existencia de personal con experiencia, capacitado y motivado, ofrecer la formación y desarrollo*

Acerca do primeiro, ficou estatuído que:

(i) os Estados-Membros deverão elaborar e aplicar estratégias de profissionalização a longo prazo para a contratação de acordo com as necessidades, recursos e estrutura administrativa, a fim de atrair, desenvolver e reter competências, focar no rendimento e nos resultados estratégicos, bem como aproveitar ao máximo as ferramentas e técnicas disponíveis;
(ii) a estratégia deverá ser aplicada a todos os participantes, direta ou indiretamente, do processo de contratação indistintamente da esfera (local, regional ou nacional), sendo aplicada de maneira coordenada com outras políticas e realizado um balanço de desenvolvimento em comparação com outros Estados;
(iii) o escopo deverá ser o apoio às estratégias de profissionalização nacional por meio de desenvolvimento de iniciativas, arquitetura institucional adequada e cooperação, para que haja maior sintonia cooperativa entre os serviços e as entidades/autoridades envolvidas no processo, bem como haja o aproveitamento da experiência e do apoio das instituições de formação, centrais de compras e organizações profissionais dedicadas à contratação.

No tocante aos recursos humanos, a recomendação ponderou que:

(i) os Estados-Membros devem identificar e definir a base das capacidades e competências para qualquer profissional atuar na área de contratação, inclusive a sua formação, que deverá levar em consideração a natureza multidisciplinar dos projetos-foco das compras públicas;
(ii) deve existir um programa propício para a formação acerca da avaliação dos dados e das necessidades, bem como dos marcos de competência disponíveis, até mesmo para: desenvolver cursos a nível de formação, pós-graduação ou outro para formar os agentes; fornecer e apoiar constantemente cursos e eventos para a formação e aprendizado contínuo; multiplicar a oferta de formação por meio de soluções inovadoras e interativas ou ferramentas de aprendizagem eletrônica; e aproveitar a cooperação acadêmica e de pesquisa para o desenvolvimento de uma retaguarda substancial teórica para possíveis soluções em contratações públicas;
(iii) deverão ser garantidos programas de planejamento de carreira com a promoção e progressão, a partir da qualificação dos agentes, sempre com o intuito de conceder incentivos remuneratórios, certificações e reconhecimentos, prêmios de excelência por boas práticas na área de inovação, compras ambientais, sociais e na luta favorável à integridade nas relações negociais; e

profesional continuo necesarios, así como desarrollar una estructura de la carrera profesional e incentivos que hagan atractiva la función de la contratación pública y motiven a los funcionarios públicos a lograr resultados estratégicos. III. Sistemas: proporcionar herramientas y metodologías de apoyo de la práctica profesional en el ámbito de la contratación: los profesionales de la contratación pública deben disponer de las herramientas y el apoyo adecuados para actuar de manera eficaz y lograr la mejor relación calidad-precio en cada compra. Esto significa garantizar la disponibilidad de herramientas y procesos para lograr una contratación inteligente, tales como: herramientas de contratación electrónica, directrices, manuales, plantillas y herramientas de cooperación, con la formación, apoyo y experiencia, agregación de conocimientos e intercambio de buenas prácticas correspondientes" (Trecho dos considerandos da Recomendação).

(iv) com tudo isso, visa-se animar e reter as pessoas qualificadas em suas respectivas funções para majorar a qualidade do pessoal e, consequentemente, dos préstimos efetuados.

Quanto aos sistemas, a Comissão da União Europeia avultou que os Estados-Membros devem:

(i) estimular e incentivar o desenvolvimento de instrumentos de tecnologia de informação acessíveis para a simplificação e melhorias no funcionamento dos sistemas de contratação, inclusive com a cooperação dos Estados para o compartilhamento de ferramentas e interoperabilidade entre os mais diversos sistemas e usuários;
(ii) apoiar e direcionar a integridade, a nível individual e institucional, como condição para a atuação profissional dos agentes públicos, confeccionando e utilizando mecanismos para a garantia do cumprimento de tais objetivos e da transparência, evitando, assim, qualquer distorção corruptiva (prevenção via cartas de integridade, uso dos riscos já vivenciados para evitar futuros erros e métodos de implementação de uma política de integridade);
(iii) disponibilizar manuais, documentos de boas práticas, planilhas, entre outros, pelos meios tecnológicos para que se comungue uma racionalidade estratégica e ideal de boas contratações públicas, de acordo com as normas comunitárias e concorrenciais; e
(iv) incentivar a troca de boas práticas já executadas via colaboração entre os agentes de compras públicas dos mais diversos Estados, o que poderá acontecer com a organização de seminários, comunidades virtuais e assistência telefônica, entre outros casos.[1075]

Especificamente na Espanha, a Ley 09/2017 disciplinou em seu artigo 334 a Estratégia Nacional de Contratação Pública, que é um plano a ser feito a cada quatro anos e aprovado pela Oficina Independente de Regulação e Supervisão da Contratação, em que serão abordadas:

(i) a análise dos dados disponíveis com as distintas fontes de informação qualitativas e quantitativas;
(ii) a melhora da supervisão da contratação pública, a partir de critérios e metodologias comuns;
(iii) a análise de mecanismos de controle de legalidade prévio e posterior dos procedimentos de julgamento dos contratos públicos e das concessões;
(iv) a elaboração de manuais de boas práticas com recomendações e orientações; e

[1075] Criticando a falta do tema na Diretiva, apesar da posterior recomendação, José Antonio Moreno Molina verbera que se deve "*garantizar la existencia de personal con experiencia, capacitado y motivado, la necesidad de ofrecer la formación y desarrollo profesional continuo necesarios, así como desarrollar una estructura de la carrera profesional específica e incentivos que hagan atractiva la función de la contratación pública y motiven a los empleados públicos a lograr resultados estratégicos*" (MORENO MOLINA, José Antonio; PINTOS SANTIAGO, Jaime. Aciertos, desaciertos y futuros de la LCSP. *Contratación Administrativa Práctica*, Madrid, n. 159, jan. 2019, p. 6-11, p. 10).

(v) a promoção da profissionalização da contratação mediante a formação dos operadores de compras públicas.[1076]

Como se constata, a preocupação com a capacitação dos agentes públicos envolvidos na área da contratação pública é comum, mais um motivo para que a legislação brasileira venha a disciplinar o dever de ser proporcionada uma contínua capacitação e profissionalização de tais agentes,[1077] tal como a Lei nº 14.133 corroborou em larga escala ao prever que:

(i) dever da autoridade máxima do órgão ou da entidade, ou a quem as normas de organização administrativa indicarem, promover gestão por competências e designar agentes públicos para o desempenho das funções essenciais à execução da Lei nº 14.133 que tenham atribuições relacionadas a licitações e contratos ou possuam formação compatível ou qualificação atestada por certificação profissional emitida por escola de governo criada e mantida pelo poder público (artigo 7º, II);
(ii) os fiscais e gestores de contratos deverão ser devidamente capacitados (artigo 18, §1º, X);

[1076] José María Gimeno Feliú e outros descrevem as conclusões da oficina do I Congresso Anual de Contratação Pública do Observatório de Contratação Pública na Espanha, de dezembro 2017, como referência para a profissionalização: "*- Elevar la figura del professional de la contratación: mayor reconocimiento, más cercanía a figuras directivas, mayor relevância política, involucrarlos como parte de la cadena de valor en la prestación de servicios públicos y mayores incentivos; - Más y mejor formación: formación innovadora y especializada, itinerarios formativos para distintos perfiles, formación práctica, introducir elementos/iniciativas que motiven a formarse, más allá de la formación jurídica, formar equipos y no personas y formación para el sector privado; - Crear entornos de colaboración: redes de conocimiento para conectar unidades de contratación, mayor relación entre académicos/gestores/políticos, intercambio de conocimiento entre profesionales y mayores entornos colaborativos; - Mayor soporte a la aplicación de las normativas, recomendaciones y mejores prácticas: órgano coordinación y consulta, mayor colaboración y coordinación del Estado y aplicación según realidad (estatal/autonómica/local); - Contratación como herramienta: contratación pública herramienta para promover políticas públicas, con la inclusión de PYMEs; - Mejoras en TI y metodología: mayor planificación y coordinación para reducir presión en departamentos de contratación, planificación y seguimiento de contratos, visión integral del ciclo de contratación, equipos multidisciplinares, así como encajar distintos perfiles*" (GIMENO FELIÚ, José María *et al. La gobernanza de los contratos públicos en la colaboración público-privada.* Barcelona: Cambra Oficial de Comerç de Barcelona, 2018. p. 130-131).

[1077] Tanto é assim que o Comitê de Governança Pública da Organização para a Cooperação e Desenvolvimento Econômico em 2015 emitiu uma Recomendação do Conselho sobre a contratação pública e versou sobre a instrução dos agentes de compras públicas: "*A tal fin, los Adherentes deberán: i) Asegurarse de que los profesionales de la contratación pública tienen un alto nivel de integridad, capacitación teórica y aptitud para la puesta en práctica, para lo que les proporcionan herramientas específicas y periódicamente actualizadas, disponiendo, por ejemplo, de unos empleados suficientes en número y con las capacidades adecuadas, reconociendo la contratación pública como una profesión en sí misma, proporcionando formación periódica y las oportunas titulaciones, estableciendo unas normas de integridad para los profesionales de la contratación pública y disponiendo de una unidad o equipo que analice la información en materia de contratación pública y realice un seguimiento del desempeño del sistema. ii) Ofrecer a los profesionales de la contratación pública un sistema de carrera atractivo, competitivo y basado en el mérito, estableciendo vías de ascenso según méritos claros, brindando protección frente a las injerencias políticas en el procedimiento de contratación pública, y promoviendo en las esferas nacional e internacional las buenas prácticas para los sistemas de carrera profesional al objeto de mejorar el rendimiento de estos empleados. iii) Fomentar la adopción de enfoques colaborativos con entidades como universidades, think tanks o centros políticos a fin de mejorar las capacidades y competencia del personal de contratación pública. Deberá hacerse uso de la especialización y la experiencia pedagógica de estos centros del saber, en tanto en cuanto son herramientas valiosas que amplían los conocimientos en esta materia y establecen un canal bidireccional entre teoría y práctica capaz de impulsar la innovación en los sistemas de contratación pública*" (ORGANIZAÇÃO PARA A COOPERAÇÃO E DESENVOLVIMENTO ECONÔMICO. *Recomendación del Consejo sobre Contratación Pública.* Paris: OCDE, 2015).

(iii) os integrantes da linha de defesa deverão recomendar a capacitação dos agentes públicos responsáveis para evitar a continuidade e repetição de ocorrência de erros ou irregularidades (artigo 169, §3º, I);

(iv) os tribunais de contas, por meio das escolas de contas, deverão promover eventos de capacitação para os servidores efetivos e empregados públicos designados para o desempenho das funções essenciais à execução dessa lei, incluídos cursos presenciais e a distância, redes de aprendizagem, seminários e congressos sobre contratações públicas (artigo 173).

Nessa conjectura, a nova Lei de Licitações e os tribunais de contas ecoam o dever de capacitar e preparar os agentes públicos que laborarão na área de contratação pública, desde aquele que participa da fase interna (fase preparatória) até aqueles que atuam na fase externa (fase de seleção de fornecedores) da licitação e na fase contratual.

São reiterados os acórdãos que determinam a obrigação da Administração de instituir plano contínuo para capacitação e atualização dos servidores que atuam na área de licitações e contratos. Nesse sentido, o TCU determinou a "adoção de programa continuado de treinamentos dos profissionais que atuam na área e em outras unidades correlatas, inclusive quanto ao correto uso dos sistemas operacionais aplicáveis" (Acórdão nº 1.007/2018 – Plenário). No mesmo sentido compreendem os tribunais de contas estaduais.

Com as profundas alterações trazidas pela Lei nº 14.133/21 aos instrumentos e processos licitatórios e contratos administrativos, a atualização dos agentes públicos atuantes nesse ramo tornou-se ainda mais imprescindível, sendo necessária uma abordagem transversal e multidisciplinar.

Por essa razão, o Tribunal de Contas da União vem fortemente ressaltando aos gestores públicos o dever da Administração Pública de promover a capacitação de seus agentes como instrumento de governança pública. A atualização ofertada por empresas e profissionais altamente qualificados, reconhecidos por sua *expertise* e por um conteúdo programático eficaz, alinhando de maneira eficiente a teoria com a prática, configura-se como um investimento na melhoria da gestão pública.

Isso se deve ao fato de que uma contratação, seja para obras ou serviços, quando elaborada de forma adequada, não apenas resulta em uma execução contratual bem-sucedida, como também respeita e protege os recursos públicos, possibilitando, por conseguinte, a entrega à sociedade de um serviço público de elevada qualidade.

A recomendação do TCU pode ser observada em suas decisões, expondo a importância da educação continuada, capacitação, treinamento e desenvolvimento dos agentes públicos, especialmente na área de licitações e contratações. Veja:

> 9.2. recomendar ao [...], que avalie a conveniência e a oportunidade de: [...] 9.2.3. incluir nos próximos editais de supervisão e gerenciamento de obras providências com o intuito para que o contratado realize a transição contratual com transferência de conhecimento, tecnologia e técnicas empregadas, sem perda de informações, podendo exigir, inclusive, a capacitação dos técnicos da contratante ou da nova empresa que continuará a execução dos serviços, conforme disposto no art. 69, da IN-MPDG 5/2017; (Acórdão 595/2020 - plenário. Rel. Walton Alencar Rodrigues)

> 1.9.4.1. avalie a conveniência e a oportunidade de prover capacitação contínua de servidores envolvidos na gestão e fiscalização de contratos com vistas a aperfeiçoar o setor de contratação; (Acórdão de relação 2897/2019 - Segunda Câmara)
> 9.1 recomendar ao Ministério do Planejamento, Orçamento e Gestão que expeça orientações no sentido de que, quando pertinente, a escolha dos ocupantes de funções-chave, funções de confiança ou cargos em comissão na área de aquisições seja fundamentada nos perfis de competências definidos no modelo e sempre pautada pelos princípios da transparência, da motivação, da eficiência e do interesse público;
> (...)
> 9.2.3. promova a implementação do modelo de processo de aquisições, elaborado nas organizações sob sua esfera de atuação mediante orientação normativa única, consolidando, se necessário, as orientações normativas em vigor;
> 9.2.4. implante e disponibilize comunidade de prática do tema governança e da gestão das aquisições para os seus jurisdicionados;
> d) planeje treinamento sistemático para os fiscais de contratos, de modo a dar-lhes maior condição técnica no controle dos acordos firmados. (Tribunal de Contas da União, itens 1.8.1 a 1.8.4, TC-023.737/2012-3, Acórdão 7.922/14 – 2ª Câmara).

A exemplo, o Tribunal de Contas do Estado do Paraná, no Acórdão nº 2.388/2019 – Tribunal Pleno, assim respondeu ao questionamento da obrigatoriedade de a Administração Pública promover capacitação e formação continuada aos servidores públicos, nos seguintes termos:

> Quesito 2: É obrigação da Administração Pública promover a capacitação e formação continuada dos servidores integrantes de seu quadro de pessoal, podendo oferecer cursos de aperfeiçoamento e desenvolvimento de habilidades diversas, às suas expensas, observando as peculiaridades de cada local e desde que seu objeto seja pertinente às atribuições funcionais dos servidores, com motivação apresentada de maneira expressa e por escrito no processo de contratação, e desde que haja disponibilidade orçamentária e financeira.

Importa advertir que agentes públicos que não se encontrem capacitados estão sujeitos não apenas a advertências e recomendações, mas também à responsabilização administrativa e civil, a exemplo de aplicação de multas, conforme entendimento do próprio TCU (Acórdão nº 2.509/2023 – TCU Plenário, Rel. Min. Benjamin Zymler; Acórdão de Relação nº 2.897/2019 – Segunda Câmara, Acórdão nº 1.174/2016 – TCU – Plenário, Rel. Min. Vital do Rêgo, entre outros).

Convém reiterar o comando do artigo 7º, *caput*, da Lei nº 14.133: "Caberá à autoridade máxima do órgão ou da entidade, ou a quem as normas de organização administrativa indicarem, promover gestão por competências e designar agentes públicos para o desempenho das funções essenciais à execução desta Lei que preencham os seguintes requisitos".

No raciocínio do dispositivo supra, caso o agente público não tenha recebido preparação, capacitação e condições para o exercício da sua função ou do seu cargo público, é responsabilidade da autoridade superior competente.

Para essa tarefa, a Administração Pública deverá planejar, de forma cooperativa e colaborativa, uma formatação conveniente, de preferência utilizando as mais diversas ferramentas tecnológicas e atuais, entre todos os seus órgãos e entidades, a fim de customizar recursos e proveitos para o maior número de envolvidos.[1078]

A própria Administração Pública deverá ser a mola propulsora para que ocorra o incentivo à inovação internamente, inclusive proposta pelos seus agentes, os quais devem ser premiados de alguma maneira para tanto.[1079]

O uso da internet deverá ser fomentado, ainda mais considerando o tamanho continental do Brasil. Mormente no caso de compras públicas inovadoras, a preocupação da qualificação exalta-se ainda mais, já que se trata de situação pouco utilizada no Brasil, seja pela ausência de um marco normativo específico, objetivo e seguro, seja pelas suas dificuldades habituais, ensejadoras de um excelente preparo técnico dos agentes envolvidos.

5.3.2 Estudos preliminares prévios à implantação de uma política pública horizontal para o desenvolvimento científico, tecnológico e inovativo nacional nas licitações públicas e nos contratos administrativos

Estudos preliminares são os estudos realizados previamente pela Administração Pública, na fase interna (preparatória) da licitação, com o objetivo de aferir quais são as soluções potencialmente existentes para satisfazer as necessidades públicas, qual a relação de custo *versus* benefício de cada solução identificada a partir de suas vantagens e desvantagens, qual a estimativa de valor das soluções para que, ao final, possa o administrador público, sozinho ou em forma colegiada, concluir pela viabilidade ou não de uma futura contratação e qual será a solução a ser adotada na licitação vindoura. Almeja responder se é possível ou não atender ou suprir um problema externado por uma necessidade pública e qual seria o melhor jeito para tanto.[1080]

1078 Ainda que normalmente os tribunais de contas direcionem o dever de planejamento de capacitação de forma individualizada, recomenda-se que a atuação estatal seja ampla e coordenada entre todos os órgãos e entidades. Sobre a posição individualizada, vide: "Recomendação à (*omissis*) que: a) institua controles formais e suficientes para a gestão dos contratos, de modo a evitar alterações no projeto inicial sem termo aditivo vinculado; b) institua procedimentos formais para a execução e documentação da fiscalização de obras, de modo a aumentar o controle, a eficiência e a transparência dessa atividade; c) planeje adequadamente a execução de serviços públicos por meio de contratos e convênios de forma que haja compatibilidade entre a quantidade de empreendimentos e a capacidade de fiscalização de tais avenças; d) planeje treinamento sistemático para os fiscais de contratos, de modo a dar-lhes maior condição técnica no controle dos acordos firmados" (Tribunal de Contas da União, itens 1.8.1 a 1.8.4, TC-023.737/2012-3, Acórdão nº 7.922/14 – 2ª Câmara).

1079 *"En resumen, un sector público innovador precisa de un modelo de gestión pública que premie e incentive a todos aquellos empleados que destacan en esta labor mediante su valoración como mérito a través de los sistemas previstos para evaluar el desempeño, así como con contribuciones más altas a través de complementos a sus emolumentos, siempre calculados de forma objetiva y proporcional al logro. Por otra parte, proponemos la creación de órganos anexos a las administraciones integrados por personal creativo e innovador, que de forma autónoma e independiente puedan estudiar el funcionamiento de la organización, localizar los problemas y desarrollar propuestas innovadoras para solucionarlos. (...) Crear o especializar una universidad pública en la formación de potenciales empleados públicos y la capacitación de los ya existentes, como es el ejemplo de la German University of Administrative Sciences (Speyer), puede resultar de gran interés para mejorar la calidad de los procesos de adquisiciones públicas"* (GARCÍA JIMÉNEZ, Antonio. *Las conexiones entre contratación administrativa e innovación*. Madrid: Tecnos, 2018. p. 62-63).

1080 Pedro Cerqueira Gomes propõe na fase interna um raio X completo sobre o panorama vivenciado: (1) qual a necessidade; (2) o que o mercado oferece; (3) quais os riscos inerentes àquela operação comercial. Nessa linha, defende que "para preencher estes pressupostos ou tirar esta radiografia é necessário seguir os passos do plano, designado PLAN-DO-CHECK-ACT-Cycle de William Edwar Deming". Trazendo esse raciocínio para a fase pré-contratual ou de planejamento, como se chama no Brasil, teria: PLAN, "pressupõe uma análise cuidada das necessidades presentes e futuras da entidade adjudicante, e transformá-las em exigências funcionais. Devendo, aqui, ser publicado um aviso prévio não vinculativo para a entidade adjudicante daquilo que se pretende, isto

Como se percebe, os estudos preliminares representam atos diretamente relacionados ao planejamento. Ainda que tenha sido mais difundida a expressão no Brasil, quando houve a sua previsão para as licitações de serviços terceirizados no âmbito federal, por meio da Instrução Normativa do Ministério de Planejamento, Desenvolvimento e Gestão nº 05/2017, impende gizar que, anteriormente, já era um instituto utilizado nas licitações para tecnologia de informação (*v.g.*, Instrução Normativa da Secretaria de Logística, Tecnologia e Inovação do antigo Ministério do Planejamento nº 04/2014, a qual foi substituída pela Instrução Normativa da Secretaria de Governo Digital do Ministério da Economia nº 01, de 4 de abril de 2019, e no âmbito do Poder Judiciário pela revogada Resolução nº 182/2013 do Conselho Nacional de Justiça) e para obras e serviços de engenharia.[1081]

Para engenharia, o estudo preliminar é condição para a realização de um projeto básico de uma obra nos termos da Resolução nº 361, de 10 de dezembro de 1991, do Conselho Federal de Engenharia e Agronomia.[1082] É preciso que, antes do projeto, perquira-se a viabilidade técnica, econômica e ambiental da solução adotada e preencham-se os critérios de conveniência de seu proprietário e da sociedade. Hamilton Bonatto explica que a boa governança demanda um critério de estudo de viabilidade do empreendimento público, em caso de obra pública, inclusive para apreciar se a futura obra atende aos anseios colimados.[1083]

Agora, com a Lei nº 14.133, está expressamente previsto como um documento essencial da fase interna (preparatória) nos termos do artigo 18, I, e que deve evidenciar o problema a ser resolvido e a sua melhor solução, de modo a permitir a avaliação da viabilidade técnica e econômica da contratação. Para tal mister, conterá os seguintes elementos: (i) descrição da necessidade da contratação, considerado o problema a ser

---

é, dar a conhecer ao mercado a sua necessidade"; DO, "iniciar um procedimento pré-contratual teste, dentro daqueles tipificados no nosso ordenamento jurídico, para identificar e precisar melhor o produto"; CHECK, "verificar se na fase de execução do contrato a necessidade está satisfeita"; ACT, "aquisição em massa do produto" (GOMES, Pedro Cerqueira. Contratação pública e inovação – o diálogo entre Portugal e a União Europeia. *In*: FERNÁNDEZ ACEVEDO, Rafael; VALCÁRCEL FERNÁNDEZ, Patricia (dir.). *La contratación pública a debate*: presente y futuro. Navarra: Civitas, 2014. p. 525-555, p. 537).

1081 Nos termos do artigo 24, §1º, da Instrução Normativa nº 05/2017 do Ministério do Planejamento, Desenvolvimento e Gestão: O documento que materializa os Estudos Preliminares deve conter, quando couber, o seguinte conteúdo: "I - necessidade da contratação; II - referência a outros instrumentos de planejamento do órgão ou entidade, se houver; III - requisitos da contratação; IV - estimativa das quantidades, acompanhadas das memórias de cálculo e dos documentos que lhe dão suporte; V - levantamento de mercado e justificativa da escolha do tipo de solução a contratar; VI - estimativas de preços ou preços referenciais; VII - descrição da solução como um todo; VIII - justificativas para o parcelamento ou não da solução quando necessária para individualização do objeto; IX - demonstrativo dos resultados pretendidos em termos de economicidade e de melhor aproveitamento dos recursos humanos, materiais ou financeiros disponíveis; X - providências para adequação do ambiente do órgão; XI - contratações correlatas e/ou interdependentes; e XII - declaração da viabilidade ou não da contratação".

1082 "Art. 2º - O Projeto Básico é uma fase perfeitamente definida de um conjunto mais abrangente de estudos e projetos, precedido por estudos preliminares, anteprojeto, estudos de viabilidade técnica, econômica e avaliação de impacto ambiental, e sucedido pela fase de projeto executivo ou detalhamento" (legislação disponível em: http://normativos.confea.org.br/ementas/visualiza.asp?idEmenta=409. Acesso em: 4 maio 2019).

1083 "O estudo de viabilidade tem a função de verificar não apenas se o empreendimento é viável sob os aspectos técnicos, em especial da engenharia e arquitetura, mas a partir de outro olhar. Compreendemos que dito estudo tem como principal escopo a verificação do programa, do terreno e seu entorno, da legislação, dos custos e dos investimentos necessários à execução, bem como a compatibilidade com os objetivos do órgão ou entidade. Não há dúvidas que é elemento fundamental para o planejamento de uma obra ou serviço de engenharia, de forma que o governante possa determinar as soluções para as necessidades da população" (BONATTO, Hamilton. *Governança e gestão de obras públicas*. Belo Horizonte: Fórum, 2018. p. 84).

resolvido sob a perspectiva do interesse público; (ii) demonstração da previsão da contratação no plano de contratações anual, sempre que elaborado, de modo a indicar o seu alinhamento com o planejamento da Administração; (iii) requisitos da contratação; (iv) estimativas das quantidades para a contratação, acompanhadas das memórias de cálculo e dos documentos que lhes dão suporte, que considerem interdependências com outras contratações, de modo a possibilitar economia de escala; (v) levantamento de mercado, que consiste na análise das alternativas possíveis, e justificativa técnica e econômica da escolha do tipo de solução a contratar; (vi) estimativa do valor da contratação, acompanhada dos preços unitários referenciais, das memórias de cálculo e dos documentos que lhe dão suporte, que poderão constar de anexo classificado, se a Administração optar por preservar o seu sigilo até a conclusão da licitação; (vii) descrição da solução como um todo, inclusive das exigências relacionadas à manutenção e à assistência técnica, quando for o caso; (viii) justificativas para o parcelamento ou não da contratação; (ix) demonstrativo dos resultados pretendidos em termos de economicidade e de melhor aproveitamento dos recursos humanos, materiais e financeiros disponíveis; (x) providências a serem adotadas pela Administração previamente à celebração do contrato, inclusive quanto à capacitação de servidores ou de empregados para fiscalização e gestão contratual; (xi) contratações correlatas e/ou interdependentes; (xii) descrição de possíveis impactos ambientais e respectivas medidas mitigadoras, incluídos requisitos de baixo consumo de energia e de outros recursos, bem como logística reversa para desfazimento e reciclagem de bens e refugos, quando aplicável; (xiii) posicionamento conclusivo sobre a adequação da contratação para o atendimento da necessidade a que se destina.

O importante é o planejamento estatal ser bem executado, ainda mais quando se pensa numa política pública, como é o caso do uso das contratações públicas para o desenvolvimento inovativo, científico e tecnológico. O planejamento é a atividade serviente para delinear objetivos e metas, bem como os meios aptos para a sua concretização.[1084]

As prognoses do futuro próximo e do mais longínquo ao desenvolvimento nacional sustentável devem consubstanciar-se numa "sociedade harmoniosa, saudável, plúrima, com menos desigualdades, gerida por pessoas probas e éticas", sendo que efetivar tais objetivos, na prática, representa aliar boa administração com planejamento estatal eficiente.[1085]

Assim sendo, os estudos preliminares deverão ser adotados em todos os casos de compras públicas, o que não seria diferente para as questões relacionadas com

---

[1084] SANTOS, José Anacleto Abduch. *Contratos administrativos*. Belo Horizonte: Fórum, 2015. p. 35.

[1085] EMERY, Emerson Baldotto. *Desenvolvimento sustentável*: princípio da eficiência em procedimentos licitatórios. Belo Horizonte: Fórum, 2016. p. 95. Como bem alude Francisco Javier Vázquez Matilla ao dissertar sobre compras públicas inovadoras: "*La entidad pública que desee beneficiarse de las ventajas de una compra de tecnología innovadora, tendrá que realizar necesariamente una demanda temprana, lo que le obligará a: planificar sus necesidades con suficiente antelación, conocer la oferta relacionada con este tipo de necesidades en cuanto a: tipo de soluciones no sólo actuales sino también previstas, ya que las necesidades no están cubiertas en el mercado, empresas involucradas, conocer las tecnologías susceptibles de aportar valor y su posible evolución y coste*" (VÁZQUEZ MATILLA, Francisco Javier. Compra pública de innovación. *Contratación Administrativa Práctica*, Madrid, n. 159, jan. 2019, p. 54-61, p. 56).

tecnologia, inovação e ciência.[1086] Consequentemente, nesses casos em especial, deverá a Administração Pública justificar em que medida serão exigidas as medidas domésticas de privilégio. Contudo, aqui não se exigem somente os estudos preliminares para a licitação, mas, sim, preconiza-se que sejam realizados como medida prévia à formulação das políticas públicas horizontais pelo Estado para a direção e promoção da ciência, tecnologia e inovação nacional. É a adoção de critérios objetivos e formalizados para justificar as escolhas em prol do interesse público.[1087]

Dessa feita, depois de elaborados o diagnóstico e a identificação da agenda, deverá a Administração Pública perscrutar as possíveis soluções existentes e suas variantes, de acordo com o setor do mercado em análise, para dessumir a possibilidade ou não de adotar alguma benesse. Identificadas as soluções passíveis de serem implementadas e ponderada a relação de custos *versus* benefício de todas, então, será feita a opção da melhor solução.

Em outras palavras, todas essas atividades reportarão aos estudos preliminares como ato precedente obrigatório para a implantação de uma política pública horizontal.[1088]

1086 Ainda que o nome "estudos preliminares" não seja tão antigamente usado, o Tribunal de Contas da União já determinava o dever de motivação da escolha da solução licitada: "9.13.5. instrua os processos de contratação com estudos detalhados para fundamentar a escolha por locação em detrimento de aquisição de veículos, considerando fatores tais como: garantias e custos minimizados no primeiro ano de aquisição de um veículo; vida útil do bem; despesas indiretas; tempo da utilização do veículo; possibilidades ou impedimentos de eventual financiamento dos bens; custo de oportunidade na aquisição do veículo; e demais fatores que possam fundamentar a decisão do gestor" (Tribunal de Contas da União, Acórdão nº 4.742/2009 – 2ª C).

1087 "Todo aquele que, ao buscar a solução para um problema, o fizer mediante utilização de padrões subjetivos, passará a vida repetindo sempre as mesmas soluções. Aquele que atua objetivamente, a seu turno, questiona as opções anteriormente feitas e as aprimora, observando e levando em conta as particularidades de cada nova situação e buscando a solução mais idônea para cada nova problema. (...) Quem não se autoquestiona não evolui e, se for agente público, infligirá sofrimento a todo o povo" (BLANCHET, Luiz Alberto. Ineficiência, corrupção e seus efeitos sobre o empreendedorismo e sobre o desenvolvimento. *In*: BLANCHET, Luiz Alberto; HACHEM, Daniel Wunder; SANTANO, Ana Claudia. *Eficiência e* ética *na Administração Pública*. Curitiba: Íthala, 2015. p. 151-162, p. 156).

1088 Esse sopesamento inclusive é uma recomendação da Organização para a Cooperação e Desenvolvimento Econômico quando da pretensão de implantação de alguma política pública horizontal: "V. *RECOMIENDA que los Adherentes reconozcan que todo uso del sistema de contratación pública que pretenda conseguir objetivos secundarios de política deberá sopesar estas finalidades frente al logro del objetivo principal de la contratación. A tal fin, los Adherentes deberán: i) Evaluar la adecuación de la contratación pública como instrumento para perseguir objetivos secundarios de política de acuerdo con unas prioridades nacionales claras, valorando los potenciales beneficios frente a la necesidad de lograr la obligada rentabilidad. Deberá tenerse en cuenta tanto la capacidad del personal de contratación pública para ayudar al logro de los objetivos secundarios de política como los recursos necesarios para el seguimiento de los avances de esos objetivos. ii) Elaborar una estrategia adecuada para la integración de los objetivos secundarios de política en los sistemas de contratación pública. En relación con los objetivos secundarios de política a cuyo logro va a colaborar la contratación pública, deberán desarrollarse una adecuada planificación, un análisis de referencia y una evaluación de riesgos, y deberán establecerse los resultados previstos, todo ello de cara al desarrollo de los oportunos planes de acción o directrices de puesta en marcha. iii) Emplear una metodología adecuada de evaluación de impacto para cuantificar la eficacia del sistema de contratación pública en el logro de objetivos secundarios de política. Deberán cuantificarse, conforme a metas o etapas adecuadas, los resultados de cualquier uso del sistema de contratación pública en apoyo de objetivos secundarios de política, a fin de proporcionar a los responsables de la formulación de las políticas la información oportuna acerca de los beneficios y los costos de dicho uso. La eficacia deberá cuantificarse tanto a nivel de cada proceso de contratación pública como en referencia al logro de los resultados previstos en materia de política. Además, deberá evaluarse periódicamente el efecto global que sobre el sistema de contratación pública tiene la persecución de objetivos secundarios de política, con el fin de abordar la posible sobrecarga de objetivos*" (ORGANIZAÇÃO PARA A COOPERAÇÃO E DESENVOLVIMENTO ECONÔMICO. *Recomendación del Consejo sobre Contratación Pública*. Paris: OCDE, 2015).

5.3.3 Construção de uma agenda para o desenvolvimento científico, tecnológico e inovativo nacional

O Estado brasileiro precisa fixar uma agenda para o desenvolvimento científico, tecnológico e inovativo nacional, em que fique vinculado o dito planejamento, nos termos do artigo 174 da Constituição da República, e que o mercado utilize como um referencial para a sua atuação.

Nesse ponto, a agenda deverá focar uma visão futurística a médio e longo prazo. Estabelecer metas e condições para dez a trinta anos, o que *per se* representará uma diretriz para os operadores econômicos. Aliás, a confiabilidade do mercado no Estado é diretamente proporcional à capacidade de investimento de dinheiro estrangeiro no país.[1089]

A boa-fé e a confiança legítima devem ser balizas indissociáveis na fixação da agenda pública para que os operadores econômicos tenham a devida tranquilidade de saber como o Estado investirá, quais serão os seus focos estratégicos em setores importantes como a inovação, ciência e tecnologia, bem como quais serão as suas metas e auxílios para o setor privado.[1090]

Nota-se que, como explica Pedro Moniz Lopes, a aplicabilidade do princípio da boa-fé independe de previsão expressa no ordenamento jurídico, pois pode ser deduzida: (i) do princípio da justiça; (ii) dos costumes em geral ou (iii) da presunção e generalização das regras relativas ao saneamento dos atos administrativos, da revogação ou da repercussão do tempo nas relações jurídico-administrativas.[1091]

Mariana Mazzucato explica que, a depender da área econômica, o setor privado somente entra com investimentos após a inserção inicial e um pequeno início de sucesso do setor público. Exemplifica o caso das novas energias e da importância de o Estado sinalizar a sua postura a médio e longo prazo para ensejar uma menor aleatoriedade ao mercado, o que repercute, sozinho, em maior ou menor vulto de investimento e de

---

[1089] Sobre os fundamentos jurídicos da política de compensações na seara da defesa nacional e suas dificuldades, vide ROSSI, Juliano Scherner. *Compensações tecnológicas (offset)*: segredo empresarial e transferência internacional. Rio de Janeiro: Lumen Juris, 2015. p. 95 e seguintes.

[1090] "Obviamente, os princípios vigentes relativamente à atividade administrativa em geral devem igualmente ser tidos em conta – designadamente, e em especial, a boa-fé, a proporcionalidade e a prossecução do interesse público. Note-se a esse propósito que os efeitos da importação destes princípios para a relação contratual se refletem desde logo na determinação da admissibilidade e configuração de institutos próprios dos contratos administrativos" (MENDES, Pedro Vaz. *Pacta Sunt Servanda e interesse público nos contratos administrativos*. Lisboa: Universidade Católica, 2016. p. 368).

[1091] LOPES, Pedro Moniz. *Princípio da boa-fé e decisão administrativa*. Coimbra: Almedina, 2011. p. 213. Até porque o autor explica às fls. 221-227 que a norma de boa-fé administrativa é uma norma de conduta impositiva, tanto que é uma: (i) norma primária de conduta ("no sentido hartiano, na medida em que estatui um específico sentido de dever ser sobre uma realidade não normativa"), (ii) norma sob modo deôntico impositivo (norma que impõe determinado efeito jurídico, "a norma impõe que uma conduta se conforme a um parâmetro de boa-fé, não deixando espaço para o sujeito regulado se autodeterminar quanto à conformação com a descrição ideal da conduta"), (iii) norma distinta da norma de responsabilidade administrativa ("a Administração Pública no exercício da função administrativa e em todas as suas formas e fases, deverá agir segundo as regras da boa-fé, (...) a norma da boa-fé administrativa apenas releva para a norma da responsabilidade como uma concretização da ilicitude do comportamento administrativo") e (iv) norma de princípio ("é um efeito normativo meramente ideal. Pode assim ver-se que o preenchimento dos pressupostos da previsão normativa da boa-fé administrativa apenas determina uma razão para agir caso outras normas (de princípio) não imponham um sentido de dever ser distinto e não prevaleçam, em função do peso no caso concreto, sobre aquele"). Sobre o tema, vide ainda: THEODORO JÚNIOR, Humberto. *O contrato e sua função social*. 4. ed. Rio de Janeiro: Forense, 2014. p. 25 e seguintes.

participação. O Estado deve dar o seu "empurrão forte", e não "mero empurrãozinho", para incentivar empreendedores, o que acontece normalmente a partir de atos e decisões que transluzem uma seriedade da política pública. Nessa toada, as políticas de longo prazo provocam uma diminuição de incerteza ao mundo empresarial, por conseguinte, uma minoração do custo do dinheiro e uma majoração de atratividade do dinheiro privado (nacional e internacional).

Ainda, a autora retrata em sua obra o caso emblemático da energia limpa e da postura visionária ambiciosa do governo chinês, que investiu 5% do seu produto interno bruto em várias indústrias, como tecnologias eficientes e ecológicas, biotecnologia, nova geração de TIS, produção de novos materiais, combustíveis alternativos e carros elétricos. Outrossim, comparando a China com os Estados Unidos, o primeiro país está largamente na frente na questão de painéis solares fotovoltaicos e energia eólica, isso porque estruturou uma política pública até 2050, com elevada afetação para o campo do desenvolvimento científico, tecnológico e de inovação, tanto que absorveu uma atuação em prol do desenvolvimento sustentável e usou a força estatal (*v.g.*, contratos de 25 anos de concessão aos produtores com preços fixos para gerar a avaliação de preço a partir de custo prefixado a médio e longo prazo) para o atingimento desse notável propósito.[1092]

O papel do Estado nacional no mundo atual e globalizado deve ser mais avultado, considerando a sua função regulatória e incentivadora, inclusive de disponibilização de crédito.[1093] Clama-se pela necessidade de um projeto nacional de desenvolvimento para gerar a diminuição das diferenças existentes dentro do Brasil e a homogeneização social.[1094] Desse modo, o Estado brasileiro deverá fixar uma agenda de política clara para as próximas décadas sobre ciência, tecnologia e inovação, inclusive apontando

---

1092 MAZZUCATO, Mariana. *O estado empreendedor*: desmascarando o mito do setor público vs. setor privado. São Paulo: Portfolio-Penguin, 2014. p. 165, 166, 171, 189 e 196. Posteriormente, a autora enfatiza às páginas 206 e 213: "Os produtores de energia eólica chineses também receberam contratos de 25 anos com preços fixos por intermédio de um programa de 'concessão' (licitação). Os projetos de energia eólica tiveram acesso ao financiamento com baixo custo, e depois de 2005 a China começou a financiar publicamente P & D e projetos com subvenções ou empréstimos com termos favoráveis. A China também priorizou a redução da intensidade energética global (a relação entre o consumo de energia e PIB) e fixou metas para o desenvolvimento de energia renovável tentando atingir 1000 GW de energia eólica 2050. O efeito desses esforços é nítido, e é por isso que em 2010 a China ultrapassou os Estados Unidos como o maior mercado de energia eólica do mundo, atendido predominante pela produção de fabricantes domésticos. A China também corroeu a fatia do mercado global de outras empresas ao redor do planeta. (...) Um dos maiores desafios para o futuro, tanto em tecnologia limpa quando em relação a qualquer tecnologia que venha em seguida, será garantir que, ao construirmos ecossistemas colaborativos, não apenas socializaram os riscos, mas também as recompensas. Só assim o ciclo de inovação será sustentável com o tempo, tanto econômica quanto politicamente. Nessa última esfera, é importante que os contribuintes entendam que se beneficiam com os grandes investimentos do Estado para construir as bases para os lucros privados futuros. Como os empregados estão cada vez mais globais, em vez de resistir a isso como dogmas nacionalistas, existem maneiras concretas de pegar o retorno dos investimentos do Estado de forma que os cidadãos que financiam o desenvolvimento tecnológico possam estar certos de compartilhar os ganhos".

1093 "Longe de serem 'irrelevantes' ou 'eclipsadas', as instituições estatais no nível nacional continuam a desempenhar um papel fundamental na operação dos mercados globais, mesmo quando essas mesmas instituições estão sendo transformadas pelos mercados globais que elas ajudaram a criar. (...) Também não há qualquer razão lógica para esperar que a abertura dos mercados à concorrência internacional reduza a necessidade de regulamentação doméstica. (...) O papel crucial da capacidade do estado no nível nacional talvez seja mais claro na proeminente arena econômica globalizada – o financiamento" (BLOCK, Fred; EVANS, Peter. The State and the Economy. *In*: SMELSER, Neil J.; SWEDBERG, Richard. *The handbook of economic sociology*. 2. ed. New Jersey: British Library. p. 505-528, p. 517).

1094 CABRAL, Mário André Machado. *Subdesenvolvimento e estado de exceção*. Rio de Janeiro: Lumen Juris, 2018. p. 50.

quais setores serão beneficiados e considerados estratégicos para possíveis intervenções diretas e indiretas.[1095]

5.3.4 Relevância da escolha adequada do critério de julgamento de licitação e o procedimento atual para compras públicas inovadoras no Brasil

Na legislação brasileira, o tipo de licitação é o critério de julgamento adotado pela Administração Pública para julgar as propostas dos licitantes – assim era chamado na revogada Lei nº 8.666. Agora, na Lei nº 14.133, é substituído por "critério de julgamento".

No caso de aquisições envolvendo ciência, tecnologia e inovação, não é possível que seja fixado simplesmente o critério de menor preço, uma vez que há necessidade de aferir a qualidade do objeto e do fornecedor, bem como o preço.

O fato de o objeto estar objetivamente definido no ato convocatório não aflui necessariamente o menor preço ou maior desconto para fins de enquadramento no pregão. Supostamente pelo artigo 6º, XIII, bens e serviços comuns são aqueles que podem ser objetivamente definidos no edital por meio de especificações usuais do mercado, sendo que tais bens e serviços poderão ser licitados por pregão. Não obstante, compreende-se que a falta de objetividade é empecilho para a licitação em si, independentemente da modalidade.[1096]

Dessa maneira, o critério mais próximo que poderia ser utilizado na legislação brasileira seria o tipo técnica e preço ou melhor técnica para tais certames. A modalidade pregão, via de regra, restaria afastada, pois esta somente comporta o tipo menor preço ou maior desconto e, infelizmente, não existe discernimento para diferenciar melhor menor preço e menor melhor preço.

A meu ver, a melhor alternativa seria a proposição de uma legislação vindoura no Brasil para especificar o critério de julgamento qualidade-preço, assemelhando-se em partes ao critério atual da técnica e preço, além de prever um iter procedimental próprio ou adaptar a contratação de um objeto envolvendo tecnologia, ciência e inovação.

De qualquer modo, as compras públicas inovadoras clamam pelo uso de um método adequado para o seu julgamento, salientando que as etapas para a realização do certame

---

[1095] "O elemento credibilidade das políticas públicas também ganhou importância, ou seja, a prevalência de regras pré-anunciadas seria mais eficiente do que o poder discricionário de políticos e burocratas, contido nas políticas públicas. O fator credibilidade passou a ser fundamental para políticas como a monetária, mas também influenciou o novo desenho das políticas públicas em várias outras áreas. A credibilidade baseia-se na existência de regras claras em contraposição à discricionariedade dos decisores públicos e burocratas, a qual levaria à inconsistência. Além do mais, a discricionariedade gera altos custos de transação. Assim, a discricionariedade, de acordo com esta visão, seria minimizada ou eliminada, delegando poder a instituições bem desenhadas e 'independentes' do jogo político e fora da influência dos ciclos eleitorais" (SOUZA, Celina. Políticas públicas: uma revisão da literatura. *Sociologias*, Porto Alegre, ano 8, n. 16, jul./dez. 2006, p. 20-45, p. 35).

[1096] Por isso, defende-se que bem e serviço comum são identificados pela sua padronização ante o mercado, ou seja, o fato de o bem ser usual no mercado. A título ilustrativo, compete gizar que o edital de licitação deve apresentar-se com as seguintes características: simplicidade, precisão, clareza, certeza, legalidade, segurança, objetividade, neutralidade e suficiência para afastar qualquer tipo de dúvida ou interpretação dúbia. Por sua vez, tal ato-regra deve afastar-se, como aponta Jorge Enrique Romero Pérez, em relação à contratação pública eletrônica da Costa Rica, mas pertinente e aproveitável para o Brasil, Espanha e qualquer outro país, de qualquer cláusula que incorra em complexidade, ambiguidade, incerteza, confusão, desconfiança, arbitrariedade, corrupção, insegurança, obscuridade, subjetividade e abstração (sem parâmetro objetivo de mensurar) (ROMERO PÉREZ, Jorge Enrique. *Contratación Electrónica Pública*. San José: Isolma, 2017. p. 244).

não devem ser iguais como se fosse para qualquer outro objeto. Resta imprescindível que existam o incentivo e a atração aos fornecedores para participarem.

Agora, com a Lei nº 14.133 e a Lei Complementar nº 182, existem pelo menos modalidades e procedimentos para selecionar contratações inovadoras, o que infelizmente antes de tais legislações não havia.[1097] Mesmo assim, também há arranjos específicos para a contratação de objetos inovadores específicos no Brasil, como foram os casos retratados por legislações especiais e situações de dispensa de licitação quando envolver alguns objetos ou pessoas específicas (como aqueles casos em que se situam os agentes de financiamento de pesquisa científica ou tecnológica, entre outros, ou as situações de medicamentos).

Como dito alhures, pode-se pensar também no uso do procedimento de manifestação de interesse como potencial saída para a contratação de objetos inovadores, tecnológicos e científicos.

5.3.5 Metrificar a eficiência das escolhas estatais por meio da avaliação adequada

As escolhas estatais, em matéria de política pública, são amplamente sindicáveis por qualquer parte interessada, seja no controle social, controle judicial, controle parlamentar ou controle executado pela corte de contas.

Analisar se a formação da agenda e a escolha da política pública horizontal em sede de licitações públicas e contratos foram correspondentes à realidade e à necessidade deve ser alvo de ampla e constante avaliação, inclusive para saber se a medida continua sendo legítima, merece ser continuada, aprimorada ou encerrada.

Ou seja, em outras palavras, essa tarefa demanda impor uma avaliação para cotejar se os fins foram ou não atingidos total ou parcialmente, bem como para cientificar a possibilidade de continuidade de tal política pública, a partir da proporcionalidade da eficiência administrativa pretendida. Como dito alhures, quando exposto sobre o ciclo da formulação da política pública, a Administração Pública deverá atuar no quinto e sexto passo com a implementação e avaliação.

Uma vez implementada a política pública horizontal, em especial para o desenvolvimento nacional sustentável por meio das compras públicas inovadoras, os órgãos e entidades da Administração Pública deverão aguardar determinado interregno temporal para medir os seus resultados e, com isso, estimar se atingiu total ou parcialmente o que foi devidamente planejado.

Como afetará a economia doméstica e também a internacional, a constante avaliação gerará a retroalimentação do diagnóstico, a fim de dosar se o ambiente nacional ainda necessita de um auxílio e em que medida, até para evitar que a proteção aconteça de

---

[1097] Sobre a necessidade de uma modalidade específica, vide crítica feita sobre as compras públicas na área de defesa nacional com compensação tecnológica (*offset*), conforme explicam André Luis Vieira e João Gabriel Álvares ao dizerem que "alguns dos maiores entraves às aquisições de defesa, contudo, são a generalidade e a falta de adequabilidade estrita da norma geral à matéria em comento, aliadas às variações e condicionantes orçamentárias" (VIEIRA, André Luís; ÁLVARES, João Gabriel. *Acordos de compensação tecnológica (offset)*: teoria e prática na experiência brasileira. Rio de Janeiro: Lumen Juris, 2017. p. 114).

modo perpétuo, visto que daí não seria saudável e poderia, até mesmo, ensejar uma propensão de concorrência imperfeita ao setor em exame.

Quando se discorre sobre a proporcionalidade da eficiência pretendida, quer-se a submissão da escolha estatal a partir das sub-regras da regra da proporcionalidade, quais sejam, adequação, necessidade e justeza da medida.

Enquanto a eficiência administrativa é um princípio jurídico previsto no artigo 37, *caput*, da Constituição da República e dele deve-se apreciar todos os seus aspectos, seja na faceta economicista e sociológica,[1098] a proporcionalidade sempre gera uma grande dúvida se é regra ou princípio do ponto de vista de sua estatura normativa.

Adotar-se-á a ideia de que é regra (explicitamente regra), conforme preleciona Robert Alexy.[1099] Quando da aplicação das três sub-regras para perquirir o respeito ou não à proporcionalidade, cumpre salientar que a ordem de ponderação das três é condição imprescindível para o escorreito teste de calibragem.[1100] Conquanto se relacionem entre elas, cada sub-regra possui uma finalidade, mais precisamente para: (i) exame de sua aptidão para fomentar os objetivos visados (adequação); (ii) um ato estatal limitador de direitos somente é necessário se a feitura do escopo pretendido não puder ser concretizada por outro ato menos agressivo – menos limitativo – (necessidade); e (iii) sopesar a intensidade da restrição ao direito e a relevância da realização do direito que com ele se colide ou conflita e que consubstancia a medida ablativa (proporcionalidade em sentido estrito).[1101]

Tais testes deverão ser executados por aqueles responsáveis pela política pública horizontal, recomendando desde já que exista um colegiado com participação miscigenada de agentes públicos e privados para permitir uma ampla discussão. De qualquer forma, o que se verifica e propõe é uma percuciente aferição da proporcionalidade do princípio da eficiência administrativa em tais ações governamentais.

Acerca da relação entre eficiência e proporcionalidade, salienta-se que diversos autores já o esmiuçaram. Maria Paula Dallari Bucci explana que eficiência é uma palavra que, de forma imanente, atrela-se à proporcionalidade material entre os fins e os meios.

1098 GABARDO, Emerson. *Princípio constitucional da eficiência*. São Paulo: Malheiros, 2002. p. 98.

1099 ALEXY, Robert. *Teoria dos direitos fundamentais*. São Paulo: Malheiros, 2008. p. 90. Sobre o assunto, vide também: ALEXY, Robert. On Balancing and Subsumption. A Structural Comparison. *Ratio Juris*, v. 16, p. 433-449, 2003; GRIMM, Dieter. Proportionality in Canadian and German Constitutional Jurisprudence. *University of Toronto Law Journal*, v. 57, p. 383-397, 2007; LEAL, Fernando. Racional ou hiper-racional? A ponderação de princípios entre o ceticismo e o otimismo ingênuo. *A&C – Revista de Direito Administrativo e Constitucional*, n. 58, p. 177-209, out./dez. 2014.

1100 J. J. Gomes Canotilho defende que a proporcionalidade é princípio e também pode ser denominado de princípio da proibição do excesso (CANOTILHO, José Joaquim Gomes. *Direito Constitucional e Teoria da Constituição*. 7. ed. Coimbra: Almedina, 2003. p. 266-270). Em linha similar, sobre o princípio da proporcionalidade, Raquel Denize Stumm expressa que "enquanto manifestação do princípio do estado de Direito, deve ser o princípio da proporcionalidade, além de material, procedimental, pois deve o Estado de Direito atender ao princípio da unidade e ao da concordância prática ao concretizar o conteúdo da Constituição" (STUMM, Raquel Denize. *Princípio da proporcionalidade no direito constitucional brasileiro*. Porto Alegre: Livraria do Advogado, 1995. p. 121). Suzana enfatiza a matriz constitucional do referido princípio ao dizer que "o princípio da proporcionalidade tem dignidade constitucional na ordem jurídica brasileira, pois deriva da força normativa dos direitos fundamentais, garantias materiais objetivas do Estado de Direito. É haurido principalmente da conjugação dos arts. 1º, III; 3º, I; 5º, *caput*, II, XXXV, e seus §§1º e 2º; 60, §4º, IV" (BARROS, Suzana de Toledo. *O princípio da proporcionalidade e o controle de constitucionalidade das leis restritivas de direitos fundamentais*. 2. ed. Brasília: Brasília Jurídica, 2000. p. 212).

1101 SILVA, Virgílio Afonso da. O proporcional e o razoável. *Revista dos Tribunais*, n. 798, 2002, p. 23-50, p. 35-42.

Além disso, segundo a autora, além do "aspecto econômico no conceito, expresso na relação entre custos e benefícios, a efetivação do princípio da eficiência deve ser mensurada também em termos dos custos sociais de determinadas estruturas e práticas administrativas e sua repercussão sobre a formação de uma consciência coletiva, de interesse público, nos cidadãos".[1102]

Por sua vez, Diogo Figueiredo Moreira Neto elenca os princípios da eficiência e da legitimidade como os novos princípios fundantes do novo conceito de Administração Pública, no que se refere à governabilidade. Para o autor, três novas circunstâncias levaram à crise da governabilidade e à elevação de tais princípios, quais sejam: (i) a maior sobrecarga de demandas nos regimes democráticos em comparação com regimes autocráticos; (ii) a maior conflitualidade social nos regimes democráticos e sociais; (iii) a maior distribuição e desconcentração de poder nas sociedades democráticas.[1103] Não diferentemente, Claus Offe também destaca que a mantença da eficiência e da legitimidade nos modernos regimes democráticos é uma tarefa principal, e, por isso, diversos ramos e instituições do sistema político são especializados para fornecer esses requisitos funcionais.[1104]

Inclusive Claus Offe indaga como ponto nodal o seguinte questionamento: é possível o Estado desempenhar as suas funções com eficiência ou há contradições sistemáticas na própria atividade estatal que impedem o Estado de manejar com êxito as contradições do modo capitalista de produção?[1105] Compreende-se que não poderá acontecer contradição e nem negação do Estado fruir de suas ferramentas pertinentes para a incessante busca do desenvolvimento nacional sustentável, sendo que, para tanto, as compras públicas se mostram instrumentais bem apropriados para essa tarefa. Para tal mister, deverá haver a máxima realização em relação às possibilidades fáticas, o que demanda uma apreciação de acordo com o Estado e suas condições.[1106]

5.3.6 Publicidade, transparência e participação popular

A escolha de uma política pública clama pela máxima transparência, publicidade e participação popular. A transparência está acima da mera publicidade. Enquanto essa é uma das formas de transparecer os atos praticados pelos agentes no exercício de uma função pública, a partir do conhecimento de terceiros via divulgação (independente do seu *modus operandi*), a transparência determina um modo de atuação que exacerba

---

1102 BUCCI, Maria Paula Dallari. *Direito Administrativo e Políticas*. São Paulo: Saraiva, 2002. p. 183. Já Alexandre Santos de Aragão advoga pela existência de possível conflito entre o princípio da eficiência e o princípio da proporcionalidade, porquanto os elementos da "adequação" e "necessidade" não podem impor a adoção de meio inadequado ou desnecessário para o alcance das finalidades legais com esteio num simples apego à legalidade formal. Todavia, sob esse raciocínio, impõe-se então uma legalidade material, a qual almeja a realização dos objetivos constitucionais com a menor perda possível dos interesses da coletividade em jogo (ARAGÃO, Alexandre Santos de. O princípio da eficiência. *Revista de Direito Administrativo*, Rio de Janeiro, n. 237, jul. 2004, p. 1-6, p. 4).

1103 MOREIRA NETO, Diogo Figueiredo. *Mutações do Direito Administrativo*. 3. ed. Rio de Janeiro: Renovar, 2007. p. 18-19.

1104 OFFE, Claus. *Contradicciones en el Estado del Bienestar*. Tradução: Antônio Escohotado. Alianza Editorial, 1990. p. 118.

1105 OFFE, Claus. *Contradicciones en el Estado del Bienestar*. Tradução: Antônio Escohotado. Alianza Editorial, 1990. p. 121.

1106 ALEXY, Robert. *Teoria dos direitos fundamentais*. São Paulo: Malheiros, 2008. p. 588.

a mera publicidade dos seus atos e decisões, já que a postura dos agentes públicos e a própria Administração Pública deverão ser translúcidas.[1107]

A limpidez envolve muito mais do que a mera divulgação, mas a viabilidade de controle por parte de qualquer cidadão sobre o que está sendo feito quotidianamente no exercício da função, eis por que se destaca a relevância da participação popular também.[1108]

A efetiva participação do povo em uma política pública horizontal permitirá que o diagnóstico de uma dada área econômica esteja à disposição para possíveis questionamentos e, com isso, equacionará se as suas premissas estão corretas ou não, corrigindo, aprovando ou reprovando, a depender do caso concreto.

De qualquer modo, a participação popular deve ser sempre incentivada, até porque o seu fundamento reside no próprio Estado Democrático de Direito, e deve ser concebida como um direito fundamental, ainda que a legislação brasileira não a proteja expressamente como tal, diferentemente da Constituição Espanhola em seu artigo 6º,[1109] o que gera a sua caracterização, no mínimo implícita ou decorrente.[1110] Em um ambiente democrático, qualquer desfaçatez inclinada para o engano e para a

---

[1107] Assim como quem contrata com o poder público não pode ter segredos, o poder público também não pode ter segredos sobre suas intenções futuras de contratos e parcerias, até para que os operadores econômicos possam se posicionar. Sobre a evolução do controle e da transparência na contratação pública brasileira, vide MÜLLER, Caroline Bitencurt; RECK, Janriê Rodrigues. Controle da transparência na contratação pública no Brasil – o acesso à informação como forma de viabilizar o controle social da Administração Pública. *Revista do Direito*, Santa Cruz do Sul, v. 2, n. 49, p. 96-115, maio 2016.

[1108] No âmbito constitucional, a publicidade é mencionada por diversas vezes, como no artigo 5º, XXXIII, e art. 37, *caput*, §1º; já a transparência aparece quando o artigo 216 discorre sobre a necessidade de "transparência e compartilhamento das informações" no Sistema Nacional de Cultura. No âmbito infraconstitucional, a dita lei da transparência consubstancia-se no artigo 48-A, quando trata de gestão fiscal: "Art. 48. São instrumentos de transparência da gestão fiscal, aos quais será dada ampla divulgação, inclusive em meios eletrônicos de acesso público: os planos, orçamentos e leis de diretrizes orçamentárias; as prestações de contas e o respectivo parecer prévio; o Relatório Resumido da Execução Orçamentária e o Relatório de Gestão Fiscal; e as versões simplificadas desses documentos. §1º A transparência será assegurada também mediante: I – incentivo à participação popular e realização de audiências públicas, durante os processos de elaboração e discussão dos planos, lei de diretrizes orçamentárias e orçamentos; II - liberação ao pleno conhecimento e acompanhamento da sociedade, em tempo real, de informações pormenorizadas sobre a execução orçamentária e financeira, em meios eletrônicos de acesso público; e III – adoção de sistema integrado de administração financeira e controle, que atenda a padrão mínimo de qualidade estabelecido pelo Poder Executivo da União e ao disposto no art. 48-A". E ainda a Lei nº 12.527, legislação de acesso à informação, estatui: "Art. 5º É dever do Estado garantir o direito de acesso à informação, que será franqueada, mediante procedimentos objetivos e ágeis, de forma transparente, clara e em linguagem de fácil compreensão. Art. 6º Cabe aos órgãos e entidades do poder público, observadas as normas e procedimentos específicos aplicáveis, assegurar a: I - gestão transparente da informação, propiciando amplo acesso a ela e sua divulgação; II - proteção da informação, garantindo-se sua disponibilidade, autenticidade e integridade; e III - proteção da informação sigilosa e da informação pessoal, observada a sua disponibilidade, autenticidade, integridade e eventual restrição de acesso".

[1109] *"Artículo 6. los partidos políticos expresan el pluralismo político, concurren a la formación y manifestación de la voluntad popular y son instrumento fundamental para la participación política. Su creación y el ejercicio de su actividad son libres dentro del respeto a la Constitución y a la ley. Su estructura interna y funcionamiento deberán ser democráticos."*

[1110] SCHIER, Adriana da Costa Ricardo. *A participação popular na Administração Pública*: o direito de reclamação. Rio de Janeiro: Renovar, 2002. p. 27-34. Sobre o assunto, Francesc Vallès Vives "*el control social debe estar previsto por los ordenamientos jurídicos de las sociedades democráticas, reconociendo y protegendo su ejercicio. (...) El control social del poder en el Estado democrático constitucional, como ejercicio del derecho a la libertad de los ciudadanos, debe estar protegido y garantizado por los poderes públicos*" (VIVES, Francesc Vallès. *El control externo del gasto público*: configuración y garantía constitucional. Madrid: Centro de Estudios Políticos y Constitucionales, 2003. p. 173).

simulação ou dissimulação dos cidadãos deverá ser alijada, visto que é incompatível com a democracia.[1111]

Nesse prisma, recomenda-se que, no mínimo, facilite-se a participação a partir dos meios eletrônicos, tão largamente utilizados em tempos atuais. Sobre esse ponto, a Câmara dos Deputados possui a ferramenta "Pauta Participativa" para que a sociedade possa sugerir pautas a serem votadas pelo Plenário da respectiva casa legislativa ou ainda o dispositivo "Participa.br", que tem permitido a inferência nos projetos de instruções normativas, decretos, resoluções, regimento interno, entre outros atos do Poder Executivo federal, inclusive atos relacionados com a implementação ou revisão de políticas públicas.

Até mesmo sobre a gestão eletrônica dos procedimentos, Fernando Garrido Falla, Alberto Palomar Olmeda e Herminio Losada González explicam que a Administração Pública deve revisitar os seus procedimentos com vistas a: (a) suprimir ou reduzir a documentação requisitada dos cidadãos e permitir a sua substituição física por documentos e dados transmitidos por formas reguladas com certificação ou de qualquer outra maneira *on-line*; (b) prever meios e instrumentos de participação, transparência e informação acessível; (c) reduzir prazos e tempo de respostas aos requerimentos e procedimentos; e (d) obter racionalização da distribuição das cargas de trabalho e das comunicações internas para fruírem dos meios mais automatizados.[1112]

A mais, esse espaço de debate e participação acerca de temas de arena pública precisa ser qualificado, em ambientes e condições adequadas, para que seu uso aconteça de modo espontâneo, livre e igualitário, e com isso atinja o seu escopo. Para tanto, é relevante se utilizar de acessibilidade da linguagem a fim de obter uma ação comunicativa.[1113]

Assim sendo, deverá ser apresentada a motivação dos porquês de determinar o incentivo e o direcionamento a certo setor do mercado, justificando, a partir de um diagnóstico, que deverá ter sido chancelado pela equipe multidisciplinar e paritária com membros da sociedade civil e agentes do Estado.

É recomendável que, igualmente ao que acontece na Espanha, os atos normativos brasileiros devam apresentar os "considerandos" que denotam a motivação, até para facilitar a verificação do elo entre o motivo e o "remédio normatizado". Entre os membros da sociedade civil, devem ser reservadas vagas tanto para os executores da atividade econômica em questão quanto para estudiosos dos setores de economia, mercado

---

[1111] BOBBIO, Norberto. *Elogio da serenidade e outros escritos morais*. Tradução: Marco Aurélio Nogueira. 2. ed. São Paulo: Unesp, 2011. p. 98-99. Acerca do assunto, Jaime Rodríguez-Arana Muñoz critica a atual sociedade "*Y, la escasa participación real que caracteriza la vida pública en nuestros países muestra efectivamente que en las políticas públicas, en todas las fases de su realización, todavía no existe el grado de participación de la ciudadanía que sería menester después de los años en que la democracia y el Estado de Derecho, afortunadamente, acampan entre nosotros*" (RODRÍGUEZ-ARANA MUÑOZ, Jaime. Prefácio. *In*: APONTE, William Iván *et al.* (coord.). *Derecho Administrativo para el siglo XXI*: hacia el garantismo normativo y la transparencia institucional. Belo Horizonte: Fórum, 2018. p. 26).

[1112] FALLA, Fernando Garrido; OLMEDA, Alberto Palomar; GONZÁLEZ, Herminio Losada. *Tratado de Derecho Administrativo*. Volumen I. 15. ed. Madrid: Editorial Tecnos, 2010. p. 691-695.

[1113] Sobre esse ponto, Caroline Müller Bitencourt e Eduarda Simonetti Pase apontam que: "O que se busca indicar como essencial para a realização da democracia em países em desenvolvimento como o Brasil é a qualificação desses espaços de discussão, onde a participação deliberativa ocorra de forma espontânea, livre e igualitária, sem que se empreguem meios tão somente formais de realização" (BITENCOURT, Caroline Müller; PASE, Eduarda Simonetti. A necessária relação entre democracia e controle social: discutindo os possíveis reflexos de uma democracia "não amadurecida" na efetivação do controle social da administração pública. *Revista de Investigações Constitucionais*, Curitiba, vol. 2, n. 1, p. 293-311, jan./abr. 2015, p. 301-311).

internacional, administração e mercado regulatório.[1114] Portanto, o ato normativo que disciplinar a forma de o Estado implantar a política pública horizontal deverá preceituar como serão garantidas a transparência, a publicidade e a participação popular.

5.3.7 Necessidade de adotar medidas específicas para cada setor e área mercadológica envolvida

Um regime jurídico diferenciado para as licitantes que tiverem um comportamento ou desenvolverem um objeto que seja decorrente ou em propósito da ciência, tecnologia e inovação nacional deverá ser criado a partir de linhas gerais na legislação de licitações e contratos administrativos, com o intuito de que, então, posteriormente, venha a ser regulamentado em um ato normativo legal ou infralegal.

Ao se defenderem dois atos, um genérico e um específico, não é para que haja confusão entre os agentes públicos e operadores econômicos, mas para que o genérico trace as diretrizes e preceitos específicos para o tratamento diferenciado, já o específico será especializado em determinado setor econômico ou de produto.

Pode ser que existam vários atos específicos para a área médica, sendo que um trata de equipamento médico de grande porte; já outro, de robôs para diagnósticos virtuais. Isto é, deverá ser pormenorizado o objeto ou o ramo a ser tratado de acordo com a divisão mercadológica existente no universo de fornecedores.

Portanto, a Administração Pública, quando da feitura do diagnóstico e do relatório concorrencial para a conferência de imperiosidade de um tratamento mais avançado do ponto de vista de vantagens ou incentivos, dessumirá como e de que forma será feita a divisão.

Por óbvio, não seria viável – e nem crível, do ponto de vista da realidade – requerer que o Estado brasileiro realizasse um cotejo de todas as áreas mercadológicas possíveis, porém deverá enfocar aquelas que sejam estratégicas para o bem-estar social, o que representa dizer que será vergado para aquelas ações governamentais prioritárias. Estas deverão, para a sua validade, estar atreladas diretamente ao interesse público, mais precisamente ao interesse da sociedade como um todo, evitando dessa feita qualquer tipo de interferência descabida por motivos escusos ocasionados pela captura de interesses a partir do próprio Estado, da sociedade ou de grupos sectários.

A abertura em tempo razoável para manifestação de possíveis interessados também é condição para a validade de qualquer postura restritiva, inclusive porque os sujeitos que integram o mercado poderão contribuir significativamente com dados e informações que nem sempre estarão ao alcance dos agentes públicos responsáveis.

Como já definido em outro momento, a assimetria informacional em questões econômico-estratégicas normalmente é grande, desencadeando, assim, mais um pressuposto para a interação do primeiro setor com o segundo e até o terceiro setor.[1115]

[1114] Aproveita-se para utilizar ferramentas realistas e que possam concretizar a tese proposta, sempre primando pela participação efetiva dos cidadãos. A Constituição da Espanha destaca a efetividade e realidade no item 2 do seu artigo 9º: "*Corresponde a los poderes públicos promover las condiciones para que la libertad y la igualdad del individuo y de los grupos en que se integra sean reales y efectivas; remover los obstáculos que impidan o dificulten su plenitud y facilitar la participación de todos los ciudadanos en la vida política, económica, cultural y social*".

[1115] O terceiro setor poderá ter o seu contributo a partir de pesquisas ou avaliações anteriormente estimuladas para o benefício da coletividade. Além de subsidiar na fase preparatória da política pública, já ficará antenado para a

Urge acentuar que, ao versar sobre ciência, tecnologia e inovação, não se está diante somente do operador econômico, mas normalmente de um ecossistema em que participam com finalidade comum vários *players*, como agentes de pesquisa, empresas, empreendedores, Estado e até idealizadores de ideias (*startups*, em sua origem); por isso, há imprescindibilidade de integração, inclusive no momento da fixação das medidas impactantes sobre as compras públicas.[1116]

Todo esse cenário de divisão e exauriente pesquisa revela-se inexorável para que a escolha do regime diferenciado seja proporcional. Poderá legitimar a escolha se é o caso de uma margem de preferência normal, margem de preferência adicional ou uma medida de compensação industrial, comercial ou tecnológica, bem como quantificar de quanto será a vantagem máxima a ser admitida.

Em especial, é possível que exista um acordo de compensação específico para aquele setor ou área, ensejando assim um *countertrade*, que representa uma forma de operação econômica via contrato em que se busca "equilibrar a balança de pagamentos em relações de comércio internacional, quer seja de matérias-primas e recursos naturais, quer seja de produtos manufaturados e tecnológicos".[1117]

A falta do devido estudo e da participação da ampla sociedade civil, abarcando agentes do setor econômico e estudiosos, poderá representar uma escolha arbitrária do gestor público. Qualquer situação nesse sentido, ao invés de gerar uma propensão favorável a tais notáveis e legítimos propósitos, como é o caso da ciência, tecnologia e inovação nacional, poderá acarretar efeito inverso a partir da desconfiança dos operadores econômicos, ainda que utilitariamente possa lhe parecer favorável num primeiro momento. O princípio da realidade, em conformidade com a parte técnica para lhe decifrar de acordo com o intuito de desenvolvimento nacional sustentável, deverá ser preponderante para o êxito deste ponto.

---

consecução de atividades no momento da fiscalização e avaliação da política pública. Fernando Araújo destaca ainda que a principal fonte de ineficiências nas transações é a assimétrica distribuição de informação entre as partes envolvidas, a decisão de especializar a produção, de dividir o trabalho e de dividir a informação. Por isso, quando se chega ao momento da relação (das trocas), deve-se recobrar a informação e seus custos como "custos que se reportam à informação sobre preços e qualidade de produtos e factores de produção, sobre potenciais compradores e vendedores, sobre disposições de pagar e de aceitar preços; custos de negociação e de monitorização *ex ante* e *ex post* de contraparte; custos de cumprimento e de reação ao incumprimento; custos de proteção da relatividade contratual face aos riscos de interferência lesiva da parte de terceiros" (ARAÚJO, Fernando. *Teoria Económica do Contrato*. Coimbra: Almedina, 2007. p. 199-200).

1116 "Um ambiente inovador é composto pelo Estado, universidades e empresas. Iniciativas trilaterais, baseadas em conhecimento para o desenvolvimento econômico, com alianças estratégicas entre governo, grandes e pequenas empresas juntamente com grupos de pesquisa acadêmica, criam condições favoráveis à transferência de tecnologia e ao fortalecimento do vínculo universidade-empresa. A interação entre esses atores remete ao conceito da Tripla Hélice, de Etzkowitz, que surgiu com o propósito de descrever a cooperação entre os vários atores do processo de inovação: a universidade, a indústria e o Estado, onde cada entidade complementa o papel das outras" (BARBOSA, Samara Lopes. *Políticas Públicas de Apoio à Inovação*. Curitiba: Appris, 2016. p. 78). No mesmo sentido, vide ENGELMANN, Wilson; WILLIG, Júnior Roberto. *Inovação no Brasil*. Jundiaí: Paco Editorial, 2016. p. 25-37.

1117 VIEIRA, André Luís; ÁLVARES, João Gabriel. *Acordos de compensação tecnológica (offset)*: teoria e prática na experiência brasileira. Rio de Janeiro: Lumen Juris, 2017. p. 33.

5.3.8 Tratamento diferenciado: preferência não é exclusão e pode ser implementada de diversas maneiras

O tratamento jurídico diferenciado para as empresas que investirem ou comercializarem objetos que estejam alinhados à ciência, tecnologia e inovação nacional é o conjunto de normas jurídicas existentes para conferir-lhes vantagens diretas e indiretas em possíveis certames ou contratações públicas.

De imediato, salienta-se que não se propõe, *a priori*, a exclusão de empresas estrangeiras às licitações brasileiras, isso porque pode ser que essas venham a incentivar ou direcionar a ciência, tecnologia e inovação nacional ou ainda ofertarem objeto com essa finalidade.

Quando se aduz "*a priori*" é porque se entende possível de ser adotada alguma exclusão a empresas estrangeiras como exceção, em caso de alguma política pública estratégica na área de defesa nacional ou algum setor que possua respaldo constitucional e legal e o Estado resolva, por meio dos atos competentes, efetuar tal restrição.

Para tanto, propõe-se que a legislação brasileira crie para as pessoas que laborarem com objeto decorrente de ciência, tecnologia e inovação nacional: (i) incentivo ao permitir que seja instituído como motivo para desempate em caso de equivalência entre uma pessoa que assim atue, e outra, não; (ii) incentivo, a depender do caso, da concessão de alguma forma de benefício fiscal; (iii) incentivo ao promover uma margem de preferência específica; e (iv) uma direção (regulação em sentido estrito) ao determinar que a empresa vencedora deverá investir em ciência, tecnologia e inovação nacional como contrapartida do recebimento de recursos públicos.

O desempate indubitavelmente é a medida mais leve e que normalmente não gera resistência dos demais fornecedores que não estejam enquadrados como favorecidos, isso porque, apesar de impactar economicamente e gerar uma vantagem, esta é considerada incipiente ante as demais. Pode ser decretada de forma perene, não havendo necessidade de avaliação ou ser ordenada como temporária.

O benefício fiscal faz parte de uma ação governamental estrutural que demandará estudo prévio para ponderar o impacto da renúncia fiscal nos termos do artigo 14 da Lei de Responsabilidade Fiscal e que obsecrará uma observação sobre a relação de custos *versus* benefícios para que haja um incremento quantitativo e qualitativo pelas pessoas em especificado setor econômico.[1118]

[1118] "Art. 14. A concessão ou ampliação de incentivo ou benefício de natureza tributária da qual decorra renúncia de receita deverá estar acompanhada de estimativa do impacto orçamentário-financeiro no exercício em que deva iniciar sua vigência e nos dois seguintes, atender ao disposto na lei de diretrizes orçamentárias e a pelo menos uma das seguintes condições: I - demonstração pelo proponente de que a renúncia foi considerada na estimativa de receita da lei orçamentária, na forma do art. 12, e de que não afetará as metas de resultados fiscais previstas no anexo próprio da lei de diretrizes orçamentárias; II - estar acompanhada de medidas de compensação, no período mencionado no *caput*, por meio do aumento de receita, proveniente da elevação de alíquotas, ampliação da base de cálculo, majoração ou criação de tributo ou contribuição. §1º A renúncia compreende anistia, remissão, subsídio, crédito presumido, concessão de isenção em caráter não geral, alteração de alíquota ou modificação de base de cálculo que implique redução discriminada de tributos ou contribuições, e outros benefícios que correspondam a tratamento diferenciado. §2º Se o ato de concessão ou ampliação do incentivo ou benefício de que trata o *caput* deste artigo decorrer da condição contida no inciso II, o benefício só entrará em vigor quando implementadas as medidas referidas no mencionado inciso. §3º O disposto neste artigo não se aplica: I - às alterações das alíquotas dos impostos previstos nos incisos I, II, IV e V do art. 153 da Constituição, na forma do seu §1º; II - ao cancelamento de débito cujo montante seja inferior ao dos respectivos custos de cobrança."

Precisa ser temporário e específico, bem como qualquer prorrogação ou alteração reivindicará novo estudo detalhado sobre os objetivos perseguidos, constatação do alcance dos objetivos e novo impacto sobre as receitas pelos próximos exercícios financeiros.

A margem de preferência deve ser prevista, como dissertado anteriormente, por ato legislativo que a crie e circunscreva um limite para o seu uso, o qual poderá ser ajustado a partir do ato específico a ser posteriormente elaborado depois do devido estudo preliminar.

Não deve ser considerado uma barreira não pautal ou uma forma de afronta à não discriminação entre os países estrangeiros, seja subscrita ou não uma convenção bilateral ou multilateral, já que não restringirá empresas estrangeiras, mas, sim, beneficiará aquelas, independentemente de sua localidade de origem, a investirem na ciência, tecnologia e inovação nacional.

Como obtemperado na parte de suposto conflito com o direito concorrencial, é importante que se frise a inexistência de qualquer obstáculo à disputa entre os *players*, mas, sim, a previsão de uma benesse para aqueles que colaborarem com uma missão constitucionalmente injungida ao Estado brasileiro. É opcional. Pode ou não ser usado de acordo com os interesses do operador econômico.

Obvia-se que o seu gozo inculcará uma vantagem a qual será avaliada pelo ator situado no mercado. Todavia, não gerará uma obrigatoriedade. A mais, convém ilustrar que, se a pessoa possuir uma condição muito favorecida ante os seus concorrentes, mesmo com a margem de preferência e o limite legal, poderá continuar se sobrepondo aos seus concorrentes e obtendo êxito nos certames. Não é possível incriminar essa margem de preferência como um meio obrigatório indireto de imputar aos supostos favorecidos o êxito para ser contratado.

Outrossim, hiperpolêmica seria a direção em determinados casos que a Administração Pública poderia erigir para que o vencedor da licitação e então contratado investisse em ciência, tecnologia e inovação nacional uma parcela do seu êxito financeiro obtido no ajuste. Funciona como uma espécie de contrapartida em razão do benefício econômico auferido pelos recursos públicos como contrapartida das suas obrigações contratuais. Nesse ponto, deve-se estabelecer no ato legislativo quais serão os casos de possível retorno ao ambiente doméstico e em ato normativo específico como estes serão admitidos, onde deverá ser alocada a contrapartida, possibilidade ou não de usar para financiamento de projetos públicos ou privados de investigação, uso ou não de *blockchain*, permissividade de investimento em *startups* com ambiente de ecossistemas transnacional, entre outros.

Como se percebe, inúmeras questões deverão ser tratadas nos atos específicos a depender do ramo que seja o contrato, isso porque se acredita pela inviabilidade e impossibilidade funcional de permitir que um contrato de medicamento possa gerar a inversão no setor de engenharia. Deve-se haver a pertinência funcional da contrapartida até para que não se dificulte a fiscalização pelos agentes do respectivo contrato em razão da especialidade, bem como para não gerar o esvaziamento do objetivo desta regulação, que é justamente beneficiar dada área elegida pelo Estado para ser propagada.

5.3.9 Consequencialismo, segurança jurídica e investimentos

Todo ato tem uma consequência. Toda escolha importa uma renúncia. Uma decisão estatal e uma política pública implementada gerarão efeitos, vantajosos ou desvantajosos. Calcular o custo *versus* benefício não é tarefa fácil. Da mesma forma, não é indiferente a imperiosidade de o Estado trespassar estabilidade à sociedade e ao mercado para que possam viver e conviver com as medidas estatais.

A segurança jurídica é a "insopitável necessidade de poder assentar-se sobre algo reconhecido como estável, ou relativamente estável, o que permite vislumbrar com alguma previsibilidade o futuro", sendo que possui o condão de vislumbre do futuro e, com isso, afiança projetos.[1119]

Seja pelo critério da separação do auspício da certeza e da estabilidade como pontos diferentes, o fato é que num ambiente que movimenta tanto dinheiro, tendo o Estado na figura de consumidor e cliente, não é possível que não se mensurem os riscos das opções pretendidas por este trabalho para as compras públicas inovadoras no Brasil e a viabilidade de fixação de fomento e direção para os benefícios da ciência, tecnologia e inovação nacional.[1120]

Nesse raciocínio, como se trata de regulação estatal prescrevendo medidas de fomento e direção, deve-se atender as diretrizes de governança pública e o impacto regulatório.

No âmbito federal, o Decreto Federal nº 9.203/2017 dispõe sobre a política de governança da Administração Pública federal direta, autárquica e fundacional. Estipula como diretrizes da governança em seu artigo 4º, entre outros, alguns pontos que possuem uma interface com este estudo, quais sejam:

[1119] MELLO, Celso Antônio Bandeira de. *Curso de Direito Administrativo*. 32. ed. São Paulo: Malheiros, 2015. p. 127.

[1120] Rafael Valim explica a certeza jurídica como "o seguro conhecimento das normas jurídicas, condição indispensável para que o homem tenha previsibilidade, podendo projetar sua vida e, assim, realizar plenamente seus desígnios pessoais. (...) A preocupação com a estabilidade emerge com grande intensidade no direito administrativo com a consagração do Estado Social de Direito, no bojo do qual se introduz a ideia de atos ampliativos, concedentes de vantagens em favor dos administrados, de cuja singularidade de regime jurídico derivará a criação de novos mecanismos para defesa do administrador, bem como a difusão, no âmbito do direito administrativo, de institutos outrora tipicamente privatísticos, como são o direito adquirido e o ato jurídico perfeito" (VALIM, Rafael. *O princípio da segurança jurídica no direito administrativo brasileiro*. São Paulo: Malheiros, 2010. p. 91 e 104). Acerca dos riscos em relações público-privadas, vide explicação de Luiz Miguez Macho: "*Es evidente que estos factores encarecen la fase precontractual y repercuten sobre el precio del contrato. Además, no se puede olvidar que toda operación de colaboración público-privada implica un adelantamiento de financiación al sector público por parte del sector privado que puede provocar un coste financiero adicional. (...) Por eso en las nuevas fórmulas de colaboración público-privada es esencial una correcta evaluación previa de las ventajas y desventajas que presentan con respecto a las fórmulas de contratación tradicionales, tanto desde el punto de vista de la satisfacción de los intereses públicos cuya tutela encomendada las Administraciones públicas, como desde el punto de vista puramente económico*" (MACHO, Luiz Miguez. Fórmulas de colaboración público-privada contractual y crisis financiera del sector público. *In*: FERNÁNDEZ ACEVEDO, Rafael; VALCÁRCEL FERNÁNDEZ, Patricia (Dir.). *La contratación pública a debate*: presente y futuro. Navarra: Civitas, 2014. p. 165-198). Sob a mesma concepção, Silvio Guidi esclarece que "ambos contratantes devem, não só preocupar-se, mas agir de forma diligente para mitigar a ocorrência e a proliferação dos efeitos de todos os riscos, estando ou não sob sua tutela" (GUIDI, Silvio. O compartilhamento de riscos no contrato administrativo – o dever de colaboração na mitigação à luz do princípio da boa-fé. *In*: ROCHA, Silvio Luís Ferreira da (org.). *O contrato administrativo e os princípios da boa-fé, justiça contratual e função social do contrato*. Rio de Janeiro: Lumen Juris, 2017. p. 1-30, p. 218).

(a) direção de ações para a busca de resultados à sociedade a partir de soluções tempestivas e inovadoras de acordo com o ambiente de limitação de recursos e mudanças de prioridades;
(b) monitoramento do desempenho e avaliação da concepção, implementação e resultados das políticas e ações prioritárias;
(c) avaliação das propostas de criação, expansão ou aperfeiçoamento de políticas públicas e de concessões de benefícios fiscais, sempre ponderando, quando possível, a relação de custos *versus* benefícios;
(d) mantença de processo decisório que seja pautado pelas evidências, pela conformidade legal, pela qualidade regulatória, pela desburocratização e pelo apoio da sociedade;
(e) definição de funções, competências e responsabilidades das estruturas e dos arranjos institucionais;
(f) promoção de comunicação aberta, voluntária e transparente das atividades e dos resultados para fortalecer o acesso público à informação.

Ademais, ficou consignado nesse texto normativo, no artigo 17, que a alta administração deve "estabelecer, manter, monitorar e aprimorar sistema de gestão de riscos e controles internos com vistas à identificação, à avaliação, ao tratamento, ao monitoramento e à análise crítica de riscos" impactantes na estratégia e nos objetivos institucionais da organização. Ainda, com base nesse decreto federal, houve a instituição do Comitê Interministerial de Governança, composto por uma série de autoridades, que decretou uma diretriz para a análise do impacto regulatório no Brasil.

Para o Manual da Casa Civil, a análise do impacto regulatório "consiste num processo sistemático de análise baseado em evidências que busca avaliar, a partir da definição de um problema regulatório, os possíveis impactos das alternativas de ação disponíveis para o alcance dos objetivos pretendidos", sendo que a sua finalidade é a orientação e o subsídio para a tomada de decisão, o que, *per se*, originará ações regulatórias eficientes.

Propõe que o ciclo regulatório seja marcado pelos seguintes passos: (i) análise do impacto regulatório; (ii) elaboração de minuta da norma; (iii) consulta e/ou audiência pública; (iv) decisão da autoridade decisória; (v) implementação; (vi) fiscalização; (vii) monitoramento; (viii) avaliação; (ix) revisão para, então, gerar nova análise de impacto regulatório. Isso quer dizer que é ciclo que se retroalimenta e se revisa quando chegar ao último ponto.[1121]

A própria Lei nº 13.874/2019 (Lei da Liberdade Econômica) determinou a feitura de impacto regulatório para conter informações e dados sobre os possíveis efeitos do ato normativo para verificar a razoabilidade do seu impacto econômico, sempre que houver propostas de edição e de alteração de atos normativos de interesse geral de agentes

---

[1121] BRASIL. Subchefia de Análise e Acompanhamento de Políticas Governamentais *et al*. *Diretrizes gerais e guia orientativo para elaboração de Análise de Impacto Regulatório – AIR*. Brasília: Presidência da República, 2018. p. 23-24. Sobre o tema, a Organização de Cooperação e de Desenvolvimento Econômico possui vários materiais, vide *site*: http://www.oecd.org/gov/regulatory-policy/ria.htm. Acesso em: 10 jun. 2019.

econômicos ou de usuários dos serviços prestados, editadas por órgão ou entidade da Administração Pública federal, incluídas as autarquias e as fundações públicas.[1122]

Quando se alude à importância da análise do impacto regulatório e da mensuração do seu custo em relação ao benefício, está sendo realizado um consequencialismo. Tal tema foi incorporado no ordenamento jurídico brasileiro como vetor para a aplicação de normas de gestão pública, quando a Lei nº 13.655/2018 introduziu o artigo 20 com a redação de que, "nas esferas administrativa, controladora e judicial, não se decidirá com base em valores jurídicos abstratos sem que sejam consideradas as consequências práticas da decisão", bem como seu parágrafo único, de que "a motivação demonstrará a necessidade e a adequação da medida imposta ou da invalidação de ato, contrato, ajuste, processo ou norma administrativa, inclusive em face das possíveis alternativas".

Outra norma inserta também foi o artigo 22, o qual preconizou o dever de, na interpretação sobre normas de gestão pública, serem considerados os obstáculos e as dificuldades reais do gestor público e as exigências das políticas públicas de acordo com o seu cargo e condições para o seu exercício.

A conjugação da segurança jurídica, idealizada e instrumentalizada pela análise do impacto regulatório num ambiente de governança pública, bem como o consequencialismo conjecturado para obter a medida proporcionalmente mais eficiente, replicará com certeza maiores investimentos nacionais e estrangeiros para atuar com as compras públicas.

Afastar a aleatoriedade gera confiança, que, por sua vez, atrai custo menor do dinheiro e maior circulação de moedas, permitindo, assim, um cenário que serve de um ingrediente assomado com outros diversos para o afã de perseguir o desenvolvimento nacional sustentável.

Aliás, por derradeiro, a ideia de que sempre o privado é melhor e mais eficiente do que o público deve ser totalmente compelida. Um necessita do outro. Enquanto, no campo da inovação, o que se tem é que sem o Estado o privado não possui condições e nem interesse para arriscar em desenvolvimento científico, inovativo e tecnológico.

Acertadamente Mariana Mazzucato explica que, "enquanto o papel do setor privado tem sido superdimensionado, o do setor público tem sido subestimado". Até porque, mordazmente, o "Estado costuma ser visto como o problema, seja investindo em novas tecnologias ou melhorando o funcionamento do mercado", motivo que gera um desafio de reequilibrar a compreensão de como as economias funcionam para então pensar na formulação de políticas.[1123]

O balanceamento dos interesses não é fácil, até porque sempre haverá a busca de maximização de proveito do seu interesse seja público ou privado, ainda que tal captura seja mais visível no âmbito privado. De toda sorte, deve-se buscar um patamar de equilíbrio e fazer com que o silogismo prevaleça, o que poderá ser auxiliado pela transparência e fiscalização popular nas escolhas políticas e estratégicas.

Como diz José María Gimeno Feliú, deve-se buscar um distanciamento sobre a disputa maniqueísta de quem é melhor para prestar uma atividade de interesse público

---

[1122] Serão dispostos em regulamento a data de início da exigência e sobre o conteúdo, a metodologia da análise de impacto regulatório, os quesitos mínimos a serem objeto de exame, as hipóteses em que será obrigatória sua realização e as hipóteses em que poderá ser dispensada.

[1123] MAZZUCATO, Mariana. *O estado empreendedor*: desmascarando o mito do setor público vs. setor privado. São Paulo: Portfolio-Penguin, 2014. p. 39.

e garantir o equilíbrio entre público e privado, gerando proximidade e respeitados "*por supuesto, los principios de seguridad jurídica y de confianza legítima en inversiones de larga duración y de adecuada regulación de los servicios públicos, de los que nunca podrá abdicar una Administración diligente*".[1124]

Diante de tais ponderações, a Administração Pública do futuro deve ser uma Administração capaz de enfrentar os problemas atuais e dar soluções modernas, utilizando todas as técnicas, pautas e instrumentos existentes e atuais. Deve fruir dos dados e informações, bem como dos seus respectivos armazenamento e uso, a fim de usá-los nas suas decisões e gestão em si.[1125]

Não se pode conceber uma Administração Pública de hoje com pensamento, poder de resposta, raciocínio e solução de uma Administração oitocentista. Deve ser hodierna e célere. O direito administrativo também deverá reinventar-se a partir das mais diversas e novas relações de poder vindas de fora e de dentro do Estado, gerando assim disrupção até mesmo da doutrina jusadministrativista.[1126] Ao mesmo tempo, inexiste dúvida de que a atuação estatal deverá estar amparada na máxima segurança jurídica após ter feito a elucubração dos mais diversos cenários consequencialistas, até porque a certeza e a estabilidade agasalharão maiores investimentos para a nação.[1127]

1124 GIMENO FELIÚ, José María *et al. La gobernanza de los contratos públicos en la colaboración público-privada*. Barcelona: Cambra Oficial de Comerç de Barcelona, 2018. p. 25.

1125 FALLA, Fernando Garrido; OLMEDA, Alberto Palomar; GONZÁLEZ, Herminio Losada. *Tratado de Derecho Administrativo*. Volumen I. 15. ed. Madrid: Editorial Tecnos, 2010. p. 674. A mais, Juan Cruz Alli Aranguren aponta que as mudanças e transformações são apontadas porque, no direito administrativo da pós-modernidade (século XXI), consagra a heterogeneidade e a complexidade das fontes de normas jurídicas intra e extraestatal, impondo "*el pragmatismo, la flexibilidad y la adaptación, con gran influencia en el derecho administrativo, tanto por su origen estatal, como por el hecho de que dichos nuevos ámbitos afectan, por regla general, a materia de naturaleza administrativa*" (ARANGUREN, Juan-Cruz Alli. *Derecho administrativo y globalización*. Madrid: Civitas, 2004. p. 379). Neste ponto, merece destacar que as informações e os dados deverão ser usados de acordo com a Lei Geral de Proteção de Dados, inclusive pela Administração Pública. Sobre o tema, vide primoroso artigo: LIPPMANN, Rafael Knorr; PRADO, Fabiany Estavas. Lei Geral de Proteção de Dados: origens, vigência e principais aspectos. *Revista Direito UTP*, v. 1, p. 141-156, 2020.

1126 VERAS, Rafael. As novas tecnologias e o Direito Administrativo Global. *Revista Colunistas do Direito do Estado*, ano 2016, n. 129.

1127 Cristiana Fortini, em artigo publicado em janeiro de 2019, realça que a melhoria no ambiente das contratações públicas e a minoração de insegurança jurídica são "determinante[s] para a retomada dos investimentos almejados pelo novo governo" (FORTINI, Cristiana. Novos investimentos e o ambiente dos contratos celebrados com a administração. *Revista Consultor Jurídico*, 10 jan. 2019).

CONCLUSÕES

Ao longo do trabalho, ficou demonstrado que a licitação pública e o contrato administrativo possuem um papel fundamental para o Estado nas suas mais diversas atividades administrativas. Deve-se utilizá-los como instrumentais. Tanto é assim que o tema da contratação pública estratégica, mesmo que mais recentemente explorado, sempre esteve em pauta na agenda dos governantes.

De início, foi importante demarcar a ideia de que a função social e econômica da licitação e do contrato administrativo sempre existiu, visto que visam à satisfação das necessidades públicas e, portanto, estão diretamente relacionados com o interesse público. Nesse sentido, a crítica foi no sentido de incorrer em novidades quando do uso da expressão "função social e econômica" de tais institutos. Qualquer licitação ou contrato administrativo sem função social e econômica é inválido e ineficaz. É preciso que sempre esteja presente. O cenário constitucional e legislativo brasileiro ecoa esse raciocínio ao prescrever esse dever, o qual não pode passar desapercebido pelo agente público e muito menos ser vilipendiado.

Em especial, considerando o montante envolvido anualmente ao cotejar com o produto interno bruto ou a sua relação com os mais diversos índices que ensejam a confiança do mercado ou do povo junto ao Estado (por exemplo, índice de competitividade ou índice de confiança para fazer negócios), o fato é que tais aparatos devem ser usados para a execução das políticas públicas em geral e se pode falar até na política pública estratégica de contratação pública (política pública horizontal). Por isso, foram apresentados os mais diversos textos normativos impositivos que determinam uma atuação diretiva ou fomentadora do Estado para dado escopo de interesse público, tanto no Brasil quanto na Espanha. Isso é ser sustentável e buscar o desenvolvimento. Alinhando os dois conceitos, desenvolvimento e sustentabilidade, apesar de inseridos no ordenamento jurídico brasileiro a partir da Lei nº 12.349/2010 e agora repetidos na Lei nº 14.133/2021, a sua obediência e promoção já eram devidos desde a Constituição Federal de 1988. Licitações ou compras verdes ou ambientais fazem parte das licitações e compras sustentáveis, que é um gênero que inclui também as inovativas, as tecnológicas, as científicas, as sociais, entre outras. Trata-se, respectivamente, de uma relação entre espécie e gênero. A primeira, mais específica; e a segunda, mais geral.

O desenvolvimento sustentável está imbricado com o ambiente nacional. Mesmo que se possa defender a ideia dessa prescrição ser voltada numa escala mundial como se fosse parte de uma constituição material necessariamente igual para todos os países em matéria de diretrizes mínimas econômicas e sociais, não foi dessa maneira que a lei brasileira estabeleceu. O Brasil deve nortear-se pelo desenvolvimento nacional sustentável. É impossível apregoar situações de fato tão distintas como se houvesse uma identidade entre os mais diversos Estados mundiais para que todos tivessem o mesmo ponto de partida. Pode-se até aventar o mesmo ponto de chegada para o desenvolvimento sustentável; contudo, as distinções de largada fazem com que as normas aplicáveis não sejam as mesmas, nem mesmo algumas diretrizes básicas para a sustentabilidade e o desenvolvimento.

Especificamente, as condições da União Europeia e do MERCOSUL são completamente diferentes, da mesma forma Espanha e Brasil. Por isso, admoesta-se o enlace anunciado em junho de 2019 e agora concluído em dezembro de 2024 para o livre comércio de compras, inclusive as governamentais, entre os dois blocos econômicos, sem a realização de ressalvas importantes (cláusulas de salvaguarda que poderiam ser apresentadas). O temor é pela continuidade da relação de domínio entre os países desenvolvidos junto aos países em desenvolvimento (subdesenvolvidos ou em emergência, independentemente da nomenclatura adotada), assemelhando-se no mínimo em um liame entre país dominador e país colonial.

A diferença abissal de condições mínimas sociais para a fruição da dignidade da pessoa humana dos cidadãos ecoa em proporção similar àquelas relacionadas com o exercício da atividade econômica; por isso, não se podem comparar coisas desiguais. É impossível alocar um tratamento igualitário para situações fáticas díspares. A incoerência é tamanha, pois, de um lado, preza-se um discurso pelo uso (e exploração) da função estratégica da contratação pública; de outro, executam-se atividades materiais por meio de acordos bilaterais ou multilaterais, perniciosos para o desidério da referida estratégia.

Tanto é assim que se inferiu que, em razão das próprias e avantajadas desigualdades existentes entre as próprias regiões do gigante Estado brasileiro, deve ser concedido um tratamento regulatório nas compras públicas para beneficiar a instalação e o desenvolvimento de empresas e objetos (produtos, obras e serviços) em localidades e regiões menos favorecidas. É a mesma ideia que legitima – e já foi assentada como válida pelo Supremo Tribunal Federal – a implantação da Zona Franca de Manaus e a concessão de benefícios para pessoas que lá exerçam as suas atividades mercantis.

Assim sendo, o sucesso do uso das compras públicas em uma política pública econômica perpassa necessariamente pelo adequado reconhecimento das condições vivenciadas pela sociedade e pelo Estado, mais precisamente a partir dos estágios de uma política pública, quais sejam, a definição da agenda, identificação de alternativas, avaliação das opções, seleção de opções, implementação e avaliação. Não parece que qualquer acordo bilateral ou multilateral, bem como uma ação governamental interna que despreze a utilização tática do poder de compra do Estado brasileiro para resolver seus problemas socioeconômicos nacionais, tenha condição de ser executado, até porque o diagnóstico para o desenho da agenda seria falso ou equivocado.

A busca pela competitividade internacional e o anseio de majoração de recursos financeiros a serem revertidos no tesouro nacional não podem destoar dos propósitos do Estado, os quais estão prescritos na Constituição da República Federativa do Brasil, mais precisamente nos seus fundamentos e objetivos fundamentais estatuídos nos artigos

1º e 3º. Além desse viés, na investigação foram arrolados os motivos e a necessidade da participação popular para a definição da agenda, até como uma forma de legitimação dos governantes. A aproximação do cidadão para com o Estado e vice-versa deverá ser incentivada nas mais diversas atuações. Consubstancia-se no propósito comum que permeia parcialmente os interesses privado e público. O interesse privado reclama o adequado tratamento ao interesse público, sob pena de não possuir condições para a sua sobrevivência. O inverso também é verdadeiro. Se o interesse público não for bem executado a partir de atuações claras, previsíveis e motivadas, o interesse privado não conseguirá desenvolver-se ou, no mínimo, aumentará as condições econômicas para a sua consecução.

Assim, o elo entre risco – evento futuro e incerto que possa frustrar um objetivo – e o uso razoável e proporcional da compra pública como integrante de uma política pública nacional permitirá um cenário mais favorável ou não, mais caro ou não e mais abrangente ou não para os fornecedores (colaboradores) do poder público. A dependência do Estado, primeiro setor, com o mercado, segundo setor, reclama que diversos problemas comuns entre eles sejam resolvidos com diálogo. Nessa linha, a consensualização e a concertação das escolhas estatais pelos governantes deverão priorizar o diálogo sempre que possível, alijando-se do intuito utilitarista do unilateralismo para a imposição de suas vontades, que nem sempre estão consentâneas com o interesse público primário. O colaborador, parceiro privado, não pode ser visto como um ator secundário nesse panorama. Seus interesses privados também são públicos, ainda que possa parecer antagônico este raciocínio. Se não houver ambiente para o desenvolvimento dos interesses privados, o interesse público primário será prejudicado com o afastamento de condições para a sociedade. A possibilidade de controle e participação na própria escolha de quais estratégias serão priorizadas no gozo do poder de compra estatal fará com que se aumente a confiança dos fornecedores e arrefeça um pouco a desconfiança que atualmente perdura.

Como se verifica, os problemas atuais do século XXI não poderão ser dirimidos a partir de uma lógica e institutos estratificados do século XIX. Na mesma senda, o que é bom e serviente para um dado país nem sempre será compatível para outro, já que as condições poderão ser diferenciadas. Aqui, reside a importância de trabalhar com a ciência, tecnologia e inovação, pois são valores extremamente relevantes para qualquer modificação de panorama socioeconômico na hodierna conjectura. Enquanto a riqueza em outras épocas se dava por determinada matéria-prima ou pelo valor monetário de uma dada moeda, os tempos atuais envolvem diretamente a ciência, a tecnologia e a inovação como altamente úteis para a satisfação das necessidades humanas. Em outras palavras, a partir de dados e demonstrações teóricas, pode-se vislumbrar durante a escrita do bojo deste trabalho que o capital humano e a riqueza intelectual a partir de informações e seu uso racional são bens (escassos) valiosíssimos.

Essa conclusão foi facilmente perceptível na pandemia da COVID-19, já que se constatou o quão são relevantes a ciência, a inovação e a tecnologia para proporcionar produtos ou serviços aptos a preservar a humanidade. Neste ponto, as compras públicas inovadoras precisam ser direcionadas e incentivadas como pauta principal e essencial da agenda política do Estado. A sensação de vários países dominados pela produção de vacinas e remédios por outros é uma clama e demonstração da pragmaticidade do dever de desenvolvimento científico, inovativo e tecnológico. A União Europeia reiterou a deferência à dimensão das compras públicas inovadoras, por meio da Comunicação de 18 de junho de 2021, inclusive como forma de impulsionar a recuperação econômica, a transição ecológica e digital e a resiliência da União Europeia após a crise sanitária provocada pela pandemia. E, mais recentemente, destacou a inovação para a agenda da década digital da Europa e suas metas para 2030.

Após diversos conceitos normativos e definições doutrinárias, o estado da arte ora projetado ponderou que os caracteres presentes são diferentes parcialmente, mas não modificam a essência. A ciência pode ser concebida como as construções teóricas que aprimoram técnicas, produtos e serviços para o bem-estar social; a inovação como o incremento de um produto, bem ou serviço novo ou aprimorado, bem como a inserção de novos processos, novos métodos ou organizações; a tecnologia como a aplicação do conhecimento técnico e científico que transforma processos, ferramentas e produtos. Os três conceitos se inter-relacionam, pois visam, direta ou indiretamente, à revolução da estrutura econômica com direto impacto social. O Estado precisa usar todas as suas forças e possibilidades para influenciá-los. O estudo e a exploração deles não são tarefas exclusivas do mercado, do Estado ou da sociedade civil. Sempre se desenvolvem a partir de ecossistemas que demandam a participação efetiva de vários atores, inclusive o Estado. Via de consequência, o uso do poder de compra e a estratégia estatal deverão ser aproveitados.

Como o objeto é de alta complexidade e impactante para o cenário mundial, o jogo de captura de interesses sempre estará presente. Operadores econômicos nacionais buscam a retração e proteção a qualquer custo; já os estrangeiros, de olho na parcela significativa de recursos passíveis de serem disputados, ambicionam a quebra de qualquer barreira ou obstáculo não pautal. Os Estados, por sua vez, de um lado querem uma economia nacional forte e consolidada; doutro lado, querem seus agentes econômicos desbravando a cada dia um maior número de relações negociais, a fim de aumentar suas receitas, a empregabilidade e o adimplemento direto e indireto tributário, fatores que contribuem para a melhoria do bem-estar da sua sociedade. Conglomerados e organizações internacionais compostos por Estados ou privados sempre estão disponibilizando estudos e pareceres para que seus interesses sejam promovidos. Dessa maneira, segmentar a pureza das intenções e a realidade para o atingimento do interesse público primário constitui-se uma tarefa hercúlea.

Com esse afã, buscou-se demonstrar que essa complexa operação envolvendo o Estado não pode ser apreciada sob o viés tão somente do direito, da economia, das relações internacionais ou de qualquer ciência, mas, sim, se faz iniludível que a análise seja integrada e holística para escapar (ou tentar ao máximo) de qualquer espectro sectário, parcial e incorreto, bem como de qualquer captura de interesse. Justamente por isso, delineou-se uma visão crítica sobre as diversas barreiras aventadas como impeditivas ou prejudiciais do papel do Estado regulador para intervir sobre e na economia para tutelar a ciência, tecnologia e inovação nacionais por meio das licitações e dos contratos administrativos.

Os acordos internacionais de qualquer espécie no âmbito brasileiro deverão ser encarados em conformidade com a Constituição da República Federativa de 1988, o que repele qualquer medida ou ação governamental que venha a prejudicar a proteção do mercado nacional. A concorrência e a cláusula do tratamento não discriminatório não serão prejudicadas. Elas não são argumentos legítimos para superar os fundamentos e os objetivos fundamentais do Brasil. Tratamento não discriminatório não coaduna com isenção ou abstenção estatal, mas, sim, com ações que venham a respeitar discriminações legítimas, sob pena de ser omisso. A concorrência precisa do Estado para que exista ambiente propício para a execução das atividades econômicas com a segurança jurídica necessária. Assim, a ideia de fazer um papel mínimo deve ser substituída por uma ideia de árbitro e conciliador dos mais diversos interesses. Deve propiciar um ambiente adequado para a execução das atividades econômicas. Por tais motivos, o Estado precisa utilizar a regulação em sentido lato, incluindo as espécies de regulação em sentido estrito e a atividade administrativa de fomento, para estabelecer como e em que medida poderá direcionar e fomentar a ciência, tecnologia e inovação nacional pelas compras públicas. Enquanto as condições socioeconômicas, inclusive as atreladas à ciência, tecnologia e inovação, europeias são avançadas em geral, já as dos países do MERCOSUL são marcadas pelo atraso e pela dependência.

Aposta-se que tais conhecimentos representam valiosas moedas para o avanço dos países em prol do desenvolvimento nacional sustentável. Dentro desse cenário, internamente no Brasil, os entes federativos poderão ser protagonistas ao editarem normas que disciplinem os multicitados temas de modo incidental sobre as licitações públicas e os contratos administrativos. É claro que, para evitar a guerra normativa, revela-se de bom senso para harmonizar o progresso cooperativo federativo que a União discipline normas gerais. Caso as normas sejam principalmente de licitações e contratos e impactem indiretamente sobre a ciência, tecnologia e inovação, então a competência para editar normas gerais é da União, conquanto seja bastante obscuro o que se abarca nesse conceito jurídico indeterminado, que até hoje gera muitas dúvidas de como será a posição do Supremo Tribunal Federal em sua definição.

Com a missão de tornar operacional a tese ora proposta para decretar o dever de direção e fomento estatal para a ciência, tecnologia e inovação nacional via compras públicas inovadoras, a comparação do ambiente normativo do MERCOSUL e da União Europeia, bem como do Brasil e da Espanha, serviu para demonstrar a relevância do assunto e das formatações jurídicas que podem servir de arrimo legítimo para o alcance do escopo. No Brasil, infelizmente, inexistia um texto normativo seguro e único para disciplinar esse enfoque, tanto a contratação de objeto inovador, tecnológico e científico quanto para conceber um regime de benesses para aqueles que privilegiarem a ciência, a tecnologia e a inovação nacional. Existia decreto normatizando na área de saúde sobre parcerias para inovação, no âmbito da defesa nacional para tratar de preferências e acordos de compensação, entre outros, mas sempre eram normas gerais de aplicabilidade especial em virtude do objeto ou do setor, o que, desafortunadamente, não tinha o condão de conferir segurança jurídica para as empresas e potenciais fornecedores do poder público. Agora, mais recentemente, com a publicação da nova Lei de Licitações, Lei nº 14.133/2021, e o Marco Regulatório de *Startups*, Lei Complementar nº 182/2021, auspicia-se que o cenário seja completamente cambiado para ensejar um campo fértil às compras públicas inovadoras.

Os benefícios da destruição criativa de Joseph Schumpeter quando aborda a inovação também devem servir de subsídio e base para as modificações a serem criadas em novas legislações brasileiras e no revisitar algumas interpretações. A inserção de um marco regulatório que trate de promoção e direcionamento é curial para a certeza e a estabilidade dos operadores econômicos em futuros negócios jurídicos a serem celebrados com o poder público. Quanto à interpretação, este estudo intentou colocar uma nova forma de interpretação à vantajosidade das propostas apresentadas pelos licitantes para que sempre a Administração Pública perquira a vantagem pela análise econômica, e não pela mera análise financeira. Não faz sentido que, no Brasil, a regra, quase absoluta, do critério de julgamento do menor preço continue sendo adotado, mesmo que em total descompasso com a qualidade das aquisições em geral e, com isso, desencadeando prejuízos incomensuráveis.

Propõe-se que a busca da qualidade venha a alijar só o menor preço como critério ou variável a ser ponderado quando do julgamento das propostas. Na própria fase interna, a Administração Pública se esquece de obtemperar que o preço orçado deverá levar em consideração um custo do ciclo total de vida, que engloba os custos de: (i) manutenção; (ii) depreciação e revenda; (iii) responsabilidade ambiental; (iv) responsabilidade do desenvolvimento local e regional; (v) responsabilidade social e (vi) responsabilidade do desenvolvimento científico, tecnológico e inovativo. A partir do momento que se fixam objetivamente os custos que deverão ser investigados no planejamento do certame, com certeza, haverá maior segurança para que os agentes públicos possam fazer o seu juízo quando do julgamento de apresentação de propostas inexequíveis ou evidentemente baixas.

Na assertiva de que os agentes públicos precisam ser bem preparados e capacitados como condição de capacidade para o exercício da importante função desempenhada, a União Europeia e a Espanha transluzem excelente exemplo com a previsão de normas que privilegiam a profissionalização desses operadores das compras públicas. Não é mais possível que se despreze a importância do capital intelectual dos agentes públicos como fator para o sucesso das contratações públicas em geral, bem como o Estado se furte do dever de qualificar adequadamente os seus imputados. A responsabilidade é muito grande. Portanto, a contrapartida estatal deverá compensar em todos os sentidos, tanto no aspecto remuneratório como em condições satisfatórias, para o exercício do múnus.

A mais, alguns pontos se mostram indispensáveis para a obtenção do êxito das compras públicas científicas, tecnológicas e inovadoras. A feitura de estudos preliminares prévios à implantação de qualquer política pública horizontal, a construção de uma agenda pública clara e transparente para o desenvolvimento de tais áreas, a relevância da escolha adequada do tipo de licitação e procedimento pertinente como primordiais para o alcance dos resultados pretendidos, a metrificação da eficiência das escolhas estatais quando das opções existentes na agenda pública, necessidade de implementação de medidas específicas para cada área e setor mercadologicamente envolvido (e não medidas genéricas e padronizadas para todos), bem como a apresentação das várias ferramentas viáveis de serem adotadas para a concessão do tratamento diferenciado dos objetos e das empresas que invistam em ciência, tecnologia e inovação nacional.

Por tudo isso, e sempre com o intuito de apresentar as teses e as antíteses já produzidas sobre o tema, o estudo compreendeu que o dever de o Estado brasileiro direcionar e incentivar a promoção da ciência, tecnologia e inovação nacional por meio das licitações públicas e dos contratos administrativos é cogente e inafastável, que inclusive pode ensejar a possibilidade de sua cobrança por meio de medidas judiciais específicas, como é o caso do mandado de injunção e da responsabilização do governante que assim não agir. De qualquer modo, essa pauta está em constante evolução e debate, ainda mais agora com o acordo de livre comércio, inclusas as compras governamentais, entabulado entre o MERCOSUL e a União Europeia. A esperança é que haja uma visão mais holística e verticalizada sobre o desenvolvimento nacional sustentável a ser perquirido de acordo com a realidade vivenciada no país, inclusive com futuras pesquisas acadêmicas mais integrativas entre as áreas científicas.

REFERÊNCIAS

ABUTABENJEH, Sawsan; GORDON, Stephen B.; MENGISTU, Berhanu. International Trade Protectionist Policies and In-State Preferences: A Link. *Journal of Public Procurement*, vol. 17, issue 1, p. 31-52, 2017.

ACKERMAN, Susan Rose. *La corrupción y los gobiernos*: causas, consecuencias y reforma. Madrid: Siglo Veintiuno de España, 2001.

ACOCELLA, Jéssica; RANGEL, Juliana Cabral Coelho. Governo amplia preferência para produção nacional em compras públicas: dificuldades e incertezas. *Revista Consultor Jurídico*, set. 2014.

ADRI, Renata Porto. *O planejamento da atividade econômica como dever do Estado*. Belo Horizonte: Fórum, 2010.

AGUILAR VILLANUEVA, Luis F. *Gobernanza e gestión pública*. México: FCE, 2006.

ALBORNOZ, Mario (coord.). *Manual de Santiago*: Manual de Indicadores de Internacionalización de la Ciencia y la Tecnología. Buenos Aires: Red de Indicadores de Ciencia y Tecnología Iberoamericana / Interamericana (RICYT), 2009.

ALCORADO, Luiz Carlos. *Licitação e Contrato Administrativo*. 2. ed. Brasília: Brasília Jurídica, 2000.

ALDRICH, Howard E. Entrepreneurship. *In*: SMELSER, Neil J.; SWEDBERG, Richard. *The handbook of economic sociology*. 2. ed. New Jersey: British Library. p. 451-477.

ALESSI, Renato. *Instituciones de Derecho Administrativo*. Tomo I. Tradução: Buenaventura Pellisé Prats. Barcelona: Bosch Casa Editorial, 1970.

ALEXY, Robert. On Balancing and Subsumption. A Structural Comparison. *Ratio Juris*, v. 16, p. 433-449, 2003.

ALEXY, Robert. *Teoria dos direitos fundamentais*. São Paulo: Malheiros, 2008.

ALLI ARANGUREN, Juan-Cruz. *Derecho administrativo y globalización*. Madrid: Civitas, 2004.

ALMEIDA, Ana Carla Leite de; COELHO, Angelita de Souza. Contratações públicas sustentáveis e a promoção de uma Economia Verde e inclusiva. *In*: VILLAC, Teresa; BLIACHERIS, Marcos Weiss; SOUZA, Lilian Castro de (coord.). *Panorama de licitações sustentáveis*: direito e gestão pública. Belo Horizonte: Fórum, 2014, p. 273-284.

ALMEIDA, Candido Mendes de. *Codigo Philippino, ou, Ordenações e leis do Reino de Portugal*: recopiladas por mandado d'El-Rey D. Philippe I. 14. ed. Rio de Janeiro: Typografia do Instituto Philomathico, 1870.

ALMEIDA, Fernando Dias Menezes de. A legislação federal sobre ciência, tecnologia e inovação no contexto da organização federativa. *In*: FREITAS, Rafael Véras de; RIBEIRO, Leonardo Coelho; FEIGELSON, Bruno (coord.). *Regulação e novas tecnologias*. Belo Horizonte: Fórum, 2017. p. 99-110.

ALMEIDA, Fernando Dias Menezes de. *Contrato administrativo*. São Paulo: Quartier Latin, 2012.

ALMEIDA, Fernando Dias Menezes de. Contratos administrativos. *In*: PEREIRA JÚNIOR, Antônio; JABUR, Gilberto Haddad (coord.). *Direito dos contratos II*. São Paulo: Quartier, 2008. p. 193-216.

ALMEIDA, Luiz Carlos Barnabé de. *Introdução ao direito econômico*: direito da economia, economia do direito, direito econômico, *law and economics*, análise econômica do direito, direito econômico internacional. 4. ed. São Paulo: Saraiva, 2012.

ALMEIRA MELO, José Tarcízio de. *Direito Constitucional do Brasil*. Belo Horizonte: Del Rey, 2008.

ALMIEDA, Pedro; CÚRDIA, António. *Aprovisionamento e contratação pública*. Coimbra: Edições Almedina, 2018.

AMARAL, Antonio Carlos Cintra do. *Licitação e contratos administrativos*: Estudos, Pareceres e Comentários. 3. ed. Belo Horizonte: Fórum, 2010

AMARAL, Diogo Freitas do. *Curso de Direito Administrativo*. Vol. II. Coimbra: Almedina, 2013.

AMORIM, Victor Aguiar Jardim. Julgados do TCU em matéria de licitações e contratos não são jurisprudência. *Revista Consultor Jurídico*, abr. 2018.

ARAGÃO, Alexandre Santos de. *Direito dos Serviços Públicos*. 4. ed. Belo Horizonte: Fórum, 2017.

ARAGÃO, Alexandre Santos de. O princípio da eficiência. *Revista de Direito Administrativo*, Rio de Janeiro, n. 237, p. 1-6, jul. 2004.

ARAGÓN, Luis E. *Educação, Ciência e Tecnologia*: bases para o desenvolvimento sustentável da Amazônia. Belém: Associação de Universidades Amazônicas, UNESCO, 1997.

ARAÚJO JÚNIOR, Ignácio Tavares de. *Análise comparada sobre medidas de favorecimento de micro e pequenas empresas (MPES) em compras públicas com avaliação de eficácia e identificação de melhores práticas* (Texto 2422 para discussão). Brasília; Rio de Janeiro: Ipea, 2018.

ARAÚJO, Edmir Netto de. *Curso de Direito Administrativo*. 6. ed. São Paulo: Saraiva, 2014.

ARAÚJO, Fernando. *Teoria Económica do Contrato*. Coimbra: Almedina, 2007.

ARAÚJO, Jailson de Souza; VETTORAZZI, Karlo Messa. A sustentabilidade de produtos e serviços enquanto pré-requisito ao consumo consciente. *Revista de Direito Econômico e Socioambiental*, Curitiba, v. 1, n. 1, p. 109-126, jan./jun. 2010.

ARAÚJO, Leandro Rocha de. O Brasil e a regulamentação dos investimentos estrangeiros na organização mundial do comércio. *Revista da Faculdade de Direito da Universidade de São Paulo*, São Paulo, v. 99, p. 829-846, 2004.

ARAÚJO, Luiz Alberto David; NUNES JÚNIOR, Vidal Serrano. *Curso de Direito Constitucional*. 13. ed. São Paulo: Saraiva, 2009.

ARENAS, Natália da Silveira. Os desafios para a implementação das licitações sustentáveis na Administração Pública. *Revista de Direito Ambiental*, v. 82, abr./jun. 2016.

ARNAEZ ARCE, V. M. La compra pública innovadora. La administración pública como adquirente de bienes y servicios innovadores. *Revista Vasca de Administración Pública*, n. 93, p. 17-35, 2012.

ARNT, Ricardo (org.). *O que os economistas pensam sobre sustentabilidade*. 2. ed. São Paulo: Editora 34, 2011.

ASHLEY, Patrícia Almeida. A mudança histórica do conceito de responsabilidade social empresarial. *In*: ASHLEY, Patrícia Almeida (coord.). *Ética e Responsabilidade social nos negócios*. 2. ed. São Paulo: Saraiva, 2005.

AYUNTAMIENTO DE MADRID. *Instrucción 1/2016* relativa a la incorporación de cláusulas sociales en los contratos celebrados por el Ayuntamiento de Madrid, sus organismos autónomos y las entidades del sector público municipal. Disponível em: https://sede.madrid.es/FrameWork/generacionPDF/ANM2016_4.pdf?idNormativa=34dcd5d317362510VgnVCM1000000b205a0aRCRD&nombreFichero=ANM2016_4&cacheKey=5. Acesso em: 5 fev. 2019.

BACELLAR FILHO, Romeu Felipe. *Direito Administrativo e o Novo Código Civil*. Belo Horizonte: Fórum, 2007.

BACELLAR FILHO, Romeu Felipe. *Direito Administrativo*. 4. ed. São Paulo: Saraiva, 2008.

BACELLAR FILHO, Romeu Felipe. *Processo Administrativo Disciplinar*. 3. ed. São Paulo: Saraiva.

BACELLAR FILHO, Romeu Felipe. *Reflexões sobre Direito Administrativo*. Belo Horizonte: Saraiva, 2009.

BAÑO LEÓN, José María. La figura del contrato en el derecho público: nuevas perspectivas y límites. *In*: Congreso Luso-Hispano de Profesores de Derecho Administrativo (5º Barcelona, 2002). *La contratación pública en el horizonte de la integración europea*. Madrid: Instituto de Administración Pública, 2004. p. 11-29.

BARBOSA, Samara Lopes. *Políticas Públicas de Apoio à Inovação*. Curitiba: Appris, 2016.

BARCELLOS, Ana Paula. Constitucionalização das políticas públicas em matéria de direitos fundamentais: o controle político-social e o controle jurídico no espaço democrático. *In*: SARLET, Ingo Wolfgang; TIMM, Luciano Beneti. *Direitos fundamentais*: orçamento e reserva do possível. 2. ed. Porto Alegre: Livraria do Advogado, 2010. p. 101-132.

BARKI, Teresa Villac Pinheiro; SANTOS, Murillo Giordan (org.). *Licitações e contratações públicas sustentáveis*. Belo Horizonte: Fórum, 2011.

BARRAL, Welber (org.). *Releitura dos Acordos da OMC como interpretados pelo órgão de apelação*. São Paulo, (2004). p. 12. Acesso em: 2 jul. 2017.

BARRAL, Welber. Direito e desenvolvimento: um modelo de análise. *In*: BARRAL, Welber (org.). *Direito e desenvolvimento*: análise da ordem jurídica brasileira sob a ótica do desenvolvimento. São Paulo: Editora Singular, 2005. p. 31-60.

BARRAL, Welber. *Metodologia da pesquisa jurídica*. Florianópolis: Fundação Boiteux, 2003.

BARRIO GARCÍA, Gonzalo. Contratación pública y PYMES: un comentario a la luz de la propuesta de la Directiva en materia de contratación pública. *In*: GARCÍA, J. José Pernas (dir.). *Contratación pública estratégica*. Pamplona: Editorial Aranzadi, 2013. p. 133-159.

BARROS, Sérgio Resende. *Liberdade e Contrato*: a crise da licitação. Piracicaba: Editora Unimep, 1995.

BARROS, Suzana de Toledo. *O princípio da proporcionalidade e o controle de constitucionalidade das leis restritivas de direitos fundamentais*. 2. ed. Brasília: Brasília Jurídica, 2000.

BARROSO, Luís Roberto. *Curso de direito constitucional contemporâneo*. São Paulo: Saraiva, 2009.

BASTOS, Celso Ribeiro; MARTINS, Ives Gandra. *Comentários à Constituição do Brasil*. v. 3. Tomo II. São Paulo: Saraiva, 1993.

BEAS, Marina Rodríguez. La innovación en la nueva Directiva de contratación pública: la asociación para la innovación. *Revista Quadernos de Derecho Local*, Fundación Democracia y Gobierno Local, p. 141-161, oct. 2015.

BERCOVICI, Gilberto. Ciência e inovação sob a Constituição de 1988. *Revista dos Tribunais*, São Paulo, v. 916, ano 101, p. 267-294, fev. 2012.

BERCOVICI, Gilberto. Planejamento e políticas públicas: por uma nova compreensão do papel do Estado. *In*: BUCCI, Maria Paula Dallari (org.). *Políticas Públicas*: reflexões sobre o conceito jurídico. São Paulo: Saraiva, 2006. p. 143-162.

BERMEJO VERA, José. *Derecho administrativo (parte especial)*. 6. ed. Navarra: Editorial Aranzadi (Thomson Civitas), 2005.

BERNAL BLAY, Miguel Ángel. El desarrollo de políticas activas de empleo a través de los contratos públicos. *In*: PERNAS GARCÍA, J. José (dir.). *Contratación pública estratégica*. Pamplona: Editorial Aranzadi, 2013. p. 161-186.

BINENBOJM, Gustavo. *Temas de Direito Administrativo e Constitucional*. São Paulo: Renovar, 2008.

BITENCOURT, Caroline Müller; PASE, Eduarda Simonetti. A necessária relação entre democracia e controle social: discutindo os possíveis reflexos de uma democracia "não amadurecida" na efetivação do controle social da administração pública. *Revista de Investigações Constitucionais*, Curitiba, vol. 2, n. 1, p. 293-311, jan./abr. 2015.

BITENCOURT, Caroline Müller; BEBER, Augusto Carlos de Menezes. O controle social a partir do modelo da gestão pública compartida: da insuficiência da representação parlamentar à atuação dos conselhos populares como espaços públicos de interação comunicativa. *Revista de Direito Econômico e Socioambiental*, Curitiba, v. 6, n. 2, p. 232-253, jul./dez. 2015.

BITENCOURT, Caroline Müller; RECK, Janriê Rodrigues. Paradoxos do federalismo: uma observação pragmático-sistêmica. *Revista de Direito Administrativo & Constitucional*, Belo Horizonte, ano 12, n. 49, p. 151-176, jul./set. 2012.

BITENCOURT, Caroline Müller; RECK, Janriê Rodrigues. Controle da transparência na contratação pública no Brasil – o acesso à informação como forma de viabilizar o controle social da Administração Pública. *Revista do Direito*, Santa Cruz do Sul, v. 2, n. 49, p. 96-115, maio 2016.

BITTENCOURT, Sidney. *Manual de Convênios Administrativos*. Rio de Janeiro: Temas e Ideias Editora, 2005.

BLANCHET, Luiz Alberto. *Curso de Direito Administrativo*. 5. ed. Curitiba: Juruá, 2008.

BLANCHET, Luiz Alberto. Ineficiência, corrupção e seus efeitos sobre o empreendedorismo e sobre o desenvolvimento. *In*: BLANCHET, Luiz Alberto; HACHEM, Daniel Wunder; SANTANO, Ana Claudia. *Eficiência e ética na Administração Pública*. Curitiba: Íthala, 2015. p. 151-162.

BLANCHET, Luiz Alberto. Infraestrutura nacional e desenvolvimento sustentável. *In*: DOTTA, Alexandre Godoy; HACHEM, Daniel Wunder; REIS, Luciano Elias (org.). *Anais do I Seminário Ítalo-Brasileiro em Inovações Regulatórias em Direitos fundamentais, Desenvolvimento e Sustentabilidade e VI Evento de Iniciação Científica da UniBrasil*. 1. ed. Curitiba: Negócios Públicos, 2011. p. 26-41.

BLANCHET, Luiz Alberto. Manifestações públicas e desenvolvimento. *Revista Interesse Público*, Belo Horizonte, v. 17, v. 90, mar./abr. 2015.

BLOCK, Fred; EVANS, Peter. The State and the Economy. *In*: SMELSER, Neil J.; SWEDBERG, Richard. *The handbook of economic sociology*. 2. ed. New Jersey: BRITISH LIBRARY. p. 505-526.

BNDES. *Perspectivas do investimento 2015-2018 e panoramas setoriais*. Disponível em: www.bndes.gov.br/bibliotecadigital. Acesso em: 8 out. 2018.

BOBBIO, Norberto. *Elogio da serenidade e outros escritos morais*. Tradução: Marco Aurélio Nogueira. 2. ed. São Paulo: Unesp, 2011.

BOFF, Leonardo. *Sustentabilidade e tentativa de definição*. Disponível em: https://leonardoboff.wordpress.com/2012/01/15/sustentabilidade-tentativa-de-definicao. Acesso em: 4 fev. 2019.

BOFF, Leonardo. *Sustentabilidade*: O que é – o que não é. 5. ed. São Paulo: Vozes, 2018.

BONATTO, Hamilton. *Governança e gestão de obras públicas*. Belo Horizonte: Fórum, 2018.

BORGES, Alice Gonzalez. *Normas gerais no Estatuto de Licitações e Contratos Administrativos*. São Paulo: RT, 1994.

BOURDIEU, Pierre. *Os usos sociais da ciência*: por uma sociologia do campo científico. São Paulo: Editora UNESP, 2004.

BRASIL. Ministério do Meio Ambiente. *Licitação sustentável*. Disponível em: http://www.mma.gov.br/responsabilidade-socioambiental/a3p/eixos-tematicos/item/526&gt. Acesso em: 30 mar. 2015.

BRASIL. Ministério do Planejamento. *Comprando das Micro e Pequenas Empresas (Caderno de Logística nº 04)*. Brasília: 2013.

BRASIL. Secretaria de Micro e Pequena Empresa da Presidência da República. *Cartilha do Tratamento Diferenciado*. Brasília: 2014. Disponível em: http://smpe.gov.br/assuntos/cartilha_tratamentodiferenciado_mpe.pdf. Acesso em: 18 abr. 2014.

BRASIL. Subchefia de Análise e Acompanhamento de Políticas Governamentais *et al*. *Diretrizes gerais e guia orientativo para elaboração de Análise de Impacto Regulatório – AIR*. Brasília: Presidência da República, 2018. p. 23-24. Sobre o tema, a Organização de Cooperação e de Desenvolvimento Econômico possui vários materiais, vide *site* http://www.oecd.org/gov/regulatory-policy/ria.htm. Acesso em: 10 jun. 2019.

BRASIL. *Referencial para avaliação de governança em políticas públicas*. Brasília: Tribunal de Contas da União, 2014.

BRESSER-PEREIRA, Luiz Carlos. *Desenvolvimento e crise no Brasil*. 7. ed. Brasília: Editora Brasiliense, 1977.

BRESSER-PEREIRA, Luiz Carlos. *Em busca do desenvolvimento perdido*. Rio de Janeiro: FGV, 2018.

BREUS, Thiago Lima. *Políticas públicas no estado constitucional*. Belo Horizonte: Fórum, 2007.

BRITTO, Carlos Ayres. *O perfil constitucional da licitação*. Curitiba: Zênite, 1997.

BRUGUÉ, Quim; CASADEMONT, Xavier; GIFREU, Judith i PRIETO-FLORES, Òscar. Democràcia directa local: Consideracions sobre les consultes municipals. *Revista Catalana de Dret Públic*, n. 57, 2018, p. 1-16.

BRÜLHART, Marius; TRIONFETTI, Frederico. A test of trade theories when expenditure is home biased. European Economic Review, n. 53, 2009, p. 830-845, p. 830. Ainda sobre o assunto, vide: TRIONFETTI, Frederico. Public Expenditure and Economic Geography. Annales d'Economie et de Statistique, n. 47, 1997, p. 101-120.

BRUM, Argemiro J. *Desenvolvimento econômico brasileiro*. 16. ed. Petrópolis: Vozes, 1996.

BUCCI, Maria Paula Dallari. *Fundamentos para uma teoria jurídica das políticas públicas*. São Paulo: Saraiva, 2013.

BUCCI, Maria Paula Dallari. O conceito de política pública em direito. *In*: BUCCI, Maria Paula Dallari (org.). *Políticas públicas*: reflexões sobre o conceito jurídico. São Paulo: Saraiva, 2006.

BUTELER, Alfonso. La intervención estatal en la Economía y el Derecho al Medioambiente. *In*: BACELLAR FILHO, Romeu Felipe; HACHEM, Daniel Wunder (coord.). *Direito Público no Mercosul*: intervenção estatal, direitos fundamentais e sustentabilidade: anais do VI Congresso da Associação de Direito Público do Mercosul: homenagem ao Professor Jorge Luis Salomoni. Belo Horizonte: Fórum, 2013. p. 25-33.

CABRAL, Mário André Machado. *Subdesenvolvimento e estado de exceção*. Rio de Janeiro: Lumen Juris, 2018.

CALASANS JÚNIOR, José. *Manual da licitação*: orientação prática para o processamento de licitações. 2. ed. São Paulo: Atlas, 2015.

CALDAS, Roberto Correia da Silva Gomes; MARTINS, Thiago Penido. Princípios do Equador e Governança Regulatória nas contratações públicas sustentáveis: implicações nas desapropriações. *Revista Brasileira de Estudos Políticos*, Belo Horizonte, n. 112, p. 183-229, jan./jun. 2016.

CÂMARA, Jacintho Arruda; NOHARA, Irene. *Tratado de Direito Administrativo*: licitação e contratos administrativos. São Paulo: Revista dos Tribunais, 2014.

CANELA JÚNIOR, Osvaldo. *Controle judicial de políticas públicas*. São Paulo: Saraiva, 2011.

CANOTILHO, J. J. Gomes. O princípio da sustentabilidade como princípio estruturante do direito constitucional. *Revista de Estudos Politécnicos*, v. 8, n. 13, p. 7-18, 2010.

CANOTILHO, José Joaquim Gomes. *Direito Constitucional e Teoria da Constituição*. 7. ed. Coimbra: Almedina, 2003.

CAPRA, Fritjof. *As conexões ocultas*: ciência para uma vida sustentável. São Paulo: Cultrix, 2002.

CARRASCO, Cristina; TELLO, Enric. Apuntes para una vida sostenible. *In*: FREIXANET MATEO, Maria (coord.). *Sostenibilitats*: polítiques publiques des del feminisme i l'ecologisme. Barcelona: Institut de Ciències Polítiques i Socials, 2011. p. 11-53.

CARRETEIRO, Ronald. *Inovação tecnológica*. Rio de Janeiro: LTC, 2009.

CARVALHO FILHO, José dos Santos. *Manual de Direito Administrativo*. 28. ed. São Paulo: Atlas, 2015.

CARVALHO, Raquel Melo Urbano de. *Curso de Direito Administrativo*. 2. ed. Salvador: Juspodivm, 2009.

CARVALHO, Raquel. *O direito à informação administrativa procedimental*. Porto: Publicações Universidade Católica, 1999.

CASIMIRO, Lígia Maria Silva Melo de. *Planejamento social e mobilidade urbana como fundamentos do direito à cidade no Brasil*. Orientador Prof. Dr. Emerson Gabardo. Curitiba, 2017, 248 f., Tese (Doutorado em Direito), Pontifícia Universidade Católica do Paraná.

CASTELLS, Manuel. *A sociedade em rede*. Volume I. 2. Tradução: Roneide Venancio Majer. 2. ed. São Paulo: Paz e Terra, 1999.

CASTRO, Noema Augusta Soares de. Do plano de recuperação judicial para microempresas e empresas de pequeno porte. *Revista Brasileira de Estudos Políticos*, Belo Horizonte, n. 92, p. 235-272, jul./dez. 2005.

CAVALCANTE, Pedro. *Inovação e políticas*: superando o mito da ideia. Brasília: IPEA, 2019.

CAVALCANTI, Themístocles Brandão. *Curso de Direito Administrativo*. 8. ed. São Paulo: Livraria Freitas Bastos, 1967.

CELLI JÚNIOR, Umberto. Os países emergentes e as medidas de investimento relacionadas ao comércio: o Acordo TRIMs da OMC. *Revista da Faculdade de Direito da Universidade de São Paulo*, São Paulo, v. 99, p. 505-521, 2004.

CERRILLO I MARTÍNEZ, Agustí. *Los servicios de la ciudad inteligente*. XV Congreso Anual de la Asociación de Profesores de Derecho Administrativo, 7 e 8 de febrero de 2020. Disponível em: http://www.aepda.es/AEPDAEntrada-2518-XV-CONGRESO-DE-LA-AEPDA.aspx. Acesso em: 9 fev. 2020.

CERSKI LAVRATTI, Paula. *El derecho ambiental como instrumento de gestión del riesgo tecnológico*. Tarragona: Publicacions URV, 2011.

CHANG, Ho-Joon. *Chutando a escada*. Tradução: Luiz Antônio Oliveira de Araújo. São Paulo: Unesp, 2004.

CHAVES, F.; BERTASSI, A.; SILVA, G. Compras Públicas e Desenvolvimento Local: Micro e Pequenas Empresas Locais nas Licitações de uma Universidade Pública Mineira. *REGEPE – Revista de Empreendedorismo e Gestão de Pequenas Empresas*, n. 8, 2019, p. 77-101.

CHEVALLIER, Jacques. *O Estado Pós-Moderno*. Tradução: Marçal Justen Filho. Belo Horizonte: Fórum, 2009.

CHEVALLIER, Jacques. *O serviço público*. Tradução: Augusto Neves Dal Pozo e Ricardo Marcondes Martins. Belo Horizonte: Fórum, 2017.

COASE, Ronald H. The problem of social cost. *The Journal of Law and Economics*, n. 3, p. 1-44, 1960. Traduzido para o português em: SALAMA, Bruno Meyerhof (org.). *Direito e Economia*: textos escolhidos. São Paulo: Saraiva, 2010.

COCCIOLO, Endrius. La unión de la energía y la gobernanza del sistema tierra en el antropoceno: una cuestión constitucional. *Revista Catalana de Dret Ambiental*, v. 6, n. 1, p. 1-44, 2015.

COELHO FILHO, Osmar; SACCARO JÚNIOR, Nilo Luiz; LUEDEMANN, Gustavo. *A avaliação de ciclo de vida como ferramenta para a formulação de políticas públicas no Brasil* – Textos para discussão 2205. Brasília; Rio de Janeiro: IPEA, 2016.

COELHO, Rafael Isaac de Almeida. *Compras públicas sustentáveis no âmbito da Organização Mundial do Comércio*. Belo Horizonte: 2016, Escola superior Dom Helder Câmara, f. 184. Orientador Prof. Dr. André de Paiva Toledo. p. 155.

COELHO, Saulo de Oliveira Pinto; ASSIS, Aline Neves de. Um constitucionalismo do espetáculo? Espetacularização das políticas públicas e ineficiência do controle jurídico-constitucional. *Revista Brasileira de Estudos Políticos*, Belo Horizonte, n. 115, p. 541-584, jul./dez. 2017.

COMISSÃO MUNDIAL SOBRE MEIO AMBIENTE E DESENVOLVIMENTO. *Nosso futuro comum*. 2. ed. Rio de Janeiro: Fundação Getulio Vargas, 1991. Disponível em: http://pt.scribd.com/doc/12906958/Relatorio-Brundtland-Nosso-Futuro-Comum-Em-Portugues. Acesso em: 23 abr. 2017.

COMPARATO, Fábio Konder. O Ministério Público na defesa dos direitos econômicos, sociais e culturais. *In*: CUNHA, Sérgio Sérvulo da; GRAU, Eros Roberto (org.). *Estudos de direito constitucional*: em homenagem a José Afonso da Silva. São Paulo: Malheiros, 2003.

CONFERÊNCIA DAS NAÇÕES UNIDAS SOBRE MEIO AMBIENTE E DESENVOLVIMENTO, Rio de Janeiro de 3 a 14 de junho de 1992. *Declaração da ECO-92 sobre ambiente e desenvolvimento*. Disponível em: http://www.onu.org.br/rio20/img/2012/01/rio92.pdf. Acesso em: 23 mar. 2017.

COSCULLUELA MONTANER, Luis; LÓPEZ BENÍTEZ, Mariano. *Derecho público económico*. 2. ed. Madrid: Justel, 2008.

COSTA, Denise Souza. *Direito fundamental à educação, democracia e desenvolvimento sustentável*. Belo Horizonte: Fórum, 2011.

COSTAS, Antonio. Por qué los muy ricos progresan y los demás no. *El País*, 9 set. 2018. Disponível em: https://elpais.com/economia/2018/09/07/actualidad/1536333591_827747.html.

CRETELLA JÚNIOR, José. *Das licitações públicas*. 18. ed. Rio de Janeiro: Forense, 2006.

CRETELLA NETTO, José. *Curso de Direito Internacional Econômico*. São Paulo: Saraiva, 2012.

CREUZ, Luis Rodolfo Cruz e; SILVA, Marck da. A Lei de Incentivos à Inovação e à Pesquisa Científica e Tecnológica. *Revista IOB de Direito Administrativo*, São Paulo, v. 6, p. 66-81, jun. 2006.

DAL BOSCO, Maria Goretti. *Discricionariedade em políticas públicas*. Curitiba: Juruá, 2007.

DALLARI, Adilson Abreu. *Aspectos jurídicos da licitação*. 7. ed. São Paulo: Saraiva, 2006.

DAMODARAN, Aswath. *Gestão estratégica do risco*: uma referência para a tomada de riscos empresariais. Tradução: Félix Nonnenmacher. Porto Alegre: Bookman, 2009.

DERENE, Cristiane. *Privatização e serviços públicos*: as ações do Estado na produção econômica. São Paulo: Max Limonad, 2002.

DI PIETRO, Maria Sylvia Zanella. 500 anos de Direito Administrativo Brasileiro. *Revista Eletrônica de Direito do Estado*, Salvador, n. 5, jan./mar. 2006. Disponível em: www.direitodoestado.com.br. Acesso em: 12 ago. 2016.

DI PIETRO, Maria Sylvia Zanella. A Lei de Processo Administrativo: sua ideia matriz e âmbito de aplicação. *In*: NOHARA, Irene; MORAES FILHO, Marco Antonio Praxedes de (org.). *Processo Administrativo*: Temas Polêmicas da Lei nº 9.784/99. São Paulo: Atlas, 2011. p. 185-201.

DI PIETRO, Maria Sylvia Zanella. *Parcerias na Administração Pública*. 5. ed. São Paulo: Atlas, 2005.

DI PIETRO, Maria Sylvia. *Direito Administrativo*. 32. ed. São Paulo: Atlas, 2019.

DI PIETRO, Maria Sylvia *et al*. *Temas Polêmicos sobre Licitações e Contratos*. 5. ed. São Paulo: Malheiros, 2001.

DIAS, Bernadete de Figueiredo. *Investimentos Estrangeiros no Brasil e o Direito Internacional*. Curitiba: Juruá, 2010.

DIAS, Reinaldo. A sustentabilidade nas organizações. *In*: DIAS, Reinaldo; ZAVAGLIA, Tércia; CASSAR, Maurício. *Introdução à Administração*: da competitividade à sustentabilidade. 3. ed. Campinas: Alínea Editora. p. 181-248.

DIAS, Reinaldo. *Sustentabilidade*: origem e fundamentos. São Paulo: Atlas, 2005.

DIAS, Reinaldo; MATOS, Fernanda Costa de. *Políticas públicas*: princípios, propósitos e processos. São Paulo: Atlas, 2012.

DIEZ, Manuel María. *Manual de Derecho Administrativo*. T. II. 3. ed. Buenos Aires: Editorial Plus Ultra, 1981.

DOMÍNECH PASCUAL, Gabriel. Por qué y cómo hacer análisis económico del derecho. *Revista de Administración Pública*, Madrid, n. 195, p. 99-133, sep./dic. 2014.

DOSI, Giovanni; ORSENIGO, Luigi; LABINI, Mauro Sylos. Technology and the Economy. *In*: SMELSER, Neil J.; SWEDBERG, Richard. *The handbook of economic sociology*. 2. ed. New Jersey: British Library. p. 678-702.

DROMI, Roberto. *Derecho Administrativo*. 10. ed. Buenos Aires: Ciudad Argentina, 2004.

DROMI, Roberto. *La revolución del desarrollo*: inovaciones en la gestión pública. Buenos Aires; Madrid: Ciudad Argentina, 2007.

DUARTE, Clarice Seixas. O Ciclo das Políticas Públicas. *In*: SMANIO, Gianpaolo Poggio; BERTOLIN, Patrícia Tuma Martins (org.). *O Direito e as políticas públicas no Brasil*. São Paulo: Atlas, 2013. p. 16-43.

DUGUIT, Léon. *Fundamentos do Direito*. São Paulo: Martin Claret, 2009.

DWORKIN, Ronald. *A virtude soberana*: a teoria e prática da igualdade. Tradução: Jussara Simões. São Paulo: Martins Fontes, 2005.

ELLERY JÚNIOR, Roberto; NASCIMENTO JÚNIOR, Antônio; SACHSIDA, Adolfo. *Avaliando o impacto do programa de sustentação do investimento na taxa de investimento da economia brasileira* – Texto para discussão. Brasília; Rio de Janeiro: Ipea, 2018.

EMERY, Emerson Baldotto. *Desenvolvimento sustentável*: princípio da eficiência em procedimentos licitatórios. Belo Horizonte: Fórum, 2016.

ENGELMANN, Wilson; WILLIG, Júnior Roberto. *Inovação no Brasil*. Jundiaí: Paco Editorial, 2016.

ENRÍQUEZ, Maria Amélia. *Trajetórias do desenvolvimento*. Rio de Janeiro: Garamond, 2010.

ESCOBAR, J. C. Mariense. *Licitação*: teoria e prática. Porto Alegre: Livraria do Advogado, 1996.

ESCOLA, Hector Jorge. *Compendio de Derecho Administrativo*. Vol. II. Buenos Aires: Ediciones Depalma, 1990.

ESCOLA, Hector Jorge. *Compendio de Derecho Administrativo*. Vol. II. Buenos Aires: Ediciones Depalma, 1984.

ESPANHA, Comisión Nacional de los Mercados y la Competencia. PRO/CNMC/001/15: *Análisis de la contratación pública en España*: oportunidades de mejora desde el punto de vista de la competencia. Disponível em: http://www.urko.net/attachments/article/701/ANEXO%20Informe%20CNMC%20Febrero%202015%20Contrataci%C3%B3n%20P%C3%BAblica.pdf. Acesso em: 26 jan. 2019.

ESQUÍVEL, José Luís. *Os contratos administrativos e a arbitragem*. Coimbra: Almedina, 2004.

ESTORNINHO, Maria João. Contrato público: conceito e limites. *In*: Congreso Luso-Hispano de profesores de Derecho Administrativo (5º Barcelona, 2002). *La contratación pública en el horizonte de la integración europea*. Madrid: Instituto de Administración Pública, 2004. p. 31-40.

ESTORNINHO, Maria João. *Contratos da administração pública (esboço de autonomização curricular)*. Coimbra: Almedina, 1999.

ESTORNINHO, Maria João. *Curso de Direito de Contratos Públicos*: por uma contratação pública sustentável. Coimbra: Almedina, 2013.

ESTORNINHO, Maria João. *Réquiem pelo contrato administrativo*. Coimbra: Almedina, 1990.

FABRE, Flavia Moraes Barros Michele. *Função horizontal da licitação e da contratação administrativa*. Orientadora Prof. Dra. Odete Medauar. 2014. 185 f. Tese (Doutoramento em Direito) – Faculdade de Direito, USP, São Paulo, 2014.

FAERMANN, Flávia. *Estudo sobre a CISG e seus reflexos na Ordem Interna*. Orientadora Prof. Dra. Vera María Jacob de Fradera. Porto Alegre, 2018, 136 f., Dissertação (Mestrado em Direito), Universidade Federal do Rio Grande do Sul.

FALCÃO, Maurin Almeida. O Estado, o mercado e as transformações econômicas, políticas e sociais como determinantes de uma economia política do tributo. *Revista Brasileira de Estudos Políticos*, Belo Horizonte, n. 104, p. 263-289, jan./jun. 2012.

FERNANDES, Jorge Ulisses Jacoby. *Contratação Direta sem Licitação*. 9. ed. Belo Horizonte: Fórum, 2011.

FERNANDES, José Pedro. *Dicionário Jurídico da Administração Pública*. Lisboa: Narcisio Correia, 1991.

FERNÁNDEZ DE VELAZCO, Recaredo. *Los contratos administrativos*. 2. ed. Madrid: Institutos de Estudios de Administración, 1945.

FERRARI, Regina Maria Macedo Nery. *Direito Municipal*. 5. ed. Belo Horizonte: Fórum, 2018.

FERRAZ, Tércio Sampaio. Normas gerais e competência concorrente – uma exegese do artigo 24 da Constituição Federal. *Revista Trimestral de Direito Público*, n. 7, p. 16-20, 1994.

FERREIRA, Daniel. *A licitação pública no Brasil e sua nova finalidade legal*: a promoção do desenvolvimento nacional sustentável. Belo Horizonte: Fórum, 2012.

FERREIRA, Daniel. Função Social da licitação pública: o desenvolvimento nacional sustentável (*no* e *do* Brasil, antes e depois da MP 495/2010). *Fórum de contratação e gestão pública – FCGP*, Belo Horizonte, ano 9, n. 107, p. 49-64, nov. 2010.

FERREIRA, Daniel. *Perspectivas de minimização das desigualdades sociais e emancipação das minorias pelo acesso ao emprego decente mediante reserva de cotas junto aos parceiros contratuais da administração pública portuguesa e brasileira*. 2016. 146 f. Relatório final (Pós-Doutoramento) – Faculdade de Direito, Universidade de Coimbra, Coimbra, 2016.

FIESP. *Segurança jurídica*: os aspectos políticos, legais e econômicos no Brasil e na América do Sul. São Paulo: FIESP, 2010.

FIGUEIREDO, Leonardo Vizeu. *Direito Econômico Internacional*. Rio de Janeiro: Forense, 2011.

FIGUEIREDO, Lúcia Valle. Competências administrativas dos estados e municípios – licitações. *Revista Trimestral de Direito Público*, São Paulo, n. 8, p. 24-39, 1994.

FIGUEIREDO, Lucia Valle. *Curso de Direito Administrativo*. 7. ed. São Paulo: Malheiros, 2004.

FIGUEIREDO, Lúcia Valle. *Curso de Direito Administrativo*. 9. ed. São Paulo: Malheiros, 2008.

FIGUEIREDO, Natália. Acordo TRIMS: flexibilização ou não? Política de conteúdo local, processo produtivo básico (PPB) e os desafios para a indústria brasileira e a integração latino-americana. *Revista de Direito Internacional*, Brasília, v. 13, n. 1, p. 100-121, 2016.

FINGER, Ana Claudia; QUETES, Regeane Bransin. Licitações e contratos administrativos sustentáveis como um instrumento de concretização da supremacia do interesse público. *A&C – Revista de Direito Administrativo & Constitucional*, Belo Horizonte, ano 14, n. 57, p. 105-131, jul./set. 2014.

FOLLONI, André Parmo. *Teoria do Ato Administrativo*. Curitiba: Juruá, 2006.

FOLLONI, André. A complexidade ideológica, jurídica e política do desenvolvimento sustentável e a necessidade de compreensão interdisciplinar do problema. *Revista Direitos Humanos Fundamentais*, Osasco, ano 14, n. 1, p. 63-91, jan./jun. 2014.

FONSECA, Isabel Celeste M. *Direito da contratação pública*: uma introdução em dez aulas. Coimbra: Almedina, 2009.

FONSECA, Karla Closs. *Investimentos Estrangeiros*: Regulamentação Internacional e Acordos Bilaterais. Curitiba: Juruá, 2008.

FONTE, Felipe de Melo. *Políticas públicas e direitos fundamentais*. 2. ed. São Paulo: Saraiva, 2015.

FORGIONI, Paula. *Os fundamentos do antitruste*. 5. ed., rev., atual. e ampl. São Paulo: Revista dos Tribunais, 2012.

FORTINI, Cristiana. *Contratos administrativos*: franquia, concessão, permissão e PPP. 2. ed. São Paulo: Atlas, 2009.

FORTINI, Cristiana. Licitação: prerrogativas ou privilégios? Anulação, revogação e exceção do contrato não cumprido. *In*: FORTINI, Cristiana; PEREIRA, Maria Fernanda Pires de Carvalho; CAMARÃO, Tatiana Martins da Costa. *Licitações e Contratos*: aspectos relevantes. Belo Horizonte: Fórum, 2007. p. 111-118.

FORTINI, Cristiana. Novos investimentos e o ambiente dos contratos celebrados com a administração. *Revista Consultor Jurídico*, 10 jan. 2019.

FRANCO SOBRINHO, Manoel Oliveira. *A prova no processo administrativo*. Curitiba: Universidade Federal do Paraná, 1970.

FREIRE, André Luiz. *Manutenção e retirada dos contratos inválidos*. São Paulo: Malheiros, 2008.

FREITAS, Juarez. Direito fundamental à boa administração pública e a constitucionalização das relações brasileiras. *Interesse Público*, Belo Horizonte, ano 12, n. 60, p. 13-24, abr. 2010.

FREITAS, Juarez. Licitações sustentáveis: conceitos e desafios. *In*: BACELLAR, Romeu Felipe; HACHEM, Daniel Wunder (coord.). *Direito público no MERCOSUL*: intervenção estatal, direitos fundamentais e sustentabilidade. Belo Horizonte: Fórum, 2013. p. 373-385.

FREITAS, Juarez. *Sustentabilidade*: direito ao futuro. 2. ed. Belo Horizonte: Fórum, 2012.

FREITAS, Juarez. Nova lei de licitações e o ciclo de vida do objeto. *Revista de Direito Administrativo*, vol. 281, n. 2, ago. 2022, p. 91-106.

FREITAS, Thiago Pereira de. *Sustentabilidade e as contratações públicas*. Rio de Janeiro: Lumen Juris, 2014.

FREITAS, Vladimir Passos de. Os resíduos sólidos na civilização de consumo: desafio para a existência de um desenvolvimento sustentável. *Revista de Direito Econômico e Socioambiental*, Curitiba, v. 1, n. 1, p. 81-107, jan./jun. 2010.

FREY, Klaus. Políticas públicas: um debate conceitual e reflexões referentes à prática da análise de políticas públicas no Brasil. *Planejamento e Políticas Públicas*, n. 21, p. 211-259, jun. 2000.

FRIEDRICH, Nelton Miguel; FRIEDRICH, Tatyana Scheila. A intervenção estatal diante da crise socioambiental: exigência de ações sustentáveis. *In*: BACELLAR FILHO, Romeu Felipe; HACHEM, Daniel Wunder (coord.). *Direito Público no Mercosul*: intervenção estatal, direitos fundamentais e sustentabilidade: anais do VI Congresso da Associação de Direito Público do Mercosul: homenagem ao Professor Jorge Luis Salomoni. Belo Horizonte: Fórum, 2013. p. 131-136.

FUENTES I GASÓ, Josep Ramón. Contratación administrativa. *In*: BALLBÉ MALLOL, M.; FRANCH I SAGUER, M. *Manual de Derecho Administrativo*. Girona: AECI-UAB, 2002.

FUENTES I GASÓ, Josep Ramón; JUNCOSA VIDAL, Carme. Principales novedades, régimen transitorio y cuestiones adicionales. *In*: CAMPOS ACUÑA, Concepción. *La nueva contratación pública en el ámbito local*. Madrid: Wolters Kluwer, 2018, p. 87-131.

FUKUYAMA, Francis. *Construção de estados*: governo e organização mundial no século XXI. Tradução: Nivaldo Montingelli Jr. Rio de Janeiro: Rocco, 2005.

GABARDO, Emerson. A flexibilização da legalidade mediante o prestígio de uma ideia equivocada de eficiência e uma visão niilista da separação dos poderes. *In*: HACHEM, Daniel Wunder; GABARDO, Emerson; SALGADO, Eneida Desiree. *Direito Administrativo e suas transformações atuais*. Curitiba: Íthala, 2016. p. 207-216.

GABARDO, Emerson. *Eficiência e legitimidade do Estado*. Barueri: Manole, 2003.

GABARDO, Emerson. *Interesse público e subsidiariedade*. Belo Horizonte: Fórum, 2009.

GABARDO, Emerson. *Princípio constitucional da eficiência*. São Paulo: Malheiros, 2002.

GABARDO, Emerson; COUTO, Clayton Santos do. O desenvolvimento para além das fronteiras nacionais: entre universalismo e subsidiariedade. *In*: RAMINA, Larissa; FRIEDRICH, Tatyana Scheila (coord.). *Coleção Direito Internacional Multifacetado*. Vol. V. Curitiba: Juruá, 2015. p. 105-127.

GABARDO, Emerson; SALGADO, Eneida Desiree. Administração Pública e seus fundamentos de gestão: eficiência, interesse público, direitos fundamentais e desenvolvimento. *In*: BACELLAR FILHO, Romeu Felipe;

HACHEM, Daniel Wunder (coord.). *Direito Público no Mercosul*: intervenção federal, direitos fundamentais e sustentabilidade: anais do VI Congresso da Associação de Direito Público do Mercosul: homenagem ao Professor Jorge Luís Salomoni. Belo Horizonte: Fórum, 2013. p. 241-251.

GALESKI JÚNIOR, Irineu. Economia dos contratos. *In*: RIBEIRO, Marcia Carla Pereira; KLEIN, Vinicius (coord.). *O que é análise econômica do direito*: uma introdução. Belo Horizonte: Fórum, 2011. p. 129-139.

GALEZA, Tadeus; CHAN, James. Qué es la inversión directa? *Revista Finanzas & Desarrollo*, sept. 2015, p. 34-35, p. 34. Disponível em: http://www.imf.org/external/pubs/ft/fandd/spa/2015/09/pdf/basics.pdf. Acesso em: 11 jul. 2017.

GALVÃO, Antônio Carlos Filgueira. *Política de desenvolvimento regional e inovação*: lições da experiência europeia. Rio de Janeiro: Garamond, 2004.

GARCIA, Flávio Amaral. *Licitações & Contratos Administrativos*. 3. ed. Rio de Janeiro: Lumen Juris, 2010.

GARCÍA ENTERRÍA, Eduardo; FERNÁNDEZ, Tomás-Ramón. *Curso de derecho administrativo*. vol. 1. Madrid: Civitas, 1999.

GARCÍA ENTERRÍA, Eduardo. La Figura del Contrato Administrativo. *Revista de Administración Pública*, Madrid, n. 41/110, p. 99-128, 1963.

GARCÍA JIMÉNEZ, Antonio. *Las conexiones entre contratación administrativa e innovación*. Madrid: Tecnos, 2018.

GARCÍA PAZ, Jorge. Las compras verdes, una práctica sustentable y ecológica: posibilidad de su aplicación en el Perú. *Revista Contabilidad y Negocios*, Lima, vol. 4, n. 7, p. 39-52, jul. 2009.

GARRIDO FALLA, Fernando; PALOMAR OLMEDA, Alberto; LOSADA GONZÁLEZ, Herminio. *Tratado de Derecho Administrativo*. Volumen I. 15. ed. Madrid: Editorial Tecnos, 2010.

GASPARINI, Diogenes. *Direito Administrativo*. 13. ed. São Paulo: Saraiva, 2008.

GAVIOLI, Maíra Goés de Moraes; KARAM, Rachel Avellar Sotomaior. Políticas concorrenciais no comércio internacional. *In*: MOREIRA, Egon Bockmann; MATTOS, Paulo Todescan Lessa (coord.). *Direito concorrencial e regulação econômica*. Belo Horizonte: Fórum, 2010. p. 41-62.

GIACOMUZZI, José Guilherme. *Estado e Contrato*. São Paulo: Malheiros, 2011.

GIFREU FONT, Judith. La integración de medidas de eficiencia energética en la edificación a la vista de los objetivos de la UE para los horizontes 2020-2030. Las redesdistrict heating and cooling. *RCDA*, n. 1, vol. X, p. 1-55, 2019.

GIMENO FELIÚ, José María. La contratación pública como estrategia: el fomento de la innovación. *Revista Ius Publicum Network Review*, España, p. 1-27, 2018.

GIMENO FELIÚ, José María *et al*. *La gobernanza de los contratos públicos en la colaboración público-privada*. Barcelona: Cambra Oficial de Comerç de Barcelona, 2018.

GIMENO FELIÚ, José María. Compra pública estratégica. *In*: PERNAS GARCÍA, J. José (dir.). *Contratación pública estratégica*. Pamplona: Editorial Aranzadi, 2013, p. 45-79.

GIMENO FELIÚ, José María. *Contratación de las administraciones públicas*: análisis práctico de la nueva normativa sobre contratación pública. Barcelona: Atelier Administrativo, 2004.

GIMENO FELIÚ, José María. *El control de la contratación pública (las normas comunitarias y su adaptación en España)*. Madrid: Editorial Civitas, 1995.

GIMENO FELIÚ, José María. Hacia una nueva ley de contratos del sector público. ¿Una nueva oportunidad perdida? *Revista Española de Derecho Administrativo*, Madrid, n. 182, p. 181-221, jan./mar. 2017.

GIMENO FELIÚ, José María. *Las condiciones sociales en la contratación pública: posibilidades y límites*. Anuario del Gobierno Local. Barcelona, 2017, Fundación Democracia y Gobierno Local – Institut Dret Public, p. 241-287.

GIMENO FELIÚ, José María. Las fuentes normativas en materia de contratación local. *Revista Fundación Democracia y Gobierno Local*, Madrid, n. 14, p. 24-56, jun. 2007.

GIMENO FELIÚ, José María. Los procedimientos y criterios de adjudicación y la posibilidad de valorar aspectos sociales y medioambientales. *In*: GIMENO FELIÚ, José María (coord.). *Contratación de las Administraciones Públicas*: análisis práctico de la nueva normativa sobre contratación pública. Barcelona: Atelier, 2004. p. 61-94.

GIMENO FELIÚ, José María. O efecto directo das novas directivas comunitarias sobre a contratación pública. Consecuencias prácticas da falta de transposición das directivas en España. *Revista Galega de Administración Pública (REGAP)*, n. 52, p. 9-60, jul./dec. 2016.

GICO JR., Ivo T. Introdução à análise econômica do direito. *In*: RIBEIRO, Marcia Carla Ribeiro; KLEIN, Vinicius (coord.). *O que é análise econômica do direito*: uma introdução. Belo Horizonte: Fórum, 2011. p. 17-26.

GIROTRA, Karan; NETESSINE, Serguei. *Gestão de riscos nos modelos de negócio*. Tradução: Edson Furmankiewicz. Rio de Janeiro: Elsevier, 2015.

GOBIERNO DE ESPAÑA. Subdirección General de Fomento de la Innovación Empresarial del Ministerio de Economía y Competitividad. *Guía 2.0 para la compra pública de innovación*. 2015. p. 41-42. Disponível em: http://www.ciencia.gob.es/stfls/MICINN/Innovacion/FICHEROS/Guia_2_0_CPI_V5_Borrador_web.pdf. Acesso em: 3 fev. 2019.

GOMES, Pedro Cerqueira. Contratação pública e inovação – o diálogo entre Portugal e a União Europeia. *In*: FERNÁNDEZ ACEVEDO, Rafael; VALCÁRCEL FERNÁNDEZ, Patricia (dir.). *La contratación pública a debate*: presente y futuro. Navarra: Civitas, 2014. p. 525-555.

GONÇALVES, Cláudio Cairo. O princípio da consensualidade no Estado Democrático de Direito – Uma introdução. *Revista de Direito Administrativo*, Rio de Janeiro, n. 232, p. 105-114, abr./jun. 2003.

GONÇALVES, Oksandro. Os incentivos tributários na Zona Franca de Manaus e o desequilíbrio concorrencial no setor de refrigerantes. *Economic Analysis of Law Review*, v. 3, p. 72-94, 2012.

GONÇALVES, Oksandro; BITTENCOURT, Mauricio; NETO, João; JUNIOR, Weimar; JUNIOR, Carlos; JAMES; Carlos Pereira Dutra; DEUD, Maria; KOBUS, Renata; VIEIRA, João. Zona Franca de Manaus: desequilíbrio concorrencial no setor de bebidas. *In*: RIBEIRO, Marcia Carla Pereira; ROCHAR JR., Weimar Freire (org.). *Concorrência e tributação no setor de bebidas frias*. Belo Horizonte: Fórum, 2011. p. 101-131.

GONÇALVES, Pedro Antonio Pimenta da. *Entidades privadas com poderes públicos*: o exercício de poderes públicos de autoridade por entidades privadas com funções administrativas. Coimbra: Edições Almedina, 2008.

GONÇALVES, Pedro Costa. *Reflexões sobre o Estado Regulador e o Estado Contratante*. Coimbra: Coimbra Editora, 2013.

GONÇALVES, Pedro. *O Contrato Administrativo*. Coimbra: Almedina, 2003.

GONZÁLEZ PÉREZ, Jesús. *El principio general de la buena fe en el derecho administrativo*. 5. ed. Navarra: Editorial Aranzadi, 2009.

GONZÁLEZ PÉREZ, Jesús. *La ética en la Administración Pública*. 2. ed. Madrid: Civitas Ediciones, 2000.

GRAU, Eros Roberto. *A ordem econômica na Constituição de 1988*. 15. ed. São Paulo: Malheiros, 2012.

GRAU, Eros Roberto. Licitação sem objeto – Lei 8.666 e Estados e Municípios. *Revista Trimestral de Direito Público*, São Paulo, n. 10, p. 88-102, 1995.

GRIMM, Dieter. Proportionality in Canadian and German Constitutional Jurisprudence. *University of Toronto Law Journal*, v. 57, p. 383-397, 2007.

GUEDES, Armando M. Marques. *Direito Administrativo* (apontamentos das lições ao 2º ano jurídico de 1955-56 pelo Exmo Senhor Prof. Doutor Marques Guedes). Lisboa: Associação Académica da Faculdade de Direito de Lisboa, 1955.

GUERRA, Sérgio. Riscos, assimetria regulatória e o desafio das inovações tecnológicas. *In*: FREITAS, Rafael Véras de; RIBEIRO, Leonardo Coelho; FEIGELSON, Bruno (coord.). *Regulação e novas tecnologias*. Belo Horizonte: Fórum, 2017.

GUERRA, Sidney. *Curso de Direito Internacional Público*. 10. ed. São Paulo: Saraiva, 2016.

GUERRERO MANSO, Carmen de. Los tres procedimientos de asociación para la innovación licitados en España: valoración de sus aspectos clave y pros y contras de cada una de ellos. *In*: GIMENO FELIÚ, José María (dir.). *Observatorio de los contratos públicos 2018*. Navarra: Aranzadi, 2019. p. 281-327.

GUGLIELMI, Gilles J. *Les très grandes décisions du Droit Administratif*: Recueil de décisions juridictionnelles. Disponível em: https://www.guglielmi.fr/IMG/pdf/TGD.09.pdf. Acesso em: 12 set. 2018.

GUIDI, Silvio. O compartilhamento de riscos no contrato administrativo – o dever de colaboração na mitigação à luz do princípio da boa-fé. *In*: ROCHA, Silvio Luís Ferreira da (org.). *O contrato administrativo e os princípios da boa-fé, justiça contratual e função social do contrato*. Rio de Janeiro: Lumen Juris, 2017. p. 1-30.

GUIDI, Silvio. *Serviços Públicos de Saúde*. São Paulo: Quartier Latin, 2019.

GUIMARÃES, César A. *Aplicação da CISG às compras governamentais*. Disponível em: http://www.justen.com.br/pdfs/IE85/CISG-Cesar-texto.pdf. Acesso em: 28 maio 2019.

GUIMARÃES, Edgar. *Contratação direta*. Curitiba: Negócios Públicos, 2013.

GUIMARÃES, Edgar. *Controle das licitações públicas*. São Paulo: Dialética, 2002.

GUIMARÃES, Edgar; SANTOS, José Anacleto Abduch. *Lei das Estatais*. Belo Horizonte: Fórum, 2017.

GUIMARÃES, Fernando Vernalha. *Alteração unilateral do contrato administrativo*. São Paulo: Malheiros, 2003.

GUIMARÃES, Fernando Vernalha; MOREIRA, Egon Bockmann. *Lei Geral de Licitação e o Regime Diferenciado de Contratação*. São Paulo: Malheiros, 2012.

GUSSOLI, Felipe Klein. *Impactos dos Tratados Internacionais de Direitos Humanos no Direito Administrativo Brasileiro*. Orientador Prof. Dr. Daniel Wunder Hachem. Curitiba, 2018, 329.f., Dissertação (Mestrado em Direito), Pontifícia Universidade Católica do Paraná.

HACHEM, Daniel Wunder. A maximização dos direitos fundamentais econômicos e sociais pela via administrativa e a promoção do desenvolvimento. *Revista Direitos Fundamentais & Democracia*, Curitiba, v. 13, n. 13, p. 340-399, jan./jul. 2013.

HACHEM, Daniel Wunder. A noção constitucional de desenvolvimento para além do viés econômico: reflexos sobre algumas tendências do Direito Público brasileiro. *A&C – Revista de Direito Administrativo & Constitucional*, Belo Horizonte, ano 13, n. 53, p. 133-168, jul./set. 2013.

HACHEM, Daniel Wunder. Direito fundamental ao serviço público adequado e capacidade econômica do cidadão: repensando a universalidade do acesso à luz da igualdade material. *In*: BLANCHET, Luiz Alberto; HACHEM, Daniel Wunder; SANTANO, Ana Claudia. *Eficiência e ética na Administração Pública*. Curitiba: Íthala, 2015. p. 75-108.

HACHEM, Daniel Wunder. *Princípio constitucional da supremacia do interesse público*. Belo Horizonte: Fórum, 2011.

HARGER, Marcelo. Processo administrativo: aspectos gerais. Enciclopédia jurídica da PUC-SP. Celso Fernandes Campilongo, Alvaro de Azevedo Gonzaga e André Luiz Freire (coord.). *Tomo: Direito Administrativo e Constitucional*. Vidal Serrano Nunes Jr., Maurício Zockun, Carolina Zancaner Zockun, André Luiz Freire (coord. de tomo). 1. ed. São Paulo: Pontifícia Universidade Católica de São Paulo, 2017. Disponível em: https://enciclopediajuridica.pucsp.br/verbete/145/edicao-1/processo-administrativo:-aspectos-gerais.

HASTREITER, Michele Alessandra. *Os acordos internacionais de investimento*: uma mudança de perspectiva necessária na busca pelo desenvolvimento. Orientador Prof. Dr. Luis Alexandre Carta Winter. Curitiba, 2015, Dissertação (Mestrado em Direito), Pontifícia Universidade Católica do Paraná.

HERCE MAZA, José Ignacio; RODRÍGUEZ-ARANA MUÑOZ, Jaime. La buena administración en la contratación pública: mención especial a la fase de ejecución del contrato. *Revista del Gabinete Jurídico de Castilla-La Mancha*, p. 21-45, mar. 2019.

HERCE MAZA, José Ignacio. La innovación en la Ley 9/2017, de 8 de noviembre, de contratos del sector público: el papel de la asociación para la innovación. *Revista del Gabinete Jurídico de Castilla-La Mancha*, p. 335-360, mar. 2019.

HERNÁNDEZ UMAÑA, Iván Darío. *Empresa, Innovación & desarrollo*. Bogotá: Universidad Nacional de Colombia, 2008.

HOBBES, Thomas. *Leviatã*: ou matéria, forma e poder de um Estado Eclesiástico e Civil. Tradução: Rosina D'Angina. São Paulo: Martin Claret, 2009.

HOPPE, Hans-Hermann. Prefácio. *In*: MISES, Ludwig von. *Caos planejado*: intervencionismo, socialismo, fascismo e nazismo. Tradução: Beatriz Caldas. São Paulo: LVM, 2017.

HORTA, Raul Machado. Repartição de competências na Constituição Federal de 1988. *Revista Trimestral de Direito Público*, n. 2, p. 6-20, 1993.

JUNTA DE ANDALUCÍA. *Guía para la inclusión de cláusulas sociales y medioambientales en la contratación de la Junta de Andalucía.* Consejería de Hacienda y Administración Pública. 2016. Disponível em: https://www.juntadeandalucia.es/export/drupaljda/GUIA_CSM.pdf. Acesso em: 4 fev. 2019.

JUSTEN FILHO, Marçal. *Comentários à Lei de Licitações e Contratos Administrativos.* 16. ed. São Paulo: Revista dos Tribunais, 2014.

JUSTEN FILHO, Marçal. *Curso de Direito Administrativo.* 8. ed. Belo Horizonte: Fórum, 2012.

JUSTEN FILHO, Marçal. Desenvolvimento nacional sustentado: contratações administrativas e o regime introduzido pela Lei 12.349. *Informativo Justen, Pereira, Oliveira e Talamini,* n. 50, abr. 2011. Disponível em: www.justen.com.br/informativo. Acesso em: 20 jan. 2017.

KINGSBURY, B.; KRISCH, N., STEWART, R. El surgimiento del Derecho Administrativo Global. *In*: KINGSBURY, Benedict; STEWART, Richard B. *El nuevo derecho administrativo global en América Latina.* Buenos Aires: RAP, 2009. p. 21-82.

KODELIA, Gonzalo S. Teoría General del Contrato Administrativo. *In*: REGUEIRA, Enrique M. Alonso *et al. Contratos de la Administración*: teoría y práctica. Ciudad Autónoma de Buenos Aires: La Imprenta Ya SRL, 2017. p. 17-68.

KRELL, Andreas J. *Leis de normas gerais, regulamentação do poder executivo e cooperação intergovernamental em tempos de reforma administrativa.* Belo Horizonte: Fórum, 2008.

LARENZ, Karl. *Metodologia da Ciência do Direito.* Tradução: José Lamego. 3. ed. Lisboa: Calouste Gulbenkian, 1997.

LASO, Enrique. *La licitación pública.* Montevideo: Julio Cesar Faira Editor, 2005.

LEAL, Fernando. Racional ou Hiper-racional? A ponderação de princípios entre o ceticismo e o otimismo ingênuo. *A&C – Revista de Direito Administrativo e Constitucional,* n. 58, p. 177-209, out./dez. 2014.

LIBERATI, Wilson Donizeti. *Políticas públicas no Estado constitucional.* São Paulo: Atlas, 2013.

LINDE PANIAGUA, Enrique. Gobernanza del sistema español de ciencia, tecnología e innovación. *In*: CALONGE VELÁZQUEZ, Antonio (dir.). *Ciencia, tecnología e innovación*: nuevo régimen jurídico. Granada: Editorial Comares, 2013. p. 21-40.

LIMA, Bruno Quick Lourenço de. O uso do poder de compra é uma política eficaz de desenvolvimento sustentável. *In*: SANTANA, Jair Eduardo; FERRER, Florencia. *Compras Públicas Brasil.* Rio de Janeiro: Elsevier, 2015. p. 35-39.

LIMA, Jonas. *Licitação Pública Internacional no Brasil.* Curitiba: Editora Negócios Públicos, 2010.

LIMA, Ruy Cirne. *Princípios de Direito Administrativo.* 7. ed. São Paulo: Malheiros, 2007.

LIMBERGER, Têmis; TEIXEIRA, Anderson Vichinkeski; ABREU, Mateus Barbosa Gomes. Contratos administrativos e gestão pública: proposições a partir de estudos de casos na Administração Pública federal indireta. *A&C – Revista de Direito Administrativo & Constitucional,* Belo Horizonte, ano 14, n. 58, p. 155-176, out./dez. 2014.

LIPPMANN, Rafael Knorr; PRADO, Fabiany Estavas. Lei Geral de Proteção de Dados: origens, vigência e principais aspectos. *Revista Direito UTP,* v. 1, p. 141-156, 2020.

LIVESEY, Frank. *Formação de preço.* São Paulo: Saraiva, 1978.

LOCATELLI, Liliana. Desenvolvimento na Constituição Federal de 1988. *In*: BARRAL, Welber (org.). *Direito e desenvolvimento*: análise da ordem jurídica brasileira sob a ótica do desenvolvimento. São Paulo: Editora Singular, 2005. p. 95-118.

LOPES, Pedro Moniz. *Princípio da boa-fé e decisão administrativa.* Coimbra: Almedina, 2011.

LÓPEZ MIÑO, Antonio. La compra pública innovadora en los sistemas europeo y español de contratación pública. *In*: PERNAS GARCÍA, J. José (dir.). *Contratación pública estratégica.* Pamplona: Editorial Aranzadi, 2013. p. 213-248.

LÓPEZ MIÑO, Antonio. La compra pública innovadora en los sistemas europeo y español de contratación pública. *In*: PERNAS GARCIA, J. José (coord.). *Contratación Pública Estratégica.* Cizur Menor: Thomson Reuters Aranzadi, 2013.

LUPI, André Lipp Pinto Basto; NIEBUHR, Joel de Menezes; QUINT, Gustavo Ramos da Silva. *Marco Legal das Startups e do Empreendedorismo Inovador*. Florianópolis: Menezes Niebuhr, 2021.

MACKAAY, Ejan; ROUSSEAU, Stéphane. *Análise econômica do direito*. Tradução: Rachel Sztajn. 2. ed. São Paulo: Atlas, 2015.

MAGALHÃES, José Carlos de. *Direito Econômico Internacional*: tendências e perspectivas. 2. ed. Curitiba: Juruá, 2017.

MAIA, Henrique Guerreiro de Carvalho; LEFÈVRE, Mônica Bandeira de Mello. A fase interna e o instrumento convocatório no regime diferenciado de contratação. *Informativo Justen, Pereira, Oliveira e Talamini*, Curitiba, n. 59, jan. 2012. Disponível em: www.justen.com.br/informativo. Acesso em: 5 maio 2019.

MARCOS, Rui Manuel de Figueiredo. *História da Administração Pública*. Coimbra: Almedina, 2006.

MARÍN SÁNCHEZ, Ana. El papel estratégico de las administraciones públicas en la innovación y la sostenibilidad ambiental: compra pública verde e innovadora. *Revista Universitaria Europea*, n. 30, p. 177-202, ene./jun. 2019.

MARINELA, Fernanda. *Direito Administrativo*. 4. ed. Niterói: Impetus, 2010.

MARQUES NETO, Floriano Azevedo. Limites à abrangência e à intensidade da regulação estatal. *Revista Eletrônica de Direito Administrativo Econômico*, Salvador, Instituto de Direito Público da Bahia, n. 4, nov./dez. 2005, jan. 2006. Disponível em: http://www.direitodoestado.com.br. Acesso em: 17 jul. 2017.

MARQUES NETO, Floriano Azevedo. Normas gerais de licitação – doação e permuta de bens de estados e de Municípios – aplicabilidade de disposições da Lei Federal 8.666/93 aos entes federados. *Revista Trimestral de Direito Público*, São Paulo, n. 12, p. 173-191, 1995.

MARRARA, Thiago. Acordos de leniência no processo administrativo brasileiro: modalidades, regime jurídico e problemas emergentes. *Revista de Direito Administrativo Digital*, São Paulo, v. 2, n. 2, p. 509-527.

MARTÍNEZ GUTIÉRREZ, Rubén. *Los retos de la innovación tecnológica en la jurisdicción contencioso-administrativa*. XIV Congreso Anual de la Asociación de Profesores de Derecho Administrativo, 8 e 9 de febrero de 2019. Disponível em: http://www.aepda.es/AEPDAPublicaciones-2162-Actividades-Congresos-de-la-AEPDA-XIV-CONGRESO-DE-LA-AEPDA.aspx. Acesso em: 2 fev. 2019.

MATA DIZ, Jamile Bergamaschine; CALDAS, Roberto Correia da Silva Gomes. Contratos administrativos à luz de novas formas de gestão e da sustentabilidade: por uma concretização do desenvolvimento sustentável no Brasil. *A&C – Revista de Direito Administrativo & Constitucional*, Belo Horizonte, ano 16, n. 65, p. 249-275, jul./set. 2016.

MATOS, Fernanda Costa de. *Políticas públicas*: princípios, propósitos e processos. São Paulo: Atlas, 2012.

MAXIMIANO, Antonio Cesar Amaru; NOHARA, Irene. *Gestão Pública*: abordagem integrada da Administração e do Direito Administrativo. São Paulo: Atlas, 2017.

MAYER, Otto. *Derecho administrativo alemán*. Tomo I. Buenos Aires: De Palma, 1982.

MAZZUCATO, Mariana. *O estado empreendedor*: desmascarando o mito do setor público vs. setor privado. São Paulo: Portfolio-Penguin, 2014.

MAZZUCATO, M. (ed.) (2024). Transformação do Estado no Brasil: Desenhando compras públicas, empresas públicas e infraestrutura pública digital orientadas por missões para promover o crescimento sustentável e inclusivo. *UCL Institute for Innovation and Public Purpose*. IIPP Policy Report 2024/15, 2024.

MEDAUAR, Odete. *A Processualidade no Direito Administrativo*. São Paulo: RT, 1993.

MEDAUAR, Odete. *Direito administrativo em evolução*. 2. ed. São Paulo: Revista dos Tribunais, 2003.

MEDAUAR, Odete. *Direito Administrativo Moderno*. 13. ed. São Paulo: Revista dos Tribunais, 2009.

MEDAUAR, Odete; OLIVEIRA, Gustavo Justino. *Consórcios públicos*. São Paulo: Revista dos Tribunais, 2006.

MEDINA ARNÁIZ, Teresa. Comercio justo y contratación pública. *In*: PERNAS GARCÍA, J. José (dir.). *Contratación pública estratégica*. Pamplona: Editorial Aranzadi, 2013. p. 249-281.

MEIRELLES, Hely Lopes. *Direito Administrativo Brasileiro*. 11. ed. São Paulo: RT, 1985.

MEIRELLES, Hely Lopes. *Licitação e Contrato Administrativo*. 2. ed. São Paulo: Revista dos Tribunais, 1975.

MELLO, Célia Cunha. *O fomento da Administração Pública*. Belo Horizonte: Del Rey, 2003.

MELLO, Celso Antônio Bandeira de. *Curso de Direito Administrativo*. 32. ed. São Paulo: Malheiros, 2015.

MELLO, Celso Antônio Bandeira de. *Elementos de Direito Administrativo*. 3. ed. São Paulo: Malheiros, 1992.

MELLO, Celso Antônio Bandeira de. Inaplicabilidade da nova regulação sobre licitações a Estados e Municípios e inconstitucionalidade radical do Dec.-lei 2.300/86. *Revista de Direito Público*, São Paulo, vol. 83, p. 16-28, jul. 1987.

MELLO, Oswaldo Aranha Bandeira de. *Princípios gerais de Direito Administrativo*. 3. ed. São Paulo: 2007.

MELO, Antônio Moreira Barbosa de. A ideia de contrato no centro do universo jurídico-público. *In*: *Estudos de Contratação Pública da Faculdade de Direito de Coimbra*. Coimbra: Coimbra Editora, 2008.

MENDES, Pedro Vaz. *Pacta Sunt Servanda e interesse público nos contratos administrativos*. Lisboa: Universidade Católica, 2016.

MENDES, Renato Geraldo. *Processo de Contratação Pública*. Curitiba: Zênite, 2012.

MENEZES, Fernanda Dias. *Competências na Constituição de 1988*. São Paulo: Atlas, 1991.

MENY, Yves; THOENING, Jean-Claude. *Las políticas públicas*. Tradução: Salvador Del Carrii. Barcelona: Editorial Ariel, 1992.

MERCHAND ROJAS, Marco Antonio. Las teorías del desarrollo y las estrategias de política económica regional en las economías periféricas. *In*: ETGES, Virginia Elisabeta; AREND, Silvio Cezar (org.). *CEPAL*: leituras sobre o desenvolvimento latino-americano. Santa Cruz do Sul: EDUNISC, 2012. p. 38-75.

MESTRE DELGADO, Juan Francisco. Contratos públicos y políticas de protección social y medioambiental. *Revista de Estudios de la Administración Local y Autonómica*, n. 291, p. 705-730, 2003.

MIGDAL, Joel S. *Estados débiles, estados fuertes*. México: Fondo de Cultura Económica, 2011.

MIR PUIGPELAT, Oriol. *Globalización, Estado y Derecho*. Las transformaciones del Derecho Administrativo. Madrid: Civitas Ediciones, 2004.

MIRANDA, Jorge. *Curso de direito internacional público*: uma visão sistemática do direito internacional dos nossos dias. Rio de Janeiro: Forense, 2009.

MIRANDA, Jorge. *Teoria do Estado e da Constituição*. Rio de Janeiro: Forense, 2007.

MIRANDA, Pontes de. *Democracia, Liberdade, Igualdade (os três caminhos)*. 2. ed. São Paulo: Saraiva, 1979.

MIRANDA, Rodrigo Fontenelle de A. *Implementando a gestão de riscos no setor público*. Belo Horizonte: Fórum, 2017.

MISES, Ludwig von. *Burocracia*. Tradução: Raul Martins. Campinas: Vide Editorial, 2018.

MISES, Ludwig von. *Caos planejado*: intervencionismo, socialismo, fascismo e nazismo. Tradução: Beatriz Caldas. São Paulo: LVM, 2017.

MISES, Ludwig von. *O livre mercado e seus inimigos*. Tradução: Flávio Quintela. VIDE Editorial, 2017.

MONCADA, Luís S. Cabral de. *Direito Económico*. 6. ed. Lisboa: Coimbra Editora, 2012.

MONTEIRO, Vera Cristina Caspari. *A caracterização do contrato de concessão após a edição da Lei n 11.079/2004*. Orientador: Prof. Dr. Fernando Dias Menezes. 2009. 226 f. Tese (Doutorado em Direito do Estado) – Faculdade de Direito, USP, 2009.

MOREIRA, Egon Bockmann. Contratos públicos de longo prazo, mutações e segurança jurídica. *In*: FERNÁNDEZ ACEVEDO, Rafael; VALCÁRCEL FERNÁNDEZ, Patricia (dir.). *La contratación pública a debate*: presente y futuro. Navarra: Civitas, 2014. p. 511-524.

MOREIRA, Egon Bockmann. O Direito Administrativo Contemporâneo e Intervenção do Estado na Ordem Econômica. *Revista Eletrônica de Direito Administrativo Econômico*, Salvador, Instituto de Direito Público da Bahia, n. 1, fev. 2005. Disponível em: http://www.direitodoestado.com.br. Acesso em: 14 maio 2019.

MOREIRA, Egon Bockmann. *Processo Administrativo*. 2. ed. São Paulo: Malheiros, 2003.

MOREIRA, Rafael Martins Costa. *Direito Administrativo e sustentabilidade*. Belo Horizonte: Fórum, 2017.

MOREIRA NETO, Diogo de Figueiredo. *Poder, direito e estado*: o direito administrativo em tempos de globalização *in memorium* de Marcos Juruena Villela Souto. Belo Horizonte: Fórum, 2011.

MOREIRA NETO, Diogo de Figueiredo. Competência concorrente limitada. *Revista de Informação Legislativa*, Brasília, ano 25, n. 100, out./dez. 1988.

MOREIRA NETO, Diogo de Figueiredo. *Direito regulatório*: a alternativa participativa e flexível para a administração pública de relações setoriais complexas no estado democrático. Rio de Janeiro: Renovar, 2003.

MOREIRA NETO, Diogo de Figueiredo. *Mutações do direito administrativo*. 3. ed. Rio de Janeiro: Renovar, 2007.

MOREIRA NETO, Diogo de Figueiredo. Novos institutos consensuais da ação administrativa. *Revista de Direito Administrativo*, Rio de Janeiro, n. 231, p. 1.029-1.156, jan./mar. 2003.

MORENO MOLINA, José Antonio. Gobernanza y nueva organización administrativa en la reciente legislación española y de la Unión Europea sobre contratación pública. *Revista de Administración Pública*, Madrid, n. 204, p. 343-373, sep./dic. 2017.

MORENO MOLINA, José Antonio. *Hacia una compra pública responsable y sostenible*. Valencia: Tirant lo Blanch, 2018.

MORENO MOLINA, José Antonio. Reciente evolución del derecho comunitario de la contratación pública. El asunto C-214/2000. Comisión contra España. *In*: GIMENO FELIÚ, José María (coord.). *Contratación de las Administraciones Públicas*: análisis práctico de la nueva normativa sobre contratación pública. Barcelona: Atelier, 2004. p. 17-36.

MORENO MOLINA, José Antonio; ALONSO, Alma Patricia Domínguez. El nuevo derecho de la Unión Europea sobre contratación pública. *In*: FERNÁNDEZ ACEVEDO, Rafael; VALCÁRCEL FERNÁNDEZ, Patricia (dir.). *La contratación pública a debate*: presente y futuro. Navarra: Civitas, 2014. p. 139-164.

MORENO MOLINA, José Antonio; FELIÚ, José María. *La Oficina Independiente de Regulación y Supervisión de la Contratación (OReISCon) como bóveda de la arquitectura de regulación y supervisión de la contratación pública*. Disponível em: http://www.obcp.es/index.php/mod.opiniones/mem.detalle/id.489/chk.1a330c71b51664cf860f47dd98b87406. Acesso em: 14 maio 2019.

MORENO MOLINA, José Antonio; SANTIAGO, Jaime Pintos. Aciertos, desaciertos y futuros de la LCSP. *Contratación Administractiva Práctica*, Madrid, n. 159, p. 6-11, jan. 2019.

MORETTI, Débora Monteiro; UZIEL, Daniela; ROZENTAL, Renato. Inovação em produtos para saúde: uma experiência na visão do empreendedor. *In*: BRASIL. Ministério da Saúde. *Avanços e desafios no complexo industrial em produtos para saúde*. Brasília: Ministério da Saúde, 2017. p. 154-166.

MORICOCHI, Luiz; GONÇALVES, José Sidnei. Teoria do desenvolvimento econômico de Schumpeter: uma revisão crítica. *Revista Informações Econômicas*, São Paulo, v. 24, n. 8, p. 27-35, ago. 1994.

MOTTA, Carlos Pinto Coelho. *Eficácia nas licitações e contratos*. 12. ed. Belo Horizonte: Del Rey, 2011.

MOURA, Emerson Affonso da Costa. Estado gerencial, regulação econômica e serviços públicos – O papel das agências na promoção do desenvolvimento. *A&C – Revista de Direito Administrativo & Constitucional*, Belo Horizonte, ano 14, n. 57, p. 193-217, jul./set. 2014.

MOUSSA, Simhon. *Inovação tecnológica, pesquisa e desenvolvimento*. São Paulo: Editora do Autor, 2012.

MUÑOZ MACHADO, Santiago. *Tratado de Derecho Administrativo y Derecho Público General*: Libro XIV – La actividad regulatoria de la Administración. Madrid: Agencia Estatal Boletín Oficial del Estado, 2015.

NARDES, Augusto. *Da governança à esperança*. Belo Horizonte: Fórum, 2018.

NASCIMENTO NETO, José Osório do; BLANCHET, Luiz Alberto. O desenho institucional energético como desafio do direito administrativo para o desenvolvimento. *In*: BONAT, Alan Luiz; NASCIMENTO NETO, José Osório do; QUETES, Regeane Bransin (org.). *Políticas públicas e desenvolvimento*. Curitiba: Íthala, 2016. p. 275-298.

NASCIMENTO, André Jansen do. Contratações públicas no âmbito da OMC: a política legislativa brasileira à luz do direito ao desenvolvimento. *Revista de Direito Internacional*, Brasília, v. 12, n. 2, p. 191-209.

NASCIMENTO, J.; GONDO, Nisske. *Concorrência Pública*. São Paulo: Revista dos Tribunais, 1969.

NASSER, Rabih Ali. *A OMC e os países em desenvolvimento*. São Paulo: Aduaneiras, 2003.

NEGÓCIOS PÚBLICOS. *Infográfico* – Informativo do Instituto Negócios Públicos – Compras Públicas. Curitiba: Negócios Públicos, 2014.

NEGÓCIOS PÚBLICOS. *Infográficos* – Informativo do Instituto Negócios Públicos sobre as Compras Públicas. Curitiba: 2016.

NIEBUHR, Joel de Menezes. *Licitação pública e contrato administrativo*. 2. ed. Belo Horizonte: Fórum, 2012.

NIEBUHR, Joel de Menezes. Mudança nas licitações. *Revista Colunistas do Direito do Estado*, ano 2015, n. 17.

NIEBUHR, Joel Menezes. Margem de preferência para a produção nacional em licitação pública – repercussões da medida provisória n. 495/2010. *Revista Zênite de Licitações e Contratos*, Curitiba, n. 198, ago. 2010.

NÓBREGA, Marcos. Uma nova lei de licitações. *Revista Colunistas do Direito do Estado*, ano 2016, n. 314.

NOHARA, Irene; MARRARA, Thiago. *Processo Administrativo*. São Paulo: Atlas, 2009.

NOHARA, Irene. *Direito Administrativo*. 4. ed. São Paulo: Atlas, 2014.

NORBERG, Johan. *Progresso*. Tradução: Alessandra Bonrruquer. Rio de Janeiro: Record, 2017.

NUSDEO, Fábio. Desenvolvimento econômico – um retrospecto e algumas perspectivas. *In*: SALOMÃO FILHO, Calixto. *Regulação e desenvolvimento*. São Paulo: Malheiros, 2002. p. 11-24.

OCDE – ORGANIZAÇÃO DE COOPERAÇÃO E DE DESENVOLVIMENTO ECONÔMICO. *OCDE Definición Marco de Inversión Extranjera Directa*. 4. ed. Paris: OCDE, 2008.

OCDE – ORGANIZAÇÃO PARA A COOPERAÇÃO E DESENVOLVIMENTO ECONÔMICO. *Recomendación del Consejo sobre Contratación Pública*. Paris: OCDE, 2015.

OCDE – ORGANIZAÇÃO PARA A COOPERAÇÃO E DESENVOLVIMENTO ECONÔMICO; EUROSTAT. *Manual de Oslo*: Diretrizes para a Coleta e Interpretação de Dados sobre Inovação. 3. ed. Brasília: OCDE, EUROSTAT e FINEP, 2007.

OFFE, Claus. *Contradicciones en el Estado del Bienestar*. Tradução: Antônio Escohotado. Alianza Editorial, 1990.

OLIVEIRA, Fabrício de Souza; SAMPAIO, Kelly Cristine Baião. Lei de Inovações tecnológicas: a relação entre direito e economia legislativa da propriedade intelectual. *In*: KEMPFER, Marlene *et al*. *Direito e inovação*: estudos críticos sobre Estado, empresa e sociedade. Juiz de Fora: Editora UFJF, 2013. p. 283-297.

OLIVEIRA, Gustavo Justino de. *Direito Administrativo Democrático*. Belo Horizonte: Fórum, 2010.

OLIVEIRA, Gustavo Justino de. Direito ao desenvolvimento na Constituição Brasileira de 1988. *Revista de Direito Público da Economia – RDPE*, Belo Horizonte, ano 3, n. 11, p. 145-162, jul./set. 2005.

OLIVEIRA, Gustavo Justino de. Gestão privada de recursos públicos para fins públicos: o modelo das OSCIP. *In*: OLIVEIRA, Gustavo Justino de (coord.). *Terceiro setor, empresas e estado*: novas fronteiras entre o público e o privado. Belo Horizonte: Fórum, 2007. p. 213-259.

OLIVEIRA, José Roberto Pimenta. *Os princípios da razoabilidade e da proporcionalidade no Direito Administrativo Brasileiro*. São Paulo: Malheiros, 2006.

OLIVEIRA, Michel Ângelo Constantino de; MENDES, Dany Rafael Fonseca; PINHEIRO, Adalberto Amorim; COSTA, Luma Cordeiro. Microempresas e Empresas de Pequeno Porte (ME/EPP) de Brasília: uma abordagem econométrica. *Revista de Administração da Fatea*, v. 10, n. 10, p. 6-141, jan./jun. 2015, p. 39-52.

OLIVEIRA, Rafael Sérgio Lima de. *O diálogo competitivo brasileiro*. Belo Horizonte: Fórum, 2021.

OLIVEIRA, Régis Fernandes de; HORVATH, Estevão; TAMBASCO, Teresa Cristina Castrucci. *Manual de Direito Financeiro*. São Paulo: Revista dos Tribunais, 1990.

ONU – ORGANIZAÇÃO DAS NAÇÕES UNIDAS. *Roteiro para a Localização dos Objetivos do Desenvolvimento Sustentável*: Implementação e Acompanhamento no nível subnacional. 2016. p. 13-16. Disponível em: https://nacoesunidas.org/wp-content/uploads/2017/06/Roteiro-para-a-Localizacao-dos-ODS.pdf.

OTERO, Paulo. *Manual de Direito Administrativo*. Vol. I. Coimbra: Almedina, 2013.

PALACÍN SÁENZ, Bernabé. Las cláusulas de responsabilidad social en la contratación pública local. *In*: CAMPOS ACUÑA, Concepción. *La nueva contratación pública en el ámbito local*. Madrid: Wolters Kluwer, 2018. p. 313-351.

PALMA, Juliana Bonacorsi de. *Sanção e acordo na administração pública*. São Paulo: Malheiros, 2015.

PAMPLONA, Danielle Anne. *O Supremo Tribunal Federal e a decisão de questões políticas*: a postura do Juiz. Curitiba: Juruá, 2011.

PARADA, Ramón. *Derecho administrativo I*. Parte General. 15. ed. Madrid: Marcial Pons, 2004.

PAVAN, Crodowaldo; VIEGAS, João Alexandre. *Constituinte, Ciência e Tecnologia*. São Paulo: Editora Hamburg, 1986.

PÉRCIO, Gabriel Verona. *Contratos Administrativos*: manual para gestores e fiscais. Curitiba: Juruá, 2015.

PÉRCIO, Gabriela Verona; RAMS, Flávio. Preferência para produtos manufaturados e serviços nacionais em licitações: análise crítica à luz do desenvolvimento nacional sustentável. *Revista Zênite – Informativo de Licitações e Contratos*, Curitiba, n. 215, p. 52-62, jan. 2012.

PEREIRA JÚNIOR, Jessé Torres; DOTTI, Marines Restelatto. *Convênios e outros instrumentos de administração consensual na gestão pública do século XXI*. Belo Horizonte: Fórum, 2010.

PEREIRA JÚNIOR, Jessé Torres. A tecnologia na atividade contratual do Estado. *In*: FREITAS, Rafael Véras de; RIBEIRO, Leonardo Coelho; FEIGELSON, Bruno (coord.). *Regulação e novas tecnologias*. Belo Horizonte: Fórum, 2017. p. 269-298.

PEREIRA JÚNIOR, Jessé Torres. *Comentários à Lei das Licitações e Contratações da Administração Pública*. 8. ed. Rio de Janeiro: Renovar, 2009.

PEREIRA JÚNIOR, Jessé Torres. Prefácio na obra de EMERY, Emerson Baldotto. *Desenvolvimento sustentável*: princípio da eficiência em procedimentos licitatórios. Belo Horizonte: Fórum, 2016.

PEREIRA JÚNIOR, Jessé Torres; DOTTI, Marinês Restelatto. Licitações e contratações entre empresas dos Estados do Mercosul. *Revista Consultor Jurídico*, 21 jan. 2018.

PEREIRA JÚNIOR, Jessé; HEINEN, Juliano; DOTTI, Marinês Restelatto; MAFFINI, Rafael. *Comentários à Lei das Empresas Estatais*. Belo Horizonte: Fórum, 2017.

PEREIRA, César. A CISG (Convenção de Viena de 1980) e as licitações para compras internacionais. *Revista de Interesse Público*, ano 16, n. 86, p. 111-122, jul./ago. 2014.

PÉREZ DÍAZ, Victor. *Cambio tecnológico y procesos educativos en España*. Madrid: Seminarios y Ediciones, 1972.

PERNAS GARCÍA, J. José. La dimensión ambiental en la normativa de contratos del sector público. *In*: FERNÁNDEZ ACEVEDO, Rafael; VALCÁRCEL FERNÁNDEZ, Patricia (dir.). *La contratación pública a debate*: presente y futuro. Navarra: Civitas, 2014. p. 345-379.

PESTANA, Marcio. *Licitações públicas no Brasil*. São Paulo: Atlas, 2013.

PETHECHUST, Eloi; RIBEIRO, Marcia Carla Pereira. Perspectivas para as empresas estatais no Brasil: propostas para um estatuto jurídico. *A&C – Revista de Direito Administrativo & Constitucional*, Belo Horizonte, ano 15, n. 62, p. 99-121, out./dez. 2015.

PICININ, Juliana; CAMARÃO, Tatiana; CAMPOLINA, Henrique. *As contratações de inovação pela Administração Pública à luz do Marco Legal das Startups e do Empreendedorismo Inovador*. Belo Horizonte: Fórum, 2024.

PINHEIRO FILHO, Francisco Renato Codevila. Teoria da agência: problema agente-principal. *In*: RIBEIRO, Marcia Carla Pereira; KLEIN, Vinicius (coord.). *O que é análise econômica do direito*: uma introdução. Belo Horizonte: Fórum, 2011. p. 97-109.

PINTO, Luzia Marques da Silva Cabral. *Os limites do poder constituinte e a legitimidade material da Constituição*. Coimbra: Coimbra Editora, 1994.

PINTOS SANTIAGO, Jaime. El derecho de la contratación pública de la unión europea. *In*: CAMPOS ACUÑA, Concepción. *La nueva contratación pública en el ámbito local*. Madrid: Wolters Kluwer, 2018. p. 43-81.

PORTOCARRERO, Marta. *Contratos sobre o exercício de poderes públicos, transação e arbitragem*: ensaio sobre disponibilidade e indisponibilidade do poder administrativo. Porto: Universidade Católica – Editora Porto, 2015.

PROCOPIUK, Mario. *Políticas Públicas e fundamentos da Administração Pública*. São Paulo: Atlas, 2013.

PROGRAMA DAS NAÇÕES UNIDAS PARA O DESENVOLVIMENTO. *Valores e Desenvolvimento Humano 2010*. Brasília: 2010.

QIAO, Y.; THAI, K. V.; CUMMINGS, G. State and Local Procurement Preferences: A Survey. *Journal of Public Procurement*, n. 9, p. 371-410, 2009.

QUADROS, Fausto de. *A nova dimensão do Direito Administrativo*. Coimbra: Almedina, 2001.

REAL FERRER, Gabriel. Sostenibilidad, transnacionalidad y transformaciones del derecho. *Revista de Derecho Ambiental*, Buenos Aires, n. 32, p. 65-83, oct./dic. 2002.

REIS, Luciano Elias *et al*. 2006. Trabalho oral apresentado: "*O empreendedorismo no âmbito das associações rurais de incentivo governamental*", 48º Congresso da Sociedade Brasileira de Economia e Administração e Sociologia Rural, Cynthia Marise dos Santos Mattosinho; Poliana Pionório Freire; Michelle Caroline Varjão de Carvalho. Fasete, Paulo Afonso, 25 a 28 de julho de 2010.

REIS, Luciano Elias. (Des)esperança no marco regulatório de contratações públicas: viver o presente e aplicar as normas existentes ou imaginar que a solução vem com novas normas. *Cadernos Jurídicos da OABPR*, Curitiba, p. 55-56, maio 2017.

REIS, Luciano Elias. As políticas públicas de quotas raciais no Brasil: necessidade, desafios e resultados. *Revista Juris Plenum Direito Administrativo*, v. 1, p. 499-554, 2017.

REIS, Luciano Elias. Inovações legislativas nas contratações administrativas para a implementação da responsabilidade socioambiental por intermédio do fomento da pesquisa científica e tecnológica. *In*: DOTTA, Alexandre Godoy; HACHEM, Daniel Wunder; REIS, Luciano Elias (org.). *Anais do I Seminário Ítalo-Brasileiro em Inovações Regulatórias em Direitos fundamentais, Desenvolvimento e Sustentabilidade e VI Evento de Iniciação Científica UniBrasil 2001*, Curitiba, p. 115-146.

REIS, Luciano Elias. O problema chamado pesquisa de mercado e a recente Instrução Normativa SLTI/MPOG n. 05/2014. *Revista JML de Licitações e Contratos*, v. VIII, p. 17-26, 2014.

REIS, Luciano Elias. Revogação da licitação pública: aspectos conceituais, procedimentais e de controle judicial. *Revista Juris Plenum Direito Administrativo*, v. 1, p. 63-92, 2016.

REIS, Luciano Elias; CHIESORIN JÚNIOR, Laerzio. *Lei das Empresas Estatais*: responsabilidade empresarial e o impacto para o desenvolvimento econômico nacional. Curitiba: OAB-PR, 2017.

REIS, Paulo Sérgio de Monteiro. *Obras Públicas*: Manual de Planejamento, Contratação e Fiscalização. Belo Horizonte: Fórum, 2018.

REISDORFER, Guilherme F. *Diálogo competitivo*. Belo Horizonte: Fórum, 2022.

REZEK, Francisco. *Direito Internacional Público*: curso elementar. 15. ed. São Paulo: Saraiva, 2014.

RIANI, Flávio. *Economia no setor público*. 2. ed. São Paulo: Atlas, 1994.

RIBEIRO, Marcelo Miranda; GONÇALVES, Oksandro. Tributação e desenvolvimento regional: uma análise econômica dos benefícios fiscais concedidos para empresas instaladas na Zona Franca de Manaus e a guerra fiscal entre estados. *Revista Pensar (UNIFOR)*, v. 20, p. 376-429, 2015.

RIBEIRO, Marcia Carla Pereira; BARROS, Marcelle Franco Espíndola. Contratos de transferência de tecnologia: custos de transação versus desenvolvimento. *Revista de Informação Legislativa*, Brasília, v. 51, n. 204, p. 43-66, out./dez. 2014.

RIBEIRO, Marcia Carla Pereira; GALESKI JÚNIOR, Irineu. *Teoria Geral dos Contratos*. 2. ed. São Paulo: Revista dos Tribunais, 2015.

RIGOLIN, Ivan Barbosa. Lei das licitações é novamente alterada. *Revista Zênite de Licitações e Contratos*, Curitiba, n. 199, set. 2010.

RIKER, Jamarian Cota; JORDÃO, Jorge Luiz; FONSECA, Norma Cristina da Silva; RIBEIRO, Rizelda de Souza; SOUZA, Arnaldo Donisete de. Zona Franca de Manaus: avaliação dos fatores e atratividade de investimentos do subpolo de duas rodas em Manaus. *Revista Eletrônica Mutações*, p. 67-88, jan./jun. 2006.

RISTER, Carla Abrantkoski. *Direito ao desenvolvimento*: antecedentes, significados e consequências. Rio de Janeiro: Renovar, 2007.

RIVERO, Jean. *Direito Administrativo*. Tradução: Dr. Rogério Ehrhardt Soares. Coimbra: Livraria Almedina, 1981.

ROCHA, Cármen Lúcia Antunes. Princípios constitucionais do processo administrativo brasileiro. *Revista de direito administrativo*, v. 209, p. 189-222, jul./set. 1997.

ROCHA, Glauter; RAUEN, André. *Mais desoneração, mais inovação?* Uma avaliação da recente estratégia brasileira de intensificação dos incentivos fiscais à pesquisa e desenvolvimento – Texto para discussão. Brasília; Rio de Janeiro: Ipea – Instituto de Pesquisa Econômica Aplicada, 2018.

ROCHA, Katia; MOREIRA, Ajax; FIUZA, Gabriel. *Instituições e investimentos privados em infraestrutura nas economias emergentes.* Texto para discussão / Instituto de Pesquisa Econômica Aplicada. Brasília; Rio de Janeiro: Ipea, 2018.

ROCHA, Silvio Luís Ferreira da. Princípios contemporâneos do contrato administrativo. *In*: ROCHA, Silvio Luís Ferreira da (org.). *O contrato administrativo e os princípios da boa-fé, justiça contratual e função social do contrato.* Rio de Janeiro: Lumen Juris, 2017. p. 1-30.

ROCHA, Silvio Luis Ferreira da. *Terceiro Setor.* 2. ed. São Paulo: Malheiros, 2006.

RODRIGUES, Nuno Cunha. *A contratação pública como instrumento de política econômica.* Coimbra: Almedina, 2015.

RODRIGUES, Nuno Cunha. O princípio da concorrência nas novas diretivas sobre contratação pública. *Revista da Concorrência e Regulação,* Lisboa, n. 19, p. 213-224, jul./set. 2014.

RODRÍGUEZ ÁLVAREZ, José Manuel (coord.). *Experiencias prácticas de desarrollo local.* Barcelona: Editorial Bayer Hinos, 2001.

RODRÍGUEZ-ARANA MUÑOZ, Jaime. *Direito fundamental à boa Administração Pública.* Tradução: Daniel Wunder Hachem. Belo Horizonte: Fórum, 2012.

RODRÍGUEZ-ARANA MUÑOZ, Jaime. Compliance y self-cleaning en la contratación pública europea. *Anuario da Facultade de Dereito da Universidade da Coruña,* v. 21, 2017, p. 277-299.

RODRÍGUEZ-ARANA MUÑOZ, Jaime. Prefácio. *In*: APONTE, William Iván *et al.* (coord.). *Derecho Administrativo para el siglo XXI*: hacia el garantismo normativo y la transparencia institucional. Belo Horizonte: Fórum, 2018.

RODRÍGUEZ-ARANA MUÑOZ, Jaime. La Directiva Europea de Contratación Pública y la lucha contra la corrupción. *Revista de Direito Econômico e Socioambiental,* Curitiba, v. 8, n. 1, p. 24-56, jan./abr. 2017.

RODRÍGUEZ-ARANA MUÑOZ, Jaime. *Derecho administrativo y derechos sociales fundamentales.* Sevilla: Global Law Press Editorial Derecho Global/INAP, 2015.

RODRÍGUEZ-ARANA MUÑOZ, Jaime. La contratación del sector público como política pública. *In*: GARCÍA, J. José Pernas (dir.). *Contratación pública estratégica.* Pamplona: Editorial Aranzadi, 2013. p. 31-44.

RODRÍGUEZ BEAS, Marina. El procedimiento de asociación para la innovación en la Ley 9/2017, de 8 de noviembre, de contratos del sector público: oportunidades e incertidumbres. *Revista General de Derecho Administrativo,* Madrid, n. 52, oct. 2019.

RODRÍGUEZ BEAS, Marina. La contratación pública en la gestión de la ciudad inteligente y del Smart Heritag. *In*: FUENTES I GASÓ, Josep Ramón; CARBALLEIRA RIVERA, María Teresa; GONZÁLEZ LOPO, Domingo Luís (dir.). *Camino de Santiago y patrimonio cultural.* Una visión jurídica integradora. p. 371-394.

ROMERO PÉREZ, Jorge Enrique. *Contratación Electrónica Pública.* San José: ISOLMA, 2017.

ROPPO, Enzo. *O Contrato.* Tradução: Ana Coimbra e M. Januário C. Gomes. Coimbra: Almedina, 2009.

ROSSETTI, Suzana M. *Processos de contratação pública e desenvolvimento sustentável.* Belo Horizonte: Fórum, 2017.

ROSSI, Juliano Scherner. *Compensações tecnológicas (offset)*: segredo empresarial e transferência internacional. Rio de Janeiro: Lumen Juris, 2015.

ROTHBARD, Murray. *Ciência, tecnologia e governo.* Tradução: Giovanna Louise Libralon. Campinas: Vide Editorial, 2017.

RTVE. *Los más ricos aumentaron su fortuna durante la crisis*: en 2008, el 44% de la riqueza de España estaba en sus manos y en 2014, el 53%. 28 maio 2018. Disponível em: http://www.rtve.es/noticias/20180528/mas-ricos-aumentaron-su-fortuna-durante-crisis-2008-44-riqueza-espana-estaba-manos-2014-53/1741389.shtml.

SACHS, Ignacy. *Desenvolvimento*: includente, sustentável, sustentado. Rio de Janeiro: Garamond, 2008.

SALOMÃO FILHO, Calixto. Regulação e desenvolvimento. *In*: SALOMÃO FILHO, Calixto. *Regulação e desenvolvimento.* São Paulo: Malheiros, 2002. p. 29-64.

SÁNCHEZ CARREIRA, María del Carmen; PEÑATE VALENTÍN, María Concepción. La compra pública innovadora. Análisis regional de la experiencia española. *Journal of regional research – Investigaciones regionales*, n. 40, p. 79-107, 2018.

SÁNCHEZ CARREIRA, María del Carmen; PEÑATE VALENTÍN, María Concepción. El papel de la regulación en la compra pública innovadora: relevancia y limitaciones. *Cuaderno de Electrónico de Estudios Jurídicos*, n. 5, p. 35-68, 2015-2016.

SÁNCHEZ GRAELLS, Albert. Reflexiones críticas en torno a la disciplina del comportamiento de mercado del comprador público. *In*: FERNÁNDEZ ACEVEDO, Rafael; VALCÁRCEL FERNÁNDEZ, Patricia (dir.). *La contratación pública a debate*: presente y futuro. Navarra: Civitas, 2014. p. 275-298.

SÁNCHEZ MORÓN, Miguel. *Derecho Administrativo (Parte general)*. 6. ed. Madrid: Tecnos, 2010.

SANCHIS I MARCO, Manuel. Reseña de J. A. Schumpeter, Capitalismo, socialismo y democracia. La torre del Virrey. *Revista de Estudios Culturales*, n. 18, p. 1-8, 2015/2.

SANTAMARÍA PASTOR, Juan Alfonso. *Principios de Derecho Administrativo General I*. 2. ed. Madrid: Justel, 2009.

SANTAMARÍA PASTOR, Juan Alfonso. *Principios de Derecho Administrativo General II*. 2. ed. Madrid: Justel, 2009.

SANTANA, Jair; GUIMARÃES, Edgar. *Licitações e o novo estatuto da pequena e microempresa*: reflexos práticos da LC nº 123/2006. Belo Horizonte: Fórum, 2007.

SANTANA, Jair; CAMARÃO, Tatiana; CHRISPIM, Anna Carla Duarte. *Termo de referência*. 5. ed. Belo Horizonte: Fórum, 2016.

SANTOS, Adriana B. A. dos; FAZION, Cíntia B.; MEROE, Giuliano P. S. de. Inovação: um estudo sobre a evolução do conceito de Schumpeter. *Revista Caderno de Administração da PUC-SP*, v. 5, n. 1, 2011.

SANTOS, Fábio de Souza. *Contratação pública, competição e desenvolvimento*. Curitiba: Íthala, 2019.

SANTOS, Franklin Brasil; SOUZA, Kleberson Roberto de. *Como combater a corrupção em licitações*. Belo Horizonte: Fórum, 2016.

SANTOS, José Anacleto Abduch. *Contratos administrativos*. Belo Horizonte: Fórum, 2015.

SANTOS, Nivaldo dos; ROMEIRO, Viviane. Estratégias competitivas e capacitação tecnológica no Brasil: paradigmas técnico-econômicos. *In*: TAVARES NETO, José Querino *et al*. *Estado, empresa e desenvolvimento econômico*. Florianópolis: Fundação Boiteux, 2008. p. 479-509.

SARMIENTO GARCÍA, Jorge. *Derecho público*. 2. ed. Buenos Aires: Ediciones Ciudad Argentina, 1998.

SCHIER, Adriana da Costa Ricardo. *A participação popular na Administração Pública*: o direito de reclamação. Rio de Janeiro: Renovar, 2002.

SCHIER, Adriana da Costa Ricardo. *Fomento*: Administração Pública, Direitos Fundamentais e Desenvolvimento. Curitiba: Íthala, 2019.

SCHIER, Adriana. *Serviço Público*: garantia fundamental e cláusula de proibição de retrocesso social. Curitiba: Íthala, 2016.

SCHUMPETER, Joseph A. *Capitalismo, Socialismo e Democracia*. Tradução: Ruy Jungman. Rio de Janeiro: Editora Fundo de Cultura, 1961.

SCHUMPETER, Joseph A. *Teoria do Desenvolvimento Econômico*: uma investigação sobre lucros, capital, crédito, juro e o ciclo econômico. Tradução: Maria Sílvia Possas. São Paulo: Abril Cultural, 1982.

SCHWENZER, Ingeborg; PEREIRA, César A. Guimarães; TRIPODI, Leandro. *A CISG e o Brasil*: Convenção das Nações Unidas para os contratos de compra e venda internacional de mercadorias. São Paulo: Marcial Pons; Curitiba: Federação das Indústrias do Estado do Paraná, 2015.

SCHWIND, Rafael Wallbach. *Licitações internacionais*. 2. ed. Belo Horizonte: Fórum, 2017.

SECCHI, Leonardo. *Análise de políticas públicas*: diagnóstico de problemas, recomendação de soluções. São Paulo: Cengage Learning, 2017.

SEN, Amartya. *Desenvolvimento como liberdade*. Tradução: Laura Teixeira Motta. São Paulo: Companhia das Letras, 2000.

SERRANO, Pablo Jiménez. *Interpretação jurídica*. São Paulo: Desafio Cultural, 2002.

SEVERO GIANNINI, Massimo. *Derecho Administrativo*. Tradução: Luis Ortega. Volumen Primero. Madrid: Ministerio para las Administraciones Públicas, 1991.

SICSÚ, Abraham Banzaquen. Desenvolvimento e padrões de financiamento de inovação no Brasil: mudanças necessárias. *In*: PROENÇA, Adriano *et al*. (org.). *Gestão da inovação e competitividade no Brasil*. Porto Alegre: Bookman Editora, 2015. p. 1-16.

SILVA, Almiro do Couto e. Notas sobre o conceito de ato administrativo. *In*: SOUTO, Marcos Juruena Villela; OSÓRIO, Fábio Medina (coord.). *Direito administrativo*: estudos em homenagem a Diogo de Figueiredo Moreira Neto. Rio de Janeiro: Lumen Juris, 2006. p. 271-292.

SILVA, Christian Luiz da. Proposta de um modelo de monitoramento e avaliação do desenvolvimento sustentável. *In*: SILVA, Christian Luiz da (org.). *Desenvolvimento sustentável*: um modelo analítico integrado e adaptativo. Petrópolis: Vozes, 2006. p. 15-28.

SILVA, José Afonso da. *Curso de direito constitucional positivo*. 31. ed. São Paulo: Malheiros, 2008.

SILVA, José Afonso da. *Poder Constituinte e Poder Popular*. São Paulo: Malheiros, 2007.

SILVA, Vasco Pereira da. *Em busca do acto administrativo perdido*. Coimbra: Almeida, 1998.

SILVA, Virgílio Afonso da. O proporcional e o razoável. *Revista dos Tribunais*, n. 798, 2002, p. 23-50.

SILVEIRA, Paulo A. Caliendo Velloso da. *Direito tributário e análise econômica do direito*: uma visão crítica. Rio de Janeiro: Elsevier, 2009.

SIMÃO, Angelo Guimarães; SILVA, Christian Luiz da; SILVA, Heloísa de Puppi e; CASTANHEIRA, Maria Auxiliadora Villar Castanheira; JUREC, Paulo Sérgio Sant'Anna; WIENS, Simone. Indicadores, políticas públicas e a sustentabilidade. *In*: SILVA, Christian Luiz da; LIMA, José Edmilson de Souza. *Políticas públicas e indicadores para o desenvolvimento sustentável*. São Paulo: Saraiva, 2010. p. 35-54.

SION, Daniel Phillip. Direito, política e economia: o papel do Estado no incentivo à tecnologia. *In*: SILVA, Claudia Sayuri Shigekiyo Miranda; COSTA, Larissa Trindade; SILVA, Magno Israel Miranda. *Direito, política e economia*. Lisboa: Assunto Sábio, 2019. p. 131-165.

SMELSER, J. Neil; SWEDBERG, Richard. Introducing Economic Sociology. *In*: SMELSER, Neil J.; SWEDBERG, Richard. *The handbook of economic sociology*. 2. ed. New Jersey: British Library. p. 3-25.

SOUTO, Marcos Juruena Vilela. *Direito Administrativo das Parcerias*. Rio de Janeiro: Lumen Juris, 2005.

SOUTO, Marcos Juruena Villela. *Tópicos de licitações*. Rio de Janeiro: Lumen Juris, 1999.

SOUZA, Celina. Políticas públicas: uma revisão da literatura. *Sociologias*, Porto Alegre, ano 8, n. 16, p. 20-45, jul./dez. 2006.

SPIEGEL, Ludwig. *Derecho Administrativo*. Tradução: Francisco J. Condes. Colección Labor. Barcelona; Buenos Aires: Editorial Labor, 1933.

SPP REGIONS – Regional Networks for Sustainable Procurement. *Life Cycle Costing State of the art report*. (Bruxelas): ICLEI – Local Governments for Sustainability, 2017.

SSENNOGA, Francis. Examining Discriminatory Procurement Practices *In*: Developing Countries. *Journal of Public Procurement*, volume 6, Issue 3, 2006, p. 218-249.

STARKE, Felipe; RIBEIRO, Marcia Carla Pereira. Eficiência e concentração empresarial: o caso do setor de bebidas frias. *In*: CLARK, Giovani; OPUSZKA, Paulo Ricardo; SILVA, Maria Stela Campos da (org.). *Direito e Economia*. 1. ed. v. I. Florianópolis: CONPEDI, 2014. p. 225-251.

STEINER, Marc. O Acordo de Compras Governamentais da OMC: avaliando o escopo para compras verdes. *Revista Pontes*, volume 11, número 10, dez. 2015. Disponível em: https://www.ictsd.org/bridges-news/pontes/news/o-acordo-de-compras-governamentais-da-omc-avaliando-o-escopo-para-compras. Acesso em: 8 maio 2019.

STIGLITZ, Joseph. *O mundo em queda livre*: os Estados Unidos, o mercado livre e o naufrágio da economia mundial. São Paulo: Companhia das Letras, 2010.

STN – SECRETARIA DO TESOURO NACIONAL. *Manual de Contabilidade Aplicada ao Setor Público*. 7. ed. Brasília: STN, 2017.

STRECK, Lenio Luiz. *Verdade e Consenso*. Rio de Janeiro: Lumen Juris, 2009.

STUMM, Raquel Denize. *Princípio da proporcionalidade no direito constitucional brasileiro*. Porto Alegre: Livraria do Advogado, 1995.

SUNDFELD, Carlos Ari. *Contratações Públicas e seu Controle*. São Paulo: Malheiros, 2013.

SUNDFELD, Carlos Ari. *Direito Administrativo Ordenador*. São Paulo: Malheiros, 2003.

SUNDFELD, Carlos Ari. *Direito Administrativo para céticos*. 2. ed. São Paulo: Malheiros, 2014.

SUNDFELD, Carlos Ari. Sistema constitucional das competências. *Revista Trimestral de Direito Público*, n. 1, p. 272-281, 1993.

SUORDEM, Fernando Paulo da Silva. *O princípio da separação de poderes e os novos movimentos sociais*. Coimbra: Livraria Almedina, 1995.

TÁCITO, Caio. Transformações do direito administrativo. *Revista de Direito Administrativo*, Rio de Janeiro, n. 214, p. 27-34, out./dez. 1998.

TANAKA, Sônia Yuriko Kanashiro. *Concepção dos contratos administrativos*. São Paulo: Malheiros, 2007.

TAVARES, André Ramos. *Curso de Direito Constitucional*. São Paulo: Saraiva, 2002.

TAVARES, Marco Aurélio Romagnoli. *Ativismo judicial e políticas públicas*. Porto Alegre: Sérgio Antônio Fabris Editor, 2011.

TÁVORA, Fabiano. *Direito Internacional Público*. São Paulo: Saraiva, 2016.

THALER, Richard H.; SUNSTEIN, Cass R. *Nudge*. Tradução: Ângelo Lessa. São Paulo: Objetiva, 2018.

THEODORO JÚNIOR, Humberto. *O contrato e sua função social*. 4. ed. Rio de Janeiro: Forense, 2014.

THIRY-CHERQUES, Hermano Roberto. Pierre Bourdieu: a teoria na prática. *Revista de Administração Pública*, Rio de Janeiro, v. 40, n. 1, p. 27-53, jan./fev. 2006.

THOMÉ, Valmir Alberto. *Inovar*: a arte das organizações em superar as expectativas. Curitiba: Juruá, 2019.

THORSTENSEN, Vera. A OMC – Organização Mundial do Comércio e as negociações sobre investimentos estrangeiros. *Revista Brasileira de Política Internacional*, Brasília, v. 41, p. 57-89, jan./jun. 1998.

TOLOSA FILHO, Benedicto de. Os efeitos da MP 495/2010 nas contratações públicas. *Revista Zênite de Licitações e Contratos*, Curitiba, n. 202, dez. 2010.

TORRES, Ronny Charles Lopes de. *Leis de Licitações Públicas Comentadas*. 10. ed. Salvador: Juspodivm, 2019.

TOSCAS, Fotini Santos; NASCIMENTO, Marco Aurélio Carvalho. O Ministério da Saúde como indutor da inovação em dispositivos e materiais para saúde. *In*: BRASIL. Ministério da Saúde. *Avanços e desafios no complexo industrial em produtos para saúde*. Brasília: Ministério da Saúde, 2017.

TSCHUMI, André Vinicius. Políticas de desenvolvimento regional. *In*: BARRAL, Welber (org.). *Direito e desenvolvimento*: análise da ordem jurídica brasileira sob a ótica do desenvolvimento. São Paulo: Editora Singular, 2005. p. 143-165.

UNIÓN EUROPEA. *Comisión Europea. Guía del usuario sobre la definición del concepto de pyme*. Luxemburgo: Unión Europea, 2015.

UNIÓN EUROPEA. *Guide on Dealing with Inovatio Solutions in Public Procurement*. 10 Elements of Good Practice. Commission Staff working document SEC. (Bruxelas): UE, 2007.

UNIÓN EUROPEA. *Adquisiciones ecológicas*: manual sobre la contratación pública ecológica. 3. ed. Luxemburgo: Oficina de Publicaciones de la Unión Europea, 2016. Disponível em: http://ec.europa.eu/environment/gpp/pdf/handbook_2016_es.pdf.

VALIM, Rafael. *O princípio da segurança jurídica no direito administrativo brasileiro*. São Paulo: Malheiros, 2010.

VALLE, Vivian Cristina Lima López. *Contratos administrativos e um novo regime jurídico de prerrogativas contratuais na Administração Pública Contemporânea*: da unilateralidade ao consenso e do consenso à unilateralidade na relação contratual brasileira. Belo Horizonte: Fórum, 2018.

VALLÈS VIVES, Francesc. *El control externo del gasto público*: configuración y garantía constitucional. Madrid: Centro de Estudios Políticos y Constitucionales, 2003.

VARELLA, Marcelo D. *Direito Internacional Público*. 6. ed. São Paulo: Saraiva, 2016.

VARESCHINI, Julieta Mendes Lopes. *O controle da discricionariedade administrativa no contexto da constitucionalização do direito brasileiro*: uma leitura desde a hermenêutica filosófica. Orientador Prof. Dr. Marco Aurélio Marrafon. Curitiba, 2010, 191 f. Dissertação (Mestrado em Direito), Faculdades do Brasil (UniBrasil).

VÁZQUEZ MATILLA, Francisco Javier. Compra pública de innovación. *Contratación Administractiva Práctica*, Madrid, n. 159, p. 54-61, jan. 2019.

VEDEL, Georges. *Derecho Administrativo*. Tradução: Juan Rincón Jurado. Madrid: Aguilar, 1980.

VEDUNG, Evert. *Evaluación de políticas públicas y programas*. Madrid: Ministerio de Trabajo y Asuntos Sociales, 1997.

VEIGA, José Eli. *A emergência socioambiental*. São Paulo: Editora Senac, 2007.

VELLOSO, João Paulo dos Reis. Novo modelo de desenvolvimento para o Brasil. *In*: VELLOSO, João Paulo dos Reis (org.). *Desenvolvimento, tecnologia e governabilidade*. São Paulo: Nobel, 1994. p. 17-60.

VERAS, Rafael. A função regulatória das licitações em projetos de infraestrutura: quanto custa? *Revista Colunistas do Direito do Estado*, ano 2018, n. 386.

VERAS, Rafael. As novas tecnologias e o Direito Administrativo Global. *Revista Colunistas do Direito do Estado*, ano 2016, n. 129.

VIANA, Ana Luiza. Abordagens metodológicas em políticas públicas. *Revista de Administração Pública*, Rio de Janeiro, FGV, v. 30, n. 2, p. 5-43, mar./abr. 1996.

VIANA, Cláudia. A globalização da contratação pública e o quadro jurídico internacional. *In*: *Estudos de Contratação Pública da Faculdade de Direito de Coimbra*. Coimbra: Coimbra Editora, 2008. p. 23-49.

VIEIRA, André Luís; ÁLVARES, João Gabriel. *Acordos de compensação tecnológica (offset)*: teoria e prática na experiência brasileira. Rio de Janeiro: Lumen Juris, 2017.

VIEIRA, Eduardo Rolim de Pontes. *A versão revisada do Acordo de Compras Públicas da OMC*: uma oportunidade? Disponível em: https://economiadeservicos.com/2017/06/01/a-versao-revisada-do-acordo-de-compras-publicas-da-omc-uma-oportunidade/. Acesso em: 8 maio 2019.

VILLAC, Teresa. Licitações sustentáveis e hermenêutica jurídica. *In*: VILLAC, Teresa; BLIACHERIS, Marcos Weiss; SOUZA, Lilian Castro de (coord.). *Panorama de licitações sustentáveis*: direito e gestão pública. Belo Horizonte: Fórum, 2014. p. 65-79.

VILLAC, Tereza; BLIACHERIS; Marcos Weiss; SOUZA, Lilian Castro (org.). *Panorama de licitações sustentáveis*: Direito e Gestão Pública. Belo Horizonte: Fórum, 2016.

VILLAREJO GALENDE, Helena. Colaboración público-privada y contratación precomercial para el impulso de la I+D+i y la transferencia del conocimiento. *In*: CALONGE VELÁZQUEZ, Antonio (dir.). *Ciencia, Tecnología e Innovación*: nuevo régimen jurídico. Granada: Editorial Comares, 2013. p. 133-145.

VITTA, Heraldo Garcia. *Aspectos fundamentais da licitação*. São Paulo: Malheiros, 2015.

WEIL, Prosper. *Derecho administrativo*. Tradução: Luis Rodríguez Zúñiga. Madrid: Editorial Civitas, 1994.

WINTER, Luís Alexandre Carta; HASTREITER, Michele Alessandra. O Acordo Trims e o Programa "Inovar Auto": medidas de investimentos no setor automotivo proibidas pela OMC. *Revista Jurídica UNICURITIBA*, v. 4, n. 37, 2014, p. 443-479.

WINTER, Luís Alexandre Carta; WACHOWICZ, Marcos. Estado: Construção de uma identidade. *In*: *XVI Congresso Nacional do Conpedi*, 2007, Belo Horizonte. Anais do XVI Congresso Nacional do Conpedi. Florianópolis: Boiteux, 2007. p. 873-897.

YEUNG, Luciana; CAMELO, Bradson. *Introdução à Análise Econômica do Direito*. 2. ed. São Paulo: Juspodivm, 2004.

ZANCANER, Weida. Inaplicabilidade do Dec.-lei 2.300/86 a Estados e Municípios. *Revista de Direito Público*, São Paulo, vol. 82, p. 167-173, abr./jun. 1987.

ZARDO, Francisco. *Infrações e sanções em licitações e contratos administrativos*. São Paulo: Revista dos Tribunais, 2014.

ZINI JÚNIOR, Álvaro Antônio. O Acordo sobre Compras Governamentais da Organização Mundial do Comércio e a Economia Brasileira. *Revista Estado Economia*, São Paulo, v. 28, n. 2, p. 181-198, abr./jun. 1998.

MISTO
Papel | Apoiando o manejo florestal responsável
FSC® C111076

Esta obra foi composta em fonte Palatino Linotype, corpo 10
e impressa em papel Offset 75g (miolo) e Supremo 250g (capa)
pela Gráfica Forma Certa.